Le Routard
Canaries

Directeur de collection et auteur
Philippe GLOAGUEN

Cofondateurs
Philippe GLOAGUEN
et Michel DUVAL

Rédacteur en chef
Pierre JOSSE

Rédacteurs en chef adjoints
Amanda KERAVEL
et Benoît LUCCHINI

Directrice de la coordination
Florence CHARMETANT

Directrice administrative
Bénédicte GLOAGUEN

Direction éditoriale
Catherine JULHE

Rédaction
Isabelle AL SUBAIHI
Mathilde de BOISGROLLIER
Thierry BROUARD
Marie BURIN des ROZIERS
Véronique de CHARDON
Gavin's CLEMENTE-RUÏZ
Fiona DEBRABANDER
Anne-Caroline DUMAS
Géraldine LEMAUF-BEAUVOIS
Olivier PAGE
Alain PALLIER
Anne POINSOT
André PONCELET

Administration
Carole BORDES
Éléonore FRIESS

2015

hachette

Remarque importante aux hôteliers et restaurateurs

Les enquêteurs du *Routard* travaillent dans le plus strict anonymat. Aucune réduction, aucun avantage quelconque, aucune rétribution n'est jamais demandé en contrepartie. Face aux aigrefins, la loi autorise les hôteliers et restaurateurs à porter plainte.

Avis aux lecteurs

Le Routard, ce n'est pas comme le bon vin, il vieillit mal. On ne veut pas pousser à la consommation, mais évitez de partir avec une édition ancienne. Les modifications sont souvent importantes.
Les réductions accordées à nos lecteurs ne sont jamais demandées par nos rédacteurs afin de préserver leur indépendance. Les hôteliers et restaurateurs sont sollicités par une société de mailing, totalement indépendante de la rédaction, qui reste donc libre de ses choix. De même pour les autocollants et plaques émaillées.

Avec routard.com choisissez, organisez, réservez et partagez vos voyages !

- ✓ Rejoignez la plus grande communauté francophone de voyageurs : plus de **2 millions** de visiteurs !
- ✓ Échangez avec les routarnautes : forums, photos, avis d'hôtels.
- ✓ Retrouvez aussi toutes les informations actualisées pour choisir et préparer vos voyages : plus de 200 fiches pays, une centaine de dossiers pratiques et un magazine en ligne pour découvrir tous les secrets de votre destination.
- ✓ Enfin, comparez les offres pour organiser et réserver votre voyage au meilleur prix.

Pictogrammes du *Routard*

Établissements

- Hôtel, auberge, chambres d'hôtes
- Camping
- Restaurant
- Boulangerie, sandwicherie
- Glacier
- Café, salon de thé
- Café, bar
- Bar musical
- Club, boîte de nuit
- Salle de spectacle
- Office de tourisme
- Poste
- Boutique, magasin, marché
- Accès internet
- Hôpitaux, urgences

Sites

- Plage
- Site de plongée
- Piste cyclable, parcours à vélo

Transports

- Aéroport
- Gare ferroviaire
- Gare routière, arrêt de bus
- Station de métro
- Station de tramway
- Parking
- Taxi
- Taxi collectif
- Bateau
- Bateau fluvial

Attraits et équipements

- Présente un intérêt touristique
- Recommandé pour les enfants
- Adapté aux personnes handicapées
- Ordinateur à disposition
- Connexion wifi
- Inscrit au Patrimoine mondial de l'Unesco

Le *Routard* est imprimé sur un papier issu de forêts gérées.

I.S.B.N. 978-2-01-245896-3

TABLE DES MATIÈRES

COMMENT Y ALLER ?

LES LIAISONS INTER-ÎLES

CANARIES UTILE

HOMMES, CULTURE, ENVIRONNEMENT

GRAN CANARIA

FUERTEVENTURA

VERS LE SUD

LE CENTRE ET LE NORD DE L'ÎLE

LANZAROTE

LE CENTRE DE L'ÎLE

LE NORD-EST DE L'ÎLE

L'OUEST DE L'ÎLE

TENERIFE

LE NORD-EST DE L'ÎLE

LA POINTE NORD-EST

LA CÔTE NORD

LE CENTRE DE L'ÎLE

AU SUD DU PARC DU TEIDE

LA CÔTE NORD-OUEST

LA CÔTE SUD

EN LONGEANT LA CÔTE VERS L'EST

LA GOMERA

LA CÔTE EST ET LE SUD

LA ROUTE ENTRE SAN SEBASTIÁN ET PLAYA DE SANTIAGO

LA ROUTE DE SAN SEBASTIÁN À LA CÔTE NORD

LA ROUTE DE VALLE GRAN REY

LA PALMA

LA CÔTE NORD

LE CENTRE DE L'ÎLE

LA POINTE SUD DE L'ÎLE

EL HIERRO

IMPORTANT : DERNIÈRE MINUTE

Sauf rare exception, le *Routard* bénéficie d'une parution annuelle à date fixe. Entre deux dates, des événements fortuits (formalités, taux de change, catastrophes naturelles, conditions d'accès aux sites, fermetures inopinées, etc.) peuvent intervenir et modifier vos projets de voyage. Pour éviter les déconvenues, nous vous recommandons de consulter la rubrique « Guide » par pays de notre site • ***routard.com*** • et plus particulièrement les dernières ***Actus voyageurs.***

OCÉAN ATLANTIQUE
LA PALMA
Santo Domingo (Garafía)
Parque nacional de la Caldera de Taburiente
Roque de los Muchados
Santa Cruz de La Palma
Puerto de Tazacorte
Los Llanos de Aridane
Fuencaliente
Parque natural de la Cumbre Vieja
TENERIFE
La Laguna
Santa Cruz de Tenerife
Puerto de la Cruz
Garachico
La Orotava
Pico del Teide
Parque nacional del Teide
Los Cristianos
El Médano
LA GOMERA
Agulo
Parque nacional de Garajonay
Valle Gran Rey
San Sebastián de la Gomera
Playa de Santiago
EL HIERRO
Valverde
Puerto de la Estaca
El Sabinar
El Pinar
Pico Malpaso
OCÉAN ATLANTIQUE
0
20
40 km

LES CANARIES

LES QUESTIONS QU'ON SE POSE LE PLUS SOUVENT

Quels sont les papiers indispensables pour se rendre aux Canaries ?
Une carte d'identité ou un passeport en cours de validité : c'est l'Espagne, donc l'Europe.

Quel est le décalage horaire ?
Il y a 1h de décalage horaire entre les Canaries et le continent. Quand il est 11h aux Canaries, il est 12h en France.

Et il y a combien d'île ?
7 îles principales, quelques îlots et de nombreux rochers.

Quels sont les vaccins obligatoires ?
Aucun vaccin n'est obligatoire, il suffit d'être à jour de ses vaccins traditionnels.

Est-ce une destination pour les enfants ?
Oui, trois fois oui. Les Espagnols accueillent toujours très bien les enfants et certaines îles allient la baignade et les randos faciles, avec juste ce qu'il faut de culture.

Peut-on se baigner toute l'année ?
Oui, mais pas partout. Certaines plages sont battues par les vents et les courants. Il faut simplement bien choisir son île, et sur cette île, les bonnes plages (on les indique, évidemment). Ténérife, Gran Canaria, Lanzarote et La Palma sont sans doute les plus adaptées. La Gomera et El Hierro comptent peu de plages en revanche.

La vie est-elle chère ?
Si on se débrouille bien, on peut sur Internet profiter pour l'hébergement de belles promotions. Sur les petites îles, les *casas rurales* sont aussi une option intéressante. La nourriture est environ 30 % moins chère qu'en France.

Et la culture dans tout ça ?
Étonnement, toutes les îles possèdent une richesse culturelle bien à elle, avec des particularités très fortes, souvent singulièrement méconnue des touristes. Villes coloniales, sites archéologiques, petites églises baroques, fantaisies architecturales de César Manrique (à Lanzarote)... et quelques beaux musées.

Peut-on randonner dans les montagnes ?
Chaque île possède un réseau de sentiers de randonnées dense et régulièrement entretenu. À part la plage, la randonnée est la grande force des Canaries, avec des chemins qui traversent des paysages éblouissants.

Comment se déplacer ?
On passe d'une île à l'autre en bateau ou en avion, sans problème. Si chaque île est bien desservie par son propre réseau de bus, l'idéal reste la location de voiture, peu chère, qui permet d'explorer tous les coins et recoins.

LES COUPS DE CŒUR DU ROUTARD

À Gran Canaria

- **Errer dans les gigantesques dunes de Maspalomas,** et se prendre pour Lawrence d'Arabie ... p. 145
- **Dormir une nuit dans un des logements troglodytiques d'Artenara** et, à l'aube, découvrir l'époustouflant paysage, type « tous les matins du monde » ... p. 139
- **Arpenter les ruelles romantiques de la vieille ville de Las Palmas,** à la recherche des mânes de Colomb, et admirer nombre de palais et demeures aristocratiques ... p. 122
- **Passer au moins une nuit à Puerto de Mogán,** pour plonger dans l'animation et les couleurs de ce Saint-Trop' canarien ... p. 151

À Fuerteventura

- La **plage de Cofete** et la pittoresque descente vers le site le plus sauvage de l'île par une route d'un autre temps ... p. 171
- **Arpenter les ruelles de Betancuria,** la plus belle ville coloniale de l'île. Se retrouver ensuite au **Morro Velosa** à admirer le plus stupéfiant panorama de l'île... La totale ! ... p. 175
- Les **dunes de Corralejo et leur longue plage** au sable d'une blancheur éclatante, paradis des Robinsons ... p. 181
- **À El Cotillo, une super balade gastronomique** dans les meilleurs restos de ce charmant petit port de pêche ... p. 179

À Lanzarote

- Les **plages désertes de l'île de La Graciosa** et, pour les atteindre, le plaisir de cheminer sur des sentiers ou des routes dont aucune n'est encore goudronnée ... p. 211
- Les **fascinantes réalisations artistiques de César Manrique** en communion totale avec la nature. Des œuvres littéralement fondues dans le paysage ... p. 196
- Le **somptueux coucher de soleil sur l'archipel de Chinijo,** depuis le mirador del Río ... p. 212
- La **balade dans le parc national de Timanfaya,** un stupéfiant paysage volcanique, un exceptionnel écosystème, un univers de couleurs incroyables et de formes irréelles ... p. 214

À Tenerife

- **Arpenter les rues d'Orotava,** ville charmante, à la recherche de sa beauté coloniale passée.... p. 260
- **Se baigner dans les piscines « naturelles »** réalisées par César Manrique, à Puerto de la Cruz ... p. 252
- **Grimper à pied le pico del Teide,** point culminant de l'île à 3 718 m, ou en téléphérique si vous n'êtes pas marcheur. ... p. 273, 274
- **Déguster un excellent vin de Tenerife,** à la Casa del Vino de El Sauzal ... p. 259

À La Gomera

- **Aller à la rencontre des baleines et des dauphins,** toute l'année, à partir du port de Valle Gran Rey ... p. 336, 343
- **Écouter un siffleur d'*el silbo*,** dans un resto d'Hermigua ou de Vallehermoso ... p. 326, 330
- **Faire une randonnée** dans le parque nacional de Garajonay, au cœur d'une épaisse forêt de lauriers ... p. 330

À La Palma

- Partir à l'assaut du parc national de la **Caldera de Taburiente,** formidable dépression volcanique, sur l'un des nombreux chemins de randonnée.. p. 389
- Se baigner dans un environnement entièrement minéral de basalte noir volcanique, ébloui par le bleu de l'Atlantique, sur la **playa Nueva,** à la pointe sud de l'île. Un vrai bout du monde ... p. 400
- S'enfoncer dans les sous-bois touffus de **Los Tilos, une forêt primaire de laurisylve,** le long des sentiers bien balisés ... p. 368
- **S'initier à l'astronomie,** lors d'une sortie sous une voûte étoilée sublime, en pleine nature et sans pollution lumineuse ... p. 349
- Partir sur les traces des **Benahoarites, premiers habitants de l'île, et de leurs étonnants pétroglyphes,** sur les sites archéo de La Zarza ou de Belmaco, et dans le Museo arqueológico de Los Llanos de Aridane ... p. 372, 384, 402

À El Hierro

- Découvrir d'en haut la courbe majestueuse de la plaine d'**El Golfo,** avant de descendre barboter dans les **piscines naturelles** ... p. 416
- Explorer le **Sabinar,** un plateau désolé dominant l'océan et peuplé de genévriers fantastiques courbés par la force du vent ... p. 422
- En **plongée sous-marine,** se faufiler entre les cheminées de basalte de la réserve **Mar de las Calmas,** parmi les barracudas, les carangues dentues et les géants pélagiques ... p. 426

Nous tenons à remercier tout particulièrement Loup-Maëlle Besançon, Thierry Bessou, Gérard Bouchu, François Chauvin, Grégory Dalex, Stéphanie Déro, Fabrice Doumergue, Cédric Fischer, Carole Fouque, Michelle Georget, David Giason, Claude Hervé-Bazin, Emmanuel Juste, Dimitri Lefèvre, Fabrice de Lestang, Romain Meynier, Éric Milet, Pierre Mitrano, Jean-Sébastien Petitdemange, Thomas Rivallain et Dominique Roland pour leur collaboration régulière.

Emmanuelle Bauquis
Mathilde Blanchard
Jean-Jacques Bordier-Chêne
Michèle Boucher
Mathilde Bouron
Sophie Cachard
Jeanne Cochin
Agnès Debiage
Jérôme Denoix
Joséphine Desfougères
Tovi et Ahmet Diler
Clélie Dudon
Sophie Duval
Alain Fisch
Bérénice Glanger
Adrien et Clément Gloaguen
Bernard Hilaire
Sébastien Jauffret
Blanche-Flore Laize
Virginie Leibel
Jacques Lemoine
Julien Léopold
Jacques Muller
Caroline Ollion
Martine Partrat
Odile Paugam et Didier Jehanno
Julia Pouyet
Émile Pujol
Anaïs Rougale
Prakit Saiporn
Jean-Luc et Antigone Schilling
Alicia Tawil
Caroline Vallano
Juliana Verdier

Direction : Nathalie Bloch-Pujo
Contrôle de gestion : Jérôme Boulingre et Virginie Laurent-Arnaud
Secrétariat : Catherine Maîtrepierre
Direction éditoriale : Catherine Julhe
Édition : Matthieu Devaux, Géraldine Péron, Olga Krokhina, Gia-Quy Tran, Julie Dupré, Pauline Fiot, Camille Loiseau, Béatrice Macé de Lépinay, Emmanuelle Michon, Martine Schmitt et Marion Sergent
Préparation-lecture : Estelle Gaudin
Cartographie : Frédéric Clémençon et Aurélie Huot
Fabrication : Nathalie Lautout et Audrey Detournay
Relations presse France : COM'PROD, Fred Papet. ☎ 01-70-69-04-69. • *info@comprod.fr* •
Direction marketing : Adrien de Bizemont, Lydie Firmin et Laure Illand
Contacts partenariats : André Magniez (EMD). • *andremagniez@gmail.com* •
Édition des partenariats : Élise Ernest
Informatique éditoriale : Lionel Barth
Couverture : Clément Gloaguen et Seenk
Maquette intérieure : le-bureau-des-affaires-graphiques.com, Thibault Reumaux et npeg.fr
Relations presse : Martine Levens (Belgique) et Maureen Browne (Suisse)
Régie publicitaire : Florence Brunel-Jars

Remerciements

– María Méndez Castro, directrice de Promotur Turismo de Canarias, et Elena Gonzalez Vázquez de Parga, directrice de la promotion de Turismo de Canarias, ainsi que Eva Barrera Chinea.
– Les équipes de l'office espagnol de tourisme de Paris, efficaces et très professionnelles, comme toujours !
– Philippe Modol, pour son érudition et sa passion communicative.

Pour Gran Canaria
– Le Patronato de Turismo de Gran Canaria.
– Les offices du tourisme de Las Palmas de Gran Canaria et de Playa del Inglés.

Pour Fuerteventura
– Adey Valdivia García, de l'office de tourisme de Fuerteventura.

Pour Lanzarote
– José Domingo Calrera et Beatriz Acuña, du Patronata de Turismo de Lanzarote.
– L'office du tourisme de Teguise pour sa disponibilité et son efficacité.

Pour Tenerife
– Mme Nieves Perdomo, responsable de la Promotion de Tenerife.
– Les offices de tourisme des villes et villages, pour leur aide efficace.
– Bernard-Pierre Molin, pour son dynamisme.

Pour La Gomera
– Delphine Siodos, de Canarislas Trekking, pour les randonnées.
– Andy, de Dive Art, pour les plongées.
– Les offices de tourisme de San Sébastián de la Gomera et de Valle Gran Rey.
– Bruno Clément, toujours présent.

Pour La Palma
– Rosa Rodríguez, du Patronato de Turisme de La Palma pour son aide efficace et érudite.
– Ana María Rodríguez, de Isla Bonita, pour son temps et toutes ses infos.
– Ana García Suárez, de Astro La Palma, pour sa passion communicative.
– Les équipes des CIT de l'île, pour leur accueil et leur aide.
– Mouss, le roi de la route.

Pour El Hierro
– Cristina Ferro, du Tourisme de El Hierro.
– Enrica et Paolo, de l'agence Atlantidea.

ITINÉRAIRES CONSEILLÉS

GRAN CANARIA

En 3 jours

– ***1er jour :*** visite de Las Palmas de Gran Canaria. D'abord, la vieille ville et ses merveilles : la *Casa de Colón,* le *museo Canario,* la *cathédrale Santa Ana* et le musée d'Art sacré. Fin d'après-midi, visite du quartier commerçant de *Triana,* puis baignade méritée à la superbe plage urbaine de *playa Canteras.*
– ***2e jour :*** visite des environs. D'abord, le *parque arqueológico de Cueva Pintada* et ses étranges figures géométriques polychromes, typiques de l'art guanche, puis *El Cenobio de Valerón,* greniers à grain creusés dans la roche, le plus important site guanche de l'île. Belle route de montagne pour *Artenara,* le village le plus élevé, superbes panoramas avant de redescendre sur *Teror,* une séduisante ville coloniale. Visite de la basilique, son maître-autel et l'incroyable dais en argent de la Vierge ! Retour par *Arucas,* une autre ancienne ville coloniale offrant la plus belle église néogothique des Canaries.
– ***3e jour :*** *Tafira* et son immense jardin botanique, puis les jolies villes de montagne de *Santa Brígida, Vega de San Mateo* et *Artenara.* Puis route pour Tejeda offrant en chemin deux sites merveilleux : *roque Nublo* (ancien site guanche) et *roque Bentayga,* roche imposante à 1 400 m d'altitude. Retour par Telde et son plaisant centre colonial.

En 1 semaine

– ***1er jour :*** visite de *Las Palmas de Gran Canaria,* sa vieille ville, ses musées au long des romantiques ruelles. Puis repos, baignade et bain de soleil à la *playa de Las Canteras.* Dîner de fruits de mer au port.
– ***2e jour :*** le matin, continuation de la découverte de Las Palmas de Gran Canaria : le quartier de *Triana,* son architecture éclectique, personnifiée par l'*ilustrísimo Gabinete Literario,* la *casa de Pérez Galdós* (un des plus grands écrivains espagnols). Dans le *parque San Telmo,* un bel ermitage. L'après-midi, excursion aux alentours dans les belles villes coloniales : *Arucas, Teror* et au passage le merveilleux jardin botanique de *Tafira.*
– ***3e jour :*** visite de *Cueva Pintada* et d'*El Cenobio,* puis baignade (vasques dans les rochers) et orgie de fruits de mer dans le gentil petit port de pêche de *Puerto de las Nieves.* Belle route de montagne pour *Artenara* et nuit sur place dans un logement troglodytique.
– ***4e jour :*** *Cruz de Tejeda* souvent dans les brumes (le point le plus haut de l'île), puis les spectaculaires sites de *roque Nublo* et *roque Bentayga.* Petite randonnée pédestre, redescente sur *Tejeda* et nuit dans l'une des agréables auberges locales.
– ***5e jour :*** en route pour *San Bartolomé de Tirajana,* au long de séduisants paysages de montagne. Visite du vieux centre colonial et du *Museo etnográfico.* Vers Maspalomas et Playa del Inglés, halte en cours de route dans le ravissant village-oasis de *Fataga.* Enfin, plongée dans la vie nocturne animée (voire démente) de

Playa del Inglés et nuit sur place. Repas dans l'une des très belles adresses gastronomiques de la ville.
- ***6e jour :*** découverte des pittoresques *dunes de Maspalomas,* le Sahara local, baignade et repos sur une des plages les moins peuplées de la côte sud (juste marcher un peu jusqu'à trouver le spot idéal). L'après-midi, en route pour *Puerto Mogán,* petit port de pêche, reconverti en station balnéaire en lui conservant tout son charme d'antan... Nuit dans l'un des adorables petits appartements du port.
- ***7e jour :*** retour vers *Las Palmas de Gran Canaria* par la voie express. Au passage, les surfeurs se paieront quelques belles vagues à la *playa de Pozo Izquierdo,* lieu de grandes compétitions internationales. Puis, visite d'*Agüimes* et son *casco antiguo* préservé et de *Telde,* la deuxième ville de l'île, et de son centre-ville joliment restauré.

FUERTEVENTURA

En 3 jours

- ***1er jour :*** installation à *Morro Jable,* la très réputée station balnéaire du Sud. L'une de plus longues plages de sable blond de l'île. Excursion l'après-midi dans la *péninsule de Jandía* et découverte de la magnifique *plage de Cofete,* la plus sauvage de toutes (mais mer dangereuse). Nuit à Morro Jable et repas mémorable dans l'adorable vieux petit port de pêche.
- ***2e jour :*** remonter vers le nord de l'île, par la côte est, à travers des paysages d'une sévère et poignante austérité. Visite de la plus jolie église coloniale de l'île à *Pájara,* puis de *Vega de Río Palmas,* délicieuse petite cité, prélude à *Betancuria,* la plus belle ville coloniale de Fuerteventura. En route, traversée d'amples paysages se terminant en apothéose au *mirador de Morro Velosa,* avec un panorama à couper le souffle... Nuit dans l'une des *casas rurales* de charme de la région.
- ***3e jour :*** en route pour *Corralejo.* Au passage, visite du très intéressant village-écomusée d'Alcogida. Puis émouvant compagnonnage routier avec le *cône de Tindaya,* la montagne sacrée des *Majos* (les aborigènes de l'île). Paysages chargés de spiritualité, couleurs changeant sans cesse. À ce stade, on peut faire le choix de dormir à *La Oliva,* gentille ville coloniale, au petit port préservé de *El Cotillo* (et ses remarquables restos) ou à *Corralejo,* la grande et vivante station balnéaire du Nord (sa belle plage en plein centre-ville et, au sud, ses superbes dunes sur 10 km)...

En 1 semaine

- ***1er jour :*** de l'aéroport de *Puerto Rosario,* direction *Morro Jable.* Au passage, visite des *Salinas del Carmen,* intéressant écomusée sur l'histoire et la récolte du sel. Les sportifs choisiront de résider à *Las Playitas,* station balnéaire entièrement consacrée au sport. Les autres préféreront le long ruban de sable fin s'étirant entre *Costa Calma* et *Morro Jable.* Recherche de l'endroit le plus désert pour se baigner (pas difficile). Nuit à *Morro Jable.* Adorable ancien petit port et ses restos à touche-touche.
- ***2e jour :*** excursion dans la péninsule de *Jandía.* Tout au bout, le phare de *Punta de Jandía.* Découverte à travers un paysage bouleversant de la merveilleuse *playa de Cofete* (tout petit café-resto en bas). En revanche, mer dangereuse.
- ***3e jour :*** en route vers le nord. Paysages éblouissants d'une sauvage austérité. Baignade sur la petite plage d'*Ajuy* (bons restos de fruits de mer). Visite des belles villes coloniales de *Pájara, Vega de Río Palmas* et *Betancuria* (repas d'anthologie à la *Casa Maria*). Visite de l'*écomusée de los Molinos* à *Tiscamanita.* Nuit dans l'une des *casas rurales* de charme du coin.
- ***4e jour :*** visite de l'*écomusée de Alcogida,* un ensemble de fermes joliment rénovées, avec expo des activités artisanales traditionnelles. Possibilité de randonnée

sur le *cône de Tindaya,* la montagne sacrée des *Mahos* (premiers habitants de l'île). Visite de *La Oliva* qui a de belles choses à offrir comme la *Casa de los Coroneles.* Nuit sur place dans un très bel hôtel rural (et super repas !).
– ***5e jour :*** excursion à *El Cotillo,* petit port brut de forme, pas encore bétonné. Voir l'*écomusée de la Pêche* et le *castillo El Tostón.* Ne pas manquer de manger dans l'un des trois excellents restos de la ville (un p'tit faible pour l'*Azzurro* !). Nombreuses plages et criques pour tous les goûts au sud et au nord du port. Nuit à *El Cotillo* éventuellement (appartements à prix fort modérés).
– ***6e jour :*** en route pour *Corralejo,* la grande station balnéaire du Nord. Vieux centre-ville, pas trop d'hôtels en hauteur, ville plutôt agréable. Longue plage en plein centre. Vie nocturne animée. Nuit sur place (penser à réserver !).
– ***7e jour :*** dédié au farniente et à la découverte des célèbres dunes de *Corralejo,* ourlant 10 km de plages de sable blanc, de plus en plus désertes à mesure qu'on descend vers le sud...

LANZAROTE

En 3 jours

– ***1er jour :*** à la découverte des plus belles œuvres de César Manrique. D'abord, le *museo internacional de Arte contemporáneo* à Arrecife, puis son ancienne demeure transformée en une fascinante fondation. Choisir de résider dans l'une des nombreuses *casas rurales* du centre de l'île pour mieux rayonner. À San Bartolomé, on découvre le célèbre *monumento al Campesino* (le monument au Paysan), puis barre sur *Teguise,* la plus belle ville coloniale de l'île. Un charme fou ! Plus à l'est, l'étonnant *jardín de Cactus* et *Los Jameos del Agua,* un tunnel volcanique extraordinairement transformé en œuvre d'art par Manrique.
– ***2e jour :*** balade dans le nord sauvage de l'île, par le port brut de décoffrage d'*Órzola,* la *vallée de Haría* et ses mille palmiers, la Cueva de los Verdes et, surtout, découverte de l'époustouflant panorama sur l'île de *La Graciosa* depuis le *mirador del Río.* Émotion totale garantie ! Pour se remettre, boire un verre en rentrant à la *Cueva,* le bar du resto *Lagomar* à Nazaret, pour nous l'un des plus fous du monde !
– ***3e jour :*** les fans de surf et windsurf iront piquer une tête à la plage de la *Caleta de Famara,* la plus célèbre pour ce sport... Les autres fonceront visiter l'admirable (si, si !) *parc national de Timanfaya,* un fascinant chaos volcanique, une palette de couleurs qu'on ne soupçonnait pas... Pour finir, prendre la route des vignobles pour admirer leur esthétique originale, puis plonger une dernière fois à la magnifique plage de *Papagayo* de *Playa Blanca* ou, variante, passer jusqu'à El Golfo pour admirer la Laguna Verde et Los Hervideros.

En 1 semaine

– ***1er jour :*** le *museo internacional de Arte contemporáneo* à Arrecife, puis son ancienne demeure de César Manrique transformée en fondation. Monter à San Bartolomé pour admirer le célèbre *monumento al Campesino* (le monument au Paysan), puis visiter le très intéressant *museo etnográfico Tanit.* Si pas saturé, le *museo agrícola El Patio* à Tiagua vaut vraiment le détour. Dormir dans l'une des *casas rurales* de charme du coin (à Tinajo, à Mozaga...).
– ***2e jour :*** découvrir à son rythme la délicieuse ville coloniale de Teguise et ses prestigieux monuments. Puis, à 3 km, la merveilleuse *villa Lagomar* (dessinée par Manrique), ainsi que la *Cueva* qu'on tient pour l'un des bars les plus séduisants au monde... À l'est, aller se frotter au *jardín de Cactus,* encore un truc incroyable de Manrique.
– ***3e jour :*** cap sur le Nord pour tenter de repérer les mystérieux crabes albinos aux *Jameos del Agua,* un étonnant phénomène naturel. Puis, découverte de la *cueva de los Verdes,* spectaculaire tunnel de lave. Petit *port d'Órzola* d'où partent les

bateaux pour l'*île de La Graciosa* (on peut choisir d'y passer la journée et n[...] dormir). Puis, l'incontournable *mirador del Río* pour le plus merveilleux panc[...] de l'île.

– **4e jour :** sur cette montagne couverte de vignobles, nombreux chemins de petite randonnée pour admirer comment les paysans ont sculpté la montagne. Balade dans la séduisante vallée d'Haría et ses mille palmiers, avant d'aller observer le ballet des kitesurfeurs sur l'immense *playa de la Caleta de Famara.*

– **5e jour :** aller s'instruire au *centro de visitantes* du *parc national de Timanfaya.* Visite du parc. Pour les amateurs, « *bodega crawling* » sur la route des vins et visite des caves. Nuit à *Yaiza* ou à *El Golfo,* dans une des *casas rurales* de charme du coin.

– **6e jour :** baignade à *El Golfo,* petit port tranquille, un coup d'œil à la *laguna Verde* et au moins deux pour les vagues furieuses des *Hervideros.* Plus au sud, la magnifique plage de Papagayo fait l'unanimité.

– **7e jour :** un dernier bain à *playa Quemeda,* belle plage, village serein et bonne table, curieusement oubliés des « développeurs »... Grande station balnéaire de *Puerto del Carmen* d'où, avec la visite de la maison du grand écrivain José Saramago, la culture n'est pas absente... Une ultime trempette avant l'avion...

TENERIFE

En 3 jours

– **1er jour :** La Laguna, visite du centre-ville et du musée d'Histoire, puis route vers La Orotava. Visite de la ville et nuit sur place.

– **2e jour :** exploration du *parque nacional del Teide.* L'après-midi, montée au pico Teide en téléphérique et petite rando dans le parc. Y passer la nuit si possible. Sinon, route vers Garachico.

– **3e jour :** visite de la ville de Garachico, puis route vers Los Gigantes. Après-midi, excursion pour aller voir les baleines et les dauphins.

En 1 semaine

– **1er jour :** La Laguna, visite du centre-ville et du musée d'Histoire. Petit crochet par Santa Cruz pour le *museo de la Naturaleza y el Hombre* et le *TEA.* Retour vers La Laguna.

– **2e jour :** exploration du *parque rural Anaga.* Rando dans le parc à la journée ou demi-journée. Descente vers Taganana.

– **3e jour :** *parque nacional del Teide.* Traversée du parc, montée au pico Teide par le téléphérique et petite rando dans le parc. Nuit sur place si possible ou descente vers Vilaflor, gentille bourgade tranquille à mi-altitude.

– **4e jour :** autre randonnée dans le parc, puis cap sur Orotava. Visite de la ville. Pour un bain, descente à Puerto de la Cruz pour profiter du *Lago Martiánez,* bassins d'eau de mer réalisés par Manrique. Petit tour en ville.

– **5e jour :** visite de la côte nord-ouest. Garachico, gros village adorable et colonial. Baignade dans les piscines naturelles. Petit tour à Icod de los Vinos.

– **6e jour :** exploration du *parque rural Teno.* Rando dans le parc et repas dans l'une des auberges champêtres.

– **7e jour :** route vers Masca et visite de cet adorable village de montagne. Route vers Los Gigantes. Excursion pour aller voir les baleines et les dauphins.

LA GOMERA

En 3 jours

– **1er jour :** route vers le centre de l'île et exploration du *parque nacional de Garajonay.* Rando à la demi-journée ou à la journée dans ce sublime parc, unique en son genre.

– ***2e jour :*** visite des villages de la côte nord : Hermigua, Agulo, Vallehermoso... Nuit dans l'un des villages de montagne.
– ***3e jour :*** randonnée le matin à partir de Valle Gran Rey. L'après-midi, excursion pour aller voir les baleines et les dauphins.

En 1 semaine

– ***1er jour :*** visite de San Sebastián, ses rues et ses petits musées, puis route vers Playa Santiago.
– ***2e jour :*** exploration du *parque nacional de Garajonay.* Rando à la journée dans ce parc unique en son genre.
– ***3e jour :*** plongée dans les superbes fonds de l'île (de débutants à confirmés) ou excursion en kayak de mer.
– ***4e jour :*** visite de la côte nord : Hermigua, Agulo, Vallehermoso... Nuit dans l'un des villages de montagne.
– ***5e jour :*** randonnée à partir de Valle Gran Rey, à la journée.
– ***6e jour :*** excursion pour aller voir les baleines et les dauphins à partir de Valle Gran Rey.
– ***7e jour :*** route vers Valle Gran Rey et journée plage (Playa del Inglés ou playa El Puerto).

LA PALMA

En 3 jours

– ***1er jour :*** Santa Cruz de La Palma et sa vieille ville. Puis direction le sud pour une boucle : Villa de Mazo (*Casa Roja* et atelier de céramique), *Cueva de Belmaco,* Fuencaliente (volcan San Antonio, les salines, et pourquoi pas une pause baignade à la playa Nueva), Las Manchas avec la *Casa Museo del Vino* ; retour vers Santa Cruz ou Corralejo.
– ***2e jour :*** direction le centre de l'île et le *Parque Nacional de la Caldera de Taburiente.* Rando ½ journée, puis on pousse jusqu'à Los Llanos de Aridane (joli centre colonial et *Museo Arqueológico Benahoarita*), avant de finir la journée devant un plat de poisson ou de fruits de mer à Puerto de Tazacorte.
– ***3e jour :*** exploration de la côte nord, via la LP4 qui passe au Roque de Los Muchachos, le point le plus haut de l'île (paysage splendide) ; arrivé sur la LP1, cap à l'est : site archéologique de la *Zarza y la Zarzita,* baignade à La Fajana sur la côte de Barlovento ou au *Charco Azul* à San Andrés y Sauces (et déjeuner à Puerto Espíndola), passage au *Centro de visitantes du Bosque de Los Tilos,* visite du musée ethno Casa Luján à Puntallana.

En 1 semaine

– ***1er jour :*** Santa Cruz de La Palma, sa vieille ville coloniale, le *Museo Insular* et le *Santuario Nuestra Señora de las Nieves.* Détour vers Puntallana pour visiter la *Casa Luján,* puis vers Breña Alta pour visiter les *Museo del Puro* et de *las Cruces.* Baignade à Playa Bajamar ou à Corralejo.
– ***2e jour :*** exploration du *Bosque de Los Tilos,* formidable forêt de laurisylve primaire. Rando à la grosse demi-journée, fin de la journée dans l'une des charmantes piscines naturelles de La Fajana à Barlovento ou du Charco Azul à San Andrés y Sauces. Et excursion d'observation astronomique en soirée.
– ***3e jour :*** visite (sur résa, le prévoir à l'avance !) de l'observatoire de *Roque de Los Muchachos,* puis descente vers Garafía. Site archéologique de la *Zarza y la Zarzita,* Puntagorda (ne pas louper le *mercadillo* le w-e), descente vers Los Llanos de Aridane via le mirador del Time.

– ***4e jour :*** découverte du *Parque nacional de la Caldera de Taburiente.* Rando à la journée, et visite d'El Paso *(museo de la Sede).*
– ***5e jour :*** excursion en bateau depuis Puerto de Tazacorte pour voir baleines et dauphins, et baignade au passage. Puis Los Llanos de Aridane, jolie ville coloniale, son église et son *Museo Arqueológico Benahoarita.*
– ***6e jour :*** baignade à Puerto Naos ou sur la mignonne plage de Charco Verde, *Casa Museo de los Vinos* à Las Manchas, avant de pousser jusqu'à Fuencaliente pour visiter des *bodegas* (caves de vignerons). Autre option : rando à la journée sur la route des volcans, de El Pilar à Fuencaliente.
– ***7e jour :*** à Fuencaliente, visite du *centro de visitantes du Volcan San Antonio,* petite rando jusqu'aux Salines (où on déjeune aussi, au passage). Et l'après-midi, site archéologique de la Cueva de Belmaco, *Casa Roja* et atelier de céramique à Villa de Mazo, et fin de la journée en beauté sur la playa de La Salemera, pour un dernier bain...

EL HIERRO

En 3 jours

– ***1er jour :*** courte balade dans Valverde, puis découverte du panorama sur El Golfo depuis le *mirador de la Peña.* Visite de l'*ecomuseo de Guinea* et baignade dans les piscines naturelles de *La Maceta* ou du *Charco Azul.*
– ***2e jour :*** randonnée dans les paysages fantastiques et désolés de la *Dehesa* et du *Sabinar,* à la pointe ouest de l'île. Retour vers la civilisation par le *faro de Orchilla* et la *forêt d'El Pinar.*
– ***3e jour :*** le matin, petite rando sur le *sentier de la Llanía* au centre de l'île. Repas à San Andrés. Passage au *pico Malpaso,* le point culminant d'El Hierro, et fin de journée au petit port de pêche de *La Restinga,* avec baignade possible à la *cala de Tacorón.* **Autre option,** dédier ce 3e jour à la plongée, au départ de *La Restinga.*

En 1 semaine

– ***1er jour :*** courte balade dans *Valverde* puis exploration de la *côte est* jusqu'au *Parador,* avec balade dans le *champ de basalte de El Tamaduste* et pause baignade à *La Caleta.*
– ***2e jour :*** panorama sur El Golfo depuis le *mirador de la Peña.* Visite de l'*ecomuseo de Guinea,* passage par *Sabinosa* et le *Pozo de la Salud,* court sentier côtier de *Arenas Blancas.* Baignade à *La Maceta* ou au *Charco Azul.*
– ***3e jour :*** randonnée dans les paysages fantastiques et désolés et de la *Dehesa* et du *Sabinar,* à la pointe ouest de l'île. Retour vers la civilisation par le *faro de Orchilla* et la *forêt d'El Pinar.*
– ***4e jour :*** rando de la *ruta del Agua* au centre de l'île (3 à 5h selon circuit), avec passage par *El Garoé.* Baignade au *Charco Manso* ou au *Pozo de las Calcosas,* au nord de l'île.
– ***5e jour :*** le matin, petite rando sur le *sentier de la Llanía* au centre de l'île. Repas à San Andrés. Passage au *pico Malpaso* puis au *Centro de interpretación de El Julán.* Fin de journée à *La Restinga,* avec baignade possible à la *cala de Tacorón.*
– ***6e jour :*** plongée depuis La Restinga ; ou rando du *camino de Jinama* jusqu'à l'*église de la Candelaria* (3-4h), et baignade à *La Maceta.*
– ***7e jour :*** plongée depuis La Restinga ; ou rando guidée jusqu'aux pétroglyphes de Los Letreros (El Julán), puis baignade.

COMBINAISONS POSSIBLES ENTRE LES ÎLES

– ***De Gran Canaria :*** rejoindre la petite ***El Hierro,*** paisible et sauvage, pour plonger et randonner. Un p'tit coup d'aile ou, mieux, un bateau express depuis Las Palmas

ITINÉRAIRES CONSEILLÉS

de Gran Canaria pour rejoindre *Morro Jable* sur ***Fuerteventura,*** ses longues plages quasi désertes et ses paysages volcaniques d'une pathétique et séduisante austérité.
– De ***Fuerteventura,*** facile de gagner ***Lanzarote*** en bateau (entre 20 et 45 mn de trajet). L'occasion de plonger dans les œuvres de César Manrique, l'homme qui a prodigué à l'île son éblouissante aura artistique... Dans l'autre sens, on met le même temps pour rejoindre ***Fuerteventura,*** ses prodigieux paysages, écrins de séduisantes villes coloniales.
– ***De Tenerife :*** après cette île très fréquentée, on peut aller randonner quelques jours à ***La Gomera,*** île très tranquille, ou rejoindre la petite ***El Hierro,*** paisible et sauvage, pour plonger et randonner. Les liaisons entre ces îles sont faciles et assez fréquentes. De Tenerife, on peut aussi choisir ***La Palma,*** également facile d'accès, et qui ressemble à La Gomera pour sa tranquillité, la variété des paysages en plus. C'est donc un bon contrepoint à la grande île.
– ***De El Hierro :*** après une parenthèse solitaire et sauvage sur la plus petite île de l'archipel, on peut s'offrir un bain de foule à ***Tenerife*** (liaisons fréquentes en ferry ou avion) ou ***Gran Canaria*** (un vol par jour). À moins de préférer rester au calme en partant randonner sur ***La Gomera*** (ferries selon saison) ou sur ***La Palma,*** qui offre en outre quelques jolies villes coloniales et sites culturels intéressants.

SI VOUS ÊTES PLUTÔT...

Gran Canaria

... culture : le riche *museo Canario* entièrement dédié aux premiers habitants de l'île, la *casa de Pérez Galdós* et le *museo Néstor* à Las Palmas de Gran Canaria, *El Cenobio de Valerón* et la *Cueva Pintada,* la *casa-museo León y Castillo* à Telde...
... plages : à tout seigneur tout honneur, l'immense plage urbaine de sable blond de *playa de Los Canteras* à Las Palmas de Gran Canaria. Les plages de *Maspalomas* et de *Playa del Inglés*, bordant de spectaculaires dunes sahariennes, offrent de nombreux coins déserts.
... randonnées : autour d'*Agaete* et de *Puerto de las Nieves,* et bucoliques balades dans le superbe *parc naturel de Tamadaba. Artenara,* le village le plus haut de l'île, offre nombre de belles balades, ainsi que *Cruz de Tejeda* (notamment autour des célèbres monolithes *roque Bentayga* et *roque Nublo*).
... plongée : à la *playa de Los Canteras* même, grâce à la protection de la barre rocheuse ; à partir de Gáldar, vers les fonds de *Sardina del Norte* et de *Caleta Baja.* Au sud, les sites d'*El Cabrón, Arinaga* et *Pasito Blanco* font l'unanimité (mérous à peine à quelques mètres de profondeur). La zone de *Puerto de Mogán,* riche également en spots de plongée.
... avec des enfants : les *piscines naturelles* dans les rochers de *Puerto de las Nieves,* le *museo Elder de la Ciencia y la Tecnología* et la *Casa de Colón* à Las Palmas de Gran Canaria, ainsi que le *Pueblo Canario,* les *grottes troglodytiques d'Artenara,* le fantastique *jardín botánico de Tafira, Palmitos Park* et *Aqualand* (plus les dunes) à Maspalomas, le *jardín de Cactus* (et quelques attractions pédagogiques) à La Aldea de San Nicolás...
... amoureux : les villes coloniales ou de charme comme Teror et Tejeda, les *casas rurales* dans des « troglo » en pleine nature comme à *Artenera,* la plage sauvage de *Tasarte,* le mignon petit port de *Puerto de las Nieves* et la balade romantique sur le front de mer joliment aménagé...

Fuerteventura

... culture : la *casa-museo de Unamuno* ; le *Museo arqueológico de Betancuria,* l'*écomusée de La Alcogida.*

... plages : la longue plage de *Costa Calma* à *Morro Jable,* la *playa de Ajuy* et celle de *los Molinos* offrant plus d'intimité, la longue plage dunaire de *Corralejo,* de plus en plus déserte à mesure qu'on descend vers le sud...
... randonnées : le *parc naturel de Jandía,* dans les montagnes du centre tel l'itinéraire *Tiscaminata-Pájara* et la super balade du *pico de la Zarza,* les sentiers côtiers comme *Corralejo-Majanicho* et *Majanicho-faro de Tostón,* le tour de la *isla de Lobos,* le *malpaís de la Arena* à La Oliva, etc.
... plongée : clubs et spots à *Corralejo* et surtout à la *isla de Lobos,* puis *Caleta Negra* sur la côte ouest, à *Morro Jable* et la côte de *Costa Calma* également.
... avec des enfants : les criques paisibles au nord d'*El Cotillo ; las Salinas del Carmen* (musée du Sel) ; *Oasis Park* (zoo, jardin botanique, cactus, attractions diverses) ; le *musée de la Pêche...*
... amoureux : la plage déserte de *Cofete,* plus celle de *Barlovento* et toute la *péninsule de Jandía* préservée, la ville coloniale de *Betancuria,* la plage sauvage des *dunes de Corralejo,* les petits ports de pêche intacts comme *Ajuy.* Enfin, le belvédère de *Morro Velosa,* pour l'émotion et les grandes déclarations d'amour !...

Lanzarote

... culture : les œuvres étonnantes de César Manrique jalonneront votre parcours : *museo internacional de Arte contemporáneo* ; *Fundación* et *casa-museo César Manrique* ; plus le *museo etnográfico Tanit* et le *museo-casa José Saramago...*
... plages : *Playa Blanca* et *Puerto del Carmen* les plus populaires (mais touristiques) ; *playa de la Caleta de Famara* la plus fameuse pour le surf et le kitesurf.
... randonnées : les paysages lunaires, les pentes tordues et déchiquetées des anciens volcans se prêtent totalement à la rando (à pied ou à VTT). Notamment dans le nord-est de l'île autour du *mirador de Rio.* « Ascension » du *mont Corona* à travers les minuscules vignobles aux murets en fer à cheval si caractéristiques ; sentier suivant également la haute falaise del Risco. Petites randonnées organisées par l'office de tourisme de Teguise ou à partir du petit port d'El Golfo, l'embarras du choix !
... plongée : de très beaux fonds, notamment à l'*île de La Graciosa.* Pour les pros, le site de *Burrera* est l'un des plus recherchés. Cinq spots à *Playa Blanca,* une dizaine à *Puerto del Carmen,* trois à *Costa Teguise,* les stations les plus célèbres en possèdent toutes.
... avec des enfants : *Papagayo* à Playa Blanca se révèle la plage la plus populaire auprès des familles (criques protégées au sable blond). Gros succès de l'*aquarium* de Costa Teguise. Intéressant panorama des métiers et de l'artisanat local à la *casa-museo del Campesino* à San Bartolomé. Présentation pédagogique de toutes les activités de la terre au *museo agrícola El Patio* (à Tiagua). Enchantement au *jardín de Cactus* (dessiné par Manrique). Enfin, inoubliable expérience que la visite du *parc national de Timanfaya,* écosystème exceptionnel.
... amoureux : les plages désertes de l'*île de La Graciosa,* notamment celle de *Las Conchas,* 600 m de beauté pure comme cadre à vos émotions les plus pures ; prolongement de vos états extatiques au *mirador del Río* (attention, là on est tout proche du syndrome de Stendhal !)... Pour un voyage de noces de rêve, casser la tirelire pour la *chambre d'hôtes Casa El Ajibe* (la plus belle de l'île !) ; comparer ses élans tumultueux à ceux de la mer se fracassant dans les grottes de *Los Hervideros...* Nous, on est tout simplement tombés amoureux de toute l'île !

Tenerife

... culture : direction les villes de La Laguna, La Orotava et Garachico, vraiment les plus belles villes coloniales de l'île.
... plages : playa Las Teresitas au nord de Santa Cruz et les plages du Sud comme celles de Los Cristianos et Playa de las Américas.

... randonnées : trois superbes lieux : le *parque nacional del Teide* qui abrite le point culminant du pays, le *pico Teide* (3 718 m) et les *parque rural Anaga* et *parque rural Teno*.
... plongée : surtout à partir de la côte sud (*Los Cristianos* ou *Costa Adeje*) et depuis la côte ouest à partir du port de *Los Gigantes*.
... avec des enfants : évitez les grosses usines à touristes où les enfants ne trouveront pas leur place. Optez plutôt pour les petites stations intermédiaires comme La Orotava ou Puerto de Santiago. La côte sud propose néanmoins des activités adaptées aux enfants comme le *Loro Park, Siam Park* ou *Aqualand.* Et surtout, n'oubliez pas d'observer les baleines et les dauphins à partir de *Los Gigantes.*
... amoureux : sans hésiter, là encore les villes coloniales de La Laguna, La Orotava, mais aussi Vilaflor, Masca ou Grandilla de Abona.

La Gomera

... culture : les petits musées de *San Sebastián de La Gomera.*
... plages : *playa El Puerto* et *Playa del Inglés* à Valle Gran Rey.
... randonnées : il y a de quoi faire ! L'une des îles les plus adaptées à cette activité. Plusieurs dizaines de randonnées bien balisées et de tous niveaux. On peut les réaliser à partir de n'importe quel point de l'île.
... plongée : à partir de *San Sebastián de La Gomera,* plein de superbes immersions à réaliser.
... avec des enfants : mixer une nuit en montagne, vers *Hermigua* et *Vallehermoso,* mais aussi *Chipude* et *Las Hayas* et le bord de mer, *Playa de Santiago* et *Valle Gran Rey.*
... amoureux : *Playa de Santiago* et *Valle Gran Rey* sont des petites stations populaires et adorables, à l'urbanisation très maîtrisée.

La Palma

... culture : les villes coloniales : *Santa Cruz de La Palma* et son *Museo insular, Los Llanos de Aridane* et le *Museo arqueológico Benahoarita (MAB),* le *museo etnográfico casa Luján* à Puntallana, les sites archéologiques de la Zarza y la Zarzita et de Cueva de Belmaco, les églises baroques.
... plages : Puerto de Tazacorte, Puerto Naos, Charco Verde et playa Nueva sur la côte ouest, Los Cancajos et Playa de la Salamera sur la côte est, et les piscines naturelles de La Fajana et du Charco Azul sur la côte nord.
... randonnées : plus de 1 000 km de sentiers ! Pour tous niveaux et dans tout type d'environnement, depuis les verdoyants et humides sous-bois des laurisylves jusqu'aux paysages quasi lunaires de la *Cumbre nueva,* en passant par les sentiers escarpés découpés comme à la hache de la côte nord, au milieu des euphorbes.
... sportif : plongée, *mountainbike* (voir *Magic Bike La Palma* à Los Llanos de Aridane), et parapente pour les plus aguerris (pilotes confirmés !).
... avec des enfants : les salines de Fuencaliente, l'observation des baleines depuis Puerto de Tazacorte ; *Acropark La Palma,* et puis quelques belles balades accessibles (Los Tilos version enfant), la fin de la route des Volcans jusqu'à la pointe des salines, les piscines naturelles de la côte nord (Charco Azul à San Andrés et La Fajana à Barlovento) ; une sortie d'observation astronomique.
... amoureux : les ruelles romantiques des villes coloniales (Santa Cruz de La Palma et Los Llanos de Aridane), l'hôtel *Hacienda de Abajo* à Tazacorte (pour une lune de miel dans un véritable musée !), la beauté minérale et solitaire de la playa Nueva, le coucher de soleil depuis un *chiringuito* de la côte ouest, une balade sous le ciel multiétoilé...

El Hierro

... culture : l'*ecomuseo de Guinea,* le *Centro de interpretación de El Julán,* et enfin *El Garoé.*

... plages : pas vraiment de plages à El Hierro, à part celle de galets de *Las Playas* sur la côte est. En revanche, un chapelet de piscines naturelles grignotent tout le pourtour de l'île. Les plus belles, le *Charco Azul* et *La Maceta* à El Golfo, et le *Charco Manso* au nord.

... randonnées : la variété des paysages se prête parfaitement à de courtes balades comme à de longues randonnées. Incontournable, le circuit sur la *Dehesa* et le *Sabinar,* mais on peut également opter pour différents sentiers longeant la côte, s'enfonçant dans les forêts de pins ou de laurisylve, parcourant les landes humides... Y a de quoi user ses semelles !

... plongée : un des atouts majeurs de l'île, avec une vingtaine de spots, la plupart situés dans la réserve marine *Mar de las Calmas,* à explorer depuis le petit port de pêche de La Restinga. Attention cependant, la plupart des spots s'adressent aux plongeurs expérimentés, à commencer par le plus réputé, *El Bajón.*

... avec des enfants : alterner les balades côtières (dans la rocaille volcanique à *El Tamaduste,* à *Arenas Blancas*) et les après-midi baignade dans les piscines naturelles (*La Caleta* sur la côte est et *La Maceta* sur la côte ouest sont les mieux adaptées pour les enfants). Lézards géants de l'*ecomuseo de Guinea* et bombes volcaniques du modeste musée *Restingolita* à La Restinga.

... amoureux : les jeux de lumière sur le *Charco Azul,* une piscine naturelle peu fréquentée, la furie des vagues à la *playa del Verodal* (baignade interdite), isolée à la pointe ouest de l'île, le coucher de soleil sur l'océan, seuls au bout du monde, au pied du *faro de Orchilla...* Et un dîner toi, moi, et le panorama au *mirador de la Peña.*

COMMENT Y ALLER ?

EN AVION

Les 7 îles ont chacune leur aéroport mais ce sont surtout ***Tenerife sud*** et ***Tenerife nord, Grande Canarie*** (aéroport de Las Palmas de Gran Canaria), ***Lanzarote*** et ***La Palma*** qui accueillent la plupart des vols internationaux.

Les compagnies régulières

▲ **AIR EUROPA**

– Paris : 58A, rue du Dessous-des-Berges, 75013. ☎ 01-42-65-08-00. • aireuropa.com • Ⓜ Bibliothèque-François-Mitterrand. Lun-ven 9h-17h ; résas par tél 24h/24.

➢ Air Europa dessert Tenerife via Madrid au départ de Roissy-Charles-de-Gaulle.

▲ **IBERIA**

– Paris : Orly-Ouest, hall 1. ☎ 0825-800-965 (0,12 €/mn). • iberia.fr •

➢ Au départ de Paris-Orly, vols directs ou via Madrid ou Barcelone pour Tenerife sud, Tenerife nord, Las Palmas de Gran Canaria, La Palma, Lanzarote et Fuerteventura.

➢ De Bruxelles, 4 vols/j. vers Madrid ou Barcelone avec correspondance pour Tenerife sud le plus souvent, Tenerife norte, Las Palmas, Lanzarote et Fuerteventura. Pour La Palma et El Hierro, souvent une correspondance supplémentaire à Tenerife.

➢ De Genève et Zurich, plusieurs vols/sem pour Fuerteventura, Las Palmas de Gran Canaria, Tenerife et Lanzarote.

Les compagnies *low-cost*

Ce sont des compagnies dites « à bas prix ». Elles desservent les capitales européennes ainsi que de nombreuses villes de province. Plus vous réserverez vos billets à l'avance, plus vous aurez des chances d'avoir des tarifs avantageux mais il ne faut pas trop espérer trouver facilement des billets à prix plancher lors des périodes les plus fréquentées (vacances scolaires, week-ends...). N'hésitez pas à combiner les offres, d'autant plus que les compagnies *low-cost* permettent des vols simples. La résa se fait souvent par Internet et parfois par téléphone (pas d'agence, juste un numéro de réservation et un billet à imprimer soi-même). Des frais de dossier ainsi que des frais pour le règlement par carte de paiement peuvent vous être facturés. En outre, les pénalités en cas de changement d'horaires sont assez importantes. Afin de réduire les files d'attente dans les aéroports, certaines font même payer l'enregistrement aux comptoirs d'aéroport. Pour l'éviter, vous avez intérêt à vous enregistrer directement sur Internet où le service est gratuit. Il faut aussi rappeler que plusieurs compagnies facturent maintenant les bagages en soute ou limitent leurs poids. En cabine également, le nombre de bagages est strictement limité (attention, même le plus petit sac à main est compté comme un bagage à part entière). À bord, c'est service minimum et tous les services sont payants (boissons, journaux...). Ne pas oublier non plus d'ajouter le prix du bus pour se rendre à ces aéroports, souvent assez éloignés du centre-ville ou dans des aéroports secondaires quand il s'agit des capitales. Attention également au moment de la résa par Internet à décocher certaines options qui sont automatiquement cochées

(assurances, etc.). Au final, même si les prix de base restent très attractifs, il convient de prendre en compte tous ces frais annexes pour calculer le plus justement son budget.

▲ **EASYJET**
Rens : ☎ 0820-420-315 (en France, 0,12 € l'appel, puis 0,34 €/mn) ; ☎ 0848-28-28-28 (en Suisse ; 0,08 Fs/mn) ; ☎ 902-599-900 (en Espagne ; 0,83 €/mn). • easyjet.com •
➢ Dessert ***Tenerife sud*** au départ de Paris, Genève et Bâle-Mulhouse. Depuis ce dernier, également des liaisons vers Gran Canaria et Fuerteventura.

▲ **JETAIRFLY**
Rens : ☎ 0899-190-043 (en France ; 1,34 €/l'appel puis 0,34 €/mn), ☎ 090-388-945 (en Belgique ; 1,25 €/mn) ; ☎ 807-299-989 (en Espagne ; 0,91 €/mn). • jetairfly.com •
➢ Au départ de Bruxelles, dessert Tenerife min 6 fois/sem, Gran Canaria 2-3 fois/sem, La Palma 1 fois/sem, et Lanzarote et Fuerteventura 2 fois/sem. Dessert également Tenerife au départ de Paris-Orly ou de Beauvais.

▲ **RYANAIR**
Rens : ☎ 0892-562-150 (en France, 0,34 €/mn) ; ☎ 0902-33-660 (en Belgique ; 1 €/mn) ; ☎ + 44-871-24-600-11 (pour l'Espagne, 0,10 £/mn ; n° en Angleterre). • ryanair.com •
➢ Dessert ***Tenerife sud*** au départ de Paris-Beauvais et Charleroi.

▲ **THOMAS COOK AIRLINES**
Rens : ☎ 02-400-34-22 (en Belgique). • thomascookairlines.be •
➢ Au départ de Bruxelles, dessert en vols directs La Palma et Fuerteventura ts les w-e, Lanzarote 2 fois/sem, Tenerife sud 2-3 fois/sem et Gran Canaria 4 fois/sem.

▲ **VOLOTEA**
Rens : ☎ 0892-233-717 (0,284 €/mn) en France ; ☎ 902-73-77-17 en Espagne. • volotea.com •
➢ Au départ de Bordeaux et Nantes, dessert Fuerteventura et Tenerife sud.

▲ **VUELING**
Rens : ☎ 0899-232-400 (en France ; 1,34 € l'appel puis 0,34 €/mn) ; ☎ 0902-33-429 (en Belgique ; 0,75 €/mn) ; ☎ 807-200-100 (en Espagne ; 0,91 €/mn). • vueling.com •
➢ Vols directs vers Gran Canaria depuis Paris-Orly, et dessert aussi depuis Paris-Orly ou Paris-Charles de Gaulle, avec escale à Barcelone, Tenerife, La Palma, Lanzarote et Fuerteventura, avec des fréquences diverses selon les saisons.

– Possibilité de se rendre aussi aux Canaries en avion depuis ***Madrid*** avec ***Iberia Express*** (la filiale *low-cost* d'*Iberia* : *• iberiaexpress.com •*), ainsi qu'avec ***Binter Canarias*** (*• bintercanarias.com •*) depuis le Maroc, Madère, le cap Vert, le Sénégal, la Gambie et le Portugal, et avec ***Canary Fly*** (*• canaryfly.es •*) depuis le Maroc et la Mauritanie. Voir « Les liaisons inter-îles » pour plus d'infos sur les 2 dernières compagnies. Également des vols depuis Barcelone avec ***Vueling*** (voir ci-dessus).

LES ORGANISMES DE VOYAGES

– Ne pas croire que les vols à tarif réduit sont tous au même prix pour une même destination à une même époque : loin de là. On a déjà vu, dans un même avion partagé par 2 organismes, des passagers qui avaient payé 40 % plus cher que les autres. De plus, une agence bon marché ne l'est pas forcément toute l'année (elle peut n'être compétitive qu'à certaines dates bien précises). Donc, contactez tous les organismes et jugez vous-même.
– Les organismes cités sont classés par ordre alphabétique, pour éviter les jalousies et les grincements de dents.

▲ **FLANÉO**
☎ 01-43-57-99. • flaneo.com • .
Ce tour-opérateur français spécialiste des îles d'Espagne propose des séjours clé en mains pour découvrir les îles Canaries dans leur diversité. Chaque île proposée par Flanéo a sa propre personnalité. Paysages volcaniques, villages pittoresques, patrimoine architectural et culturel, longues plages de sable fin, criques et falaises : à vous de choisir selon vos envies. Flanéo propose des séjours avec les vols et les

transferts, ou la location de voiture, et 7 ou 14 nuits en hôtels 3, 4 ou 5 étoiles, avec différents types de pension.

▲ FRAM

☎ 0826-463-727 (0,15 €/mn). Lun-ven 9h-19h, sam 9h-18h30. • fram.fr •
FRAM programme plus de 60 destinations, avec de nombreuses formules de vacances et au départ de 28 villes. Au choix : des autotours, des vols secs, des circuits, des week-ends et courts séjours et des séjours en club *Framissima* aux Canaries.

▲ HUWANS-CLUB AVENTURE

☎ 04-96-15-10-20. • huwans-clubaventure.fr •
– Paris : 18, rue Séguier, 75006. ☎ 01-44-32-09-30. Ⓜ Saint-Michel ou Odéon. Lun-sam 10h-19h.
– Lyon : 38, quai Arloing, 69009. ☎ 04-96-15-10-52. Ⓜ Bellecour ou Ampère. Mar-ven 9h30-13h, 14h-18h30 ; sam 10h-13h, 14h-18h.
– Bouc-Bel-Air : bureau des guides Huwans en Provence, RN 8, La Petite-Bastide : village Oxylane, 13320. ☎ 04-88-66-48-93. Lun-sam 9h-19h.
Spécialiste du voyage d'aventure, ce tour-opérateur privilégie la randonnée en petits groupes, en famille ou entre amis pour parcourir le monde hors des sentiers battus. Leur site offre 1 000 voyages dans 90 pays différents, à pied, en pirogue ou à dos de chameau. Ces voyages sont encadrés par des guides locaux et professionnels.

▲ MARMARA

Résas partout en France en agence de voyages. ☎ 0899-650-580 (1,35 € l'appel puis 0,34 €/mn). • marmara.com •
Et dans les agences Marmara et Nouvelles Frontières partout en France.
Formules claires, départs de toute la France, offres incontournables et budget maîtrisé : tous les ingrédients pour des vacances réussies. Une collection de Clubs Marmara idéalement situés « les pieds dans l'eau » avec une animation 100 % francophone et des activités sans cesse renouvelées, en formule « tout compris ». Marmara c'est aussi une gamme de produits exclusifs et internationaux pour vivre de nouvelles expériences de vacances : les SplashWorld, des hôtels avec parc aquatique intégré, les SuneoClub, pour des vacances pleines de couleurs, les Club Magic Life, des séjours pas comme les autres et la collection Couples, des hôtels à vivre à 2. Également des circuits et des croisières pour faire le plein de découvertes.

▲ MÉRÎLIA

– Paris : 14, bd de Sébastopol, 75004. ☎ 01-56-68-12-00. • merilia.com • Ⓜ Châtelet. Sur rdv lun-ven 10h-18h30.
Mérîlia, spécialiste à la carte de l'Europe et de ses îles, programme des séjours sélectionnés en hôtels 4 et 5 étoiles, combinés îles, croisières, autotours, circuits accompagnés, villas... Plus de renseignements sur le site internet.

▲ NOUVELLES FRONTIÈRES

☎ 0825-000-747 (0,15 €/mn). • nouvelles-frontières.fr • En agence de voyages, agences Nouvelles Frontières et Marmara.
Depuis plus de 45 ans, Nouvelles Frontières fait découvrir le monde au plus grand nombre au travers de séjours aussi merveilleux qu'insoupçonnés, à la découverte de nouveaux paysages, de nouveaux visages et de rencontres riches en émotions. Selon votre budget ou vos désirs, plus de 100 destinations à choisir parmi 240 circuits ou bien en séjours et voyages à la carte à personnaliser selon vos envies. Rendez-vous sur le web ou en agence où les conseillers NF seront à votre écoute pour mettre le voyage d'exception à votre portée et composer votre voyage selon vos souhaits.

▲ PLEIN VENT VOYAGES

Résas et brochures dans les agences ainsi que sur • pleinvent-voyages.com • ☎ 04-92-12-38-20. Lun-ven 9h-19h (18h sam).
Filiale du groupe FRAM, Plein Vent assure toutes ses prestations (circuits francophones et séjours tout compris en hôtels 3 ou 4 étoiles) au départ de Paris et de 15 villes de province. Son but : offrir des petits prix sur de nombreuses destinations. Parmi ses destinations phares, les Canaries. Plein

LOOK!
Le guide du routard
Disponible sur iPhone
Pour vous faire comprendre partout dans le monde !
Randonnée à dos de ...
Riding a ...
Achetez l'application sur l'App Store 2,99 €

Vent garantit ses départs et propose un système de « garantie annulation » performant.

▲ **PROMOVACANCES.COM**

☎ 0899-654-850 (1,35 € l'appel puis 0,34 €/mn). • promovacances.com • Lun-ven 8h-minuit, sam 9h-23h, dim 10h-23h.

N° 1 français de la vente de séjours sur Internet, Promovacances a fait voyager plus de 2 millions de clients en 10 ans. Le site propose plus de 10 000 voyages actualisés chaque jour sur 300 destinations : séjours, circuits, week-ends, thalasso, plongée, golf, voyages de noces, locations, vols secs... L'ambition du voyagiste : prouver chaque jour que le petit prix est compatible avec des vacances de qualité. Grâce aux avis clients publiés sur le site et aux visites virtuelles des hôtels, vous réservez vos vacances en toute tranquillité.

▲ **THALASSO N° 1**

☎ 01-42-25-52-85. • thalassonumero1.com •

Un tour-opérateur spécialisé dans les voyages bien-être qui propose des séjours pour se ressourcer aux Canaries, sur 5 des îles de l'archipel. Des départs de Paris et de nombreuses villes de province, et un grand choix d'hôtels et de formules de séjours.

▲ **VOYAGES-SNCF.COM**

– Infos et résas depuis la France : • voyages-sncf.com • et sur tablette et mobile avec les applis V. (trains) et V. Hôtel (hôtels).

– Réserver un vol, un hôtel, une voiture : ☎ 0899-500-500 (1,35 € l'appel puis 0,34 €/mn).

– Une question ? Rubrique Contact ou au ☎ 09-70-60-99-60 (n° non surtaxé).

Voyages-sncf.com, distributeur de voyages en ligne de SNCF, vous propose ses meilleurs prix de train, d'avion, d'hôtel et de location de voitures en France et en Europe. Accédez aussi à ses services exclusifs : Billets à domicile (en France), Alerte Résa, calendrier des prix, offres de dernière minute...

▲ **VOYAGEURS DU MONDE EN ESPAGNE ET AU PORTUGAL**

☎ 01-42-86-17-20. • voyageursdumonde.fr •

– Paris : La Cité des Voyageurs, 55, rue Sainte-Anne, 75002. ☎ 01-42-86-16-00. Ⓜ Opéra ou Pyramides. Lun-sam 9h30-19h. Avec une librairie spécialisée sur les voyages.

– Également des agences à Bordeaux, Grenoble, Lille, Lyon, Marseille, Montpellier, Nantes, Nice, Rennes, Rouen, Strasbourg et Toulouse. Également Bruxelles et Genève.

Le spécialiste du voyage en individuel sur mesure. Parce que chaque voyageur est différent, que chacun a ses rêves et ses idées pour les réaliser, Voyageurs du Monde conçoit, depuis plus de 30 ans, des projets sur mesure. Les séjours proposés sur 120 destinations sont élaborés par leurs 180 conseillers voyageurs. Spécialistes par pays et même par régions, ils vous aideront à personnaliser les voyages présentés à travers une trentaine de brochures d'un nouveau type et sur le site internet où vous pourrez également découvrir les hébergements exclusifs et consulter votre espace personnalisé. Au cours de votre séjour, vous bénéficiez des services personnalisés Voyageurs du Monde, dont la possibilité de modifier à tout moment votre voyage, l'assistance d'un concierge local, la mise en place de rencontres et de visites privées et l'accès à votre carnet de voyage via une application iPhone et Androïd. Voyageurs du Monde est membre de l'association ATR (Agir pour un Tourisme Responsable) et a obtenu sa certification Tourisme Responsable AFAQ AFNOR.

Comment aller à Roissy et à Orly ?

Bon à savoir :

– le ***pass Navigo*** est valable pour Roissy-Rail (RER B, zones 1-5) et Orly-Rail (RER C, zones 1-4). Les week-ends et j. fériés, le *pass Navigo* est dézoné, ce qui permet à ceux qui n'ont que les zones 1 à 3 d'aller tout de

même jusqu'aux aéroports sans frais supplémentaires ;
– le ***billet Orly-Rail*** permet d'accéder sans supplément aux réseaux métro et RER.

À Roissy-Charles-de-Gaulle 1, 2 et 3

Attention : si vous partez de Roissy, pensez à vérifier de quelle aérogare votre avion décolle, car la durée du trajet peut considérablement varier en fonction de cette donnée.

En transports collectifs

Les cars Air France : ☎ *0892-350-820 (0,34 €/mn).* • *lescarsairfrance.com* • *Paiement par CB possible à bord.*
Le site internet diffuse les informations essentielles sur le réseau (lignes, horaires, tarifs...) permettant de connaître en temps réel le trafic afin de mieux planifier son départ. Il permet d'acheter et d'imprimer les billets électroniques pour accéder aux bus.
➢ *Paris-Roissy :* départ pl. de l'Étoile (1, av. Carnot), avec un arrêt pl. de la Porte-Maillot (bd Gouvion-Saint-Cyr). Départs ttes les 30 mn, 5h45-23h. Durée du trajet : env 1h. Tarifs : 17 € l'aller simple, 29 € l'A/R ; réduc enfants 2-11 ans.
Autres départs depuis la gare Montparnasse (arrêt rue du Commandant-Mouchotte, face à l'hôtel *Pullman*), ttes les 30 mn, 6h-22h, avec un arrêt gare de Lyon (20 bis, bd Diderot). Tarifs : 17 € l'aller simple, 28,50 € l'A/R ; réduc enfants 2-11 ans.
➢ *Roissy-Paris :* les cars *Air France* desservent la pl. de la Porte-Maillot, avec un arrêt bd Gouvion-Saint-Cyr, et se rendent ensuite au terminus de l'av. Carnot. Départs ttes les 30 mn, 5h45-23h, des terminaux 2A et 2C (porte C2), 2E et 2F (niveau « Arrivées », porte E8 ou F9), 2B et 2D (porte B1), et du terminal 1 (porte 32, niveau « Arrivées »).
À destination de la gare de Lyon et de la gare Montparnasse, départs ttes les 30 mn, 6h-22h, des mêmes terminaux. Durée du trajet : env 1h15.

Roissybus : ☎ *32-46 (0,34 €/mn).* • *ratp.fr* • Départs de la pl. de l'Opéra (angle rues Scribe et Auber) ttes les 15 mn (20 mn à partir de 20h, 30 mn à partir de 22h), 5h15-00h30. Durée du trajet : 1h. De Roissy, départs 6h-00h30 des terminaux 1, 2A, 2B, 2C, 2D et 2F, et à la sortie du hall d'arrivée du terminal 3. Tarif : 10,50 €.

Bus RATP nº 351 : de la pl. de la Nation, 5h35-20h20. Solution la moins chère mais la plus lente. Compter 3 tickets ou 5,70 € et 1h40 de trajet. Ou ***bus nº 350,*** de la gare de l'Est (1h15 de trajet). Arrivée Roissypôle-gare RER.

RER ligne B + navette : ☎ *32-46 (0,34 €/mn).* Départs ttes les 15 mn, 4h53-0h20 depuis la gare du Nord et à partir de 5h26 depuis Châtelet. À Roissy-Charles-de-Gaulle, descendre à la station (il y en a 2) qui dessert le bon terminal. De là, prendre la navette adéquate. Compter 50 mn de la gare du Nord à l'aéroport (navette comprise), mais mieux vaut prendre de la marge. Tarif : 10,90 €. *Pass Navigo* valable sans frais supplémentaires pour les aéroports.

Si vous venez du nord, de l'ouest ou du sud de la France en train, vous pouvez rejoindre les aéroports de Roissy sans passer par Paris, la gare SNCF Paris-Charles-de-Gaulle étant reliée aux réseaux TGV.

En taxi

Pensez à explorer les nouveaux services de transport de personnes qui se développent dans la capitale, et qui pourraient être adaptés à vos besoins.
– ***WeCab :*** ☎ *01-41-27-66-77.* Une formule de taxi partagé (avoir un peu de souplesse horaire donc, max 2 arrêts), uniquement entre les aéroports parisiens et Paris/proche banlieue, tarifs forfaitaires (paiement à l'avance en ligne)... • *wecab.com* • *Remise de 10 % pour nos lecteurs avec le code « routard2015 » au paiement.*

sur iPhone et iPad

Toutes les rubriques du guide dans 10 applis villes

4,49 €
l'appli ville

Géolocalisation sans connexion Internet

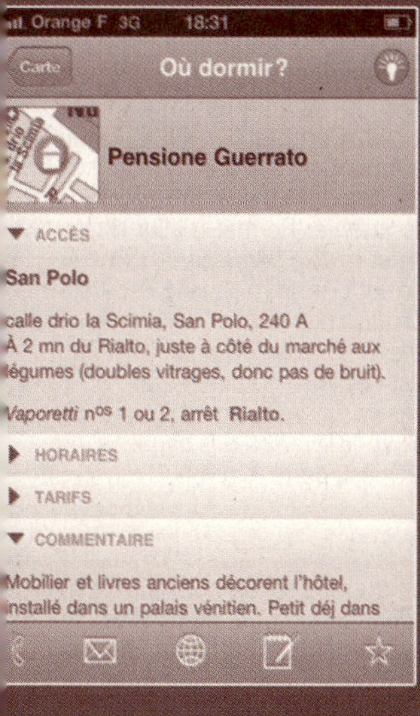

Disponibles sur l'App Store :

Amsterdam
Barcelone
Berlin
Bruxelles
Londres
Marrakech
New York
Paris
Rome
Venise

– **Marcel :** ☎ *0892-230-300.* • *marcel.cab* • *Appli Marcel Chauffeur sur iPhone et Android. 15 % de réduc pour toute résa effectuée plus de 48h à l'avance. Remise supplémentaire de 10 % pour nos lecteurs avec le code promo « routard ».* Service sur Paris et Ile-de-France, tarifs fixes avantageux et connus à la réservation. Aucun frais en sus pour les bagages, passagers supplémentaires ou l'approche. Réservation gratuite par Internet ou via l'application, payante par téléphone.

En voiture

Chaque terminal a son propre parking. Compter 36 € par tranche de 24h. Également des parkings longue durée (PR et PX), plus éloignés des terminaux, qui proposent des tarifs plus avantageux (forfait 24h 26 €, forfait 7 j. 158 €). Possibilité de réserver sa place de parking via le site • *aeroportsdeparis.fr* • Stationnement au parking Vacances (longue durée) dans le P3 Résa (terminaux 1 et 3) situé à 2 mn du terminal 3 à pied, ou dans le PAB (terminal 2). Formules de stationnement 1-30 j. (115-230 €) pour le P3 Résa. Forfait w-e 4 j. au PAB : 49 €. Réservation sur Internet uniquement. Les P1, PAB et PEF accueillent les deux-roues : 15 € pour 24h.

Comment se déplacer entre Roissy-Charles-de-Gaulle 1, 2 et 3 ?

Les rames du CDG-VAL font le lien entre les 3 terminaux en 8 mn. Fonctionne tlj, 24h/24. Gratuit. Accessible aux personnes à mobilité réduite. Départs ttes les 4 mn, et ttes les 20 mn minuit-4h. Desserte gratuite vers certains hôtels, parkings, gares RER et gares TGV. *Infos au ☎ 39-50.*

À Orly-Sud et Orly-Ouest

En transports collectifs

Les cars Air France : ☎ *0892-350-820 (0,34 €/mn).* • *lescarsairfrance.com* • *Tarifs : 12,50 € l'aller simple, 21 € l'A/R ; réduc 2-11 ans. Paiement par CB possible dans le bus.*
➢ *Paris-Orly :* départs de l'Étoile, 1, av. Carnot, ttes les 30 mn, 5h-22h40. Arrêts au terminal des Invalides, rue Esnault-Pelterie (Ⓜ Invalides), gare Montparnasse (rue du Commandant-Mouchotte, face à l'hôtel *Pullman* ; Ⓜ Montparnasse-Bienvenüe, sortie « Gare SNCF ») et porte d'Orléans (arrêt facultatif uniquement dans le sens Orly-Paris). Compter env 1h.
➢ *Orly-Paris :* départs ttes les 20 mn, 6h-23h40, d'Orly-Sud, porte L, et d'Orly-Ouest, porte D, niveau « Arrivées ».

RER C + navette : ☎ *01-60-11-46-20.* • *transdev-idf.com* • Prendre le RER C jusqu'à Pont-de-Rungis (un RER ttes les 15-30 mn). Compter 25 mn depuis la gare d'Austerlitz. Ensuite, navette pdt 15-20 mn pour Orly-Sud et Orly-Ouest. Compter 6,60 €. Très recommandé les jours où l'on piétine sur l'autoroute du Sud (w-e et jours de grands départs) : on ne sera jamais en retard. Pour le retour, départs de la navette ttes les 15 mn depuis la porte G à Orly-Ouest (5h40-23h14) et la porte F à Orly-Sud (4h45-0h55).

Orlybus : • *ratp.fr* • Compter 20-30 mn pour rejoindre Orly (Ouest ou Sud) et 7,50 € l'aller simple.
➢ *Paris-Orly :* départs ttes les 15-20 mn de la pl. Denfert-Rochereau. Orlybus fonctionne tlj 5h35-23h, jusqu'à minuit ven, sam et veilles de fêtes.
➢ *Orly-Paris :* départ d'Orly-Sud, porte H, quai 4, ou d'Orly-Ouest, porte J, niveau « Arrivées ». Fonctionne tlj 6h-23h30, jusqu'à 0h20 ven, sam et veilles de fêtes.

Orlyval : ☎ *32-46 (0,34 €/mn).* • *ratp.fr* • Compter 11,65 € l'aller simple entre Orly et Paris. La jonction se fait à Antony (ligne B du RER) sans aucune attente. Permet d'aller d'Orly à Châtelet et vice versa en 40 mn env, sans se soucier de la densité de la circulation automobile.
➢ *Paris-Orly :* départs pour Orly-Sud et Ouest ttes les 6-8 mn, 6h-23h.
➢ *Orly-Paris :* départ d'Orly-Sud, porte K, zone livraison des bagages, ou d'Orly-Ouest, porte A, niveau 1.

En taxi

Pensez à explorer les nouveaux services de transport de personnes qui se développent dans la capitale et

pourraient être adaptés à vos besoins (voir plus haut les solutions en taxi proposées pour se rendre à Roissy).

En voiture

– ***Parkings aéroports :*** à proximité d'Orly-Ouest, parkings P0 et P2. À proximité d'Orly-Sud, P1, P2 et P3 (à 50 m du terminal, accessible par tapis roulant). Compter 28,50 € pour 24h de stationnement. Les parkings P0 et P2 (Orly-Ouest) et P6 (Orly-Sud), à proximité immédiate des terminaux, proposent des forfaits intéressants, dont le « Week-end ». Forfaits disponibles aussi pour les P4 et P5 (éloignés) : 24-27 € pour 24h. Il existe des forfaits Vacances intéressants à partir de 6j. et jusqu'à 45j. (100-300 €) au P2 et P6.
Les P4, P7 (en extérieur) et P5 (couvert) sont des parkings longue durée, plus excentrés, reliés en 10 mn par navettes gratuites aux terminaux. *Rens :* ☎ *01-49-75-56-50.* Comme à Roissy, possibilité de réserver en ligne sa place de parking (P0 et P7) sur • *aeroportsdeparis.fr* • Les frais de résa (en sus du parking) sont de 8 € pour 1 j., de 12 € pour 2-3 j. et de 20 € pour 4-10 j. de stationnement pour le P0. Les parkings P0-P2 à Orly-Ouest et P1-P3 à Orly-Sud accueillent les deux-roues : 6,20 € pour 24h.
– À proximité, ***Econopark :*** possibilité de laisser sa voiture à Chilly-Mazarin *(13, rue Denis-Papin, ZA La Vigne-aux-Loups, 91380 ; à env 10 mn d'Orly ; proche A6 et A10).* De 1 à 28 j., compter 30-166 €. Trajet A/R vers Orly en minibus (sans supplément). Option parking couvert possible. Réservation et paiement en ligne • *econopark.fr* • ou par tél ☎ *01-60-14-85-62.*

Liaisons entre Orly et Roissy-Charles-de-Gaulle

Les cars Air France : ☎ *0892-350-820 (0,34 €/mn).* • *lescarsairfrance.com* • Départs de Roissy-Charles-de-Gaulle depuis les terminaux 1 (porte 32), 2A et 2C (porte C2), 2B et 2D (porte B1), 2E et 2F (porte E8 ou F9) vers Orly 5h55-22h30. Départs d'Orly-Sud (porte D) et d'Orly-Ouest (porte L) vers Roissy-Charles-de-Gaulle 6h30 (7h le w-e)-22h30. Ttes les 30-45 mn (dans les 2 sens). Durée du trajet : env 1h30. Tarif : 21 €, 35,50 € A/R ; réduc.

RER B + Orlyval : ☎ *32-46 (0,34 €/mn).* Depuis Roissy, navette puis RER B jusqu'à Antony et enfin Orlyval entre Antony et Orly, 6h-22h15. Tarif : 19,50 €.

EN BELGIQUE

▲ AIRSTOP

Pour ttes les adresses Airstop, un seul numéro de tél : ☎ *070-233-188.* • *airstop.be* • *Lun-ven 9h-18h30, sam 10h-17h.*
– Bruxelles : bd E.-Jacquemain, 76, 1000.
– Anvers : Jezusstraat, 16, 2000.
– Bruges : Dweersstraat, 2, 8000.
– Gand : Maria Hendrikaplein, 65, 9000.
– Louvain : Mgr. Ladeuzeplein, 33, 3000.
Airstop offre une large gamme de prestations, du vol sec au séjour tout compris à travers le monde.

▲ HUWANS-CLUB AVENTURE

– Bruxelles : Nomades Voyages, 27, pl. Saint-Job, 1180. • *huwans-clubaventure.fr* •
Voir texte dans la partie « En France ».

▲ NOUVELLES FRONTIÈRES

• *nouvelles-frontieres.be* •
– Nombreuses agences dans le pays dont Bruxelles, Charleroi, Liège, Mons, Namur, Waterloo, Wavre et au Luxembourg.
Voir texte dans la partie « En France ».

▲ SERVICE VOYAGES ULB

• *servicevoyages.be* • *25 agences dont 12 à Bruxelles.*
– Bruxelles : campus ULB, av. Paul-Héger, 22, CP 166, 1000. ☎ *02-650-40-20.*
– Bruxelles : pl. Saint-Lambert, 1200. ☎ *02-742-28-80.*
– Bruxelles : chaussée d'Alsemberg, 815, 1180. ☎ *02-332-29-60.*
Service Voyages ULB, c'est le voyage à l'université. Billets d'avion sur vols charters et sur compagnies régulières à des prix compétitifs.

▲ VOYAGEURS DU MONDE

– Bruxelles : 23, chaussée de Charleroi, 1060. ☎ 02-543-95-50. • voyageursdumonde.com •

Le spécialiste du voyage en individuel sur mesure. Voir texte dans la partie « En France ».

EN SUISSE

▲ TUI-NOUVELLES FRONTIÈRES

– Genève : rue Chantepoulet, 25, 1201. ☎ 022-716-15-70.

– Lausanne : bd de Grancy, 19, 1006. ☎ 021-616-88-91.

Voir texte « Nouvelles Frontières » dans la partie « En France ».

▲ STA TRAVEL

☎ 058-450-49-49. • statravel.ch •

– Fribourg : rue de Lausanne, 24, 1701. ☎ 058-450-49-80.

– Genève : rue de Rive, 10, 1204. ☎ 058-450-48-00.

– Genève : rue Vignier, 3, 1205. ☎ 058-450-48-30.

– Lausanne : bd de Grancy, 20, 1006. ☎ 058-450-48-50.

– Lausanne : à l'université, Anthropole, 1015. ☎ 058-450-49-20.

Agences spécialisées notamment dans les voyages pour jeunes et étudiants. 150 bureaux STA et plus de 700 agents du même groupe répartis dans le monde entier sont là pour donner un coup de main *(Travel Help).*

STA propose des tarifs avantageux : vols secs *(Blue Ticket),* hôtels, écoles de langues, *work & travel,* circuits d'aventure, voitures de location, etc. Délivre la carte internationale d'étudiant et la carte *Jeune.*

AU QUÉBEC

▲ EXOTIK TOURS

Rens sur • exotiktours.com • ou auprès de votre agence de voyages.

Exotik Tours offre une importante programmation en été comme en hiver sur la Méditerranée et l'Europe. Ses circuits estivaux se partagent notamment entre la France, l'Autriche, la Grèce, la Turquie, l'Italie, la Croatie, le Maroc, la Tunisie, la République tchèque, la Russie, la Thaïlande, le Vietnam, la Chine... L'hiver, des séjours sont proposés dans le Bassin méditerranéen et en Asie (Thaïlande et Bali). Durant cette saison, on peut également opter pour des combinés plage + circuit. Dans la rubrique « Grands voyages », le voyagiste suggère des périples en petits groupes ou en individuel. Au choix : l'Amérique du Sud, le Pacifique sud, l'Afrique (Afrique du Sud, Kenya, Tanzanie), l'Inde et le Népal. Le voyagiste a par ailleurs créé une nouvelle division : Carte Postale Tours (circuits en autocar au Canada et aux États-Unis).

▲ INTAIR VACANCES

Intair Vacances propose un vaste choix de prestations à la carte incluant vol, hébergement et location de voitures en Europe, aux États-Unis ainsi qu'aux Antilles et au Mexique. Également au menu, des courts ou longs séjours, en Espagne (Costa del Sol) et en France (hôtels et appartements sur la Côte d'Azur et en région). Également un choix d'achat-rachat en France et dans la péninsule Ibérique.

▲ TOURS CHANTECLERC

• tourschanteclerc.com •

Tours Chanteclerc est un tour-opérateur qui publie différentes brochures de voyages : Europe, Amérique du Nord, Amérique du Sud, Asie et Pacifique sud, Afrique et le Bassin méditerranéen en circuits ou en séjours. Il s'adresse aux voyageurs indépendants qui réservent un billet d'avion, un hébergement (dans toute l'Europe), des excursions ou une location de voiture. Également spécialiste de Paris, le tour-opérateur offre une vaste sélection d'hôtels et d'appartements dans la Ville Lumière.

▲ TOURSMAISON

Spécialiste des vacances sur mesure, ce voyagiste sélectionne plusieurs « Évasions soleil » (plus de 600 hôtels ou appartements dans quelque 45 destinations), offre l'Europe à la carte toute l'année (plus de 17 pays) et une vaste sélection de compagnies de croisières (11 compagnies au choix). Toursmaison concocte par ailleurs des forfaits escapades à la carte aux États-Unis et au Canada. Au choix : transport aérien, hébergement, locations de voitures pratiquement partout dans le monde. Des billets pour le train, les excursions et les spectacles peuvent également être achetés avant le départ.

▲ TRANSAT DÉCOUVERTES
• transatdecouvertes.com •
Ce voyagiste propose quelque 25 destinations à la carte ou en circuits organisés. De l'Inde à la Thaïlande en passant par le Vietnam, la Chine, Bali, l'Europe centrale, la Russie, la Grèce, la Turquie, l'Italie, la Croatie, le Maroc, l'Espagne, le Portugal, la Tunisie ou l'Égypte. Également des programmes en Scandinavie, l'Italie en circuit, ou Israël en combiné avec l'Égypte.

▲ VACANCES TOURS MONT ROYAL
• vacancestmr.com •
Le voyagiste propose une offre complète sur les destinations et les styles de voyages suivants : Europe, destinations soleils d'hiver et d'été, forfaits tout compris, circuits accompagnés ou en liberté. Au programme Europe, tout ce qu'il faut pour les voyageurs indépendants : locations de voitures, cartes de train, bonne sélection d'hôtels, excursions à la carte, forfaits à Paris, etc. À signaler : l'option achat/rachat de voiture (17 jours minimum, avec prise en France et remise en France ou ailleurs en Europe). Également : vols entre Montréal et Londres, Bruxelles, Bâle, Madrid, Malaga, Barcelone et Vienne avec Air Transat ; les vols à destination de Paris sont assurés par la compagnie Corsair au départ de Montréal, d'Halifax et de Québec.

EN BATEAU

Au départ de l'Espagne continentale.

▲ ACCIONA-TRASMEDITERRÁNEA
☎ 902-45-46-45 (en Espagne). • trasmediterranea.es •
➢ 1 ferry/sem relie ***Cadix*** (Andalousie) à ***Santa Cruz de la Palma*** (en 3 j.) avec escales à ***Lanzarote*** (30h), ***Las Palmas de Gran Canaria*** (39h) et ***Santa Cruz de Tenerife*** (47h). Possibilité de réserver aussi depuis la France auprès d'***Iberrail France*** *(14, rue Bruno-Coquatrix, 75009 ; ☎ 01-40-82-63-63 ; • trasmediterranea@iberrail.fr • ; Ⓜ Opéra ou Madeleine).* Agence au 1er étage. Renseignez-vous sur les différentes réducs possibles au moment de la résa.

▲ NAVIERA ARMAS
☎ 902-45-65-00 (en Espagne). • navieraarmas.com •
➢ 1 bateau/sem au départ de ***Huelva*** (Andalousie), pour ***Lanzarote*** (25h30), ***Las Palmas de Gran Canaria*** (28h) et ***Santa Cruz de Tenerife*** (32h).

UNITAID

UNITAID a été créé pour lutter contre le VIH/sida, le paludisme et la tuberculose, les 3 principales maladies meurtrières dans les pays en développement. UNITAID intervient dans 94 pays en facilitant l'accès aux médicaments et aux diagnostics, et en baissant les prix dans les pays en développement. Le financement d'UNITAID provient principalement d'une contribution de solidarité sur les billets d'avion mise en place par six pays membres, dont la France. Les financements ont permis à près de un million de personnes atteintes du VIH/sida de bénéficier d'un traitement et de délivrer plus de 19 millions de traitements contre le paludisme. Moins de 5 % des fonds servent au fonctionnement du programme, 95 % sont utilisés directement pour les médicaments et les tests. Pour en savoir plus : *• unitaid.eu •*

LES LIAISONS INTER-ÎLES

EN BATEAU

La solution la plus économique pour passer d'une île à l'autre. Deux compagnies assurent une liaison régulière et quotidienne entre les îles principales, avec des ferries plus ou moins rapides et plus au moins chers, modernes et bien équipés. Tous, en général, peuvent également embarquer des voitures (mais la plupart des loueurs ne permettent pas à leurs véhicules d'embarquer). Chaque compagnie dispose d'un guichet dans chaque port.

Temps de traversées entre les îles

Tenerife (Los Cristianos)-La Gomera : min 50 mn.
Tenerife (Santa Cruz)-Gran Canaria (Agaete) : min 1h20.
Tenerife (Los Cristianos)-La Palma (via La Gomera) : min 2h55.
Tenerife (Los Cristianos)-El Hierro : 2h30.
Gran Canaria (Las Palmas de Gran Canaria)-Fuerteventura (Moro del Jable) : 2h.
Fuerteventura (Corralejo)-Lanzarote (Playa Blanca) : 25 mn.
Lanzarote (Arrecife)-GranCanaria (Las Palmas de Gran Canaria) : 5-7h.
La Palma-La Gomera : env 2h.

■ ***Fred Olsen :*** *☎ 902-100-107 (en Espagne).* • *fredolsen.es* • Flotte récente. Dessert toutes les îles, à l'exception d'El Hierro. Propose aussi des combinés ferry + bus + bateau entre Gran Canaria et La Gomera (via Tenerife) ou entre Tenerife et Fuerteventura (via Gran Canaria).

■ ***Naviera Armas :*** *☎ 902-456-500 (en Espagne) et + 34 928-300-600 depuis la France.* • *navieraarmas.com* • Ferries un peu plus lents que son concurrent mais tout aussi bien équipés et un poil moins chers. À noter que c'est la seule compagnie à desservir El Hierro, depuis Tenerife (et parfois depuis La Gomera), et également la seule à proposer parfois des liaisons directes entre La Palma et Tenerife, de même qu'entre Lanzarote et Gran Canaria.

EN AVION

➢ Le moyen le plus rapide de voyager dans l'archipel, puisque chaque île est équipée d'un aéroport. Deux compagnies régulières assurent les liaisons, en général au départ ou à destination de Tenerife et de Gran Canaria. En gros, pour rejoindre La Palma, La Gomera ou El Hierro depuis Lanzarote ou Fuerteventura, escale obligatoire à Tenerife ou Gran Canaria.

■ ***Binter Canarias :*** *☎ 902-391-392 (en Espagne).* • *bintercanarias.com* • Cette filiale d'*Iberia* assure plusieurs vols quotidiens entre les îles : El Hierro, Fuerteventura, Gran Canaria, La Gomera, Lanzarote, La Palma et Tenerife.

■ ***Canary Fly :*** *☎ 902-808-065 (en Espagne).* • *canaryfly.es* • Liaisons au départ de Gran Canaria vers Lanzarote, Fuerteventura, et au départ de Tenerife vers La Palma.

NORD
OCÉAN ATLANTIQUE
LA PALMA
Santa Cruz de La Palma
TENERIFE
La Laguna
Santa Cruz de Tenerife
Tenerife Norte
LA GOMERA
Tenerife Sur
Los Cristianos
El Médano
Playa de Santiago
San Sebastián de la Gomera
EL HIERRO
Valverde
Puerto de la Estaca
OCÉAN ATLANTIQUE
0
20
40 km

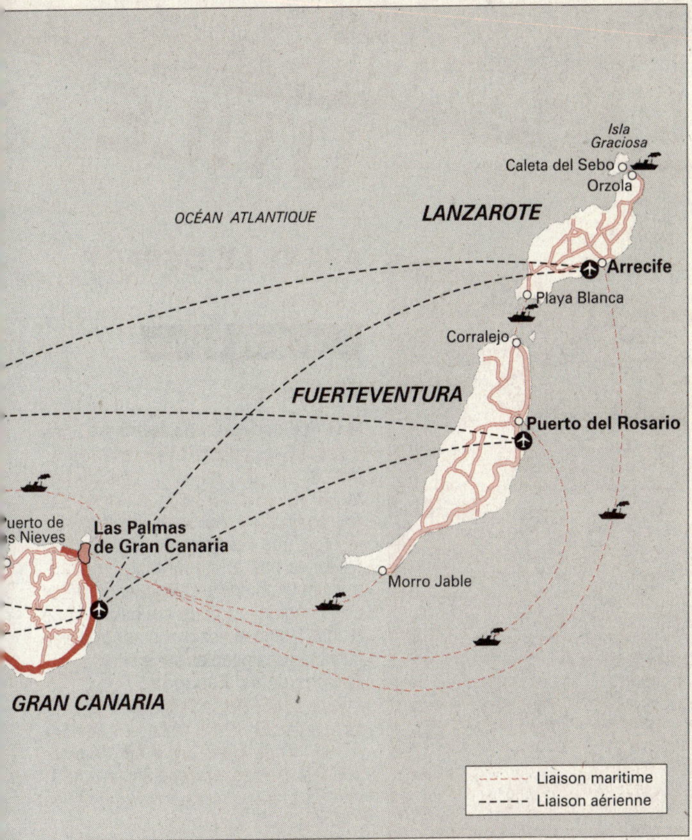

LES TRANSPORTS INTER-ÎLES

CANARIES UTILE

▸ Pour la carte générale des Canaries, se reporter au cahier couleur.

ABC DES CANARIES

▸ *Superficie des îles Canaries :* 7 447 km².
▸ *Population des îles Canaries (2013) :* 2 113 000 hab. Gran Canaria : 853 349 hab. Tenerife : 893 683 hab. Lanzarote : 139 667 hab. Fuerteventura : 107 586 hab. La Gomera : 24 000 hab. La Palma : 83 956 hab. El Hierro : 10 979 hab.
▸ *Capitales de la communauté autonome :* Las Palmas de Gran Canaria pour la province orientale (1 100 602 hab. en tout, îles de Gran Canaria, Lanzarote et Fuerteventura) ; Santa Cruz de Tenerife pour la province occidentale (1 009 436 hab. en tout, îles de Tenerife, La Gomera, La Palma et El Hierro).
▸ *Capitales des îles :* Las Palmas de Gran Canaria (Gran Canaria), Santa Cruz de Tenerife (Tenerife), Arrecife (Lanzarote), Puerto del Rosario (Fuerteventura), San Sebastián de La Gomera (La Gomera), Santa Cruz de La Palma (La Palma), Valverde (El Hierro).
▸ *Monnaie :* l'euro.
▸ *Langue officielle :* castillan (espagnol).
▸ *Structure administrative :* communauté autonome de l'État espagnol, dotée de son gouvernement propre et de son parlement, et divisée en 2 provinces.
▸ *Régime :* monarchie parlementaire.
▸ *Président du Gouvernement autonome :* Paulino Rivero (depuis 2007).
▸ *Inflation :* env 0,2 % (en Espagne, 2013).
▸ *Taux de chômage :* 33,18 % (contre 26,03 en Espagne au 4e trimestre 2013).

AVANT LE DÉPART

Adresses utiles

En France

■ ***Office espagnol de tourisme :*** *pas d'accueil du public, mais rens touristiques lun-jeu 9h-17h, ven 9h-14h au ☎ 01-45-03-82-50, sur • paris@tourspain.es • ou sur • spain.info/fr_FR •* Très compétents et efficaces, n'hésitez pas à les contacter, notamment pour obtenir le calendrier des fêtes de la région où vous souhaitez vous rendre. Nombreuses brochures très bien faites téléchargeables sur le site.

■ ***Consulats d'Espagne :***
– Paris : 165, bd Malesherbes, 75017. ☎ 01-44-29-40-00. Fax : 01-40-54-07-74. • cgesparis.org • Ⓜ Wagram ou Malesherbes. Lun-jeu 8h30-14h30 ; ven 8h30-14h ; 1er sam du mois (sf j. fériés) 8h30-12h.
– Autres consulats généraux à Bayonne, Bordeaux, au Havre, à Lyon, Marseille, Montpellier, Pau, Perpignan, Rennes, Strasbourg et Toulouse.

■ ***Ambassade d'Espagne :*** *22, av. Marceau, 75008 Paris. ☎ 01-44-43-18-00. Fax : 01-47-23-59-55. • emb.paris@maec.es • maec.es/embajadas/paris • Ⓜ Alma-Marceau. Lun-ven 9h-13h30, 15h-18h.*

En Belgique

■ ***Office de tourisme d'Espagne :*** *rue Royale, 97, Bruxelles 1000. ☎ 02-280-19-26/29. • spain.info/be • Accueil du public lun-ven 9h-14h. Accueil téléphonique lun-jeu jusqu'à 17h, ven jusqu'à 15h.*

■ ***Consulat général d'Espagne :***

rue Ducale, 85-87, Bruxelles 1000. ☎ 02-509-87-70. Fax : 02-509-87-84. • cog.bruselas@maec.es • consuladoenbruselas.maec.es • Lun-ven 8h30-14h.

■ ***Ambassade d'Espagne :*** *rue de la Science, 19, Bruxelles 1040. ☎ 02-230-03-40. Fax : 02-230-93-80. • emb.bruselas@maec.es •*

En Suisse

ℹ ***Office de tourisme d'Espagne :*** *Seefeldstrasse, 19, 8008 Zürich. ☎ 044-25-36-0-50. • spain.info/ch • Lun-ven 9h-17h.* Comme en France, renseignements également très complets par téléphone, et des brochures à télécharger sur leur site internet.

■ ***Consulat général d'Espagne :*** *av. Louis-Casaï, 58, case postale 59, 1216 Cointrin (Genève). ☎ 022-749-14-60. Fax : 022-749-14-62. • cog.ginebra@maec.es • Mar-ven 8h15-13h, sam 8h15-12h.*

■ ***Consulat général d'Espagne :*** *Marienstr., 12, 3005 Bern. ☎ 031-356-22-20. • cog.berna@maec.es • Mar-ven 8h30-12h30, sam 8h30-11h30.*

■ ***Ambassade d'Espagne :*** *Kalcheggweg, 24, 3000 Bern 15. ☎ 031-350-52-52. Fax : 031-350-52-55. • emb.berna@maec.es • Lun-ven 8h-15h30.*

Au Canada

ℹ ***Bureau de tourisme d'Espagne :*** *2 Bloor Street West, 34th Floor, suite 3402, Toronto (Ontario) M4W 3E2. ☎ (416) 961-3131. • spain.info/ca • Ⓜ Bloor & Yonge. Lun-ven 9h-15h.*

■ ***Consulat général d'Espagne :*** *2 Bloor Street East (suite 1201), Toronto (Ontario) M4W 1A8. ☎ (416) 977-1661 ou 3923. Fax : (416) 593-4949. • cog.toronto@maec.es • Lun-ven 9h-12h30.*

■ ***Consulat général d'Espagne :*** *1 Westmount Square, suite 1456, Montréal (Québec) H3Z 2P9. ☎ (514) 935-5235. • cog.montreal@maec.es • Lun-ven 9h-14h.*

■ ***Ambassade d'Espagne :*** *74 Stanley Avenue, Ottawa (Ontario) K1M 1P4. ☎ (613) 747-2252. Fax : (613) 744-1224. • emb.ottawa@maec.es • Section consulaire à la même adresse. Lun-ven 9h-13h.*

Formalités

Pensez à scanner passeport, visa, carte de paiement, billet d'avion et vouchers d'hôtel. Ensuite, adressez-les-vous par mail, en pièces jointes. En cas de perte ou vol, rien de plus facile que de les récupérer dans un cybercafé. Les démarches administratives en seront bien plus rapides. Merci tonton *Routard* !

Pour les ressortissants français, belges et suisses (et membres de l'Union européenne en général), la ***carte d'identité*** en cours de validité ou le ***passeport*** (valide aussi) suffisent pour entrer sur le territoire espagnol. Les ressortissants canadiens doivent être en possession d'un passeport en cours de validité (pas de visa à demander pour les séjours de tourisme de moins de 3 mois).

Assurances voyages

■ ***Routard Assurance :*** *c/o AVI International, 40-44, rue Washington, 75008 Paris. ☎ 01-44-63-51-00. • avi-international.com • Ⓜ George V.* Depuis 20 ans, Routard Assurance en collaboration avec AVI International, spécialiste de l'assurance voyage, propose aux voyageurs un contrat d'assurance complet à la semaine qui inclut le rapatriement, l'hospitalisation, les frais médicaux, le retour anticipé et les bagages. Ce contrat se décline en différentes formules : individuel, senior, famille, light et annulation. Pour les séjours longs (2 mois à 1 an), consultez le site. L'inscription se fait en ligne et vous recevrez dès la souscription tous vos documents d'assurance par email.

■ ***AVA*** **:** *25, rue de Maubeuge, 75009 Paris. ☎ 01-53-20-44-20. • ava.fr • Ⓜ Cadet.* Un autre courtier fiable pour ceux qui souhaitent s'assurer en cas de décès-invalidité-accident lors d'un voyage à l'étranger, mais surtout pour bénéficier d'une assistance rapatriement, perte de bagages et annulation. Attention, franchises pour leurs contrats d'assurance voyage.

■ ***Pixel Assur*** **:** *18, rue des Plantes, BP35, 78601 Maisons-Laffitte. ☎ 01-39-62-28-63. • pixel-assur.com • RER A : Maisons-Laffitte.* Assurance de matériel photo et vidéo tous risques dans le monde entier. Devis basé sur le prix d'achat de votre matériel. Avantage : garantie à l'année.

Carte internationale d'étudiant (carte ISIC)

Elle prouve le statut d'étudiant dans le monde entier et permet de bénéficier de tous les avantages, services et réductions dans les domaines du transport, de l'hébergement, de la culture, des loisirs, du shopping... C'est la clé de la mobilité étudiante ! La carte ISIC permet aussi d'accéder à des avantages exclusifs sur le voyage (billets d'avion spécial étudiants, hôtels et auberges de jeunesse, assurances, cartes SIM internationales, location de voiture).

Pour l'obtenir en France

- ***Commandez-la en ligne :*** *• isic.fr •*
- ***Rendez-vous dans la boutique ISIC*** *(2, rue de Cicé, 75006 Paris ; ☎ 01-40-49-01-01)* muni de votre certificat de scolarité, d'une photo d'identité et de 13 € (12 € + 1 € de frais de traitement). Émission immédiate sur place ou envoi à domicile le jour même de la commande en ligne.

En Belgique

Elle coûte 12 € (+ 1 € de frais d'envoi) et s'obtient sur présentation de la carte d'identité, et de la carte d'étudiant auprès de l'agence ***Connections*** : *rens au ☎ 070-23-33-13 ou en ligne • isic.be •*

En Suisse

Dans toutes les agences ***STA Travel*** *(☎ 058-450-40-00 ou 49-49),* sur présentation de la carte d'étudiant, d'une photo et de 20 Fs. Commande de la carte en ligne : *• isic.ch • statravel.ch •*

Au Canada

La carte coûte 20 $Ca (+ 1,50 $Ca de frais d'envoi). Disponible dans les agences ***Travel Cuts/Voyages Campus,*** mais aussi dans les bureaux d'associations étudiantes. Pour plus d'infos : *• voyagescampus.com •*

Carte d'adhésion internationale aux auberges de jeunesse (carte FUAJ)

Cette carte vous ouvre les portes des 4 000 auberges de jeunesse du réseau HI-Hostelling International en France et dans le monde. Vous pouvez ainsi parcourir 90 pays à des prix avantageux et bénéficier de tarifs préférentiels avec les partenaires des auberges de jeunesse HI. Enfin, vous intégrez une communauté mondiale de voyageurs partageant les mêmes valeurs : plaisir de la rencontre, respect des différences et échange dans un esprit convivial. Il n'y a pas de limite d'âge pour séjourner en auberge de jeunesse. Il faut simplement être adhérent.

Pour l'obtenir en France

- ***En ligne,*** avec un paiement sécurisé, sur le site *• hifrance.org •*
- ***Dans toutes les auberges de jeunesse,*** points d'informations et de réservations en France. Liste des AJ sur *• hifrance.org •*
- ***Par correspondance*** auprès de l'antenne nationale *(27, rue Pajol, 75018 Paris ; ☎ 01-44-89-87-27),* en envoyant une photocopie d'une pièce d'identité et un chèque à l'ordre de la FUAJ du montant correspondant à l'adhésion. Ajoutez 2 €

pour les frais d'envoi. Vous recevrez votre carte sous 15 j.

Les tarifs de l'adhésion 2015

– ***Carte internationale individuelle FUAJ - de 26 ans :*** 7 €. Pour les personnes de 16 à 25 ans (veille des 26 ans), français ou étrangers résidant en France depuis plus de 12 mois, les étudiants français et les demandeurs d'emploi sur présentation d'un justificatif.
Pour les mineurs, une autorisation parentale et la carte d'identité du parent tuteur sont nécessaires pour l'inscription.
– ***Carte internationale individuelle FUAJ + de 26 ans :*** 11 €.
– ***Carte internationale FUAJ Famille :*** 20 €. Pour les familles ayant un ou plusieurs enfants de moins de 16 ans. Les enfants de plus de 16 ans devront acquérir une carte individuelle FUAJ.
– ***Carte internationale FUAJ partenaire :*** gratuite. Réservée aux personnes licenciées, aux adhérents d'une association ou fédération sportive partenaire de la FUAJ, sur présentation de leur licence. Liste complète des associations et fédération sportives sur *• hifrance.org •*, rubrique « Partenaires ».

En Belgique

Réservé aux personnes résidants en Belgique. La carte d'adhésion est obligatoire. Son prix varie selon l'âge : entre 3 et 15 ans, 4 € ; entre 16 et 25 ans, 10 € ; après 25 ans, 15 €.
Votre carte de membre vous permet d'obtenir des réductions auprès de nombreux partenaires en Belgique.

Renseignements et inscriptions

■ **À Bruxelles :** ***LAJ,*** *rue de la Sablonnière, 28, 1000. ☎ 02-219-56-76. • lesaubergesdejeunesse.be •*

En Suisse (SJH)

Réservée aux personnes résidant en Suisse. Le prix de la carte dépend de l'âge : 22 Fs pour les moins de 18 ans, 33 Fs pour les adultes et 44 Fs pour une famille avec des enfants de moins de 18 ans.

Renseignements et inscriptions

■ ***Schweizer Jugendherbergen (SJH) service des membres :*** *Schaffhauserstr. 14, 8006 Zurich. ☎ 044-360-14-14. • youthhostel.ch •*

Au Canada

Elle coûte 35 $Ca pour une durée de 16 à 28 mois et 175 $Ca pour une carte valable à vie (tarifs hors taxes). Gratuit pour les enfants de - de 18 ans.

■ ***Auberges de jeunesse du Saint-Laurent / St Laurent Youth Hostels :*** *3514, av. Lacombe, Montréal (Québec) H3T 1M1. ☎ 514-731-1015. N° gratuit (au Canada) : ☎ 1-800-663-5777.*
■ ***Canadian Hostelling Association :*** *205, Catherine St, bureau 400, Ottawa (Ontario) K2P 1C3. ☎ 613-237-7884. • info@hihostels.ca • hihostels.ca •*

Pour réserver votre séjour en auberge de jeunesse *HI*

– ***En France :*** *• hifrance.org •* Réservez vos séjours dans 120 auberges de jeunesse. Accès aux offres spéciales et dernières minutes.
– ***En France et dans le monde :*** *• hihostels.com •* Si vous prévoyez un séjour itinérant, vous pouvez réserver plusieurs auberges en une seule fois !

ARGENT, BANQUES, CHANGE

– ***Change :*** à titre d'information, 1 € = 1,20 Fs = 1,14 $Ca. En Espagne, l'euro se décline *euros* au pluriel et se divise en *céntimos*.

Les banques

– ***Horaires d'ouverture :*** elles sont généralement ouvertes du lundi au vendredi de 9h30 à 14h ; certaines sont ouvertes aussi le samedi matin.

– Pour ceux qui sont concernés (les routards suisses et canadiens, entre autres), les banques, pour la plupart, font du ***change*** et prennent une commission sur les ***chèques de voyage,*** qui varie sensiblement d'un établissement à l'autre. De manière générale, abstenez-vous de changer dans les banques situées en face des monuments et des sites touristiques.

Les distributeurs

Dans la quasi-totalité des villes et des villages, on peut retirer de l'argent aux ***distributeurs automatiques*** avec les cartes *MasterCard, Visa* ou *Maestro.*

– ***Petite mesure de précaution :*** si vous retirez de l'argent dans un distributeur, utilisez de préférence les distributeurs attenants à une agence bancaire. En cas de pépin avec votre carte (carte avalée, erreur de numéro...), vous aurez un interlocuteur dans l'agence, pendant les heures ouvrables du moins.

Les cartes de paiement

Quelle que soit la carte que vous possédez, chaque banque gère elle-même le processus d'opposition et le numéro de téléphone correspondant ! Avant de partir, notez donc bien le numéro d'opposition propre à votre banque (il figure souvent au dos des tickets de retrait, sur votre contrat ou à côté des distributeurs de billets), ainsi que le numéro à 16 chiffres de votre carte. Bien entendu, conservez ces informations en lieu sûr, et séparément de votre carte. Par ailleurs, l'assistance médicale se limite aux 90 premiers jours du voyage et l'assistance véhicule aux cartes haut de gamme (renseignez-vous auprès de votre banque). N'oubliez pas aussi de VÉRIFIER LA DATE D'EXPIRATION DE VOTRE CARTE DE PAIEMENT avant votre départ !

– ***Carte Visa :*** *assistance médicale incluse ; numéro d'urgence (Europ Assistance),* ☎ *(00-33) 1-41-85-85-85 (24h/24).* ● *visa.fr* ● *Pour faire opposition, contactez le numéro communiqué par votre banque.*

– ***Carte MasterCard :*** *assistance médicale incluse ; numéro d'urgence :* ☎ *(00-33) 1-45-16-65-65.* ● *mastercardfrance.com* ● *En cas de perte ou de vol, composez le numéro communiqué par votre banque pour faire opposition.*

– ***Carte American Express :*** *téléphonez en cas de pépin au* ☎ *(00-33) 1-47-77-72-00 (numéro accessible tlj 24h/24).* ● *americanexpress.fr* ●

– Pour toutes les cartes émises par ***La Banque postale,*** composez le ☎ *0825-809-803 (0,15 €/mn) depuis la France métropolitaine ou les DOM, et depuis l'étranger :* ☎ *(00-33) 5-55-42-51-96.*

En cas d'urgence

En cas de ***besoin urgent d'argent liquide*** (perte ou vol de billets, de chèques de voyage ou de carte de paiement), vous pouvez être dépanné en quelques minutes grâce au système ***Western Union Money Transfer.*** Pour cela, demandez à un tiers de déposer pour vous de l'argent en euros dans l'un des bureaux *Western Union* ; les correspondants en France de *Western Union* sont *La Banque postale (fermée sam ap-m et dim, n'oubliez pas !* ☎ *0825-00-98-98 ; 0,15 €/mn)* et la *Société financière de paiements (SFDP ;* ☎ *0825-825-842 ; 0,15 €/mn).* L'argent vous est transféré en moins de 15 mn. La commission, assez élevée, est payée par l'expéditeur. Possibilité d'effectuer un transfert en ligne 24h/24 par carte de paiement (*Visa* ou *MasterCard* émises en France). En Espagne, ses correspondants principaux sont ***Correos*** *(la poste aussi, donc ;* ☎ *902-197-197).* Se présenter dans l'une des agences avec une pièce d'identité. ● *westernunion.com* ●

ACHATS

Si la présence espagnole a permis l'introduction aux Canaries d'un artisanat continental, chacune des îles possède ses particularités.

– ***Poteries guanches :*** on en trouve à ***La Gomera,*** notamment dans le village d'*El Cercado* où l'on peut encore voir deux potières réaliser des objets à la manière des premiers habitants. Belles poteries également à l'*écomusée d'Alcogida* à ***Fuerteventura.*** Réalisées par des potières, entièrement à la main (sans le tour classique). La tradition est également entretenue sur ***La Palma,*** à Villa de Mazo, à l'atelier *El Molino.*
– ***Broderies et dentelles :*** jolies nappes brodées à la *Casa de los Balcones,* à ***Tenerife,*** à La Orotava. Attention tout de même aux *made in China* ! Pas toujours facilement décelable. Broderies toujours au fameux marché dominical de Teguise à ***Lanzarote.*** On trouve une vraie dentelière à Alcogida ***(Fuerteventura)*** fabriquant des choses délicates à prix encore abordables. À Gran Canaria, c'est la petite ville d'Ingenio qui se distingue pour ses broderies (et son artisanat en général). Et une longue tradition qui marie broderie et dentelle sur la commune de Villa de Mazo, à ***La Palma,*** bien mise en valeur au *museo-casa Roja* (qui dispose aussi d'un point de vente).
– ***Vannerie :*** issue de la tradition guanche, on retrouve la vannerie sur plusieurs îles, notamment à Tenerife, avec de beaux paniers, mais aussi à ***Fuerteventura*** où l'*écomusée d'Alcogida* présente un atelier de vannerie et de beaux produits à acheter, ainsi que sur ***La Palma,*** en particulier, toujours, à Villa de Mazo.
– ***Miel de palme :*** on trouve ce sirop extrait de palmiers à ***La Gomera.*** De nombreuses boutiques en proposent. À base de miel aussi (avec un poil de cactus et du rhum), un alcool original produit à ***Fuerteventura.***
– ***Miel :*** à ***La Palma,*** un *milflores* fortement parfumé au thym, au ciste et autres plantes. Succulent. Et à Gran Canaria, tout aussi artisanal (estampillé alors « Gran Canaria Calidad »).
– ***Rapadura :*** à ***La Palma.*** De drôles de cônes bien fermes emballés dans un film alimentaire, composés traditionnellement de miel, de *gofio* et d'œuf. On en trouve des variantes au citron, ou au chocolat. Miam ! Bien, bien riche, en tout cas...
– ***Vin des Canaries :*** voir la rubrique « Boissons » dans « Hommes, culture, environnement ».
– ***Mojos :*** ce sont les fameuses sauces pour napper les pommes de terre. Aucun problème pour trouver un *mojo* rouge ou vert dans n'importe quelle boutique, et ce dans toutes les îles. Préférer les petits producteurs locaux, évidemment.
– ***Ron et ron miel :*** de Gran Canaria, un rhum emblématique de l'île (voir aussi « Boissons » dans « Hommes, culture, environnement »).
– ***Fromages :*** le majorero, le fromage de chèvre, est la grande spécialité de ***Fuerteventura.*** On y compte d'ailleurs plus de chèvres que d'habitants (125 000 contre 103 000 habitants). Premier fromage de chèvre à avoir obtenu l'appellation d'origine contrôlée. On l'achète *tierno* (frais), *semi curado* (vieux de 20 à 60 jours) ou *curado* (plus de 60 jours). Destiné à être conservé, on l'enduit d'huile de paprika ou de gofio, ce qui lui donne cette teinte rouge foncé... Il possède un goût léger, un peu piquant quand il vieillit, une texture crémeuse et un délicat goût de marjolaine dont les chèvres raffolent... On trouve des fromages de chèvre également à La Palma et à Lanzarote (certains ont même gagné des prix). À Gran Canaria, c'est la brebis qui domine, avec le Flor de Guía et le Media Flor de Guía.
– ***Almogrote :*** spécialité de ***La Gomera,*** réalisée à base de fromage dur de brebis, tomate, huile d'olive et piment. Il en résulte une sorte de pâte à tartiner assez forte. On en trouve dans les petites boutiques de certains villages.
– ***Quesadillas :*** spécialités d'***El Hierro,*** ces grosses madeleines riches et fondantes parfumées à l'anis, au citron et à la cannelle sont confectionnées avec du *queso herreño,* le fromage local mêlant lait de chèvre, de brebis et de vache.
– ***Mazapán de Tejeda :*** spécialité de Gran Canaria, sorte de pâte d'amande enrichie de sucre et parfumée à la canelle et au zeste de citron.

Et les soldes ?

Ils existent aussi et peuvent valoir le coup : ***en janvier-février*** (ils débutent juste après l'Épiphanie, le 6 janvier) et ***de fin juin à fin août,*** pas de grosses démarques comme en France, mais des rabais de 10 à 25 %, ce qui, sur des prix déjà (un poil) moins élevés qu'en France, peut devenir carrément intéressant.

BUDGET

Promotions sur Internet

De plus en plus d'hôtels modulent les tarifs de leurs chambres sur Internet en fonction du taux d'occupation. Il y a donc les prix de base (ceux que nous indiquons) et les promos proposées sur le Net. À certaines périodes, le prix des chambres évolue en permanence, ce qui permet d'optimiser le chiffre d'affaires (comme le font les compagnies aériennes).
Ces promotions sont extrêmement variables d'une semaine à l'autre, voire d'un jour à l'autre. Elles sont particulièrement intéressantes pour les hôtels de gamme supérieure (3 étoiles). Exemple, un établissement qui annonce des prix officiels de 90 à 130 € proposera les mêmes chambres entre 60 et 80 € sur son site à certaines périodes. Bref, lorsque vous avez choisi votre hôtel dans votre guide préféré, allez donc faire un tour sur son site pour voir ce qu'il propose. De vraies bonnes affaires en perspective !

La crise récente a eu tendance à contenir les prix en Espagne, de même qu'aux Canaries. Ainsi, il est encore possible, dans les quelques petites pensions existant, de trouver des chambres avec salle de bains commune (ou même privée sur les îles les plus modestes) autour de 25-30 € en basse saison (et parfois même en été !), notamment dans certaines villes pas vraiment touristiques. Néanmoins, ces endroits se font vraiment rares sur les îles de Tenerife et Gran Canaria. Il n'y a qu'à Puerto del Rosario (Fuerteventura) et Arrecife (Lanzarote) qu'on trouve des hôtels de 25 à 60 €, mais les touristes ne sont pas nombreux à y résider. À Las Palmas (Gran Canaria), les hôtels tournent de 40 à 80 € (mais là avec une superbe plage à moins de 100 m). Pour la plupart des hébergements, les notions de haute, moyenne ou basse saison sont importantes. La haute saison se résume généralement aux mois d'hiver (surtout autour du Nouvel An), avec, en plus, comme dans toute l'Espagne, la Semaine sainte (du dimanche des Rameaux au dimanche de Pâques ; en 2015, du 5 au 12 avril). Cette notion de saison a toutefois tendance à varier d'une île à l'autre.

- ***Basse et haute saison :*** contrairement à l'Espagne continentale, la notion de ***haute*** et ***basse saison*** n'est pas la même. L'hiver, pour la douceur du climat, est la période la plus prisée, donc la plus chère. L'été, d'autres destinations font concurrence aux Canaries, donc les tarifs sont souvent un peu plus bas. Mais, vu que les Canaries bénéficient d'un excellent climat toute l'année, les différences de tarifs entre les saisons sont parfois peu importantes.
- ***Différences entre les îles :*** outre la notion de saisons, la différence de tarifs est surtout notable entre les îles touristiques et celles qui le sont moins. À qualité égale, les hôtels d'***El Hierro*** ou de ***La Gomera*** sont bien moins chers qu'à ***Tenerife*** ou à ***Gran Canaria.*** De même, sur ces îles la notion de haute et basse saison revêt moins de sens. Les tarifs, assez bas, y sont pratiquement identiques toute l'année, ou avec une différence peu significative, sauf pour la Semaine sainte et la période Noël-Jour de l'an. On notera également que, sur ***El Hierro,*** les saisons sont inversées, la haute saison tombant donc en été. Cependant, les prix ne varient alors que d'une poignée d'euros, quand ils ne restent pas tout simplement identiques d'une période à l'autre ! Savoir aussi que sur ***Lanzarote,*** pour les *casas rurales,* souvent en pleine campagne dans des coins privilégiés, la demande dépasse l'offre : elles sont du coup, en toute saison, beaucoup plus chères que

les locations sur la côte ! Ce qui n'est pas forcément le cas sur ***La Palma*** ou sur ***Fuerteventura*** (à époque égale les *casas rurales* sont 20 à 30 % moins chères sur cette dernière que sur Lanzarote). À Gran Canaria, dans les grosses stations comme Playa del Inglés, San Agustín et Maspalomas, pour les appartements, il y a tellement d'offre que les prix restent très intéressants toute l'année. Sur La Palma, les deux périodes de hautes saisons se présentent sous des jours différents : en hiver et demi-saison, c'est plutôt la partie nord et les randonneurs de toute l'Europe qui ont le vent en poupe, alors qu'en été les vacanciers privilégient le Sud et ses stations balnéaires.

– Il faut bien sûr prendre également en compte les ***fêtes et jours fériés*** qui créent des pics de demande. Fin mai, juin ou septembre-octobre, vous ferez de substantielles économies sur l'hébergement. Paradoxalement, à ces périodes, ce sont les hôtels les plus chic qui pratiquent les meilleurs prix, offrant parfois jusqu'à 50 % de réduction par rapport à la haute saison. Ainsi, il n'est pas rare de trouver de superbes chambres dans des hôtels de charme pour 50-60 € – et même des *paradores* à partir de 70-80 € (sur Internet seulement).

– Nos fourchettes de prix, par catégories, incluent normalement les taxes (IGIC, de 7 %). Attention, toutefois, les prix sur place sont presque toujours affichés hors taxes (c'est particulièrement vrai dans les restos) : vérifiez ce qu'il en est, afin d'éviter les mauvaises surprises au moment de payer. Autre précision : le petit déjeuner n'est généralement pas inclus dans le prix de la chambre (nous précisons lorsqu'il l'est).

Hébergement

Les prix s'entendent, sauf indication contraire, pour une chambre double avec deux occupants (sauf pour les auberges de jeunesse et dortoirs). En revanche, quand nous indiquons le prix des petits déjeuners, il s'entend « par personne ». Enfin, ces fourchettes de prix sont indicatives, et peuvent varier d'une île ou d'une localité à l'autre.

– ***Très bon marché :*** moins de 20 € par personne, souvent avec douche dans le couloir. Concerne les auberges de jeunesse officielles, ou encore des auberges privées et accessibles à tous.
– ***Bon marché :*** de 20 à 40 €.
– ***Prix moyens :*** de 40 à 65 €.
– ***Chic :*** de 65 à 90 €.
– ***Plus chic :*** de 90 à 120 €.
– ***Très chic :*** plus de 120 €.

Nourriture

Le pain, au même titre que la carafe d'eau, est généralement facturé (sauf s'il est inclus dans le menu). Si on le refuse, il n'est évidemment pas compté, mais précisez-le dès qu'on vous l'apporte.

On peut évidemment se restaurer à tous les prix un peu partout. En règle générale, à qualité égale, les prix sont un poil moins élevés aux Canaries qu'en France, voire qu'en Espagne continentale. Le midi, les restaurants sont obligés d'afficher un *menú del día* ou, s'ils ne l'affichent pas, de le proposer. Bon, obligés, obligés... dans le texte... Avantage : le prix. Bien ficelés, ils sont souvent roboratifs et très complets. Cependant, ne pas s'attendre à du haut de gamme. La plupart de ces menus du jour (deux plats, dessert, pain, et vin ou eau à volonté) tournent autour de 8-12 €, et plafonnent à 25 € dans un restaurant gastronomique. Avec les tapas, on peut souvent s'en sortir à moindres frais. Sachez toutefois que l'on trouve peu de bars à tapas sur les petites îles, à El Hierro notamment. Dans les villes, on

peut aussi aller chez le charcutier du coin (qui propose parfois également de bons fromages), ou au marché, et se confectionner un bon casse-croûte. Les fourchettes de prix indiquées ci-après sont calculées sur la base d'un repas pour une personne, sans la boisson.
- ***Très bon marché :*** moins de 8 €.
- ***Bon marché :*** de 8 à 12 €.
- ***Prix moyens :*** de 12 à 24 €.
- ***Chic :*** de 24 à 40 €.
- ***Plus chic :*** plus de 40 €.

Location de voitures

Sur toutes les îles on trouve quantité de loueurs, dont des petites sociétés locales. Grosso modo, on peut trouver une petite voiture à louer pour environ 30 à 40 € par jour. Les tarifs décroissent à partir de 3 jours de location. Pour 1 semaine, ça devient particulièrement intéressant. On en trouve à louer à partir de 120 €, parfois moins. Les sites internet proposent des tarifs souvent très attractifs.

Parkings

Le parking est généralement gratuit. Sauf dans les grosses capitales (Las Palmas, Puerto del Rosario, Arrecife, Santa Cruz de Tenerife ou Santa Cruz de La Palma...) et les grosses stations balnéaires. À Las Palmas de Gran Canaria, dans le quartier de la playa de las Canteras et dans le centre historique, il est même quasi impossible de se garer. Obligation d'aller dans un parking à étages (maximum 15 € par 24h). À Playa del Inglés (Gran Canaria), attention aux parkings payants de rue : on oublie souvent qu'il faut payer jusqu'à... 21h ! Cela dit, saluons l'élégance des autorités municipales qui, en cas de dépassement ou d'oubli, laissent une petite enveloppe sur le pare-brise où l'on peut glisser un ticket de rattrapage à peine majoré et qui annule l'amende (bien sûr, si on ne le fait pas, l'amende tombe inéluctablement). Revenons aux petites villes : même si c'est gratuit, cela ne veut pas dire qu'il faut se garer n'importe où. Il y a toujours des emplacements indiqués et matérialisés au sol, même dans les villages. Le seul budget à prévoir est celui des amendes, car même dans les plus petites bourgades, la police est présente.

CLIMAT

La première impression que vous aurez, ce sera la tiédeur de l'air, digne d'un éternel printemps. Surprise ou dicton ? Quasiment tout au long de l'année, les températures ressenties au niveau de la mer sont stables, et le ciel offre 2 805 h d'ensoleillement par an. Seules les zones culminant à plus de 1 900 m sont exposées au gel et à la neige. Et un mois de février sujet à la *calima* (ce vent chaud chargé de sable en provenance du Sahara) peut faire grimper le thermomètre à 28 °C comme un mois d'avril sujet à la *tormenta* (pluies diluviennes) peut imposer momentanément un 16 °C !
Mais dire qu'il n'y a qu'un seul climat canarien serait mentir. La place de chaque île dans l'Atlantique, son altitude (grande différence entre les hauteurs du Teide, et Fuerteventura et Lanzarote beaucoup plus planes), et surtout son exposition aux alizés du nord-est (fruits de l'anticyclone des Açores) peuvent tout changer. En outre, selon son exposition au courant « froid » des Canaries (entre 19 et 22 °C !), sa forme et son altitude, chaque île réagit différement aux assauts de l'humidité : en la chassant, ou en la stockant sous forme de nuages ou de mer de nuages *(mar de nubes)*... En gros, le flux d'humitidé s'élève en épousant le relief jusqu'à former un plafond nuageux contre le versant nord, sous la cote d'inversion thermique (qui joue le rôle de couvercle).

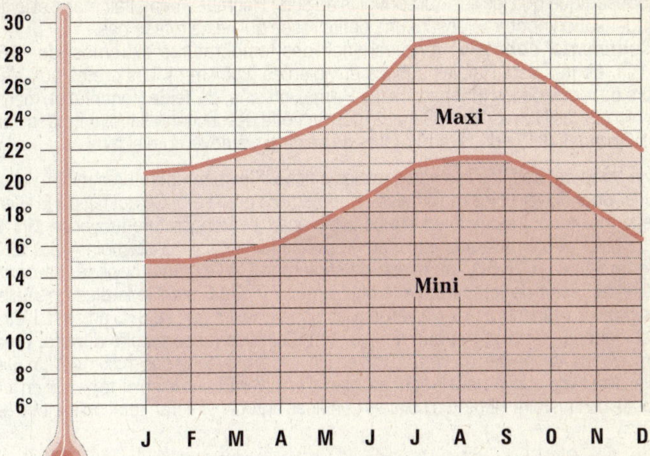

Moyenne des températures atmosphériques

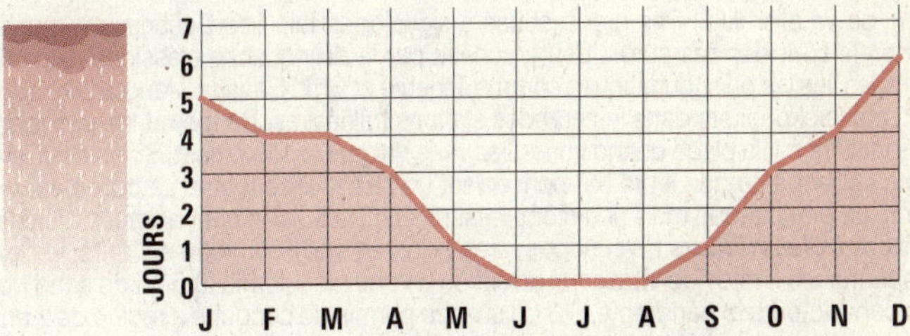

Nombre de jours de pluie

Santa Cruz de Tenerife

Par conséquent, les volcans les plus jeunes et les plus élevés sont autant de barrières aux alizés. El Hierro, La Palma et La Goméra (plus de 800 mm de précipitations annuelles au cœur du Garajonay) accrochent vraiment les nuages, tandis qu'à Ténérife et à Gran Canaria, la vapeur d'eau effleure les crêtes avant d'être chassée par un effet d'aspiration naturelle (l'effet *venturi,* pour les curieux). Rare quand Jandía (Fuerteventura) touche les cumulus ! Quant à Lanzarote, tel un chameau au bord de l'autoroute, il les voit passer...

Résultat des courses : sur les îles occidentales la *mar de nubes* s'impose au moins dans l'après-midi (effet de convection dû à l'accumulation de chaleur solaire). Photographes, vous voilà prévenus : aux Canaries, l'avenir appartient à ceux qui se lèvent tôt autant qu'à ceux qui shootent tard ! Et surtout, on trouve sur les îles presque d'innombrables microclimats.

– ***Subtropical :*** au niveau de la mer sur la ceinture côtière des îles occidentales, excepté quelques enclaves au nord/nord-est des occidentales. Faible amplitude thermique. Relative saison des pluies de novembre à janvier.

– ***Subdésertique :*** à peine 60 mm de pluies certaines années ! 20,2 °C de moyenne. Forte amplitude entre le jour et la nuit... Le sud de Lanzarote est plus

subdésertique que les îles qui sont plus au sud ! Heureusement, l'air marin allié à la condensation nocturne assure une petite rosée qui ne se refuse pas.
– ***Continental subalpin :*** forte variation des températures extrêmes (de - 16 à 34 °C). Air très sec. Rafales subites et violentes (200 km/h). Les crêtes aux alentours du roque de los Muchachos (La Palma), d'Izaña, du Teide (Tenerife) et, même, du pico de las Nieves (Gran Canaria) peuvent être desséchantes. Voire froides dans Las Cañadas del Teide, avec 13 jours de neige entre novembre et avril.

Côté températures, les îles occidentales affichent leurs températures minimales en février pour l'hiver et les maximales en septembre pour l'été. Ce qui fait de El Hierro l'île la moins contrastée avec le plus faible écart de température moyenne (5,3 °C) entre hiver et été (rassurez-vous, au niveau de la mer, il y fait au moins 15,6 °C au pire de février et 26,6 °C au mieux de septembre). À l'extrême opposé, Lanzarote présente l'écart de température le plus large : 7,7 °C ! C'est l'île la plus orientale... Minimum du minimum : 13,7 °C en janvier. Super-maximum : 28,8 °C en août. L'écart avec Ténérife est plus marqué à... 2 371 m d'altitude (observatoire d'Izaña, précisément) : moyenne des minima 0,9 °C en janvier, et moyenne des maxima 22,5 °C en juillet. Il est vrai que là-haut le vent est glacial en hiver. Et que le soleil tape fort en juin. Morale de l'histoire : lunettes solaires certifiées anti-UV et écran total obligatoire !

DANGERS ET ENQUIQUINEMENTS

Bon, ça va aller vite ! Pas grand-chose à signaler en fait. Les Canaries de manière générale sont des îles sûres, peu touchées par la délinquance classique. Bien sûr, dans les îles les plus touristiques comme Tenerife et Gran Canaria il faudra faire attention aux pickpockets dans les grandes stations balnéaires. De même, ne pas laisser des valeurs sur la plage quand vous allez vous baigner, évidemment. Sinon, les Canariens veillent à ce que leurs îles conservent une tranquillité totale. La police est présente un peu partout, mais rien d'oppressant, et c'est surtout pour aider les touristes. Les ***contrôles routiers*** ne sont pas rares en revanche. Pour votre sécurité, veillez à respecter les limites de vitesse et attention à votre alcoolémie (0,5 g/l de sang pour les conducteurs expérimenté, 0,3 g/l si votre permis de conduire a moins de 2 ans). S'il n'y a pas grand-chose à craindre des hommes, l'***océan*** peut être plus retors. Les plages et criques isolées ont souvent un goût de paradis, mais si certaines sont désertes c'est parfois parce que les courants y sont violents. Mieux vaut se renseigner avant auprès des locaux ou de l'office de tourisme, et tenir compte des marées.

DÉCALAGE HORAIRE

«... *Una hora menos en Canarias !* », telle est la pub gratuite dont bénéficient les Canaries toutes les heures sur toutes les radios nationales et à l'heure des JT sur les grandes chaînes de TV espagnoles...
Car en effet, il y a 1h de décalage entre l'archipel et le continent. Ainsi, lorsqu'il est 11h aux Canaries, il est 12h en France.

FÊTES ET JOURS FÉRIÉS

L'Espagne est un pays éminemment catholique, ce qui se ressent sur la liste des jours fériés !
– ***1er janvier :*** Jour de l'an.
– ***6 janvier :*** Épiphanie.
– ***Février :*** Mardi gras (en 2015, le 17 février). Même si ce n'est pas un jour férié officiel, beaucoup d'établissement sont fermés.

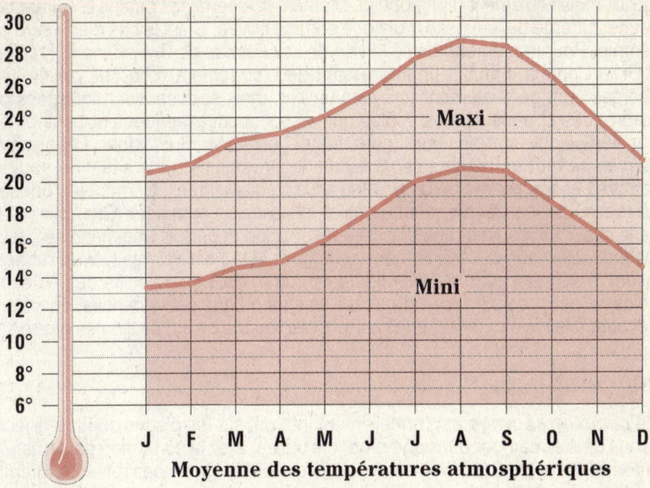

Moyenne des températures atmosphériques

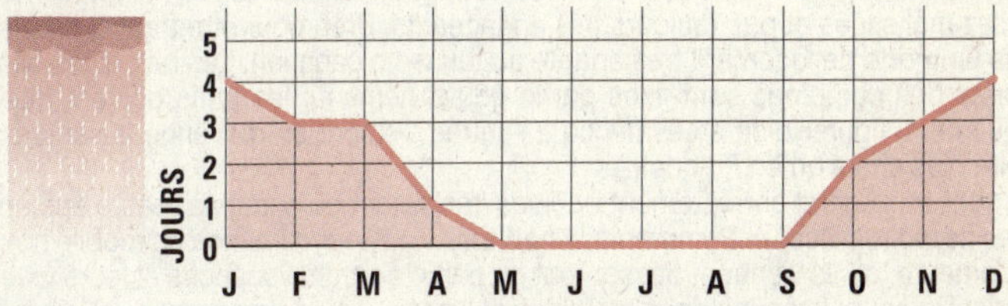

Nombre de jours de pluie

Lanzarote

- ***Mars ou avril :*** 3 jours avant Pâques, Jeudi saint (2 avril 2015). L'avant-veille de Pâques, Vendredi saint (3 avril 2015), à l'occasion duquel tout est fermé !
- ***1er mai :*** fête du Travail.
- ***30 mai :*** día de Canarias.
- ***5 août :*** fête de la Vierge.
- ***15 août :*** Assomption.
- ***12 octobre :*** fête nationale.
- ***1er novembre :*** Toussaint.
- ***8 décembre :*** Immaculée Conception.
- ***25 décembre :*** Noël.
- ***26 décembre :*** San Estebán.

HÉBERGEMENT

Les auberges

Les Canaries comptent une toute petite poignée d'auberges de jeunesse affiliées à ***Hostelling International.*** Il ne pourra donc pas s'agir d'un mode d'hébergement régulier, mais seulement d'un appoint. D'autant que certaines petites îles n'abritent aucune auberge de jeunesse, publique comme privée. C'est le cas d'El Hierro par exemple. Pour le moment, seule la ville de *Las Palmas de Gran Canaria,* capitale de Gran Canaria, connaît un intéressant développement d'*hostels* privés. Ces auberges sont généralement très bien tenues, mais sont souvent squattées par des groupes sportifs ou des écoles qui les occupent pratiquement entièrement pour des séjours de plusieurs jours, voire 1 semaine ; il est donc impératif de réserver, surtout en haute saison. Autres inconvénients : une situation souvent excentrée et des heures de couvre-feu assez réglementées. Certaines proposent des repas : petit déjeuner, demi-pension ou pension complète. Quand ce n'est pas le cas, il y a souvent une cuisine à disposition et parfois une machine à laver (payante). Bien sûr, la carte traditionnelle de la FUAJ est valable (voir la rubrique « Avant le départ » au début de ce chapitre ou • *reaj.com* •, le site des AJ espagnoles). À deux, cela ne revient pas moins cher qu'une petite pension en centre-ville, autant le savoir. En fait, c'est surtout bien quand on est seul ou en groupe.

Les campings

– Le ***camping sauvage*** est formellement interdit, sur les plages comme ailleurs. Si vous désirez camper dans une propriété privée, ayez la correction de demander l'autorisation avant (c'est la moindre des politesses), de ne pas rester longtemps (1 nuit) et – évidemment – de remballer vos détritus, comme partout !
– ***Les campings officiels :*** il y en a très peu. Et à vrai dire, ils sont généralement assez mal situés et pas toujours très engageants. Bref, pour être francs, ce n'est pas un mode de logement très adapté au tourisme canarien. Les prix et les catégories des campings sont fixés par le gouvernement ; les tarifs doivent (théoriquement) figurer bien en évidence à l'entrée. Ils sont en moyenne aussi chers, voire plus chers qu'en France.
Ils sont en général correctement équipés (restaurant ou cafétéria, petite épicerie, piscine, voire disco...). De nombreux habitués y ont leur caravane ou mobile home à demeure, où ils viennent passer tout ou partie de leurs vacances et leurs week-ends. Du coup, l'espace pour les tentes et les voyageurs de passage est souvent réduit, surtout en bord de mer, et pas très bien situé (car ce n'est pas avec les campeurs que les gérants gagnent leur vie).
– ***Tarifs des campings :*** ils sont habituellement calculés en additionnant tente + voiture + adulte + enfant. Parfois le tarif est établi sur la base de la parcelle (comprenant une tente et une voiture), et il faut alors y ajouter le nombre d'occupants. Dans ce guide, nous vous indiquons le tarif sur la base d'une tente de petite taille, une voiture et deux adultes.
– ***Les aires de camping :*** moins équipées et plus « sauvages » que les campings classiques, ces quelques aires ont été aménagées en pleine nature par les *Cabildos,* souvent à proximité de chemins de randonnée (en particulier sur La Palma). Bon marché, destinées principalement au bivouac des marcheurs, ces aires sont dotées d'un confort minimum : sanitaires avec eau chaude, parfois électricité, espace barbecue, et quelques cabanes en bois de quatre à six personnes, vraiment rustiques (sanitaires à l'extérieur, comme tout le monde !), mais ça évite de trimballer une tente dans son sac. Ici, en général, pas l'ombre d'un camping-car ou d'un mobile home, c'est le camping à l'ancienne ! Le seul camping d'El Hierro appartient à cette catégorie.
– Pour plus d'infos : • *guiacampingfecc.com* •

Les *casas rurales*

Dans le reste de l'Espagne, elles s'apparentent à un *mix* entre chambres d'hôtes et gîtes. Aux Canaries, elles relèvent plus souvent du gîte (à louer en entier, donc) à La Palma et à El Hierro, tandis qu'à La Gomera certaines restent en effet plus proches de la chambre d'hôtes. Toutes sont obligatoirement situées en milieu rural (ou, à défaut, dans les petites villes, dans des bâtisses anciennes). Le phénomène étant relativement récent, ces *casas rurales* sont en général neuves, ou récemment restaurées, et impeccables, les propriétaires ayant bénéficié de subventions de la Région et de l'Union européenne pour réhabiliter les demeures anciennes. Du coup, le charme de l'ancien tend parfois à disparaître sous une couche de carrelage ou de béton frais... Aux Canaries, ce phénomène est en plein essor, notamment sur les îles les moins touristiques comme La Gomera, La Palma ou El Hierro, où la modestie du parc hôtelier a permis à ce type d'hébergement de se développer. Il y en a plusieurs dizaines par île, mais assez variables en qualité. On peut rarement y débouler au dernier moment, sans réservation. Et ce pour plusieurs raisons : elles sont la plupart du temps en pleine campagne, peu ou pas indiquées et pas trouvables sans indications précises ; les proprios n'habitent pas sur place ; les horaires d'ouverture de la réception (lorsque réception il y a) sont assez restreints et enfin le peu de chambres fait qu'en haute saison, sans réservation, vous avez toutes les chances de vous casser le nez. Bref, la réservation est absolument nécessaire. Le haut de gamme correspond à des maisons rurales cossues ou des demeures de maître, parfois équipées d'une piscine. On insiste sur la réservation ; dans certaines îles (comme Lanzarote), en l'absence de petite hôtellerie classique, la *casa rural* reste le seul moyen d'échapper à la grosse hôtellerie balnéaire. Mais, vu leur nombre restreint, l'offre est vite complète.

– ***Le tarif pour une chambre double :*** il varie entre 40-50 € et 90-100 € selon la catégorie et la saison sur les îles les plus touristiques, mais reste généralement dans la fourchette 30-60 € sur les plus petites. Peu de chambres, une cuisine équipée, un accueil familial généralement (très) sympathique, des installations récentes, des emplacements dans des sites naturels éloignés du brouhaha urbain, très souvent un espace barbecue extérieur et parfois même une piscine pour les plus onéreuses, les *casas rurales* constituent une excellente option, à seulement quelques kilomètres des côtes. À noter qu'elles ont souvent plus d'une chambre (mais rarement plus de quatre chambres quand même) et sont donc très pratiques en famille ou en petite bande. Enfin, les proprios acceptent rarement les réservations pour moins de 2 ou 3 nuits (ou alors moyennant un petit supplément).

– ***En pratique :*** dans les *casas rurales* type gîtes, cuisine équipée, linge de lit et de bain fourni, et en général le ménage en fin de séjour est compris dans le prix. En revanche, si on trouve bien de la vaisselle dans les placards de la cuisine, on ne trouve pas forcément de fond d'épicerie courante, type sel, poivre ou huile. Cela dépend vraiment de chaque propriétaire.

– Sur chaque île, une ou des associations regroupent un certain nombre de *casas rurales,* ce qui est encore la manière la plus simple de faire son choix : voir au début de chacun des chapitres qui leur sont consacrés.

Les pensions, *hostales* et hôtels

Si la classification hôtelière dépend des diverses communautés autonomes, dans la pratique, on retrouve un peu les mêmes appellations partout. À savoir, au bas de l'échelle, les ***pensions*** (*P* sur les panneaux d'affichage), aussi appelées *pensiones residencias (PR),* à l'ancienne. On trouve encore aussi parfois les termes plus anciens de *hospedaje, habitación* ou *casa de huéspedes.* Il s'agit de petits établissements basiques comptant peu de chambres (une dizaine le plus souvent), équipées la plupart du temps de lits individuels. Les pensions ne proposent JAMAIS de petit déjeuner. Un cran au-dessus, les ***hostales*** sont un premier pas vers l'hôtel. Les chambres y ont en général toutes une salle de bains privée, ce qui n'est pas forcément le cas des pensions. On y a moins l'impression de résider chez quelqu'un. Ces deux catégories conviendront aux routards peu regardants sur le confort (même s'il s'est nettement amélioré), mais exigeants sur les prix.

Passons rapidement sur les ***motels*** (rares aux Canaries) pour arriver aux ***hôtels*** proprement dits. Classés de 1 à 5 étoiles, selon des normes un poil plus généreuses que chez nous, ils sont globalement assez standardisés et n'ont pas trop de charme – surtout en dessous de 3 étoiles. Ils sont par contre plutôt bien équipés (TV partout, de plus en plus souvent à écran plat ; sèche-cheveux dès 2-3 étoiles). Les plus anciens, dans les grandes villes, ont des sols en lino pas folichons, parfois des parquets ; les plus récents sont le plus souvent carrelés. Les efforts de déco sont rares, mais la propreté est presque partout garantie ! Pour le wifi dans la chambre, c'est plus aléatoire ; dans les plus petits établissements, elle ne marche souvent qu'à la réception. Seuls les 4-étoiles sont tenus d'avoir l'air conditionné (mais c'est presque superflu aux Canaries, vu le climat). À noter encore, tous les hôtels de catégorie supérieure doivent proposer au moins une chambre adaptée aux personnes handicapées.
– Sur les grandes îles touristiques comme ***Tenerife*** ou ***Gran Canaria,*** des villes balnéaires entières ont été construites pour le tourisme. On y trouve des dizaines de grands hôtels et des *resorts* de plus de 300 chambres, affichant au moins 3 étoiles, et pour la plupart 4 ou 5 étoiles. Certains sont en *todo incluido,* à savoir en pension complète et boissons à volonté. Leurs tarifs sont très variables en fonction du taux d'occupation et des promos sur Internet. Savoir aussi que la petite hôtellerie classique peut se révéler inexistante ou rare. Ainsi, à *Gran Canaria,* autant on trouve des hôtels traditionnels en nombre appréciable à *Las Palmas de Gran Canaria* (la capitale), autant ils se révèlent quasi inexistants au sud dans la célèbre trilogie *Maspalomas, Playa Agustín* et *Playa del Inglés.* Nécessité dans ce dernier cas de passer par les petits *resorts* de 10 à 20 chambres, dont beaucoup ne louent d'ailleurs pas à moins de 3 nuits. En ce cas, réservation hyper obligatoire !
– Dans tous les cas de figure, quel que soit votre type d'hébergement (sauf pour les 4 ou 5-étoiles évidemment), essayez d'***arriver assez tôt*** en haute saison, pour être sûr d'avoir une chambre. Mais le mieux est de réserver au moins par téléphone. En arrivant, demandez à visiter la chambre avant – ça vous évitera de vous voir attribuer le canard boiteux de l'hôtel, tourné face à un mur ou à la route. Une simple petite phrase comme « *Se podria ver una habitación ?* » suffit généralement ; parfois, même, on vous le proposera.
– Les ***prix,*** affichés à la réception et dans les chambres, varient selon les divisions de l'année touristique : haute saison *(temporada alta),* moyenne et basse saison *(temporada baja).* La Semaine sainte fait toujours partie de la très haute saison, comme la période du Nouvel An. On vous rappelle qu'en principe les prix affichés dans les établissements ne sont pas nets ; il faut ajouter la taxe (IGIC) de 7 %. Si vous parlez bien l'espagnol, vous pouvez toujours tenter de négocier un peu... Mais sachez que, de toute façon, les tarifs baissent presque toujours avec la durée du séjour.
– ***Les chambres :*** pour une simple, demandez une *habitación individual,* pour une double, une *habitación doble* – et si vous voulez un grand lit, précisez *cama de matrimonio* (c'est parfois moins cher car il n'y a qu'un lit à faire, pas deux).
– Les offices de tourisme disposent d'une liste plus ou moins exhaustive des hôtels et *hostales,* parfois avec les prix en cours. Certains peuvent même téléphoner pour vous.
– Dernier détail pour les affamés du matin : dans les petites pensions et petits hôtels, c'est *bed* mais rarement *breakfast...* et si on vous propose le petit déjeuner, il se limite en général à deux toasts (plus ou moins secs) avec un peu de confiture. Pour les établissements plus huppés, il est souvent compris.

Les *paradores*

Ce grand réseau d'établissements hôteliers exceptionnels a été créé en 1928. Leur principale originalité réside dans le cadre qu'ils proposent : châteaux forts, manoirs, anciens palais, couvents, monastères... Certains d'entre eux sont de construction récente, mais dans ce cas-là, ils s'intègrent bien au paysage et sont toujours situés dans de beaux sites. Il y en a assez peu aux Canaries. On en trouve un sur Gran Canaria, deux à Tenerife, un à La Gomera, un sur La Palma, un à El Hierro.

– Les ***prix*** varient selon cinq catégories et demeurent relativement élevés. Aux Canaries, les tarifs officiels affichent 168 à 182 € pour une chambre double, selon la saison et le confort du *parador* ; petit déjeuner en sus : 16-17 €. Si vous avez les moyens de vous offrir un tel séjour, sachez que les tarifs sont toujours inférieurs à ceux de nos *Relais & Châteaux,* auxquels on pourrait les comparer – mais le niveau de service est aussi moins élevé.

– En général, les *paradores* pratiquent des ***promotions*** intéressantes, parfois des tarifs week-end. Un bon plan à connaître : les tarifs disponibles sur Internet *(• parador.es •)* sont quasi systématiquement inférieurs aux tarifs « officiels », même au plus fort de l'été. Se renseigner aussi auprès d'*Iberrail France* (voir plus bas) sur les nombreuses autres réductions possibles : - 10 % sur les chambres et 30 % sur le petit déj pour les plus de 55 ans (les « *días dorados* » ; valables toute l'année aux Canaries !) ; - 15 % pour les séjours d'au moins 2 nuits consécutives en demi-pension du dimanche au jeudi dans un même *parador* – avec 20 % de réduc sur les repas ; « livrets de 5 nuits » *(Tarjeta 5 noches)* dans des *paradores* différents à environ 550 € – soit environ 110 € la double par nuit – et une réduc de 20 % en prime sur le prix officiel du menu au resto ; les « Escapada Joven » à l'intention des 18-30 ans, etc. Tous les prix mentionnés ici sont taxes incluses (7 %).

– À défaut de dormir dans les *paradores,* on peut toujours y dîner ou y prendre un verre et profiter ainsi du cadre. Le petit déj-buffet est toujours excellent et gargantuesque. Y passer une soirée est en général une très agréable expérience (toujours une belle carte de vins).

– En été et le week-end, il est ***impératif de réserver.***

■ ***Iberrail France :*** *14, rue Bruno-Coquatrix, 75009 Paris. ☎ 01-42-81-27-27. • service.paradores@iberrail.fr • Ⓜ Opéra ou Madeleine.* Représentant officiel des *paradores* en France.

■ ***Caractère :*** *Gentsestraat, 20, 9420 Erpe-Mere. ☎ 05-363-00-77. • info@caractere.be • caractere.be •* Représentant officiel des *paradores* pour la Belgique et le Luxembourg.

■ ***Sierramar MTCH AG :*** *Sägereistrasse, 20, CH 8152 Glattbrugg. ☎ 043-211-71-81. • sierramar.ch •* Représentant officiel des *paradores* pour la Suisse.

Pour nos lecteurs qui souhaitent réserver leur hébergement par courrier, nous précisons les codes postaux des établissements, soit dans le bandeau-titre de la ville concernée lorsqu'il y a un code postal unique, soit dans le texte de l'hôtel, logiquement à la fin de l'adresse, lorsqu'il y a plusieurs « arrondissements » dans la même ville.

L'abréviation « c/ », que vous retrouverez souvent dans ce guide, signifie tout simplement *calle,* c'est-à-dire « rue », et « s/n », abréviation de *sin número,* indique que la rue n'a pas de numérotation...

HORAIRES

Attention, à l'exception de certaines stations balnéaires (forcées de s'adapter aux touristes étrangers), les ***horaires des repas*** sont un poil plus tardifs que ceux pratiqués en France, mais un peu plus précoces qu'en Espagne continentale (en particulier le soir). Pour le déjeuner, de 13h à 15h30 ; pour le dîner, de 20h à 22h. Quant aux ***boîtes de nuit,*** elles ne commencent guère à s'animer avant 2h du matin... Il faut avoir une santé de fer pour vivre ici, et s'aménager de petites siestes ! Les ***magasins*** sont généralement ouverts du lundi au samedi de 10h à 19h, avec une pause (de 13h30 à 16h30) pour la sacro-sainte *siesta* ! Les petites pensions et les *hostales* la pratiquent aussi assez volontiers. En haute saison, dans les stations balnéaires, certains commerces restent ouverts jusqu'à 22h ou 23h. Évitez de faire votre shopping ou de téléphoner à l'heure de la sieste... En revanche, les appels tardifs en soirée ne posent pas de problème. Les grands magasins sont ouverts sans interruption à l'heure du déjeuner. Quant aux horaires des ***banques*** ou des ***musées,*** voir les rubriques concernées.

LANGUE

En espagnol, le « ñ » se prononce « gne » et le « v » se prononce plus « b » que « v » : *España* se dit « Espagna », *cerveza* se dit « cerbessa », *Sevilla,* « Sebilla », *Valencia,* « Balencia », etc. Attention cependant, tout excès nuit. Essayez quand même de pondérer entre le « v » et le « b ».

PARLER FRANÇAIS COMME UNE VACHE ESPAGNOLE

*C'est vrai que les vaches, surtout espagnoles, parlent mal le français. Cette expression datant du XVII*e *s vient en fait d'une altération du mot « basque ». Avec leur accent si particulier, on comprend mieux l'expression !*

Vocabulaire usuel

Pour vous aider à communiquer, n'oubliez pas notre *Guide de conversation du routard* en espagnol.

oui/non	*sí/no*

Politesse

bonjour	*buenos días* (matin)
	buenas tardes (à partir de 14h)
merci/merci beaucoup	*gracias/muchas gracias*
s'il vous plaît	*por favor*
excusez-moi	*perdóneme, disculpe*
bonsoir/bonne nuit	*buenas noches*
au revoir/à bientôt	*adiós/hasta luego*

Expressions courantes

parlez-vous français ?	*¿ habla francés ?*
comment vous appelez-vous ?	*¿ cómo se llama ?*
je ne comprends pas	*no entiendo*
je ne sais pas	*no sé*
comment dit-on en espagnol ?	*¿ cómo se dice en castellano ?*
demain	*mañana*
ce matin	*esta mañana*
ce soir	*esta noche*
OK, c'est bon, d'accord	*vale*

Vie pratique

ville	*ciudad*
centre	*centro*
bureau de poste	*correos*
office dc tourisme	*oficina de turismo*
banque	*banco*

PLANS ET CARTES EN COULEURS

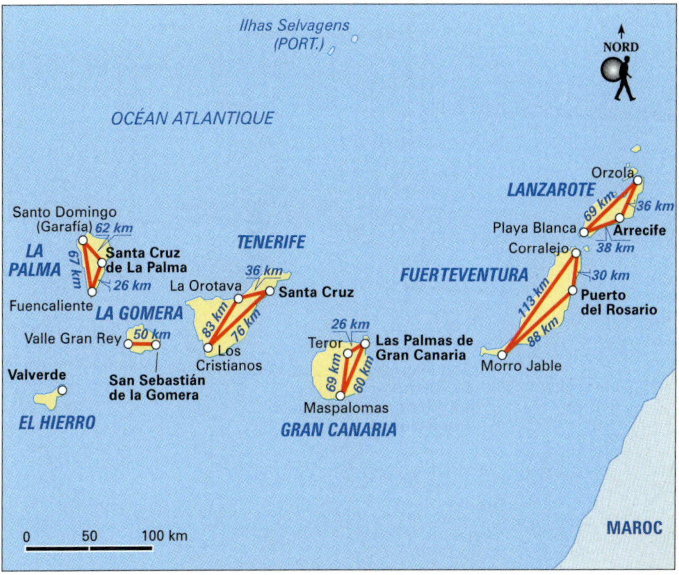

CARTE DES DISTANCES

GRAN CANARIA

GRAN CANARIA

■ Adresses utiles

- 2 Office du tourisme Parque Santa Catalina
- Terminal des bus Santa Catalina
- Grande poste
- Poste (El Corte Inglés)
- 4 Eco Bike

Où dormir ?

- 10 El Warung Beach Hostel
- 11 Big Fish Hostel
- 12 La Ventana Azul Sea View
- 13 La Ventana Azul Surf & Art Hostel
- 14 Sea of Clouds Hostel
- 15 Hotel Verol
- 16 Hotel Atlanta
- 17 Hotel Pujol
- 18 Hotel Reina Isabel

Où manger ?

- 30 La Marinera
- 31 Bar Casa Carmelo
- 32 Los Cebolleros
- 33 La Bikina Cantina
- 34 Mas Treinta y Nueve
- 35 Casa Galicia

Où boire un verre ? Où écouter de la musique ?

- 45 La Guarida del Blues
- 46 Bodegón Pachichi
- 49 Mojo Club

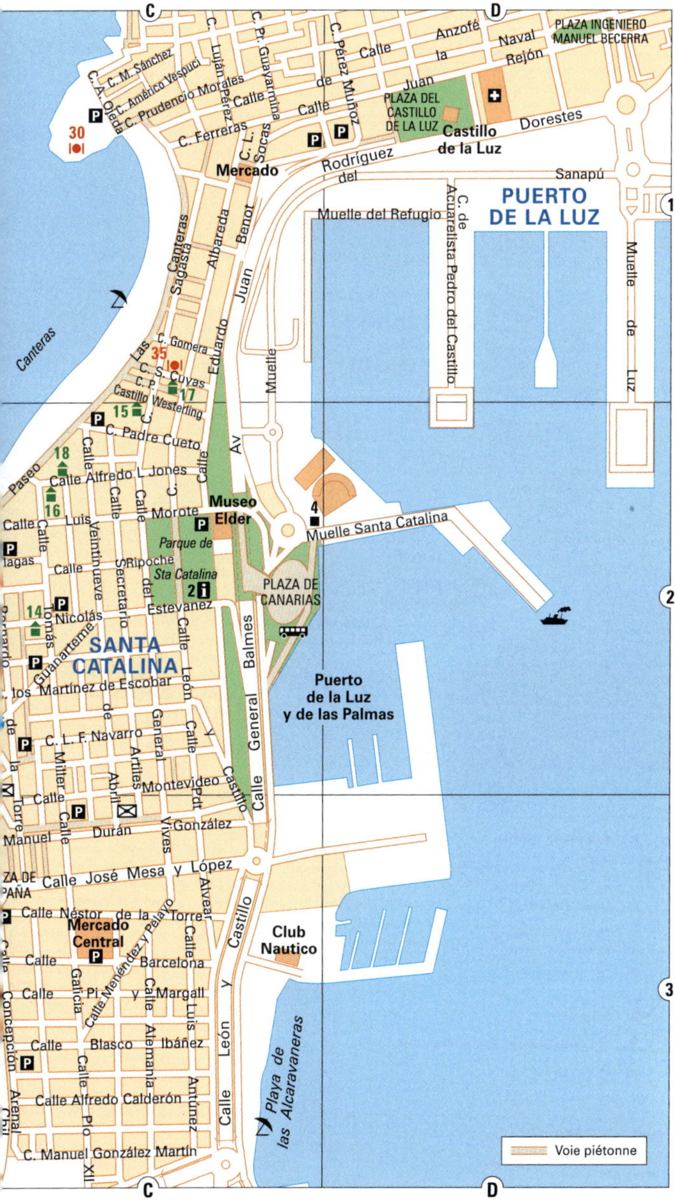

LAS PALMAS DE GRAN CANARIA – PLAN NORD

■ **Adresses utiles**

- 1 Patronato de Turismo (Triana)
- 3 Bureau de tourisme (San Telmo)

Où dormir ?

- 19 Bettmar Eco Hostel
- 20 Downtown House

Où manger ?

- 36 Cosecha
- 37 Minautoro

Où déguster de bonnes glaces ?

- 38 Flor di Latte

Où boire un verre ?

- 47 Pub McCarthy's
- 48 La Cantina

LAS PALMAS DE GRAN CANARIA – Vieille ville et Triana

FUERTEVENTURA

0 5 10 km
NORD
Isla de Montaña Clara
Isla La Graciosa
Caleta del Sebo
El Río
El Embarcadero
Orzola
Mirador del Río
Yé
Monte Corona
Malpaís de la Corona
Cueva de los Verdes
Haría
Los Jameos del Agua
Arrieta
Punta Mujeres
Playa de Famara
Risco de Famara
Peñas del Chache
OCÉAN ATLANTIQUE
La Isleta
Caleta de Famara
La Santa
Ermita de las Nieves
Sóo
Mala
Jardín de Cactus
Guatiza
Museo Agr. el Patio
El Jable
Tinajo
Teguise
Castillo de Santa Barbara
Volcán de Caldera Blanca
458
Mancha Blanca
Tiagua
Nazaret
Tao
Monumento del Campesino
Parque nacional de Timanfaya
Islote de Hilario
Montañas del Fuego
510
Tahiche
Masdache
Montaña Diama
468
San Bartolomé
Fundación César Manrique
Costa Teguise
El Golfo
Montaña de Vieja Gabriel
226
Yaiza
La Geria
Arrecife
Los Hervideros
Uga
Macher
Tías
Playa de los Pocillos
Salinas de Janubio
La Hoya
Femès
Puerto Calero
Playa Blanca
Las Breñas
Playa Quemada
Puerto del Carmen
El Rubicón
Playa Blanca
Punta de Pechiguera
Playa de Papagayo
Punta de Papagayo
FUERTEVENTURA
LAS PALMAS (GRAN CANARIA)

LANZAROTE

NORD
OCÉAN
ATLANTIQUE
Jardín botánico
Puerto de la Cru
voir zoom
San Juan de la Rambla
Loro parque
La Orota
El Puertito
Buenavista del Norte
Punta del Fraile
Caleta
Garachico
San Marcos
La Guancha
TF 82
Icod El Alto
Los Realej
Los Silos
Mirador
Icod de los Vinos
Drago Milenario
Faro del Teno
El Palmar
El Tanque
San Juan del Reparo
Valle de la Orota
Punta del Teno
Parque Rural Teno
Mirador de Baracán
TF 82
TF 21
Centro de información del Portillo
2 030
El Portil
de la Vil
Masca
Barranco de Masca
Corona Forestal
Santiago del Teide
Parque nacional del Teide
Playa de Masca
Punta de la Galera
Acantilado de Los Gigantes
Montaña Rajada
Pico del Teide
3 718
Montaña Blanca
2 507
Tamaimo
TF 38
Pico Viejo
2 994
Téléphérique
Minas de San José
Las Cañadas del Teide
Los Gigantes
Chío
Puerto de Santiago
Roques de García
Guía de Isora
Igl. de la Virgen de la Luz
Llano de Ucanca
Zapato de la Reina
Alcalá
Boca de Tauce
2 195
Playa de San Juan
San Juan
Bar. de Guía
TF 21
Vilaflor
TF 47
TF 82
TF 51
TF 21
Igl. de Santa Ursula
Granadilla
Callao Salvaje
Adeje
Barranco del Infierno
Arona
Caleta
Valle San Lorenzo
San Miguel
TF 64
San Eugenio
Sa
Isid
Costa Adeje
Playa de las Américas
TF 1
El Méda
Los Cristianos
Aeropuerto de Reina Sofia
Playa de Los Cristianos
LA GOMERA, EL HIERRO, LA PALMA
Costa del Silencio
Los Abrigos
Playa del Meda
Punta de la Rasca
Las Galletas

Punta del Hidalgo
Punta del Hidalgo
Bajamar
Tejina
Las Palmas de Anaga
Roque Bermejo
Benijo
Almaciga
Taganana
Chinobre
Chamorga
Las Montañas de Anaga
Pico del Inglés
Parque Rural Teno
Col El Bailadero
Forêt de las Mercedes
Tegueste
Mirador de las Casas de la Cumbre
Mirador Cruz del Carmen
Bar. de las Huertas
San Andrés
Playa de las Teresitas
Mesa del Mar
Las Canteras
La Laguna
Las Mercedes
Guamasa
Tacoronte
El Sauzal
Golf
Aeropuerto de los Rodeos
SANTA CRUZ DE LA PALMA
LAS PALMAS DE GRAN CANARIA
voir zoom
La Esperanza
La Matanza
SANTA CRUZ DE TENERIFE
Pico de las Flores
CADIZ, BARCELONA
La Victoria
Santa Ursula
Las Raices
Santa María del Mar
Bosque de la Esperanza
EL HIERRO
Tabaiba
LA GOMERA
Las Caletillas
Candelaria
Basílica de la Virgen
Arafo
Güímar
Observatoire météorologique
Mirador de Don Martín
El Puertito
Fasnia
OCÉAN ATLANTIQUE
Los Roques
Arico Viejo
Arico
Poris de Abona
Faro de Abona
TF 1
TF 2
TF 5
TF 12
TF 13
TF 16
TF 21
TF 24
TF 28
0 4 8 km

LA LAGUNA

Adresses utiles

- Oficina de información turística
- 1 Parking
- 2 Farmacia Saavedra

Où dormir ?

- 10 Pensión Padrón
- 11 Casa rural La Asomada del Gato
- 12 Laguna Nivaria
- 13 Hotel Aguerre

Où manger de bonnes tapas ?

- 20 Bodegón Tocuyo
- 21 Cafetería Benidorm
- 22 La Venta de la Esquina

Où manger ?

- 23 El Archete
- 24 El Obispado
- 25 Casa El Tonique
- 26 Bodegón Viana

Où déguster une bonne pâtisserie ?

- 27 Pastelería La Princesa

Où boire un verre ?

- 22 La Venta de la Esquina
- 30 La Casa de Oscar

NORD
El Roque
Santo Domingo (Garafía)
La Fajana de Franceses
Mirador La Tosca
La Fajana
Piscines naturelles
Franceses
LP 1
Barlovento
LP 109
Puerto Espíndola
Llano Negro
Roque Faro
Laguna de Barlovento
Charco Azul
San Andrés
LP 114
Buracas Dragos
El Castillo
La Zarza y La Zarzita
Mirador de Los Andenes
Bosque de Los Tilos
Los Sauces (San Andrés y Sauces)
Hoya Grande
Las Tricias
Ermita San Mauro
Las Moradas
2 028
Mirador de Las Barandas
Mirador de San Bartolomé
Playa de Nogales
Puntagorda
Observatoire d'astrophysique
Pico de La Cruz
2 351
La Galga
Mirador de Miraflores
LP 111
2 426
Roque de Los Muchachos
LP 4
LP 1
Casa Luján
Puntallana
Aguatavar
Parque nacional de la Caldera de Taburiente
Playa de la Veta
Zona de acampada
Tijarafe
Entrée du parc
1 309
Mirador de Los Brecitos
Mirador de Los Roques
La Cumbrecita
Cueva Bonita
Bar. de Las Angustias
Mirador de Las Chozas
1 287
Nuestra Señora de las Nieves
Santa Cruz de La Palma
Mirador de La Concepción
Mirador El Time
Argual
Los Llanos de Aridane
Centre des visiteurs
San Pedro (Breña Alta)
Los Cancajos
Puerto de Tazacorte
LP 2
El Paso
Breña Baja
Tazacorte
SAN SEBASTIÁN DE LA GOMERA
LP 212
LP 301
El Pilar
Todoque
LP 2
Villa de Mazo
Las Manchas
Cueva de Belmaco
Puerto Naos
Parque natural de la Cumbre Vieja
Malpaíses
Charco Verde
Tigalate
Playa de la Salemera
LP 2
El Remo
OCÉAN ATLANTIQUE
LP 206
VALVERDE (EL HIERRO)
LP 2
Monte de Luna
Playa La Zamora et Zamora Chica
Las Indias
Las Caletas
LP 207
Los Canarios (Fuencaliente)
LP 209
Volcán de San Antonio
657
Punta Larga
LP 207
439
Volcán de Teneguía
Playa Nueva
Punta de Fuencaliente
El Faro Las Salinas
0
5
10 km

LA PALMA

NORD
Punta de los Órganos
Punta Gorda
Baja de los Roques
Punta de Bejira
Cumbre de Chijeré
Playa de Valleherr
Parque Maritimo
TF 711
Roque Cano
650
Las Rosa
Vallehermoso
Punta de las Salinas
Playa de Alojera
Alojera
Macayao
Punta del Viento
Mirador de Alojera
TF 713
Los Loros
Mériga
Los Aceviños
Quemado
1 136
Parque nacional de Garajonay
Arure
Mirador del Santo
Las Hayas
Punta del Guincho
Laguna Grande
El Cercado
Bosque del Cedr
Alto de Garajonay
1 487
Los Granados
Chipude
Playa del Inglés
Punta de la Calera
Bar. Valle Gran Rey
La Fortaleza
1 243
Mirador de Igualero
Mirado Tajaq
La Playa
La Calera
Playa de Valle Gran Rey
Benchijig
Borbalán
La Puntilla
Vueltas
Ermita de Nuest Señora del Pas
Valle Gran Rey
Excursion baleines et dauphins et à LOS ÓRGANOS
Alajeró
Punta de Iguala
La Dama
Barranco de La Rajita
Punta de la Dama
Punta de Narices
Cala Cantera
Punta de Falones
0
1
2 km
Punta del Becerro

OCÉAN
ATLANTIQUE
Roque
Álvarez
Roque de Tierra
Agulo
Playa de Santa Catalina
Playa de La Caleta
Punta de Lorenzo
TF 711
Hermigua
Punta Majona
Mirador de
la Carbonera
Tunnel de
la Cumbre
Montaña
Quemada
Nuestra Señora
de Guadelupe
Punta Llana
El Atajo
Barranco de la Villa
GM - 1
Punta
del Roquilo
Mirador de
los Roques
GM - 2
GM - 3
Barranco Juan de Vera
Punta de
San Cristóbal
San Sebastián
de la Gomera
SANTA CRUZ DE LA PALMA (LA PALMA)
Tejiade
Bar. de Chinguarime
Punta Gorda
LOS CRISTIANOS (TENERIFE)
Punta Gaviota
Playa de Santiago
Punta
del Espino

LA GOMERA

NORD
OCÉAN
ATLANTIQUE
Punta del Guanche
Charco Manso
Pozo de Las Calcosas
Echedo
Roques de Salmor
El Mocanal
El Tamaduste
HI 5
Guarazoca
Valverde
Mirador de la Peña
Jarales
Las Puntas
Las Montañetas
Ecomuseo de Guinea
El Garoé
Tiñor
HI 1
HI 2
Puerto de la Esta
Punta Arenas blancas
Punta del Verodal
Pozo de la Salud
El Golfo
Charco Azul
La Candelaria
Mirador de Jinama
San Andrés
Playa del Verodal
Mirador de Bascos
Los Llanillos
Tigaday
Mirador de Las Playas
Isora
Mirador de Isora
El Sabinar
Sabinosa
La Dehesa
Pico Malpaso
1 501
Parador nacional de El Hierro
Roque de la Bonanza
Ermita Nuestra Señora de los Reyes
C. de los Reyes
El Pinar
Las Playas
Monumento al Meridiano 0
El Julán
Centro de Interpretación de El Julán
Hoya del Morcillo
El Pinar
Faro de Orchilla
Embarcadero de Orchilla
Mirador de Tanajara
Cala del Tacorón
Punta de La Restinga
La Restinga
0
5
10 km

EL HIERRO

Transports

gare routière	*estación de autobuses*
gare ferroviaire	*estación de ferrocarriles*
billet	*billete*
à quelle heure le train arrive-t-il... / part-il ?	*¿ a qué hora llega (sale) el tren... ?*
où faut-il changer de train ?	*¿ dónde hay que cambiar de tren ?*

Argent

payer	*pagar*
prix	*precio*
combien ça coûte ?	*¿ cuánto vale ?*
guichet automatique	*cajero automático, bancomat*
carte de paiement	*tarjeta de crédito*
pas cher, bon marché	*barato*
cher	*caro*

À l'hôtel et au restaurant

hôtel	*hotel*
auberge	*albergue*
pension	*hostal, fonda, pensión*
chambre	*habitación*
chambre double	*habitación doble/de dos camas*
pourriez-vous me la montrer (la chambre) ?	*¿ me la puede enseñar, por favor (la habitación) ?*
service compris	*servicio incluido*
petit déjeuner	*desayuno*
déjeuner	*almuerzo*
dîner	*cena*
repas	*comida*
je voudrais la note	*quisiera la cuenta*

Quelques abréviations courantes

calle	*c/* (rue)
avenida	*avda* (avenue)
carretera	*ctra* (route, chemin)
travesía	*trav.* (passage)
plaza	*pl.* (place)

Le temps

jour	*día*
semaine	*semana*
lundi	*lunes*
mardi	*martes*
mercredi	*miércoles*
jeudi	*jueves*
vendredi	*viernes*
samedi	*sábado*
dimanche	*domingo*
matin	*mañana*
midi	*mediodía*

après-midi	*tarde*
soir	*noche*
minuit	*medianoche*
heure	*hora*

Chiffres

1	*uno, una*	14	*catorce*
2	*dos*	15	*quince*
3	*tres*	16	*dieciseis*
4	*cuatro*	17	*diecisiete*
5	*cinco*	18	*diecisocho*
6	*seis*	19	*diecinueve*
7	*siete*	20	*veinte*
8	*ocho*	50	*cincuenta*
9	*nueve*	100	*ciento, cien*
10	*diez*	200	*doscientos*
11	*once*	500	*quinientos*
12	*doce*	1000	*mil*
13	*trece*		

LIVRES DE ROUTE

– ***L'Année de la sécheresse*** (1997), de Víctor Álamo de la Rosa (Grasset). Né à Tenerife en 1969, Víctor Álamo de la Rosa a passé son enfance à El Hierro. Renommée l'île Mineure, c'est elle qui sert de cadre à ce roman décousu, suspendu dans une époque indéfinie que l'on devine au milieu du XXe s. Sur fond de régime fasciste, Ifigenia et Aquilino, deux adolescents, s'enivrent de la découverte des plaisirs de la chair. Une passion dévorante qui ne peut espérer d'avenir sur ce rocher torturé par une sécheresse biblique, contraignant les hommes à affronter l'océan en une émigration désespérée. Dans une langue à la fois crue et lyrique, ce n'est pas d'amour que nous parle l'auteur, mais de ce que fut la condition insulaire, misérable, étriquée, sans promesses. Du même auteur, chez le même éditeur et toujours autour d'El Hierro, ***L'Île aux Lézards.***

– ***Les Spirites de Telde*** (2011), de Luis León Barreto, traduit par Marie-Claire Durand et Jean-Marie Florès (L'Harmattan). C'est Gran Canaria qui sert de cadre à ce roman basé sur un fait divers réel, l'assassinat, en 1930, d'une jeune fille par sa famille au cours d'une séance de spiritisme. C'est tout l'itinéraire d'une famille d'origine flamande depuis le XVIe s, et toute l'histoire, mais surtout l'imaginaire et les légendes, de l'île qui sont évoqués dans cet écrit choral, mené comme un roman policier par le personnage d'un journaliste madrilène qui mène son enquête 40 ans après les faits. Réalité et magie sont au rendez-vous.

– ***Mon héritage, Alma mon amour*** (2011), de Sabas Martín, traduit par Marie-Claire Durand et Jean-Marie Florès (L'Harmattan). Une évocation très personnelle, quasi une autofiction, des Canaries et de leur mémoire, dans un style lyrique et très musical.

– ***L'Amour fou*** (1937), d'André Breton (Folio Gallimard). Dans ce texte fondamental du surréalisme, Breton évoque dans le chapitre V son séjour aux Canaries en 1935 et son « amour fou » pour les paysages du Teide, qu'il découvre à l'occasion d'une exposition internationale de surréalisme à Santa Cruz de Tenerife.

– ***La Découverte de l'Amérique, tome I, Journal de bord et autres écrits,*** de Christophe Colomb (La Découverte Poche/Littérature et voyage ; 2006). Eh oui, le grand Christophe Colomb est bien passé par les Canaries dans sa quête de la route des Z'Indes ! Escales évoquées dans son journal de bord. Bon, cela a un peu changé, depuis...

– Dans la série « découvreur », vous pouvez aussi jeter un œil au récit ***Voyage en Afrique noire*** (1455 et 1456), d'Alvise Ca'Da Mosto (Chandeigne, 2003), un Vénitien embarqué sur la flotte portugaise, qui passa en 1455 aux Canaries et évoque les Guanches et les luttes inter-îles dans son chapitre « Des sept îles de Canarie et des coutumes de ses habitants ».
– ***L'Île aux Chimères*** (1962), de Norman Lewis, traduit par Jacques Papy (Phébus). Une île fictive des Canaries, Vedra, dans les années 1960, alors qu'un notable local tente de conserver son pouvoir quasi féodal sur la population... Une fiction bien sûr, pleine d'humour noir, et d'aucuns prétendent que l'auteur s'est en fait inspiré d'Ibiza, autre île espagnole d'un autre archipel... Allez savoir !

MUSÉES ET SITES

L'Espagne a le mérite de pratiquer des prix plutôt raisonnables en ce qui concerne l'accès aux nourritures culturelles.
Malgré tout, les sites majeurs sont tous payants (entre 6 et 8 €). Nombre d'entre eux proposent l'entrée gratuite à certains moments, par exemple le dimanche ou en fin d'après-midi, quelques heures avant la fermeture. Ces jours-là, prévoir un peu d'attente, mais tout compte fait les files avancent vite, puisqu'il n'y a pas de billet à acheter. Les musées plus mineurs sont parfois payants mais bon marché (entre 2,50 et 4 €), voire totalement gratuits pour les ressortissants de l'UE (mieux vaut être prêt à exhiber passeport ou carte d'identité). Les étudiants bénéficient de réductions, à condition de présenter l'une de leurs cartes (la carte d'étudiant française suffit souvent). En résumé, prix inférieurs aux prix français avec plus de musées gratuits.
IMPORTANT : pour les horaires, les indications sont parfois contradictoires : il y a les horaires officiels de l'office de tourisme, les horaires indiqués sur les sites eux-mêmes, les prospectus... et la réalité. Nous vous indiquons ceux effectivement relevés à un moment donné, mais les variations sont fréquentes d'une saison à l'autre et d'un interlocuteur à l'autre. À vérifier sur place, donc, et comme nous, vous risquez de vous casser le nez de temps à autre. De plus, les jours fériés (les fêtes de fin d'année et la Semaine sainte en particulier), les horaires sont restreints et encore plus incertains : passer les vérifier à l'office de tourisme s'avère alors indispensable !

PLAGES

Les Canaries possèdent évidemment de très nombreuses plages, dont certaines fort belles. Pour autant chaque île est très différente. Grandes étendues sauvages de sable noir, plages de galets torturés par les vagues, criques blondes ou anthracites, enclaves protégées, plages artificielles créées de toutes pièces grâce au sable importé du Sahara... Sur une île ou sur une autre, attention aux plages non abritées du vent. Houle et rouleaux peuvent s'avérer très dangereux. Ne jamais se baigner sans vérifier la couleur du drapeau. Quand il n'y a pas de drapeau, abstenez-vous. Sinon, ne se baigner qu'aux endroits où il y a d'autres personnes dans l'eau et demandez conseil aux locaux. Île par île, voici un petit état des lieux.
– ***Gran Canaria :*** les plages les plus touristiques se situent au sud-ouest, entre *Playa del Inglés* et *Puerto de Mogán* (c'est là qu'on trouve bien sûr les plus grosses concentrations d'hôtels). Celles de *Playa del Inglés* et de *Maspalomas,* avec sa mer de dunes, est immense, mais certaines d'entre elles comme *Puerto Rico* se retrouvent vite saturées. Beaucoup moins fréquentées, plus sauvages, plus intimes (demandant parfois une longue marche à pied), celles s'égrainant sur la côte ouest de *Puerto de la Aldea* à *playa de Tasarte...* Sur la côte sud-est, plages ne possédant pas un charme fou, mais certaines sont plébiscitées par les

véliplanchistes, comme *Pozo Izquierdo* (lieu du mondial de windsurf). Coup de cœur pour la *playa de las Canteras,* à Las Palmas de Gran Canaria, 3 km de sable blond au cœur même de la ville.

– ***Fuerteventura*** aligne incontestablement les plages les plus sauvages et parmi les plus belles des Canaries. C'est vrai de la *playa de Cofète,* sauvage à couper le souffle (mais qui peut s'avérer dangereuse). La plus longue, une des plus séduisantes, s'étend de *Costa Calma* à *Morro Jable* et offre de nombreuses portions quasiment pas urbanisées. D'un sable blanc divin, sauvage également, la plage de 10 km longeant les fameuses *dunes de Corralejo* au nord de l'île. Et sur la côte ouest, quelques pépites, des petites plages de sable gris ou noir, relativement peu fréquentées comme celles d'*Ajuy* ou *playa de los Molinos* et, surtout, les gentilles criques s'étalant au nord d'*El Cotillo...*

– ***Lanzarote*** est réputée pour les longues plages de sable blanc ourlant sur des kilomètres les trois principales stations balnéaires (*Playa Blanca, Puerto del Carmen* et *Costa Teguise*). C'est bien entendu l'empire du parasol commercial. Cependant, quelques plages échappent à la dictature de la chaise longue comme celle de *Papagayo* à Playa Blanca (certes payante !). Les amoureux de solitude se réfugieront plutôt dans les criques rocheuses de la côte est, du côté d'*El Charco del Palo* (très apprécié des nudistes) ou au sud d'Órzola. Mieux, ils iront découvrir les adorables plages désertes de l'île de La Graciosa (au prix de quelques dizaines de minutes de marche)... Quant aux kitesurfeurs, ils se retrouvent tous dans la *Caleta de Famara* où Éole leur est particulièrement favorable !

– ***Tenerife :*** la plus grande concentration des plages se situe dans le sud de l'île. Certaines sont naturelles, mais d'autres sont en fait artificielles, à savoir qu'elles ont été redessinées, ré-ensablées et protégées par des digues artificielles composées de gros blocs de lave pour casser les vagues. Avantage : elles sont paisibles et accessibles à la baignade à l'année, même par vent fort. Inconvénient : il y a souvent un monde fou, environnement pas très naturel. On a un faible pour celle de *Las Teresitas,* au nord de Santa Cruz (sable blond venu du Sahara), populaire et sympathique, surtout fréquentée par les locaux. Les plages de *Los Cristianos* et de *Las Américas* sont vastes, agréables mais vraiment bondées. Les petites plages de la côte ouest, aux alentours de Puerto de Santiago sont également agréables, notamment la *playa de la Arena,* au sud de la ville.

– ***La Gomera :*** ça va aller vite. Très peu de plages en fait. On trouve les plus intéressantes dans le secteur de Valle Gran Rey. Toutes de sable noir. Certaines aux eaux paisibles, idéales pour les familles, et d'autres bien plus sauvages, comme la *playa del Inglés.*

– ***La Palma :*** toutes les plages de La Palma sont noires... non de monde, mais parce que le sable ou les galets sont uniquement d'origine volcanique. Les principales stations balnéaires, *Los Cancajos* et la *playa de Bajamar* à proximité de Santa Cruz sur la côte est, *Puerto Naos* et *Puerto de Tazacorte* sur la côte ouest, ont été légèrement redessinées, ce qui les rend baignables toute l'année. C'est l'été qu'elles atteignent leur pic de fréquentation, et le mieux est alors de se rabattre sur les nombreuses petites criques ou piscines naturelles qui émaillent la côte (et qui ont largement notre préférence, quelle que soit la saison) : vers la pointe sud-ouest, *playa La Zamora, playa Nueva* et *el Charco Verde, playa La Veta* (à atteindre en bateau) à Tijarafe au nord de Tazacorte. Côté nord-est, *playa Nogales* (mais la baignade y est dangereuse), les adorables petites piscines de *Charco Azul* à Puntallana et de *La Fajana* à Barlovento, ainsi que la petite plage de *Puerto Espíndola* (dont l'aménagement est en cours).

– ***El Hierro :*** les inconditionnels du sable fin resteront sur leur faim, la plus petite île de l'archipel ne compte aucune plage, ou presque. On en trouve seulement trois, assez étroites qui plus est. Deux situées sur la côte est : à *Timijiraque* (sable noir) et au bien nommé lieu-dit *Las Playas* (galets). La troisième, vraiment minuscule, dans le petit port de pêche de La Restinga, à la pointe sud (sable noir). En revanche, le littoral est grignoté d'un chapelet de « piscines naturelles », charmantes criques de basalte où ont été aménagés des bassins que l'océan se charge de remplir. Les plus belles, à notre avis, le *Charco Azul* et *La Maceta* à El Golfo, et le *Charco Manso* au nord. Sur place, on trouve en général des tables ombragées, des emplacements pour barbecue et de l'eau potable.

POSTE

Les timbres *(sellos)* peuvent s'acheter dans les postes *(correos),* ouvertes en général du lundi au vendredi de 8h30 à 20h-20h30 (seulement jusqu'à 14h30 dans les petites villes) et le samedi de 9h30 à 13h-14h. On en trouve aussi dans les bureaux de tabac *(estancos),* reconnaissables à leur panonceau marron et jaune constitué d'un « T » stylisé. Tarif normal vers l'Europe : 0,75 €. La poste restante se dit *apartado de correos.* Toutes les infos sur les tarifs et services postaux : • *correos.es* • Les services postaux sont plutôt lents et leur fiabilité n'est pas garantie à 100 % : il n'est pas rare qu'une carte postale mette plusieurs semaines avant d'arriver à bon port.

SANTÉ

Pour un séjour temporaire en Espagne, pensez à vous procurer la carte européenne d'assurance maladie. Il vous suffit d'appeler votre centre de Sécurité sociale (ou de vous connecter au site internet de votre centre, encore plus rapide !) qui vous l'enverra sous une quinzaine de jours. Cette carte fonctionne avec tous les pays membres de l'Union européenne (y compris les 12 petits derniers). C'est une carte plastifiée bleue du même format que la carte Vitale. *Attention,* elle est valable 1 an, elle est gratuite et personnelle (chaque membre de la famille doit avoir la sienne, y compris les enfants). *Attention bis,* la carte n'est pas valable pour les soins délivrés dans les établissements privés.

SITES INTERNET

• ***routard.com*** • Rejoignez la plus grande communauté francophone de voyageurs ! Échangez avec les routarnautes : forums, photos, avis d'hôtels. Retrouvez aussi toutes les informations actualisées pour choisir et préparer vos voyages : plus de 200 fiches pays, une centaine de dossiers pratiques et un magazine en ligne pour découvrir tous les secrets de votre destination. Enfin, comparez les offres pour organiser et réserver votre voyage au meilleur prix. Routard.com, le voyage à portée de clics !
• ***spain.info/fr_FR*** • Le site officiel de l'office de tourisme espagnol.
• ***gobernodecanarias.org*** • Le portail officiel de la communauté autonome.
• ***turismodecanarias.com*** • Pour tout savoir sur les sept îles et choisir votre itinéraire en connaissance de cause. Ce site vous aidera également à prévoir vos liaisons inter-îles de la meilleure manière.
• ***webtenerife.com*** • Le site officiel de l'île, fort bien réalisé, avec des thématiques bien faites, où chacun pourra trouver son bonheur (hébergement, détente, sports nautiques, marchés, culture, fêtes...).
• ***grancanaria.com*** • Site fort complet avec des rubriques plages, mer, nature, sports, bien-être, golf et culture bien étoffées. De même, côté famille, toutes les merveilleuses raisons d'y aller avec ses enfants et côté pratique, tous les liens nécessaires question logement et transports.
• ***lagomera.travel*** • Le site officiel de l'île répond aux attentes classiques. Il met également l'accent sur les nombreuses randonnées que propose la montagne. Autre bon point, une présentation soignée des particularismes culturels de La Gomera.

• *visitfuerteventura.es* • Là encore, site particulièrement complet, développant quatre grands chapitres : plages, sports, loisirs et culture et « comment venir ». Avec une présentation des plages particulièrement détaillée et plaisante (son cœur de cible !), par genre : sportive, urbaine, sauvage, village de pêcheurs, sable fin, etc.
• *turismolanzarote.com* • Son portail officiel met bien sûr l'accent sur l'originalité culturelle de l'île : les fabuleuses réalisations de César Manrique, le développement touristique durable, la culture, le vin, la gastronomie... Pas un sujet n'a été oublié ! Séries de remarquables vidéos thématiques et, bien sûr, tous les renseignements pratiques indispensables pour bien réussir son voyage.
• *visitlapalma.es* • Le site officiel de La Palma, plutôt complet lui aussi, avec des recherches thématiques par mot-clé, depuis les plages jusqu'aux randonnées, en passant par tous les détails pratiques. De bons textes sur la culture locale également, mais pour l'instant uniquement en espagnol (un site francophone devrait arriver très vite).
• *elhierro.travel* • Une fois de plus, un portail très complet, présentant tous les atouts de l'île : spots de plongée, piscines naturelles et tous les sites à découvrir avec, à chaque fois, des photos pour mieux se faire une idée. Également une foule d'infos pratiques (hébergements, restos, agences de location de voitures, plan de l'île). En espagnol et anglais.
• *elpais.es* • *elmundo.es* • Les sites des quotidiens nationaux, pour lire les nouvelles fraîches.
• *marca.com* • En espagnol et en anglais, le site du quotidien sportif *Marca* pour vous tenir au courant des exploits sportifs de vos hôtes.
• *fedme.es* • Le site officiel de la Fédération espagnole des sports de montagne et d'escalade, avec liens vers les fédérations régionales : infos sur les GR, les refuges, etc. Très bien fait, c'est un site de référence pour organiser vos randonnées dans les parcs nationaux et les parcs ruraux.
– Les sites officiels des villes, lorsqu'ils existent, se trouvent dans les « Adresses utiles » de chaque ville.

SPORTS

En fonction des îles on pourra pratiquer des sports très variés. Mer et montagne, tout tourne autour de ces deux éléments. Voir aussi le chapitre consacré à chaque île pour plus de détails.
– ***Baignade :*** on trouve des plages accessibles à la baignade sur chaque île. Mais entre les longues plages sauvages de Lanzarote, les plages protégées de Tenerife, les piscines naturelles d'El Hierro et les criques de La Palma, ce n'est évidemment pas le même type de baignade. Les Canaries n'étant pas protégées par une barrière de corail, certaines plages peuvent être dangereuses et les rouleaux violents. Bien vérifier la couleur du drapeau avant de vous mettre à l'eau. S'il n'y en a pas, la plus grande prudence est de rigueur.
– ***Randonnée :*** toutes les îles possèdent un réseau d'excellents sentiers de randonnée, tous très bien entretenus et parfaitement marqués. Les randonnées sont de difficultés et de durées variées et certaines sont accessibles à tous. Pour bien choisir la rando la plus adaptée à vos désirs, rendez-vous dans les offices de tourisme ou les *centros de visitantes* dans les parcs ruraux ou nationaux. Ils délivrent d'excellents conseils et de bonnes cartes complètes et actualisées. Dans chaque île nous donnons des infos sur les meilleures balades à faire.
Sur certaines îles, des petites agences locales proposent aussi des descentes sportives de sentiers à VTT.
– ***Plongée :*** chaque île possède quelques clubs de plongée. Les fonds sous-marins de cette partie de l'Atlantique offrent quelques merveilleuses immersions. Les falaises volcaniques plongent en profondeur dans les eaux limpides où

grottes, failles et canyons abritent d'incroyables faune et flore. L'île la plus réputée pour cette activité est sans conteste ***El Hierro.*** Ceux qui viennent aux Canaries avant tout pour plonger la choisiront en priorité. Au programme, eaux claires et chaudes, décor volcanique et faune et flore riches et variées. En tout, une vingtaine de spots, accessibles depuis le petit port de pêche de La Restinga, et situés pour la plupart dans la réserve marine Mar de las Calmas, protégée depuis 1997. Parmi les plongées les plus réputées, citons *El Bajón,* une gigantesque tour de roc plongeant jusqu'à 100 m sous le niveau de la mer, que certains n'hésitent pas à ranger parmi les 100 plus beaux spots au monde.

On fait également de remarquables plongées à ***La Gomera*** (à partir de San Sebastián, la capitale). ***Tenerife*** propose de superbes sites, notamment dans le nord-ouest de l'île, au départ du port de Los Gigantes. ***Gran Canaria,*** pas en reste, propose des points d'immersion très proches du rivage comme *risco Verde, Taliarte, Sardina* (fameux en outre pour la photographie sous-marine) et *Las Merinas* (observation des anémones géantes et petits coraux). Pour les plus expérimentés, les célèbres sites d'*El Cabrón* (rochers peuplés de mérous et murènes) et *Caleta Baja* (gouffres où l'on croise anges de mer et raies mantas). À ***Lanzarote,*** c'est autour de Puerto del Carmen qu'on trouve le plus de spots, mais c'est à *La Graciosa,* aux eaux parmi les plus poissonneuses de l'Atlantique, qu'on trouve les plus beaux. Étant situés dans une réserve marine, nécessité de se procurer un permis. Ses eaux possèdent le rare privilège de voir se côtoyer espèces locales et méditerranéennes et même certaines venues des îles Caraïbes. Pour les pros, la *Burrera* est considérée comme l'un des plus beaux spots des Canaries (grosses roches, colonnes, arches, crevasses, paysages labyrinthiques où va se réfugier une riche faune). Quant à ***Fuerteventura,*** elle propose la petite île de *Lobos* (accessible depuis Corralejo), alignant pas moins de 20 spots, pour les débutants comme pour les expérimentés. La péninsule de Jandía au sud ainsi que la côte de Costa Calma sont également riches en spots de tous niveaux. À ***La Palma,*** aux eaux légèrement moins poissonneuses, c'est surtout la pointe qui offre quelques spots, autour de Los Cancajos, et plus au sud, du côté de Fuencaliente, à Malpique, Punta Larga et Vuelta del Toro.

– ***Planche à voile et kitesurf :*** certaines îles sont plus adaptées que d'autres pour ces sports. À ***Tenerife,*** c'est dans la petite station balnéaire d'*El Médano* que l'on se donne rendez-vous. Le meilleur spot de l'île, aussi bien pour la planche que pour le kitesurf. El Hierro, La Gomera et La Palma ne proposent pas de plages propices. À ***Gran Canaria,*** c'est sur la plage de *Pozo Izquierdo* (sur la côte sud) que se réunissent les spécialistes de windsurf. Il s'y déroule de grandes compétitions internationales (dont le mondial de windsurf en 2013). À ***Fuerteventura,*** gros succès de la péninsule de Jandía, notamment la *playa de Sotavento* pour le windsurf et le *kiteboarding* (nombreux championnats internationaux). Apparition également du char à voile. À ***Lanzarote,*** c'est la plage de la *Caleta de Famara* qui est plébiscitée pour le kitesurf, dans un environnement sauvage à souhait. On pratique aussi la planche à voile à Costa Teguise et du côté du Jameo del Agua (y compris des compétitions internationales).

– ***Surf :*** à ***Tenerife,*** voici quelques spots prisés par les dompteurs de vagues. À Puerto de la Cruz, la *playa Martiánez,* juste à l'est du centre, est parfaite pour apprendre. Environnement pas folichon, mais une digue de pierres casse la vague pour la rendre plus docile. À environ 5 km à l'ouest de la ville, la *playa del Socorro* est une belle plage de sable noir où les bons surfeurs prendront bien du plaisir. Signalons la *playa San Roque,* un autre bon spot, situé sur la commune de ***Taganana,*** à la pointe nord-est de l'île. Pas facile à rallier (route sinueuse) mais très prisé par les surfeurs et les écoles de surf. À ***Lanzarote,*** on pratique aussi le surf sur la *plage de la Caleta de Famara* (niveau moyen), ainsi qu'à *La Santa* (niveau moyen-élevé) et sur la côte est, à *Arrieta* et la *costa de Jameos del Agua* (niveau élevé). À ***Fuerteventura,*** plages les plus recherchées, celles du Nord et du Nord-Est, notamment *Charco del Bristol, playa del Moro, Ajibe de la Cueva* (la Escalera)

et *el Burro*... À ***Gran Canaria,*** près de Las Palmas de Gran Canaria, *El Confital* et sa *playa de las Monjas* et toute la zone nord de Las Palmas de Gran Canaria à Gáldar (certaines vagues peuvent y atteindre 5 m). Au sud, vents souvent favorables à la conjonction des *playas del Inglés* et *Maspalomas.* Enfin, le site de *Pozo Izquierdo* ravit également les surfeurs.
– ***Parapente :*** à ***El Hierro,*** on peut s'élancer en vol accompagné au-dessus de l'amphithéâtre naturel d'El Golfo. Activité également pratiquée à ***La Palma*** sur la côte ouest, avec atterrissage sur la plage de Puerto Naos, à condition d'avoir déjà un bon niveau. Praticable toute l'année, mais la meilleure saison court de septembre à mai. À ***Lanzarote,*** on décolle du massif de Famara pour survoler l'archipel de Chinijo.

TABAC

Il est strictement interdit de fumer, en Espagne, dans tous les lieux publics (y compris les cafés, les restaurants et les discothèques) et sur les lieux de travail. Cette interdiction s'applique bien sûr à toutes les administrations publiques et entreprises privées, aux gares, aéroports, stations de métro, mais aussi aux espaces extérieurs faisant face aux écoles et hôpitaux. Petite exception à cette loi rigoureuse : les hôtels peuvent conserver 30 % de leurs chambres pour les fumeurs. Désormais, la seule possibilité pour les bars d'accueillir des fumeurs est d'aménager des salles fumeurs, bien ventilées et interdites aux mineurs. Alors que l'Espagne était l'un des pays les plus permissifs en la matière, cette nouvelle loi est l'une des plus sévères d'Europe. Elle est plutôt bien acceptée, même si elle fait grincer des dents un bon nombre de propriétaires de bars et de restos, dont le chiffre d'affaires a fort logiquement diminué. Les contrevenants se voient infliger de lourdes amendes, dont le montant augmente graduellement : 30 € à la première infraction, 600 € à la deuxième et 10 000 € à la troisième !

LE TABAC TUE !

Rodrigo de Jerez, compagnon de Christophe Colomb, fut condamné à 10 ans de prison par l'Inquisition espagnole pour satanisme... En effet, il fumait et on pensait que seul le diable pouvait sortir de la fumée par la bouche.

TÉLÉPHONE ET TÉLÉCOMMUNICATIONS

Appels internationaux

– ***Îles Canaries → Europe :*** après l'indicatif, on ne compose jamais le 0 qui précède le numéro (lignes fixes comme portables).
➢ *Îles Canaries → France :* 00 + 33 + numéro de votre correspondant à 9 chiffres.
➢ *Îles Canaries → Belgique :* 00 + 32 + numéro de votre correspondant à 8 chiffres.
➢ *Îles Canaries → Suisse :* 00 + 41 + numéro de votre correspondant à 8 ou 9 chiffres.
– ***Europe → îles Canaries :*** 00 + 34 + numéro de votre correspondant à 9 chiffres.
– De France, ***renseignements internationaux pour l'Espagne et les îles Canaries*** : ☎ *32-12.*
– D'Espagne, ***renseignements nationaux*** : ☎ *118-18* et ***renseignements internationaux*** : ☎ *025.*

Appels intérieurs

Pour les ***appels locaux*** (par exemple, de Las Palmas à Las Palmas) comme ***nationaux*** (par exemple, de Las Palmas à Madrid), on compose le numéro complet à 9 chiffres.

Cartes téléphoniques

Malgré la généralisation des téléphones portables, on trouve encore quelques cabines à cartes *(tarjetas)* dans certaines villes. Les cartes s'achètent dans tous les kiosques à journaux et bureaux de tabac. Les cartes à code prépayées demeurent parfois bien plus avantageuses pour téléphoner à l'étranger.
Au fait, *Correos* et *Telefónica* sont deux entités bien distinctes. Inutile donc de chercher un téléphone public à la poste !

Internet

– Vous pourrez vous connecter à la Toile dans à peu près toutes les villes. À côté des quelques cybercafés, on trouve également des bornes dans la plupart des hôtels (gratuites la plupart du temps, sinon nous le précisons), des *locutorios* ou *telecom centers* (téléphone, fax, Internet, photocopies...), voire dans les bars. Nous avons privilégié, en général, les boutiques qui offrent des forfaits pour 10 ou 30 mn, mais les prix moyens n'excèdent pas 3 € l'heure de connexion. Si c'est plus cher, allez voir à côté !

Le téléphone portable en voyage

Le routard peut utiliser son propre téléphone portable en Espagne en général, et aux Canaries en particulier, avec l'option « Europe » ou « monde ».
– ***À savoir :*** un téléphone tribande ou quadribande est nécessaire pour les USA et le Canada. Pour être sûr que votre appareil est compatible avec votre destination, renseignez-vous auprès de votre opérateur.
– ***Activer l'option « international » :*** pour les abonnés récents, elle est en général activée par défaut. En revanche, si vous avez souscrit à un contrat depuis plus de 3 ans, pensez à contacter votre opérateur pour souscrire à l'option (gratuite). Attention toutefois à le faire au moins 48h avant le départ.
– ***Le « roaming » :*** c'est un système d'accords internationaux entre opérateurs. Concrètement, cela signifie que lorsque vous arrivez dans un pays, au bout de quelques minutes, le nouveau réseau s'affiche automatiquement sur l'écran de votre téléphone.
– Vous recevez rapidement un sms de votre opérateur qui propose un ***pack voyageurs*** plus ou moins avantageux, incluant un forfait limité de consommations téléphoniques et de connexion internet. À vous de voir...
– ***Tarifs :*** ils sont propres à chaque opérateur et varient en fonction des pays (le globe est découpé en plusieurs zones tarifaires). N'oubliez pas qu'à l'international, vous êtes facturé aussi bien pour les appels sortants que les appels entrants. Ne papotez donc pas des heures en imaginant que c'est votre interlocuteur qui paiera !
– ***Internet mobile :*** si vous utilisez le réseau 3G ou 4G (et non le wifi), les connexions à l'étranger ne sont pas facturées selon le temps de connexion, mais en fonction de la quantité de données échangées... Il peut suffire de quelques clics sur sa boîte mail et d'un peu de surf pour faire exploser les compteurs, avec au retour de voyage des factures de plusieurs centaines d'euros ! Le plus sage consiste à ***désactiver la connexion 3G/4G*** dès que vous passez les frontières. En effet, certains mobiles se connectent d'eux-mêmes sur Internet à intervalles réguliers afin d'effectuer des mises à jour (c'est le cas des *Blackberry* par exemple). Résultat, même sans surfer, vous êtes connecté... et vous payez ! Il faut également penser à ***supprimer la mise à jour automatique de votre messagerie*** qui consomme elle aussi des octets sans vous avertir (option « push mail »). Opter pour le mode manuel.

Bons plans pour utiliser son téléphone à l'étranger

– ***Acheter une carte SIM/puce sur place :*** c'est une option très avantageuse pour certaines destinations. Il suffit d'acheter une carte SIM locale (réseaux *Movistar,*

Vodafone ou *Orange*), dans les boutiques spécialisées, implantées dans toutes les villes. Sur présentation d'une pièce d'identité et d'une adresse locale (celle de votre hôtel par exemple), on vous octroie un numéro de téléphone local (sur lequel vous pouvez être appelé) avec un petit crédit de communication ; le tout pour environ 10 €. Avant de payer, mieux vaut essayer la carte SIM du vendeur dans votre téléphone – au préalablement débloqué – afin de vérifier si celui-ci est bien compatible. Ensuite, il est facile d'acheter du crédit de communication dans les supermarchés, tabacs, épiceries, stations-service, boutiques spécialisées... C'est toujours plus pratique pour trouver son chemin vers une *casa rural* paumée, réserver un hôtel, un resto ou une visite guidée, et bien moins cher que si vous appeliez avec votre carte SIM personnelle. Enfin, sachez que le coût des communications d'un fixe vers les portables est, comme chez nous, plus élevé que vers les postes fixes.
– ***Se brancher sur les réseaux wifi*** est le meilleur moyen de se connecter au Web gratuitement ou à moindre coût. De plus en plus d'hôtels, restos et bars disposent d'un réseau, bien souvent gratuit.
– Une fois connecté grâce au wifi, à vous les joies de la ***téléphonie par Internet*** ! Le logiciel ***Skype,*** le plus répandu, vous permet d'appeler vos correspondants gratuitement s'ils sont eux aussi connectés, ou à coût très réduit si vous voulez les joindre sur leur téléphone. Autre application qui connaît un succès grandissant, ***Viber*** permet d'appeler et d'envoyer des sms, des photos et des vidéos aux quatre coins de la planète, sans frais. Il suffit de télécharger – gratuitement – l'appli sur son smartphone, celle-ci se synchronise avec votre liste de contacts et détecte automatiquement ceux qui ont *Viber.* Même principe, mais sans la possibilité de passer un coup de fil, ***Whatsapp Messenger*** est une messagerie pour smartphone qui permet de recevoir ou envoyer des messages, photos, notes vocales et vidéos. La 1re année d'utilisation est gratuite, ensuite elle coûte 0,99 US$ par an.

Urgence : en cas de perte ou de vol de votre téléphone portable

Suspendre aussitôt sa ligne permet d'éviter de douloureuses surprises au retour du voyage ! Voici les numéros des quatre opérateurs français, accessibles depuis la France et l'étranger :
– ***SFR :*** *depuis la France,* ☎ *1023 ; depuis l'étranger,* 📱 *+ 33-6-1000-1900.*
– ***Bouygues Télécom :*** *depuis la France,* ☎ *0800-29-1000 ; depuis l'étranger,* ☎ *+ 33-1-46-10-86-86.*
– ***Orange :*** *depuis la France comme depuis l'étranger,* 📱 *+ 33-6-07-62-64-64.*
– ***Free :*** *depuis la France,* ☎ *3244 ; depuis l'étranger,* ☎ *+ 33-1-78-56-95-60.*
Vous pouvez aussi demander la suspension de votre ligne depuis le site internet de votre opérateur.

TRANSPORTS INTÉRIEURS

Nous développons dans chaque île une rubrique sur les transports. Pour ce qui est des moyens de transport entre les différentes îles, voir plus haut la rubrique « Les transports inter-îles ». Voici quelques infos générales, valables pour toutes les îles.

L'état des routes

Excellent ! Incroyable de voir la qualité des routes aux Canaries, aussi bien sur la bondée Tenerife que sur la toute petite El Hierro. Paradoxalement, les autorités auraient même tendance à en faire trop : le doublement des routes de deux à quatre voies, le grand nombre de ronds-points et d'échangeurs n'apparaissent pas toujours indispensables (et parfois peu compatibles avec l'harmonie des paysages)... La signalisation est plutôt bonne dans l'ensemble, même si les panneaux de sorties d'autoroutes sont parfois peu lisibles.

Le bus

Point commun à toutes les îles, le réseau de bus. Il est complet, efficace et de bonne qualité. Il dessert la plupart des villages, souvent même les plus reculés. Seul problème dans certaines îles, les fréquences. Il n'y a parfois que deux ou trois bus par jour pour une destination donnée. Sur El Hierro par exemple, les fréquences sont très faibles quelle que soit la destination, et le réseau ne couvre pas tout le territoire (notamment les piscines naturelles et la pointe ouest). Bien se renseigner. Pour les plus grandes îles (notamment à Tenerife), une carte de bus existe, assez pratique. De même, la liste des lignes de bus et les horaires sont fort bien indiqués sur les sites internet des compagnies : • *globalsu.es* • à Gran Canaria, • *arrecifebus.com* • à Lanzarote, • *maxoratabus.com/tiadhe* • à Fuerteventura, • *transporteslapalma.com* • à La Palma, • *titsa.com* • à Tenerife, • *gnagnagomera.com* • à La Gomera et • *transhierro.es* • à El Hierro. Ça permet ainsi de préparer sérieusement en amont ses itinéraires en bus.

La voiture

- Pour la plupart, les ***stations-service*** acceptent les cartes de paiement traditionnelles.
- La ***limitation de vitesse*** sur autoroute est de 120 km/h (et non de 130 km/h comme en France) et de 100 km/h sur quatre voies. Important également : les stops ne sont pas toujours matérialisés par une bande blanche au sol.
- Le taux maximum autorisé d'alcoolémie est de 0,5 g/l (0,3 g/l pour les conducteurs possédant le permis depuis moins de 2 ans).
- Il est interdit de téléphoner au volant, même avec un kit mains libres.
- Le port de la ceinture de sécurité est obligatoire pour les passagers, à l'avant comme à l'arrière.
- ***Attention :*** comme en France, sont obligatoires dans tous les véhicules (y compris étrangers) circulant en Espagne un gilet fluorescent (à conserver DANS l'habitacle, à portée de main, et non dans le coffre), ainsi que deux triangles de signalisation. Le gilet devra être utilisé par tout automobiliste amené à quitter son véhicule sur le bord d'une route, sous peine d'une amende de 90 €. Ce type de gilet est en vente dans la plupart des stations-service du pays.

Location de voitures

Tous les grands loueurs internationaux sont présents dans toutes les villes, mais il existe également de très bons petits loueurs locaux que l'on indique dans chaque île. Louer une voiture est assez bon marché aux Canaries. On trouve une petite voiture entre 30 et 40 € par jour mais dès qu'on loue pour 3 jours, et à plus forte raison pour 1 semaine, le tarif journalier tombe fortement. Ça devient vraiment intéressant.

Sur une toute petite île sur laquelle vous allez séjourner 2 ou 3 jours, il peut être intéressant de louer un véhicule. Si vous séjournez 1 semaine, on peut mixer les trajets en bus et la location de voiture.

■ ***Auto Escape :*** ☎ *0892-46-46-10 (0,34 €/mn).* • *autoescape.com* • *Vous trouverez également les services d'*Auto Escape *sur* • *routard.com* • L'agence *Auto Escape* réserve auprès des loueurs de véhicules de gros volumes d'affaires, ce qui garantit des tarifs très compétitifs. Il est recommandé de réserver à l'avance. *Auto Escape* offre 5 % de remise sur la location de voiture aux lecteurs du *Routard* pour toute résa par Internet avec le code de réduction « GDR15 ».

■ ***BSP Auto :*** ☎ *01-43-46-20-74 (tlj 9h-21h30).* • *bsp-auto.com* • Les prix proposés sont attractifs et comprennent le kilométrage illimité et les assurances. *BSP Auto* vous propose exclusivement les grandes compagnies de location sur place, vous assurant un très bon niveau de services. Les plus : vous ne payez votre location que 5 jours avant le départ + réduction spéciale aux lecteurs de ce guide avec le code « routard ».

Et aussi :

■ ***Hertz :*** ☎ *0825-861-861 (0,15 €/mn).* • *hertz.com* •

■ ***Europcar :*** ☎ *0825-358-358 (0,15 €/mn).* • *europcar.fr* •

■ ***Avis :*** ☎ *0821-230-760 (0,12 €/mn).* • *avis.fr* •

Le taxi

Comme très souvent en Espagne, le taxi se révèle bon marché dans les îles. Notamment dans les grandes villes comme *Las Palmas de Gran Canaria* ou *Arrecife* (Lanzarote) où une course moyenne ne dépasse pas 3-4 €. De même, les trajets aéroport et les petites courses inter-villes sont peu chers (exemple : port de Playa Blanca-aéroport d'Arrecife, compter 38-40 € pour 40 km). Sur El Hierro, le taxi pourra combler la faiblesse du réseau de bus, notamment pour revenir à son point de départ après une randonnée. Vu les courtes distances, une course n'excédera qu'exceptionnellement les 10-15 €. Enfin, sur La Palma, un service de taxi permet de revenir de randonnée, ou d'en atteindre le point de départ : à chaque fois, un panonceau avec le numéro de téléphone à contacter est placé bien en vue : pratique et d'un coût raisonnable.

URGENCES

Numéros utiles

☎ **112 :** voici le numéro d'urgence commun à la France et à tous les pays de l'UE, à composer en cas d'accident, agression ou détresse. Il permet de se faire localiser et aider en français, tout en améliorant les délais d'intervention des services de secours.

Les îles Canaries dépendent directement du consulat général de Madrid, cependant la France dispose d'une agence consulaire à Las Palmas de Gran Canaria.

■ ***Consulat général de Madrid :*** *c/ Marqués de la Ensenada, 10.* ☎ *91-700-78-00.* • *consulfrance-madrid.org* • Hors des horaires d'ouverture, et en cas de situation d'extrême urgence, le répondeur téléphonique du consulat communique un numéro de portable à contacter.

■ ***Agence consulaire de Las Palmas de Gran Canaria :*** *Mme Aurore Fuentes, c/ Nestor de la Torre, 12.* ☎ *928-29-23-71.* • *consulfrancehelp@hotmail.com* •

Avoir un passeport européen, ça peut être utile !

L'Union européenne a organisé une assistance consulaire mutuelle pour les ressortissants de l'UE en cas de problème en voyage. Vous pouvez y faire appel lorsque la France (c'est rare) ou la Belgique (c'est plus fréquent) ne disposent pas d'une représentation dans le pays où vous vous trouvez. Concrètement, cette assistance vous permet de demander de l'aide à l'ambassade ou au consulat (pas à un consulat honoraire) de n'importe quel État membre de l'UE. Leurs services vous indiqueront s'ils peuvent directement vous aider ou vous préciseront ce qu'il faut faire.

Leur assistance est, bien entendu, limitée aux situations d'urgence : décès, accidents ayant entraîné des blessures ou des lésions, maladie grave,

rapatriement pour raison médicale, arrestation ou détention. En cas de ***perte ou de vol de votre passeport,*** ils pourront également vous procurer un ***document provisoire*** de voyage.
Cette entraide consulaire entre les États membres de l'UE ne peut, bien entendu, vous garantir un accueil dans votre langue. En général, une langue européenne courante sera pratiquée.

L'abréviation « c/ », que vous retrouverez dans les diverses adresses d'hôtels, restaurants, etc., tout au long de ce guide, signifie tout simplement « calle », c'est-à-dire « rue ».

HOMMES, CULTURE, ENVIRONNEMENT

Archipel des Canaries : sous ce nom singulier se cachent sept îles pleines de charme, aux paysages aussi variés que contrastés, aussi accueillantes pour leurs plages que pour leur nature somptueuse. Car elles ont un secret, ces îles : celui de l'éternel printemps. Et peut-être aussi un second, l'étonnante variété qu'offre chacune des îles. Paysages volcaniques ou exubérante forêt primaire, océan toujours facile d'accès, criques déchiquetées d'un noir brillant ou mer de dunes dorées, plaines fertiles et cirques volcaniques, adorables petites villes coloniales ou grandes cités modernes et animées... Sans oublier l'héritage laissé un peu partout par les *Guanches,* ces habitants préhispaniques. Chaque virage, chaque rivage et chaque ravin réserve une découverte, sans jamais tomber ni dans la monotonie ni dans la monochromie.
Les deux grandes îles de l'archipel, Ténérife et Gran Canaria, offrent des paysages grandioses, hérissée pour la première du majestueux sommet du Teide, le plus haut d'Espagne, creusée pour la seconde de profonds ravins, résultat de l'activité volcanique qui fit émerger ces îles. Bien loin de la réputation de balnéaire bétonné qui colle parfois à leur image. L'une comme l'autre conservent outre leurs vastes plages, des environnements naturels intacts, préservés par une pléthore de parcs nationaux (Parque nacional del Teide à Ténérife en particulier, classé au Patrimoine mondial par l'Unesco), réserves naturelles et espaces protégés. À Ténérife, les superbes petites villes coloniales, à commencer par La Laguna, classée Patrimoine mondial de l'Unesco, séduiront les amateurs de vieille civilisation, pendant qu'à Gran Canaria les fêtards se réjouiront de la vie nocturne trépidante de Maspalomas et du foisonnement culturel de la moderne Las Palmas de Gran Canaria.
Un peu plus à l'ouest en direction de l'Amérique, La Palma et La Gomera misent tout sur leur atout naturel : des forêts humides classées et dont les sous-bois touffus sont sillonnés de centaines de kilomètres de sentiers de randonnées. Paradis des randonneurs, elles non plus n'oublient pas leurs origines volcaniques, parcourues de longues coulées de laves qui présentent des contrastes saisissants avec les vastes bananeraies, les pins canariens et le balancement des palmiers. Criques tranquilles pour toutes les deux, et aussi de belles plages de sable noir à La Palma.
Plus sauvage et plus isolée, la petite El Hierro est un véritable laboratoire écolo, idéale pour se réfugier loin du monde, à se refaire une santé entre balades et plongées.
Ce côté sauvage, on le retrouve aussi à Fuerteventura, la plus proche des côtes africaines. Elle offre deux merveilles de la nature, la péninsule de Jandía et son immense plage, ainsi que les dunes de Corralejo plus au nord. Sans oublier une myriade de petits villages et de petits ports, nichés dans une anse de sable. Sportive aussi, Fuerteventura, puisque sa côte nord se prête aux sports nautiques, kite-surf et planche à voile en particulier.
Enfin Lanzarote, le joyau du nord, avec ses façades blanches et ses volets verts, a presque des airs d'île grecque, superbement mise en valeur et

préservée par la volonté d'un artiste, César Manrique. Il protégea même les volcans, ce qui permet aujourd'hui de découvrir, dans le *parque nacional de Timanfaya,* des paysages uniques et quasi lunaires.
Il faut parler des Canariens aussi, de leur chaleur héritée des continuels échanges avec l'Amérique latine... On retrouve cette influence exotique jusque dans la cuisine, dans la musique, et dans l'architecture des villes coloniales.
Vous l'avez compris, qu'il s'agisse de farniente en bord de plage, de balades sur le dos des volcans ou dans la jungle tropicale, sept îles si différentes. Voici donc sept bonnes raisons de venir aux Canaries, et même d'y revenir.

BOISSONS

Le puits est toujours là. L'eau qui a béni les Amériques, aussi... Ce qui a sauvé Christophe Colomb allait inciter ses successeurs à importer de Chypre une plante gourmande : la canne à sucre. Sur les alluvions des embouchures des *barrancos,* elle ne pouvait que proliférer... Il n'en fallut pas plus pour que, découvrant le miel et l'alcool de palme, les Canariens développent au XIXe s le ***ron miel*** et le ***rhum.***
Seule Gran Canaria développa la distillation, dont la rhumerie *Arehucas* revendique le leadership. Elle se situe sur les terres du marquisat d'Arucas où les bananeraies remplacent aujourd'hui les plantations de canne de 1884. La canne est maintenant importée de la région de Málaga (Espagne continentale)... Ce qui n'empêche pas le Dominicain d'adoption Julio Iglesias de venir jusqu'ici, laisser sa signature sur les tonneaux des rhums les plus vieux !
Le *ron miel,* quant à lui, est une savoureuse liqueur dans laquelle le miel (d'abeille) ramène le rhum vieilli à 20°. Dans cette catégorie plus liquoreuse, *Artemi* et *La Indiana* (depuis 1929) sont les challengers d'*Arehucas.*
Mais c'est La Palma, l'île perdue dans le nord-ouest, qui, grâce au microclimat de la vallée de San Andrés y Sauces, au nord-est, cultive encore la canne à sucre de manière artisanale pour élaborer le meilleur rhum canarien : le *Ron Aldea.*
– ***La bière :*** l'eau encore, et les ports, pour l'import du ***houblon,*** et de l'orge. La ***bière*** *La Tropical* naquit en 1924 à Las Palmas de Gran Canaria. Et en réponse, poussé par la rivalité insulaire, Santa Cruz de Tenerife fonda sa propre entreprise, la *Compañía Cervecera de Canarias (CCC),* en 1939 même si la première bouteille n'en sortit qu'en... 1948 ! Tout le monde eut enfin sa bière : les *Canarios,* la *Tropical,* et les *Tinerfeños,* la *Dorada...,* réunies en 1994 dans une même entreprise. En 2008, pour des raisons économiques la *Tropical* faillit disparaître : tollé chez les habitants de Gran Canaria, et retour de la marque locale.
– ***La vigne et le vin :*** les terres volcaniques et le climat confèrent aux cépages force et caractère... Car la ***vigne,*** ici, par le mariage de l'eau des montagnes et l'intensité du soleil, a trouvé un terrain de prédilection, avec autant de variétés qu'il y a de microclimats...
Si les Normands ont apporté dans leurs soutes les premiers cépages à Lanzarote, les conquistadores les étendirent à Ténérife au XVIe s. D'abord des blancs, pour produire des vins blancs forts qui se conservaient mieux (la malvoisie étant l'exception), puis des cépages rouges. Un dixième des chais à peine dépasse les 1 000 hl annuels.
Ténérife, avec 9 000 ha de vigne, propose d'intéressants vins, avec des rouges élaborés à base du cépage *malvasía* mais aussi de *listán Negro.* On trouve la meilleure sélection de flacons à Sauzal, à la *Casa del Vino,* dans la région de Taraconte-Acentejo, au nord-est de l'île. « Tacoronte », la plus ancienne et la plus étendue *Denominación de Origen,* ne remonte qu'à 1992. Depuis quatre autres domaines ont suivi, pour une île longue de 60 km ! Le « Valle de La Orotava », au pied du Teide, reste artisanal dans l'entretien des sarments, et produit un *listán negro* rustique ou

un *negramoll* fin, aux arômes fruités, doux en bouche. Les caves *(bodega)* « Tajinaste » et « Arautava » ont d'ailleurs été couronnées par plusieurs prix.

À ***Gran Canaria,*** on trouve de la vigne sur toute l'île et depuis le XVIe s, comme dans tout l'archipel. Une première AOC Monte Lentiscal, en 1999, précède l'appellation Gran Canaria, en 2000, réunies toutes deux en 2006 sous une unique dénomination Gran Canaria. On y cultive surtout du rouge, *listán negro* en tête, suivi du *negramoll,* mais également des blancs, comme l'*albillo.* En raison de la grande variété des sols, des microclimats et des altitudes, les parcelles et les *bodegas* donnent des vins assez différents d'une région à l'autre. Parmi les *bodegas* les plus importantes, *Bentayga, Las Tirajanas, Mondalón* ou *Los Berrazales.* Pour parfaire sa culture œnologique, faire une visite de la *Casa Museo del Vino* à Santa Brígida.

À ***La Palma,*** la création de l'A.O.C. en 1994 a redynamisé la viticulture, et les *bodegas* (caves) s'en sortent plutôt bien question qualité. Protégés des ravages du phylloxéra au XVIIIe s (l'isolement a du bon, parfois), les cépages cultivés sur l'île datent des premiers colons, et certains sont devenus des raretés (c'est le cas, par exemple, du *sabro,* un blanc sucré cultivé surtout du côté de Fuencaliente). Le *negramoll* est la variété de rouge la plus commune, cultivé au nord comme au sud. Côté blanc sec, le *listán blanco* domine, mais on a un faible pour l'*albillo,* cultivé essentiellement au nord, et sa fraîcheur fruitée. Impossible aussi de ne pas citer le *vino de tea,* élaboré sur la côte nord-ouest (autour de Garafía, Puntagorda et Tijarafe). Blanc (*listán blanco* ou *albillo*) ou rouge (*negramoll* surtout, mais aussi *prieto* ou *almuñeco*), le vin termine sa maturation pendant au minimum 1 mois dans un fût en *tea,* c'est-à-dire du pin canarien (plus précisément le cœur du pin), ce qui lui donne un léger parfum de résine très particulier (et bien différent du plus connu résiné grec). Enfin, cerise sucrée sur la grappe, la *malvasía* (malvoisie) cultivée à Fuencaliente et Villa de Mazo donne un vin naturellement doux, ambré et très arômatique, issu d'une « vendange tardive ». L'île compte en tout une petite vingtaine de *bodegas* réparties sur l'ensemble du territoire, et certaines se visitent, en particulier sur le sud (*Tamanca,* parmi les plus connues, à Las Manchas, mais aussi *Teneguía* à Fuencaliente, ou encore *Matías i Torres,* toujours à Fuencaliente mais plus confidentiel). Voir aussi ● *vinoslapalma.com* ●, et faire un tour à la *Casa Museo del Vino* à Las Manchas, qui offre un beau panel des productions de l'île (y compris en dégustation).

Le *bastardo negro,* appelé *baboso negro* à ***El Hierro,*** fait la fierté des *Herreños.* Succulent ! Grenat comme le *negromuelle,* alors que le *listán blanco* est vert-doré... L'été, chacun y va de son sécateur, cultivant sa parcelle comme on cultive son jardin. Les pressoirs rustiques et massifs rappellent qu'avant création de la coopérative *Del Campo,* à Frontera, le pressage était très artisanal. Arôme d'herbes, expression fruitée, balsamique en bouche, riche en tanins... Il s'agit surtout de vins de table : rouges puissants mais assez communs de la coopérative *Viña Frontera* et du domaine *El Tesoro,* et blancs secs à la robe jaune estampillés *Viña Frontera* également. Moins ordinaire, le *Tanajara,* un rouge clair, léger et aromatique, est élevé en fût de chêne en deux crus distincts tirés chacun d'un cépage exclusif, le *vijariego tinto* et le *baboso negro.* Seul hic, la production du *Tanajara* s'est arrêtée en 2009, mais on trouve encore quelques bouteilles dans les rayons des supermarchés locaux.

Lanzarote, grâce à ses terres volcaniques noires et à des procédés d'élevage originaux (l'utilisation du picón, ces gravillons noirs volcaniques), produit parmi les plus beaux vins des îles, à partir des cépages *malvoisie* (50 % de la production) et *listán negro* (25 %). Surtout des blancs élevés dans la plaine de La Geria qui regroupent les grands vignobles et les plus fameuses *bodegas.* Cependant, pour l'apéro, si vous résidez en *casa rural,* penser à rendre visite aux tout petits producteurs de la montagne de Yé (production certes très limitée, mais artisans passionnés de la vigne). Ils produisent de parfumés et doux *moscatels* (rappelant des porto légers) et des rouges gouleyants à souhait pas chers du tout.

– L'***eau,*** enfin ! L'eau minérale, l'eau des alizés, distillée par l'océan. Et qui rejoint lentement les couches du sous-sol jusqu'aux limites de la remontée par capillarité de l'eau de mer. Vilaflor, à Tenerife, a ainsi l'eau la plus salée qui soit et que l'on recueille pourtant dans des galeries horizontales à 1 466 m d'altitude ! Fuentealta, provenant de la zone du parc national du Teide, est toujours exploitée par *Aguas de Vilaflor* pour son action minéralisante. *Firgas,* celle de Gran Canaria, est meilleure au goût, naturellement peu gazeuse. Équilibrée en calcium et en magnésium, carbonatée, elle est indiquée contre l'hypertension. Une version en bouteille de verre, renforcée en gaz, est destinée à la restauration. Toujours à Gran Canaria, *Aguas de Teror,* gazeuse ou plate, et *Aguas de Roque Nublo.*
Quant à celle de La Palma, elle remonte à la mode « nouveau siècle » des siphons. Extraite à 4,7 km de l'entrée de la galerie Barbuzano, à 940 m d'altitude, dans le *barranco* de *Los Gomeros,* elle est dégazéifiée avant d'être exportée sur toutes les îles. Peu minéralisée, elle est très désaltérante et mérite d'être bue, fraîche, en situation : dans le chaos des éboulis au cœur de la caldera de Taburiente !

CUISINE

Au commencement était la ***pomme de terre...*** Bien sûr, avant, il y avait les rhizomes de fougères *(woodwardia radicans)...* Mais les conquistadors ont tôt fait d'importer et d'imposer les *papas.* En (re)passant par les Canaries ! Incontournables Canaries qui, après les Andes, sont le seul endroit au monde où l'espèce a pu perpétuer son infinie richesse : les 25 variétés et sous-espèces antiques, essentiellement andines, se cultivent encore et toujours à Tenerife. Patates noires, patates rosées, patates *bonitas.* Des terres péruviennes d'Ollantaytambo et de Písac, les Européens découvriront au XVIe s ces tubercules : avec des « yeux », rosés, jaunes ou noirs (rappellent la truffe). Mais, des Canaries, ils ne pourront qu'acclimater les plus rustiques. La *melonera* présente les plus grandes qualités culinaires... Et avec leur millier d'hectares de *papas* andines, les Canariens ont du... pain sur la planche !
– Les ***papas arrugadas*** : elles peuvent être présentées en ramequin, avec du *mojo,* en tapas. On les trouve sur toutes les cartes de restaurant... Recette : lavez sans éplucher 1 kg de petites pommes de terre, recouvrez-les d'eau à ras, dans une casserole, ajoutez-y deux poignées de sel de mer et faites bouillir. Videz l'eau. Repassez au feu (sans l'eau !) durant 2 mn. Recouvrez d'un torchon quelques minutes. Glissez dans un plat : le sel finit de cristalliser sur la peau.
– ***Le mojo rojo*** *(picó)* **:** une sauce rouge et goûteuse (voire très pimentée), servie traditionnellement en accompagnement des *papas arrugadas,* mais aussi de la viande rouge, etc. Allez, encore une recette : dans un mortier, pilez une gousse d'ail, deux piments, et du gros sel jusqu'à obtenir une pâte molle. Rajoutez le poivre rouge *(picona)* et, lentement, 15 cuillères à dessert d'huile d'olive et 4 de vinaigre. Rallongez avec un peu d'eau : votre *mojo* rouge *(picón)* est prêt. Autre version tout aussi courante sur les tables, le ***mojo verde,*** enrichi de coriandre et moins relevé, qui accompagne joliment poissons et viandes blanches.
– ***Le gofio :*** cette farine élaborée à partir de céréales préalablement grillées est l'aliment le plus ancien des Canaries, même s'il a évolué au fil des siècles. Les Guanches utilisaient de l'orge, du blé ou même des racines de fougères, et, additionné d'eau et de sel, c'était selon toute vraisemblance leur nourriture de base. Nourrissant ! Le seigle et le maïs, en provenance d'Amérique pour ce dernier, furent aussi utilisés par la suite. Aujourd'hui, le *gofio* est en général moulu à partir de blé ou de maïs, ou d'un mélange des deux. Souvent utilisé pour épaissir les soupes, ou consommé avec du lait, on trouve aussi des glaces au *gofio* ou de la mousse de *gofio* : pas mauvais du tout, avec ce petit goût de noisette ! Mais cela reste un aliment très riche. D'ailleurs, les marins en partance pour l'Amérique en embarquaient de grandes quantité, car il se conservait longtemps. Résultat, on en trouve aussi à Cuba ou à Puerto Rico.

– ***La ropa vieja :*** à base de pois chiches, de viande effilochée de bœuf et de poulet et de... pommes de terre bien sûr. Un plat fort courant, à mi-chemin du ragoût et du sauté, et qui affiche autant de recettes que de cuisiniers... Servi aussi bien en tapas qu'en plat principal.
– ***L'almogrote :*** encore un amuse-gueule. Pâte à tartiner de fromage de brebis à l'ail, au piment et à la tomate, d'influence berbère. À toaster en apéritif. Sublime sur du pain grillé !
– ***Potage de cresson :*** spécialité de La Gomera, il mérite d'être savouré en altitude, là où le légume pousse, dans ce dédale de failles volcaniques, moussues à souhait. Lorsque la mer de nuages vous enrobe et vous fait frissonner... de faim.
– ***Les viandes :*** dans le ***cochon*** tout est bon, et ce n'est pas aux Canaries que l'on vous dira le contraire : côtes, côtelettes, filets mignons, lard frais ou grattons frits, on le retrouve sous toutes ses formes et sur toutes les cartes. Le ***poulet*** itou. Plus local, le ***lapin*** *(conejo),* en ragoût accompagné de *papas,* ou la ***chèvre*** – *cabra* – (voire le ***chevreau*** – *cabrito* – lorsque c'est la saison), en ragoût rustique ou délicieusement grillé.
– ***Poissons et fruits de mer :*** poulpe, calamar, sardine, loup de mer, cabillaud et poissons divers, sans oublier les grandes moules ou le thon, grillé *a la plancha* par exemple, à déguster tout frais pêchés de la barcasse, dans les ports des différentes îles. Accompagné traditionnellement de *mojo verde.*
– N'omettez pas les ***fromages*** ! Surtout celui d'***El Hierro,*** fumé au bois de figuier et de figue de Barbarie. Laissez-vous aussi tenter par le ***pimenté de Fuerteventura.*** Le *manchego* peut aller se rhabiller...

Desserts et douceurs...

– ***La leche asada :*** crème « catalane » à la façon de La Gomera. Renforcée de bâtons de cannelle, elle est passée au four. Refroidie. Puis nappée de miel de palme, obtenu par cuisson de la sève du palmier, caramélisé, à la saveur légèrement fauve...
– Le ***principe alberto*** (spécialité revendiquée de La Palma) n'abuse pas du sucre mais des amandes, mettant respectivement en valeur la douceur du miel et la subtilité d'une mousse au chocolat sur le léger croustillant d'un biscuit aux amandes. Quant à la ***mousse de gofio,*** elle rend aérienne la farine toastée locale, avec sa note de noisette grillée.
– Le ***bienmesabe*** de Gran Canaria vaut le détour dans les hauteurs de Tejeda. Là où les amandiers et les abeilles se marient pour le meilleur avec l'onctuosité de l'œuf et la pointe de citron ! La version de La Palma se défend très bien aussi, et la recette est légèrement différente.
– La ***quesadilla*** d'El Hierro : petit gâteau au fromage (89 % !), légèrement citronné et relevé d'une pointe d'anis. Succulent.
– ***Le batido :*** ancêtre des smoothies. Nectar à la façon d'un *shake,* de fruits tropicaux sur une base d'avocat. La maturité des mangues, papayes, goyaves, ananas et melons permet d'éviter sucre et lait. La banane peut remplacer ou renforcer le liant de l'avocat.
– Et puis le ***guarapo*** de La Palma (où on fait encore du rhum artisanal) : jus de canne à sucre fraîche. À boire tel quel.

ÉCONOMIE

Combien de départs pour l'Argentine, le Venezuela ou Cuba avant que l'essor ne fût plus fixateur ? Activités navales, import-export, industries agroalimentaire et culturelle... aujourd'hui comme hier, entre Sahara et Caraïbes, les Canaries ne sont plus excentrées mais au carrefour de trois continents ! Et, juste retour des choses, les frères sud-américains ont plutôt été bien accueillis.

Le revers de la médaille est que les *cayucos, pateras* et autres *lanchas* sont entrés dans le vocabulaire : les îles ont été vues depuis les côtes africaines, de Tan Tan jusqu'à Layoune, comme un avant-poste de l'eldorado européen.
À la suite des nombreux décès (déshydratation, dénutrition, naufrage, etc.), on décida d'améliorer et de normaliser cette situation sous forme d'échanges : des hommes retenus sur leur sol natif contre des subventions et de la coopération. Bref, une fixation des émigrés potentiels au Maroc moyennant un débouché pour la tomate et le poisson marocains sur le marché européen ! Les candidats à une vie meilleure viennent maintenant moins du Sahara occidental que de Mauritanie, du Mali, du Sénégal, du Ghana, de Gambie, de Guinée-Bissau, du Niger ou du cap Vert. Bilan : plus que quelques centaines de personnes dans les centres de rétention pour étrangers, entre sauvetage et rapatriement.
Et ce sont les croisiéristes, maintenant, qui préfèrent aux côtes inhospitalières les ports aménagés... y compris sur les petites îles de l'archipel, jusque-là interdites aux navires de luxe ! Car il faut donner à travailler aux Canariens : le boom de l'emploi – surtout dans les B.T.P. – a fait long feu : 32 % de chômeurs (fin 2013), c'est moins vendeur que la légère reprise du PIB, plus rapide qu'en Espagne, mais toujours inférieure à la moyenne européenne avec une agriculture plombée par... la pêche (dont les chiffres sont en baisse régulière depuis le début des années 2000). Certes, même si les architectes ont dû réduire leurs honoraires de 60 %, la construction enraye sa chute. Les services – soit plus de 90 % de l'activité économique de l'archipel – et l'industrie se redressent.
Las Palmas de Gran Canaria, à elle seule, est un concentré de continent. Si Santa Cruz de Tenerife conserve l'exclusivité de la raffinerie de pétrole, Las Palmas de Gran Canaria est officieusement LA capitale des Canaries. Le véritable carburant, c'est... le trafic ; économique, bien sûr ! Premier port de l'Atlantique central mais aussi l'un des premiers du royaume d'Espagne, Las Palmas de Gran Canaria est incontournable...
La métropole, avec son demi-million d'habitants, a toujours fixé les grands voyageurs. Aux talents de ceux-ci répondent les tonneaux de ceux-là : Alexander von Humboldt et Magellan, par exemple, ont donné leur nom à des paquebots qui s'éprennent des darses à leur démesure. Les pilotes du port sont tout aussi habiles à piloter les tankers pour Shell, Chevron et autres *Repsol,* même si la torchère brûle sur l'île d'en face... *Puerto de la Luz,* port de Las Palmas de Gran Canaria, est le nœud d'avitaillement pour la majorité des lignes maritimes transocéaniques. Et le projet de champs pétrolifères à l'est vient réveiller une rivalité, cette fois avec Fuerteventura...
Plaque tournante planétaire pour les conteneurs, premier port de congélation d'Afrique occidentale, Las Palmas de Gran Canaria doit au moins à la tradition de la *Conquista* cette position indubitable de « porte-avions » au point G de l'Atlantique. Et que rien ne lui aurait fait manquer ! Pas même l'Union européenne... qu'elle n'a ralliée que 5 ans après la péninsule. Las Palmas de Gran Canaria reste un port franc, bénéficiaire d'un privilège fiscal remontant à 1852, partagé avec Santa Cruz de Tenerife depuis 2006. Tout l'archipel est néanmoins répertorié « Zone spéciale des Canaries » jusqu'en 2019, ce qui permet à l'ensemble d'attirer, de façon mitigée il est vrai, les investisseurs de l'Est et de l'Ouest.
À 1h20 de fast-ferry de Tenerife, les lumières urbaines grimpent si loin dans les montagnes que descendre jusqu'au centre de Las Palmas de Gran Canaria, la ville, c'est un peu atterrir ! À commencer par ce pont-lyre qui, avec ses haubans peinturlurés de lasers bleus, est là comme pour rappeler la plus forte concentration de câbles sous-marins, dans ce premier port de la cinquième économie africaine, centre du réseau mondial de sauvetage Cospas-Sarsat : en cas de pépin en mer, c'est ici, 24h/24, que convergent les balises de détresse. Plus de 22 400 vies ont déjà été sauvées.
Gran Canaria perpétue ce pourquoi les conquistadors l'avaient sortie des sables : être le nœud gordien d'une aventure mondiale, celle de dépasser

les limites de la platitude de l'horizon marin et de valider la notion de rotondité. Numériquement connectée, globale, elle le fut avant l'heure ! Les antennes du Centre spatial des Canaries, à Maspalomas, n'ont-elles pas servi à relayer la première conversation depuis la Lune ? C'était en 1969... Et rassurez-vous ; ici, la *NSA* (et ses grandes oreilles) n'a pas pris la place de la Nasa : c'est l'*INTA* (l'*Instituto nacional de técnica aeroespacial*) qui contrôle la situation.

Bien sûr, Tenerife n'est jamais loin... C'est elle qui héberge le studio d'animation digitale *4D3* dans son Institut technologique, technologie qui permet au port de Las Palmas de rester le QG atlantique de l'agence *Frontex,* en charge pour l'Europe de la surveillance de ses frontières, et en première ligne dans la lutte contre l'immigration.

Et depuis 2006, l'émigration clandestine a diminué de 99 % sur l'ensemble de l'archipel, renvoyant la saturation des centres de « transit » et leur cortège d'expulsions par charters au rang de mauvais souvenir. Rien, même pas l'historique compassion et la naturelle solidarité avec les subsahariens – lybico-berbères au même titre que les Canariens –, ne doit perturber la première industrie des Canaries : le tourisme. Ne serait-ce que parce que si la balance commerciale était limitée au rapport importation/exportation, elle serait déficitaire. Heureusement, 16,7 millions de passagers entrent chaque année dans les huit aéroports de l'archipel, dont quatre cinquièmes de non-Canariens. Et, en 2013, leurs dépenses ont retrouvé le niveau antérieur à la crise.

Ainsi, la pratique de l'aquaculture à proximité de la côte sud-ouest de Tenerife a été limitée, sous couvert d'écologie, pour ne pas effrayer les vacanciers postés sur les plages de Las Américas et de Los Cristianos. Alors que dans le même temps, les bateaux d'observation des baleines réclament l'autorisation d'approcher les bassins flottants de daurades pour la seule curiosité des touristes... Cette incongruité révèle les paradoxes du statut d'autonomie des Canaries : la fragmentation des pouvoirs. Les municipalités font pression auprès du Conseil insulaire, lequel est parfois en contradiction avec le gouvernement canarien, qui résiste lui-même face au gouvernement central...

Car, exception faite de la pétrochimie, Tenerife n'a que deux autres industries, agroalimentaires celles-là, avec la *Compañía Cervecera de Canarias* et *Danone Canarias* qui nourrit tout l'archipel en yaourts (même si le lait est à 100 % importé). Et si l'île ne veut pas perdre ses quelques « joyaux » pour l'île ennemie, il lui faut rester attractive ! Sans doute pour cette raison a-t-elle structuré 160 lignes de bus, desservant 3 700 arrêts au bénéfice de 36 millions de voyageurs par an, et fait de TITSA (qui appartient au Conseil insulaire de Tenerife) l'une des plus importantes compagnies de bus du royaume d'Espagne, et... une des flottes les plus modernes de l'UE, avec ses véhicules *eco-friendly.*

Gran Canaria, quant à elle, est le siège du confiseur-chocolatier *Tirma* exportant ses barres chocolatées jusqu'en Afrique ; le siège, aussi, de la compagnie aérienne *Binter,* avec des liaisons jusqu'à Dakar.

Les autres îles, qu'elles soient occidentales ou orientales, qu'elles appartiennent à l'une ou l'autre des provinces, n'entretiennent pas tant le *pleito insular* que leurs capitales respectives. Elles n'en ont pas les moyens. Sauf, un peu, El Hierro qui, avec sa centrale hydrolienne, devient la première île autosuffisante en énergie de l'histoire. Sauf, beaucoup, La Palma qui, avec le tabac haut de gamme – *Vargas* à Santa Cruz, *Julio* et *Montealto* à Breña Alta –, a une carte à jouer à l'échelle européenne. Ses cigares ont une cote qui les élève sinon au rang de Cuba, au moins à celui de la République dominicaine... En outre, dans les hauteurs de Garafía, on urbanise à 2 090 m d'altitude : un parc astronomique dans les parages du *Grantecan* est destiné à attirer un tourisme scientifique. Ce, avec la bénédiction de l'*Instituto de astrofísica de Canarias* de Tenerife mais pas avec celle du Conseil insulaire de cette île, qui voit d'un sale œil partir une telle opportunité...

En revanche, il y a un secteur qui mettra tout le monde d'accord, c'est celui de l'agriculture. Et d'abord la banane. Le fruit – espèce *cavendish* – se plaît dans les vallées exposées au sud ou, sous serre, ailleurs. Son label « *Platano de Canarias* », subventionné, lui vaut d'être exporté en Europe du Nord, mais aussi, pour la filière bio, en France. La Gomera, à cet égard, propose les fruits les plus goûteux : petits, mais exquis. Bien sûr, la production intensive se trouve dans les grandes *fincas* de Tenerife (plus de 174 000 t) et de La Palma (134 000 t), mais encore à Gran Canaria (78 000 t).

Autres fruits tropicaux : la mangue et la papaye. Tenerife, encore, garde la main sur cette dernière. Gran Canaria, sur la première. Quant à La Gomera, avec une production plus artisanale, elle table sur la qualité. Bien sûr, la palme de l'avocat va à La Palma. N'oubliez pas l'orange, certes moins exotique ; tiercé gagnant : Gran Canaria, Tenerife et La Palma.

El Hierro, faute d'eau, préfère à ces cultures celle de l'ananas. Quant à Lanzarote et Fuerteventura, c'est la tomate qui domine. Avec le melon ! Ainsi que oignon et chou, seulement à Lanzarote, et concombre à Fuerteventura. À cela s'ajoute l'élevage de chèvres en semi-liberté pour produire l'un des meilleurs fromages avec l'île du bout du monde : El Hierro.

El Hierro qui, avec La Gomera, se rapproche au niveau de la pêche de Lanzarote : un système de coopérative que l'on retrouve aussi à... Gran Canaria.

Cerise sur le gâteau : la fleur. Tenerife et Gran Canaria s'octroient le pompon en affichant presque le tonnage de la Hollande !

L'économie des Canaries est un paradoxe. De subsistance au XXIe s, dans les villages reculés. De services, à hauteur du continent le plus pauvre. Mais encore, industrielle et agricole intensive à l'endroit d'un tourisme de masse. C'est ce qui en fait toute une complexité qu'il ne faut pas réduire à de simples schémas. L'archipel a les cartes de son avenir entre ses mains, pour le pire (la pollution) et le meilleur (sa nature)...

ENVIRONNEMENT

L'eau, encore et toujours...

Film de science-fiction ou ultime recours après les galeries horizontales et les usines de dessalage des XXe et XXIe s ? L'acheminement d'icebergs, enveloppés dans une bâche et poussés par remorqueur, serait la solution pour l'avenir, selon une équipe de chercheurs. Du Groenland à Gran Canaria, il mettrait presque 6 mois à arriver mais ne fondrait que d'un tiers... Il resterait alors à débiter le glaçon géant puis à le laisser fondre dans une centrale-réceptacle connectée aux canalisations. Dernier gros détail à régler : convaincre les réseaux de distribution... Mais qui se souvient qu'à Tenerife, grâce aux hivers du Teide, on consommait des sorbets toute l'année avant même l'invention des réfrigérateurs ? À 3 350 m d'altitude, dans la portion du tube volcanique *cueva del Hielo* (la bien nommée « grotte de la Glace »), il y a l'eau et la glace à tous les étages ! En quantités plus modestes, certes...

La préservation des milieux

Si l'extension urbaine semble poser un problème d'alimentation en eau sur les deux grandes îles, la spéculation immobilière a ici une limite toute naturelle : la surface même des îles ! De plus, le parti écologiste *Ben Magec* a obtenu la classification de sites fragiles en parcs ruraux, dorénavant non constructibles : El Rincón à Tenerife, Veneguera sur Gran Canaria. Sans oublier bien sûr les espaces déjà protégés des Réserves de la biosphère, des quatre parcs nationaux et des nombreux parcs naturels et espaces protégés (voir aussi notre rubrique « Parcs nationaux et espaces protégés »).

En outre, la sensibilisation des jeunes au sort des tortues « *boba* » – atteignant 1,15 m pour 100 kg – permet de mieux collecter les animaux blessés par les requins ou les navires et de les soigner au Centre de récupération de Tarifa (Gran Canaria).

« *El petróleo es el pasado !* » C'est le cri soudain, en janvier 2014, du président du gouvernement canarien, Paulino Rivero, devenu militant d'une économie la plus « bleue » possible. C'est que l'archipel est une zone essentielle pour la préservation de la biodiversité marine : il n'en reste que quatre autres sur la planète...

El Hierro, l'île écolo

L'exemple ne vient-il pas d'El Hierro ? On combine ici l'eau et l'air pour en faire de l'électricité ! Simple mais génial. El Hierro est entourée par l'océan ? Fouettée par le vent ? Modelée de cratères ? Il suffisait de s'inspirer des moulins de Fuerteventura et de mettre au point un système mixte. Hisser l'eau et la pomper grâce à l'énergie du vent, la stocker dans une cuvette naturelle. Et la lâcher, quand le vent ne suffit plus, depuis la caldera du haut vers la cuvette du bas : bascule vers l'énergie hydraulique. Ainsi, les turbines de la centrale hydraulique (11,3 MW) prennent le relais des éoliennes (11,5 MW) ! Et la variation de production d'énergie ne se fait pas sentir. C'est la première fois qu'on ose une telle autarcie. Mais El Hierro, l'autarcie, elle a toujours vécu avec. Quant à la vieille centrale thermique de Llanos Blancos, elle n'interviendra plus qu'en délestage des opérations de maintenance. Le Conseil insulaire et l'Institut technologique des Canaries deviennent de la sorte leaders mondiaux d'un nouveau *mix* : l'énergie hydrolienne. Publique aux deux tiers, donc, la société *Gorona del Viento* a, dans son nom, l'ADN du partenariat. Une « gorona » est un muret en arc de cercle que les *Herreños* construisent pour protéger les moutons du vent...

ÉTOILES

La Palma, ou Tenerife. La mer de nuages s'est retirée, laissant place à une lumière de diamant. Une lumière pour laquelle le Parlement espagnol a créé la *Ley del cielo*, en 1988. Ainsi, dès 1994, le Conseil insulaire de La Palma et celui de Tenerife pour les abords d'Izaña commencèrent à adapter leur éclairage public.
2 400 m d'altitude : le ciel des Canaries occidentales est – avec ceux du Chili et de Hawaï – le plus pur au monde ! À La Palma, en septembre 2013, on a pu remonter à la plus lointaine – donc la plus jeune – étoile en formation de notre univers, à 4 500 années-lumière. On a détecté, en avril de la même année, une galaxie plus productive d'étoiles que la nôtre. Pour la première fois, aussi, la queue de la comète Hale-Bope. Jamais, enfin, on n'a cartographié avec autant de précision notre Voie lactée, depuis l'observatoire du Roque de los Muchachos. La clarté de l'atmosphère permet ici de franchir des distances d'observation normalement permises par les seuls engins spatiaux. De regarder le Soleil en plein dans les yeux. La condition ? Avoir inventé des garde-fous à l'urbanisation, donc, forcément, à l'expansion économique ! Un défi, au XXIe s ! Et aussi une chance pour les animaux nocturnes, au passage. Un certain volume du ciel entourant les télescopes a donc été protégé. À proximité, l'éclairage de nuit y est interdit. Un peu plus loin, il y est très réglementé : lampes aux vapeurs de sodium focalisées vers le sol et couloir aérien fermé. L'observatoire du Roque de los Muchachos, à La Palma, et celui d'Izaña – à Tenerife même ! – sont ainsi devenus une « réserve astronomique » convoitée. Européens, Américains, Mexicains et Japonais s'y bousculent, répartis sur plusieurs laboratoires, dont le plus récent : le *Gran Telescopio Canarias.*
C'est à Tenerife que se trouve le siège de l'Institut d'astrophysique des Canaries, promoteur de la conférence internationale *StarLight* (pour la défense de la qualité des cieux nocturnes, en 2007), que tout a commencé, à la fin des années 1950 ! Quand Soviétiques et Américains voulaient se partager la Lune, les Canariens, eux, comme ils n'avaient cessé de le faire, visaient le Soleil ! Et dans cette cosmologie scientifique, qui a remisé les mythes ancestraux, il fallut voir une

préoccupation tant rationnelle qu'irrationnelle. Certes, l'Europe de l'espace n'était pas encore faite, mais chacun, à La Laguna, savait que le Soleil ne serait jamais approché comme allaient pouvoir le faire les télescopes à travers l'air translucide et cristallin des cimes du Teide... Une façon aussi, inconsciemment, de revenir aux origines : jadis les Guanches voyaient dans le lever du soleil d'équinoxe de printemps le début de l'année et en face, à Gran Canaria, le roque Bentayga avec ses 1 400 m d'altitude leur servait de repère... Lumière extraordinaire au service du premier observatoire solaire et, avec le Chili, de la prospection astronomique la plus large depuis notre planète ! À la clé : installation d'experts internationaux, cohorte de techniciens et de doctorants, installation du superordinateur « La Palma » et essor du tourisme scientifique, en particulier à La Palma. On est là bien loin de l'image simpliste de la « destination pas chère et populaire »...

FLORE ET ÉCOSYSTÈMES

Si la différence d'âge de 20 millions d'années entre les îles les plus extrêmes (El Hierro et Lanzarote) est géologiquement très marquée, elle ne l'est pas en ce qui concerne la botanique. Il y a plutôt des étages de végétation en fonction de l'altitude, et de l'exposition aux alizés, au gel et à la *calima* (ce vent d'est chaud). On trouve des ***euphorbes*** à Fuerteventura comme à La Palma, des ***palmiers*** à Lanzarote comme à La Gomera et des ***pins*** aussi bien à Gran Canaria qu'à El Hierro.
Surtout, on croise des plantes qui semblent familières... sauf, qu'ici, elles sont géantes ! Ainsi, ce qui s'apparente à du pissenlit, mais qui n'en est pas, prend, sur les îles centrales et occidentales, des allures d'arbuste : *Sonchis canariensis, acaulis,* etc. prolifèrent à la lisière des forêts, fuyant... les chèvres (qui en raffolent !).

Écosytèmes d'en haut...

Plutôt au sud, le ***pinar*** est une pinède pérenne qui a appris à se renouveler après les éruptions volcaniques successives. Son espèce endémique, ***Pinus canariensis*** – arbre au port majestueux (35 m) et aux trois longues aiguilles groupées –, est le résultat d'une adaptation exemplaire : la résistance de l'écorce préserve le tronc et les racines superficielles des incendies de forêt engendrés par les éruptions. Ainsi, aux pluies suivantes, l'arbre bourgeonne à nouveau. Au pire, les graines enfouies dans le sol recyclent la chaleur de ces mêmes incendies pour éclater et germer... Géniale nature !
Le pin canarien prospère entre 1 200 et 2 400 m dans la caldera de Taburiente (La Palma), au bien nommé El Pinar (El Hierro), sur la Cordillère centrale (Tenerife) et à Tamadaba (Gran Canaria).
Le ***monte-verde*** est l'un de ces biotopes fragiles. Plutôt exposé au nord, mais sous l'influence des alizés, c'est un écosystème complexe, entre 800 et 1 300 m, englobant le *fayal-brezal,* étage de végétation au nombre restreint d'espèces, caractérisé par les ***hêtres myricacés*** et, surtout, les ***bruyères arborescentes,*** très sensibles aux incendies, ainsi que la ***laurisilva*** (forêt dense et humide de lauriers fossiles). Occupant la bande des 500-1 200 m, la *laurisilva* souffre depuis 500 ans des méfaits de l'homme. Surpâturage, brûlis et exploitation forestière n'ont pu que réduire la surface de cet écosystème déjà réduit à la Macaronésie. Et menacer des espèces rares : ***oranger sylvestre*** et ***sureau canarien*** poussant au nord entre 500 et 900 m. Dans ce havre plus que verdoyant évolue une ***campanule orange.***
Le *monte-verde,* donc, est entretenu par les précipitations horizontales : les nuages, poussés par les alizés, se condensent dans ses feuillages, y compris l'été sur les versants raides des crêtes septentrionales. Les gouttelettes roulent

sur les feuilles ou les aiguilles pour former des gouttes qui tombent alors sous la frondaison. Notamment à la Degollada del Bailadero (La Gomera), au Bailadero d'Anaga (Tenerife), à Los Tilos (La Palma) et à Mencafete (El Hierro). Souvent, de longs lichens pendent aux branches à la façon de barbes surnaturelles de 40 cm, signes de la pureté de l'air !

Quant au ***matorral,*** il est un pis-aller, pour ne pas dire un faux ami ! Méfiez-vous des beaux ***genêts jaunes*** et des ***cistes rosés*** – *amangante de pinar,* en bon canarien : ils ne sont là que parce que leurs graines dormantes n'attendaient que le feu pour germer et prendre la place des pauvres vieilles bruyères arborescentes... Bonne surprise, néanmoins, parmi ces pyrophiles : la ***vipérine bleue*** de La Gomera – aux fleurs très appréciées des abeilles : miam, bon miel ! – aime les escarpements ensoleillés (entre 800 et 950 m).

Le ***palmar*** est une autre spécificité de La Gomera. Le palmier endémique *Phœnix canariensis* y est roi. Valle Gran Rey, son écrin. Hermigua, aussi. Et il est vrai qu'une île et une ville en portent le nom... Néanmoins, c'est plutôt Vega de Río Palmas, à Fuerteventura, qui rappellerait combien les conquistadors ont pu être impressionnés par le port altier de ces plantes – ce ne sont pas des arbres. Quant à Haría, sur Lanzarote, elle fait oublier que la seule à être hostile au palmier est... El Hierro. Trop sèche, là où la température et l'absence de vent le permettraient.

La Palma a pour elle le ***dragonnier.*** Comme le palmier, une plante préhistorique, ayant l'aspect d'un arbre, passée de l'Afrique aux îles. Il y apprécie les sols relativement humides. Gran Canaria en conserve dans le parc naturel de Pilancones.

Toujours en altitude moyenne : le ***sabinar.*** Un espace ouvert et peu dense de ***sabines*** (sorte de genévriers), surtout à El Hierro. À Tenerife : des ***cèdres canariens*** entre 1 900 et 2 200 m. La baie de ces derniers n'a qu'une graine et prend... 20 mois à mûrir avant d'être dispersée par les oiseaux.

... et d'en bas...

Le ***cardonal-tabaibal*** débute dans la tiédeur de la plate-forme côtière et peut monter sur les collines et falaises jusqu'à 300 m dans un environnement semi-désertique. C'est le paradis des euphorbes et autres « plantes grasses ». Cactées, candélabres, toute une kyrielle de plantes grasses et grandes. Les Canariens l'appellent le *cardón,* mais ce n'est pas un chardon ; tout au plus, il a l'air d'un cactus, mais ce n'en est pas un. Prolifique sur les escarpements d'Anden Verde (Gran Canaria), à Teno (Tenerife) et à Las Playas (El Hierro). Agrémenté de grappes de fleurettes rouges, que la mer soit verte, le ciel bleu : à vos pinceaux !

Le ***verode*** endémique, notamment adapté au *malpaís* (champ de lave), laisse alors tomber fleurs jaunes et feuilles. Sans feuilles mais fleuri, tel un amas tubulaire orné de clochettes ambrées, la ***Ceropegia fusca*** peut monter jusqu'à 900 m. Ces asclépiadacées et ces crassulacées emmagasinent l'eau dans leurs tiges et dans leurs feuilles, privilégiant ainsi une architecture arborescente spectaculaire. Ainsi, des ***Æonium*** géants poussent leurs tiges vertes et leurs coroles en rosette à même la lave, à travers des fissures, dans le vide... jusqu'à s'habituer aux milieux moins secs : ***Æonium tabulaeforme*** jaunit, par la hampe florale qui s'échappe de sa base en forme d'assiette, les escarpements ombragés d'Anaga (Tenerife). Quant à l'endémique ***Æonium goochiae,*** plus buissonnant, ses fleurs rosissent certaines parois de la caldera de Taburiente (La Palma).

Fleurs d'ailleurs

Et le jardin des Hespérides, dans tout ça ? Le jardin d'acclimatation ? Il est vrai que de leurs lointaines explorations, les conquistadors et autres voyageurs ont ramené un feu d'artifice floral ! Qui offre une alternative à la rustique flore autochtone.

Du Brésil, la ***binonia*** ou liane aurore, tout orange. Orange, aussi, mais d'Afrique, le ***tulipier du Gabon.*** Flamboyant, même ! Comme l'arbre éponyme ***(Delonix regia),*** venu de Madagascar. Orange, encore, l'***orgueil des Barbades*** ou ***petit flamboyant***... Du Mexique : le ***poinsettia.*** Rouge. Rouge de l'***hibiscus*** de Chine. Le ***bougainvillier*** : rose. Combien de passiflores ? De jasmins ? De fleurs de lune (*datura,* du Pérou) ? De coupes d'or *(solandra)* ? D'ailleurs. Et, bien sûr, le ***strelitzia*** (ou oiseau de paradis) : orange, toujours... et d'Afrique du Sud.
Pour les botanistes en... herbe, deux jardins s'imposent : celui de Viera y Clavijo à Gran Canaria et celui de La Orotava à Tenerife. Là, le monde de Humboldt et Bonplan : troncs multicéphales, racines tentaculaires, lianes lovées. Sans les serpents... ouf !

La faune

Hormis les ***lézards,*** géants à El Hierro, noirs à La Gomera et à Tenerife, partiellement jaunes sur Gran Canaria, turquoise à La Palma et bleu-vert à Lanzarote *(Gallotia atlántica)* – un véritable arc-en-ciel de bestiole ! –, la faune des Canaries n'est pas aussi ostentatoire que la flore. Et sans les sauriens, les reptiles ne seraient... pas grand-chose. Sauf les grosses ***grenouilles*** ! Écoutez-les, le soir, à Hermigua (La Gomera), coasser, jacasser, tant elles se prennent pour des volatiles, de bassin en bassin, sous les bananiers et les palmiers. L'Afrique est là. Palpitante. Les serpents en moins... chouette !
Sans aller jusqu'à chercher la ***veuve noire*** (dont la piqûre peut être toxique) sous les pierres des versants sud de La Gomera, *Eresus crassitibialis,* une petite ***tarentule*** dans les arbustes du Garajonay, le ***mille-pattes géant*** ou, même, un ***scorpion*** sous les troncs et sur les murs, importé d'Amérique du Nord, il faut se lever tôt pour croiser une sale bête ! Aucun moustique infesté. Des ***cucarachas,*** grosses blattes africaines fort bien acclimatées, en contrepartie. De petites ***chauves-souris*** aux grandes oreilles, aussi, dans les tubes volcaniques, et d'ailleurs inscrites sur la liste des espèces en danger, car elles sont en voie de raréfaction.
Et la ***raie manta...*** Encore faut-il plonger ! Des ***espadons,*** au large : 4,50 m de long ! Des ***poissons volants*** qui le font pour fuir le thon vorace. Des ***tortues boba*** à Fuerteventura et Gran Canaria. Et puis, les ***dauphins.*** Les globicéphales, petites baleines qui apprécient particulièrement calamars et... thons, à leur tour ! Et les ***cachalots*** de 18 m, entre Tenerife et La Gomera...
C'est tout ? ***Aigles*** et ***colombes*** « Turqué » *(Columba bollii)* peuplent respectivement crêtes et ravins, volcans et sous-bois. Pinèdes pour le ***pinson bleu,*** et balcons pour *Serinus canaria,* de la même famille. Pas besoin de cage, toutefois. Le canari est, ici, chez lui, plutôt au niveau de la côte. Comme les ***hirondelles*** qui vous remettent un peu d'été au cœur avant de reprendre l'avion, l'hiver...
Un ***écureuil bariolé,*** introduit depuis l'Afrique sur Fuerteventura en 1965, fait le bonheur des petits et des grands dans les dunes. Utile, il se nourrit même d'escargots...
Et... le ***lapin*** ! Introduit sur les îles. Pour lequel la chasse n'est autorisée qu'au motif de... contrôler les naissances, donc, dans un but conservatoire. Le *conejo* qui, comme la ***chèvre,*** à défaut de tourner en fromage, finit souvent en ragoût...

GÉOGRAPHIE

Lars, Anika, Dacía... elle est longue la litanie des îles de la province volcanique des Canaries que nous n'avons pas connues, déjà retournées sous les eaux au Nord-Est, sur un arc parallèle au Sahara occidental. Et la forme actuelle de « scorpion » (due à leur apparition successive sur le tapis-roulant de la croûte océanique) s'effacera d'elle-même.

Pour l'heure, l'archipel, géologiquement rattaché à la Macaronésie au même titre que les Açores, Madère et le cap Vert, compte 11 îles et îlots, à condition d'exclure les rochers : les sept îles majeures, bien sûr, ainsi que Los Lobos, La Graciosa, Alegranza et Montaña Clara. Entre les parallèles 29°20' N et 27°40' S et entre les méridiens 13°30' E et 18°10' W, à environ 150 km du Maroc pour l'île la plus proche des côtes (Fuerteventura), l'archipel étire ses 7 447 km² sur plus de 450 km. Avec un climat qui devient de plus en plus désertique, non pas en se rapprochant du Sahara, mais en se positionnant de plus en plus à... l'est ! La même chose ? Non ! Explication.

Les îles occidentales

El Hierro : bientôt deux !

La plus lointaine, pour l'heure, et la plus méridionale : méridien 0 jusqu'en 1884 ! C'est la dernière-née (1,12 million d'années), vingt fois plus jeune que Fuerteventura, deux fois plus haute, et la plus petite, avec ses 29 km de long sur 15 km de large. L'île aux volcans qui s'emboîtent. Et elle n'a probablement pas fini de voir des pans de sa terre s'abîmer en mer, glissant dans les 4 000 m d'abysses, comme cela s'est déjà produit au nord-ouest (El Golfo) et au sud-est (Las Playas). Le décor est posé : à-pic dans la mer de... 1 293 m, créant de vastes et abrupts cirques. Sujets au vertige, s'abstenir ! Ici, les alizés déchargent leur vapeur d'eau, en vain : l'île est si jeune que sa croûte est encore perméable aux pluies, qui s'y infiltrent sans être retenues. Elle reste donc plutôt désolée. La côte de ce triangle haut perché, perdu dans un océan allant du turquoise au bleu cobalt, offre un incessant spectacle de lutte avec l'océan. Extraordinaire houle qui vient fracasser les orgues basaltiques dans El Golfo, cristaux de sel aussi gros que des cristaux de quartz dans les vasques de basalte, arches trouées par les flots du large, piscines naturelles... Sauf à El Verodal où le gros sable rouge joue avec une mer verte, et sur le flanc du Júlan qui vient, sans plage, courber son échine carmin dans les bleus de l'Atlantique.
El Hierro, sortie des eaux jusqu'à 1 501 m d'altitude (Malpaso), n'a pas fini sa croissance ! En juillet 2011 et durant 1 an, elle a tremblé tous les jours, jusqu'à 4,9 sur l'échelle de Richter. Des milliers d'épicentres au large et sous son socle. Ce courant de magma l'a soulevée de 7,5 cm et contractée de 6 cm dans sa longueur, et a perforé la croûte océanique au large de La Restinga, dans le prolongement du rift sud.

La Palma : deux îles en une

Issue du même « point chaud » volcanique qu'El Hierro, La Palma est un peu plus vieille que sa voisine (1,8 million d'années), plus au nord, et surtout plus grande, avec 42 km de long pour 28 km de large. Si sa partie nord a l'allure d'un immense cône égueulé culminant sous la neige, en hiver, au roque de los Muchachos à 2 426 m, sa chaîne centrale, la Cumbre Vieja, semble s'être greffée, au sud-est, aux restes incurvés d'un effondrement monumental, la Cumbre Nueva, pour, de cratère en cratère, se construire jusqu'à nos jours en passant de 1 949 à 439 m d'altitude, juste au-dessus du niveau de la mer. Là, le volcan Teneguía lui a « offert » 2 km² supplémentaires, de quoi implanter des bananeraies ! Et, depuis 1971, il attend son prochain sursaut... Les bornes qui truffent le sol dialoguent sans cesse avec les satellites afin d'avertir les géologues...
Une île au passé tourmenté, donc, relativement jeune au sud et millénaire au nord. La neige, le gel, les pluies diluviennes et le vent l'ont érodée au point de creuser une dépression vertigineuse où les torrents convergent pour dessiner le barranco de las Angustías, orienté plein ouest. À l'opposé, sur le versant nord-est, sourdent fontaines et cascades miniatures, au milieu des bruyères et fougères arborescentes... La Palma détient ainsi le coefficient de dénivellation le plus élevé au monde.

La Gomera : l'île inerte...

Dressée entre El Hierro et La Palma, qui n'ont pas toujours été là pour elle (elle a environ 10 millions d'années !) La Gomera affiche à peine 22-25 km de diamètre. C'est un imprenable volcan bouclier que l'eau grignote sans plus une éruption (depuis 1,94), sans le voir fondre. Glissements de terrain qui déforestent au nord (Agulo), incendie de la *laurisilva* au centre (Garajonay), La Gomera se rapproche de l'état des îles polynésiennes. Avec un haut plateau qui résiste à 1 487 m, parsemé de pains de sucre (roques de Agando, de la Zarzita et de Ojila) qui accrochent l'humidité des alizés, l'île est lacérée par de multiples ravins qui, en débouchant sur la mer, lui confèrent une structure radiale. Plus longues et plus douces au sud/sud-est aride (barrancos de Santiago et de San Sebastián), les pentes deviennent très escarpées à l'ouest pour produire une vallée, Valle Gran Rey, plus ensoleillée que la vallée d'Hermigua, exposée, elle, aux alizés du nord-est. Toutes deux, comme Vallehermoso, conservent l'arbre symbolique de l'île : ce *Phoenix canariensis,* un palmier dont la sève donne le miel de palme et les palmes des auvents. Si la végétation se partage de manière relativement équitable à basse altitude entre des euphorbes et des palmiers *(palmeral),* et même à moyenne altitude entre des cistes et des bruyères géantes *(fayal brezal),* elle est plus homogène sur la couronne centrale de l'île baignée en permanence par la mer de nuages – sauf quelques semaines en août – et offre les reliques d'une forêt primitive, le Garajonay, fossile vivant de l'ère tertiaire. Il faut voir, en hiver, ces troncs de plusieurs mètres de diamètre entourés de leurs boutures qui prennent racine dans le tapis de feuilles en décomposition. Et ne pas oublier que, si l'exploitation du charbon de bois n'avait cessé, elle ne serait plus là...

Tenerife : le triangle et la plus grande

Avec plus de 80 km de long sur 45 km de large, c'est bel et bien la plus grande île de l'archipel. C'est aussi la plus haute, dominée par la majestueuse altitude du Teide (3 718 m, le plus haut sommet d'Espagne), fraîchement installé (130 000 ans à peine !) au dernier étage de l'une des structures volcaniques les plus importantes de la planète... Ce sommet quasi désertique offre une symphonie de couleurs unique au monde, née de la terre et des roches : olivine, lapis-lazuli et tuf ocre. Le tout repose sur le bouclier central, le socle le plus ancien de l'île (11,5 Ma.). Sur ce triangle orienté sud-ouest/nord-est, les microclimats abondent, et varient avec la majestueuse altitude du Teide, en fonction de l'exposition aux alizés et de la relative proximité de l'Afrique, mais aussi de l'exposition aux vents, de l'altitude et de la nature du relief (encaissé au fond d'un ravin ou pas). Subtropical, désertique, méditerranéen, tempéré humide, continental... Et la végétation suit : depuis la forêt primitive dont on pressent les restes à Anaga, au nord de Ténérife, jusqu'au sec Téno, côté sud, volcanique à souhait. Et encore des vipérines, des pins, des palmiers, des lauriers, des bruyères, des euphorbes, mais jamais au sud, et jamais à plus de 2 000 m d'altitude. Un écosystème unique, mais fragile.

Les îles orientales

Gran Canaria : l'île qui a fait boum !

Cette presque symétrique de Tenerife, un peu plus à l'est et quasiment circulaire (45-50 km de diamètre), lui ressemble, la désertification en plus... Moins de pins, moins de palmiers, et surtout, beaucoup moins de *laurisilva.* Parce que composé d'une néo-Canarie (nord-est) moins haute, et d'une paléo-Canarie (15 millions d'années) plus abrupte (sud-ouest), elle a justement un relief moins capteur d'humidité. Quelques dykes mis au jour par l'érosion et pics culminant à 1 949 m (pico de las Nieves)... Gran Canaria est en fait un immense volcan égueulé, raviné en dessous, régénéré au-dessus. C'est, en son centre, une caldera – tellement plus complexe que celle de La Palma qu'elle passe pour un canyon ! Mais les

seuls rapides, ici, sont ceux des trop-pleins des lacs de barrage lors des pluies d'automne, spectaculaires tous les... 10 ans. Elle bénéficie moins, en effet, dans son socle, des intrusions de basalte et des argiles volcaniques de La Palma, autant de barrières aux eaux de pluie.
À cela s'ajoute une déstructuration pour le moins originale. Un isthme sablonneux au nord, protégé par une barre de lave, envahi par sa capitale de Las Palmas de Gran Canaria, lui offre une très belle plage urbaine. Des dunes, au sud, lui donnent un air de Sud marocain...
Quant à la côte ouest, abrupte, sauvage, elle est le domaine de superbes candélabres que vous prendriez pour des cactus, mais qui sont des euphorbes exclusives des Canaries. Gáldar, enfin, au nord-ouest, offre un bout du monde : une pointe de lave, de scories et de sel.

Fuerteventura-Lanzarote : tout en un !

Amanay-Fuerteventura-Lanzarote-La Graciosa étaient une seule et même île ! Qui plus est la plus ancienne de toutes (20-15,6 millions d'années), que la glaciation avait mis au jour. Depuis, l'eau est remontée, et les volcans ont fondu. Résultat : sur ***Fuerteventura,*** peu de prise au vent, peu de pluie, déjà le désert... Cette île se prolonge d'une presqu'île, Jandía, à l'extrême sud, encore plus saharienne et plus haute (807 m). Parsemée, sous le vent *(sotavento),* d'euphorbes cactées et d'écureuils endémiques. La côte court vers le nord sur un peu plus de 100 km et se prolonge sur ***Lanzarote,*** sans un chat, ou presque : côte sauvage, houleuse, iodée et même ionisée (effets de la radioactivité naturelle, comme à Pozo de la Salud, sur El Hierro). Mais sur Lanzarote le massif le plus élevé n'est pas le plus jeune, comme à Tenerife ! *Famara* (671 m) est un flanc fossile de volcan antédiluvien, tandis que *las montañas del Fuego* – des collines, en fait (510 m) – gardent la chaleur (à leur base la température provoque l'autocombustion) des éruptions de 1730-1736 puis de 1824. Le sable blanc, s'il contraste avec l'obscurité des basaltes, rappelle qu'il est déposé par des vents ne rencontrant aucune résistance.
À Fuerteventura, entre deux *cuchillos* (crêtes), quelques vallées ouvertes dévoilent, certes comme à La Palma, les laves sous-marines qui sont remontées au-dessus du niveau de l'eau sous la pression des mouvements tectoniques, en plus arasées toutefois. Mais les sols, déboisés, sont bien la proie des vents. Proximité de l'océan et porosité des laves ont même accentué la salinité des sols. Heureusement, la générosité du *picón* (sorte de gravier de pierre volcanique), sur Lanzarote, permet de développer une culture plus écologique, en jouant sur les capacités de rétention de la rosée de ces billes de pierre ponce (les conquistadors normands tendaient déjà des linges la nuit pour capter l'humidité de l'air). Il est ainsi coutumier d'y voir des pieds de vigne et des plants d'oignons, alors qu'à Fuerteventura foisonnent tomates, mimosas et... agaves !
Quant à l'élevage caprin, très controversé du fait de la désertification accélérée par l'itinérance des cheptels, il est cependant typique d'une agriculture autarcique et lié à la nature du sol. La tradition fromagère permet aussi de fixer une partie de la population rurale.
Enfin, la pêche, souvent artisanale, s'est surtout rétractée à Órzola (nord de Lanzarote), car les ports marocains de Tan-Tan Plage et Tarfaya (Sahara occidental) absorbent une grande part des réserves pélagiques.

Un laboratoire en direct

Chaque île est donc un état plus ou moins avancé d'un même phénomène volcanique dont la variable d'ajustement a été la distance au Sahara et l'exposition aux alizés du nord-est. Avec, entre les champs de lave de Timanfaya et la forêt primitive du Garajonay, tout un éventail vivant des stades de l'évolution des Canaries.

Jeunes terres, même si une vingtaine de millions d'années les sépare, elles sont l'exemple même de la formation de la terre, différentes aujourd'hui, mais semblables à un moment de leur vie...

HISTOIRE

À quand remontent les Canaries ? Aux premières allusions des premiers visiteurs ? À ceux qui y habitaient auparavant et dont on n'a pas de traces explicites ? Ou à leur surgissement du fond de l'océan ?

Préhistoire et Antiquité

Cette « sombre montagne [...] lançait parfois de la fumée ! » Le Tasse, poète italien du XVIe s (Tasso Torquato), en parlant des « pyramides aiguës », évoque bien sûr les volcans des « îles de la Fortune » Et avant, du côté des précurseurs gréco-latins ?

Hésiode, déjà, évoque le « jardin » des Fortunées, mais le situe dans les parages de l'Atlas. Aristote, dans *Des merveilles du Monde,* rapporte que des marchands carthaginois auraient trouvé une île luxuriante à plusieurs jours au-delà des colonnes d'Hercule. Plutarque *(Vies parallèles)* avance que Sertorius est – bien après les Phéniciens et même les Carthaginois – le premier Romain à « (re)connaître » les Fortunées en 80 av. J.-C. ! Mais ne s'agit-il pas de Madère et de Porto Santo ?

Au Ier s, Pomponius Mela *(De Chorographia)* précise que face à la « côte brûlée » d'Éthiopie (actuelle région de l'Atlas atlantique), « les îles Fortunées abondent en produits de la terre qui viennent d'eux-mêmes » ! Mais le plus pointu fut Pline l'Ancien (Ier s, *Naturalis Historia*) qui, reprenant les indications de Juba II, roi de Numidie puis de Mauritanie, releva une île, appelée *Canaria* en raison des grands chiens (*canis* en latin) qui la peuplaient ! Ptolémée *(Geographia)* la mentionnera en grec plus tard.

Le décor est planté. Le rideau de l'oubli tombera dessus durant plusieurs siècles jusqu'à ce qu'Arabes, Portugais et Espagnols le rouvrent... Le premier acte de la pré-*Conquista* – et non de la *Conquista* – sera néanmoins normand !

La Pré-*Conquista*

Il était une fois... À la vérité, l'histoire des Canaries pourrait commencer ainsi, tant le début du début est... invérifiable. Toutefois, rendons aux Portugais ce qui leur appartient. Oui, les Canaries auraient pu être lusophones ! Comme le cap Vert, comme le Brésil, plus loin encore. Mais les papes et les rois en ont décidé autrement...

En 1341, Alfonso IV, roi du Portugal donc, entreprend l'exploration des mers du Sud-Ouest. À la barre de la caravelle : Niccoloso de Recco, un Génois... Le fait d'en avoir ramené « quatre hommes », si condamnable fût-il, est, en tout cas, la preuve d'une certaine antériorité !

Mais dès 1344 un prince castillan est investi seul et unique « princeps Fortunæ » par le pape Clément VI à Avignon. Il doit cependant rallier le roi français Philippe VI (de Valois). La France aurait pu être officiellement le conquérant des Fortunées, au grand dam, alors, du roi du Portugal ! Il en fut autrement : il nomme alors capitaine le Majorquin Jaime Ferrer. Et, en 1346, on n'eut jamais de nouvelles du galion affrété par ses soins...

En 1360, deux navires catalans mouillent en baie de Gando, à Gran Canaria. Les quatre ou cinq moines – coloniser, c'est d'abord convertir – descendus à terre sont faits prisonniers. Bien traités, cependant. À tel point que nos religieux abusent des autochtones... Secrètement condamnés, ils sont finalement précipités dans un gouffre !

Le hasard aurait-il alors forcé les choses ? Des Basques et des Sévillans y accostent. En fait, nos Espagnols ont appareillé à destination des côtes africaines, et se font détourner sur Lanzarote par une tempête !

L'arrivée des Normands

Problème : ces « isles de Canare et d'Enfer », Charles VI, roi de France, va les promettre à son chambellan, Gadifer de La Salle, et à un seigneur normand, Jean de Béthencourt...
Armés de vin, de biscuits, de viande salée, de cordes et... d'arbalètes, ils mouillent, en juillet 1402, dans l'anse de La Graciosa et font une excursion sur Lanzarote. À l'aide de deux *Mahoreros* christianisés, ils obtiennent la reddition de Guadarfía, alors cacique de l'île. De là, les droits seigneuriaux, la première fortification, à Yaysa, déjà aride. Et les draps, donc, tendus la nuit pour récupérer l'eau de la rosée, et avoir à boire.
Plus au sud, encore, ils visitent une île qu'ils appellent « Forteaventure » ! À l'intérieur des terres, ils s'établissent dans une oasis, « Vyen de Palmes » (devenue Vega de Palmas), avant de fonder Sainte-Marie de Béthencourt (Betancuria)...
Mais trahi par son lieutenant Berthin de Berneval, à qui il confie le commandement afin de repartir en France négocier, Béthencourt se retrouve contraint de demander de l'aide non pas à Charles VI, rongé par la folie du monde (les guerres !), mais à Enrique III, roi de Castille, à qui il a prêté serment de vassalité. Ce qui fâche Gadifer de La Salle, chambellan de Charles.
En 1405, pourvu en hommes et en matériel par la Castille, Béthencourt impose des Normands pour convertir et coloniser cette nouvelle terre dont il s'estime le roi ! 160 hommes, 23 femmes, cuisiniers, boulangers, maréchaux, prennent la mer, depuis Grainville-la-Teinturière (Haute-Normandie)... Mais rappelé dès décembre en France, il laisse à son neveu, Maciot de Béthencourt, le soin de gérer la colonie. Ledit neveu se marie avec la fille de Guadarfía, Teguise, dont le nom est donné à la capitale de Lanzarote.
Jean de Béthencourt, pourtant, ne parvient à conquérir ni La Gomera, ni Tenerife, ni *Canaria,* qu'il affuble de l'épithète « Grande » pour son invincible centralité. Quant à El Hierro, elle ne reste dans le giron des Normands que grâce à la diplomatie de Maciot, qui gère l'excès de violence de ses compatriotes en octroyant aux *Herreños* un traitement plus décent. Maciot, cependant, abusant de l'absence de Béthencourt, développe la traite de ceux qu'il ne peut pacifier : les *Canarios* et les *Guanches* !
Jean de Béthencourt, roi des trois Canaries (Lanzarote, Fuerteventura et El Hierro), meurt en 1422... Avec lui apparaît la fonction d'*Adelantado,* découvreur et gouverneur de nouvelles terres au service de la couronne d'Espagne.
Il faut néanmoins attendre 1479 pour que le traité d'Alcáçovas permette un partage équitable des nouvelles terres : au Portugal Madère, les Açores et le cap Vert ; à la Castille les Canaries !
Mais la résistance ne s'éteint pas ; en 1483, grâce à la protection du roque Bentayga, les indigènes infligent une déroute au conquistador Pedro de Vera... Qui réclame à Isabelle la Catholique une aide digne du royaume. Pire est la situation de La Gomera dont la résistance conduit au génocide opéré par don Diego de Herrera.

La *Conquista*

C'est néanmoins le premier voyage de Christophe Colomb aux Indes qui confère à Gran Canaria, en 1492, son rôle capital au milieu de la partie connue de l'Atlantique, puisqu'il y relâche pour réparer une de ses caravelles et se ravitailler. Le 2 septembre, l'avarie réglée, il regagne La Gomera. Le 6, enfin il cingle au large d'El Hierro vers d'autres aventures...
À partir de 1493, Alonso Fernández de Lugo allait terminer le boulot. Gran Canaria finit d'être conquise. Puis La Palma.

Il est vrai que pour ces deux dernières, il ne rencontre presque plus de résistance... La Palma est soumise dès septembre 1493 – excepté le petit comté d'Acero. En mai 1494, il est définitivement conquis et son *mencey* (chef), Tanausú, est embarqué sur un bateau pour le montrer à l'Espagne. Celui-ci préfère se laisser mourir en cours de route plutôt que de mourir de honte...
Fin mai, Alonso de Lugo s'attaque à Tenerife. Les chefs rebelles, Beneharo, Bencomo et Acaymo, eux, résistent. Piégé dans le ravin d'Acentejo, Alonso de Lugo est gravement blessé, mais il s'en sort. Bencomo et son frère l'ont vaincu, lui, le grand conquistador, et ses hommes. Aujourd'hui encore, le lieu de cette bataille s'appelle la Matanza de Acentejo (le « massacre d'Acentejo ») : la tuerie la plus meurtrière de la *Conquista*... Mais pas la dernière. En novembre, il revient à la charge. À Aguere, le 10 novembre puis à la Cruz de Piedra, le 14. 600 Guanches tués, dont le cacique Bencomo, une lance dans la poitrine... Puis à Las Mesas de Guaza, Alonso de Lugo va jusqu'à engager 50 tireurs allemands, qui font de cette victoire la première par le feu !
Le 24 septembre 1496, tout rentre dans l'ordre. La difficile Tenerife est enfin pacifiée. Isabelle la Catholique livre alors les sept îles en pâture aux banquiers, aux grands commerçants, Flamands, Génois... Et elle nomme un seul gouverneur général, premier *Adelantado Mayor* des Canaries en lui recommandant moins de cruauté... et c'est Don Alonzo de Lugo (toujours lui !), nommé en janvier 1503.
Toutefois, c'est après l'établissement de l'Audience royale à Las Palmas de Gran Canaria en 1527 que Carlos Ier (Charles Quint) attribue le nom de « Canaria(s) » à l'archipel tout entier, 2 ans après la mort de Don de Lugo. Le nouveau roi encourage le développement de la culture de la canne à sucre (que Pedro de Vera avait importé de Madère et que Colomb transporta sur l'île d'Hispaniola – Saint-Domingue lors de son second voyage).
Pedrarias Dávila (1515), Diego García (1523), Francisco de Pizarro (1530)... les navigateurs se succèdent, préférant La Gomera à Gran Canaria. Dans le sillage du Grand Amiral, ils y prennent marins et matériel pour aller construire la *castilla del Oro* (Panamá) et alimenter le río de la Plata (Argentine).

De la Renaissance humaniste...

La Renaissance s'achève : il faut bien que quelqu'un marque les Canaries de son humanisme. C'est Bartolomé Cairasco de Figueroa, homme de lettres et compositeur, qui s'y colle. Le premier à s'intéresser aux fondations foncièrement naturelles de la culture des Préhispaniques (leurs arbres, leurs monts, leur mer), à travers le mythe de Doramas, chef canario qui contribua à la pacification.
Mais ce n'est pas cette chimère qui va attendrir les autres prétendants, maintenant que le centre d'intérêt s'est déplacé de l'Afrique aux Indes !
En 1584, le roi Felipe II nomme Leonardo Torriani ingénieur topographe de La Palma, en réponse à une attaque éclair de 1553, menée par le pirate français François Le Clerc. Il fallait mettre en place un système de défense. Tenerife, siège du *virrey,* c'est-à-dire de l'intendance royale, suit bientôt, avec ses fortifications. Puis Las Palmas où l'Italien œuvre jusqu'à la fin de 1592... Tours et murailles doivent alors protéger des assauts des corsaires également africains, anglais et hollandais... Au *virrey* va progressivement s'imposer un gouverneur militaire : le *Comandante General,* aux pouvoirs élargis. En ligne de mire : piraterie et autres contrebandes !
Se protéger des ennemis, mais accaparer l'« ami » aussi. L'assimilation est en marche.

... à la Renaissance économique

Entre la seconde moitié du ***XVIe s*** et la fin du ***XVIIe s,*** la viticulture, menée tambour battant par les Anglo-Saxons, a la peau des... plantations de canne à sucre, dorénavant concurrencées par les Grandes Antilles ! À la fin du XVIIe s, face au

monopole du port sévillan, ceux-ci ont bien compris l'intérêt du commerce triangulaire : produits canariens vers les colonies britanniques d'Amérique, produits indiens vers les îles, vin de La Palma et de Tenerife vers l'Angleterre... Faisant de Lanzarote, de Fuerteventura, et, dans une moindre mesure, de Gran Canaria les greniers à blé des deux autres. Toutefois, c'est bien le commerce du vin qui rouvre l'archipel vers l'extérieur. Un peu trop même... Et, à force de spoliation de leur capital vino-viticole, les propriétaires terriens expulsent les Anglais... qui reviendront par la fenêtre : en 1797, arrivent au large de Tenerife, 2 000 hommes aux ordres de l'amiral Nelson (22 juillet). À terre, le général Antonio Gutiérrez de Otero organise la défense et résiste victorieusement. Les Canaries resteront espagnoles ! 700 Britanniques furent tués contre seulement 24 Canariens. Nelson capitula le 25 juillet et y perdit une main. Opéré et soigné, au même titre que ses hommes, par les services de Gutiérrez, il signa... de sa main gauche ! Pour les remercier.
Humaniste, le ***XVIIIe s*** !
Les idées rayonnent. Le savant José de Viera y Clavijo, ethno-botaniste avant l'heure et traducteur de Racine, influence toute la sphère ibéro-américaine, notamment à travers la somme d'écologie de son *Diccionario de historia natural de las islas Canarias.* Et le vin canarien, quoique de moins bonne qualité, coule à flots aux États-Unis... d'Amérique, fraîchement émoulus !
C'est aussi l'explosion démographique de Gran Canaria, et l'émergence de la vocation portuaire de Las Palmas. Et une bourgeoisie commerçante non plus anglo-saxonne – viticole –, mais canarienne.
En outre, la noblesse se repose encore, au ***XIXe s,*** sur son passé de conquistadors et exploite les paysans jusqu'à forcer leur émigration notamment à Cuba.

Un siècle scientifique : le XIXe s

Sabin Berthelot, lui, vient à Tenerife pour inventorier la flore sauvage. Il publie, avec Philip Barker Webb, *Histoire naturelle des îles Canaries* (1836-1844) et effectue de multiples va-et-vient entre l'île et le Museum de Paris. C'est l'époque aussi du lancement de la culture de la cochenille sur les figuiers de Barbarie, dans les îles orientales (1851). Et, dans les îles occidentales, d'une plante introduite depuis l'Asie : la banane (1855) ! Le statut de port franc obtenu en 1852 en favorise l'intensification et permet aussi d'accroître le commerce canario-américain, jusqu'alors corseté par les *Reglamentos* de 1718 et 1778, limitant le tonnage des produits exportés pour ne pas faire trop d'ombre aux Sévillans. La nouvelle bourgeoisie, intégrée à la vie politique, attire les capitaux étrangers – et pas qu'anglais.
C'est néanmoins l'anthropologue René Verneau, dans les années 1880-1890, qui relance l'intérêt pour les investigations sur l'archipel, emboîtant le pas à ce qu'avaient initié Alexandre de Humboldt et Aimé Bonpland avec la botanique, un siècle plus tôt. Dans la fièvre de l'ethnographie naissante, les îles deviennent plus qu'un terrain d'observation du « Sauvage » disparu, mais aussi un terrain de stimulation et de compétition intellectuelle. Et, en 1882, *La Revista de Canarias,* positiviste, a jusqu'à un correspondant à... Paris !

Point chaud de l'histoire contemporaine

Terre de recherche qui reçoit ou expatrie des scientifiques, mais aussi terre d'exil pur et dur... Unamuno... Franco... Le jour et la nuit...
Un jour pourtant, Franco débarque du « Dómine ». Un nom pas si prédestiné que cela ! Quoique... Franco, visé, ce 12 mars 1936, par la politique d'éclatement de la IIe République de Manuel Azaña (Front populaire), appartient au noyau dur des militaires conservateurs, et même à ceux qui ont contesté les élections de février ! À la différence d'Unamuno, exilé par la dictature sur Fuerteventura, le dictateur en herbe l'est à Tenerife... Un prêté pour un rendu qui va coûter sa destinée à toute l'Espagne... Car, la veille de son départ (8 mars), les conspirateurs réunis

sur le continent fomentent l'inexorable coup d'État jusque-là avorté. Emilio Mola y est chargé par le général Sanjurjo – qui disparaîtra dans un accident d'avion juste après le putsch – d'élaborer le scénario. Aguicher Franco, surnommé par les conjurés « Miss Canaries 36 » pour ses tergiversations, en lui signifiant qu'être « consigné » à Santa Cruz de Tenerife, c'est aussi pouvoir faire partir l'insurrection du point le plus éloigné de Madrid et allumer la mèche de l'offensive qui doit faire sauter la capitale !

L'indécision de Franco exaspère Mola qui lui envoie un émissaire, le 30 mai, afin de le convaincre. En vain. Franco, en cas de second échec, appréhende d'être écarté de l'armée. Il entend mettre toutes les chances de son côté. En dépit de la surveillance gouvernementale dont il fait l'objet, le 17 juin il convoque cependant clandestinement les hauts gradés de l'archipel pour s'assurer de leur soutien si le putsch devait éclater un jour !

Profitant de l'incurie gouvernementale face au chômage et à la fuite des capitaux, Franco adresse le 23 juin un courrier à son ministre de tutelle, Casares Quiroga. Il l'implore de se laisser conseiller par les généraux plus réceptifs aux requêtes de l'armée qu'à la chienlit de la rue ! La lettre... reste lettre morte. Elle fait suite, en tout cas, au défi lancé par le député monarchiste José Calvo Sotelo au ministre, à Madrid : « le militaire qui ne serait pas disposé à se soulever pour l'Espagne, contre l'Anarchie, serait fou ! »

Le coup d'État est en marche. Un avion est envoyé à Las Palmas de Gran Canaria pour emmener Franco au Maroc le 18 juillet. Bien sûr, le 17, Franco en profite pour passer le relais à son bras droit, Luís Orgaz !

Dans la nuit du 17 au 18, on lui notifie le succès du soulèvement à Titouan, Melilla, Ceuta, etc.

Le 18, le général Orgaz neutralise l'opposition à Santa Cruz par la prise militaire du gouverneur civil et Franco arrive au Maroc où il s'autoproclame chef de l'armée du Maroc ! Le 20 juillet, Las Palmas de Gran Canaria tombe aux mains des *sublevados* (les insurgés phalangistes). Puis La Palma. La Gomera résiste, cependant. La *guardia civil*, restée, ici, fidèle à la République, affronte deux colonnes militaires d'Orgaz.

Le projet de Mola est désormais en marche. Sauf que le « héros », en définitive, ce n'est pas lui, mais Franco qui fut si difficile à convaincre... Cynisme ou ironie du sort, l'un des croiseurs rapides aux mains des troupes franquistes s'appelle... *Canarias* !

Dans ces années, alors que le régime a isolé l'Espagne de l'Europe occidentale, les Canariens ne connaissent pas encore l'essor du tourisme de masse. Contraints à la censure, désespérés, ils n'ont souvent que l'espoir de leurs aïeux : fuir la misère intellectuelle et économique d'un archipel isolé, avec des plantations de canne et des vignes à nouveau exsangues. Nombres de traversées sans passeport, sur des navires clandestins, amènent ces *Majoreros,* les *Gomeros,* les *Herreños...* paysans sans terre, au Venezuela, alors appelé « la huitième île ».

Dans le courant des années 1970, la guerre froide laisse Franco se faire approcher, cette fois, par les Américains... Au point que c'est une station destinée à écouter des sous-marins soviétiques, sise à Puerto Naos (La Palma), qui donne l'alerte de l'éruption du Teneguía !

L'après-Franco : une nouvelle Espagne

Franco usant le pouvoir jusqu'à la corde, le prince Juan Carlos se soucie d'une sortie honorable de l'« ultime » période de colonisation de son pays : garder les Canaries mais rendre, en face, le Sahara espagnol. À qui, toutefois ? Les négociations se font secrètement entre Laureano López Rodó, ministre des Affaires extérieures, Hassan II et Henry Kissinger. Le 30 septembre 1975, les Marocains entament leur Marche verte... Si les Canariens, eux, soutiennent, d'abord par identification, puis solidarité, la cause sahraouie – le Maroc étant ressenti, en 1975-1976, comme un nouveau colonisateur et les Sahraouis comme des victimes. Exaspérés par la dureté du

camp de Tindouf et l'intransigeance du gouvernement marocain, les réfugiés sahraouis – plus de 35 000 – n'espèrent qu'une chose : fuir cet enfer... Et la route de Fuerteventura leur semble la plus directe...
Après la mort de Franco, le retour de la démocratie permet aux insulaires d'accéder à une relative autonomie en 1978. Avec, en contrepartie, une modernisation fulgurante, vidant les vallées bibliques au profit de pôles urbains où les syndicats ont à nouveau droit de cité...
Pour autant, crise oblige, les alliances sont devenues transversales : le centre droit (*Coalición Canaria,* dont est issu le président actuel du Gobierno de Canarias) – à la tête de l'archipel – a scellé un accord avec... la gauche *(Partido Socialista Canario)* afin de faire pression auprès du Gouvernement central *(PP)* qui, à travers ses mesures d'austérité budgétaire, a particulièrement maltraité les Canariens.
La raison, pour surprenante qu'elle soit, est surtout sibylline : droite comme gauche, tous visent les législatives de 2015, qui à espérer l'alternance, qui à surfer sur les désirs de fédéralisme pour aboutir à une réforme de la Constitution espagnole !
Aujourd'hui comme hier, l'adoucissement de la bipolarité et de ses clivages au motif d'une union « nationale » – réveillée par le radicalisme du *MPAIAC* (voir Antonio Cubillo dans « Personnages ») – se heurte à cette culture « provincialiste » mise en place par le pouvoir central de Miguel Primo de Rivera en 1927 – en dépit de la souveraineté de chacun des sept *Cabildos insulares* (votée en 1912) – afin de... diviser pour mieux régner. Ah ! ce *pleito insular...*

MÉDIAS

Votre TV en français : TV5MONDE partout avec vous

TV5MONDE est reçue partout dans le monde par câble, satellite et sur IPTV. Dépaysement assuré au pays de la francophonie avec du cinéma, du divertissement, du sport, des informations internationales et du documentaire.
En voyage ou au retour, restez connecté ! Le site internet • *tv5monde.com* • et son application iPhone, sa déclinaison mobile *(• m.tv5monde.com •),* offrent de nombreux services pratiques pour préparer son séjour, le vivre intensément et le prolonger à travers des blogs et des visites multimédia.
Demandez à votre hôtel le canal de diffusion de TV5MONDE et n'hésitez pas à faire part de vos remarques sur le site • *tv5monde.com/contact* •

Presse

À lui tout seul, le vétéran des journaux de l'archipel résume bien le caractère de la presse canarienne : hyper-régionale mais éclatée !
Le *Diario de Avisos* naît en 1890 sur une île jalouse de sa singularité, La Palma... C'est José Esteban Guerra Zerpa qui le fonde avant de fonder, 34 ans plus tard et à Cuba, le Parti nationaliste canarien... Incorporé au quotidien de la propagande franquiste *Accion Social* en 1939 puis revendu au groupe de presse *CANAVISA* en 1973, le siège est transféré à Tenerife. Certes, il conserve un bureau rédactionnel à Santa Cruz de La Palma, publiant ainsi deux éditions. Bien que sa diffusion diminue (moins de 11 000 exemplaires), limitée qu'elle est à deux îles, il reste LE titre de référence. Avec plus de 43 000 numéros et plus 120 ans d'existence, c'est le vétéran de la presse canarienne.
El Día, basé à Tenerife, après avoir été loyaliste vis-à-vis de l'Espagne en tant qu'organe du mouvement phalangiste, a changé de stratégie, faisant du nationalisme canarien, qu'il ignorait voici peu, son fonds de commerce. Le virage s'est opéré peu avant la mort du leader indépendantiste Antonio Cubillo (en 2012) à qui le journal avait ouvert une tribune. Peu avant, aussi, le fléchissement induit par le développement d'Internet. Ce qui en fait, malgré une diffusion essentiellement

orientée vers l'ouest de l'archipel, le quotidien le plus lu, avec 190 000 lecteurs, le record ! Son programme local *El Día Televisión* est très populaire.
La ligne éditoriale est paradoxale : défendant la cause canarienne, donc libycoberbère, contre le « colon » espagnol, il stigmatise cependant l'émigré des boat people ! À noter aussi que son supplément hebdomadaire a repris le nom de *La Prensa,* un ancien quotidien fondé en 1910 et largement acquis, par la suite, au franquisme. *El Día* a doublé son édition papier d'une version internet à la suite de l'arrivée de *La Opinión.* Et, soucieux de rester au contact des jeunes, il organise chaque année le Prix de journalisme Leoncio-Rodríguez, du nom du fondateur.
La Provincia, plus classique (et diffusé à environ 23 000 exemplaires), répond probablement à une stratégie de pluralisme menée depuis Gran Canaria. Sa fusion, en 2000, avec l'antique *Diario de Las Palmas* (fondé en 1893), vise à rééquilibrer le point de vue sur l'archipel. Ce journal est donc modéré et surtout pas nationaliste. Pour plus d'efficacité, il avait même, dès 1999, lancé une édition *tinerfeña* sur l'île d'en face afin de concurrencer *El Día* : *La Opinión (de Tenerife)* ! Au reste, sa création, en 1911, a déjà un but politique : elle marque la séparation de l'archipel en deux « départements », enterrant toute velléité d'indépendance canarienne... Suspendu après la guerre civile, le titre renaît en 1966 et est à l'origine d'*Editorial Prensa Canaria,* qui deviendra le gros groupe de presse *Editorial Prensa Ibérica* en 1984. Deux éditions locales – pour Fuerteventura et Lanzarote – peaufinent son souci d'atomisation. Lui aussi se diversifie dans les médias avec *Radio Canarias,* et dans la production audiovisuelle avec *Minifalda* et une participation dans *Mediareport.*
Canarias 7 est le concurrent de *La Provincia.* Fondé en 1982, il est probablement le seul à n'avoir pas de comptes à régler avec les vicissitudes passées de l'archipel. Avec une diffusion payante de plus de 16 357 exemplaires, il tire son épingle du jeu. *INFORCASA,* son éditeur, le plaçant en challenger *canario,* et en troisième sur la liste des quotidiens pour un archipel d'à peine 2 millions d'habitants...

De la télévision...

Les médias canariens se sont longtemps restreints aux radios issues des deux groupes de radiodiffusion datant du franquisme : *Radio Club de Tenerife* (du groupe *Caneda SER*), *Radio ECCA* (du groupe *COPE*), *La Voz de la Isla de La Palma* (jusqu'en 1978), ou *Radio Canarias (Radio National de España, RNE).* De même avec la télévision territoriale, *TVE-Canarias.* Ils ont tardé à s'émanciper.
C'est en 1998 qu'est créée la *RTVC (Radiotelevisión Canaria),* afin de cultiver cette notion d'appartenance : les îles, l'exil, mais toujours « ma terre », *lo nuestro !* La première chaîne émet dès 1999. Si le Gobierno de Canarias est grosso modo calqué sur les communautés autonomes continentales, le fait de ne pas être handicapé par une langue « locale », comme la Catalogne, lui ouvre les portes de l'Amérique latine, si bien que son *Canal Internacional* émet par satellite depuis 2001. Avec succès : la diaspora canarienne est importante, elle fait partie de l'histoire des îles, et la télévision, outre qu'elle crée des emplois dans la production, est un ciment social et... électoral !
En 2003, la *RTVC* intègre le bouquet *Digital +* à destination de la péninsule, et est la première à basculer en numérique.
Dès 2005 la chaîne fragmente ses actualités en sept décrochages. Il faut y voir le poids des *Cabildos* (Conseils insulaires) des sept îles, dont les plus petites et périphériques (El Hierro et La Gomera) ou les moins denses (Fuerteventura) ne cessent de réclamer un certain désenclavement. La création en 2006 de *Televisión Canaria 2,* aux émissions plus culturelles, complète l'offre.
L'archipel de 2 millions d'habitants est ainsi doté de deux chaînes de TV qui émettent 24h/24 et d'un programme par satellite vers les Amériques et l'Europe. S'y ajoutent *Teidevision* et *Canal 8,* chaînes locales des deux capitales, ainsi que des îles les plus rebelles comme El Hierro (9 000 habitants !) ou La Palma *(Canal 11 La Palma).*

Les principales chaînes nationales espagnoles ne sont pas en reste. Acheminées par satellite, elles proposent de larges sessions d'informations en décrochage : *Telecanarias 1* pour *TVE-1* et *+Canarias* pour *LA 2* (publiques), ainsi qu'*Antena 3 Noticias Regional* (privée).

... à la radio !

À l'inverse de l'histoire universelle de la radio, le dernier média lancé par les autorités canariennes est une radio, et non une télé : *Canarias Radio La Autonómica* (2008), basée à Las Palmas de Gran Canaria qui intègre dans son développement un petit nouveau, Internet.
Néanmoins, la première à avoir réellement eu un ancrage est *Radio Club de Tenerife* (1934). Aujourd'hui incluse dans la *Cadena SER* (et donc dans le géant *PRISA*), elle est déclinée en plusieurs FM : *Radio La Palma*, en *Radio Garoé* (El Hierro), *SER Las Palmas* et *SER Lanzarote*. Cependant ses OM historiques lui servent encore à atteindre l'auditoire le plus âgé, reculé dans les reliefs accidentés des îles...
Radio ECCA, filiale éducative sans but lucratif du groupe *Radio Popular* (aujourd'hui *COPE*), en service depuis 1965, est quant à elle un pur produit de Gran Canaria conçu pour alphabétiser les plus démunis, voire les former jusqu'à les diplômer. Si elle s'est aussi dotée d'un émetteur OM, adapté à la couverture d'une large superficie, passant outre les distances marines et les reliefs (92 % de l'archipel ; Lanzarote-El Hierro : 500 km !), elle est aussi relayée en FM, île par île.
Sans oublier la *Cadena COPE*, précisément : tous les matins, la voix suave et nonchalante du « *Asi son las mañanas de COPE en Canarias !* » annonce la couleur, celle de décrochages en cascades : pour tout l'archipel, puis pour chacune des deux provinces. Idem tous les midis (13h10 !)...
À cela s'ajoute une myriade de radios locales en FM, comme *Radio Faycán* ou *Radio Canarias* (du groupe *Editorial La Prensa*) depuis Gran Canaria... *Cadena Dial Tenerife, Radio El Día* (programmation de *Punto Radio*) ou *Teide Radio* (groupe *CANAVISA*), depuis Tenerife... C'est que la presse occupe les fréquences, de peur que des associations ne le fassent...

MUSIQUE

Un Orchestre de chambre, un Orchestre symphonique à Tenerife, autant à Gran Canaria... et même plus : l'Orchestre philharmonique, la Chorale polyphonique de l'*Universite de Las Palmas de Gran Canaria*, le Conservatoire supérieur, la Fondation Kraus... sans oublier les groupes de musique traditionnelle. Pas de doute, les Canaries aiment la musique.

Musique profane et populaire

Cette présence intense de la musique remonte au moins au XVIe s, et a toujours été le fruit de diverses influences, nées des va-et-vient entre Afrique, Amérique et Europe.
Ainsi les chants de travail que l'on peut encore entendre à El Hierro descendent de chants importés de... Galice. Idem pour la danse du tambour de La Gomera : elle vient des airs de *vaqueros* des Asturies !
Après la *Conquista*, la culture guanche, elle même issue des libyco-berbères, fut contrecarrée par la culture occidentale. Isolée et souvent spoliée, la population insulaire favorisa la survivance du folklore espagnol. Les danses de *romancescos* ont quasiment disparu de l'Espagne continentale, mais subsistent aujourd'hui aux Canaries ! Il en va ainsi des ***seguidillas,*** populaires entre les XVIIe et XXe s sur le continent, et encore chantées au XXIe s aux Canaries. De même, la ***folía,*** très populaire dans toutes les îles, fut une danse chantée dès le XVIIIe s et provenant de la péninsule Ibérique.

Et les musiques créées aux Canaries se répandent à leur tour.
Le ***canario,*** gigue grotesque inspirée de la gestuelle des Guanches, est évoqué dès le milieu du XVIe s et défini par Horozco en 1611 comme un *saltarelo gracioso* (un « sautillement comique »). Et on retrouve cet air à la cour d'Espagne fin XVIIe s. Cette musique se diffuse ensuite en Argentine, au Mexique et à Porto Rico : le motif du *canario* se retrouve jusque dans *West Side Story* de Bernstein. Portoricains et Canariens ont au moins un air en commun. ***Los Gofiones,*** un célèbre groupe de Gran Canaria également populaire à Cuba, ne chantent-ils pas : « *Decir canario y cubano / Es decir la misma cosa* » !? (« *Todos somos Canarios, todos somos Caribeños* »)
La ***décima*** portoricaine, elle, ressemble à l'*isa* canarienne : c'est un air festif chanté lors de confréries, les *Tenderetes,* à partir de thèmes picaresques (vie conjugale, sujets politiques, etc.). Le ***punto cubano*** (improvisé, il doit finir par un vers de 10 pieds imposé par le public) est aussi une *décima* liée à l'émigration. Il est particulièrement populaire à La Palma.
Quant à la ***malagueña,*** certes importée par les Andalous aux Canaries, elle est exportée, sous forme de *fandango* long, au Venezuela par les Canariens. Dans bien des musiques latino-américaines, il y a donc un ingrédient canarien. Et réciproquement. C'est ce qui fait la richesse de la musique de l'archipel...
Si *folía* et *malagueña* ont pris racine aux Canaries, c'est parce qu'elles sont empreintes de mélancolie et que, par nature, les Canariens, dispersés par la diaspora, sentent l'appel de leurs îles. L'***añoranza*** est aussi une espèce de *saudade* chantée du fond du cœur, du fond du corps. « *¡ Adiós Canaria mía... me voy a tierras extrañas !* » C'est en interprétant cette chanson que ***Mary Sánchez*** est repérée dans les années 1950 par Néstor Álamo (voir « Personnages »), pour sa sensibilité, époque où des *rondallas* (groupes) avec chorales, guitares et *timples* (une toute petite guitare en forme de mandoline) se formaient.
Si Néstor Álamo a aussi repris le genre de la berceuse (ou ***arrorró***), ce fut ***Valentina La de Sabinosa*** qui le popularisa après guerre dans des interprétations parmi les plus vivaces ! Car l'*arrorró* est lent, mélancolique et monotone. Il se joue à l'infini, pour endormir. En revanche le texte, plus réaliste que naïf, peut cyniquement évoquer la mortalité infantile...
L'interprétation d'***Olga Ramos*** (Tenerife) est plus moderne cependant, avec une suavité toute latine.

Musique savante et sacrée

La musique populaire n'a pas pour autant étoffé la savante, la sacrée. Après la *Conquista,* au XVIe s, le baroque s'enracina dans la chapelle de Vegueta avant même d'atteindre l'Espagne. Aujourd'hui, la *Schola Cantorum de Las Palmas* réhabilite les joyaux découverts dans les archives du diocèse, comme les *arias* de ***Joachin García.*** Déjà, au XIXe s, la Société philharmonique de Las Palmas, l'une des plus anciennes, ouvrit une brèche dans laquelle s'engouffra ***Camille Saint-Saëns*** ! Sa voix de basse et ses coups de timbales résonnaient dans la cathédrale *(Les Cloches de la cathédrale de Las Palmas, Valses canariennes...)*... L'Orchestre philharmonique de Gran Canaria remonte à cette époque d'avant-garde (avant Debussy). Parallèlement, La Laguna, puis Santa Cruz de Tenerife, avec la Société philharmonique Sainte-Cécile, s'y mettent.
Prédilection de la voix dans l'interprétation et la composition parce qu'ici le Canarien garde du temps pour la sublimation du bruit (du monde). Le Canarien est « un lutteur de silence ». La formule appartient au compositeur Juan Falcón Sanabría (Gran Canaria)... Jacint Verdaguer, avant lui et bien que catalan, écrivit pour Manuel de Falla un poème dédié au Teide, *L'Atlantidá.* Et c'est l'Orchestre symphonique de Tenerife, sous l'impulsion du chef Edmón Colomer, qui l'a joué, avec le Jeune Orchestre national d'Espagne, lui-même formé par de nombreux insulaires. C'est l'Orchestre symphonique de Tenerife, encore, mais sous la

baguette de ***Victor Pablo Pérez,*** qui a magnifié les *Chants d'Auvergne,* collectés par Joseph Canteloube dans les années 1920, en invitant ***María Bayo*** comme soliste. Ou quand les volcans parlent un langage universel...
Alfredo Kraus, le ténor *gran canario,* l'un des meilleurs de la seconde moitié du XXe s, en est même arrivé, de son vivant, à oublier la fameuse *rivalité insulaire,* et à chanter avec ***Los Sabandeños,*** le groupe phare de Tenerife ! Un *Roque Nublo* (encore de Néstor Álamo) réorchestré par l'Orchestre symphonique de Tenerife, à peine trois mois avant de s'éteindre en 1999. Les Canaries, l'Espagne, le monde lyrique étaient en deuil. Aujourd'hui, l'auditorium de Gran Canaria, qui est le seul à offrir un fond de scène ouvert sur l'océan, porte son nom.
La salle de Santa Cruz n'est pas en reste. C'est une vague monumentale de béton que l'architecte Calatrava a figée. Et, entre les deux, naviguent les disciples de Kraus suivis par les aficionados étrangers lors du festival de Musique aux Canaries, chaque hiver, quand il fait bon se baigner.
« *¡ Las montañas, las... Cumbres de mi tierra... Junto al mar !* », la voix de cristal d'Alfredo résonne encore...

... et musique universelle !

Teobaldo Power, né à Tenerife en 1848 de père irlandais et passé par Barcelone puis Paris pour parfaire ses dons musicaux, moissonne les airs populaires gorgés de mémoire collective et les adapte dans des versions classiques. Ses *Cantos canarios* (1880) émeuvent les Canariens, tous les Canariens, l'élite comme les gens des champs. Car ce sont des chants polysémiques, des chants de travail. D'apparence simple, ils véhiculent tout l'affect de ces insulaires.
Un siècle plus tard, ***Lothar Siemens*** et ***Rosario Álvarez Martínez*** *(Universidad de La Laguna),* musicologues réactifs, lancent un projet tout aussi audacieux qu'exhaustif de collecte de la création musicale. De la *Conquista* à nos jours, c'est tout le spectre des musiques savantes, classiques et contemporaines qui a été numérisé à travers la collection de CD *RALS.* Et ça complète admirablement le fonds de partitions et de manuscrits conservés au Musée canarien et à l'*Universidad de Las Palmas de Gran Canaria* : plus de 10 000 volumes allant de l'incunable de 1494 à la dernière partition de Falcón Sanabria, en passant par les feuillets liturgiques du XVIIe s.
Et si les labels *Manzana* et *CCPC* (Centro de la Cultura Popular Canaria) ont relayé les chansons folkloriques et populaires dès les années 1980, Naïve, BMG, EMI, Harmonia Mundi et Hungaroton reprennent le flambeau de *RALS* au niveau commercial : zarzuela, musiques classique et abstraite ont pignon sur rue.
Le compositeur contemporain ***Falcón Sanabria*** est ainsi interprété et enregistré par le *London Symphony Orchestra* ou l'Orchestre de Budapest... Il vit la même chose que ses ancêtres, il extrait la structure de sa musique de la nature : la corde de la houle comme la lave cordée... Se retire au bout de Gran Canaria, à Galdár, dans le noir du *malpaís,* là où tout fut magma, face à la violence de l'océan, pour créer.
Oui, les Canariens ont la musique, la mort dans l'âme. *Muerte de un violinista* (« Mort d'un violoniste ») est fortuitement l'une des nouvelles de ***José Luis Correa*** qui prend pour décor l'auditorium de Las Palmas...

PARCS NATIONAUX ET ESPACES PROTÉGÉS

Étiez-vous déjà venu ? Venu dans l'antre du monde ? Dans la forêt fossile ? Avez-vous déjà pris rendez-vous avec vous-même ? Avec quatre des sept parcs nationaux espagnols, les Canaries, elles, ont autre chose à vous montrer que les aberrations de la mondialisation. Elles sont LE monde. La Création. Et, peut-être, le mythe de fin... Alors, plongez-vous, tant qu'il est temps, dans ce qui est rare :

l'éden du Garajonay, l'enfer de Las Cañadas del Teide, la caldera de Taburiente, mais aussi Timanfaya. Quant à Jandía, le roque Nublo ou le Verodal, qui n'en sont pas (des parcs nationaux), ils sont tout aussi grandioses. Au sens premier. Grands de sens : sensations, sentiments, polysensoriels... Rares sont les endroits sur Terre qui rassemblent en si peu de distance une telle profusion de nature ! Car la nature, aux Canaries, n'est pas un leurre. Malgré une classification pléthorique, qui peut décontenancer le néophyte, quasiment la moitié des espaces sont protégés. Immenses. Et vous, petit ! Béat...
Prenez vos chaussures de montagne, mettez une laine polaire sur votre T-shirts de coton, et un coupe-vent sur votre laine. Dans votre besace, lunettes anti-UV, écran total, de l'eau et quelques bananes. Et partez pour la journée. À pied. En n'oubliant pas le ☎ 112, au cas où... Sur place : ne cueillez rien, ne laissez rien. Écoutez le temps qui passe. Respirez !
Quatre parcs nationaux : exceptionnels, inaltérés, ces écosystèmes primitifs, ces paysages géologiques furent d'abord reconnus par l'État espagnol. À charge au gouvernement canarien – depuis 2009 – d'en garantir les critères écologiques, géographiques et esthétiques. Conservatoire (30 % des espèces endémiques pour 3,6 % de la superficie totale des Canaries !), la mission l'est ; tout autant qu'elle est éducative : pour que le bien naturel soit transmis sans défaillance aux générations futures ni préjudice aux aïeux.

Las Cañadas del Teide (Tenerife)

Le plus ancien (1954), le plus élevé, le plus impressionnant, star malgré lui, puisque le but d'un parc national est l'écologie, c'est-à-dire l'harmonie des espèces vivantes dans leur milieu environnant, donc sans médiatisation, ni vulgarisation. Or Las Cañadas del Teide détiennent le palmarès des sites filmés ! Colonisé, certes, par des plantes aussi uniques que bizarres. Le *tajinaste* demeure le plus flagrant. Voyez-le, en juin, coloniser subrepticement les espaces précédemment acclimatés par des plantes pionnières (voir aussi notre rubrique « Flore et écosystèmes », plus haut) ! Humez, aussi, le genêt du Teide : comme « au-dessus du nuage » ! Blanc. Entêtant. Pointant, de ses ramées, le pur azur du ciel...
Et si l'espèce rare que vous recherchiez, mais non endémique, était minérale ? L'obsidienne ? Elle brille sous le soleil zénithal : il suffit de marcher après El Paso, en direction de Las Cañadas. Le soufre ? Il faudra d'abord passer entre les *penitantes,* cette mer de congères striées d'émeraude, de turquoise et de béryl, autant de neige et de névé translucides à fondre sur des coulées glaciales de lave. Ou prendre le téléphérique... Monter encore, escalader, cramponner puis pénétrer dans l'ultime cône du Teide, haut de 80 m (permis spécial nécessaire). Pouvoir respirer les gaz soufrés, certes, mais aussi chlorés, pour un peu de roche colorée. Les cristaux sont là, dans leur gangue chaude. Et vous, dans le grand vent (jusqu'à 200 km/h !). – 16 °C au plus bas, 4,6 °C en moyenne (janvier). Le pire, c'est qu'on ne touche qu'avec ses yeux !
Mais quel spectacle ! Quelques mètres... du souffle... et vous voici la personne la plus haute de l'Atlantique. Du moins, vous essayez de rester droit, face au vent froid. À vos pieds, la double caldera. À vos pieds, l'île. Et par temps clair, toutes les îles, l'océan à 360°. Total et inoubliable !
Vous êtes redescendu : la fournaise en plein midi, un air sec. Cela fait un bail qu'il a neigé, puisqu'il ne neige presque jamais. Mais la neige tient, là-haut, jusqu'à 3-4 mois grâce aux gelées ! Ici, à 2 200 m, elle a fondu, inondant les deux ou trois *calderas nevadas* – *las cañadas* – pour en faire des lagunes en pleine évaporation. Demain, une espèce de *salar* : des sables, des sels, descendus en novembre-décembre du Teide mais aussi de la barrière rocheuse opposée (sur un périmètre d'une quarantaine de kilomètres).
Chaud et froid. Tel est le Teide. Bombes volcaniques brunes ou rousses, dôme anthropomorphe aux formes les plus arrondies... Blanc comme neige, même

quand il n'y en a pas. Cathédrale de laves, grotte de glace, surprises vertes dans les strates ocre, cheminées de fée... Ce parc national est un don de la géologie. De la botanique. De l'astronomie. Pas pour rien qu'il est Patrimoine mondial de l'humanité depuis 2007. Simplement.

La caldera de Taburiente (La Palma)

C'est une clause d'héritage, visant à assurer les haciendas d'Argual et de Tazacorte de leur approvisionnement en eau, qui, depuis 1557, fait que les terres de la caldera sont indivisibles. Les pluies s'infiltrent par les crêtes des volcans Taburiente et Bejenado jusqu'à être retenues par les vestiges imperméables de l'ancien volcan Garafía (voir aussi « Volcans et volcanisme », plus bas) pour sourdre aux fontaines de Marcos y Corderos. Le reste descend jusqu'au socle de basalte pour constituer la nappe phréatique. Faisant de La Palma le seul château d'eau des Canaries. Au total, les 1 800 propriétaires récupèrent le précieux liquide à Dos Aguas par des canaux, des tuyauteries et des galeries. Résultat : l'eau ne file plus à la mer depuis le XXe s... Mais le haut de ce cirque ainsi protégé a également été classé parc national en 1954. Et tout projet de barrage, trop dangereux du fait des escarpements instables, est écarté. C'est en remontant, jusqu'à cette confluence, le lit de l'ancien torrent Las Angustias – *barranco* aride qui redevient torrent lors des pluies diluviennes – que la caldera révèle l'histoire de l'île. Ici apparaissent les blocs verts des premières roches sous-marines. Là-bas, là-haut, les crêtes violines des dernières laves pyroclastiques à s'éroder. Minéral et végétal fusionnent, parfums étrangement mêlés de lave humide et d'extraits de vivaces. Comme le rosier guanche, par exemple, avec ses inflorescences émergeant d'un fin feuillage dentelé...

Sur le flanc gauche (nord-ouest), le *barranco* de las Piedras Redondas rappelle à votre bon souvenir ces dislocations cyclopéennes : des blocs de débris de basalte et de cristaux d'olivine ou de pyroxène, éjectés une première fois, lors de la sortie des océans du socle magmatique, et qui, compactés, intégrés à l'édifice aérien, se retrouvent, en altitude, cette fois, découpés par les eaux de ruissellement avant de rouler au fond du ravin !

C'était déjà la hantise des *Benahoaritas* qui avaient repéré dans le roque Idafe une espèce de cheminée de fée où la partie sommitale pouvait – et peut toujours – basculer. Pas si incrédules que cela, ils lui offraient les foies de leur gibier et psalmodiaient des incantations, déifiant ce qu'ils ne pouvaient maîtriser...

Par l'autre entrée, à La Cumbrecita (sud-est), toute la splendeur du seigneur des lieux : le pin canarien. Attention à ses aiguilles, cependant ! Groupées par trois, elles sont... trois fois plus glissantes au sol. Et les chemins sont escarpés, étroits et parfois interrompus. D'où la nécessité de signaler au garde de La Cumbrecita si vous ne comptez pas ressortir du parc dans la journée (pour qu'il ne donne pas l'alerte inutilement). Renseignez-vous aussi sur le temps : abstenez-vous après des pluies violentes (éboulements), attendez que les orages passent (torrents et vagues de boue).

C'est d'El Espigón que se ressent la plus forte dénivelée ! Vous êtes à 2 380 m et vous visez, là, en bas (750 m), la fosse, la béance, toute l'ampleur verticale, vertigineuse de la caldera. Affaissable à tout moment... Autre trouée, au sud, dans la mer de nuages : la crête de la Cumbre Vieja, toujours là... pour l'instant.

Le Garajonay (La Gomera)

Le plus végétal. Densément végétal. Couvert végétal à l'état de nature le plus étendu de Macaronésie, avec ses 4 000 ha et ses 80 espèces endémiques. Dire que le parc national (décrété en 1981) a 5 millions d'années au compteur n'est pas peu dire ! Si les bois, qui recouvrent la *meseta* (le plateau), en décomposition, livrés à eux-mêmes, semblent n'avoir plus d'âge, ils n'ont que l'âge de l'ère tertiaire. Le glissement du volcan bouclier Garajonay, en n'appuyant plus sur le magma, a permis à un stratovolcan de surgir, le Vallehermoso, effondré, à son tour. La mégacavité formée s'est ensuite laissée remplir par d'épaisses couches de lave horizontales : le sol du parc. Fertile. Humide. Une éponge écologique. Cabossée. Perchée. Jusqu'à 1 487 m. Avec, de-ci, de-là, des intrusions, solidifiées et dégagées par l'érosion : les pains de sucre d'Agando, d'Ojila et d'Inagua. On est à des années-lumière du Sahara. Avec le pouvoir de ramasser le meilleur du ciel et d'en faire la pluie. Se précipitant dans les feuillages. Et, par son goutte-à-goutte, sauvant des espèces, sans quoi la planète ne les connaîtrait plus ! C'est pour cela que le feu disproportionné de l'été 2012 a alerté l'Unesco. Faut-il laisser au parc, carbonisé au tiers, le titre de Patrimoine mondial de l'humanité, octroyé en 1986 si les Canaries, l'Espagne et l'Europe ne font aucun effort de lutte contre les incendies dans cet écosystème si longtemps resté intact ? Sauvegarder les graines de ses 43 espèces uniques au monde, entretenir en permanence des rejets, des semis et mettre en terre les jeunes plants lors des pluies d'automne à raison de 3 500 par hectares sinistrés ne suffit pas, même si le Centre de récupération des espèces en voie d'extinction d'El Cedro & Cultivar de Meriga s'y applique ! Il faut aussi s'attaquer aux racines... du mal : l'automobile et ses jeteurs de mégots ! Et responsabiliser le passage dans le parc en étendant la Zone de réserve (accès exclusif aux chercheurs et scientifiques) à plus de 51 % de sa surface. Et investir dans des hydravions... Au cas où...

Heureusement, l'essentiel subsiste. Aux lauriers fossiles se mêlent encore les bruyères arborescentes. Les boutures des premiers qui retombent à la façon de lianes verticales et les troncs moussus des secondes qui se contorsionnent en largeur demeurent des héros tout droit sortis de *Macbeth.* Moments magiques lorsque l'éternelle mer de nuages noie la forêt, la *rain forest*... et qui donne parfois au *Salto de Agua* en contrebas, entre le barranco du Monteforte et celui du *Cedro,* l'élancement d'une cascade hawaïenne...

Timanfaya (Lanzarote)

Tout de pierres vêtu, olivine, basalte, ponce, Timanfaya est, par sa minéralité extrême, l'antithèse ou l'antidote à tous ceux qui auraient été allergiques à la surdose de verdure du Garajonay... Les scientifiques du Laboratoire géodynamique de Lanzarote ne s'y sont pas trompés, eux qui, par leur module enterré, auscultent in vivo et en live les anomalies géothermiques des couches de lave jadis déversées ici. Un siècle plus tard, en 1824, eut lieu l'ultime sursaut de l'ancien arc volcanique de Fuerteventura avec la formation d'El Chinero (et la montée des eaux sur 80 m fit de La Graciosa, au nord de Lanzarote, une île !). Les fissures, par où remontait le magma, devinrent fontaines de lave, puis cônes déversant les scories sur choux, chèvres et figuiers.

Depuis 1974, qui n'a pas pris son chameau pour faire un tour de piste de *picón ?* Le charme est lunaire. Sur l'un des socles les plus anciens des Canaries : l'un des sols les plus récents. Intact, comme s'il découvrait lui-même le processus de colonisation végétal du début du monde... Mieux vaut rester seul à seul avec le dernier cri de ce système insulaire voué à disparaître sous la mer dans quelques... millions d'années. Vingt-cinq et quelques cônes, *hornitos* (excroissances en forme de bouches coniques sur le trajet d'une coulée de lave, percée et pétrifiée) et tubes (le tube volcanique le plus long est cependant à Tenerife : 17 km pour El viento Sobrado) : Manteau de la Vierge, *Montañas de Fuego.* L'Enfer et le Paradis ! Patrimoine de l'humanité et « Réserve de la biosphère »... Rien que ça !

Et les autres...

N'en perdez pas pour autant votre latin... En dehors des parcs nationaux, voici la classification du Réseau canarien des espaces naturels protégés. Généreuse à

souhait... On compte encore ***11 réserves naturelles intégrales,*** dont la mission est de protéger un écosystème ou un ensemble géologique rare avec interdiction de collecter des spécimens (sauf pour raisons scientifiques) ; ***11 parcs naturels,*** territoires peu transformés par l'homme, dont la mission est de préserver les particularités de la nature canarienne ; ***7 parcs ruraux,*** territoires où les activités agricoles cohabitent avec le milieu naturel : ils sont censés garantir le développement de la population dans sa propre culture sans bouleverser l'équilibre écologique ; ***52 monuments naturels,*** c'est-à-dire des gisements paléontologiques, des formations géologiques ou des espèces végétales singulières de valeur inestimable ; ***19 sites d'intérêt scientifique,*** lieux isolés peuplés d'espèces végétales et/ou animales menacées ou en voie d'extinction... Sans compter les ***réserves naturelles spéciales*** et les ***paysages protégés...***
Certes, le dédale de la classification de ces espaces peut en dérouter plus d'un. Mais l'essentiel est que ces « espaces » soient là, protégés, garde-fous de l'urbanisation parfois aveugle des années passées.

PERSONNAGES

– ***Jean de Béthencourt*** *(1362-1425)* **:** sieur de Grainville-la-Teinturière, en Normandie, de noble lignée, bourlingueur... négociateur... Le nom du Normand a fait le tour du monde, même si son bateau n'est pas allé plus loin que l'archipel. On retrouve fréquemment son patronyme aux Canaries et dans le Nouveau Monde... *Betancuria, Béthencor,* etc. Il aurait voulu inventer le « *naming* », il ne s'y serait pas pris autrement... La Conquête, l'œuvre de sa vie ? D'autres auront moins donné pour posséder ces terres lointaines (voir aussi la rubrique « Histoire »)...
– ***Miguel de Unamuno*** *(1864-1936)* **:** exilé par Primo de Rivera à Puerto del Rosario, dans une maison canarienne basique – un cube de plain-pied (aujourd'hui musée) –, il a eu le temps, entre 1924 et 1930, de s'imprégner des lumières d'argent et de cobalt qui ceignent Fuerteventura, d'en exprimer la solitude de l'époque. Il a dit de Fuerteventura qu'elle était un « squelette d'île ». Ce qui ne l'a pas empêché de mentionner ses espaces et de reconnaître que sans ce vide, il n'aurait sans doute pas autant mesuré la grandeur de Paris. Son essai *De Fuerteventura à Paris* est, en 1925, une relation de voyage intérieur ! Le philosophe n'avait qu'une hâte, fuir cette île, mais elle resta ancrée dans sa mémoire... Parce qu'on ne peut pas oublier Fuerteventura. Un désert *donquichottesque* au milieu d'un océan de turquoise, face à soi-même...
– ***César Manrique*** *(1919-1992)* **:** c'est le négatif d'Unamuno ! Sa famille était de Fuerteventura, et, dans son exil sur Lanzarote, elle a enfanté d'un petit César qui allait combattre auprès des phalangistes... Certes, la campagne de ce César s'arrêta avec la victoire de son camp. On dit qu'il brûla son uniforme à Arrecife. C'est à Famara qu'il grandit, dans le *solar* de ses parents, entre l'écho des rouleaux de l'Atlantique et le miroir de la falaise. Marqué à vie par le terre-brûlée de la montagne sculptant la lumière et la chaleur dans la lave chaulée, mariant le clair et l'obscur. Après une difficile expérience en architecture technique à l'Université de La Laguna (Tenerife), au sortir de la guerre civile, il se recentre donc sur les beaux-arts à Madrid, avant de bénéficier d'une bourse Rockefeller à New York au début des années 1960. Mais la nostalgie des origines l'emporte sur le Nouveau Monde ! Un déclic ! Aux flèches et aux dômes des gratte-ciel, il préfère, en 1966, les cônes des volcans et transforme Lanzarote en un modèle d'écologie architecturale, alors que le sud des grandes îles sombrait dans l'urbanisme de masse. Un visionnaire.
– ***Wolfredo Wildpret de La Torre Champsaur*** *(1933)* **:** LE botaniste des Canaries, ardent défenseur du droit des végétaux les plus rares, qu'il a patiemment inventoriés, appelant l'Unesco à la rescousse et ses successeurs à la vigilance. Son rôle dans l'écologie aux Canaries a été fondateur. Docteur en pharmacie, affecté à l'Université de La Laguna dès 1971 et créateur de la chaire de Flore canarienne,

il est aujourd'hui professeur émérite. Et il porte même le nom d'une plante endémique, *Echium wildpretii,* une vipérine géante, d'un rouge intense (en juin) qui claque dans le bleu pur du parc national du Teide dont il est le président. Bourrée d'inflorescences fuchsia, la hampe de 3 m essaime en colonies sa silhouette conique dans les ocres de l'immense caldera, à 2 200 m d'altitude... En vérité, la plante porte le nom de Hermann Wildpret, son arrière-grand-père, conservateur du Jardin botanique de La Orotava au XIXe s. Une famille d'émigrés... chercheurs, profondément attachés à la terre. Wildpret de La Torre est d'origine suisse... et française !

– ***Fred Olsen*** *(1929) :* les « étrangers » font partie de l'histoire des îles. Le Norvégien est de ceux-là... Petit-fils de Thomas Fredrik Olsen et fils de Thomas Olsen Jr., il intègre l'entreprise d'Oslo (oui, les ferries) en 1955. Parce qu'il relance en 1966 une ligne de cargos mixtes entre la Grande-Bretagne et les Canaries, il prend conscience de l'insuffisance des transports maritimes, notamment entre Tenerife et La Gomera et crée une ligne baptisée « Ferry Gomera » en 1974. Conscient de l'enclavement de l'île, il va jusqu'à assurer des traversées pour un seul malade ou blessé grave. Soutenu par les insulaires, il accroît bientôt ses capacités avec un nouveau navire. Dans les années 1990, il comble intelligemment la lacune des liaisons entre Fuerteventura et Lanzarote en reliant les deux ports les plus proches (Corralejo et Playa Blanca), et raccourcit ainsi le temps de parcours... Gran Canaria-Tenerife en 1994, Tenerife-El Hierro en 1999 : le concept était né ! Il trace en pointillé une continuité de Playa Blanca à Valverde et continue à améliorer sa flotte. Son *Benchijigua Express,* qui dessert La Palma, est le plus rapide du monde (76 km/h à pleine charge !). Tout cela parce qu'un jour, celui que les Gomériens appellent Fred eut un coup de foudre pour le barranco de... Benchijigua. Philanthrope, le milliardaire ! La *Naviera Armas,* fondée à Lanzarote par ***Antonio Armas*** (père et fils), est passée à des ferries de type ro-pax, les plus modernes de l'UE, jouant sur une offre plus « croisiériste » : piscine, transats et boutiques. Une complémentarité tacite, sous l'œil attentif du gouvernement canarien.

– ***René Verneau*** *(1852-1938) :* né à La Chapelle-Sur-Loire et mort à Paris, le continuateur de Sabin Berthelot n'a pas un nom très... canarien. En revanche, il a enfilé les crânes de ses hôtes comme on enfile des perles ! Mettant au jour des Canariens momifiés jusque-là confinés aux grottes, c'est le fondateur de l'anthropologie libyco-berbère. Et, plus simple à visiter, du *Museo Canario* à Las Palmas de Gran Canaria.

– ***Néstor Álamo*** *(1906-1994) :* voilà un *Gran Canario* pure souche. Peut-être un peu trop... En dépit de ses accointances franquistes, son œuvre reste très attachée à sa culture canarienne. De retour de Cuba en 1922, il s'intéresse à l'historiographie et met de l'ordre dans le fonds documentaire du Musée canarien. En 1945, il devient secrétaire culturel du *Cabildo* (Conseil insulaire) de Gran Canaria. Les années 1950 le voient publier dans la presse une fresque historique de sa ville, qui donne finalement un livre conséquent : *Crónica de un siglo.* À son actif : la Maison de Christophe Colomb (de 1952 à 1961), le musée Pérez-Galdos et la place Thérèse-Bolívar, la mère de... Bolívar. Elle était originaire de Teror... Et lui, Álamo, malgré son conservatisme de rigueur, reste un brin révolutionnaire... Correspondant de *La Vanguardia,* journal catalan, il semble se démarquer du dirigisme de Franco. Ce sont néanmoins les textes de ses chansons qui le rendent unanimement célèbre. Si *La Noche de Arguineguín* est empreint de lyrisme, *Mis Buyes* et *Tamadaba* relèvent de la poésie la plus épurée.

– ***Pedro García Cabrera*** *(1905-1981) :* aussi canarien et poète, mais à l'opposé, politiquement, d'Álamo. Et originaire d'une petite île, en plus : La Gomera... Ce qui ne l'empêche pas d'appartenir à la Génération de 27, un collectif littéraire et artistique espagnol de l'entre-deux-guerre. Comme la plupart de ses compatriotes, il s'exile sur Tenerife, où, en 1928, il intègre la revue *Hespérides* et publie *Líquenes.* Deux ans plus tard, il lance une revue avant-gardiste... que le Sommet international du surréalisme de 1935, à Tenerife, conforte. Il y rencontre en effet André

Breton. Élu socialiste au *Cabildo* de Tenerife (Conseil insulaire) en 1931, il est néanmoins assigné sur l'autre île-capitale 3 ans après pour des raisons obscures. Après le putsch de Franco, il est déporté à Dakhla (dans le Sahara occidental, alors sous administration espagnole). 1937 : il s'échappe et détourne le bateau *Villa* Cisneros-Las Palmas jusqu'à Dakar afin de rallier Marseille puis Barcelone, encore républicaine. Il intègre le *SIM* (les services secrets républicains) et rejoint le front d'Andalousie. À nouveau emprisonné, il n'est libéré (mais toujours surveillé) que 7 ans après la fin de la guerre civile. Le temps d'écrire *Viaje al interior de tu voz,* publié en 1987. Besoin de renouveau, en 1949 il retente, dans le confort d'un emploi à la raffinerie *CAMPSA* de Santa Cruz de Tenerife, le coup de la revue « franquissimement » correcte, *De Arte,* qui fit long feu, puis se rattrape dans le supplément littéraire de *La Tarde.* Préoccupé par la déshumanisation de l'art et de l'homme, il milite en faveur d'un habitat social et d'une meilleure éducation. Ironie du sort, c'est en Suède, convalescent d'une longue maladie, qu'il écrit ses derniers textes... Lui qui a fui le franquisme vers le Sénégal, il se raccroche à la vie en Scandinavie... *Hacia la libertad...* Il est rapatrié à Tenerife et meurt, le 20 mars 1981... S'il y avait un successeur à Cabrera, alors ***Andrés Sánchez Robayna*** serait celui-là.

– ***Benito María Dolores Pérez Galdós, dit Pérez Galdós*** *(1843-1920)* **:** la pédagogie darwiniste du collège San Agustín, à Las Palmas de Gran Canaria, dut sensibiliser le jeune Benoît à l'art de la complémentarité. L'histoire (du colonialisme) et l'évolutionnisme vont l'amener aux articles de presse, aux contes et aux dessins satiriques dans lesquels il excelle après son passage à l'Institut de La Laguna (Tenerife). Étudiant le droit à Madrid, il crée la *Tertulia canaria,* un club littéraire, puis part exercer ses talents d'observateur à Paris, où il est correspondant des journaux espagnols ; et tant pis si l'université le radie ! La chute d'Isabelle II en 1868 ajourne son retour aux Canaries : rendre compte des événements, encore, reste sa priorité... La quatrième et avant-dernière série de ses *Episodios nacionales* est en train de s'écrire dans sa tête d'anarcho-socialiste avant même qu'il ne rédige la première ! Ses déboires avec le clergé ne l'empêchent pas d'accéder à l'Académie royale (1897)... Par amitié avec des artistes de Santander, il séjourne en Cantabrie et il s'en inspire, en 1893-1894, pour son plus grand succès théâtral : *La de San Quintín.* Sans doute le lieu, El Sardinero, lui rappelle-t-il les recoins de La Isleta à Las Palmas... À la vérité, il ne sera pas retourné vers ses îles.

– ***Elsa López*** *(1943)* **:** née à Santa Isabel de... Fernando Paõ, en Guinée équatoriale. Donc un peu canarienne... Toujours est-il que La Palma est son point de chute alors qu'elle a 4 ans. Puis son coup de foudre : elle y reviendra. Mais elle passe d'abord par Madrid : thèse d'anthropologie, chaire de philosophie, directrice du Département Littérature... tout ça pour se repaître des missions culturelles les plus foncières ! Son rôle d'éditeur (1989) dans une région « ultra-périphérique », faire connaître des auteurs *palmeros,* n'est pas gagné si l'on ne compte que sur les 80 000 insulaires. Alors, elle a du caractère. Dans la bouche d'une Argentine, et non des moindres, l'écrivaine moderniste Alphonsine Storni, morte en 1938, elle aborde le droit de vie sur soi-même et celui, aussi, de donner la vie ou non. Pour autant, elle n'a pas oublié ses attaches. *Les Sorcières de l'île au vent, Transit* et *Al Final del Agua* (non traduit) pérennisent le sentiment qu'elle a pour La Palma, la terre de son enfance. Missionnée en 1993 par le gouvernement canarien pour développer le projet « Mémoires des îles », elle poursuit son œuvre littéraire par *Solo de Amor* (2008). Une anthologie de son parcours poétique depuis *Inévitable océan* (1982) jusqu'à *Traversée...* Comme une bouteille à la mer.

– ***Alfredo Kraus*** *(1927-1999)* **:** né à Las Palmas de Gran Canaria d'une mère espagnole et d'un père autrichien, le petit Alfredo se met au piano dès l'âge de 4 ans, chante déjà à 8 ans et s'affirme à 17 ans comme soliste ténor du chœur de l'orchestre philharmonique de Gran Canaria. Dans cette famille où la musique fait partie du quotidien, il en fait sa passion, et oublie vite ses études d'ingénieur. Repéré dès 1956 à l'opéra du Caire pour son rôle du duc de Mantoue dans le *Rigoletto* de Verdi, le jeune ténor est très vite réclamé sur toutes les scènes d'opéra de la planète : Lisbonne, Londres, Milan, Chicaco... Il fait une telle impression au *Metropolitan Opera de New York,* en 1966, qu'il y restera plusieurs années. Choisissant toujours avec soin ses rôles, il mène sa carrière de main de maître, éternellement soucieux de la qualité de son interprétation et donne toute sa mesure dans le répertoire des opéras italiens et français (Gounod et Massenet en particulier, Offenbach encore). S'il cesse de chanter en 1998, après plus de 40 ans de carrière, il continue à œuvrer en enseignant le chant, et voit son travail recompensé en 1997 par l'inauguration de l'*Auditorio* de Las Palmas de Gran Canaria, qui porte son nom (chose plutôt rare pour un artiste vivant !).

– ***Néstor Martín-Fernández de la Torre*** *(1887-1938)* **:** né à Las Palmas de Gran Canaria, il consacre vraiment toute sa vie à la peinture, et part dès ses 15 ans vers Madrid pour parfaire son art. Après avoir fait un tour d'Europe (dont Paris et Londres, où il rencontre les pré-rafaëlites et les symbolistes), il installe son studio tour à tour à Barcelone et Paris, et il se fait un nom parmi les symbolistes (il sera d'ailleurs le dernier représentant de ce mouvement). De retour à Gran Canaria en 1933, il marque les îles de sa palette de coloriste, réalisant des fresques pour la rénovation du Teatro Pérez Galdós à Las Palmas de Gran Canaria ou décorant le salon principal du casino de Tenerife d'un tryptique. On peut aussi découvrir son œuvre au museo Néstor, dans le parque de Doramas à Las Palmas de Gran Canaria.

– ***Antonio Cubillo*** *(1930-2012)* **:** figure politique très controversée. Avocat-ouvrier dès 1956, anti-franquiste, il tente de monter une branche du parti communiste aux Canaries, sans succès, avant de se réfugier en 1963 en Algérie, où il fonde le *MPAIAC,* mouvement pour l'autodétermination des Canaries. À la suite du décès de l'un de ses activistes en 1976, il radicalise sa position en créant les *FAG,* les Forces Armées *Guanches,* qui revendiquent quelques attentats aux Canaries à la fin des années 1970... Stratégiquement tiers-mondiste, et même africaniste et « Guanchiste » au point d'exalter la berbérité de sa langue, il s'appuie sur les tensions géopolitiques et diplomatiques entre Espagne, Maroc et Algérie au moment de la décolonisation du Sahara occidental pour faire reconnaître le *MPAIAC* par l'Organisation de l'Union Africaine. Ce qui lui vaudra une tentative d'assassinat... et de se faire lâcher par une partie de son mouvement. De retour aux Canaries en 1985, il fonde un parti politique, le *Congrès National Canarien (CNC),* qui ne rencontrera jamais un grand succès auprès des électeurs, mais il continuera jusqu'à sa mort à croire dans le MPAIAC...

POPULATION

Quand *Fray* de Abreu Galindo évoque la conquête des Canaries dans son *Historia de la conquista de las siete islas de Canaria,* en 1602, les Canariens primitifs basculaient du néolithique on ne peut plus tardif à la Renaissance. Un choc ! Voilà d'où vient la population actuelle de l'archipel. D'une confrontation brutale, qui s'est ensuite transformée en un métissage partiel et progressif en passant par une incontournable extermination. Rappeler que cet Espagnol et tous ces *Benahoares (Auaritas), Majos, Majoreros, Bimbaches, Canarios* et autres *Guanches* ont essuyé les plâtres d'une *Conquista* qui allait s'étendre aux Indes, au continent, en fait, d'Amerigo Vespucci, n'est pas peu dire !

Certains ont résisté plus que d'autres. Certains, exportés comme esclaves en Castille, n'ont pas résisté... Extermination par fait d'arme ou de maladie, donc. Mais ces indigènes, intacts jusqu'au « choc » – ils étaient hiérarchisés sans connaître le fer –, d'où venaient-ils ?

Plusieurs écoles d'archéologues et de philologues s'affrontent : issus des Zénètes, l'un des peuples Amazigh de l'Afrique du Nord ? Venus carrément du delta du Nil ? Ou puniques, entre les IIIe et IIe s av. J.-C., à la suite des deuxième et troisième

guerres puniques ? Selon Hérodote, des Phéniciens, armés par le pharaon Néchao II, auraient même approché la Macaronésie dès les VIe-VIIe s av. J.-C. Enfin, des vagues postérieures, venant de l'Atlas, se seraient établies à El Hierro du IVe au IXe s... Celles des *Ghumâra, Ghomara* ou *Gumera* – répertoriées dans le Rif marocain au XIIe s par Idrîsî, Ibn Khaldoun et Léon l'Africain – auraient eu un rapport avec... La Gomera.
Quoi qu'il en soit, plus d'un contact se serait opéré. Et via au moins une civilisation maritime, isolée soit à la suite d'un cataclysme géologique, soit d'une crise politique, et qui aurait perdu le savoir-faire de la navigation.
Hypothèse confortée par les recherches génétiques : la majorité de la population canarienne serait ainsi proche des groupes berbères. À tout le moins, les peuplades préhispaniques auraient été libyco-berbères.
Dans l'hypothèse d'une rupture de culture, faut-il alors penser convergence de différents peuples, comme certains chercheurs, au regard de la diversité des rites dans le culte des morts dans les grottes, selon les îles ? Des corps gisant sur un lit d'herbes à Lanzarote, contre des momies à Gran Canaria et à Tenerife... Certains aborigènes de rang royal ou sacerdotal, après avoir été éviscérés, étaient « empaillés » de poudre de bruyère arborescente et d'aiguilles de pin canarien, oints de graisse d'ovin, embaumés à l'aide d'une résine – d'euphorbe ou de dragonnier –, desséchés au soleil, enveloppés de plusieurs peaux de chèvre, badigeonnés de signes en couleur et posés sur une planche de pin.
C'est là que prend toute son importance la fabuleuse collection de crânes réunie par l'anthropologue français René Verneau à la fin du XIXe s ! Deux types semblent se dégager : de Cro-Magnon et de Méditerranée.
Une première vague de cromagnoïdes, poussée par la désertification de l'Afrique du Nord, aurait constitué la base de la civilisation « pancanarienne » il y a environ 5 000 ans. Une seconde vague, méditerranéenne, aurait installé une civilisation idolâtre centrée sur les nécropoles entre les IIIe et Ier millénaires. Puis se seraient ensuivies les vagues plus « récentes », précédant et suivant l'arabisation du nord-ouest du continent africain.
Peuple troglodytique ou semi-enterré sous un toit de palmes ou de pins, retiré dans les hauteurs, proche des points d'eau douce pour une agriculture en autarcie ou une pêche à pied, notamment en cas de disette lorsque la sécheresse ne remplit plus les greniers collectifs. Noblesse et prêtresses jugulant alors sacrifices et naissances au rythme du climat ! Avec des monarques – *guanarteme,* à Gran Canaria, ou *mencey,* à Tenerife – qui tranchent, quitte à entrer en guerre avec d'autres versants ou d'autres vallées (sauf à El Hierro et à Lanzarote, au royaume unique)...
À l'évidence, après le Moyen Âge, l'ethnocide opéré par les Normands, les Portugais et les Castillans aura paradoxalement fixé les choses : le peu de survivants préhispaniques – qu'ils soient cromagnoïdes ou méditerranéens – se fondra dans les méandres de l'hybridation, donnant des *criollos* – des créoles.
En outre, Andalous, Aragonais et Galiciens coloniseront chacune des îles au gré de leurs spécialités. Et de la fin du XIXe s au milieu du XXe s, le retour d'émigrés aux Amériques – centrale et du Sud – recoupant leur métissage initial avec des populations indiennes donnera des *Indianos !* Enfin le XXIe s voit débarquer un nouvelle vague d'arrivants, aux yeux bleus et au teint clair – scandinaves, allemands, flamands et anglais –, qui se mêle à son tour de façon définitive à la population...
Qu'il s'agisse de vents ou de peuples, les Canaries restent une terre de convergences de flux !

RELIGIONS ET CROYANCES

Lorsque les premiers hommes peuplèrent ces îles nées de l'incandescence de la terre, ils ne purent que craindre ses cataclysmes, dont les traces et les cicatrices étaient partout présentes...

Certes, Platon rapporta des rumeurs selon lesquelles des terres, au-delà des colonnes d'Hercule (le détroit de Gibraltar), constituées en anneaux concentriques, se seraient effondrées, châtiant la malveillance des mortels... Tenait-il cela de ces premiers habitants ? Entre faits avérés et hypothèses, une chose est sûre : cette nature hostile ne put que marquer les esprits ! Il fallait s'en échapper mentalement, inventer des histoires supposées être vraies. Se convaincre que des démons étaient là, au fond des tubes volcaniques, bien coincés. Et que, là-haut, au-dessus de la mer de nuages, le mont Echeide reliait l'île, ici-bas, au ciel diurne et nocturne, et à la Lune. Les Guanches de Tenerife étaient en train d'écrire leur mythe, pour expliquer cette nature par des forces... surnaturelles ! *Achaman,* que l'on peut apparenter au dieu phénicien *Eshmoun,* serait leur Être suprême. *Acorán,* à Gran Canaria, proviendrait du protoberbère *Yakuš ur am* (« Dieu sans pareil ») et donnerait *Orohan* chez les Gomériens. *Abora* à La Palma, ou « (le monolithe dressé vers) le ciel ». *Enaorahan* chez les Bimbaches d'El Hierro, peut-être du touareg *éôr-adhan* : « Lune-homme ». Le nom de lieu *Horan,* en actuelle Syrie, se serait-il alors fondu dans l'imaginaire des populations au fur et à mesure d'exodes successifs vers l'ouest ? D'autant que les *Haroéris,* « maîtres du "Double Pays" » des Égyptiens étaient sur leur passage... Tous ces termes – du point de vue de la prononciation et en dehors de la transcription – poussent au moins à croire que des liens de sens rapprocheraient ces civilisations autour d'un dieu analogue. *Orahan* en serait issu comme serait issu à l'extrémité est du même arc le *Rahmanan* – « Seigneur du ciel et de la terre » – chez les Sabéens. Autant de possibilités pour envisager un rapport avec l'étymologie d'*Achaman...*

À Tenerife, donc, les tubes volcaniques, à la façon des couloirs des tombes de la vallée des Rois, entrent en relation avec l'Être supérieur.

En l'absence de justifications du massif montagneux, les autochtones ont trouvé une raison dans l'irrationnel, le pic devenant le lieu de connexion à l'au-delà, où se trouve le créateur de cet environnement. D'ailleurs, celui-ci était imploré dans le vaste cirque volcanique de Las Cañadas. Un dieu qui prenait en charge les défunts, embaumés, momifiés et disposés, pour les plus nobles, sur des planches imputrescibles *(chajascos).* Déjà l'éternité. Certes, le Teide était aussi la « sombre montagne » ; sous la terre subsistaient les forces maléfiques...

À Gran Canaria, le cône de Gáldar et le monolithe du roque Nublo ont inspiré à leur façon des grottes-tombeaux, structurées en chambres coloriées. Ainsi, le *Bentayga,* bel et bien tombé du ciel à la suite d'une explosion volcanique, vit son histoire géologique paradoxalement lui donner une légitimité religieuse : planté là, comme un pilier entre ciel et terre ! Sa fonction centrale le désignait comme l'envers positif des abysses de la Création. Certes dominé par le roque Nublo, il inspira les *Canarios* qui gravèrent sur sa face occidentale des formules, traçant ainsi un axe virtuel en direction du Teide réémergeant des nuages, comme pour espérer un nouveau départ du monde dans lequel ils vivaient...

Sur El Hierro, en l'absence de ravins, les *loas* (prières) pouvaient se faire face à la mer, dans un *tagoror,* un cercle de pierre dont les alentours étaient jonchés de berniques : offrandes ou orgies ? Puis, à l'instar des *Canarios* qui battent encore la surface de l'eau avec des palmes chargées de dattes, leurs cérémonies ont pris une dimension plus rituelle, offrant des paniers de fruits.

Une chose est sûre : la déesse en laquelle croyaient les habitants d'El Hierro était une Vierge : *Moneiba.* Le culte de *Moneiba/Enaorahan,* lui-même issu du mythe d'une peuplade initialement débarquée sur une île isolée, serait celui d'un bâtiment blanc attendu au large comme la révélation de la prophétie d'un devin et dont le soleil, chaque matin, est le symbole ! Deux gravures dans la lave montreraient en effet un navire ; celui que cette peuplade, déportée sur El Hierro pour y expier ses fautes, aurait imaginé, idéalisant son sauveur en un dieu venant la récupérer pour une nouvelle traversée de l'Atlantique...

C'est cette divinité, christianisée, qui est vénérée, de nos jours, lors d'une procession interminable, la *Bajada de la Virgen...* De village en village, chez ceux d'en

bas, chez ceux d'en haut. Avec une lutte sans merci, pour s'arracher la statuette de Moneiba/María, l'implorer pour qu'il pleuve. Et puis, le dernier jour, au petit matin, dans le froid des alizés, un grondement exponentiel de tambours. Tous les insulaires, dedans, dehors, dans la petite cathédrale de Valverde, à escorter la Vierge sur son palanquin, pour un dernier voyage. À pied, passant de 600 à 1 501 m en plein cagnard, redescendant dans la poussière, la *pouzzolane,* à 650 m, à l'autre bout de ce tricorne de lave perdu sur le méridien 0. Et ranger l'image dans une chapelle perdue. Pour qu'il pleuve, pour partir. Et revenir : en Argentine, au Venezuela... Là où on a trouvé du travail et une nouvelle famille. Famille, ici, sur l'île, que l'on quitte, les yeux humides, pour 4 ans (la prochaine *Bajada de la Virgen* aura lieu en juillet 2017)...
Remontée des croyances ancestrales. Et, en fin de compte, survivances d'un mythe. Peuple troublant que l'on surprend à pousser des youyous, à rentrer en transe, même parmi les plus jeunes. Des larmes qui, lorsqu'elles ne sont pas pétrifiées, tombent des yeux, à défaut de tomber du ciel...
À La Graciosa, à La Palma, partout, les processions, les chants, les *loas* laissent entrevoir des traces de paganisme. Mais la *Bajada de la Virgen,* à El Hierro, garde, plus qu'ailleurs, quelque chose d'immatériel : *Por ver a la Madre amada, no siento la caminada* (« À trop voir la Mère bien-aimée, je ne sens même plus le chemin »)...

SAVOIR-VIVRE ET COUTUMES

Le Canarien est très accueillant, attachant et tout autant attaché à sa terre. Le *terruño* – le mal du pays – ne le quitte pas, même lorsqu'il n'a pas quitté... son archipel, juste exilé qu'il est sur l'une des deux grandes îles ! *Lo nuestro,* c'est son sentiment nostalgique. Il ne dit pas « le mien » pour son pays, mais « le nôtre ». Comme s'il faisait ancestralement, viscéralement, partie d'une collectivité, celle des insulaires. Faisant plus souvent bon cœur que mauvaise fortune...
Combien de fois des gens, ne vous connaissant pas, s'arrêteront pour vous proposer de vous raccourcir le chemin ? Combien, au-delà de ce chemin, qu'ils vous auront indiqué lors d'une balade, vous inviteront à partager leur repas ? Combien vous feront confiance sans jamais vous avoir rencontré auparavant ? Combien de combien ? Débarquer aux Canaries, c'est tout de suite se sentir à l'aise. L'air tiède, la chaleur des gens, le sable noir, le soir, tout est plein d'ardeur. L'archipel de la nostalgie est aussi celui de l'optimisme. Pas de sinistrose, ici ! Tout finit par s'arranger. Mais... mais à une seule condition : reconsidérer le temps ! La valeur du temps, l'écoulement du temps, le monnayage du temps, font partie d'un autre système : celui de l'ère géologique, tellurique, que vous avez sous vos pieds. Cette chaleur qui monte... et que l'on retrouve dans un « *¡ Hola !* », un « *Con su permiso* » et même, dans le nom du bus : « *la guagua* »... Une seule règle : pas de décolleté, ni de chemise ouverte en ville. Pas de nudisme en public. Chapeau bas, cependant, dans les églises, les chapelles et lors des processions. Enfin, l'île sur laquelle vous êtes, est forcément celle que vous préférez, *¿ Verdad ?* (n'est-ce pas ?)

SITES INSCRITS AU PATRIMOINE MONDIAL DE L'UNESCO

Organisation des Nations Unies pour l'éducation, la science et la culture

En coopération avec le centre du patrimoine mondial de l'UNESCO

Pour figurer sur la liste du Patrimoine mondial, les sites doivent avoir une valeur universelle exceptionnelle et satisfaire à au moins un des 10 critères de sélection. La protection, la gestion, l'authenticité et l'intégrité des biens sont également des considérations importantes.

Le patrimoine est l'héritage du passé dont nous profitons aujourd'hui et que nous transmettons aux générations à venir. Nos patrimoines culturel et naturel sont deux sources irremplaçables de vie et d'inspiration. Ces sites appartiennent à tous les peuples du monde, sans tenir compte du territoire sur lequel ils sont situés. Pour plus d'informations : • *whc.unesco.org* •

– Sur l'île de La Gomera, le parque nacional de Garajonay (1986).

– Sur l'île de Tenerife, San Cristóbal de La Laguna (1999) et le parque nacional del Teide (2007).

SPORTS ET LOISIRS

« *Tenerife, ¡ adelante ! Tu coraje y tu valor no conocen rival. Tenerife, ¡ Tenerife ! Adelante sin temor a la meta final...* » : il faut les entendre, les klaxons, dans les parages du stade Heliodoro Rodríguez López, à Santa Cruz de Tenerife, rythmer une victoire du *CDT* ! Les bombes et les klaxons des 23 000 supporters sortir en T-shirt bleu croisé de blanc, avec ces trois lettres : C, D et T ! Au quotidien on dit plutôt : *Deportivo Tenerife.* Car le club sportif de Tenerife a ses aficionados depuis 1912. Club de football, bien sûr, requinqué dans les années 1990 avec l'accès en 1re division. Ce qui n'est pas sans agacer les amateurs de Gran Canaria réunis au sein de l'Union Deportiva Las Palmas, fort popularisé également : en dehors des derbies, faut-il soutenir le *Deportivo Tenerife* ou le *FC Barcelona... ?* Gros dilemne. En face, à Tan Tan, sur la côte marocaine, c'est en tout cas la bannière rouge et bleu des Catalans qui pend dans les bars... Alors, à Las Palmas, on n'a plus trop le choix... On préfère laisser couler, laisser dérouler les couleurs de... Mais, non, on ne peut pas le dire, que les couleurs de Tenerife flottent dans les bars de Las Palmas ! Car avec l'*Union Deportiva de Las Palmas,* c'est la lutte, l'éternelle rivalité inter-îles !

La lutte canarienne

La lutte canarienne *(lucha canaria)* existe, elle, depuis bien plus longtemps. Avec sa fédération, ses règlements... Et, contrairement au foot, ce ne sont pas les Anglais qui l'ont apportée ! La lutte est ici un sport autochtone, et tout aussi télévisé. Déjà, en 1478, un certain Bentaguaire attendait au tournant Doramas pour le prendre par les jambes et le soulever de toutes ses forces pour le mettre à terre ! Et en 1480 Guanhaben et Caitafá se défièrent des heures durant... Le premier règlement sportif date de 1872 et depuis 1984, une fédération nationale supervise les fédérations insulaires. Car on trouve des arènes consacrées à ce sport dans nombre de villes et de villages de l'archipel.

Sans l'avoir vue, on imagine l'empoignade *(maña).* Un sport aussi abrupt que les à-pics, raide, direct, presque bestial, mais noble : jusqu'au déséquilibre de l'adversaire, soulever pour abattre, mais pas battre. L'art du corps à corps entre deux hommes, ou entre deux femmes puisqu'il existe désormais des clubs féminins. Deux hommes qui, au lieu de se dire des choses, les règlent à travers le jeu subtil des forces (« *bloqueo* » contre chute), sous l'œil d'un juge en guise d'arbitre. Des gestes d'honneur, ancestraux, qui remontent peut-être à l'exil sur ces îles : le vainqueur relève toujours le vaincu de la terre.

Face à face, les deux lutteurs, la jambe droite légèrement en avant, saisissent de leur main gauche le côté droit du short de l'adversaire, le bras à moitié plié. Ils se penchent en avant, basculant légèrement le tronc, jusqu'à ce que l'épaule droite de l'un touche le buste droit de l'autre, tandis que leur main droite va toucher le sol du bout des doigts. L'arbitre lance alors la partie *(agarrada)* en sifflotant *(silbo).* Lorsque l'un des deux est à terre, la manche est finie. C'est rapide, mais dans le respect de tout un protocole et sur le terrain bien défini du *terrero,* cette aire de sable volcanique délimitée par deux cercles concentriques marqués à la chaux.

Pour participer, les joueurs doivent être exempts de tout hématome, blessure ou cicatrice. En aucun cas, ils ne portent atteinte à la dignité du concurrent ni de l'arbitre. Maillot et short doivent résister aux prises. En cas de déchirure ou de souillure, le rival n'a que 5 mn pour se changer. Et ça repart ! Jusqu'à Cuba, au Venezuela et en Argentine, où la diaspora la pratique. En hommage, sans doute, au plus grand des lutteurs, Matías Jiménez, qui, le 15 juillet 1870, à Telde (Gran Canaria), combattit de 10h à 17h. On le compara à Hercule.
Aujourd'hui, c'est en Corée du Sud que les Canariens ramassent les médailles. Alvaro Déniz Cruz, champion du monde 2014 (catégorie « Étrangers »), succède à Elieser Gutiérrez, champion 2012.

Le jeu du *palo*

Encore un jeu des Guanches qui se partageaient leurs îles respectives à coup de... bâton ! Ici, le gourdin est un *garrote* utilisé jadis par le berger, non seulement pour diriger son cheptel, mais aussi pour s'aider à franchir les *barrancos,* en l'utilisant comme une perche. Accessoirement, il servait aussi à repousser les intrus. Berger-guerrier, donc... Et, de fil en aiguille, le *garrote* – *regatón, lata, vara, astia* ou *palo* au final – est devenu un jeu. L'essence de bois est choisie avec soin en fonction des cycles de la lune avec une préférence pour le pin canarien ou l'un des lauriers canariens, les plus durs (et que l'on durcit encore au feu). Les *Herreños* sont certainement les plus habiles, avec réparties et moult réflexes ! Les adversaires prennent vite des allures de danseurs. À entendre résonner les bois aux *rayas,* lors de la *Bajada de la Virgen,* c'est impressionnant ! Ils s'y affrontent, à la délimitation des territoires des villages, pour s'accaparer la statue de la Vierge. Pas tant symboliques que cela parfois... Et la *guardia civil* d'intervenir alors ! Rassurez-vous, les coups (*mandados* ou *tirados*) sont généralement taquins et ne visent pas volontairement à tuer. C'est l'art de l'esquive, de l'escrime, offensif autant que défensif.

VOLCANS ET VOLCANISME

Les volcans furent la matrice des Canaries ! Il y a une vingtaine de millions d'années pour Fuerteventura (l'île la plus ancienne)... et il y a 4 millions d'années pour les plus récentes, El Hierro et La Palma. Et depuis les premiers conquistadores, les îles connurent une bonne vingtaine d'éruptions, à Tenerife, Lanzarote et La Palma. Pour illustrer ce chapitre, histoire d'une petite île : La Palma. Il y a 4 millions d'années donc, le magma jaillit du fond de l'Atlantique. Cependant l'énorme pression de l'eau au-dessus empêche la montée des gaz. Alors, « tranquillement », des *almohadillas* (boudins de lave) vont s'empiler jusqu'à -1 200 m sous le niveau de la mer, puis -700 m. À chaque éruption sous-marine, le volcan gagne 100 m jusqu'à atteindre un jour la surface... Pas de mal à imaginer le spectacle apocalyptique : l'eau se mit alors à bouillir, à blanchir et à fumer. Explosions hydromagmatiques avec jaillissements de particules de verre et de vapeur, pluies de cendre, coulées de basalte rougeoyant... Fuites de vapeur sous le cône naissant et avalanche de boue... La Palma venait de naître ! L'île grimpa alors jusqu'à 1 000 m et le socle de laves sous-marines se stabilisa. Mais l'activité volcanique reprit jusqu'à former, il y a un peu plus d'un million d'années, un cône de 3 000 m de haut. Puis le flanc sud glissa dans la mer créant la base nord de l'île, appelée *Garafia* (de ti-gerafa), « Terres vers le Haut ! ». Suivi, il y a 700 000 ans, par un second cataclysme nommé Taburiente qui reconstruisit les 3 000 m perdu lors du premier. Érosion massive et nouvelles petites éruptions provoquèrent l'effondrement du flanc sud du volcan, puis Taburiente vit, de 148 000 à 23 000 avt J.-C., jaillir un nouveau cône : la *Cumbre Vieja.* Aujourd'hui, la caldeira de Taburiente est l'une des plus impressionnantes au monde.

Bon, changeons de volcan... Dans les dernières 12 000 années, La Palma fut relayée par Tenerife qui continuait de croître. Quant à Gran Canaria, elle naquit il y a 16 millions d'années, pour atteindre rapidement (en 500 000 ans quand même) 2 000 m de haut. Puis, une méga éruption provoqua un trou béant de 1 000 m de profondeur, une ellipse de 17 km par 20 km... La *caldeira de Tejeda* (le grand canyon de Gran Canaria), une des merveilles de l'île aujourd'hui, venait de naître. L'île connut un ultime sursaut entre 3 000 et 1 900 avt J.-C., autant dire hier !
Sur le plan géologique, plusieurs phénomènes intéressants : d'abord, les cônes qui s'élevent autour des calderas. Ce sont des amas de scories faites de bombes et de cendres accumulées qui mesurent au maximum quelques centaines de mètres de diamètre et présentent des pentes très raides. Le festival de couleurs qui les caractérise parfois s'explique par la grande variété de composants chimiques des matériaux expulsés, des gammes infinies de noir, rouge, ocre, voire jaune et vert. Sur la route de *Mogán* (au sud de la Grande Canarie), on peut admirer, sur les parois de la montagne, une œuvre artistique de la nature : *Los Azuelos*. Les différents composants minéraux de la roche ont créé une étonnante palette de couleurs... De véritables torrents de lave dévalèrent également à grande vitesse le long des pentes, leur épaisseur passant d'une dizaine de centimètres au point d'émission à plus de 20 m à l'arrivée. La nature géologique même de la lave détermina la forme des coulées : au sommet du *Teide* (à Tenerife) ou à *Timanfaya* (Lanzarote), coulées plissées comme des tissus. Ailleurs, les coulées à base d'obsidienne, très visqueuses, s'empilèrent plutôt comme des dômes, jusqu'à créer parfois de spectaculaires monolithes (comme dans le centre de Gran Canaria). Enfin, lorsque le torrent finit par s'arrêter en bord de mer, il se forme tout le long d'immenses et longs tunnels, parsemés de bulles, comme de pittoresques et larges grottes. Certaines de ces architectures volcaniques se révèlent aujourd'hui intactes et se visitent, surtout sur la côte nord-est de Lanzarote (les extraordinaires sites de *Los Jameos de Agua* et la *Cueva de los Verdes*). Deux lieux de choix pour en apprendre plus sur ces étonnants phénomènes : le ***parc national de Timanfaya à Lanzarote,*** avec un *Centro de visitantes* riche en info et un parcours en bus du parc, et le ***Centro de visitantes y Volcán San Antonio à La Palma,*** qui dispose aussi d'un simulateur d'éruption.
Quand on regarde l'archipel au niveau de la mer, la hauteur des îles diminue globalement d'ouest en est. Les vulcanologues calculent que Fuerteventura et Lanzarote disparaîtront un jour dans les eaux bien avant La Gomera, tandis que La Palma croîtra encore ! Cependant, pas de panique, c'est au moins dans 10 millions d'années. Si Tenerife n'a pas été l'objet d'une actualité volcanique récente, la grande île reste active. À ce propos, en 2004, un nuage mal placé au-dessus du toit de l'archipel (le Teide), et tout Tenerife s'inquiéta. C'est que c'est l'une des deux plus grandes calderas au monde et le troisième édifice volcanique de la planète. Depuis l'explosion du *mont Saint Hélène* aux États-Unis, le site est d'ailleurs surveillé étroitement : déformations, variations de température, taux de CO^2 et moindre secousse sismique... Tandis que Gran Canaria et Lanzarote semblent assagis pour longtemps, Fuerteventura et La Gomera sont silencieux à jamais. Mais les autorités veillent. Depuis l'éruption sous-marine de *La Restinga* en 2011-2012, au large de El Hierro, les vulcanologues les ont alertées. À l'époque, elle provoqua des bouillonnements dantesques (bulles de dioxyde de soufre de 20 m de haut). En juin 2012, on comptait pas moins de sept bouches éruptives, dont la plus proche n'était qu'à 1,5 km de La Restinga. Les stations sismiques de la *Red de Vigilancia Vocanica de Canarias* sont plus que jamais en pointe et à l'écoute des entrailles de la terre.

GRAN CANARIA

ABC
DE GRAN CANARIA

- *Superficie :* 1 560 km².
- *Population :* 850 391 hab.
- *Densité :* 546 hab./km².
- *Climat :* doux constamment 20-25 °C (sauf en montagne bien sûr).
- *Capitale :* Las Palmas de Gran Canaria (382 296 hab.), cocapitale de la communauté autonome avec Santa Cruz de Tenerife. L'île est divisée en 21 municipalités.
- *Statut politique :* communauté autonome au sein de la province de Las Palmas.
- *Point culminant :* mont Pozo de las Nieves (1 949 m).
- *Économie :* tourisme (80 % des revenus) et agriculture (bananes, tomates et fleurs).

Pour la carte générale de Gran Canaria, se reporter au cahier couleur.

Troisième des îles Canaries en terme de superficie, Gran Canaria se distingue par sa forme ronde (d'aucuns y voient une coquille Saint-Jacques), l'extrême diversité de ses visages où alternent côtes déchiquetées, plaines fertiles, austères paysages volcaniques, montagnes glaciales, *barrancos* (profonds ravins), mer de dunes ou océan de bananeraies, séduisantes villes coloniales et une étonnante authentique et intéressante ville moderne : *Las Palmas* (huitième d'Espagne, juste derrière Bilbao !)... et, c'est inévitable, quelques stations balnéaires bétonnées (et très minoritaires) qui firent injustement tant de mal à la réputation des Canaries...

Enfin, culture et histoire pas absentes grâce aux riches témoignages laissés par les Canarii (nom des Guanches sur Gran Canaria), premiers habitants de l'île... Vous nous avez compris, Gran Canaria, on y a rapidement abandonné nos préjugés pour déguster les surprises que nous réservaient chaque région, chaque virage de la route, chaque caprice du climat !

UN PEU D'HISTOIRE

Les premiers habitants vinrent juste quelques siècles av. J.-C. d'Afrique et plus particulièrement des régions berbères d'Afrique du Nord. Organisation par tribus, avec quelques rois se partageant le territoire. C'est Jean de Béthencourt, le découvreur de Lanzarote, qui y met les pieds en 1405 pour la première fois. L'île s'appelle encore *Insula Canes,* « l'île où l'on élève beaucoup de chiens », largement décrite par Pline l'Ancien. C'est cela qui lui suggéra le nom de « Canaria » (en latin *canis*). Les aborigènes (environ 30 000 sur l'île), les *Canarii,* n'apprécient pas trop la visite et tout le monde rembarque... Après un long temps de réflexion (1478), Isabelle la Catholique, sentant que le Portugal convoite également cette terre, fait de la conquête de l'île sa priorité. Et s'en donne les moyens : avec à leur tête le conquistador *Juan Rejón,* troupes et matériel sont débarqués sur l'actuel site de Las Palmas pour affronter les deux rois Canarii qui règnent alors sur l'île : *Tenesor Semidan* au nord-ouest et *Doramas* à l'est. On utilisa les moyens habituels pour réduire les indigènes : conversions forcées, division entre les tribus, villages incendiés, massacres... Les guerriers Canarii résistèrent 5 ans avant de déposer les armes en 1483. Les nouveaux conquérants entamèrent alors une politique d'intégration forcée des Canarii, se doublant dans le même temps d'une politique de peuplement, favorisant la venue de colons castillans avec la distribution de terres et de privilèges fiscaux. Développement économique rapide avec l'introduction de la culture de la canne à sucre, puis de la vigne. En 1526, création à Las Palmas de la *Real Audiencia* (Tribunal royal), début d'unification juridique et politique entre les îles. Son port prend de plus en plus d'importance, tous les bateaux s'y arrêtent, dont celui d'un certain Christophe Colomb. Cependant aux XVIe et XVIIe s, la population ne progresse pas du fait d'une importante émigration vers l'Amérique dont les richesses semblent supérieures à celles des Canaries. Épidémies, baisse des exportations, attaque des pirates (dont le célèbre Francis Drake) font le reste. Au XVIIIe s, léger frémissement économique cependant avec l'afflux des réfugiés fuyant les terribles éruptions volcaniques qui sévissent sur Lanzarote (1730-1736). Mais cela n'empêche pas Santa Cruz de Tenerife de supplanter Las Palmas et de devenir la capitale des Canaries en 1820.

En avant vers la modernité !

Gran Canaria retrouve quand même la prospérité courant XIXe s, grâce au succès de la culture de la banane et de l'exploitation de la cochenille (un insecte vivant sur les figuiers de Barbarie à partir duquel on fabrique une teinture pourpre). Grâce à un homme politique dynamique et visionnaire, *Fernando León y Castillo* (originaire de Telde), le port de Las Palmas se modernise pour accueillir les grands paquebots à vapeur et les cargos frigorifiques. Les Anglais contribuent au développement de l'île aussi, car ils souhaitaient profiter d'un port actif sur le chemin de leurs colonies. Du même coup, on voit arriver les premiers touristes anglais, avant-garde des puissantes vagues touristiques du XXe s... En 1900, l'économie de Gran Canaria a largement dépassé celle de Tenerife. Puis avec un petit recul, la Première Guerre mondiale et l'insécurité maritime allant considérablement handicaper l'exportation de la banane. En 1927, partage du pouvoir avec Tenerife. *Las Palmas* devient cocapitale des Canaries et gouverne désormais la partie est (avec Fuerteventura et Lanzarote). Puis, le tourisme devient progressivement la première industrie de Gran Canaria... De quelques dizaines de milliers dans les années 1950, vacanciers et Néo-Canariens montent à plus de 2 millions en ce début de XXIe s ! Essentiellement, Anglais, Allemands et Scandinaves... Très peu de Français (qui avaient, il faut dire, les Antilles comme destination privilégiée), mais leur intérêt pour les Canaries monte de façon significative depuis quelques années et semble se confirmer (par exemple, l'engouement pour Lanzarote). En chiffres, la fréquentation française sur Gran Canaria a augmenté de 13,8 % entre janvier et septembre 2013. Preuve que l'île possède également ses propres atouts, comme ces pages le démontrent.

MUSÉES ET SITES

Le *Cabildo de Gran Canaria* propose aux amateurs de musées un *bono* (forfait) valable 1 mois, et qui permet l'accès à ses six musées. Deux formules, en vente dans chacun des sites concernés : le *bono completo* à 12 € (réduc étudiants moins de 23 ans, retraités de plus de 65 ans, etc.) les comprend tous, à savoir la *Casa de Colón* et la *Casa-Museo Pérez Galdós* à Las Palmas de Gran Canaria, la *Casa-Museo León y Castillo* à Telde, la *Casa-Museo Tomás Morales* à Moya, et enfin le *Museo y Parque Arqueológico Cueva Pintada* ainsi que la *Casa-Museo Antonio Padrón* à Gáldar. La formule allégée (6 € ; réduc), inclut la *Casa de Colón* et la *Casa-Museo Pérez Galdós* à Las Palmas de Gran Canaria et la *Casa-Museo León y Castillo* à Telde.

RANDONNER À GRAN CANARIA

À ***Gran Canaria,*** la randonnée se révèle presque une religion. Elle offre un des plus riches réseaux de sentiers de toutes les Canaries, pour tous les goûts et les âges. Avec un célèbre festival de la Rando du 4 au 11 octobre chaque année, organisé à Tejeda, un magnifique village de montagne au centre de l'île *(● grancanariawalkingfestival.es ●).*

ET AUTRES SPORTS

Outre la randonnée, les belles verticales des *barrancos,* crêtes, pics et caldera modelés par le volcanisme et l'érosion se prêtent aussi à l'***escalade.*** Au *Roque Nublo,* emblème de Gran Canaria, pas moins de 12 voies courent sur le basalte. Dans le nord-est de l'île, c'est du côté du massif de *Tamadaba* et des champs de lave de *Lomo Caballo, Supernova, La Perfumería* et *El Gulich* que l'on grimpe. Au nord, les falaises de *Costa Ayala, Bañaderos* et *Las Meleguinas* sont également aménagées, et au sud c'est autour de La Sorrueda, le long des impressionnantes parois des *barrancos* de *Tirajana, Berriel, Ayagaures* ou *Ayacata* que les grimpeurs se donneront des frissons.

L'île est également appréciée des ***cyclistes,*** en particulier en hiver lorsque le reste de l'Europe s'avère trop froid pour les grandes virées. VTT ou non, il y en a pour tous les goûts, même si certains circuits, comme le Picos de las Nieves, offrent de telles difficultés qu'ils sont, de fait, réservés au vrais pros. On trouve des tronçons beaucoup plus plats dans le *barranco* de Agaete et celui de Arguineguín, à combiner pour les mollets les plus aguerris avec les pentes de la côte ouest.

Enfin, les amateurs d'***équitation*** trouveront une dizaine de centres hipiques sur l'île qui proposent des balades (minimum 1h). Infos auprès des offices de tourisme *(● grancanaria.com ●)* et de la Federación insular de Hípica de Gran Canaria *(● fihgc.es ●)*

LAS PALMAS DE GRAN CANARIA (35002) 380 000 hab.

◗ Pour les plans de Las Palmas de Gran Canaria, sauf le plan d'ensemble, voir le cahier couleur.

Qui aurait pu imaginer découvrir, somme toute dans une petite île si loin de l'Europe, à moins de 200 km des côtes africaines, une telle cité moderne de plus de 300 000 habitants, fort étendue (longue de près de 10 km), active et vibrionnante à ce point ! Cependant, depuis l'aéroport, l'approche en voiture du centre-ville par l'autoroute déconcerte quelque peu (à quel moment vais-je en sortir ? Par où ?). Mais passé ce petit moment d'inquiétude et rapidement convaincu de mettre son véhicule au parking, de n'utiliser que les (excellents) transports en commun pour les longs trajets et la marche à pied pour découvrir de passionnants quartiers... le visiteur ne tarde pas à trouver ses marques. D'abord, des quartiers vivants, populaires, de chaleureux rapports avec les autochtones et une immense (et magnifique) plage en pleine ville, là aussi populaire en diable et pas snob pour deux « pézets »... Constater, ensuite, cette fusion réussie de la population locale et des touristes, certes facilitée par une vie relativement bon marché, une intéressante offre d'hôtels, de petites auberges et de restos à des prix « pré-Movida », mon tout nappé d'une atmosphère bon enfant... En prime, un ravissant vieux centre colonial aux ruelles de charme, d'émouvants monuments historiques, des musées de grande qualité... Las Palmas de Gran Canaria, notre plus grosse surprise et, quitte à froisser Tenerife, la vraie capitale des Canaries !

LE CARACTÈRE CANARIEN PALMESQUE

Quelques mots là-dessus : ce qui surprend le plus, c'est le sens de l'hospitalité des gens des Canaries, de Gran Canaria et de Las Palmas en particulier... Au hasard, plusieurs facteurs : le côté trait d'union entre l'Europe, l'Amérique et l'Afrique, riche carrefour et brassage culturel impliquant une certaine ouverture sur les autres... Plus sûrement, l'absence de choc thermique de saisons antagoniques, la douceur du climat, ce printemps permanent, la qualité de vie qu'il implique ont probablement influé sur le caractère paisible et courtois des habitants des îles... Sauf, léger bémol, en voiture en ville... Le mâle canarien ne possédant, à ce moment-là, plus aucune indulgence et patience envers le malheureux *alien* en perdition ! Hurlements et mine renfrognée, ça incite d'ailleurs vite à remiser son véhicule au garage (vous noterez qu'au *Routard,* on conserve toujours un sens critique distancié !).

Arriver – Quitter

En avion

✈ ***Aéroport de Gran Canaria*** *(hors plan d'ensemble par B3)* **:** *à env 18 km de Las Palmas de Gran Canaria (et 25 km de Maspalomas).* ☎ *928-57-91-30.* Important trafic.

➢ ***Bus de l'aéroport :*** pour Las Palmas, bus n° 60 (dessert les gares routières de San Telmo et Santa Catalina). Ttes les 30 mn 7h-19h (ttes les heures après). Prix : 2,85 €. Trajet : 30 mn. Pour Maspalomas, n° 66, direct, ttes les heures 7h20-20h20.

■ ***Taxis :*** ☎ *928-15-47-77.* Compter 25 € pour Las Palmas (30 € la nuit) et 40 € pour Maspalomas.

■ ***Location de voitures :*** on y trouve

les principales compagnies de location : *Hertz (☎ 928-57-95-77 ; ● hertz.es ●), Avis (☎ 928-57-95-78 ; ● aviscanarias.es ●), Cicar (☎ 928-82-29-00 ; ● cicar.com ●), Europcar (☎ 928-57-42-44 ; ● betacar.biz ●)...*
Bureau de tourisme : *au terminal A (lignes Europe). ☎ 928-57-41-17.*

En bus

Le **terminal de bus** est situé dans le *parc de San Telmo (plan couleur Vieille ville et Triana, C2).* Parfois la ligne se prolonge jusqu'au terminal du *parc Santa Catalina (plan couleur Las Palmas nord, C2).*
■ **Global :** c'est la grande compagnie de bus de Gran Canaria. Couvre l'essentiel des destinations intéressantes. *☎ 902-38-11-10 ou 928-25-26-30. ● globalsu.es ●*
➢ ***Pour Maspalomas :*** n° 30 depuis le terminal de *Santa Catalina.* S'arrête slt à *San Telmo, San Agustín* et *Playa del Inglés,* sinon trajet direct. 15-20 bus 6h30-21h05. Un peu moins w-e et j. fériés.
➢ ***Pour Maspalomas et Puerto Mogán :*** bus n° 1. Nombreux arrêts en cours de route, n'intéressera pas ceux qui se rendent directement à Maspalomas. Une vingtaine de bus 5h-23h30. Même itinéraire pour le n° 5 mais peu de fréquences. Le n° 91 dessert directement les grandes stations balnéaires (Puerto Rico, playa del Cura, etc.).
➢ ***Pour Agüimes :*** n° 11. Une quinzaine de bus 5h20-21h50.
➢ ***Pour Telde :*** n° 80. Depuis Santa Catalina (passe par San Telmo). Nombreuses fréquences.
➢ ***Pour Puerto Las Nieves :*** n° 103 depuis San Telmo. 15-20 départs 5h-20h15 (certains passent par Gádar).
➢ ***Pour Gádar :*** n° 105 depuis San Telmo. Une quinzaine de départs 6h30-23h30.
➢ ***Pour Arucas :*** n° 210 depuis San Telmo. Nombreuses fréquences 6h30-22h15.
➢ ***Pour Teror :*** n° 216 depuis San Telmo. Une quinzaine de bus 6h30-21h. Correspondance pour Artenera.
➢ ***Pour Santa Brígida :*** nos 301 et 302 depuis Santa Catalina et San Telmo. Nombreuses fréquences 7h-20h30. Également le n° 311 depuis San Telmo.
➢ ***Pour San Mateo :*** n° 303. Très nombreuses fréquences 6h-22h30. Correspondance pour Tejeda.

En bateau

2 embarcadères à Las Palmas de Gran Canaria : depuis le parc et le *terminal des bus de Santa Catalina (plan couleur Las Palmas nord, D2)* pour les *jetfoils.* Les ferries, quant à eux, partent du *muelle Gran Canaria* (qui prolonge le muelle León y Castillo ; *plan d'ensemble, B1*), au nord de Santa Catalina. Bureaux de vente sur le *muelle.*
➢ ***Pour Morro Jable*** *(sud de Fuerteventura)* **:** avec *Naviera Armas (☎ 902-456-500),* 7 traversées/sem en 2h30. Avec *Fred Olsen (☎ 902-100-107 ; ● fredolsen.es ●),* 14 traversées/sem en 1h40.
➢ ***Pour Puerto Rosario*** *(Fuerteventura)* **:** avec *Naviera Armas (☎ 902-456-500),* 5 traversées/sem en 7h30. Avec *Fred Olsen (☎ 902-100-107 ; ● fredolsen.es ●),* 4 traversées/sem en 3h45. Avec *Trasmediterránea,* 1 traversée/sem.
➢ ***Pour Arrecife*** *(Lanzarote)* **:** avec *Naviera Armas (☎ 902-456-500),* 5 traversées/sem en 7h30. Avec *Trasmediterránea,* 1 traversée/sem en 8h.
➢ ***Pour Santa Cruz de Tenerife :*** avec *Naviera Armas (☎ 902-456-500),* 3-4 traversées/j. en 2h30. Avec *Trasmediterránea,* 1 traversée/sem en 4h.
➢ ***Pour Cadix :*** avec *Trasmediterránea,* 1 traversée/sem en 45h.

Transports urbains

– ***En voiture :*** laissez tomber ! Trafic souvent infernal, circulation et logique de rue incohérentes, impossibilité de se garer, sévérité des contractuels chargés de faire respecter le stationnement, monstrueuse autoroute de la côte (d'où on ne peut quasiment pas dégager à gauche !)... Au garage, vite, vite (compter 15 €/j.) !
– ***En bus urbain :*** *● guaguas.com ●* La seule solution ! Facile à prendre, fréquences nombreuses, d'autant plus que, la ville étant tout en longueur,

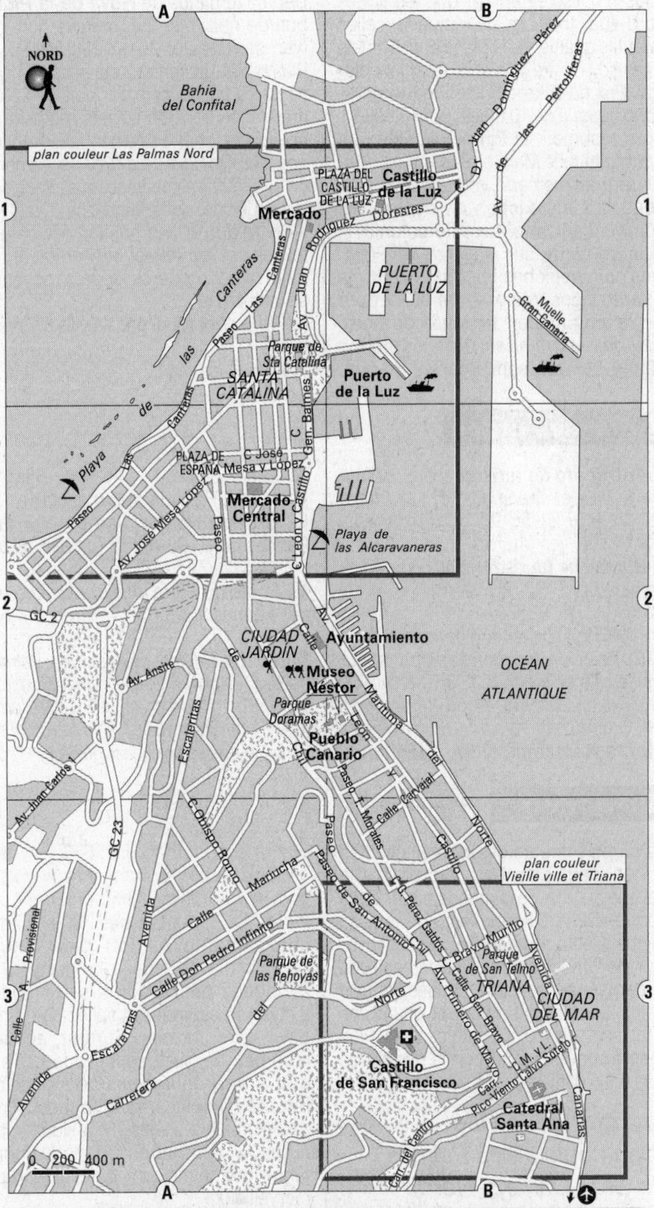

LAS PALMAS DE GRAN CANARIA – PLAN D'ENSEMBLE

vous n'utiliserez en fait que les lignes nord-sud, toujours les mêmes... celles reliant le quartier de la plage et des hôtels à celui du centre-ville et du quartier colonial. Prix du ticket : 1,40 €. Également le *bono guagua* de 10 trajets pour 8,50 €.
Pour résumer : la ***ligne 1*** qui s'arrête partout et relie *Manuel Becerra* au nord (le port) au *mercado Vegueta* (très pratique, à l'intersection du centre-ville commerçant et de la ville coloniale), puis continue sur *Hoya de la Plata.* Très nombreux bus 6h-22h30 dans les 2 sens. Ligne intéressante aussi pour les fêtards (départ terminus du port), bus de nuit dim-jeu, ttes les 45 mn 22h45-5h (ven-sam ttes les 30 mn). Départ terminus de ***Hoya de la Plata,*** bus de nuit, dim-jeu, mêmes horaires (ven-sam ttes les 30 mn 23h-5h15).
Plus rapide, la ***ligne 12*** qui passe en partie par la voie côtière. Du port 6h-22h20 (fréquence 8-20 mn suivant moment de la journée, arrêt également au *mercado Vegueta*). De *Hoya de la Plata* (vers le nord), 6h15-22h30 (même fréquence). W-e, service réduit de moitié (fréquence 20 mn).
– ***En taxi :*** ne pas hésiter, les chauffeurs sont aimables, serviables et les tarifs hyper modérés (course moyenne en ville 4-8 €).
– ***À vélo :*** pourquoi pas, la ville s'y prête bien !
– ***À pied :*** le pied !...

Adresses utiles

Patronato de turismo *(plan couleur Vieille ville et Triana, C2, **1**) : c/ Triana, 93. ☎ 928-21-96-00. • grancanaria.com • Lun-ven 8h-15h.*

Bureau de tourisme *(plan couleur Las Palmas nord, C2, **2**) : parque de Santa Catalina. ☎ 928-44-68-24. Lun-ven 9h-18h.* Bon accueil anglophone.

Bureau de tourisme *(plan couleur Vieille ville et Triana, C1, **3**) : parque de San Telmo. ☎ 928-44-68-24. En face de l'Ermita. Lun-sam 9h-18h (13h sam).*

– ***Infos touristiques par téléphone :*** *☎ 928-77-15-50. Lun-sam 9h-18h (13h sam).* En espagnol et anglais.

✉ **Grande Poste** *(plan couleur Las Palmas nord, B2-3) : c/ Tomás Edison, 24. ☎ 928-27-59-75.*

✉ **Poste** *(El Corte Inglés ; plan couleur Las Palmas nord, C3) : avda José Mesa y Lopez, 18.*

Eco Bike *(plan couleur Las Palmas nord, C-D2, **4**) : muelle Santa Catalina. 682-81-81-04. • ebikegrancanaria.com • Tlj 9h-17h. Bon matériel, vélos électriques. 15 €/j.* Intéressants circuits guidés.

Où dormir ?

La plupart des adresses intéressantes et bon marché sont au nord de la ville dans le quartier de la grande plage. Côté centre-ville (à 5 km de la plage tout de même !), offre assez limitée. Sachez profiter de l'important développement des auberges de jeunesse privées, offrant petits dortoirs pas chers et chambres doubles à prix toujours intéressants. Plus le côté convivial, la rencontre des autres et la mine d'infos que cela représente...

Au nord de la ville

(plan couleur Las Palmas de Gran Canaria-Nord)

Bon marché (20-40 €)

El Warung Beach Hostel *(plan couleur Las Palmas nord, B3, **10**) : c/ Portugal, 69. 656-60-42-90. • info@elwarung.com • elwarung.com • À partir de 16 €/pers, petit déj inclus.* À trois pas de la plage, une chouette AJ fort bien tenue, confortable et à taille humaine. Sur 2 étages, petits dortoirs de 6 lits, 2 cuisines équipées, 4 salles de bains. Lave-linge, *lockers.* Surtout, accueil hors pair de Manuel, le jeune patron, prêt à livrer toutes ses bonnes infos (balades insolites, randonnées). Prêt de vélos. Des envies d'évasion ? Une autre AJ vous attend dans la montagne (même maison), dans un endroit merveilleux !

Big Fish Hostel *(plan couleur Las Palmas nord, B2, **11**) : c/ Sargento Llagas, 34. 622-42-88-30. • bigfishlaspalmas@gmail.com • bigfishhostel.*

com • Nuitée 16-22 €/pers suivant nombre et saison, double 40 €, petit déj inclus. Chaleureuse et colorée petite AJ, à 10 m de la plage. Une des mieux situées de la ville. Accueil formidable de Beáta, salle commune où l'on rencontre toute la terre, petits dortoirs de 4 proprets et une chambre double de rêve avec petite terrasse et hamac, cuisine équipée. Dessins rigolos dans l'escalier, bien dans l'esprit convivial des lieux. Terrasse très sympa pour soirées cool...

La Ventana Azul Sea View *(plan couleur Las Palmas nord, B3, **12**) : c/ Viriato, 15. 671-50-53-39. • ventanalaspalmas@gmail.com • ventana-azul.de • Pas loin de la plage. Nuitée 20 €/pers, petit déj inclus. CB refusées.* Petite AJ au rez-de-chaussée d'un immeuble. Très bien tenu. Seulement 8 lits. Pour les amateurs de tranquillité. Pour les autres, Thomas, le patron, propose une autre AJ, en bord de plage. Plus intéressante, du point de vue capacité et situation.

La Ventana Azul Surf & Art Hostel *(plan couleur Las Palmas nord, B2, **13**) : paseo de Las Canteras, 53. 671-50-53-39. • ventanalaspalmas@gmail.com • ventana-azul.de • Nuitée 18-25 €/pers en dortoir, doubles 50-60 € ; petit déj inclus. CB refusées.* Carrément en face de la plage, une demeure basse ancienne aménagée en *hostel*. Dortoirs de 4 à 6 personnes et une chambre double qui s'arrache (au 2e étage, toute seule, tranquille, avec salle de bains privée et vue extra sur la mer). Cuisine très bien équipée (cuisinière par induction, micro-ondes, frigo). Lave-linge. *Lockers.* Le plus, c'est la grande terrasse surplombant le *paseo* et la plage... Avec profonds fauteuils, hamacs, barbecue, douche extérieure pour se rafraîchir. Un lieu de rencontre extra. Pour fans de surf, Thomas, excellent spécialiste, loue des planches, organise des sorties, etc.

Sea of Clouds Hostel *(ex-Pensión Ibiza ; plan couleur Las Palmas nord, C2, **14**) : c/ Nicolas Estévanez, 31. ☎ 928-26-31-23. • seaofclouds-hostel.com • Doubles 27-32 € sans ou avec sdb, sans petit déj.* Certes, la rouge façade pèle bien un peu, mais l'intérieur est bien tenu. Certaines chambres plus sombres, mais propres et salle de bains nickel. Accueil indifférent, mais ce qui compte, c'est qu'il soit hyper bien placé et l'un des hôtels les moins chers de la ville.

Prix moyens (40-65 €)

Hotel Verol *(plan couleur Las Palmas nord, C1-2, **15**) : c/ Sagasta, 25. ☎ 928-26-21-04. • info@hotelverol.com • hotelverol.com • À 30 m de la plage. Doubles min 48 €.* Hôtel classique à la façade faite de petites briques blanches. À l'intérieur, d'une blancheur immaculée également, 43 chambres agréables et de bon confort : TV écran plat, coffre, téléphone direct, sèche-cheveux, douche ou baignoire, clim sur demande... Accueil aimable, c'est dans l'ordre des choses. Bon resto pas cher au rez-de-chaussée. Un de nos meilleurs rapports qualité-prix.

Hotel Atlanta *(plan couleur Las Palmas nord, C2, **16**) : c/ Alfredo L. Jones, 37. ☎ 928-27-80-00. • info@atlantacanarias.com • atlantacanarias.com • À 50 m de la plage. Double 59 €.* Hôtel moderne, fonctionnel, sans caractère particulier et offrant des chambres convenables. Mon tout fort bien tenu et de bon confort : clim, TV satellite... Terrasse avec solarium.

Hotel Pujol *(plan couleur Las Palmas nord, C1, **17**) : c/ Salvador Cuyás, 5. ☎ 928-27-44-33. • info@hotelpujol.es • hotelpujol.es • En face du resto Galicia. Doubles 50-61 € selon saison.* Blanche architecture contemporaine, grands balcons d'angle. Chambres de bon confort et assez spacieuses. Même genre, mêmes prestations que l'*Hotel Atlanta.*

Très chic (plus de 120 €)

Hotel Reina Isabel *(plan couleur Las Palmas nord, C2, **18**) : c/ Alfredo L. Jones, 40. ☎ 928-26-01-00. • reinaisabel@bullhotels.com • bullhotels.com • Double 130 € (156 € en ½ pens), petit déj-buffet inclus. Parking gratuit.* Hôtel de petit luxe sur le front de mer à prix fort abordables pour le standing. Architecture moderne acceptable. Grand confort et toutes les prestations souhaitées. Chambres spacieuses avec parquet, TV satellite écran plat... Piscine sur le toit et terrasse au soleil, spa, salle de sport, etc. Bar et resto.

Au sud de la ville (plan couleur Vieille ville et Triana)

De très bon marché à bon marché (10-40 €)

Bettmar Eco Hostel *(plan couleur Vieille ville et Triana, C3, **19**) : c/ Pedro Diaz, 20. ☎ 928-32-28-81. 608-20-11-08. • bettmar@ecohostelcanarias.com • ecohostelcanarias.com • Nuitées 14-20 €/pers suivant taille du dortoir et saison, petit déj inclus.* À deux pas d'une des plus romantiques places de la vieille ville, une super AJ toute récente. Écolo jusqu'au bout des ongles : matériaux nobles dans la rénovation, utilisation intelligente de l'électricité, petit déj avec produits bio et issus de l'agriculture durable... Dortoirs de 4 à 8 lits superposés, cadre frais et coloré, excellente literie, petit rideau vie privée et *lockers*. Salle commune au grand volume et cadre design fort plaisant. Cuisine équipée. Globalement tout le confort et services souhaités : clim, lave-linge, TV câblée, consigne à bagages, location de vélos... Ne pas oublier d'y laisser l'empreinte de votre main (comme à Hollywood !). Une de nos adresses préférées, c'est dit !

Downtown House *(plan couleur Vieille ville et Triana, C1, **20**) : c/ Domingo J. Navarro. 618-08-92-37 ou 686-34-80-22. • downtown@houselaspalmas.com • houselaspalmas.com • Nuitée 17 €/pers en dortoir, doubles 36-45 €.* Au cœur du quartier commerçant de Triana, un immeuble historique avec une très belle façade. Intérieur de charme, fines boiseries, carrelage artistique. 4 chambres au décor personnalisé (dont l'une avec salle de bains privée). Agréable salle à manger et cuisine équipée. Location de vélos.

Où manger ?

Au nord de la ville (plan couleur Las Palmas de Gran Canaria-Nord)

De bon marché à prix moyens (8-18 €)

La Marinera *(plan couleur Las Palmas nord, C1, **30**) : paseo de las Canteras (la Puntilla). ☎ 928-46-88-02. • jonicamar@terra.es • Tlj, service continu 13h-minuit. Poisson du jour 2,50-3,20 € les 100 g, menu env 18 €. Rioja 12,50 €.* C'est avant tout l'une des plus chouettes terrasses les pieds dans l'eau. Le soir, on est bercé par le ressac. Très populaire pour la qualité régulière de la cuisine (qui reste cependant très classique) et la garantie de trouver de la place. Bon rapport qualité-prix du petit menu. Grand choix à la carte : poisson au four ou au sel (pour 2), paella, *sopa de mariscos*... Service efficace, serveurs un poil bourrus, mais c'est une posture !

Bar Casa Carmelo *(plan couleur Las Palmas nord, A3, **31**) : c/ Secretario Padilla, 106 (et Perú). ☎ 928-27-71-57. Tlj sf sam soir et dim. Ouv midi et soir jusqu'à 21h30. Tapas 2,50-7,50 €.* Un peu en dehors des sentiers battus, un vrai de vrai bar à tapas, populaire, pas trendy pour un sou ! Ne pas se fier au cadre banal... son long comptoir et ses 3 malheureuses tables reçoivent leur pesant de gourmets du quartier... pour de délicieuses croquettes, poulpe, poisson en escabèche, calamars, escargots, *churros de pescado*...

Los Cebolleros *(plan couleur Las Palmas nord, B3, **32**) : c/ Fernando Guanarteme, 96. ☎ 928-26-02-13. Tlj sf sam soir et dim 6h-23h (minuit ven). Menu 7 €.* Menu imbattable, dessert et boisson compris. 2 salles : le bar où se presse la foule des employés du quartier pour d'excellentes tapas et le restaurant à côté, calme comme d'habitude.

LAS PALMAS DE GRAN CANARIA ET SES ENVIRONS

Carreaux blancs aux murs, comptoir en étain pour servir bœuf en sauce, poisson frit, poulpe, saucisses, petite paella... Très populaire, animation assurée.

La Bikina Cantina *(plan couleur Las Palmas nord, B2,* ***33****) : paseo de Las Canteras, 63 (et Galileo). ☎ 828-06-53-57. 607-84-53-44. • followus@labikinacantina.com • Tlj 12h (10h le w-e)-minuit. Compter 10-12 €.* Petit resto tout en longueur et très éclairé. Cuisine maison. Spécialisé dans les copieux burgers bien *juicy* (200 g), poulet frit, tacos, *tamales, samosas,* snacks divers et un vrai *nasi goreng.* Bon petit déj le week-end. Jus de fruits frais et cocktails. Clientèle jeune et rock.

Mas Treinta y Nueve *(plan couleur Las Palmas nord, B2,* ***34****) : paseo de las Canteras, 76. ☎ 928-22-43-84. Tlj 12h-23h30. Compter 10-15 €.* Dans une atmosphère bleutée apaisante, on vient déguster bonnes viandes, pizzas craquantes, croquettes, *bacalao en salsa marinera...* Bons cocktails, vins à prix fort abordables. Prolonger ensuite le plaisir en allant boire un verre au bar *La Guarida* à côté (surtout si vous aimez le rock pur et dur !). Accueil sympa.

De prix moyens à chic (12-40 €)

Casa de Galicia *(plan couleur Las Palmas nord, C1,* ***35****) : c/ Salvador Cuyás, 8. ☎ 928-27-98-55. • restaurantecasagalicia@gmail.com • Tlj 13h-16h, soir jusqu'à 0h30. Plats 13-24 €.* Une petite institution locale. Cadre d'une sobre élégance, atmosphère calme, musique très discrète, serveurs au petit gilet noir qui semblent avoir l'âge de l'établissement, tables bien séparées, nappes et serviettes blanches... Spécialités galiciennes, carte longue comme le bras, surtout poisson et fruits de mer. Bonne cuisine classique, mais garantie d'une qualité constante et des produits frais : savoureuse *bacalao riojano* ou *galicia,* poisson froid *pil-pil,* bon choix de viandes (tendre *solomillo de Buey* « au sel »). Accueil affable et service efficace.

Au sud de la ville (plan couleur Vieille ville et Triana)

Prix moyens (12-24 €)

Cosecha *(plan couleur Vieille ville et Triana, C2,* ***36****) : c/ Montes de Oca, 3. ☎ 928-90-74-06. Tlj sf sam midi et dim. Repas 15-18 €.* Dans une tranquille ruelle piétonne, un sympathique petit bar à vins avec quelques tables et bancs dehors. Au tableau noir, les fruits de mer du jour. Carte bien fournie : *mejillones* à l'escabèche, délicieuses croquettes de morue, grosses langoustines, calamars, *arroz negro,* planche de fromages... Intérieur chaleureux avec son vieux zinc pour déguster de gouleyants petits vins. Accueil jeune et sympa.

De prix moyens à plus chic (12-40 €)

Minautoro *(plan couleur Vieille ville et Triana, C2,* ***37****) : c/ Mendizabal, 19. ☎ 928-33-26-70. 610-71-31-54. Près du grand marché de Vegueta. Lun-ven 13h30-16h, et aussi soir mer-sam 20h30-0h30. Petit menu affaires le midi 12 €, carte 30-35 €, vin au verre 2,50 €.* Dans un cadre ravissant, subtil mélange d'éléments anciens, d'élans design et d'éclairages mesurés, découvrez une merveilleuse cuisine pleine d'inspiration, des recettes classiques finement revisitées, mon tout à partir de beaux produits. Autre particularité, c'est une vraie cuisine de « bonnes femmes », ce sont elles qui dirigent avec passion, douceur et professionnalisme, la maison... Goûter aux parfumées *alcachofas* au jambon, au copieux *codillo* et ses petits légumes sautés juste comme il faut, la tatin maison... Belle sélection de vins. Accueil discret et souriant.

Où déguster de bonnes glaces ?

Flor di Latte *(plan couleur Vieille ville et Triana, C2,* ***38****) : c/ Triana, 1. Tlj jusqu'à 23h (1h w-e).* Pas mal de parfums originaux : cookie, *chiclet, panna* *cotta, dulce de leche, kinder bueno,* sorbet fraises naturelles... Également, sandwichs, gaufres, crêpes, brownies, thé et café. Terrasse.

Dans la même rue, au nº 17, la ***heladeria Yoohoo*** et le meilleur *frozen yogourt* de la ville (avec 2 *toppings*).

Où boire un verre ? Où écouter de la musique ?

Se balader sur le ***paseo de las Canteras*** *(plan couleur Las Palmas nord, C1-2),* des dizaines de lieux vivants, aux musiques et atmosphères si différentes, ambiance relax et balnéaires... Vous trouverez aisément votre bonheur. Dans les rues adjacentes, des bars, des bistrots plus populaires où rencontrer la population locale... Dans le ***quartier de Triana*** *(plan couleur Vieille ville et Triana, C2),* au sud de la ville, au contraire, ambiance plus urbaine et étudiante. Grands et élégants cafés, brasseries, sur les *plaza de Caraisco, plaza de las Ranas* (place des Grenouilles)...

Au nord de la ville (plan couleur Las Palmas nord)

La Guarida del Blues *(plan couleur Las Palmas nord, B2-3,* ***45****) : paseo de las Canteras, 77. ☎ 928-27-72-73. Tlj 16h-minuit.* On adore ce bar rock authentique, son atmosphère, son décor de 33-tours au plafond, les nombreuses photos de rockers, la passion du patron pour le vrai rock'n roll. Grande terrasse. Tous les samedis, en principe, concerts de rock et de blues de 17h à 19h30.

Bodegón Pachichi *(plan couleur Las Palmas nord, B-C2,* ***46****) : c/ Martínez de Escobar, 51. 646-62-18-42. Tlj sf dim jusqu'à 23h.* Dans le quartier de la grande plage, pour une petite plongée populaire loin du brouhaha touristique, dans une ruelle paumée. Grande salle où pendent les jambons, photos du Las Palmas d'antan aux murs, comptoir antédiluvien, clientèle jeune de quartier et quelques expats de tous pays... Bon accueil, quelques tapas et cervoises locales bien fraîches.

Mojo Club *(plan couleur Las Palmas nord, A3,* ***49****) : pl. de la Música, s/n. • mojoclubcanarias@gmail.com • Jeu-sam 22h-5h.* Situé à côté de l'*Alfredo Kraus Auditorium.* Réputé pour ses concerts rock live (vers 23h).

Au sud de la ville (plan couleur Vieille ville et Triana)

Pub McCarthy's *(plan couleur Vieille ville et Triana, C2,* ***47****) : c/ Mayor de Triana, 43 (et Torrès). ☎ 928-37-17-62. Tlj 9h-2h (3h ven-sam).* Un vrai pub irlandais comme là-bas... Cadre chaleureux, bon choix de bières, *Guinness* convenablement tirée et possibilité de se restaurer *(menu correct 10 €).* Événements sportifs sur écran géant.

La Cantina *(plan couleur Vieille ville et Triana, B-C3,* ***48****) : c/ Pedro Díaz, 23. ☎ 928-33-20-40. 677-35-32-82. Tlj sf dim jusqu'à 23h.* Vous ne traverserez pas toute la ville pour y cantiner, mais c'est une halte sympathique pour boire un verre ou grignoter un morceau lors de la visite de la vieille ville du côté de Santo Domingo ! Petite cafétéria du club de foot *Real Sporting San José* (3e division), avec un bar et une cour hospitalière où se retrouvent bruyamment les gens du quartier... Possibilité de grignoter des *pinchos de tortilla,* tapas et bière ou le plat du jour (vendredi : grillades ; samedi, paella, etc.).

À voir

Dans la vieille ville (plan couleur Vieille ville et Triana)

Assez étendue, tout à fait charmante et particulièrement romantique la nuit. Partir du grand marché de la *Vegueta,* suivre les pittoresques rues pavées, *calles Armas,*

Pelota, Mendizábal, Montesdeoca, bordées de vénérables demeures. Arrivée à l'adorable *plaza San Antonio Abad* et son croquignolet ermitage éponyme. C'est là que Colomb allait prier. En face, la magnifique *Casa de Colón.* On ne peut pas mieux démarrer l'itinéraire !

*** **Casa de Colón** *(plan couleur Vieille ville et Triana, C2)* **:** *c/ Colón, 1. ☎ 928-31-23-73/84. • casadecolon.com • Lun-sam 10h-18h, dim et j. fériés 10h-15h. Fermé 24, 25 et 31 déc et 1er janv. Entrée : 4 € ; réduc ; gratuit moins de 18 ans.*

Résidence du gouverneur de Gran Canaria qui reçut, en 1492, la visite de Christophe Colomb venu réparé la *Pinta* et faire le plein avant d'attaquer l'Amérique (et au moins, deux fois par la suite)... C'est un bel exemple d'architecture gothico-Renaissance du XVe s arrivé miraculeusement intact jusqu'à nous. Composé de trois élégants patios richement décorés, de vérandas et superbes portails ciselés. Impossible de tout décrire, voici les principaux musts au long des 13 salles du musée :

- *Salles 1 à 3,* les voyages de Colomb : séduisante reconstitution d'un intérieur de caravelle, on s'y croirait... Coque en bois, poulies, cordages, mobilier de bord, lit du capitaine... Cartes présentant les itinéraires de Colomb, livres de voyage. Maquettes de la *Santa María* et de la *Pinta.* Au long des salles, on note les beaux plafonds à caissons sculptés. *Salle 4,* les Canaries, ses rapports à l'Amérique. *Salle 5 et 6* : les cartes anciennes, livres de navigation, instruments de bord, vénérables compas... Noter l'*Universalis Cosmographia* de 1507, déjà une intéressante vision du monde... *Traité de Tordesillas* (1494).
- *Au 1er étage : salles 8 à 11,* sections peinture du XVIe au XXe s, surtout religieuse : portraits et jolis paysages. *Petit moine* attribué à Zurbarán, ravissants *Apothéose de sainte Ursule* et *Martyr de sainte Agathe.* Également, le *Titien en train de peindre* par le Guercino, belle série de Vierges flamandes en bois sculpté. *Salles 12 et 13* : tout sur Gran Canaria et l'histoire de Las Palmas : plans-reliefs de l'île et de la ville, cartes anciennes, maquettes diverses, gravures et estampes pour suivre leur développement.
- Dans la *crypte* au sous-sol : remarquable expo d'art précolombien. Statuettes de l'Équateur, superbes pièces des cultures mexicaine et amazonienne (aztèque, zapotèque, oaxaca, colima, maya...). Notamment ce *Chien dansant* et le *Musicien,* typiques de l'art colima.
- Au fil des salles, on aura parcouru les trois patios, de style différent : festival d'élégantes colonnes de pierre travaillées, avec cours en galets ronds, vieux puits... Dans le dernier patio, belle arche en pierre, intéressants chapiteaux (monstres, oiseaux, anges, coquilles Saint-Jacques). Sortie sur la cathédrale (qui se visite en même temps que le *musée d'Art sacré*).

De la Casa de Colón au Museo Canario
(plan couleur Vieille ville et Triana)

En remontant la calle Colón, on croise le *Centro des Artes plásticas* (gratuit, expos temporaires). Arrivée *plaza del Pilar Nuevo.* Admirer le magnifique portail plateresque de couleur émeraude, un genre de pierre serpentine (en fait, c'est l'arrière du musée Colón). Puis, prendre la *calle de los Balcónes* qui, comme son nom l'indique, arbore bon nombre de beaux balcons (souvent en pierre ciselée) sur de nobles demeures du XVIIIe s. Au no 15, beau palais avec porche et fenêtre à fines colonnettes. Au no 11, le *Centro Atlántico de Arte moderno* niché dans un bel édifice du XVIIIe s également. Puis la *calle Agustín Millares* menant à la mignonne *plaza de San Agustín* et l'église du même nom. Voûte en forme de carène de navire renversée, retable moderne, mais on y trouve la chapelle de sainte Rita (1786), patronne fort vénérée des causes désespérées... À côté, le *Tribunal supérieur de la justice* aux élégantes arcades et tout autour de jolies fenêtres ouvragées.

Remonter par la *calle Doctor Chil,* bordée là aussi de belles maisons, souvent à balcons en bois. Au passage, la sombre façade et le portail à colonnes torsadées en pierre de lave de l'*église jésuite San Francisco... Calle de los Reyes Católicos,* d'autres aristocratiques demeures...

Centro Atlántico de Arte moderno *(CAAM ; plan couleur Vieille ville et Triana, C3) : c/ Los Balcones, 11. ☎ 928-31-18-00. • caam.net • Tlj sf lun et j. fériés 10h-21h (14h dim). Fermé j. fériés et 24 et 31 déc. Entrée : 5 €.* Remarquables expos temporaires d'art moderne (surtout artistes canariens). Intéressantes boutique et librairie. Et une annexe toute proche, la ***Sala San Antonio Abad*** *(San Antonio Abad, s/n, presque en face de la Casa de Colón ; mêmes horaires),* qui permet d'enrichir la programmation.

Museo Canario *(plan couleur Vieille ville et Triana, C3) : c/ Dr Verneau, 2. ☎ 928-33-68-00. • elmuseocanario.com • Tlj 10h-20h, w-e et certains j. fériés 10h-14h. Entrée : 4 € ; réduc ; gratuit moins de 12 ans et pour tous le lun.*
Considéré comme le plus important Musée archéologique des Canaries et plus précisément axé, bien entendu, sur la riche civilisation des Canarii.
– *Rez-de-chaussée :* section Préhistoire, mortiers, meules, poteries. Diorama sur le peuple des cavernes. *2e salle* : les pierres taillées et polies, les micromortiers et une importante collection de meules en pierre. Petite section nature. Rare collection de sceaux et tampons servant à se peindre le visage et le corps (grande variété de dessins et graphismes). Au centre, admirer l'*idole de Tara,* une insolite statuette féminine... Petite tête, mais énormes bras et cuisses, ainsi que d'autres figures étonnantes.
– *1er étage :* grande salle circulaire ; expo de peaux anciennes destinées à la fabrication des vêtements. On notera la grande variété de façons de coudre. Vannerie ancienne, tresses en jonc ou en roseaux. On notera ici aussi la grande diversité des méthodes, ainsi que l'extrême finesse de certains points de tissage.
Puis saisissante découverte de la *momie d'Arguineguin* qui annonce une exceptionnelle collection de crânes et de spectaculaires momies. Les différences dans la hiérarchie de la société à l'époque se reflétaient dans la façon de traiter les corps. En effet, la qualité de l'embaumement et le nombre de bandages qui entouraient le corps indiquaient le statut social du mort.
Très importante section de poterie et céramiques. Là aussi, grande diversité des motifs décoratifs (traces de décor rouge). Diorama sur leur fabrication. Un peu d'humour enfin, avec le choc de ces deux vitrines... L'une montre ce que les archéologues ont découvert se rapportant à une culture vieille de quelques milliers d'années, l'autre, ce qu'un archéologue du futur découvrira à propos des XXe et XXIe s... *No comment !*
– *Dernière salle :* vestige de sarcophage taillé dans un tronc, momie d'enfant qui a conservé une partie de ses tissus et viscères, crânes trépanés...
Boutique de souvenirs et livres joliment installée dans la bibliothèque. En conclusion, pour nous, par sa muséographie, par la qualité des objets et témoignages présentés, un des plus fascinants musées visités aux Canaries !

Du Museo Canario à la cathédrale
(plan couleur Vieille ville et Triana, C3)

Par la calle Pedro Díaz, rejoindre la noble, paisible et provinciale ***plaza Santo Domingo*** *(plan couleur Vieille ville et Triana, C3),* où les vieux se réchauffent au soleil et les gamins tapent le ballon. Au fond de la place, l'***iglesia Santo Domingo,*** détruite en 1599, reconstruite en 1622. Voûte en berceau, nef sur larges arcades et colonnes de pierre. Magnifique retable plateresque en bois sculpté doré. ***Calle Castillo,*** séduisante série de petits palais, notamment aux nos 6, 14, 16 et 20. Certaines fenêtres en forme de moucharabiehs. Coquette ***plaza del Espíritu Santo,*** bordée d'un ***ermitage*** et d'autres demeures nobles. C'est historiquement le point zéro de la ville. En effet,

c'est de là que partit tout le réseau de distribution de l'eau dans l'île (fontaine recouverte d'une petite coupole). La calle Ramón y Cajal mène au tout proche *San Martín Centro de Cultura Contemporánea,* installé dans le premier hôpital de la cité.
Bordée de palmiers, la vaste et charmante ***plaza de Santa Ana,*** la première de la ville, construite au début du XVIe s. Elle présente d'intéressants monuments. D'abord, les ***casas consistoriales*** (la mairie) édifiées en 1842 et de style néoclassique. À l'intérieur, de nombreuses peintures, dont, à l'entrée de l'escalier principal, les *Immigrants,* célèbre œuvre de Ventura Álvarez Sala. Puis, on passe devant le ***palacio épiscopal,*** longue bâtisse à l'austère façade. De la même époque que la place, il représenta bien sûr le pouvoir religieux. Beau portail Renaissance, certaines parties libres d'accès. Huit chiens de bronze symbolisent les gardiens de la place. Tout au fond, la façade altière de la ***cathédrale.***

★★ *Catedral Santa Ana* *(plan couleur Vieille ville et Triana, C3)* **:** *accès par le musée diocésain d'Art sacré.* Sa construction débuta il y a cinq siècles et dura en fait jusqu'au XIXe s. Si sa façade néoclassique n'émeut guère, en revanche, à l'intérieur, la cathédrale se révèle impressionnante. Architecture de grande ampleur à trois nefs de type « halle » (les trois nefs de même hauteur). Fines colonnes cannelées se terminant par un prodigieux jaillissement de nervures en forme de palmier, donnant naissance à des voûtes dites « en liernes », fascinant treillis de nervures en pierre sur fond blanc. Beau maître-autel, stalles du XVIIIe s et quelques tombes de personnages illustres.

★★ *Museo diocesano de Arte sacro* *(plan couleur Vieille ville et Triana, C3)* **:** *c/ Espíritu Santo, 20. ☎ 928-31-49-89. Tlj sf dim et j. fériés 10h-16h30 (13h30 sam). Entrée : 3 € ; réduc.*
Séduisant *patio de los Naranjos,* avec fontaine qui glougloute et élégante véranda à balustres, mais il abrita de 1597 à 1820 l'épouvantable tribunal de l'Inquisition.
– *Rez-de-chaussée :* antiphonaires du début du XVIIe s proposant de délicates enluminures. Dans la *2e salle* : riche collection de statues en bois polychrome des XVIIe et XVIIIe s, notamment un immense saint Christophe au pourpoint doré très ornementé. Quelques pièces dignes d'intérêt : un porte-missel incrusté d'écaille, une Vierge en albâtre, le triptyque de saint Christophe, une série de pittoresques Vierge à l'Enfant, une collection de santons et un chemin de croix au dessin assez original...
– *1er étage :* très grandes peintures dont une *Vierge à la colombe* de 1622, *Saint Jérôme* de l'atelier Jan Massys (école flamande XVIe s), une autre *Vierge à l'Enfant* flamande du XVIe s, d'une émouvante tendresse et une *Descente de Croix* « ténébriste » du XVIIe s de belle facture.
– *Salle capitulaire :* date du XVIIIe s et de forme ovale, c'est là que se réunissaient l'évêque et son chapitre. Grand crucifix canarien de 1791 qu'on sort en procession le Vendredi saint. Pièces d'orfèvrerie religieuse : ostensoirs, custodes, etc. Acte de fondation du séminaire (1781).
– *Dernière salle :* statuaire de la Vierge et de diverses saintes, dont une insolite santa Catalina avec un nain à ses pieds.

★ *San Martín Centro de Cultura Contemporánea* *(plan couleur Vieille ville et Triana, B3)* **:** *c/ Ramón y Cajal, 1. ☎ 928-32-25-35. ● sanmartincontemporaneo.com ● Mar-sam 10h-21h, dim 10h-14h. Fermé j. fériés et 24 et 31 déc. Entrée : 5 € ; réduc ; entrée combinée avec le CAAM (y compris San Antonio Abad) 8 €, valable 1 j. ; gratuit moins de 12 ans, et pour ts le mer 18h-21h.* Aménagé dans un ancien hôpital du XVIIIe s, un centre culturel récent qui propose expos d'art moderne et contemporain, concerts et spectacles.

Dans Triana *(plan couleur Vieille ville et Triana)*

Passé la grosse saignée routière la séparant de la vieille ville, voici Triana, la ville du XIXe s. On dit que ce quartier fut fondé par des immigrants provenant du quartier de Triana à Séville. Avant la construction du port au nord de la ville, c'est ici que résidaient aussi les marins. On y trouve nombre d'édifices de style grandiloquent et pompeux, très XIXe s, d'autres intéressants musées, des espaces verts, des parcs... Centre commerçant de la ville avec la calle Triana comme épine dorsale.

🏵🏵 ***Calle Triana*** *(plan couleur Vieille ville et Triana, C-D2)* **:** cette longue rue piétonne concentre tous les styles de la ville, festival de façades néoclassiques, néobaroques, néo-truc, historicistes, modernistes, Belle Époque, Art nouveau, etc., côtoyant des immeubles des années 1950-1960... Éclectisme de bon ton et plaisant. En particulier, s'attarder sur les nos 76 (au coin de la calle Munguia), 78, 80 et 82, exemples intéressants d'immeubles modernistes construits dans les années 1900-1910. C'est en fin d'après-midi qu'il faut parcourir la Triana et se mêler à la foule des badauds et clients pris de fièvre acheteuse... Ne pas manquer, à un pas et demi sur la plaza Stagno, le ***teatro Pérez Galdo*** *(plan couleur Vieille ville et Triana, C2 ; ☎ 928-43-33-34),* symbole de la culture canarienne depuis plus de 100 ans et séduisante architecture. Inauguré avec une représentation de la Traviata. Décoré à l'intérieur par le peintre canarien Néstor de la Torre.

🏵🏵 ***Plaza Hurtado Mendoza*** *(plan couleur Vieille ville et Triana, C2)* **:** appelée aussi « plaza de las Ranas » (place des Grenouilles, celles du bassin au milieu). Largement arborée, bordée par la *Biblioteca insular* (1898), grand bâtiment néoclassique où viennent réviser les étudiants. Quelques terrasses accueillantes et animées.

🏵🏵🏵 ***Ilustrísimo Gabinete Literario*** *(plan couleur Vieille ville et Triana, C2)* **:** *pl. de Cairasco, 1. ☎ 928-37-21-49. • gabineteliterario.com •* Pour nous, le plus bel édifice du XIXe s (1844). Façade d'une richesse décorative sans pareille, surmontée de deux petites tours. Noter l'imposant porche à colonnes, les grandes fenêtres ouvragées, le balcon à balustres. Même magnificence à l'intérieur, remarquable escalier... La nuit, avec le halo des réverbères, dans les jeux de lumière, les ombres des palmiers devant... un vrai décor de théâtre. Normal, c'est un ancien théâtre ! À côté, l'***Alameda de Colón,*** place commémorant le beau Génois (statue au centre). En fond, ***iglesia San Francisco,*** à l'élégant porche en pierre sculptée. Juste à côté, la ***calle Doctor Domingo Déniz*** propose, aux nos 5, 7 et 9, trois pittoresques immeubles du XVIIIe s et de la première moitié du XIXe s.

🏵🏵 ***Casa-Museo Pérez Galdós*** *(plan couleur Vieille ville et Triana, C2)* **:** *c/ Cano, 2-6. ☎ 928-36-69-76. • casamuseoperezgaldos.com • Mar-dim et j. fériés 10h-18h. Visite guidée (départ tte les heures) 3 € ; réduc.* Maison natale d'un des plus grands écrivains espagnols (né en 1843). L'édifice lui-même est un intéressant exemple de l'architecture du XIXe s. Petit patio de charme, avec véranda sur fines colonnettes. Son bureau, la salle à vivre au beau parquet et plafond en bois, le vénérable mobilier, la chambre à coucher au décor sobre... Ses archives, objets personnels, livres, dessins et manuscrits, sculpture de Victorio Macho. Petit film sur sa vie, salle de conférences.

🏵🏵 ***Parque de San Telmo*** *(plan couleur Vieille ville et Triana, C1)* **:** *près de la station de bus.* C'est là que s'arrêtait le rempart nord de la ville et que se tenait le tout premier port. Lieu très arboré et vivant. Pas mal de jeux pour les mômes. Kiosque à musique un peu kitsch. Au nord de la place *(c/ Bravo Murillo, 23),* le *Cabildo insular* (gouvernement des îles ; *plan couleur Vieille ville et Triana, B1*) de style rationaliste (nette influence de Le Corbusier). Mais c'est l'ermitage de San Telmo qui vous attirera, pour y admirer l'un des plus beaux retables qui soient !

À mi-chemin de Triana et de playa de las Canteras (plan d'ensemble)

🏵 ***Ciudad Jardín*** *(plan d'ensemble)* **:** *à mi-chemin des quartiers historiques et du quartier de la plage de las Canteras.* Ciudad Jardín se révèle une halte reposante pour ceux qui consacreraient plus de temps à la ville. Quartier fondé par les

Anglais dans la seconde moitié du XIXe s et symbole de leur engouement pour les Canaries. On y trouve l'église anglicane, le *British Club,* l'hôtel *Santa Catalina* où descendait Agatha Christie et d'opulentes maisons et jardins fleuris. Séduisant ***parque Doromas*** (du nom de l'un des leaders Canarii qui résista aux Espagnols). Il abrite le ***Pueblo Canario,*** reconstitution de village typique, avec expo d'art, d'artisanat et de folklore canariens et plusieurs restos (sur un concept du peintre Néstor M. F. de la Torre et la réalisation de son frère Miguel, architecte). Les amoureux de la chlorophylle se baladeront, quant à eux, au cœur du parc, dans la chouette section présentant toute la richesse végétale de l'île, la flore et de nombreuses essences typiques, tels que les « arbres dragons » (ou dragonniers), les ficus, différentes variétés de palmiers, au son d'une fontaine chantante... Quant aux amateurs d'art, c'est plutôt le musée Néstor qu'ils privilégieront.

🍴🍴 ***Museo Néstor*** *(plan d'ensemble)* **:** *parque Doramas, Pueblo Canario. ☎ 928-24-51-35. • laspalmasgc/mnestor • Mar-sam 10h-19h ; dim et fêtes 10h30-14h30.* Abrité dans l'une des jolies demeures du *Pueblo Canario,* voici un remarquable musée consacré à (prenez votre souffle) Néstor Martín Fernández de la Torre, l'un des plus grands peintres modernes espagnols (1887-1938). Une dizaine de salles permettant de juger de son talent dans des styles fort différents. Impossible de tout décrire, nul doute que l'un de ses styles vous fascinera plus que les autres. Voici nos coups de cœur : la section *Poema de la Terra* d'une sensualité torride, notamment les toiles sublimes *Melodía* et *Noche,* avec un superbe travail sur les corps... Section symbolisme, *Dama de Rosas* et ses fondus enchaînés de rouges ; section *Poème de l'Atlantique,* le comble de l'onirisme et du fantastique avec *Almanecer* (ou les « éphèbes chevauchant les poissons ») ; dans la série *Portraits,* l'attitude, les traits pleins de préciosité de *Madame Bocher* ; plus ses beaux croquis de costumes et mises en scène de théâtre, ses paysages canariens rêvés et sublimés... Ce Néstor, à voir et à revoir, on ne s'en lasse pas !

Le quartier de la playa de las Canteras
(plan couleur Las Palmas-Nord)

Au nord de la ville, dans le quartier de Santa Catalina, la magnifique ***playa de las Canteras,*** au fond d'une baie protégée par une barre rocheuse, s'étend sur plus de 3 km. Rarement une ville moderne de plus de 300 000 habitants a bénéficié d'un tel privilège ! En outre, nulle verticalité, nulle uniformité des immeubles qui la bordent, pas de dictature de grands hôtels qui écrasent les autres... C'est un joyeux patchwork de styles et de hauteurs (raisonnables), souvent des constructions en escalier, avec terrasses devant (ce qui laisse la lumière inonder la plage) et des résidences moyennes mêlées à d'anciennes villas au charme désuet... À leurs pieds, toutes sortes de commerces, pas nécessairement de luxe, des restos petits et grands, des prix souvent très abordables... Population bigarrée, mélange harmonieux d'autochtones, de touristes espagnols et d'ailleurs... Bref, une vraie plage populaire ! Tout au bout s'élève l'intéressante architecture moderne de l'***auditorium Alfredo-Kraus*** *(plan couleur Las Palmas nord, A3 ; avda Príncipe de Asturias, s/n ; ☎ 928-49-17-70).* Dans ce quartier, dans un rayon de 100 m autour de la plage, on trouve nombre de petits et moyens hôtels à des prix qui ne sont pas ceux de Cannes ou de la Baule (voir « Où dormir ? » et « Où manger ? »), des petits troquets et snacks, des boutiques pour tous les goûts et une animation plutôt sympathique...

🍴 Moins riche en monuments que le sud de la ville... Au bout de la calle Nicolás Estevanez, on rencontre le ***parque de Santa Catalina*** *(plan couleur Las Palmas nord, C2),* une autre bienheureuse trouée verte et aérée. On y trouve un serviable office de tourisme, un édifice de style néocanarien dessiné par Néstor de la Torre, le ***museo Elder*** (sciences et technologie ; *plan couleur Las Palmas nord, C2*), de grandes terrasses où les retraités jouent aux cartes ou dominotent, un sympathique kiosque à journaux (qui vend *Le Monde*)... Puis, après avoir franchi la partie le plus étroite de la ville, on parvient au quartier du port. Au passage, le ***mercado del Puerto*** *(plan couleur Las Palmas nord, C1),* marché animé, belle halle métallique du XIXe s, entourée de bars à tapas. Dans un environnement bucolique apparaît alors le ***castillo de la Luz,*** dernier survivant des fortifications qui défendaient la ville (1494). Quant au port, c'est l'un des plus importants d'Espagne (12 km de quais) et même du monde, si l'on considère le tonnage de marchandises et le nombre de passagers des bateaux de croisière.

AUX ALENTOURS DE LAS PALMAS DE GRAN CANARIA

En utilisant Las Palmas comme camp de base, avec une voiture de location, voici un itinéraire permettant d'admirer de beaux paysages de montagne, des villes de charme, un superbe jardin botanique...

ARUCAS (35 400) 36 797 hab.

À une quinzaine de kilomètres de Las Palmas de Gran Canaria, par l'autoroute du Nord (sortie Arucas). Cinquième commune de l'île, capitale de la culture bananière et productrice du rhum le plus célèbre des Canaries. La ville connut un énorme boom économique dans la seconde moitié du XIXe s et au début du siècle suivant. Cela explique la présence de l'impressionnante église néogothique qui domine la ville. Une étape bien séduisante...

Arriver – Quitter

Liaisons en bus avec *Global (☎ 902-38-11-10 ou 928-25-26-30 ; • globalsu.es •).*

➢ ***Pour Las Palmas de Gran Canaria :*** n° 205 (par Tamaraceite, ttes les 30 mn) ; n° 206 (ttes les heures, par Bañaderos) ; nos 210 (via Cardones) et 234.

➢ ***Pour Firgas :*** nos 202, 211 (ttes les heures 6h30-21h) et 251.

➢ ***Pour Moya :*** n° 123.

➢ ***Pour Teror :*** n° 215 : 2 bus/j.

➢ ***Pour San Felipe :*** n° 213 : 5 bus/j. 9h45-17h45.

Adresses utiles

Office de tourisme *(plan B1)* **:** *c/ León y Castillo, 10. ☎ 928-623-136. • arucas.org • Lun-ven 9h-17h, sam 10h-13h.* Apparemment, la cité se vend toute seule, accueil très routinier. Récupérer quand même le plan de ville en français.

Station de bus *(plan A1)* **:** *alc. Henriquez Pitti. ☎ 902-38-11-10.* Pas loin du centre, en face du grand *supermercado.*

Où dormir ? Où manger ?

Hotel rural Hacienda del Buen Suceco *(hors plan par A1)* **:** *ctra Arucas-Bañaderos (GC-330), à 1 km env. ☎ 928-62-29-45. • hacienda@haciendabuensuceso.com • haciendabuensuceso.com • Double 135 €, suite 157 €, petit déj inclus. Dîner 19 €.* Ancienne ferme datant du XVIe s qui faisait de la canne à sucre, mais qui se retrouve aujourd'hui au milieu de 50 ha

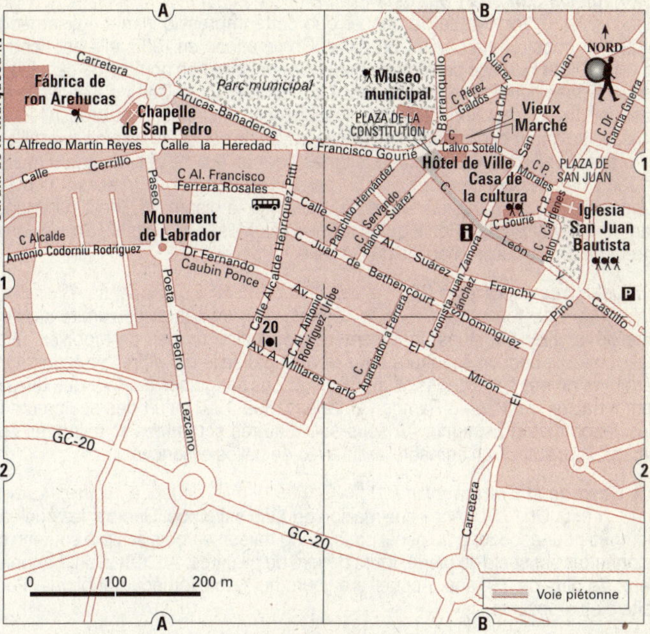

ARUCAS

■ **Adresse utile**
- Office de tourisme

|●| **Où manger ?**
- 20 Ciudad de Arucas

de bananiers ! Environnement verdoyant et paisible. Hôtel de style colonial offrant 18 chambres de bon confort. Salle de sport, piscine chauffée...

|●| ***Ciudad de Arucas*** *(plan A2,* ***20****) :* *avda Agustín Millares, 1. ☎ 928-62-29-27. Tlj sf dim, midi et soir jusqu'à 21h. Menu 8,80 €, plats 7-14 €. Vin bon marché.* Dans un cadre chaleureux et animé, l'un des meilleurs restos de la région (et un des moins chers !). Plébiscité par les autochtones pour son chevreau, le poisson ou les *chipirones a la plancha,* l'escalope de *solomillo* (le plus cher de la bande)... Menu avec potage, *lomo a la plancha,* dessert, boisson, pain et café, à un prix imbattable ! Comptoir pris d'assaut pour les excellents tapas et *pinchos,* ça va de soi !...

À voir

Balade en ville : d'abord, la *plaza San-Juan (plan B1),* bordée d'élégantes bâtisses du XVIIe au XIXe s et qui fusionnent allègrement. Puis la rue piétonne *León y Castillo* offrant également son lot de vénérables demeures (l'une d'elles abrite l'office de tourisme). Elle mène *plaza de la Constitución* avec deux importants monuments : l'imposant hôtel de ville de 1875 et l'ancien *mercado* de 1882. Une curiosité : les vestiges de l'explosion d'un obus dans la porte de l'hôtel de ville pendant la guerre civile espagnole. En face, le parc et le Musée municipal.

Iglesia San Juan Bautista (plan B1) : *pl. San Juan. Tlj 9h30-12h30, 16h-18h. GRATUIT.* Incroyable de penser que cette impressionnante église néogothique fut construite au début du XXe s. Commencée en 1907, elle est achevée en... 1977 (par la flèche de 65 m de haut). Contrairement à nombre de sanctuaires néogothiques ou néoromans (on pense à l'horrible Sacré-Cœur d'Abadie, même époque !), la construction s'effectua quasiment à l'ancienne, sans grosse technologie, en soignant particulièrement tout le travail de sculpture (exploit des tailleurs de pierre !). À l'intérieur, lignes et volumes harmonieux et beaux vitraux réalisés en 1916 par des artistes français. En particulier, détailler l'intéressant vitrail de la *décapitation de saint Jean Baptiste,* ainsi que le gisant du Christ par Manolo Ramos González (artiste local qu'on retrouve au Musée municipal). Crucifixion du chœur du XVIIe s. Belle chapelle du Calvaire.

Museo municipal (plan B1) : *parque municipal. ☎ 928-62-81-65. Tlj sf dim et fêtes, 10h-18h (13h sam). GRATUIT.* Certes, d'un intérêt un peu limité sur l'histoire de la ville : quelques documents et souvenirs, un peu de mobilier... Non, c'est plutôt la section sculpture dans la dernière salle qui attire l'attention. On y découvre de très beaux dessins au fusain et des sanguines (surtout des têtes de personnages) de *Manolo Ramos Gonzalez* (1899-1991), l'un des sculpteurs les plus renommés d'Espagne. Au sous-sol, d'autres sculptures et peintures également. Tout autour, un agréable jardin avec de belles essences.

Casa de la Cultura (plan B1) : *c/ Gourié, 3 (rue menant à l'église). Lun-ven 8h30-14h30. GRATUIT.* Ancienne maison du XVIIe s typique. Grimper les quelques marches pour accéder à un gentil patio. Long balcon en bois sculpté soutenu par colonnettes sur socle de pierre. Murs décoré de pilastres. Au milieu, un dragonnier vieux de plus de 150 ans. Accueille aujourd'hui la bibliothèque publique. Petite halte bien reposante.

Fábrica de ron Arehucas (plan A1) : *c/ Alfredo Martín Reyes. ☎ 928-62-49-00. • arehucas.es • Lun-ven 9h-14h (13h été). GRATUIT.* Pour les amateurs, possibilité de visiter la fabrique de rhum (repérable à sa haute cheminée). Fondée en 1884. C'est l'une des plus grandes caves d'Europe avec 6 000 fûts en chêne d'Amérique. Visite de la mise en bouteilles et, bien entendu, dégustation en fin de parcours.

Si l'on dispose d'un peu de temps, visite du ***jardín de la Marquesa*** *(hors plan par A1 ; à 500 m du centre-ville, route de Bañaderos). ☎ 928-60-44-86. • jardindelamarquesa.com • Lun-sam 9h-13h, 14h-18h. Entrée : 5 €.* Outre un joli petit hôtel particulier, on se promène dans un séduisant jardin tropical aux 2 500 espèces. On peut voir aussi l'ancienne ***carrière de la fameuse pierre bleue d'Arucas*** *(☎ 928-62-35-10 ; lun-ven 9h-19h).* Ouverte au XVIe s. Visite de 30 mn environ qui donne une idée de la vie des tailleurs de pierre d'antan. Enfin, petit détour à la ***montagne d'Arucas*** (bien indiqué) pour un saisissant panorama sur toute la région (ancien cône volcanique vieux de 300 000 ans).

Fête et festival

- ***Fête de la Saint-Jean (San Juan)*** : *23 et 24 juin.* La plus grande fête de la ville. Processions dans le vieux centre, feux de joie et feux d'artifice, danses traditionnelles...
- ***Corpus Christi*** : *7 juin 2015 et 29 mai 2016.* Son origine remonterait aux premiers temps de la colonisation. Une quarantaine de tapis faits de sel, sciure de bois, terre locale et fleurs sont dessinés sur le sol des rues de la ville... Dessins particulièrement élaborés, de véritables œuvres artistiques. Procession qui se termine à l'église sous une pluie de pétales de roses, constituant le dernier tapis de la fête... Toujours un dimanche, dates fluctuantes.

FIRGAS

(35430) 7 648 hab.

À 465 m d'altitude, gentille ville toute blanche renommée pour son eau minérale (24 000 bouteilles à l'heure, 24h/24 !). Charmante place de l'*église San Roque,* fondée au XVIe s. Joli campanile baroque en pierre. Terrasse devant la mairie offrant un panorama exceptionnel. Par beau temps possibilité d'apercevoir Tenerife. Sur la route Firgas-Valleseco, *vieux moulin* du XVIe s (qui se visite en principe). Spécialité locale : la soupe de cresson.

Adresse et infos utiles

Office de tourisme : *c/ El Molino, 12. ☎ 928-61-67-47. • firgas.es • Lun-ven 8h-15h.*

➢ ***Pour Las Palmas de Gran Canaria :*** bus n°s 201(1/j.), 202 et 204.

➢ ***Pour Arucas :*** bus n°s 205, 206, 211 et 251.

À voir

Paseo de Gran Canaria : l'image de marque de la ville, une cascade artificielle ornementée qui court sur plus de 30 m au long d'une ruelle. Deux originalités : dans la partie basse, une série de superbes bancs en azulejos collés au mur et ornés des armoiries de chacune des 21 municipalités de l'île. Avec les élégantes et blanches maisons qui l'environnent, l'ensemble compose une ravissante carte postale. Dans la partie haute, rue décorée du paysage le plus représentatif de chacune des îles des Canaries.

MOYA

(35420) 8 054 hab.

« Et j'ai rappelé… le coin éphémère d'un petit village
Une maison tranquille de soleil inondée
Des murs rouges moussus en brique rougeâtres
Et un jardin plein de fleuris citronniers… »

Tomás Morales

Belle route en corniche de Firgas à Moya. À si peu de distance de Las Palmas, déjà un sacré dépaysement quand, venant de Firgas, on aperçoit sa majestueuse église suspendue au bord du *barranco.* Visite de la maison du grand poète *Tomás Morales,* originaire du village. Aux alentours, balade dans la *réserve naturelle de los Tiles.*

➢ ***De Las Palmas :*** bus n°s 116 et 117. D'***Arucas*** : n° 123. De ***Gáldar*** : n°s 124 et 126. De ***Fontaneles*** : n° 127…

Où manger dans le coin ?

Restaurante Los Tilos : *à 3 km de Moya, en direction de Guia. 609-80-56-18. Tlj le midi, le soir slt ven-dim (téléphoner pour vérifier). Plats 7,50-17 € (le T-bone).* Dans un hameau minuscule, sympathique auberge de campagne. Cuisine traditionnelle bien troussée, servie généreusement et à prix fort raisonnables. Ne pas manquer la soupe de pois maison parfumée et servie en caquelon, les tendres viandes, le poulet au miel, les délicieuses croquettes... Accueil au niveau de la qualité des mets !

À voir

🍴🍴 ***Casa-museo Tomás Morales :*** *pl. Tomás Morales, s/n, en face de l'église. ☎ 928-62-02-17. • tomasmorales.com • Tlj 10h-20h. Entrée : 2 € ; réduc ; gratuit moins de 18 ans et pour ts le 1er sam et dim du mois.* « C'est une maison rouge adossée à la colline... » où naquit le poète *Tomás Morales* (1884-1921), membre du courant moderniste. Agréable visite à travers des pièces joliment meublées et décorées, ses œuvres et souvenirs, son bureau, sa bibliothèque remplis d'objets familiers et d'art, de photos, et son buste réalisé par Victorio Macho...

TEROR

(35330) 12 926 hab.

Capitale religieuse de l'île, une des villes les plus séduisantes qui soient. Ravissement de se promener dans ses rues de charme bordées de nobles demeures, de découvrir sa basilique et son incroyable magnificence... Attention, vous n'y serez pas seul, destination privilégiée de tous les groupes touristiques et des pèlerins !

➢ ***Pour Las Palmas :*** bus nos 216, 220 et 229.

ℹ ***Office de tourisme :*** *plaza de Sintes, 1. ☎ 928-61-38-08. Lun-ven 9h-16h.*

À voir

🍴🍴🍴 ***Basílica de la Virgen del Pino :*** *basilique, lun 13h-20h ; mar-ven 9h-13h, 15h-20h ; sam 9h-20h30 ; dim 7h30-19h30. Musée : lun-ven 13h-15h ; dim 11h-14h, 15h30-17h45. Entrée : 1,50 €.* Construite en 1760, seul le clocher de style gothique portugais subsiste de l'église précédente. Intérieur de la basilique bien sombre d'où se détachent les larges arcades de la nef et les piliers de granit surmontés de fins chapiteaux sculptés. Rotonde à la croisée de transept, avec quatre beaux autels. Mais le must, c'est le ***maître-autel*** à la richesse époustouflante, seulement détrôné, dans la partie musée, par la chapelle haute du chœur et l'incroyable dais en argent de la Vierge, chef-d'œuvre absolu ! Expo de sa fabuleuse garde-robes, toutes brodées de fil d'or et d'argent... Orfèvrerie religieuse également, porte-missel en argent et... témoignages de soutien à l'équipe de foot locale. Boutiques de souvenirs au 1er étage. À côté de la basilique, le *palais épiscopal,* construit à la même époque et du même style.

L'ORIGINE D'UN PRÉNOM TRÈS POPULAIRE !

Des bergers virent une apparition de la Vierge à la fin du XVe s au sommet d'un pin (d'où le nom de la basilique « del Pino »). Depuis ce miracle, « Pino » devint l'un des prénoms de fille les plus répandus aux Canaries (jusqu'en Argentine avec l'émigration). Il provoqua la mode d'autres prénoms liés à la Vierge, comme María del Pilar ou María del Dolores...

🍴🍴🍴 ***Calle Real :*** depuis la ravissante *plaza* devant la basilique et son pin géant, remonter cette large et prestigieuse rue pour admirer le festival de balcons en bois ouvragé sur de nobles demeures des XVIIe et XVIIIe s aux façades colorées, reflet de la prospérité de cette région agricole les siècles derniers.

Museo de los Patronos de la Virgen del Pino : *pl. Nuestra Señora del Pino, à côté de la basilique. Tlj sf sam 11h-16h. Entrée : 3 €.* Ne point manquer ce bel édifice avec élégant patio intérieur et salles richement meublées et décorées. Reconstitution des salles à vivre et salons, avec un beau mobilier des XVIIe et XVIIIe s, ainsi que de nombreux objets d'art, armes, tableaux, attelages divers de la même époque.

Fête et manifestation

– **Grand marché :** *chaque dim 8h-14h.* Grand marché qui se tient depuis deux siècles sur la place de la basilique. Près de 140 stands où l'on peut se fournir en bons produits locaux, surtout les fromages, saucisses, pains, gâteaux artisanaux et même les douceurs des religieuses du coin. Plus, bien sûr, l'artisanat et tous les souvenirs liés au culte de la Vierge.
– **Grande fête de la Vierge :** *8 sept.* Foule énorme et grande ferveur pour la sainte patronne des Canaries.

DE TEROR À LAS PALMAS DE GRAN CANARIA

S'il vous reste du temps, possibilité d'effectuer une large boucle dans la montagne, incluant quelques villes intéressantes au passage et de spectaculaires paysages.

Vega de San Mateo, première étape, au milieu d'une riche région agricole. Offre, en marge de la route, un gentil petit centre colonial autour de son *iglesia San Mateo* (joli campanile), ainsi que des maisons et un kiosque à musique du même style. En bus, n° 303 depuis Las Palmas.

Office de tourisme : *c/ Dr Ramírez Cabrera, 9. Mer-ven 10h-14h, 16h-20h ; w-e 9h-14h.* Installé dans la *Calderata,* maison traditionnelle avec patio (et salle d'expo).

– **Grand marché** avec les meilleurs fruits de la région : *c/ Antonio Perera Rivero, s/n, sam (9h-20h) et dim (9h-14h).*

Santa Brígida *(35300)* **:** à 8 km de Vega de San Mateo. Autre ancienne ville coloniale avec un centre historique de charme. Ne pas manquer d'y visiter la **Casa-Museo del Vino** proposant un intéressant petit musée du Vin et présentant tous les bons crus de l'île *(c/ Calvo Soleto, 26 ; ☎ 928-64-44-84 ; mar-dim 10h-14h ; gratuit).* Puis, par *La Atalaya,* se rendre au **mirador de Bandama** pour jouir du panorama sur la caldeira, ancien cratère de volcan de 1 km de diamètre et de plus de 200 m de profondeur, l'une des merveilles de la nature locale... Dans les environs, le *Real Club,* un grand golf verdoyant orné de palmiers, contraste insolite avec la rudesse du paysage. C'est le plus ancien d'Espagne... Balade sympa aussi dans le *barranco Alonso* où l'on découvre de superbes dragonniers.

TAFIRA

Petite ville résidentielle sur les hauteurs. Très prisée des Canariens, à une portée de flèche de Las Palmas de Gran Canaria. Nombreuses demeures cossues avec de luxuriants jardins. À propos, ne pas y manquer le séduisant *jardin botanique...*

À voir

Jardín botánico Viera y Clavijo : *ctra Nueva S. Lorenzo. ☎ 928-21-95-80. • jardincanario.org • De Las Palmas, bus nos 301, 303 et 304, direction Tafila Alta (demander au chauffeur l'arrêt Jardín). Tlj 9h-18h. GRATUIT (pour le moment).* Immense jardin botanique (plus de 30 ha), le plus grand d'Espagne dit-on ! Toutes les espèces endémiques des Canaries, mais aussi de Madère, des Açores, du cap Vert et de bien d'autres pays... Peu de monde, ravissement de se promener sur les pentes du *barranco* et de rêver au long des sentiers, à travers tous les écosystèmes de la région, le monde des palmiers, des cactées et des euphorbes (qu'on se croirait en Arizona !), celui des dragonniers et des *laurisilva*, les arbres les plus hauts de l'île. On y passe 2 à 3h à l'aise...

LA CÔTE NORD-OUEST

Suivre l'autoroute du Nord, vers Agaete. Première étape, *San Felipe* et le vieux quartier de pêcheurs de El Roque. Accroché à un éperon rocheux, avec une belle façade maritime fortifiée (qu'on ne voit d'ailleurs de l'autoroute que lorsqu'on a dépassé la ville !).

Où manger à San Felipe ?

|●| *Locanda El Roque :* *c/ El Roque, 58. ☎ 928-61-00-44. • locandaelroque.com • De la GC-2, sortie Roque-San Felipe. Tlj sf dim soir et lun. Repas 25-30 €.* Dans ce joli petit village de pêcheurs, un resto intime offrant une cuisine de marché de haut niveau, matinée d'effluves italiennes. Belle terrasse au-dessus des flots et confortable cadre intérieur d'une blancheur immaculée rehaussée de photos noir et blanc. Jolie présentation des mets, service impeccable. Une adresse recherchée, penser à réserver (surtout en terrasse).

SANTA MARÍA DE GUÍA (33450) 14 069 hab.

Située à 23 km de Las Palmas et 5 km à l'ouest du *Cenubio.* Intéressant petit centre historique. Voir l'*iglesia paroquiale* du XVIIe s à la façade baroque flanquée de deux tours néoclassiques. Elle présente quelques œuvres de *José Luján Pérez* (1756-1815), célèbre sculpteur en son temps, ainsi que de beaux retables. Place de l'église, belle *casa Quintana* du XVIe s. La *calle Medico Estévez* présente également quelques échantillons de jolies demeures. Parcourir aussi la *calle Cánonigo Gordillo* derrière l'église.
Le village est également la patrie d'un célèbre fromage, le *queso de flor* parfumé à la fleur de chardon. Utilisé dans les *cachirulos,* une délicieuse recette locale.

Adresse et infos utiles

ℹ *Office de tourisme :* *c/ San José, 9. ☎ 928-55-30-43. • santamariadeguia.es • Tlj sf dim 10h-15h.*

➢ ***Bus de Las Palmas :*** n°s 105 et 103.

– ***Fêtes patronales :*** *1re quinzaine d'août.* Avec comme temps fort le 15 août bien sûr. Procession le matin et *Batalla de Flores* l'après-midi... Également, *fiesta de las Marias* *(fin de la 3e sem de sept).*

À voir

Museo Néstor Álamo : *dans la maison natale de l'écrivain Néstor Álamo. ☎ 928-55-30-43. • museonestoralamo.com • Tlj sf dim 10h-15h. Entrée : 1 €.* Également compositeur, musicologue et journaliste. Présentation de sa vie et son œuvre. Au 1er étage, intéressant panorama de toute la musique des Canaries des aborigènes à nos jours.

GRAN CANARIA

À voir dans les environs

¶¶¶ ***Cenobio de Valerón :*** *à 5 km de Santa María de Guía, cuesta de Silva, s/n. 618-60-78-96. • cenobiodevaleron.com • Sur la commune de Santa María de Guía (sortie bien indiquée depuis l'autoroute GC-2). Parking au pied de la falaise. Prendre l'escalier, guichet à mi-chemin. Tlj sf lun et quelques j. fériés, 10h-18h (17h oct-mars). Entrée : 3 € ; réduc.* Site archéologique canarii majeur, l'un des plus importants de l'île. Près de 200 cavités creusées à la main pour servir de silos et greniers à grain. L'érosion du cône avait créé une immense grotte et la roche volcanique tendre et friable fut facile à travailler. La légende d'un couvent de jeunes femmes avec leurs cellules dans la roche ne tint pas longtemps aux yeux des archéologues. Vu la grimpette, on comprend d'ailleurs mieux pourquoi les greniers furent installés à cet endroit. Ils étaient quasiment hors de vue et difficilement accessible aux pillards des villages voisins et aux raids pirates. Une forteresse naturelle. À l'entrée de la grotte, deux dragonniers. Des portes, en pierre le plus souvent, fermaient hermétiquement les cavités pour préserver les outils, les céréales et les semences des insectes et autres animaux nuisibles. Pour cela, les paysans les scellaient avec un mortier de cendres volcaniques pour les rendre invisibles. Panneaux explicatifs bien détaillés également sur la géologie, la flore et la faune régionales. De là-haut, panorama grandiose sur le *barranco* et la mer.

GÁLDAR (35460) 24 139 hab.

À environ 3 km à l'ouest de Santa María de Guía, pittoresque petite cité au pied d'un grand cône volcanique (belles photos au soleil couchant). Ancienne capitale canarii. Au centre, l'*église Santiago* (1778), première des îles construite en style néoclassique. À l'intérieur, baptistère du XVe s où furent convertis les Canarii après la conquête. Petite *casa-museo Antonio Padrón* présentant l'œuvre de ce peintre originaire de la ville *(☎ 928-55-18-58 ; mar-dim 10h-18h ; jusqu'à 19h juil-sept ; 2 €).*

➢ ***Bus Global :*** pour ***Las Palmas de Gran Canaria,*** n° 105, env 15 bus/j. 5h-18h30 (en moyenne ttes les 20 mn). Pour ***Aldea de San Nicolás,*** n° 101, à 7h30, 7h45, 11h15, 15h45, 19h30. Également pour ***Moya,*** n° 124 ; ***Fontanales,*** n° 113 ; ***Montaña Alta,*** n° 107.

À voir

¶¶¶ ***Museo y parque arqueológico Cueva Pintada :*** *c/ Audiencia, 2. ☎ 928-89-57-46. • cuevapintada.com • Tlj sf lun : 15 juin-15 sept, 10h30-19h30 ; dernier tour guidé à 18h (dim 11h-19h ; dernier tour guidé à 17h30) ; 16 sept-14 juin, 10h-18h (dim et j. fériés 11h-18h). Dernier tour guidé à 16h30. Entrée : 6 € ; réduc ; gratuit moins de 18 ans et pour tous le 1er w-e du mois. Attention, les tours guidés (possibilité en français) ne s'effectuent que sur rdv (☎ 902-488-488 ; • entradas.com •).* Plus de 25 années de labeur pour mettre au jour et en valeur cet important site. Musée élevé à l'emplacement d'un ancien village canarien et entièrement dédié à la civilisation canarii, témoignage exceptionnel de la culture préhistorique. Puis, en un parcours didactique, observation des habitations reconstituées et des grottes indigènes, ainsi que les travaux de fouilles depuis de grandes passerelles. Surtout, découverte dans la Cueva Pintada, de ces étranges frises de figures géométriques polychromes à dominante rouge, blanc et noir, image de marque de l'art canarii. Longtemps menacées, mais aujourd'hui bien protégées, de l'humidité comme de l'agitation touristique.

À voir dans les environs

Puerto de Sardina : petit port dans la péninsule, à l'ouest de Gáldar. Populaire pour ses petits restos de poisson frais. Mais toute petite plage et approche assez décevante et manquant de poésie : d'abord, océan de serres en plastique, puis ruines désolées d'autres serres. Vers le phare, routes toutes neuves annonçant un gros programme immobilier... De-ci de-là, des rangées de bungalows peu esthétiques et posés sans goût dans le paysage, énorme complexe touristique déjà accroché aux rochers dans la baie... On file sur *Puerto de las Nieves !*

PUERTO DE LAS NIEVES (35489)

C'est le gentil port à 2 km d'Agaete qu'on est ravi de découvrir en quittant la voie express. Petites maisons blanches agglutinées autour d'une ravissante église coloniale. Vit de la pêche, comme en témoigne la bonne dizaine de restos qui s'alignent sur le quai à touche-touche. Agréable front de mer.

Arriver – Quitter

Bus pour Las Palmas de Gran Canaria : n° 103, fréquent 5h30-23h30. Pour ***Aldea de San Nicolás*** : 4 bus 7h30-19h30.

Bateau pour Tenerife : avec *Fred Olsen (☎ 902-10-01-07 ; • fredolsen.es •).* 4-6 liaisons/j.

Adresse utile

Office de tourisme *(plan A2) : c/ Nuestra Señora de las Nieves, 1. ☎ 928-55-43-82. Dans la rue principale, celle de l'église. Tlj sf dim 9h-16h (13h sam).* Bon matériel touristique. Propose une liste d'une demi-douzaine de *fincas (rural hotels)* dans la vallée d'Agaete, en général dans de beaux environnements.

Où dormir ?

De prix moyens à chic (60-90 €)

Hotel El Cabo *(plan A1,* ***10****) : c/ Antón Cerezo, 20. ☎ 928-88-75-20. • reservas@hotelelcabo.com • hotelelcabo.com • En centre-ville, à 150 m de la plage. Doubles 60-70 €, petit déj-buffet inclus. (parties communes).* Hôtel classique à la façade avenante et aux chambres du même tabac ; nickel, assez spacieuses, fonctionnelles : clim et chauffage, TV satellite écran plat, coffre. Immense terrasse-solarium avec belle vue. Location de vélos. Accueil pro.

Hotel Puerto de las Nieves *(plan A1,* ***11****) : c/ Alcade José de Armas, s/n. ☎ 928-88-62-56. 659-43-83-62. • reservas@hotelpuertodelasnieves.es • hotelpuertodelasnieves.es • Doubles min 80 €, petit déj inclus.* Central également. Hôtel d'excellent confort, accueil ouvert. Une trentaine de chambres agréables. Spa et piscine.

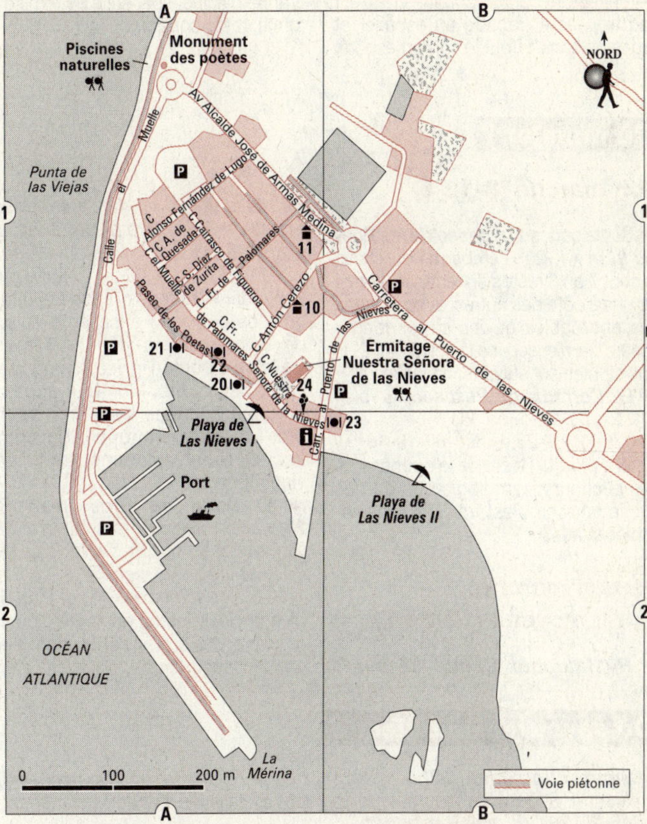

PUERTO DE LAS NIEVES

Adresse utile	**Où manger ?**
Office de tourisme	20 Restos du paseo de los Poetas
Où dormir ?	21 La Cofradía de Pescadores
10 Hotel El Cabo	22 Restaurante Capita
11 Hotel Puerto de las Nieves	23 El Dedo de Dios
12 Roca Negra Hotel	**Où savourer une glace ?**
	24 Cucurucho

Plus chic

Roca Negra Hotel (hors plan par B1, **12**) : *avda Alfredo Kraus, 42.* ☎ *928-89-80-09.* • *info@hotelrocanegragrancanaria.com* • *hotelrocanegragrancanaria.com* • *Après avoir quitté la GC-2, au rond-point, prendre à droite la rue indiquée « barrio El Turman ». Aller jusqu'au bout. Doubles min 110 € (140 € en ½ pens), suites 155-186 € ; petit déj inclus. Repas 20-25 €.* Un poil excentré, avoir son véhicule. Grand hôtel 4 étoiles montrant un effort d'architecture contemporaine vivable... Pas trop haut, façade en escalier et larges balcons... Tout le confort espéré, grande piscine, spa, salle de remise en forme, resto correct...

Où manger ?

Bon marché (8-12 €)

|●| Sur le port, sur le ***paseo de los Poetas*** *(plan A1, **20**)*, l'embarras du choix, ils sont 7 ou 8 restos en terrasse, serrés les uns à côté des autres, avec des prix très abordables et des cartes identiques... Dernier service le soir avant 21h. Choisir bien sûr suivant son feeling !

|●| ***La Cofradía de Pescadores*** *(plan A1, **21**) : paseo de los Poetas, 24. ☎ 928-89-87-23. 📱 628-67-19-46. Tlj jusqu'à 22h30.* Resto de la coopérative des pêcheurs. Tautologie que de dire que le poisson y est frais. Prix raisonnables là aussi.

De bon marché à prix moyens (10-24 €)

|●| ***Restaurante Capita*** *(plan A1, **22**) : c/ Nuestra Señora de las Nieves, 37. ☎ 928-55-41-42. • elcapita@hotmail.es • Tlj sf mar ; midi et soir jusqu'à 22h30 (dim 11h-21h). Menus 12 et 18 €. Viandes 6-13 €.* Salle pimpante dans les tons orange et plantes grasses pour une excellente cuisine de la mer servie généreusement. Délicieux poulpe grillé, *caldo pescado*, paella, etc. Mon tout goûteux, parfumé et d'une belle fraîcheur à prix fort démocratiques. En prime, accueil gentil comme tout, service efficace.

|●| ***El Dedo de Dios*** *(plan B2, **23**) : ctra Puerto de las Nieves, s/n. ☎ 928-89-80-00. En face de l'office de tourisme. Tlj jusqu'à 21h. Plats 7-10 €. Poisson frais 20 €/kg.* L'un des plus anciens restos de la ville, qualité régulière. 2 grandes salles, dont l'une donnant sur le large.

Où savourer une glace ?

Cucurucho *(plan A1-2, **24**) : c/ Nuestra Señora de las Nieves, 6. 📱 645-20-29-30. • velsev@hotmail.com • Tlj jusqu'à 20h.* De bonnes glaces à l'italienne, brownies et crêpes...

À voir. À faire

Plage à gauche du port et très agréable ***promenade aménagée sur le front de mer.*** Elle se termine à droite par des *piscines naturelles (plan A1)* installées dans les rochers et protégées de la fureur des vagues par une barre rocheuse. Quelques marches, une rampe en facilitent l'accès. On a aimé !

Ermita de Nuestra Señora de las Nieves *(plan A1) : rue principale. Tlj en principe 11h-13h (dim 9h-11h).* Jolie chapelle du XVIIIe s. Belle lumière le soir sur sa blanche architecture avec les monts en fond. À l'intérieur, un surprenant (en un tel lieu) et superbe retable flamand du XVIe s.

DANS LES ENVIRONS DE PUERTO DE LAS NIEVES

Randonnées : récupérer à l'office de tourisme leur dépliant décrivant une petite randonnée côtière et trois autres dans la montagne. Celle de *La Palmita à Guayedra* ne fait que 3 km et permet de rejoindre une tranquille plage de sable noir. Celle de *San Pedro à Tamadaba* permet d'avoir un petit aperçu du beau parc naturel de Tamadaba, la pinède la mieux conservée de l'île (description plus bas).

Agaete : au-dessus du port, la ville elle-même, d'une blancheur immaculée aussi. Particularité de la région d'Agaete, on y cultive le seul café d'Europe (en petite quantité). Apprécié des amateurs de café (qui l'achète à la boutique *Agroagaete,* plaza Tomás Morales).
Sur la plaza de la Constitución, voir l'intéressante *iglesia de la Concepción* édifiée en 1874, à la place d'un ermitage de 1515 qui brûla *(ouv lun-ven 11h-13h et heures des messes). Centro cultural* et *hôtel de ville (ayuntamiento)* offrant une architecture canarienne typique, patios et balcons ouvragés.
Les amateurs de chlorophylle iront se balader dans le ***Huerto de las Flores*** *(ouv mer-dim 12h15-16h ; entrée : 1,50 €),* un séduisant jardin botanique qui fut une bonne source d'inspiration pour le poète *Tomás Morales* (voir le chapitre « Moya »).

LE CENTRE DE L'ÎLE

Les routes particulièrement pentues et étroites qui mènent à la montagne canarienne en découragent plus d'un, et c'est votre chance. Les villages du Nord comme *Artenara* sont beaucoup moins touristiques que ceux du Sud, tel *San Bartolomé de Tirajana.* Attention aux brutales sautes d'humeur de la météo là-haut ! Vous pouvez quitter en T-shirt un soleil radieux à *Tejeda* et vous retrouver rapidement dans un épais brouillard vers *Cruz de Tejeda,* puis à affronter une pluie glaciale et une température qui va taquiner le zéro la nuit...
Sinon, paysages amples, voire grandioses... Mais commençons par *Artenara,* un véritable coup de cœur !

ARTENARA (35350) 1 257 hab.

À 1 270 m, le village le plus haut de Gran Canaria. Brut de forme, plein de charme, superbe environnement et point de départ de belles balades alentour. Longtemps, les paysans du coin vécurent dans des habitations troglodytiques. Aujourd'hui, beaucoup ont été réaménagées en *casas rurales,* résidences secondaires et l'une d'entre elles abrite même une insolite *youth hostel...*

Adresse et infos utiles

Office de tourisme : *c/ Camino de la Cilla, 11-13. ☎ 928-66-61-02. Lun-ven 10h-16h.* Bonne doc, bon accueil. A édité un petit guide en anglais très complet sur le village, la région et les chemins de petite randonnée de 2-3h maximum tout autour.

➢ ***Bus Global :*** avec le nº 220, 3 liaisons/j. depuis et pour ***Las Palmas*** (par Teror). Depuis ***Artenara,*** en principe à 6h20, 12h40 et 20h15 lun-ven ; 6h20-18h45 sam ; 10h45-18h45 dim.

Où dormir ?

Cave House Hostel : *c/ Párroco Domingo Baez, 38. 656-60-42-90. • info@elwarunghostel.com • elwarung.com • Nuitée 14 et 16 €/pers, petit déj inclus.* Petite AJ dans le village. Même patron que l'AJ de Las

Palmas, même qualité d'accueil. Simple mais très bien tenu. 2 chambres à 4 lits. Sanitaires nickel. Petite cuisine équipée (avec cuisinière à induction). Organise d'intéressants tours dans la région.

Cave House Hostel : *Poblado de Acusa, à 8 km d'Artenara. Même tél, mêmes prix.* Une succursale de l'AJ précédente pour nos lecteurs, lectrices demi-Robinsons ! Pittoresque petite route menant à un village troglo totalement isolé, creusé dans la falaise. N'y vivent plus que quelques vieilles personnes. Dans le voisinage, quelques troglos rénovées transformées en résidences secondaires. Certaines grottes servirent jadis de tombes aux Canarii. Mettre le véhicule au parking, puis une centaine de mètres à pied pour rejoindre cette minuscule AJ, véritable logement isothermique (toute l'année, température constante de 18-20 °C). Panorama époustouflant depuis la terrasse. À l'aube, c'est « tous les matins du monde ». 6 personnes au maximum. 2 petites pièces. Conditions de couchage simplissimes, mais c'est bien tenu, salle de bains impeccable et petite cuisine équipée juste ce qu'il faut. Apporter sa nourriture, pas de boutique dans le coin. Une adresse qui satisfera totalement les lecteurs fuyant la civilisation !

Dormir confortablement dans une troglo : une agence loue plusieurs *casas cuevas* autour d'Artenara. Coins tranquilles, panoramas superbes, charme de la *casa,* 2 jours de location minimum... *686-79-58-49 ou 649-99-26-36. • artenatur@artenatur.com • artenatur.com •* Entre autres :

Casa El Caldeiro : *jusqu'à 6 pers. 90 € pour 2 pers, 125 € pour 6 pers (réduc après 5 j.).* Cadre et déco campagnards. Murs blancs immaculés. 3 chambres et la salle à manger creusées dans la roche. Cuisine équipée, sanitaires impeccables. Toute petite piscine.

Casa El Mimo : *pour 4 pers. 90 € pour 2 pers, 100 € pour 4 pers.* Creusée dans le rocher également, mais en laissant la pierre brute. 2 chambres. Cuisine. Petite piscine partagée avec la **Casa Las Margaritas** à côté (même genre). Un vrai charme rustique. Bien tenu.

Où manger ?

Quelques spécialités locales : le lapin en vinaigrette, les chevreau et porc grillés, le fromage fermier local (harmonieux mélange vache, brebis et chèvre), pommes de terre « ridées » sauce *mojo* (aux poivrons), le *ropa vieja,* le boudin, la *tortilla de calabaza* (omelette à la citrouille), la soupe de cresson, le miel et tant d'autres choses... À signaler qu'*Abraham Romero González* (enseigne orange « GAMA ») confectionne un populaire « pain de pomme de terre » le samedi. Fabrique artisanale de fromage *Las Lajitas,* sur la route d'*Acusa Seca,* à gauche, peu avant de tourner pour la *Cave House Hostel* (bâtiment blanc cerné de marron).

Bar Díaz : *avda Matías Vega, 9. ☎ 928-66-62-40. À quelques dizaines de mètres de la place principale. Ni enseigne ni n° (heureusement... c'est à côté du 10). Tlj 8h30-16h, 18h-23h. Compter 10-12 €.* Grande porte verte (mais tout le monde connaît). Clientèle de paysans, grimpeurs et randonneurs. Réputé pour ses croquettes, tapas, *bocadillos...* Petit menu.

Mirador la Cilla : *camino de la Cilla, 9. 609-16-39-44. Tlj.* Passer devant la boutique d'*Abraham Romero González,* suivre la rampe à gauche, puis tourner à gauche à nouveau pour le tunnel (bien frais) creusé dans la roche. Et c'est l'arrivée devant un impressionnant paysage. Cuisine traditionnelle correcte et terrasse panoramique à l'abri d'une grotte ouverte (ça va de soi !). Bons hors-d'œuvre, spécialité de grillades, *conejo en salmorejo* (lapin en sauce), etc. Service pouvant se révéler un peu lent (on goûte alors la vue !).

Restaurante Tamadaba : *sur la place principale, à côté de l'église. 618-04-07-80. Tlj 9h-21h.* Pour de bonnes tapas, *empanadas* de truite et le traditionnel *ropa vieja* (bœuf, porc, poulet et pois chiche). Cadre plaisant et accueil sympa.

À voir

Iglesia San Matías : fondée en 1630, puis tombant en ruine, reconstruite au XIXe s. Large façade surmontée de deux petits clochers ajourés. Plan à trois nefs et larges arcades. Intérieur sans caractère particulier si ce n'est quelques fresques de bonne facture (Ascension du Christ et Assomption) et le baldaquin en argent utilisé pour les processions. Avec les bâtiments municipaux tout autour, ça compose un élégant centre urbain.

Ermita de la Virgen de la Cuevita : *à 400 m du village.* Entièrement creusé dans la roche au XVIIIe s, ainsi que l'autel, la chaire et le chœur.

Santiago Aranda Museo : *c/ Camino de la Cilla, 11. À deux pas de la place principale, au même endroit que l'office de tourisme. Tlj 11h30-16h30.* Petit *Musée ethnographique* en partie troglo donnant un aperçu de la vie rustique d'autrefois à travers un mobilier très simple, objets domestiques et familiers.

Pas mal de ***miradors*** pour admirer le panorama. Proche du centre, le plus spectaculaire est celui d'Unamuno où le grand écrivain aimait à se rendre en 1910. Une statue pensive perpétue ce souvenir. Proche du centre également, les miradors de *La Atalaya* et de *La Solanita.*

Fêtes locales

– ***Fiesta de San Matías :*** *dernier dim de fév.* Saint Mathieu est le patron du village et des forêts de pins de la Grande Canarie.
– ***Fiesta de San Isidro Labrador :*** *dernier sam de mai.* Procession le lendemain.
– ***Fiesta de San Juan :*** *dernier dim de juin.*
– ***Fiesta de la Virgen de la Cuevita :*** *août.* La plus importante. Se déroule une grande partie du mois, le 15 août bien sûr, mais un des temps forts a lieu le dernier dimanche du mois, avec des spectacles folkloriques de grande qualité.

DANS LES ENVIRONS D'ARTENARA

Parque natural de Tamadaba : d'abord en direction de San Nicolas, puis par la GC-216, on parvient à la plus grande pinède de l'île... Paysage sauvage, escarpé, zébré de profonds ravins, propice à de superbes balades pour les amateurs de nature intacte. Départ de la *casa forestal* de Tamadaba. Tous renseignements à l'office de tourisme d'Artenara.

Cruz de Tejeda *(35328)* **:** carrefour important de plusieurs routes, serait même le centre historique et géographique des routes de l'île. Également, point de départ de nombreuses randos. Se renseigner à l'office de tourisme de Tejeda. Par exemple, on peut rallier *Teror* (12 km) en 6h environ, mais on peut aussi se contenter d'effectuer *Cruz de Tejeda-roque Nublo* en une grosse demi-heure. Surprenant, là-haut, ça peut être parfois l'hiver : pluie, vent glacial, brouillard à couper à la hache... Mais quand il fait beau, quelle vision que ce spectaculaire effondrement de la caldeira, livrant des paysages époustouflants... Par grand beau temps, on peut même apercevoir le *pic Teide* culminant à 3 718 m sur l'île de Tenerife. Belle croix sculptée devant le *parador.*
Office de tourisme : *dans un kiosque. ☎ 928-66-63-34.*

El Refugio : *Cruz de Tejeda, s/n. ☎ 928-66-65-13. • info@hotelruralelrefugio.com • hotelruralelrefugio.com • Selon saison, doubles 70-80 €, suites 80-90 €. Repas 14 €.* Archi plaisante, genre mas provençal avec

GRAN CANARIA

tuiles à la romaine, au milieu d'un jardin abondamment fleuri. À l'intérieur, ça vieillit tout doucement mais chambres de bon confort, avec clim, chauffage (vérifier qu'il fonctionne en cas de mauvais temps), TV satellite... Resto, bar, piscine, solarium. Bonne cuisine. Cependant, service pas toujours souriant.

Parador Cruz de Tejeda : *Cruz de Tejeda, s/n. ☎ 928-01-25-00. • cruz tejeda@parador.es • parador.es • Doubles 100-150 €, petit déj-buffet inclus. Repas 20-30 €.* Architecture originale, dessinée par le célèbre peintre Néstor de la Torre (ne pas manquer son musée à Las Palmas de Gran Canaria). Beaucoup de pierres apparentes surlignées de blanc, beaucoup d'espaces voûtés. Chambres spacieuses et confortables, certaines joliment mansardées. Spa très agréable, là aussi voûté et décoré de pastilles de céramiques bleutées du plus bel effet. Jacuzzi extérieur « dans les arbres », solarium... Salle à manger cossue où vous dégusterez une fine cuisine à des prix étonnement modérés.

Roque Bentayga : sur la route de Tejeda, une autre fascinante roche à plus de 1 400 m d'altitude, telle une forteresse naturelle, percée de grottes. Là aussi, particulièrement vénéré par les Canarii qui en avaient fait un lieu de culte privilégié. Quelques gravures en témoignent encore. À sa base, on trouve l'*almogarén,* leur lieu de prière. Belle balade également pour s'y rendre.

Centre d'interprétation : *route de Tejeda. Au pied du roque Bentayga. ☎ 928-47-48-51. Tlj 10h-16h (18h w-e).* Intéressante présentation de la culture canarii, ses modes de vie, rites et traditions, son rapport à la nature et à ces rochers mythiques.

Roque Nublo : s'il n'est pas noyé dans les nuages ou le brouillard (porte bien son nom : le « rocher des Nuages »), spectacle fantastique. Le *roque Nublo,* monolithe haut de 80 m, à 1 810 m d'altitude, symbole de la Grande Canarie, s'élève majestueusement comme un doigt de basalte dans le ciel. Très vénéré par les Canarii. Parfois, avec la mer de nuages en dessous, encore plus spectaculaire. Super balade à travers les pins pour parvenir à sa base. Pour une fabuleuse vision des deux rocs en même temps (et peut-être Tenerife), se rendre au *Pozo de las Nieves* (1 950 m) par une pittoresque route (on le subodorait bien un peu !).

TEJEDA (35360) 2 164 hab.

Là aussi, quelle surprise, si vous avez eu la malchance d'avoir eu mauvais temps à *Cruz de Tejeda,* de sortir tout à coup du brouillard et de découvrir la vallée de Tejeda... Après avoir enlevé vos deux pulls (si vous remontez du sud, n'oubliez pas au contraire de les enfiler !), contemplez cette vallée riante sous le soleil, avec la blanche *Tejeda,* lumineuse dans son verdoyant écrin. Que voilà un bien joli endroit pour se poser !

Adresse et infos utiles

Bureau de tourisme : *à l'entrée de la ville, près de la station-service. ☎ 928-66-61-89. • tejedaturistica.com •* Tout petit bureau (un kiosque même), pas vraiment dynamique, se contenter de récupérer les dépliants. Horaires nonchalants.

➢ ***Bus Global :*** n° 18 pour et depuis le ***faro de Maspalomas*** et ***San Bartolomé,*** 5 bus/j. (2 le w-e). De et pour ***San Mateo,*** n° 305, 6 bus/j. 6h20-17h (correspondance pour Las Palmas).

Où dormir ?

🏠 🍴 ***Hostal-bar-restaurante Tejeda :*** *c/ Dr D. Hernández Guerra, 19. ☎ 928-66-60-55. Très central. Double avec sdb 25 €. Repas 10-12 €.* Une poignée de chambres classiques, et fort bien tenues. Certaines avec vue sur la vallée. Resto correct et pas cher. La providence des petits budgets. Accueil bienveillant. Vérifier fermeture en été.

🏠 🍴 ***Hotel rural Fonda de la Tea :*** *c/ Ezequiel Sánchez, 22. ☎ 928-66-64-22. 📱 629-54-84-73. • reservas@hotelfondadelatea.com • hotelfondadelatea.com • Au cœur du village. Double 102 €, petit déj inclus.* 💻 Hôtel d'un certain charme dans une belle bâtisse de pierre. 11 chambres classiques le long d'un balcon, tournées vers l'horizon. Bon confort : clim, minibar, sèche-cheveux, téléphone. Chaleureux cadre intérieur. Ascenseur et solarium. Patronne parlant un peu anglais. Seule petite remarque : les chambres sont globalement bien, mais prix quand même un poil surestimés pour le standing proposé !

Où manger ?

🍴 ***Casa del Caminero :*** *avda del Almendro, 5. 📱 609-16-69-61. Tlj sf mar-mer 12h-17h, 19h-21h30 ; ven-sam 11h-17h, 19h-1h. Repas max 20 €.* Longue demeure blanche abritant un resto-atelier d'artiste-galerie, car Armando, le patron, outre d'offrir une sympathique cuisine, est également artiste peintre. Ses œuvres colorent et égaient les murs, sa cuisine se révèle simple, mais aussi pleine de couleurs. Excellents produits, belle sélection de fromages et de vins. Quelques plats peu compliqués, mais frais, goûteux, parfumés comme la *calabacín* (soupe à la citrouille) et le thon grillé ratatouille... Ici, avant tout, on s'assoie, on se détend et on se laisse envahir par l'atmosphère... En terrasse, merveilleux panorama.

🍴 ***Sombras del Nublo :*** *c/ Hernández Guerra, 12. ☎ 928-66-65-44. 📱 610-99-99-05. Tlj sf mar, midi et soir jusqu'à 21h. Plats max 10 €.* Resto plus classique. Cuisine traditionnelle correcte. Bon accueil. Quelques tables en terrasse surplombant le paysage.

À voir

Quelques petits musées (pour donner du contenu au séjour) et un petit *espace d'herbes médicinales.* D'abord, le ***museo de las Tradiciónes*** (musée ethno) : *c/ Párroco Rodríguez Vega. Au centre du village. Tlj sf lun 11h-16h (15h30 sam). Attention, horaires pas toujours respectés. Entrée : 3 € ; réduc.* Dans une jolie demeure ancienne. Classique présentation de l'histoire (la Préhistoire, la conquête de l'île...). Puis la vie locale, mobilier ancien, objets domestiques, vêtements traditionnels. Petit film... Le ***museo Abraham Cárdenes*** : *c/ Leocadio Cabrera, 2. ☎ 928-66-61-89. Tlj sf lun ; mar-ven 11h-15h ; sam 11h30-14h30 ; dim et fêtes 11h30-16h. GRATUIT.* Là aussi, une élégante demeure avec un buste devant. Expo des œuvres d'*Abraham Cárdenes,* sculpteur natif de Tejeda. Quant au ***Centro de plantas medicinales,*** *c/ Párroco Rodríguez Vega ; tlj sf lun 10h-15h30),* il présente sur 5 000 m² toutes les herbes locales, médicinales et les autres...

Fêtes locales

– ***Fiesta del Almendro en flor :*** *1er dim de fév.* La fête des Amandiers au moment de la floraison.
– Le ***carnaval,*** bien sûr ! Se renseigner sur les dates, fluctuantes.
– ***Fiesta patronale de la Virgen del Socorro :*** *dim suivant le 8 sept.* Procession, et les habitants portent leurs vêtements traditionnels.

SAN BARTOLOMÉ DE TIRAJANA (35290) 3 148 hab.

La première petite cité de montagne côté sud. S'appelait jadis *Tunte.* Plutôt agréable, ayant bien mis en valeur le charme et l'architecture de son centre-ville. Vous n'y serez pas seul cependant, c'est une excursion populaire pour les gens des plages et le début des petites randonnées de montagne.
➢ ***Bus pour Maspalomas et Tejeda :*** nº 18 ; 2-3 bus/j.

Où dormir ? Où manger dans les environs ?

Hotel rural Finca Molino de Agua : *ctra gral de Fataga, km 31, 35108* ***Fataga.*** *☎ 928-17-20-89. 626-80-27-05. • info@elmolinodelagua.com • elmolinodeagua.com • Peu avt d'arriver à Fataga (bien indiqué). Doubles min 75 €, petit déj inclus. Resto tlj 10h-22h (23h ven-sam et fêtes). Plats 8-15 €.* Éloignée de la route, une mignonne petite oasis offrant des chambres plaisantes avec petite terrasse. Piscine. Bon resto près de la piscine, apprécié par les autochtones (vraiment du monde le week-end). Immense terrasse animée, concerts de jazz en fin de semaine. Excellentes grillades, *parrillada* pour 2, sardines grillées, pâtes, etc. Une de nos meilleures adresses !

Où manger ?

Quelques restos dans la rue principale. Le ***Santiago de Tunte*** est correct, bon marché, cadre familier, terrasse de l'autre côté de la rue... *croqueta casera, pescado a la plancha,* tortilla, sandwichs... ***La Cueva*** *(plus loin ; c/ Tamarán, 15 ; plato combinado 12-13 €, plat du jour 7-8 €)* est accueillant et pas cher (poisson du jour, pizza, etc.).

À voir

– Centre urbain de charme. Au fil de ses quelques ruelles, on découvre d'abord la petite place de la mairie *(ayuntamiento),* avec ses ***casas consistoriales.*** Elles présentent l'architecture typique d'une demeure canarienne : pierre grise, façade blanche, balcon ajouré... Puis un petit monument dédié à *Pancho Guerra* (1909-1961), écrivain et grand journaliste à son époque et né ici. Sa maison natale est d'ailleurs à deux pas. L'***iglesia parroquiale*** comprend trois nefs séparées par de larges arcades. Inhabituel, on y trouve de très nombreuses statues polychromes, dont un martial *saint Jacques à cheval.* Juste au-dessus, joli plafond de bois sculpté de style mudéjar.
Du ***mirador de la Orilla,*** belle vue sur la *caldeira de Tirajana,* avec en fond le *risco Blanco,* massif vieux de 3,7 millions d'années, impressionnante falaise de près de 1 000 m de haut !...

Museo etnográfico : *c/ Traversa de la Iglesia. ☎ 928-12-73-44. À deux pas de la mairie, au bureau de tourisme. Visite guidée (prendre contact avec le point d'info).* Niché dans la *Casa Los Yánez,* belle demeure typique du XIXe s. Patio central. Pièces ayant conservé leur mobilier original, objets domestiques, vaisselle, porcelaines donnant une bonne idée du mode de vie de la bourgeoisie rurale.

DANS LES ENVIRONS DE SAN BARTOLOMÉ

Santa Lucía : charmante bourgade de montagne qui vaut le détour pour ses paysages préservés et de nombreux témoignages de la civilisation canarii. En effet, c'est ici, au lieu-dit *fortaleza de Ansite,* un ensemble de grottes dans un superbe environnement, que se déroula la dernière bataille livrée contre les conquistadors. Voir l'*iglesia de Santa Lucía,* puis le *museo-castillo de la fortaleza El Hao* et son étrange architecture *(c/ Tomás Arroyo, s/n ; tlj sf sam 9h-14h ; entrée : 2 €).* Petit, intime. Collections archéologique et ethnographique. Marché traditionnel le dimanche de 8h à 14h. Pour finir, ne pas manquer le ***mirador de Guriete*** et d'aller admirer la sérénité exubérante des paysages du côté de la ***presa de Sorrueda.***

DE SAN BARTOLOMÉ À MASPALOMAS

Belle route panoramique en descendant vers *Maspalomas.* En chemin, petit arrêt à ***Fataga,*** adorable et paisible village au sein d'une oasis, avec ses demeures typiques où la pierre apparente surligne joliment les blanches façades. Quelques bodegas dans le centre.

LE SUD DE L'ÎLE

PLAYA DEL INGLÉS, SAN AGUSTÍN ET MASPALOMAS

Quasiment sans transition, on arrive dans un autre monde ! La Canarie balnéaire, la célèbre trilogie qu'on prend en pleine figure... En fait, pas de séparation entre ces trois entités, elles se suivent sans discontinuité. Cependant, elles possèdent chacune une identité très différente. *Maspalomas (plan général)* concentre les grands hôtels de luxe, un golf et les fameuses dunes... *San Agustín* serait la station balnéaire classique, plutôt plus humaine que tant d'autres... Entre les deux, *Playa del Inglés (zoom),* plage et ville tout à la fois. Et c'est ça qui rend d'ailleurs *Playa del Inglés* si intéressante. Elle n'est absolument pas une de ces concentrations désincarnées pour touristes, comme celles qui s'étirent jusqu'à *Mogán.* C'est une ville vivante (euphémisme !), fiévreuse, trépidante, agitée, voire folle par moments. Une ville avec une sensation réelle de liberté, une ville ouverte, tolérante... Pas étonnant qu'elle soit devenue la mecque de tous les homos du monde et qu'elle fascine tant hétéros et *gay-friendly !* En outre, elle offre une des plages les plus belles des Canaries, une moyenne de 24 °C toute l'année, des restos à la pelle et une vie nocturne assez démente ! Bon, on y va !

MASPALOMAS, UNE MUNICIPALITÉ RECONNAISSANTE !

Ici, pas de rues, que des avenues... et elles portent toutes des noms de grands tours-opérateurs allemands, anglais, suisses ou scandinaves : avenidas Touroperator Neckerman, Tjaereborg, Tui, Finnmatkat, Kuoni... À quand Voyageurs du Monde, Asia, FRAM *ou* Nouvelles Frontières *?*

GRAN CANARIA

Arriver – Quitter

En bus

Bus Global : ☎ 928-76-53-32.

➢ ***Pour Las Palmas :*** nº 1, env 15 bus/j. ; nº 4 (départ Tablero de Maspalomas), 2 bus/j. de très bonne heure ; nº 5 (du faro de Maspalomas), 5-6 bus/j. ; nº 30, env 10 bus/j. ; nº 50, 8 bus/j.

➢ ***Pour Tejeda et San Bartolomé :*** n° 18 ; 2-3 bus/j.
➢ ***Pour Puerto de Mogán :*** n°s 32 et 33, env 10 bus/j. ; n° 1, env 15 bus/j.
➢ ***Pour Telde :*** n° 90, env 10 bus/j.
➢ ***Pour l'aéroport :*** n° 66, ttes les heures 6h20-19h20.

Adresses utiles

Office de tourisme Las Dunas *(plan C3) : avda Tirajana (en bas de l'Hotel Riu Palace Maspalomas). ☎ 928-76-52-42. • turismo.maspalomas.com • Lun-ven 8h-15h.*

Office de tourisme Anexo II *(plan D2) : paseo Marítimo, centro comercial Anexo II (local 20). ☎ 928-76-84-09. • turismo.maspalomas.com • Lun-ven 9h-19h, sam 9h-13h.*

Office de tourisme Yumbo *(plan C2) : junto al C. C. Yumbo Centrum, esquina avda Estados Unidos. ☎ 928-76-78-48. Lun-ven 9h-18h, sam 9h-13h.*

✉ ***Correos*** *(poste ; plan C1) : avda de Tirajana, 37 (edificio Mercurio). 15 juil-15 sept : lun-ven 8h30-14h30, sam 9h30-13h. 16 sept-14 juil : lun-ven 8h30-20h30, sam 9h30-13h.*

Où dormir ?

Même système que dans les autres stations balnéaires. Quasiment pas de pensions, peu d'hôtels traditionnels, mais une foultitude de 3 ou 4-étoiles pour touristes européens et réservés par les agences pour leurs groupes ou individuels. Et, bien entendu, énormément de résidences offrant studios et appartements en location. En règle générale, logements de bonne qualité, toujours propres, seul l'éloignement des plages influe sur les prix. C'est dans la portion de plage entre *Playa del Inglés* et *San Agustín* qu'on trouve les petits hôtels les plus intéressants. En général, sur le mode plutôt horizontal, proche de la plage, dans des coins paisibles et à caractère familial (en gros, aux alentours de la calle Madrid). Naviguer sur les différents sites internet et comparer les propositions.

Hotel Las Orquídeas *(plan D1-2,* ***10****) : c/ Madrid, 28. ☎ 928-76-23-61. 📱 640-19-40-07. Apparts 2 chambres 50-65 € suivant saison.* L'archétype de la location bon marché. Petite structure en longueur sur 2 étages de style canarien (tuiles à la romaine). Apparts dans un environnement fleuri et végétal agréable. Spacieux, cuisine équipée, balcon. Ménage tous les jours sauf le dimanche. Piscine dans le jardin. Accueil sympa. Globalement, bien pour le prix et, surtout, à deux pas de la plage dans un quartier paisible.

Hotel El Chaparral *(plan D1,* ***11****) : c/ Madrid, 22. ☎ 928-76-23-67. • info@hombergsl.com • hombergsl.com • Apparts 80-120 € suivant saison, sans petit déj.* Genre grosse villa de style canarien, façade d'une blancheur immaculée couverte de bougainvillées, sur 2 étages seulement (et 9 appartements). Beau jardin avec pelouses et palmiers. L'ensemble possède bien du charme. Chambres spacieuses et agréables, certaines avec balcon vers le large ou la piscine. Cuisine bien équipée. Belle piscine. Si c'est complet, le même site loue d'autres apparts, mais dans des structures plus grandes. Ça reste cependant de taille raisonnable, pas loin des plages et toujours à prix intéressants (notamment les hôtels *Montemayor, Alegranza II*, etc.).

Bungalows Doña Rosa *(plan C2,* ***12****) : avda Alemania, 23. ☎ 928-76-02-50. • info@drosa.com • drosa.com • À 300 m des dunes, à 900 m de la plage. Bungalow 2-4 pers min 100 €.* Grand espace gazonné où sont disséminés, autour des 2 piscines, de confortables bungalows, bien orientés en quinconce, pour donner un max de vie privée et rompre l'uniformité. Excellent confort, très bien tenu. En général, avec 2 chambres ; 5 nettoyages par semaine. Bassin pour les mômes.

Sahara Beach Club *(plan C2, **13**)* **:** *avda de Alemania, 53. ☎ 928-76-07-76. • info@sahara-beach-club.com • sahara-beach-club.com • Bungalows 2-4 pers (sofa dans le salon) 60-100 € selon saison.* Hyper bien placé, à 700 m de la plage et collé aux dunes, on se croirait effectivement dans le Sahara. Superbe jardin gazonné avec palmiers. Beaux bungalows tout confort, avec terrasse : cuisine bien équipée, draps changés 2 fois par semaine, TV écran plat satellite, piscine chauffée « l'hiver »...

Où manger ?

L'offre se révèle pléthorique, pour tous les goûts, tous les prix. Voici notre sélection, mais on n'a évidemment pas pu tester tous les restos de la ville !

De prix moyens à chic (12-30 €)

Poncho *(plan C2, **20**)* **:** *avda Tirajana, 14. ☎ 928-76-09-10. Angle pl. Agaete. Tlj 13h-minuit. Compter 15-20 €.* Grand espace agréable ménageant l'intimité des convives, confortables coins banquettes pour les familles, murs décorés de ponchos, ça va de soi... Carte longue comme le bras, des hors-d'œuvre comme s'il en pleuvait, mais les grillades au feu de bois remportent tous les suffrages : burger maison de 220 g, agneau rôti pour 2, paella pour 2, « spécial *Poncho* » (bœuf et crevettes grand format), risotto et tant d'autres bonnes choses.

El Salsete *(plan B1, **21**)* **:** *c/ Secundino Delgado (edificio Jovimar, bloque 1), San Fernando de Maspalomas. ☎ 928-77-82-55. • elsalsete@hotmail.com • Tlj sf dim 13h-23h. Résa conseillée. Menu 12 € le midi lun-ven, carte 25-30 €.* Situé au nord de la ville, dans un quartier un poil excentré (dans une ruelle improbable, repérez le café *Sansaciones* au coin). Ne pas tenter d'y aller avec son propre véhicule (pas facile à trouver, surtout de nuit), conseillé de prendre plutôt un taxi (3-4 € maxi la course). On pèse nos mots, l'un des 2 meilleurs restos de la ville (au fait, qui c'est l'autre ?). Cuisine de marché inspirée, n'utilisant que de beaux produits rigoureusement sélectionnés et recettes classiques finement revisitées. Certes, décor un peu daté, mais accueil pro et élégant tout à la fois. Poulpe traité divinement, délicieuse *zarzuela de merluza,* morue gratinée crème de cresson, porc pomme et raisin caramélisés... mon tout servi généreusement. Si pour le poisson, ça met un peu de temps, c'est que tout est confectionné à la commande ! Un rapport qualité-prix remarquable, relayé par le bouche-à-oreille !

Las Cumbres – Mesón del Cordero *(plan C2, **22**)* **:** *avda Tirajana, 11, edificio Taidía. ☎ 928-76-09-41. • javiermorano@hotmail.com • Tlj (sf mar midi) 13h-16h, 19h-minuit. Plats 10-15 €.* Arches séparant des salles climatisées, murs blancs décorés d'objets, outils divers, mobilier évoquant une chaleureuse auberge de campagne au rustique élégant. Ici, le roi, c'est l'agneau qu'on déguste rôti (tendre et voluptueux), en côtelettes ou en ris sauce au sherry... Sinon, chateaubriand pour 2, *paella valenciana* ou *bacalao* du jour, etc. Service efficace, excellent rapport qualité-prix.

Plus chic (plus de 40 €)

Rías Bajas *(plan C2, **23**)* **:** *avda Tirajana, 26 (et avda Estados Unidos), edificio Playa del Sol. ☎ 928-76-40-33. Tlj midi et soir jusqu'à 23h. Repas 40-45 €.* Le resto des hommes d'affaires, des touristes huppés et des familles chic. Grande salle blanche très éclairée, cadre d'une sobre élégance, maître d'hôtel qui reconnaît ses amis et clients traditionnels, serveurs un tantinet obséquieux, atmosphère légèrement conformiste... Vous nous avez compris, pas routard pour deux pesetas... Cuisine d'assemblage, poisson de haute réputation et viandes tendres. Recettes classiques, cuisine qui n'évolue pas trop, mais

NORD
EL TABLERO
SONNENLAND
EL HORNILLO
MELONERAS
Mercadillo
CC de Ocio
Holiday World
CC
Faro 2
Parque
Urbano
del Sur
Ocean
Atlantique
Park
Campo
de Golf
CAMPO
INTERNACIONA
CC Playa
Meloneras
Palacio
de Congresos
CC
Varadero
CC Bd
Faro
PLAZA
C. COLÓN
PLAZA
DEL FARO
Faro de
Maspalomas
Parque
Toni y
Gallardo
Charca
de Maspalomas
Playa de la
Meloneras
Playa de los Mujeres
Playa del Faro
PUERTO RICO, MOGÁN
Av. de la Europea
Autovia GC 1
GC 504
GC 500
Av del Barranco
Calle Chile
Calle Cientuegos
C. Teobaldo Power
Einstein
Calle Doctor Agustín Millares Carlo
Av. Touroperador Vingresor
Av. Touroperador Kuoni
Neckermann
Av. Alejandro
Finnair
Alfajuela
Av. Tui
Touroperador
C. Touroperador Sunnair
Av. Cristóbal Colón
C. Mare Blanco
Calle Mar Caspio
Calle Mar Báltico
Calle Mar Cantábrico
Mediterráneo
C. Mar del Norte
C. Mar Adriático
21
0 200 400 m
A
B
1
2
3

■ **Adresses utiles**

- Office du tourisme
- Office du tourisme
- Office du tourisme

Où dormir ?

- 10 Las Orquideas
- 11 Hotel El Chaparral
- 12 Bungalows Doña Rosa
- 13 Sahara Beach Club

Où manger ?

- 20 Poncho
- 21 El Salsete
- 22 Las Cumbres-Mesón del Cordero
- 23 Ria Bajas

Où boire un verre ? Où sortir ?

- 24 Hotel Riu Grand Palace Maspalomas

MASPALOMAS – PLAYA DEL INGLÉS

c'est toujours de qualité régulière. Entre autres, le gazpacho andalou ou le turbot poché à la galicienne. Bonne sélection de vins.

Où boire un verre ? Où sortir ? Achats

Comme Las Vegas, *Playa del Inglés,* c'est « *the town who never sleeps* » ! Dans les immenses centres commerciaux, on boit un verre dans les bars les plus fous et animés, on va dans les clubs et on fait chauffer la carte de paiement à blanc dans les boutiques où se côtoient le meilleur et le pire...

🍷 ♩ ♫ **Yumbo Centrum** *(plan C2) : avda Estados Unidos.* ☎ *928-76-41-96.* Le plus grand centre commercial de Gran Canaria, plus de 200 boutiques, restos, bars et clubs. Immense espace de forme rectangulaire, entouré de bâtiments de 3 étages. Construit en 1982. Remarquons que question architecture, on n'a pas été chercher *Franck Ghery* ni *Renzo Piano !* Mais, en général, les gens qui y viennent ici s'en foutent complètement. C'est avant tout le bastion européen de la LGBT Community *(lesbian, gay, transgender, bisexual),* rejoint par de nombreux hétéros et *gay-friendly* pour faire la fête, s'éclater ou tout simplement vivre une atmosphère tout à fait unique en Europe, voire au monde ! Impossible de décrire, il faut le vivre... Aux bars où l'on cause et *cruise,* succèdent ceux avec shows déjantés de drag-queens ou shows chauds de *gogo boys* en cuir ajouré faisant *table top !* Plus, les clubs exclusivement gays et quelques boîtes mixtes... En mai, c'est ici et aux alentours que se déroule la *Gay Pride* la plus démente (voire hallucinée) du monde ! À vivre aussi, globalement, pour cette ambiance de liberté totale et de tolérance qu'on ne retrouve nulle part ailleurs... Dur de rentrer au pays après !

🍷 ***Hotel Riu Grand Palace Maspalomas*** *(plan C2-3,* **24***) : au bout de l'avda Tirajana.* ☎ *928-76-95-00.* Le 5-étoiles le plus luxueux de la côte sud. Collé aux dunes, dans un immense et luxuriant jardin tropical, l'endroit idéal pour boire un verre en terrasse ou au bord de la piscine au jour déclinant. Le soir, assez féerique !

À voir

Les dunes de Maspalomas *(plan B-C3) :* paysage tout à fait original, une tranche de désert littéralement posée en marge d'une ville moderne. 400 ha de dunes, 4 km de long, avec une pointe s'enfonçant jusqu'à 1 km dans les terres. Un écosystème unique aux Canaries. Dunes mesurant jusqu'à 10 m de haut, la plupart de type saharien (photos extra tôt le matin et au coucher de soleil). Certaines portent une maigre végétation. Vous y croiserez peut-être le *lagarto gigante* (lézard géant des Canaries), l'*abubilla* (oiseau du désert), plus sûrement des lapins... Vestiges d'une lagune, le *Charca,* où viennent se poser les oiseaux migrateurs et petite palmeraie. Quelques endroits semi-secrets accueillent les naturistes et servent aussi de terrain de *gay cruising...* Aucun risque de se perdre, le grand phare (construit en 1890), de 68 m de haut, sert de repère...

– ***Petit centre d'interprétation :*** *lun-ven 8h-14h30. GRATUIT.*

À faire

Le circuit des plages : après la populaire *playa del Inglés,* tester, vers l'ouest, celles de *Maspalomas* et de *Meloneras.* Cette dernière est celle des hôtels de grand luxe. En profiter pour jeter un œil sur les plus pharaoniques : le *Lopesan Baobab* par exemple avec ses nombreux palmiers, piscines-lagons, cascades et éléphants en béton grandeur nature... Pas mal non plus, le *Lopesan Costa*

Meloneras avec forêt de palmiers, jardin luxuriant, larges vasques bordées de sable, rochers et petites criques à remous. L'une d'elles se confond même avec l'horizon et la mer... Heureux clients qui nageront, eux, dans une grotte artificielle ! Vers l'est, la plage de *San Agustín,* plus classique et familiale...

Nombreuses attractions pour remplir ses journées :
– ***Aqualand :*** *ctra Palmitos Park,* ***Maspalomas.*** *• aqualand.es/grancanaria • À 3 km. Bus n°s 45 et 70. Tlj 10h-17h (18h juil-août). Entrée : adulte 22 € ; enfant 8-15,50 € selon taille ; également des forfaits Aqualand + Palmitos Park.* Une quinzaine d'attractions, piscine à vagues et minitoboggans pour les plus petits.
– ***Palmitos Park :*** *barranco de los Palmitos, s/n,* ***Maspalomas.*** *• palmitospark.es • Bus n°s 45 et 70. Tlj 10h-18h. Entrée : adulte 29,50 € ; enfant 8-21,50 € selon taille ; promo en achetant les tickets sur leur site internet ; également des forfaits Aqualand + Palmitos Park.* Parc à thème dans une petite vallée de palmiers : show de dauphins et de perroquets, présentation d'oiseaux de proie, oiseaux exotiques et de quelques autres animaux (singes, reptiles, poissons tropicaux, papillons, etc.). Nombreuses plantes exotiques, orchidées, cactus...
– ***Holiday World :*** *avda Touroperator Tui,* ***Maspalomas.*** *• parquedeatraccionesengrancanaria.com • En été, lun-ven et j. fériés 18h-minuit. Hiver : dim-jeu et j. fériés 17h-23h (ven, sam et j. fériés 17h-minuit). Entrée libre (on paie à chaque attraction).* Parc d'attractions classique.
– ***Sioux City :*** *barranco del Águila, s/n,* ***San Agustín.*** *☎ 928-76-25-73. • siouxcity.es • Bus n° 29. Tlj et j. fériés 10h-17h (ven 20h-24h). Entrée : 22 € (ven 55 €) ; réduc.* Un genre de cirque à la Buffalo Bill, attaques d'Indiens, duels de cowboys, exhibition de chevaux, défilé de troupeaux, etc. Le vendredi, grand show et barbecue.

DE PLAYA DEL INGLÉS À PUERTO DE MOGÁN

La route côtière ne dessert que les grandes concentrations touristiques, comme ***Arguineguín, Patalavaca, Puerto Rico, Tauro, Taurito*** et, de fait, elle ne présente guère d'intérêt. Plus rapide de prendre l'autoroute pour un surprenant petit port de charme...

PUERTO DE MOGÁN (35140)

Au débouché d'un profond *barranco,* notre grand coup de cœur de la côte sud, même si la plage se révèle trop petite au plus fort de la saison. Ce Saint-Tropez canarien aux allures de lumineux décor de théâtre a été surnommé la « petite Venise des Canaries ». C'est quand même un poil exagéré, au prétexte que quelques étroits canaux, traversés de petits ponts, parcourent le port. Il n'en reste pas moins que la construction au ras de l'eau de ce village aux blanches demeures, quadrillé de ruelles fleuries, est une incontestable réussite. Surtout que certaines villas, donnant directement sur le port, présentent de superbes essences d'arbres dans d'exquis jardinets (palmier du voyageur, euphorbe, cocotier, tamarinier...). Bref, il flotte une sereine atmosphère de vacances, une vraie douceur de vivre au long des quais et des terrasses de cafés.

Arriver – Quitter

➢ ***Bus Global :*** pour ***Playa del Inglés, Maspalomas, Las Palmas de Gran Canaria,*** n° 1, env 12 bus/j. Pour ***Mogán*** et ***La Aldea de San Nicolás,*** n°s 84 et 38, 4-6 bus/j.
➢ ***Bateau :*** pour ***Puerto Rico*** et

Arguineguín, 8 départs avec *Blue Bird* (629-98-96-33 ; • *lineasbluebird.com* •) 10h15 (11h15 mai-sept)-17h15 (16h15 pour Arguineguín). Avec *Líneas Salmón* (649-91-93-83 ; • *lineassalmon.es* •), 9 départs 9h45-17h45 (les 2 derniers bateaux slt pour Puerto Rico). Prix A/R : pour Puerto Rico, 11 €, Arguineguín, 19 €.

Adresse et infos utiles

Office de tourisme : *avda de Mogán. ☎ 928-15-88-04.*

Poste : *c/ Esplanada del Castillete. Lun-ven 11h30-13h.*

– ***Marché d'artisanat :*** *au port, ven 8h30-14h.* Très touristique car tous les clients des gros *resorts* de la côte y débarquent nécessairement en même temps. Prix et qualité à l'avenant.

Où dormir ? Où manger ?

Volver Hostel : *c /Las Conchas, 11. 636-15-45-60. • write-me@volverhostel.com • volverhostel.com • À trois pas de la plage, dans le vieux quartier des pêcheurs accroché à la montagne au-dessus du port. Nuitée min 18 €/pers ; doubles 30-36 € selon saison ; tte la maison 90 € (mai-sept), 105 € (oct-avr).* Chouette AJ privée. Propose 2 dortoirs mixtes de 6 lits, un dortoir filles de 4 lits et 4 chambres doubles (dont 3 dans une maison à côté). Cuisine équipée, terrasse avec vue privilégiée sur le port et la ville. Ensemble très coloré (les salles de bains sont de vraies œuvres d'art) et fort bien tenu. Accueil sympa et chaleureuse atmosphère. Possibilité, pour bande d'amis ou famille, de louer entièrement la maison d'à côté (3 chambres, cuisine et 2 salles de bains). De belles adresses comme celle-là sont très rares, fort recommandé de réserver !

Pensión Eva : *avda El Marinero, 65. ☎ 928-56-52-35. À l'entrée de la ville, à 800 m du port. Doubles 20-25 €.* Demeure particulière offrant 14 chambres simples, mais bien tenues. Un genre d'AJ privée. Sanitaires communs. Accueil anglophone.

Hotel Puerto de Mogán : *à l'extrémité de la marina, côté est. ☎ 928-56-50-66. • reservas@hotelpuertodemogan.com • hotelpuertodemogan.com • Doubles standard 47-87 €, superior 75-103 € selon confort et saison.* Location d'appartements de bon confort avec cuisine équipée dans le quartier du port.

El Sirocco : *670-64-51-79. • info@moganelsirocco.com • moganelsirocco.com • Apparts 1 chambre 45-90 € selon surface et emplacement, avec 2 chambres 105-110 €, + 40 € en fin de séjour pour le nettoyage.* Location d'une vingtaine d'appartements dans les belles villas du port et aux abords.

Marina Apartments et resto : *sur le port. ☎ 928-56-50-95. 609-55-86-00. • info@barmarina-mogan.com • mogan-apartments.com • Apparts mêmes prix que les précédents. Plats 7-15 €.* Location de confortables appartements dans le quartier du port. Les clients peuvent alors utiliser la belle piscine dépendant de leur resto et située devant la marina. Bons burgers maison, calamars ou saumon fumé avec crevettes et avocat, petite sélection de viandes, *pimientos* du patron (euh, de Padrón, pardon), etc.

Très nombreux restos sur le port : ils sont à touche-touche et proposent tous des menus pas chers. Choisissez suivant votre intuition. Très cornélien, tout ça ! Comme au *Routard* on aime aussi beaucoup l'Irlande, pas d'état d'âme, on a donc grignoté à l'***Irish Tavern*** face à la marina : cuisine de bon aloi, produits frais et bons desserts maison (ah, le *limon cheese cake !*). *La plupart des plats 7,50 €.*

DE PUERTO DE MOGÁN À LA ALDEA DE SAN NICOLÁS

Excursion d'une petite journée pour ceux qui disposent de plus de temps. Fort belle route musardant dans de larges vallées et d'austères paysages minéraux, avec des points de vue parfois saisissants. Quelques taches vertes de-ci de-là grâce aux euphorbes, quelques maigres épineux et les mini-oasis au fond des vallées. En chemin, un clin d'œil artistique de la nature : *Los Azuelos.* Les différents composants minéraux de la roche ont créé cette étrange palette de couleurs sur les parois de la montagne. Au passage, la petite bourgade de ***Mogán.*** Paisible centre-ville pour déjeuner ou boire un verre. Quelques restos calle San José (le *Gladiatore,* la *Casa Enrique*...), on a plutôt opté pour le ***bar El Pueblo...*** Eh bien, pas touristique du tout et le peuple y était ! *Plats env 7 €. Pescado a la plancha, bocadillos,* gambas à l'ail, tortilla, *plato combinado*... Bon accueil.

LA ALDEA DE SAN NICOLÁS

(35470)

Si vous fantasmiez sur cette lointaine et sauvage côte ouest, remballez vos rêves. Vous allez plonger brutalement dans un océan de serres en plastique *(el mar del plastico !),* ceinturant une ville sans trop de charme ni caractère. Bon, avant tout ville-étape pour les amoureux de cactées (voir plus loin), les randonneurs (les environs se révèlent quant à eux superbes, mais ça demande des efforts), ainsi que ceux, celles qui auront eu la bonne idée d'y être le 11 septembre... Les autres ne manqueront pas d'aller se baigner à la gentille *playa de la Aldea.* Pour dormir, quelques petites adresses pas chères.

HUMOUR POPULAIRE CONTRE POUVOIR DES ÉVÊQUES !

Rituellement, le 11 septembre, sur la plage de la Aldea se déroule la fiesta del Charco *(la « fête du Bassin »). Au son d'une fanfare tonitruante, des milliers de gens dansent et chantent frénétiquement dans une atmosphère indescriptible, puis se jettent dans la mer... tout habillés. Tout ça parce que monseigneur Delgado, évêque de la ville, excommunia ce jour-là, en 1766, tous les habitants pour s'être baignés à moitié nus ! Depuis, la frondeuse population commémore l'événement dans la joie !*

Office de tourisme : *c/ Dr Fleming, s/n. ☎ 928-89-03-78.*

➢ ***Bus Global :*** pour ***Gáldar,*** n° 101, 4 bus 5h45-17h30. Pour ***Puerto de Mogán,*** n° 38, 5 bus 5h45-17h30.

Où dormir ? Où manger ?

Albergue La Hoyilla : *c/ Barranquillo, Las Planchas, sur la route principale, à 2 km de la ville et de la plage de la Aldea (à droite en contrebas). Arrêt des bus nos 101 et 38 à 50 m. ☎ 928-89-12-52. 630-64-90-95. • alberguelaldea@gmail.com • albergue.galeon.com • Nuitées 20 €/pers en dortoir, sanitaires communs ; doubles avec sdb 36-40 €, petit déj compris pour tous. Parking privé.* Bâtiment moderne qui fait penser à une école... Bingo, bien vu, parce qu'on y reçoit aussi des groupes (surtout scolaires). 2 grands dortoirs de 14 lits, 5 chambres doubles et 2 individuelles. Mon tout tenu méticuleusement. Salles de bains nickel. Large terrasse couverte pour lire et boire un verre. Accueil courtois de la patronne (en espagnol), gentille famille. Pour les randonneurs, bonnes infos pour les chouettes balades

GRAN CANARIA

à faire dans le coin. Possibilité de se restaurer (réserver). Barbecue.

Hotel Los Cascajos : *c/ Los Cascajos, s/n. ☎ 928-89-11-65 ou 09-01. Double 50 €, petit déj inclus.* Depuis le rond-point, remonter la rue vers l'église, tourner à gauche au niveau de la *Panaldea.* Le petit hôtel classique aux chambres bien tenues et de confort correct.

Restaurante Segundo : *c/ Alfonso XIII, 18. ☎ 928-89-11-65. Tlj midi et soir jusqu'à 21h. Menu 9 €.* Même maison que l'hôtel *Los Cascajos,* resto situé sur le côté de l'église. Salle carrelée et proprette. Nappes blanches pour recevoir une honnête cuisine familiale.

À voir

Cactualdea Parque Tropical : *c/ Tocodomán, s/n. Peu avt d'arriver à Aldea, sur la gauche (bien indiqué). ☎ 928-89-12-28. • cactualdea@gmail.com • Tlj 10h-18h. Entrée : 7 € ; réduc.* Si les différentes attractions qui balisent l'itinéraire ont quelque peu vieilli, en revanche, le parc des cactus se révélera pour les amateurs d'une grande richesse. Plus de 1 200 variétés de cactus... D'abord tous ceux des Canaries, plus des spécimens provenant du monde entier. Petits chemins empierrés au long des pentes du parc pour admirer une multitude de formes, de couleurs et de variétés, dans de subtils jeux de lumière et d'ombre donnant beaucoup de poésie à l'ensemble. Bar et snack.

Museo Los Cardones : *rue principale. Tlj, horaires fluctuants. GRATUIT.* Impossible de rater ce joyeux capharnaüm de bord de route. On aime bien ces petits musées kitsch très perso, création de passionnés de l'accumulation et du désordre poétique, véritables « Clovis Trouille » de la brocante. Passion pour les vénérables balances, les livres poussiéreux, les objets les plus insolites, voire inutiles et incongrus. Tout au fond pourtant, une cohérente petit section ethnographique avec de vieux outils de toutes sortes. Voilà, quelques bribes d'humanité saisies au passage !

DANS LES ENVIRONS DE LA ALDEA DE SAN NICOLÁS

Playa de la Aldea : à 4 km, celle de la ville, sable noir et quelques cailloux au fond d'une petite baie paisible. Quelques restos dans le hameau, dont l'*Aguas Marinas* proposant un menu bon marché correct.

Playa de Güi-Güi : *au sud de San Nicolás.* Sauvage à souhait, mais ça demandera un peu d'effort. À pied, un sentier suit la côte et traverse de beaux paysages. Compter minimum 3h. Renseignements à l'*Albergue La Hoyilla* pour ceux qui y dorment. Sinon, en voiture, remonter vers *Mogán* et tourner à droite sur la GC-204, vers *Tasártico.* Arrivé au bout du goudron, compter encore 1h30 de marche (environ 5 km).

Playa de Tasarte : *sur la route de Mogán, prendre la GC-205 jusqu'à Tasarte, puis une route récemment goudronnée descend le spectaculaire* barranco *jusqu'aux playas de Tasarte.* Grande plage de petits galets et une autre, plus intime, offrant une belle piscine naturelle. Pas loin, mais on ne peut l'atteindre qu'à pied à marée basse, la plage préférée des naturistes. Super balades dans la montagne dans les environs.
Pour dormir, le sympathique **Blabla Hostel** *(c/ El Lomita, 4, 35478 Tasarte ; ☎ 928-89-43-75 ; ouv tte l'année ; nuitée 16 €/pers).* Maison bien tenue pas trop loin de la plage. Accueil chaleureux et chouette atmosphère.

RETOUR VERS L'EST : DE MASPALOMAS À TELDE...

Pas de plages fantastiques, côte assez urbanisée, mais quelques villes à grappiller au passage : *Agüimes, Temisas, Telde...*

Playa de Pozo Izquierdo : *à env 15 km de Maspalomas.* Ce n'est pas l'environnement le plus sexy, des dizaines d'éoliennes barrent le paysage, mais on y trouve l'une des plages les plus renommées pour le windsurf (ah oui, mais c'est bien sûr, le pourquoi des éoliennes !). Lieu de grandes compétitions internationales, la plage a notamment accueilli le « mondial de windsurf » en 2013.

Centro Internacional de Windsurf : *playa de Pozo Izquierdo, à 200 m du village. ☎ 928-12-14-00. • info@pozo-ciw.com • pozo-ciw.com • Bus nº 90, arrêt Centro comercial Atlántico, puis taxi (4 €). Nuitée 14 €/pers, double 32 €, sanitaires communs. Repas 7,50 €. Parking privé.* Toute seule en bord de mer, une structure moderne tenue impeccablement. Populaire rendez-vous de surfeurs qui savent y trouver une belle atmosphère, un accueil sympa et des chambres et dortoirs (de 8 lits) agréables. On y accueille aussi les non-surfeurs avec la même gentillesse. Possibilité de se restaurer. Grande piscine (3 €).

AGÜIMES *(35260 ; 5 878 hab.)*

Ville un peu en hauteur proposant un *casco antiguo* préservé. Maisons colorées, avec pierres alternées aux angles du plus bel effet. Nombreuses statues dans les rues, dont un chameau qui barre littéralement une ruelle.

➢ **Bus pour Las Palmas :** nº 11 (et nº 21 : moins fréquent).

Adresse et infos utiles

Centre d'interprétation et office de tourisme : *pl. de San Antón, s/n. ☎ 928-12-41-83. • aguimes.es • Lun 8h-15h, 16h-18h30 ; mar-ven 8h-15h.* Fournit tous les éléments pour une visite réussie.

– **Marché de rue :** *jeu, 8h-13h.*

Où camper dans le coin ?

Camping de Temisas : *diseminado Lomo La Cruz, 27, 35270* ***Temisas.*** *☎ 928-79-81-49. D'Agüimes ou de la route principale Santa Lucía-Vecindario (GC-65), prendre la belle route qui court à flanc de montagne (GC-551). Fort peu fréquentée, livrant déjà son pesant de jolis points de vue. Pas une raison pour louper la tte petite pancarte du camping et l'étroite route qui part à droite (venant d'Agüimes). Ouv tte l'année. Compter 10 € pour 2 (avec tente et voiture).* Tout en haut, découvrez un des rares campings de Gran Canaria. Certes, un peu rustique, mais situé dans un coin assez sauvage et livrant un panorama fantastique. Terrain caillouteux et assez ombragé. Sanitaires corrects, sans plus. Épicerie, bar et piscine. Adresse intéressante surtout pour sa situation.

À voir

Iglesia San Sebastián : *lun-sam 9h-13h, 17h-19h.* De style néoclassique, aux dimensions de cathédrale.

Museo de Historia : *c/ Juan Alvarado y Saz. Tlj 9h-17h. Entrée : 2,50 € ; réduc.* Installé dans l'ancien palais épiscopal. Huit salles à thème sur l'histoire de la ville.

À voir dans les environs

– D'Agüimes, route courte mais raide, menant à ***Temisas,*** joli village de montagne. Niché au fond du *barranco,* il offre un panorama séduisant. À quelques kilomètres, les ***gorges de Guayadeque,*** une merveille de la nature *(à l'entrée, petit centre d'interprétation ; mar-sam 9h-17h, dim 10h-15h).* En janvier-février, nombreux amandiers en fleur. Séparé d'Agüimes par l'amorce du *barranco de Guayadeque,* on trouve la ville d'***Ingenio*** qui, en dehors de son festival annuel de folklore, présente surtout l'intérêt d'avoir conservé une tradition d'artisanat (broderie surtout, et poterie, etc.). À voir, dans l'imposante *iglesia de la Candelaria,* un beau retable gothique.

TELDE

(35200) 100 000 hab.

L'autre capitale canarii (avec Galdár) est devenue la deuxième ville de l'île. C'est dire si elle a connu une importante et rapide croissance. C'est aujourd'hui le premier pôle commercial et industriel. En même temps, elle a effectué un superbe travail de rénovation et de mise en valeur de son centre historique.

DEUX OU TROIS CHOSES QUE JE SAIS SUR LA CIRCULATION !

Ville très étendue, entre mer et montagne. L'important développement de Telde a eu pour conséquence une urbanisation pas toujours maîtrisée (années « fastes » 1990-2000) et une approche automobile quelque peu déconcertante. Très peu de panneaux indicateurs, trafic assez dément, logique de circulation peu lisible, quasi-impossibilité de se garer en centre-ville (de plus, pas évident à trouver). Que cela ne vous décourage pas. Essayer de se garer aux alentours du rond-point qui se trouve en haut de la *calle León y Castillo.* Puis redescendre à pied vers le centre historique. Cependant, vous nous avez compris, ne pas tenter de venir en voiture et prendre plutôt le bus.

GRAN CANARIA

Arriver – Quitter

Bus Global : *terminal à l'entrée est de la ville, à côté du mercadillo municipal.*
➢ ***Pour Las Palmas de Gran Canaria :*** n°s 12 (ttes les 30 mn) et 80 (plus direct) pour le parc Santa Catalina (direct, ttes les 20 mn). Également le n° 11 (ttes les heures 6h-22h).
➢ ***Pour Maspalomas :*** n°s 36 (ttes les heures 5h40-18h40) et 90 (ttes les heures 6h30-20h30).
➢ ***Pour Agüimes :*** n° 35 (6 bus/j. 7h-20h45).
➢ ***Pour Santa Brígida :*** n° 24 (6 bus/j. 7h15-20h15).
➢ ***Pour San Mateo :*** n° 13, ttes les heures.

Adresse et infos utiles

Office de tourisme : *c/ Conde de la Vega Grande, 9. ☎ 928-69-81-52 ou 828-01-33-12. • turismo@ayuntamientodetelde.com • teldeturismo.es • Lun-ven 8h-15h30.* Installé dans une grande et ancienne demeure noble (façade ocre rouge), avec élégant patio intérieur. Portail en pierre sculptée surmontée d'armoiries. Bon matériel touristique, plan de ville...

– ***Marché de rue :*** *avda Cabildo Insular, s/n. Près de la station de bus. Sam 7h-14h.*

Où manger ?

Restaurante El Segundo : *c/ León y Castillo, 21. ☎ 928-69-93-65. Dans le centre historique, à deux pas du musée. Ouv ts les midis sf dim. Menu 7 €.* Une chaleureuse petite auberge populaire offrant une bonne cuisine familiale servie généreusement. Derrière le bar, petite salle aux tonalités acidulées rose et vert où l'on se régale du super menu de la casa. Accueil sympa, mais ça allait de soi !

À voir. À faire

Iglesia San Juan : *pl. San Juan.* Elle compose, avec les aristocratiques demeures et les arbres plus que centenaires de la place, un tableau charmant. Vaisseau à trois nefs séparées par de larges arcades de pierre. Voûte en berceau. Admirer le magnifique retable churrigueresque. À gauche du chœur, autre merveille : un triptyque représentant une *Annonciation,* une *Nativité* et l'*Adoration des Rois mages,* peinture flamande de 1539.

Balade autour de San Juan et dans le quartier San Francisco : parcourir la *calle Conde de la Vega Grande* (la rue de l'office de tourisme), bordée d'élégantes demeures. Une ruelle paisible mène ensuite à un gentil jardin public. Végétation exubérante et fraîcheur bienvenue par grosses chaleurs. Petit repos à peine troublé par les chants des colombes et des perroquets en cage tout à côté. Charmante *calle Licenciado Calderín* bordée elle aussi de belles bâtisses anciennes. Remonter la *calle León y Castillo* pour le musée éponyme... Le ***quartier San Francisco,*** autour de son église, est l'autre quartier historique de Telde et l'un des plus anciens des Canaries. Réel plaisir de se balader dans ses étroites et romantiques ruelles chargées d'histoire.

Casa-museo León y Castillo : *c/ León y Castillo, 43-45. ☎ 928-69-13-77. • fernandoleonycastillo.com • Lun-ven 8h-20h, sam 10h-20h, dim 10h-13h. Entrée : 2 € ; réduc.* Deux maisons typiquement canariennes où vécurent depuis l'enfance *Fernando León y Castillo* et son frère. Il fut l'artisan de la modernisation de l'économie canarienne dans la seconde partie du XIXe s et le fondateur du *puerto de la Luz* à Las Palmas. Patio avec une élégante galerie où l'on trouve des éléments décoratifs mudéjar. Visite des appartements et de la bibliothèque. Nombreux objets personnels et familiers, pièces richement meublées et décorées. Belle collection de peintures. Plan original du port de la Luz.

Fêtes

– ***Carnaval :*** *bien sûr, comme partout, en fév.* À Telde, il tient la route, déguisements incroyables. La reine en particulier, jamais vu un costume aussi sublime ! On se sentirait presque à Rio (cela dit, qui est juste de l'autre côté de l'Atlantique, à deux vols d'albatros !)...
– ***Fiesta de San Juan :*** *24 juin.* Feux d'artifice, foire aux bestiaux, expos diverses.
– ***Santo Cristo de Telde :*** *14 sept.* La plus importante fête religieuse de la ville. Grande ferveur et la Vierge est de sortie dans de fabuleux atours d'argent.
– ***Fiesta de San Gregorio Taumaturgo :*** *17 nov.* Se déroule à *Llanos de Jaraquemada* (dans la zone commerciale de Telde). Le plus grand rassemblement de bestiaux de l'île.

FUERTEVENTURA

ABC
DE FUERTEVENTURA

- *Superficie :* 1 660 km^2.
- *Population :* 104 072 hab.
- *Densité :* 63 hab./km^2.
- *Climat :* doux constamment 23-28 °C (en hiver parfois 16-22 °C).
- *Capitale :* Puerto del Rosario. Plus cinq municipalités : Antigua, Betancuria, La Oliva, Pájara, Tuineje.
- *Statut politique :* communauté autonome au sein de la province de Las Palmas
- *Point culminant :* pico de la Zarza (*Jandía*, 807 m).
- *Économie :* tourisme (grande majorité des revenus), agriculture (premier producteur d'aloes des îles avec la plus grande ferme d'Europe, plus grand nombre de chèvres de l'archipel aussi) et pêche.

- Pour la carte générale de Fuerteventura, se reporter au cahier couleur.

La deuxième grande île de l'archipel, la plus proche de l'Afrique (97 km). Aujourd'hui, elle tente d'affirmer son identité entre, sur sa gauche, la « grande » Canarie un poil hégémonique et, sur sa droite, Lanzarote qui lui fait la nique écologique ! En fait, ça ne devrait pas être trop difficile. D'abord, elle possède de nombreuses qualités propres aux deux, et bien sûr, des plus à elle, comme la splendide plage sauvage de *Cofete.* Sans compter des paysages de montagnes et des vallées volcaniques évoquant presque l'Arizona et le Mexique, les magnifiques plages de sable blanc de la côte sud (les plus longues de l'archipel), d'adorables villes coloniales (comme *Betancuria*)

et un très intéressant réseau de musées (et surtout, d'écomusées) remarquablement organisé. Et, toujours bon à prendre, des petits ports de pêche qui ont réussi à passer à travers les mailles des bétonneurs. Pimentez-moi tout ça de belles adresses pour dormir et se restaurer, secouez... cocktail réussi !

UN PEU D'HISTOIRE

On possède relativement peu de choses concernant l'histoire de l'île, surtout la date d'arrivée des premiers habitants. Comme la Grande Canarie, les historiens pensent qu'ils furent d'origine berbère, maghrébine et saharienne et vinrent il y a « quelques milliers d'années » pour les uns, de 1000 à 300 av. J.-C. pour les autres. Le type d'habitat, le genre de céramique et leur décor, les gravures de type libyques-berbères correspondent bien à ces régions. Les aborigènes de Fuerteventura sont appelés *majos,* dont dérive le nom des habitants actuels, les *majoreros.* Ils ne savaient pas naviguer et les archéologues découvrirent une curieuse chose : leur civilisation était régressive. En effet, connaissant l'usage du métal et possédant probablement des pratiques culturelles avancées, les *majos* furent, dans un environnement si dramatiquement pauvre, dans l'incapacité de les mettre en pratique. L'activité se limita longtemps à l'élevage et la récolte des fruits de mer sur les côtes. D'où l'existence des *concheros,* ces gros tas de coquillages, sur la côte nord. Le premier nom de l'île, donné par les Romains, fut *Erbania* (du berbère « Ar-Bani », le mur). Une muraille naturelle de sable et roche fossilisée aurait séparé les deux royaumes qui se partageaient l'île au niveau de l'isthme de La Pared (le mur) : *Ayoze,* roi de Jandía au sud et *Guize,* à la tête du royaume de Maxorata, au nord. Les premiers touristes venaient des peuples méditerranéens : phéniciens, romains, arabes... Trois petits tours, regardaient même pas les séduisants paysages, se contentant de rafler quelques autochtones. En 1339, sur une carte, apparaît le nom « *Forte Ventura* » pour la première fois.

La conquête

Le premier tour-opérateur un peu sérieux fut le Normand *Jean de Béthencourt,* secondé du Français *Gadifer de La Salle.* Il débarque en 1402, dans le coin d'Ajuy (côte ouest), avec 23 Normands et 40 Andalous et (bon choix) fonde *Betancuria,* dans ce qui est toujours une vallée heureuse. Ça doit lui plaire puisqu'il y reste 3 ans. Pas trop de massacres, il semble que la cohabitation avec les *majos* fonctionna plutôt (et puis, ils ne purent pas se réfugier dans les hautes montagnes comme les Guanches de Grande Canarie)... En 1450, l'île compte déjà 1 200 habitants (principalement à Betancuria et ses environs). Les XVIe et XVIIe s sont principalement marqués par les raids des pirates venant s'approvisionner en eau et viande. Le seul grave événement fut l'invasion berbère de 1593 qui dura 6 mois. La capitale et (hélas) toutes les archives de la colonisation furent détruites. De ce moment datent les premières fortifications de l'île (*El Cotillo* et *Caleta de Fuste*). Philippe II, roi d'Espagne, nomme un chef militaire (le Colonel) qui acquiert un énorme pouvoir et dont la charge est héréditaire. Il finit par posséder une grande partie du nord de l'île, le reste se partageant entre les grandes familles nobles qui aidèrent à la conquête et à la colonisation. Régime quasiment féodal. Leur pouvoir disparaît cependant avec la reprise en main de Madrid, la constitution des *Cortès de Cadix* (1810) puis la création des municipalités. On peut aujourd'hui visiter la superbe maison des Colonel à La Oliva. Au XIXe s, en raison de l'aridité de la terre, du peu de possibilité de cultures, la population ne progresse pas. C'est une terre d'exil et l'île possède la plus faible densité humaine de l'archipel... Et ce n'est pas l'apport de prisonniers politiques relégués sur l'île (comme Miguel de Unamuno, opposant au régime du général Primo de Rivera) qui va compenser les départs...

Fuerteventura aujourd'hui

Le développement des techniques agricoles, notamment l'agriculture sèche et l'apparition du tourisme vont non seulement enrayer le déclin, mais booster très fort l'économie... au point que l'île connaît la plus forte progression démographique de l'archipel ! Chaque année, près de 1,5 million de touristes viennent découvrir le charme de ses steppes montagneuses et de ses longues plages à la blancheur immaculée... Atmosphère euphorique ces 20 dernières années qui conduisirent, hélas, à une urbanisation mal maîtrisée en quelques endroits. Si la construction des vastes complexes hôteliers a quasiment cessé, en revanche, les grosses stations balnéaires se voient victimes de l'extension des lotissements, pas nécessairement intégrés à l'environnement. Bon, balayons cela, il reste une immense majorité d'endroits préservés. Allons onduler au rythme des dunes de *Corralejo* et pas besoin de machette pour parcourir les immenses vallées africaines ou mexicaines de l'intérieur, les parcs naturels protégés... Et quelle bonne surprise, tous ces petits ports de pêche bien planqués, ayant miraculeusement échappé à la vue de développeurs trop pressés !

GÉOLOGIE ET CLIMAT

C'est l'une des plus anciennes îles de l'archipel. D'origine volcanique, mais les éruptions cessèrent il y a 4 000-5 000 ans. Au rythme des érosions se créèrent de ***fascinants phénomènes géologiques*** comme les « jables », immenses accumulations de sable sous forme de dunes ou de longues plages. Ailleurs, ce sont les « digues », des coulées de lave qui s'ouvrirent des passages à travers des roches plus anciennes et qui réapparurent lorsque l'érosion fit disparaître ces roches. La concentration de « digues » au centre de l'île et sur certaines côtes en fait la plus importante au monde. C'est dans la péninsule de *Jandía,* dans l'extrême sud, qu'on trouve les crêtes escarpées, les ravins et les plongées vers la mer les plus spectaculaires. En revanche, c'est au nord qu'on observe le phénomène des *malpaís,* vastes zones plates de lave sur lesquelles se détachent les alignements de cônes volcaniques anciens. Teintes flamboyantes au coucher de soleil garanties !

Quant au ***climat,*** qualifié de subdésertique, il se caractérise par la faiblesse des précipitations, la dominante des alizés du nord-est et l'effet thermo-régulateur des courants froids des Canaries adoucissant considérablement le climat africain. 3 000 heures de soleil garanties annuellement, des températures douces quasiment toute l'année, 23-28 °C (en hiver, la température descend rarement en dessous de 18 °C). Quant à l'eau, le thermomètre varie de 24 à 19 °C... Bronzer au soleil et se baigner en hiver se révèle bel et bien une activité normale de tous les jours.

FLORE, FAUNE...

Dans ces conditions, proches du désert et fatales au végétal (sans compter les chèvres qui rabotent inlassablement le territoire), on se dit quid des fleurs ! Perdu, on compte à Fuerteventura 13 variétés endémiques (c'est-à-dire qui ne poussent à l'état sauvage qu'ici) pour seulement 1 660 km². À titre de comparaison, le Royaume-Uni et ses 250 000 km² n'en compte que 16 et l'Allemagne (350 000 km² !) à peine 6 ! Sur l'ensemble de l'archipel, on compte 650 plantes endémiques, ce qui en fait l'une des plus importantes richesses botaniques du monde. Bon, on vous laisse découvrir la jolie *tabaiba* aux 10 nuances de jaune, la *salvia herbanica* violette aux allures d'orchidée, la *tunera* orange poussant sur les cactus, l'*aulaga*... Quant à la faune, certes peu spectaculaire, elle est largement représentée par les insectes (5 000 variétés dans l'archipel, dit-on !). Nombreuses variétés de scarabées, par exemple (plus de 30 % endémiques) et la cochenille bien sûr. Question oiseaux, l'île est celle qui en possède le plus grand nombre d'espèces (sédentaires, nidificateurs ou migrateurs). Côté mammifères, c'est plus pauvre : la chèvre (omniprésente), quelques vaches et ânes. Bien sûr introduits par l'homme (la chauve-souris vint par ses propres moyens). Dans vos randonnées, vous apercevrez la marmotte du désert (qui ressemble plutôt à un gros écureuil), le *perenquén* (ou *tarentola* : un genre de gecko) et le *lisneja* (un long lézard, endémique lui aussi). Côté océan, en revanche, c'est l'abondance grâce aux courants marins conditionnant salinité et température des eaux, toujours fraîches et riches en plancton. 390 espèces de poissons et une riche faune marine qui viendra égayer vos assiettes : crabes, crevettes, pouces-pieds, moules, bigorneaux, patelles (chère bernique des Bretons) et céphalopodes divers (et d'été), poulpes, calamars et seiches...

MUSÉES ET SITES

L'office de tourisme de l'île a fédéré une quinzaine de sites, musées et écomusées et édité un dépliant les décrivant fort bien. *Tous ouvrent mar-sam 10h-18h (sf la* casa-museo Unamuno *lun-ven 9h-14h). Rens : ☎ 928-85-89-98.* En 2014, quatre d'entre eux sont fermés : *museo del Centro de interpretación de la Atalayita, Cueva del Llano, Molino de Antigua* et *casa-museo Doctor Mena.* S'informer si certains ont rouvert.

RANDONNER À FUERTEVENTURA

À *Fuerteventura,* le relief, le climat se prêtent bien aux randonnées à vélo ou à VTT. *Easyriders,* une des plus grosses agences de location de vélos et VTT, organise également d'intéressants circuits dans les paysages les plus fascinants (*637-40-82-33 ; • easyridersfuerteventura@gmail.com •).* Randonnées à pied aussi sur les *malpaís,* ces coulées de lave plates qui entourent les anciens cônes. Se procurer, entre autres, le *Guía de Senderos de La Oliva « Huellas de Leyenda »* (les plus belles balades du nord de l'île).

Arriver – Quitter Fuerteventura

En bateau

3 grosses compagnies assurent la desserte de Fuerteventura. Et 3 ports principaux : Corralejo à l'extrême nord, Puerto del Rosario – la capitale – sur la côte est, et Morro Jable au sud, à l'entrée de la péninsule de Jandía.

Fred Olsen Express *(☎ 902-10-01-07 ; • fredolsen.es •)* **:**

➢ ***Corralejo-Playa Blanca*** *(Lanzarote)* **:** le plus rapide (catamaran, 25 mn). 6 traversées/j. en sem, 5/j. le w-e 10h-20h. Embarque 69 voitures (réserver en saison) et 436 passagers. Plus quelques-uns ultra-rapides pour passagers slt.

➢ ***Puerto del Rosario-Las Palmas*** *(Gran Canaria)* **:** 4 traversées/sem en 3h40.

➢ ***Morro Jable-Las Palmas*** *(Gran Canaria)* **:** 14 traversées/sem en 1h40.

Naviera Armas *(☎ 902-45-65-00 ; • navieraarmas.com •)* **:**

➢ ***Corralejo-Playa Blanca*** *(Lanzarote)* **:** bateau classique, traversée en 45 mn. 6 traversées/j. (5 le dim). Un peu moins chère que *Fred Olsen.*

➢ ***Puerto del Rosario-Las Palmas*** *(Gran Canaria)* **:** 5 traversées/sem en 7h30.

➢ ***Puerto del Rosario-Santa Cruz de Tenerife*** *(Tenerife)* **:** 5 traversées/sem en 11h30.

➢ ***Moro Jable-Las Palmas*** *(Gran Canaria)* **:** 7 traversées/sem en 2h30.

➢ ***Moro Jable-Santa Cruz de Tenerife*** *(Tenerife)* **:** 2 traversées/sem en 6h30.

➢ ***Puerto del Rosario-Arrecife*** *(Lanzarote)* **:** 1/j. en 2h30.

Trasmediterránea *(☎ 902-45-46-45 ; • trasmediterranea.es •)* **:**

➢ ***Puerto Rosario-Las Palmas*** *(Gran Canaria)* **:** 1/sem.

➢ ***Puerto Rosario-Cadix*** *(Espagne continentale)* **:** 1/sem en 14h30.

En avion

✈ ***Aéroport de Puerto del Rosario :*** *à 5 km au sud de Puerto del Rosario. ☎ 902-40-47-04 ou 913-21-10-00.* Bus n° 3 pour la ville 7h-minuit, env ttes les 30 mn. Prix : 1,30 €. Bus n° 10 pour Morro Jable.

Office de tourisme : *hall des arrivées. ☎ 928-86-06-04. • info@visitfuerteventura.es • Tlj : lun, mer et jeu 8h-21h ; mar, ven et w-e 10h-17h.*

■ ***Location de voitures :*** Hertz *(☎ 928-60-62-28 ; • hertz.es •)*, Avis *(☎ 928-86-06-22 ; • avis.es •)*, Cicar *(☎ 928-86-05-76 ; • cicar.com •)*.

➢ ***Vols depuis et pour Paris :*** surtout *Air Europa* et *Iberia*, avec escale à Madrid (parfois une 2e escale à Las Palmas ou Tenerife). En hte saison, vols depuis Nantes, Toulouse, Nice, Strasbourg, etc.

➢ ***Vols inter-îles :*** assurés surtout par *Binter Canarias (☎ 902-39-13-92 ; • bintercanarias.com •)*. Notamment, Puerto del Rosario-Las Palmas (Gran Canaria).

Comment circuler dans l'île ?

En bus *(guagua)*

La compagnie ***Tiadhe*** *(☎ 928-85-57-26 ; • maxoratabus.com/tiadhe •)* dessert toute l'île. Excellentes conditions de transport, mais nombre de lignes assez limité. Faire aussi un tour sur *• fuerteventuratransportes.com •*, où une carte interactive matérialise bien les trajets de toutes les lignes.

- ***Ligne 1 :*** Puerto del Rosario-Morro Jable (et n° 10 par Pozo Negro).
- ***Ligne 2 :*** Puerto del Rosario-Vega del Rio Palma.
- ***Ligne 3 :*** Puerto del Rosario-Caleta de Fuste-Las Salinas.
- ***Ligne 4 :*** Pájara-Morro Jable (également, le n° 9).
- ***Ligne 5 :*** Costa Calma-Morro Jable.
- ***Ligne 6 :*** Puerto del Rosario-Corralejo.
- ***Ligne 7 :*** Puerto del Rosario-El Cotillo.
- ***Ligne 8 :*** Corralejo-El Cotillo.
- ***Ligne 11 :*** Tuineje-La Lajita.
- ***Ligne 12 :*** Gran Tarajal-Las Playitas.
- ***Ligne 14 :*** Puerto del Rosario-El Time.
- ***Ligne 15 :*** Puerto del Rosario-Triquivijate.
- ***Ligne 16 :*** Puerto del Rosario-Gran Tarajal.
- ***Ligne 18 :*** Pájara-Gran Tarajal.
- ***Ligne 25 :*** La Lajita-Morro Jable.

Quelques exemples de tarifs : de Puerto del Rosario à Morro Jable, environ 9,50 € ; de Puerto del Rosario à Corralejo, 3,30 € ; de Puerto del Rosario à El Cotillo, 4,25 €. De Pájara à Gran Tarajal, 3,30 €.

En voiture

- ***Voiture de location :*** beaucoup moins cher que sous nos climats continentaux et indispensable pour admirer les « *malpaís* » du centre ! Oui, ne pas hésiter, elle vous permettra d'aller dans les endroits les plus reculés, de prendre toutes les photos que vous désirez et vous assurera une autonomie totale.
- ***Taxi :*** bon marché comparé aux autres prix européens. De l'aéroport (sur la côte est de l'île) à Corralejo (tout au nord), maximum 50 €. Pratique aussi pour rayonner par à-coups sur un petit territoire. Par exemple, depuis Corralejo, vers les petites bourgades du Nord.

PUERTO DEL ROSARIO

(35600) 30 000 hab.

Capitale de l'île depuis seulement la fin du XIXe s, lorsqu'elle détrôna La Oliva grâce au développement de son port et au dynamisme de son commerce. Elle s'appela jusqu'en 1956 *Puerto de Cabras,* ce qui démontrait jusque-là

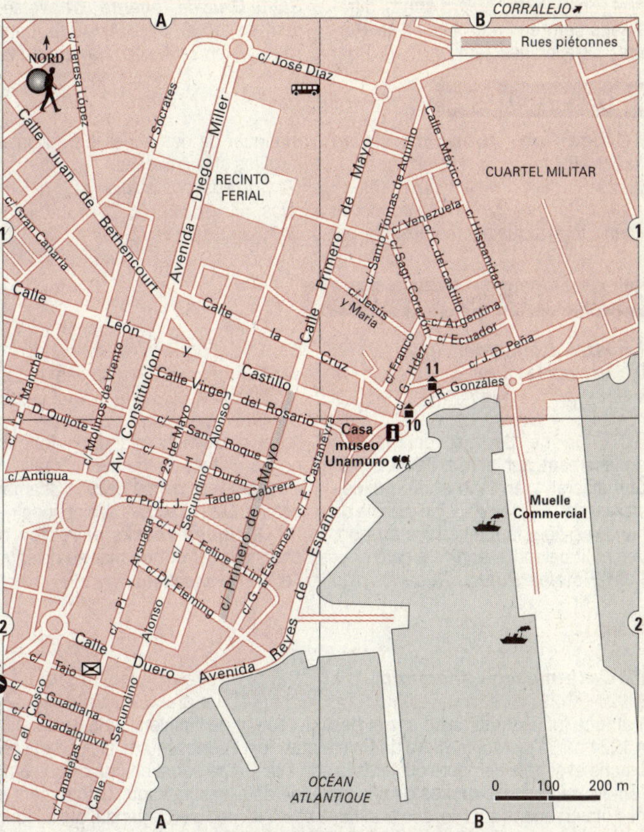

PUERTO DEL ROSARIO

■ Adresse utile	Où dormir ?
Office de tourisme	10 Hostal Roquemar
	11 JM Hosteles Puerto Rosario

l'importance de l'élevage des chèvres dans l'économie de l'île. Longtemps, la ville n'attira pas les foules, cependant de gros efforts ont été faits ces dernières années pour la rendre plus attractive. Notamment, un front de mer relativement bien mis en valeur, accueillant et animé le soir.

Arriver – Quitter

➢ ***En bus :*** nº 1 pour ***Morro Jable*** (et nº 10 par Pozo Negro) ; nº 2 pour ***Vega del Rio Palma*** ; nº 3 pour ***Caleta de Fuste-Las Salinas*** ; nº 6 pour ***Corralejo*** ; nº 7 : pour ***El Cotillo*** ; nº 14 pour ***El Time*** ; nº 18 pour ***Gran Tarajal*** ; nº 15 pour ***Triquivijate.***

➢ ***En bateau :*** pour ***Las Palmas de Gran Canaria*** (Gran Canaria), 4 traversées/sem en 3h40 avec *Fred Olsen.*

Trajet : 3h40. Avec *Naviera Armas*, 5 traversées/sem en 7h30. Pour **Las Palmas** : 5 traversées/sem en 7h30. Pour **Santa Cruz de Tenerife** : 5 traversées/sem en 11h30. Pour **Arrecife** (Lanzarote), 1/j. en 2h30 avec *Naviera Armas.*

Adresses utiles

Office de tourisme *(plan B1-2)* **:** *c/ Almirante Lallermand, 1. ☎ 928-53-08-44. • visitfuerteventura.es • Lun-ven 8h-15h30.* Bon accueil et matériel touristique par thèmes. Ne pas manquer de demander le dépliant sur les sites et les musées.

✉ **Correos** *(poste ; plan A2)* **:** *c/ Canalejas, 2. ☎ 928-53-29-95. Lun-ven 8h30-20h, sam 9h30-13h.*

Où dormir ? Où manger ?

Hostal Roquemar *(plan B1-2,* ***10****)* **:** *c/ Ruperto González Negrín, 1. ☎ 928-53-15-47. • hotelroquemar@hotmail.es • Double 32 €, sans petit déj.* On ne peut rêver meilleur emplacement, sur le front de mer. Petit hôtel discret, bien tenu et d'un excellent rapport qualité-prix. Une dizaine de chambres dont la moitié face au port, avec petit balcon. Machine à café.

JM Hoteles Puerto Rosario *(plan B1,* ***11****)* **:** *c/ Ruperto González Negrín, 9. ☎ 928-85-94-64. • reservasfuerteventura@jmhoteles.com • jmhoteles.com • Double 70 € en sem, 53 € ven-dim.* Un hôtel d'excellent standing, fonctionnel, architecture moderne mais pas incongrue sur le front de mer. Chambres confortables et accueil anglophone.

Quelques snacks et restos pas chers sur le front de mer au niveau de l'office de tourisme.

À voir

Casa-museo Unamuno *(plan B2)* **:** *c/ Virgen del Rosario, 11. ☎ 928-86-23-76. Ouv lun-ven 9h-14h. GRATUIT.* Le grand écrivain Miguel de Unamuno fut destitué de sa chaire de vice-recteur de l'université de Salamanque en 1924 par le dictateur Primo de Rivera et exilé à Fuerteventura. C'est dans cette blanche et simple demeure qu'il passa son exil. Cadre sobre chargé de souvenirs, d'objets personnels, photos de ses amis, de détails émouvants. Notamment ses fines observations sur l'île, ses traditions et sur la mer, bien entendu, qui lui fournit matière à de superbes pages. Mobilier d'époque. Il fut enchanté de l'accueil des gens de l'île dont il disait : « Tels les fils d'un volcan, ils sont fervents et fermes !... »

Le front de mer *(plan A-B2)* **:** joliment aménagé, avec, au carrefour de l'office de tourisme, un curieux ensemble de statues portant de lourds blocs de pierre (parabole du rude travail des hommes ?). En face, côté ville, quelques maigres vestiges du vieux Rosario, dans le pâté de maisons à l'angle de la calle León y Castillo et de la rue descendant du petit *mercado.* Dans la calle Eustaquio Gopar, vénérables demeures et une ancienne taverne aussi. Le petit *mercado* (dans le coude de la rue, à 50 m du front de mer), quant à lui, abrite un fromager où l'on découvre les bons fromages locaux, comme le fameux *semi curado* rouge, le *semi-tierno pimentón gofio* ou le *semi fresco* (entre 9 et 12 €/kg). Faites vos courses avant de vous envoler !

VERS LE SUD

Nous aurions pu tout autant commencer par le Nord, mais nous avions plutôt envie de vous faire connaître tout de suite la magnifique péninsule de Jandía.

Au passage, ***Caleta de Fuste,*** station balnéaire classique, pas trop bétonnée, plutôt plaisante et familiale, mais vraiment peu canarienne. Belle plage spacieuse au fond d'une baie, petit port de plaisance paisible. Une des préférées des Anglais... Renommée pour le shopping aussi. À quelques kilomètres vers le sud, les salines et le *musée du Sel* : ça tombe bien, on y va !

Museo de la Sal : *Salinas del Carmen* *(bien indiqué). ☎ 928-17-49-26. Ouv mar-sam 10h-18h. Entrée : 5 € ; réduc.* Le plus important écomusée de l'archipel consacré au sel. Les marais salants apparurent dès 1720. Vidéo sur l'histoire du sel, présentation de l'architecture des salines, des outils, le travail des sauniers et toutes les utilisations du sel... De même, le commerce et le contrôle du sel, l'écosystème, la flore et la faune et toutes les traditions, légendes, superstitions, proverbes liés au sel... Tout est en espagnol, ne pas manquer de demander le texte en français. À l'extérieur, les grandes salines encore en activité, et sur la plage un impressionnant squelette de baleine.

BIEN DARWINIEN, TOUT ÇA !

Oiseaux, plantes, micro-organismes se sont totalement adaptés à l'ensoleillement, à la sécheresse, au vent et à la salinité. Ainsi les plantes locales ont développé des coussinets et des mécanismes pour éliminer le sel, au moyen de poches adéquates ou par pompage en dehors des cellules. La nature est géniale.

GRAN TARAJAL (35629)

Port de pêche encore dans son jus, avec plus de pêcheurs et d'autochtones que de touristes. Front de mer sympa, grande plage de sable noir et restos populaires (bons repas de poisson garantis). Les jours de fête, tout le monde est dans la rue jusqu'à tard, une liesse authentique !

Où manger ?

Marismas Casa Juana : *avda Paco Hierro, s/n (angle Amanay). 617-97-49-52. Tt au bout, au sud du front de mer, face au terrain de foot. Tlj sf mar, midi et soir jusqu'à 22h30. Repas autour de 10 €.* Très sympathique petite auberge offrant une large terrasse ombragée et, surtout, un accueil délicieux. Toiles cirées pour recevoir poisson ruisselant et fruits de mer d'une belle fraîcheur (délicieux *puntilla de calamar*), et *carne de cabra*. Possibilité de demi-portions.

La Cofradía de Pescadores : *sur le muelle, à l'opposé du Marismas, au nord du front de mer. Tlj sf dim. Repas 10-15 €.* C'est le resto de la coopérative des pêcheurs. Sûr que le poisson frétille encore dans l'assiette. Cadre simple et sans chichis.

LAS PLAYITAS (35629)

Curieuse et généreuse station balnéaire à une poignée de kilomètres au nord de Gran Tarajal. Curieuse car c'est la seule qui a fait de la santé et de la forme physique son image de marque. D'abord, on longe sur plusieurs kilomètres une superbe piste en bord de route pour marcheurs et joggeurs. Puis, on arrive à une plaisante station balnéaire élégamment aménagée. Belle plage de sable et galets gris. Front de mer à l'architecture contemporaine assez travaillée, avec une immense agora (la *plaza Rambla*) où donnent les grandes terrasses du café et du resto chic (un italien correct, le *Luigi*). Généreuse, car on y a découvert une aire officielle pour chats « vagabonds » ou indépendants (au choix). Si, si ! Sur une pelouse, une petite tente a même été installée pour accueillir « officiellement » la nourriture apportée par les amoureux des chats...

Où dormir ? Où manger ?

Playitas Resort : *sur la plage même. ☎ 928-86-04-00. • info@playitas.net • playitas.info • Doubles min 87 €, petit déj inclus.* Super *suites junior.* Dîner-buffet abondant et varié. Sympa, du genre horizontal (pas plus de 2 étages). 223 chambres, mais on ne se sent pas opprimé. Chambres au cadre et décor contemporains assez design, spacieuses, avec grand balcon et tout le confort désiré : clim, douche séparée, minibar, TV satellite, jolie piscine dominant l'horizon... Pour les familles, d'agréables appart-hôtels à louer également.

À faire

... Il va y avoir du sport !

– Pour les nageurs, grande ***piscine olympique*** payante où l'on peut réserver par avance son couloir. *Tlj 8h-20h. Entrée : 2,60 € pour les lignes partagées.* Pour « garder sa ligne », il en coûte 17 €/h.
– Pour les autres : cyclisme, tennis, triathlon, surf, aérobic, parc de fitness, beach-volley, golf, ping-pong, spa et centres de remise en forme, académie du sport pour les *kids* et des activités collectives intéressantes (certaines gratuites)...
– Pas d'office de tourisme, mais téléphoner au ☎ *928-86-04-00* ou consulter le site • *playitas.info* • Pour réserver piscine et vélo : • *sportprebooking@playitas.net* •

COSTA CALMA (35627)

Avec *Morro Jable,* c'est la grande station balnéaire du Sud... Elle grandit chaque année un peu plus, rongeant la montagne alentour, avec des moyens d'accès pharaoniques (et un poil disproportionnés dans l'environnement)... Cela dit, on plonge ensuite dans une magnifique palmeraie. Le succès de la multipropriété y a attiré de nombreux Allemands (plus de 70 % de la station, dit-on !). Reste la plage, légendaire, une des plus belles de l'île et qui s'étire sur des kilomètres.

Arriver – Quitter

En bus

➢ ***Pour Puerto del Rosario :*** bus nº 1, env 15 liaisons/j. (moins le w-e).
➢ ***Pour Morro Jable :*** bus nº 5, ttes les heures 8h30-14h30.

Où dormir ? Où manger chic ?

Hôtel R2 Rio Calma : *c/ Artistas Canarios, 8, urbanización El Granillo. ☎ 928-54-60-50/54 (résas). • reservas@r2hotels.com • r2hotels.com • Double min 132 € en ½ pens.* Belles suites aussi et 384 chambres en tout. Il n'est pas dans nos habitudes d'intégrer de grands hôtels de luxe dans le *Routard,* mais là on va faire une exception... Déjà, cette élégante allure d'église byzantine, son pharaonique volume intérieur avec coupole (et presque un transept), la qualité des matériaux employés, la finition impeccable, déjà ça nous a tapé dans l'œil... Surtout, aussi, ce superbe jardin exotique, ces terrasses et la piscine dont la ligne de flottaison se confond avec celle de la mer. Au lever du soleil, pas un chat dedans, nager est un enchantement... Immense minigolf pour les mômes. Excellents petit déjeuner et dîner-buffet (cependant les desserts pèchent un peu !). Magnifique spa, jacuzzi et toutes ces sortes de choses. Sinon, quelques petites remarques (on voit là notre franchise légendaire) : l'hôtel est assez excentré (avoir sa voiture), soirées peu animées (cela dit, on peut faire le choix du repos total)... Pour finir, accueil pro (bon, c'est normal) et des prix somme toute très acceptables eu égard à la qualité de l'hôtel !

À voir dans les environs de Costa Calma

Petit détour par ***La Lajita,*** village encore préservé au fond d'une petite baie tranquille. Cependant à l'entrée, ça commence à construire, se dépêcher ! Plage de galets gris et quelques bateaux de pêcheurs en activité. Poisson frais dans les restos, ça va de soi.

Oasis Park : *ctra gral de Jandía, s/n,* ***La Lajita.*** *☎ 928-16-11-02. • fuerteventuraoasispark.com • Tlj 9h-18h. Entrée : adulte 28 € ; enfant 3-11 ans 18 €.* C'est la grande attraction touristique de l'île. Un zoo, un jardin botanique, des milliers de cactus, de multiples attractions, pas mal de marche (prévoir bonnes chaussures et chapeau). À faire à l'évidence en famille. Les mômes, par exemple, adorent l'intimité avec certains animaux, voir une girafe venir leur manger dans le creux de la main, se retrouver avec un lémurien sur les épaules... Les quatre spectacles sont assez bien conçus (perroquets, otaries, etc.) et le jardin botanique intéressant. En revanche, éviter peut-être la balade à dos de chameau (parfois longue attente, personnel vraiment peu aimable, finalement assez attrape-touristes !). Certes cher (2 adultes, 2 enfants = minimum 90 €, plus frais annexes), mais grosso modo, les animaux ne semblent pas maltraités et les enfants apprécient très majoritairement. Finalement c'est ça qui compte, non ?

VERS MORRO JABLE

La route longe la plus longue plage de sable doré de l'île. Certains coins ne sont pas encore ou guère urbanisés. Voici les plus populaires : ***Sotavento de Jandía,*** nirvana des surfeurs. En juillet, grosse animation à l'occasion du mondial de planche à voile et kitesurf. Divisée en deux sections : ***risco del Paso...*** Quelques blanches villas, un bar, une école de surf en contrebas et c'est bien tout... Plage très large à cet endroit, petites falaises d'un côté, hautes dunes et collines sablonneuses de l'autre. Puis ***playa de La Barca*** qui, quant à elle, présente une large lagune, du sable fin et fort peu de monde. Ça peut être calme et c'est la joie des familles et des minots, ou très venté et alors les surfeurs exultent...

MORRO JABLE

(35625)

La grande station balnéaire du Sud. Bon, là, à première vue on reste dubitatif ! Il y a ici vraiment overdose de centres commerciaux, emporium et boutiques de n'importe quoi ! Quand, sur l'avenida Marítima, on longe près de 1 km de magasins de fringues et de colifichets, on se demande bien dans quel piège on est tombé ! D'un autre côté, ce n'est pas une plage de vacances artificielle, il existe toujours un centre-ville populaire et animé, ainsi que le vieux port et sa multitude de petits restos accueillants...

Arriver – Quitter

En bus

➢ ***Puerto del Rosario :*** bus n° 1, env 15 liaisons/j. 5h45-22h30 (moins le w-e). Également le n° 10, avec des directs à 6h30, 11h30, 13h30 et 15h45.
➢ ***Costa Calma :*** bus n° 5, ttes les heures 8h30-14h30.
➢ ***Pájara :*** bus n° 4, à 16h15.
➢ ***La Lajita :*** bus n° 25, à 14h10, 21h et 0h15 (le w-e, 15h15 et 18h en plus).

En bateau

Bureaux des ferries et départ des bateaux *(hors plan par A2)* ***:*** *avda Atlantico (sur la grande jetée).* Avec *Fred Olsen,* pour *Las Palmas* : 14 traversées/sem en 1h40. Avec *Naviera Armas,* pour *Las Palmas* : 7 traversées/sem en 2h30. Pour *Santa Cruz de Tenerife* : 2 traversées/sem en 6h30.

Adresses utiles

Office de tourisme *(hors plan par B2)* ***:*** *avda Saladar, sur la droite, 300 m avt le grand hôtel* Riu *(venant du nord).* ☎ *928-54-07-76.* • *turismo@playasdejandia.com* • *Installé en demi-sous-sol (local 88), dans le grand magasin de luxe tt gris (centro comercial Cosmo). Lun-ven 8h-15h. Parking.* Avancer un poil le long du parking, puis descendre quelques marches. Pas facile à trouver (et qu'une petite pancarte sur rue !). Pourtant, c'est l'office de tourisme le plus compétent qu'on ait rencontré sur l'île. Bonne doc, plan de ville et conseils avisés sur les balades à faire. Si c'est Marco, très sympa et rudement efficace.

✉ ***Poste*** *(plan B2)* ***:*** *Buenavista, s/n.* ☎ *928-54-03-73.*

Où dormir ?

Bon marché (20-40 €)

Hostal Maxorata *(plan A2,* ***10****)* ***:*** *c/ Maxorata, 31.* *608-84-79-43. Double avec sdb 35 €, sans petit déj.* Dans une rue tranquille du quartier du port, à deux pas des restos traditionnels. Un des rares *hostales* subsistant encore, modeste, mais confort correct pour le prix. Accueil en espagnol uniquement.

De prix moyens à chic (40-90 €)

Apartamentos Casablanca *(plan A2,* ***11****)* ***:*** *avda del Faro, 6.* ☎ *928-54-17-44.* • *info@apartamentos-casablanca.com* • *apartamentos-casablanca.com* • *Apparts 2 pers 60-80 € mai-sept ; 75-90 € sept-avr (15 €/pers supplémentaire).* 11 appartements seulement dans cette plaisante structure à taille humaine sur plusieurs niveaux de terrasses, très proche de la plage et du vieux port. Bien tenu, vue privilégiée et petite piscine.

Apartamentos Alberto *(plan A2,* ***11****)* ***:*** *avda del Faro, 4.* ☎ *928-54-51-09.* • *alberto@aptos-alberto.com* • *aptos-alberto.com* • *Studios 43-48 €, appart 59 € (jusqu'à 4 pers), tt compris (taxes, nettoyage final, etc.).* Dans un immeuble pas trop imposant et à l'esthétique acceptable, 8 studios (2-3 personnes) et autant d'appartements, avec terrasse ou balcon. Parfaitement tenu, assez spacieux, à notre sens, un de nos meilleurs rapports qualité-prix. Propose aussi des apparts de standing supérieur en leur résidence *Château Morro,* à Puerto Nuevo, mais c'est plus excentré *(70-105 €)...*

Dans le même coin, si les précédents sont complets, essayer aussi les ***Apartamentos Altavista*** *(plan A2,* ***12****), c/ Abubilla, 8.* ☎ *928-54-01-64. Même genre, même prix...*

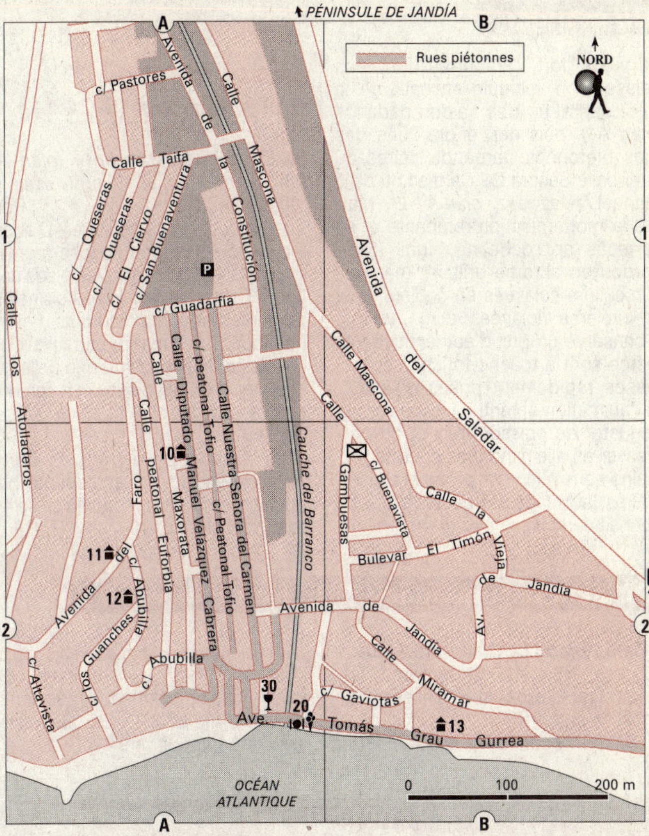

MORRO JABLE

Adresse utile

- Office de tourisme

Où dormir ?

- **10** Hostal Maxorata
- **11** Apartamentos Casablanca et Apartamentos Alberto
- **12** Apartamentos Altavista
- **13** XQ El Palacete

Où manger ? Où acheter une glace ? Où boire un verre ?

- **20** La Laja Restaurante, El Callao et Café Helado La Ola
- **30** El Navegante

Spécial coup de folie

XQ El Palacete *(plan B2, **13**) : c/ Acantilado, s/n. ☎ 928-54-20-70. • elpalacete@xqhotels.com • xqelpalacete.com • Double 210 €, petit déj inclus (promos sur Internet, basse saison 174 €).* Proche du port de pêche, très bien situé. Plutôt horizontal (seulement 2 étages et à peine 55 chambres). Directement sur la plage, un véritable « balcon sur la mer ». Chambres spacieuses et de grand confort. Immense terrasse-solarium avec vue privilégiée. Piscine. Bon resto. Accueil pro.

Où manger ?

Au vieux port, l'embarras du choix. Laisser son véhicule en haut de la ville, dans l'un des vastes parkings *(plan A1)*, puis descendre l'une des rues piétonnes perpendiculaires au port (calle Señora del Carmen ou calle Manuel Vélazquez, *plan A1-2*). Malgré la modernisation rampante et sa curieuse approche new-look (rambardes en chrome brillant, marches d'escaliers éclairées en couleur, jeux de lumières violacées, etc.)... le coin a conservé un poil d'authenticité, les restos sont à touche-touche, les terrasses rapidement prises d'assaut, et l'animation garantie. L'occasion de déguster du poisson frais et de progresser en allemand (nos cousins germains se révèlent ici largement majoritaires, avantage, on peut manger de bonne heure)...

De bon marché à prix moyens (8-24 €)

La Laja Restaurante *(plan A2,* ***20****)* ***:*** *avda Tomás Grau Gurrea, 1. ☎ 928-54-20-54. Tlj jusqu'à 22h.* Pourquoi celui-ci et pas un autre ? D'abord, il bénéficie d'un bon bouche-à-oreille, ensuite, il est carrément les pieds dans l'eau ! On s'attendait à une cuisine plutôt correcte pour un lieu quand même très touristique, mais ce fut mieux que ça : salade de la *casa* d'une belle fraîcheur et énorme poisson cuit comme il faut, service aimable et efficace, addition légère...

À gauche du port, ***El Callao*** possède également ses habitués pour boire un verre en compagnie ou se restaurer simplement.

Où acheter une glace ? Où boire un verre ?

Café Helado La Ola *(plan A2,* ***20****)* ***:*** *à 10 m des flots. À côté de La Laja.* Terrasse sympa, excellentes glaces et bon choix de parfums.

El Navegante *(plan A2,* ***30****)* ***:*** *c/ San Juan, 3. Un peu avt les restos. Mar-ven 18h-3h, w-e 14h-3h.* Bar *lounge* tamisé aux banquettes confortables. Animation musicale, soirée latino le vendredi, vers 21h.

FUERTEVENTURA

LA PÉNINSULE DE JANDÍA

En avant vers la *péninsule de Jandía* et le parc naturel, l'un des moments forts de l'île. À une quinzaine de kilomètres de Morro Jable, au carrefour *playa de Cofete* et *Punta de Jandía,* début de la route en terre battue (tout à fait carrossable pour voitures normales). Tout au bout, à *Punta de Jandía,* un phare très finistérien et une éolienne en migration vers le sud, qui s'est posée là et n'est plus jamais repartie... Du côté du phare, plage rocheuse tranquille et balade en solitaire au long de cette côte sauvage.

Où manger ? Où boire un verre ?

Punta de Jandía : *dans le hameau de* ***Puerto de la Cruz,*** *près du phare. 686-85-22-35. Tlj. Max 15 €.* Pour boire un verre, gentille terrasse avec son décor marin. À l'intérieur, presque un petit musée, jolie collection de maquettes de bateau, de couteaux et de nœuds marins... Cuisine de la mer maison : poisson du jour, paella, *caldo de pescado*...

VERS PLAYA DE COFETE

À partir du carrefour pour Cofete, route en terre battue sur 7 km, également carrossable. Cependant, attention, très étroite !
Arrivé tout en haut, panorama absolument époustouflant... De la ligne de crêtes escarpée, c'est une descente abrupte dans un paysage d'une ampleur saisissante. Souvent, vent à décorner les bœufs et les poids plume à VTT s'envolent (lester le vélo avec une enclume !). Prudence, route encore plus étroite et virages vertigineux. On passe rarement la 3e. Minéralité du paysage rompue parfois par de belles euphorbes typiques de l'île. Et là, au bout du bout du monde, une auberge, quelques abris de bergers et de pêcheurs tout de bric et de broc et un émouvant petit cimetière. Immense plage déserte longue de 14 km. Cependant ici la mer est dangereuse, parfois gros rouleaux et courants violents... En remontant vers la plage de ***Barlovento de Jandía,*** un poil plus au nord, les amoureux de sauvage solitude (et de naturisme) seront comblés. On traverse un impressionnant paysage, sous l'imposante falaise dominée par le ***pico de la Zarza*** (807 m)... *Cofete,* notre grand coup de cœur !

Où manger ? Où boire un verre ?

Restaurante Cofete : *tlj (ferme tôt le soir, normal, personne n'a envie de remonter de nuit !).* ☎ *928-17-42-43. 10-15 €.* Fait bar et resto. Spécialités de *carne de cabra* en sauce, poisson frais et de *caldo de pescado.* Très correct. Terrasse.

SUR LA ROUTE DE PÁJARA

Prendre la FV-605 en direction de Pájara. Au passage, ***La Pared,*** plage réputée pour le surf. *La Pared* (« le mur ») évoque la muraille naturelle de sable et roche fossilisée qui coupait l'isthme en deux... Bon petit resto local : le *Bahia La Pared.* Puis belle route traversant des paysages d'une sévère et poignante austérité. Pas de villages entre La Pared et Pájara... On devine quelques mini-oasis au fond des vallées...

1 à gauche après la Pared
à prendre en photo

LE CENTRE ET LE NORD DE L'ÎLE

PÁJARA

(35628) 1 116 hab.

Beau village paisible qui donne envie de se poser. À l'entrée, côté ouest, sur le rond-point, une statue rend hommage au paysan canarien (en train de traire ses chèvres). Au centre, l'une des plus belles églises de l'île. Pour dormir, des chambres d'hôtes sympas.
– ***Fêtes patronales :*** *2 juil et 15 août.*

Où dormir ? Où manger ?

Casa rural Andresito : *c/ Malpey, 6.* ☎ *928-16-14-42.* *638-74-81-46. • fapesoto@hotmail.com • casaandresito.com • À la sortie de la ville, vers Tuineje (bien indiqué : « Alojamiento Rural »). Compter 50 € pour 2 pers (12 €/pers supplémentaire), tarif dégressif dès la 2e nuit. Et, à côté, dans* *une autre maison, 2 petites chambres 30 €. Pas de petit déj.* Ancienne ferme joliment restaurée, à l'écart de la route dans un coin tranquille. Au rez-de-chaussée, cuisine, salle à manger et une 1re chambre. Une autre au-dessus et une 3e séparée. Style campagnard. Possibilité bien sûr de louer l'ensemble. Conviendrait tout à fait à une famille ou à des amis se connaissant bien. Dans l'autre maison, plus petite et moins de charme (mais très propre), on a une chambre et une grande entrée (avec un clic-clac pour personnes supplémentaires). Accueil affable et hispanophone.

Casa Isaítas : *c/ Guize, 7. ☎ 928-16-14-02/82. 📱 607-92-83-07. • reservas@casaisaitas.com • casaisaitas.com • À 3 mn à pied de l'église, juste à la lisière de la ville, vers Betancuria. Double 84 €, petit déj inclus. Repas max 20 €. Chevreau 14 € (le plus cher), vin à partir de 10 € et au verre 1,75 €. Parking de l'autre côté de la rue.* Dans une jolie demeure canarienne traditionnelle, avec agréable cour intérieure, 2 chambres de bon confort au rez-de-chaussée et 2 à l'étage, toutes identiques. Excellent resto. Ici on n'utilise que des produits locaux de saison, bio ou venant de l'agriculture durable, fromages d'artisans du coin, œufs de ferme... Beaucoup de choix au menu : gratin de poireaux, poivrons farcis, croquettes maison, saucisse de chèvre, *queso assado* (fromage rôti), *baifo al horno* (chevreau au four) et tant d'autres choses savoureuses... Accueil pro.

Los Deportes : *c/ Nuestra Señora de Regla. ☎ 928-16-15-56. Dans la rue principale, à l'entrée du village côté Tuineje. Tlj midi et soir jusqu'à 21h. Repas 5-12 €. CB refusées.* Cadre banal de café des sports, mais accueil sympa. Au mur, photos de navires naufragés, mais ici, la petite cuisine familiale tient bien la mer. Longue carte affichée sur le mur à l'extérieur... Entre autres, le fromage de chèvre frit, le cochonnet grillé, le copieux *plato combinado* très bon marché, les croquettes maison, divers *bocadillos* et sandwichs.

À voir

Iglesia Nuestra Señora de Regla : *au centre du village. En principe, ouv le mat, horaires irréguliers.* Cette magnifique église coloniale affiche le plus beau porche de l'île. Construite en 1687, mais consacrée en 1733. Porche sculpté de figures géométriques, enrichi de motifs d'oiseaux exotiques, serpents, soleils, têtes humaines où l'on discerne une nette influence de l'art aztèque. Assez unique car délaissant le baroque canarien traditionnel. À l'intérieur, deux nefs à colonnes de pierre et larges arches romanes, deux chœurs, deux ravissants retables très finement ornementés (1 € pour la lumière).

– Sur la ***place de l'église,*** noter l'antique système de roue à godets pour tirer l'eau.

DANS LES ENVIRONS DE PÁJARA

Tuineje *(35629)* **:** pour s'y rendre depuis Pájara, la FV-30 suit une belle vallée via le petit bourg de *Toto.* Village tranquille, qui mérite la halte pour son intéressante *église San Marcos* du XVIIIe s : façade blanche avec pierres apparentes en damier d'un bel effet. Avec les maisons autour, forme un harmonieux ensemble.

Casa rural Tamasite : *c/ Tamasite, 5. ☎ 928-16-49-91. 📱 605-60-61-35. • info@casatamasite.com • casatamasite.com • Dans le village, à l'écart de la route, coin calme (bien indiqué). Compter 60-70 € la double. (à la réception).* Ancienne ferme vieille de deux siècles et joliment rénovée. Propose 4 gîtes de charme bien équipés (lave-linge, micro-ondes, TV, etc.). Certains avec beau plafond en bois d'époque et murs en pierres apparentes. Pour 3 personnes, sauf le gîte *Ajuy* qui en accueille jusqu'à 5. Cour agréable croulant sous les bougainvillées, avec barbecue dans 2 fours traditionnels et piscine de poche pour faire trempette. Bon accueil. Location de vélos. Dispose de 2 autres gîtes plus grands, les *Moriscos I* et *II* (5 et 6 personnes).

Centro de interpretación Los Molinos *(les moulins) : à **Tiscamanita,** quelques km au nord-est de Tuineje. ☎ 928-16-42-75. Ouv mar-sam 10h-18h.* Pour connaître l'histoire des moulins, pour comprendre leur importance dans l'économie et la vie quotidienne jadis. Celui-ci broie toujours le maïs pour donner le *gofio.* Explications seulement en espagnol. Grimper dans le moulin pour voir tout le système : la meule de pierre, l'engrenage, le mode d'arrivée du grain... Sinon, salles assez techniques avec les schémas d'engrenage. Au 1er étage de la maison, maquettes de deux moulins à vent traditionnels.

à faire avec Will

Où dormir ? Où manger dans le coin ?

Agroturismo La Gayría : *c/ Immaculada, 8, Lugar de Abajo, **Tiscamanita.** ☎ 928-16-49-91. 📱 605-60-61-35. • info@casatamasite.com • agroturismolagayria.com • Du centre du village, bien indiqué (descendre la rue perpendiculaire à l'église). Double 50 €, petit déj inclus (dans un bar du village). 3 j. min.* Même proprio que la *Casa rural Tamasite,* à Tuineje. On est presque à la campagne, d'ailleurs la ferme fonctionne toujours. Spécialisée dans la production de fruits (papaye, grenade, citron, nèfle, etc.). Ce qui rend le séjour fort agréable, le gîte étant au milieu d'un immense verger. En outre, la grande cour de ferme, autour de laquelle s'ordonnent les chambres, est remplie d'outils agricoles, de vénérables charrettes et d'objets insolites... Cela en fait presque un petit musée ethnographique. Quant aux chambres, elles se révèlent bien dans la couleur de l'ensemble. Charme bien rustique, tout en proposant tout le confort nécessaire. Hamacs sous l'auvent pour se détendre, belle piscine dans un environnement bucolique et une super adresse à proximité pour dîner le soir. Que demander de plus ?

Casa Luis : *ctra Principal, **Tiscamanita.** ☎ 928-16-41-79. Presque en face de l'église. Tlj sf dim dès 13h et soir dès 20h30. Repas 15 € en moyenne.* Qui aurait pu penser que, dans ce bled désert la nuit, un soir de semaine, une demi-douzaine de personnes ferait déjà la queue, attendant le bon vouloir de Luis... C'est qu'il n'ouvre généralement à l'heure que lorsqu'il juge que sa cuisine est prête ! Avec nous, il n'avait que 15 mn de retard. Pourquoi alors arriver de si bonne heure ? Pour être dans les premiers, pardi ! C'est que c'est le meilleur resto à 30 lieues à la ronde et que c'est une vraie cuisine de famille, que l'accueil est hors pair, que ça se sait et que les tables ne sont guère nombreuses... Autant vous prévenir, pas de menu, ici la spécialité c'est le chevreau, avec du poisson comme seule alternative... Pour les hors-d'œuvre, poulpe ou l'énorme salade composée de légumes frais (ah, le vrai goût de la tomate !). Les portions se révèlent super généreuses, le chevreau parfumé et tendre, les frites maison craquantes à souhait... Une vraie auberge de village, sans chichis, pleine d'habitués réjouis... C'est pas le tout, mais on y retourne !

AJUY

très chouette !

En chemin, une mignonne palmeraie, puis, à environ 8 km de Pájara, apparaît *Ajuy,* petit port brut de forme livrant avec bonhomie ses quatre ou cinq restos de poisson et une belle plage de sable noir à la fréquentation raisonnable (une famille tous les 10 m). De-ci, de-là, dans le village, des statues rendant hommage au métier de la pêche.

Super poisson grillé + pas cher

La Jaula de Oro : *sur la plage. ☎ 928-16-15-94. Tlj midi et soir jusqu'à 21h.* Le plus proche de la plage et placé à l'endroit le plus touristique : on pourrait craindre une cuisine passe-partout pour clients de passage.

~ 40 € à 2

Eh bien, pas du tout, bon choix, cuisine soignée et accueil gentil comme tout. Sur la terrasse face aux flots, poisson frais cuit comme il faut, *puntillas de calamar,* poulpe en bonnes portions. Ne pas manquer en dessert leur délicieux flan au yaourt maison.

DE PÁJARA À BETANCURIA

Très vite, la route FV-30 grimpe sec, les paysages s'évasent livrant de somptueux points de vue (plusieurs petits parkings et miradors en chemin). Des panneaux expliquent aussi toute la géologie locale, notamment au ***mirador Degollada de los Granadillos.*** À propos, le curieux gros téton, là-bas, au fond, c'est le mont ***Atalayeja de la Vieja*** (appelé également *montaña de Teta*). Spectaculaire ***défilé de Malpaso*** dominant la retenue d'eau de ***Las Peñitas.*** C'est par là que les conquérants pénétrèrent dans l'île. L'arrivée dans la vallée de *Vega de Río Palmas* évoquerait plutôt l'Atlas marocain, avec ses palmiers et ses terres rouges. Nombreuses cultures en petites parcelles séparées par des murets de terre.

VEGA DE RÍO PALMAS

L'un des plus jolis villages de l'île. Mérite une halte pour la superbe église *Nuestra Señora de la Peña.* Quasiment une oasis comparé aux austères paysages traversés jusque-là ! Lorsque Jean de Béthencourt passa ici avec ses troupes, ça devait être d'ailleurs un véritable petit éden, une rivière coulait au milieu de la vallée. Craignant que la statue de la Vierge qui les accompagnait ne soit prise par les aborigènes, ils la cachèrent dans une grotte. Fut-elle oubliée ? En tout cas, elle fut retrouvée en 1434 et on édifia la petite *chapelle de las Peñitas* à l'emplacement de la grotte. Autre version : lors d'un raid de *Jában le Pirate* en 1593, la chapelle fut détruite, mais la Vierge sauvée à temps, cachée et retrouvée seulement au cours du XVIIe s. Bon, l'essentiel, c'est qu'on l'ait retrouvée...

Infos utiles

➢ ***Bus :*** nº 2, pour *Puerto del Rosario,* 6h45 (lun-sam) ; 8h30 (dim et fêtes) ; 12h30 et 16h30.

– ***Romería de la Peña :*** *3e dim de sept.* Depuis le XVIe s, commémoration dans une grande ferveur des retrouvailles avec la Vierge. Des milliers de gens y participent... Concerts, spectacles divers.

Où manger ?

Don Antonio : *ctra Principal. ☎ 928-87-87-57. 644-14-71-57. Sur la place de l'église. Tlj sf lun. 11h30-17h, menu tapas (intéressant mixed tapas 15,50 €/pers, min 2 pers). Le soir, slt sur résa. Plats 18-25 €.* Cadre intérieur genre rustique paysan de charme, vieux tonneaux, jambons qui pendent, objets familiers... Cuisine de qualité réputée qu'on peut aussi déguster dans le verdoyant patio ou en terrasse sur la place. Spécialité de chevreau aux poivrons verts, courgettes et gâteau de maïs doux...

À voir

Iglesia Nuestra Señora de la Peña : construite au début du XVIIIe s, ravissante façade en pierre blonde, et porche de style classique surmonté d'un campanile. À l'intérieur, une seule nef et un chœur barré d'une large arche sur fines colonnettes.

Ravissant autel ciselé. Plafond du chœur en bois sculpté de style mudéjar. À droite, très ancien fauteuil épiscopal et un gracieux saint Sébastien jouant aux fléchettes... Dans le tabernacle, mini-*Virgen de la Peña* en albâtre très vénérée.

BETANCURIA (35637) 680 hab.

à refaire mais bcp de monde arriver avant midi ou vers 16h

Le plus séduisant village de l'île, sa capitale historique jusqu'en 1834, date à laquelle elle dut céder la place à La Oliva. Fondée en 1404 par Jean de Béthencourt qui lui donna son nom. En 1593, le célèbre pirate Jaban la met à sac et la détruit. Reconstruite et intacte depuis : la carte postale parfaite. Unité architecturale, blanches demeures qui s'étagent harmonieusement, éparpillées parmi les palmiers. Au centre, une merveilleuse église.

Adresse et infos utiles

Office de tourisme : *c/ Presidente Hormiga, s/n. ☎ 928-87-80-92. • aytobetancuria@yahoo.es • Lun-sam 10h-14h.*

➢ **Bus :** nº 2 pour *Puerto del Rosario* : 3 bus/j., slt 1 les dim et j. fériés.

Où manger ?

De bon marché à prix moyens (8-24 €)

Casa de Queso : *à l'entrée de la ville, venant de Pájara et Vega. Tlj.* Petite épicerie vendant les produits locaux, surtout des fromages. On peut également y grignoter tapas, snacks divers, sandwichs garnis de frites. Correct, propre, bon marché et accueil ouvert. Petite terrasse avec parasols.

Valtarajal : *c/ Roberto Roldán, 21. ☎ 928-87-82-72. Tlj. Dans la rue principale. Menu 8,50 €, plats 9-14 €.* Très correct là aussi, et pas cher ! Salades variées et lapin mariné.

Caféteria de la Casa Santa María : *tt à côté de la maison mère. Mêmes horaires.* Quelques marches pour atteindre cette belle et plaisante terrasse-jardin ombragée par un très grand arbre. Sandwichs, tapas, pizzas, snacks divers et tartes.

De prix moyens à chic (min 22 €)

Casa Santa María : *pl. Santa Maria, 1. ☎ 928-87-82-82. • restaurantcsm@yahoo.es • Au bout de la rue perpendiculaire à l'église. Tlj 11h30-17h30. Menus 22-24 €, carte 30-35 €. Vins min 19,50 €.* D'abord, c'est un cadre de charme exceptionnel... Que cela soit les petits patios croulant sous les bougainvillées et les plantes grasses ou les 2 salles à manger joliment décorées. L'une avec murs de pierre, mobilier de style rustique, pleine de beaux objets et quelques tableaux ; l'autre, avec vénérable vaisselle, photos noir et blanc et, surtout, de remarquables tableaux tranchant sur les murs jaunes. Bar même style, même bon goût rustique et chaleureux, avec son long comptoir, ses jambons pendants, sa collection de clochettes de chèvre et son plafond « cathédrale »... Dans l'assiette, le meilleur de la cuisine canarienne traditionnelle avec une touche d'inspiration... Un des meilleurs *cabritos al horno* (chevreau au four) jamais mangés, tendre, goûteux, parfumé ; délicieux lapin farci aux ceps aussi, beaux desserts... Idéal pour les couples à la fois gourmets et amoureux...

À voir

Iglesia de Santa María (y museo de Arte sacro) : *c/ Alcade Carmelo Silvera, s/n. ☎ 928-87-80-83. Tlj 10h-12h30, 13h-15h50. Entrée : 1,50 €.* De l'église originale, détruite par les pirates en 1593, subsistent le clocher et quelques colonnes. Reconstruite en 1691, on y trouve un mélange de styles roman, gothique, mudéjar, Renaissance, baroque... À l'intérieur, vaste vaisseau à trois nefs, séparées par des arches de pierre. Chaire très ancienne avec les portraits des quatre évangélistes. Et puis, l'un des plus fascinants retables de l'île, délicatement ciselé, orné d'exquises petites fresques. Joli plafond de bois. Au fond, chapelle présentant des fresques du Jugement dernier. Quelques tableaux attirent l'attention : Naissance du Christ, Fuite en Égypte, les Rois mages... À gauche du chœur, accès au *musée d'Art sacré,* abrité dans la sacristie : ravissant plafond décoré, orfèvrerie religieuse, belle armoire à chasubles sculptée polychrome ; et grande fresque du Christ avec les apôtres sur le lac Tibériade et scènes de sa vie.

Museo arqueológico : *dans la rue principale (c/ Roberto Roldán, 12-14). ☎ 928-87-82-41. Mar-sam 10h-18h. Entrée : 3 €.* Remarquable musée présentant de façon détaillée et pédagogique l'histoire des aborigènes et de la colonisation de l'île. Ça vaut le coup de prendre du temps, demander pour cela l'excellente brochure en français. En effet, panneaux explicatifs fort bien faits, mais en espagnol seulement. Produits des fouilles locales depuis la Préhistoire. Histoire de l'élevage, longtemps importante activité économique. Immenses troupeaux de chèvres qui permettaient de survivre pendant les périodes cycliques de sécheresse (malgré les fortes pertes d'animaux aussi). Tout sur les traditions religieuses, rituels, lieux de culte et ces étranges « *podomorphos* » (traces de pied) de Tindaya. Vous percerez le secret des cercles de pierre des Majos et des grottes funéraires. Intrigantes petites idoles de pierre... Dernière salle ethno sur cour : objets domestiques, poteries, série de mortiers, meules et pilons en bois.

Si vous avez du temps, possibilité de visiter le ***petit musée d'artisanat*** *(entrée : 3 €)* et ses démonstrations, lié au resto la *Casa Santa María.* Un poil touristique, mais pas inintéressant.

FUERTEVENTURA

DANS LES ENVIRONS DE BETANCURIA

Le mirador Morro Velosa : *quelques km au nord de Betancuria, le plus spectaculaire panorama de l'île (bien indiqué, route de 1 km, ouv 10h-18h). GRATUIT.* Observatoire dessiné par César Manrique (qui a heureusement accordé un peu de son talent aux autres îles). Gradins et larges baies pour distiller tout doucement le paysage à 360°. C'est vrai qu'il est grandiose et quand le vent souffle là-haut, il prend même un côté émotionnel et dramatique (genre, on est finalement peu de chose devant la grandeur et la force de la nature !)... Petite cafét' pour se reprendre.

ANTIGUA

(35630) 3 000 hab.

Carrefour routier important, une des villes les plus anciennes de l'île et capitale éphémère (à peine 1 an, avant de passer le flambeau à La Oliva). Beau moulin à *gofio* en ville (mais fermé à la visite aux dernières nouvelles). Intéressante *iglesia Nuestra Señora de la Antigua* du XVIIIe s dans un harmonieux environnement. Façade et clocher assez sobres, la pierre ocre surlignant joliment son architecture.

Où dormir dans le coin ?

La Era de la Corte : *c/ La Corte, 1. ☎ 928-87-87-05/08. 📱 609-61-68-89. • info@eradelacorte.com • eradelacorte.com • Bien indiqué depuis Antigua : venant de Tuineje, tourner à droite à l'entrée de ville, puis à gauche. Doubles 75-90 € selon saison, petit déj inclus.* Très grande bâtisse rurale datant de 1890, fort bien restaurée, au milieu d'un plaisant jardin. 11 chambres de fort bon confort. 5 donnant sur le salon, les autres sur une courette. Toutes avec murs en pierres apparentes et décorées de façon différente (quelques-unes avec lit à baldaquin). Très agréable salon de charme. Patio intérieur relaxant. Petite piscine et solarium. Repas du soir uniquement sur commande. Amis des bêtes, vous serez comblés, 3 gros chiens noirs veilleront sur vous !

AU NORD D'ANTIGUA

Ermita de San Pedro de Alcántara : *à* ***La Ampuyenta.*** Pour cette adorable petite chapelle, avec un campanile curieusement posé sur le côté.

Playa de los Molinos : dans un coin remarquablement préservé, une superbe plage sauvage flanquée d'imposantes falaises de basalte. En cours de route, après avoir traversé *Las Parcelas,* descente dans le *barranco de los Molinos.* Invitation à suivre quelque moment un sentier (en principe indiqué) pour jouir de ce pittoresque ravin. Il fut creusé dans le basalte provenant des premières coulées de lave de surface, il y a de 12 à 17 millions d'années. Lieu de villégiature de nombreux oiseaux, surtout lorsque le ruisseau qui coule au fond n'est pas à sec. Flore abondante.

↳ pas fait - à faire
↳ idem

LA ALCOGIDA

À côté de Tefía, le petit village de ***La Alcogida,*** le plus ***important écomusée de l'île.*** *Mar-sam 10h-18h. Entrée : 5 € ; gratuit moins de 12 ans.* L'idée fut de restaurer les sept maisons d'un hameau abandonné avec les matériaux d'origine et d'y reconstituer les traditions et activités d'antan. Mon tout dans une campagne ravissante. Visite délicieuse dans la lumière rasante des fins d'après-midi, avec le coucher de soleil sur la dernière demeure. Demander à la caisse les feuillets de description en français de chaque maison, l'histoire de la famille qui y demeurait... On revit littéralement le passé. En outre, animation assurée par divers artisans qui montrent leur savoir-faire dans certaines d'entre elles. La maison du *señor Teodorio* présente, quant à elle, un insolite mur pigeonnier plein de blanches tourterelles. Dans la *casa Herrera,* on peut admirer le délicat travail de la dentellière. Dans la maison n° 6, l'atelier du tisserand. Plus loin, l'atelier de palme et sa jolie production : paniers, fleurs, vannerie, sacs, protège-bouteilles... Chez la potière, on observe, béat, le travail effectué entièrement à la main (pas de tour)...

À voir dans les environs

Tetir : gentil village proposant son église *Santo Domingo de Guzmán* du XVIIIe s. Noter l'inhabituel clocher gigogne. On y découvre un magnifique retable qui vaut le détour. Vaste place de l'église entourée de demeures traditionnelles. Le 1er dimanche matin du mois (vérifier la périodicité), grand ***marché artisanal.*** L'occasion d'entendre aussi de la belle musique folklorique canarienne.

La route vers La Oliva : en remontant vers le nord par la FV-10, peu avant *Tindaya,* on trouve à gauche la ***statue de Miguel de Unamuno,*** hommage à l'écrivain exilé par le dictateur Primo de Rivera en 1924. Puis, c'est la saisissante

↳ à faire + ballade

parade de trois cônes se suivant au milieu de la plaine de lave. Celui de ***Tindaya*** revêt une grande importance du point de vue historique. Cette montagne aux pentes plissées était sacrée pour les *Majos*. On y a découvert 312 empreintes de pied plus ou moins stylisées gravées dans la roche (les fameux *podomorfos*). Elles sont la plupart dirigées vers le soleil couchant. Plus précisément, les archéologues ont calculé que 80 % d'entre elles étaient orientées dans la même direction, précisément entre le *pico de la Nieves* (Gran Canaria) et le *Teide* (Tenerife). Pour le reste, ça reste une énigme, les archéologues possèdent peu d'éléments pour y trouver un sens. Au crépuscule, dans la lumière rasante, les cônes prennent des teintes pourpres flamboyantes alliées à des reflets dorés. Là, question beauté du coin, on est totalement en phase avec les *Majos*... Et, on le jure, on n'a pas pris de peyotl, route et site véritablement magiques...

➢ Possibilité de grimper à pied au sommet sans trop de difficulté : environ 2 km, compter 1h45-2h de marche. On part de la route à 171 m pour attendre 401 m. Nécessité de demander un permis à la *Consejeria de Medio Ambiente del Calbido de Fuerteventura* (*ayuntamiento* – mairie – de Corralejo ou de Puerto del Rosario).

➢ Autre randonnée, de Tindaya à *El Cotillo*. Bien que ça descende (de 180 à 20 m), difficulté moyenne. Balade longue de 15,2 km, compter 4h30-5h. On passe par le *barranco de Ezquinzo*, puis la *playa* éponyme. Avant d'arriver à El Cotillo, chemin pour la *Piedra Playa* et le *castillo del Tostón*.

LA OLIVA (35640) 1 265 hab.

Capitale du royaume Majo du Nord, puis capitale de l'île jusqu'à la fin du XIXe s. Détrôné par *Puerto del Rosario* (devenu une grande force économique grâce à son port). De son passé prestigieux, il subsiste quelques remarquables monuments et un charme teinté de nostalgie un peu dolente...

Où dormir ? Où manger ?

🏠 🍽 ***Hotel rural Mahoh :*** *c/ Francisco Bordon Mendez, 1, 35640* ***Villaverde.*** ☎ *928-86-86-12.* 📱 *661-38-80-66 (resto).* • *hotelrural@mahoh.com* • *mahoh.com* • *Situé à la frontière La Oliva-Villaverde. Resto tlj sf mer. Doubles 108-148 €, petit déj inclus. Côté resto, carte 25 €.* Une ancienne ferme du début du XIXe s joliment restaurée, au milieu d'un vaste jardin fleuri. Murs présentant un superbe appareillage de pierre de lave. À l'intérieur, le charme opère, avec 9 chambres romantiques, murs de pierre toujours, mobilier ancien et, pour certaines chambres, grand lit à baldaquin. Et pour toutes, un grand confort. Mais le plus, c'est la qualité de la table. On vient de loin pour déguster une cuisine traditionnelle de haute volée, à base de produits rigoureusement sélectionnés dans l'agriculture durable, poisson d'une grande fraîcheur (pêché à côté de l'île de Los Lobos). De plus cuisine servie avec générosité dans une chaleureuse salle à manger ! Son bœuf de Galice est d'une tendreté sans égale, les cuissons exactes... Belles grillades au feu de bois... sans parler du délicieux pot au feu de chèvre, du chevreau frit et du poisson-perroquet grillé, à des prix fort raisonnables pour la qualité !

🍽 ***El Horno :*** *ctra General, 44,* ***Villaverde.*** ☎ *928-86-86-71.* 📱 *630-84-34-64.* • *rest.elhorno@hotmail.es* • *À l'entrée de la ville, côté Corralejo. Tlj 12h30-23h (22h dim). Compter 15-20 €.* Décor paysan, petite fontaine, nappes à carreaux, pour des plats rustiques de bonne tenue. Spécialité de viandes grillées ou au four. Goûter le *cabrito al horno*, bien sûr !

FUERTEVENTURA

À voir

Casa de los Coroneles : *c/ Los Coroneles, s/n. ☎ 928-86-19-82. Tlj sf dim, lun et j. fériés. Entrée : 3 €.* Connue également sous le nom de *Casa de la Marquesa,* elle fut construite au XVIIe s, mais largement remaniée par *Agustín Cabrera* (1743-1828), cinquième *coronel* de l'île. Architecture relativement sobre : un vaste carré, des tours très basses et un élégant patio aux galeries en bois de teck. Au-dessus du portail, le blason des Cabrera. Longue façade rythmée de huit fenêtres ornées de balcons baroques. À l'intérieur, petit musée d'histoire de la *casa* et collection de peintures. Pour l'essentiel, les portraits de cinq des *coroneles* et de leur famille.

Iglesia Nuestra Señora de la Candeleria : *au centre de La Oliva. Horaires élastiques, en principe ouv le mat.* Édifiée au XVIIIe s, son gros clocher en pierre de lave sombre contraste avec la blancheur de la façade et lui donne un côté fortifié. À l'intérieur, vaisseau à trois nefs rythmées par de larges arcades et voûte en bois. Belle chaire polychrome.

Museo del Grano La Cilla : *à deux pas de l'église. ☎ 928-86-87-29. Mar-sam 10h-18h.* Jolie façade blanche mouchetée de pierre. Jadis, l'édifice servait à stocker le grain prélevé sur les paysans par l'Église (la dîme). Aujourd'hui, musée des Céréales.

Centro de Arte canario : *c/ Salvador Manrique de Lara, s/n. ☎ 928-86-82-33. 📱 616-59-19-30. • centrodeartecanario.com • Lun-ven 10h-17h ; sam 10h-14h. GRATUIT.* Intéressant centre d'art abrité dans un élégant bâtiment et offrant un passionnant panorama de l'art canarien dans de bonnes conditions de visite. Longues galeries lumineuses, œuvres bien présentées. On a beaucoup aimé aussi le jardin de cactus parsemé de belles sculptures.

Randonnées dans les environs

Malpaís de la Arena : départ de La Oliva, en direction de Villaverde. À 800 m de l'iglesia Nuestra Señora de la Candeleria, tourner à gauche de la route. Environ 8,6 km, compter 2h45 de marche. Pas de difficulté majeure. On traverse le *malpaís,* cette jolie plaine de lave couverte de lichen verdâtre, jusqu'au cratère du volcan *Montaña de la Arena.* Âgé de moins de 10 000 ans, haut de 120 m, il correspond à la dernière phase d'éruptions sur l'île.

EL COTILLO (35660)

Au nord-ouest de l'île, à une vingtaine de kilomètres de Corralejo, un tranquille port de pêche qui se modernise à pas lents... L'occasion de s'aérer la tête loin du brouhaha touristique, d'effectuer des repas d'anthologie et de se baigner sur de superbes plages et dans les criques quasi désertes alentour.

Adresse et infos utiles

Office de tourisme : *torre del Tostón, paseo de Rico Roque, s/n. 📱 609-20-79-67. Tlj 9h-15h (14h w-e).*
➢ Pour ***Puerto del Rosario,*** bus n° 7, tlj à 6h45 (via Corralejo), 12h et 17h (passe par la belle route de Tindaya). Pour ***Corralejo*** (via Villaverde, La Oliva et Lajares), bus n° 8, tlj, ttes les heures 8h-13h et 15h-20h.

Où dormir à El Cotillo et dans les environs ?

Maravilla Bungalows : *avda Los Lagos, s/n. 609-54-54-26. • info@maravilla.at • maravilla.at • Prendre la route côtière vers le nord. Studios à partir de 40 €, appartements 50-66 m² (2 chambres) 60-80 €.* À moins de 2 km, un petit ensemble horizontal bleu et blanc, la tête dans le végétal, les pieds dans l'eau, sur une plage merveilleuse de sable blanc... Éloigné de la route, sans aucun voisin... le rêve, calme assuré ! Appartements meublés simplement, mais nickel, avec tout le confort espéré. TV satellite dans les apparts les plus chers. Petite piscine. Accueil pro et sympa. À deux pas, l'un des meilleurs restos de la région. Un remarquable rapport qualité-prix-situation...

Casa rural Taro : *c/ de Capellania, s/n, 36560* ***El Roque.*** *☎ 928-76-71-14. 609-45-19-36. • info@casaruralfuerteventura.com • casaruralfuerteventura.com • Prendre la route de Corralejo, puis à la sortie de la ville, tourner à gauche (c/ San Martín de Porres, puis tt droit). 2 pers 60 €, 3 pers 90 € ; et 120 € (4 pers)-240 € (11 pers). Séjours min 2 nuits.* À la lisière du petit village un peu rustique d'El Roque, dans un quartier calme, dominant des champs et terrains vagues courant jusqu'à la ville. D'ailleurs, un chemin permet d'accéder directement à la plage. 3 toits à pignon, mais une seule maison offrant 6 chambres impeccables (dont l'une avec salle de bains privée). Les autres disposent de 2 salles de bains et toutes de la cuisine équipée. Spa climatisé et solarium. Four à bois pour faire son pain, gril.

Casa Cotillo : *c/ de Capellania, s/n, 36560* ***El Roque.*** *619-35-63-18. • casacotillo@gmail.com • Compter 560-750 €/sem suivant nombre de pers.* Juste à côté de la *Casa rural Taro,* maison plaisante offrant 3 chambres de bon confort, grand salon et cuisine équipée. Accueil affable et discret du proprio français. Jardin et petite piscine « haricot ».

Apartamentos Cotillo Lagos : *urbanización Los Lagos. ☎ 928-17-53-88. • info@cotillolagos.com • cotillolagos.com • À 500 m du centre-ville, suivre direction Playa Los Lagos. Studios 2-3 pers dès 50 €, apparts 2-5 pers (2 chambres) min 80 €.* Petit complexe touristique horizontal de 54 studios et 7 appartements avec accès direct à la superbe plage de sable blanc. Plaisante architecture régionale, un p'tit charme même avec tous ces volets verts sur une blancheur éclatante et les palmiers pour l'ombre. Pas mal de familles canariennes ; plaira à ceux, celles aimant socialiser. Studios (avec sofa) et appartements d'une blancheur immaculée également et bien tenus. Cuisine équipée (plaques électriques, micro-ondes), TV, salle de bains carrelée.

Où manger ?

Azzurro : *urbanización Los Lagos, 1. ☎ 928-17-53-60. • restauranteazzurro@gmail.com • Suivre les pancartes « Playa Los Lagos » et vous trouverez facilement sur votre droite cette grande et élégante villa. Tlj sf lun, midi et soir jusqu'à 22h. Viandes 14-16,50 €, pâtes 9,50-13 €.* Ô surprise, c'est un resto italien ! Pourquoi pas, lorsque, on pèse nos mots, c'est l'un des meilleurs de Fuerteventura... D'abord, cadre hors pair, architecture intérieure pensée, terrasse ouverte face au grand large, tables bien séparées. Cuisine ultra-raffinée à partir de produits choisis parmi les meilleurs, recettes imaginatives et plats parfois classiques mais toujours avec une touche inspirée, pâtes à la cuisson exacte. De même, chose rare, dégradé de cuisson proposé aux clients pour les viandes. Quelques coups de cœur de nos papilles : les *gnocchi malpaís* (noir d'encre avec truffe et palourdes) ou aux figues et chèvre frais (hmm !), les tagliatelles *sapori* en croûte de parmesan, le carpaccio de poulpe, la délicieuse lasagne maison et tant d'autres bonnes choses... Petite carte des vins, mais équilibrée et pour toutes les bourses, du *vino de la casa* au beau *brunello de Montepulciano.* En prime, accueil jeune, souriant et francophone de Bertylle et une addition toute douce eu égard à la qualité de la cuisine.

La Vaca Azul : *c/ Requena, 9, muelle Viejo. Face au vieux port. ☎ 928-53-86-85. Tlj 12h-22h. Repas 25-30 €.* Là aussi, une très belle cuisine franco-espagnole primée en 2013. Deux terrasses, l'une sur le quai, l'autre en hauteur sous le regard humide d'une vache (bleue, bien sûr). Cuisine classique réalisée avec un grand professionnalisme à partir de bons produits et présentation artistique des mets. Goûtez aux coquillages farcis, aux crevettes ou au poisson-perroquet à l'ail, les calamars frits (grosses portions), à la goûteuse tatin de légumes...

La Marisma : *c/ Santiago Hierro (au coin du quai), muelle Viejo. ☎ 928-53-85-43. Tlj 12h30-23h. Viandes 10-22 €, parrillada de poisson et crustacés 16 €.* Tout nouveau, ce resto très design niché dans un élégant appareillage de pierre de lave noire et grise. À l'intérieur, séduisant style contemporain, grandes baies ouvertes sur le port et superbe terrasse au-dessus. Cuisine d'excellente réputation. Poisson frais du vivier, paella...

↳ #12 SUR TA. JG mais poissons 1 peu cher. Super cheesecake

À voir. À faire à El Cotillo et dans les environs

Les plages : vous êtes venu pour ça et vous ne serez pas déçu ! La plus grande, *La Concha ;* celles des familles, *Los Lagos* (à 500 m au nord) ; sympa aussi, toujours plus au nord, *las caletas de la Aduana...* Enfin, au sud, plus ventée, la *playa del Castillo,* populaire auprès des surfeurs et des véliplanchistes... Pour les marcheurs, en remontant la côte au nord de la ville par un chemin de terre, accès à de nombreuses criques de plus en plus désertes avec toutes les nuances de bleu et de vert... Superbe ! A marée haute 1 lagune se forme. À y aller seulement si peu ou pas de vent !

Castillo El Tostón : *paseo de Rico Roque, s/n.* Construit au début du XVIIIe s sur une haute falaise, ce fort est surtout une grosse tour ronde de guet et de défense contre les attaques des pirates et autres corsaires. Accès par un petit pont-levis. Abrite aussi l'office de tourisme. Grimper sur le toit pour profiter de la vue.

pas fait

Museo de la Pesca tradicional (musée de la Pêche) **:** *à **Punta Ballena,** à 5 km env, collé au grand phare. ☎ 928-85-89-98. Mar-sam 10h-18h. Entrée : 4 €.* Tout sur la vie des pêcheurs et des marins, toutes les variétés de poissons, les technologies de la pêche locale, la conservation des poissons, l'histoire des chantiers navals de l'île... Possibilité en principe de monter en haut du phare (construit en 1897). Vue extra, ça va de soi !

pas fait

↳ Superbes criques/piscines naturelles turquoise après le phare

CORRALEJO (35660) 13 618 hab.

Deuxième ville de Fuerteventura, port du ferry pour *Playa Blanca* (Lanzarote) et, surtout, une des plus populaires stations balnéaires des Canaries. Initialement, un petit port de pêche comme il y en a encore dans l'île. Du premier hôtel construit dans les années 1950 à aujourd'hui, il connut un incroyable développement. Corroboré en arrivant par la première vision de la ville : des étendues de lotissements et d'hôtels, une rue principale bordée de boutiques et de grands centres commerciaux, des enseignes clinquantes, un côté un

peu artificiel quand même. Et puis, et puis, on remarque la hauteur raisonnable des bâtiments et, à mesure qu'on rentre dans la ville, apparaît le vieux quartier du port, éclectique, vivant, chaleureux, offrant une palette de restos, de cafés et de bars pour tous les goûts, toutes les bourses. Les plages dans la ville même... Et le soir, une authentique et joyeuse vie nocturne... Aux alentours, quelques petites merveilles de la nature comme le *parc naturel des Dunes* et l'*île de Lobos*... Tout plein de bonne raisons pour y séjourner, et pas seulement pour y prendre le ferry !

Arriver – Quitter

En bus

Avec la compagnie ***Tiadhe*** (☎ 928-85-57-26 ; • maxoratabus.com/tiadhe •). Excellentes conditions de transport, mais nombre de lignes assez limité. Pour ***Puerto Rosario*** (ttes correspondances) : bus nº 6 ttes les 30 mn 7h-22h (dim ttes les heures). Pour ***El Cotillo*** (par *Villaverde, La Oliva et Lajares*) : bus nº 8, ttes les heures 9h-21h.

En bateau

➢ Liaisons avec ***Playa Blanca*** (Lanzarote).

■ ***Fred Olsen :*** ☎ *902-10-01-07.* • *fredolsen.es* • 5-6 liaisons/j. 6h30-17h mar-ven, 9h (7h50 sam)-19h sam-lun. Trajet : 45 mn.

■ ***Naviera Armas :*** ☎ *902-45-65-00.* • *navieraarmas.com* • 6 liaisons/j. (5 le dim) 8h-20h. Trajet : 25 mn.

Adresses utiles

ℹ ***Office de tourisme*** *(plan A1)* **:** *avda Marítima, 2.* ☎ *928-86-62-35.* • *corralejograndesplayas.com* • *Lun-ven 8h-15h ; w-e 9h-15h.* Peu de matériel à part le plan de ville. Accueil routinier.

✉ ***Poste*** *(plan A1)* **:** *García Morato, 4. Lun-ven 8h30-14h30, sam 9h30-13h.*

■ ***Taxis :*** ☎ *928-53-74-41.*

Où dormir ?

⌂ ***Surfriders Hostel*** *(plan A3,* ***10****)* **:** *c/ Médano, 14.* 📱 *655-18-29-64.* • *surfridersfuerteventura@gmail.com* • *surfridersfuerteventura.com* • *Dans une rue parallèle à l'avda Fuerteventura (à la hauteur du centro comercial* El Campa*nario), proche du centre. Nuitée en dortoirs 4-8 lits 16-18 €/pers, double 42 €. CB refusées. Parking gratuit.* 📶 Belle villa, dans une rue calme et résidentielle. Dortoirs bien tenus, doubles avec sanitaires partagés et une suite (recherchée !) avec salle de bains privée. Rendez-vous des surfeurs du monde entier, atmosphère extra, animation garantie. Petit jardin avec piscine, barbecue. Terrasse sympa.

⌂ ***Sol y Mar Hostel*** *(plan A1,* ***11****)* **:** *c/ Bajo Blanco, 7.* ☎ *928-86-63-89.* • *info@flagbeach.com* • *flagbeach.com* • *Nuitée 15 €/pers, petit déj inclus. Min 3 nuits. Parking.* 📶 Maison de ville transformée en AJ (curieusement, aucune indication dessus !). Très proche du centre et de l'animation. Assez basique, mais propre. 8 chambres : une *single,* 5 doubles, une triple et une pour 4. Sanitaires communs, 2 cuisines. Clientèle de surfeurs essentiellement. Salle commune avec TV satellite. Terrasse et solarium.

⌂ ***Hotel Mar Adentro*** *(plan B2-3,* ***12****)* **:** *avda Grandes Playas, 83.* ☎ *928-94-91-05.* 📱 *672-73-33-43.* • *maradentroinfo@gmail.com* • *mar-adentrofuerteventura.com* • *Appart (jusqu'à 4 pers) 50 € en bas, 60 € au 1er étage, pas de petit déj. Réduc de 5 € sur présentation de ce guide.* Avec accès direct à la plage, un discret ensemble hôtelier bleu et blanc offrant une quinzaine de petits appartements de 2 chambres toutes pimpantes. Spacieux, avec cuisine et balcon. Salle de bains nickel. Allées menant à la plage et à la

check

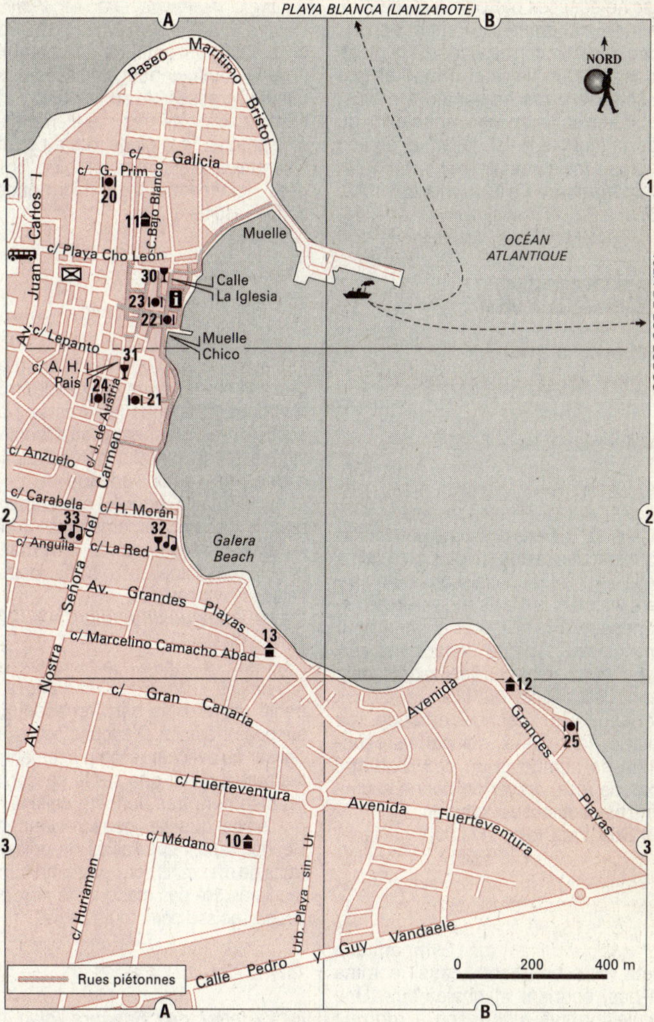

CORRALEJO

Adresse utile

- Office de tourisme

Où dormir ?

- 10 Surfriders Hostel
- 11 Sol y Mar Hostel
- 12 Hotel Mar Adentro
- 13 Bungalows La Concha

Où manger ?

- 20 Avenida et Boa Vida
- 21 El Toro Bravo Steak House
- 22 La Marquesina
- 23 L'Atelier des Saveurs
- 24 La Scarpetta de Mario
- 25 Restos de l'hôtel Atlantis Bahia Real

Où boire un verre ? Où sortir ?

- 30 Calle de la Iglesia
- 31 Pub McCarthys
- 32 Waikiki Beach Club
- 33 Rock Café

piscine égayées par palmiers, cactus, plantes exubérantes... Petit bar-snack avec agréable terrasse face à la plage pour boire un verre et grignoter une délicieuse pizza artisanale. Le plus, l'accueil et le sourire ensoleillé du patron (normal, il est italien) et de son équipe. Une adresse rare !

Bungalows La Concha *(plan A2, **13**) : c/ Marcelino Camacho Abad, 18. 679-13-11-73 ou 616-92-22-84. À l'angle de l'avda Grandes Playas. Double min 50 €, sans petit déj.* Petit ensemble horizontal de 17 chambres noyées sous les bougainvillées et les plantes grasses. Avec les tuiles à la romaine, un côté très méditerranéen ! Très proche de la plage, rue au calme. Chambres plaisantes et bien équipées : kitchenette, frigo, micro-ondes, coffre. Piscine.

Où manger ?

De bon marché à prix moyens (10-24 €)

Avenida *(plan A1, **20**) : c/ General Prim, 11 (angle c/ Pizzaro). Mar-sam 13h-22h30 (en continu) ; dim 13h-16h, 18h-22h30. Parrillada pour 2 pers 30 €, plats 9-16 €.* Dans une zone peu touristique, un des restos les plus populaires de la ville... et reconnaissons qu'on s'y sent vraiment bien ! Grande salle aérée, atmosphère familiale et animée pour une cuisine typique canarienne servie généreusement. Beaux poissons, goûteuse paella, *puntillas* (supions), agneau, etc. Service efficace, ça tourne. Tant mieux, car parfois beaucoup de monde et un peu d'attente (pas de résa, arriver de bonne heure). Une bienheureuse institution.

Boa Vida *(plan A1, **20**) : c/ General Prim (angle c/ Pizzaro, en face de l'Avenida). ☎ 928-53-72-90. • info@boavida-fuerteventura.com • Tlj sf lun, 13h-16h30, 19h-23h. Buffet env 12 €, boisson en sus.* Sympathique petit resto brésilien. Accueil comme là-bas, souriant et chaleureux. Une seule formule, *churrasco à rodizio* : viandes à volonté (une dizaine de sortes), accompagnées de riz, banane frite, salade, haricots noirs... en revanche les desserts, c'est pas leur truc. Atmosphère éminemment relax, un poil bruyante quand il y a des bandes d'amis ou des groupes. En tout cas, prix imbattable !

El Toro Bravo Steak House *(plan A2, **21**) : avda Nuestra Señora del Carmen. ☎ 928-53-71-27. 630-97-78-20. À l'angle de la c/ Victor Grau Bassas. Tlj 11h-15h, 19h-22h. Plats 9-24 €.* Touristique puisque sur l'avenue principale, mais très correct. Grande salle aérée pour accueillir les groupes et amateurs de viande et de bonnes pâtes fraîches à des prix sages : grillade de poissons et paella pour 2, entrecôte et pour le « poulet aux amendes » (dans le texte)... vous ne serez ni verbalisé ni surtaxé ! Excellent *T-bone*, pizzas, salades diverses...

La Marquesina *(plan A1, **22**) : c/ Muelle Chico. Sur le port. ☎ 928-53-54-35. • tiobernabe.marquesina@hotmail.es • Tlj 12h-23h.* Face à la petite plage et au port, terrasse bien sûr prise d'assaut. D'aucuns pourraient penser qu'avec un tel emplacement, le resto ne jouerait que sur le passage... Eh bien non, très honnête cuisine, ils ont envie que les gens reviennent ! Bonnes tapas, spécialités de poisson, fruits de mer et riz servi de nombreuses manières. Ne pas manquer le *pescado a la sal* (poisson en croûte de sel).

Chic (25-40 €)

L'Atelier des Saveurs *(plan A1, **23**) : c/ Iglesia, 21. ☎ 928-53-75-65. Ts les soirs 19h-23h30. Viandes 16-18 €, menus 25-32 €.* Quelle surprise ! Découvrir cette cuisine moderne et raffinée en pleine zone touristique... Dans un cadre contemporain, coloré et une petite terrasse devant. Carte assez courte (mais qui bouge). Tout est fait maison, produits frais. Cuisine avec un zeste d'inspiration, viandes tendres à la cuisson exacte, harmonieuse association de saveurs. Goûter au millefeuille de légumes ou au parmentier de canard, au filet mignon et sa polenta crémeuse, au bar *a la plancha* sauce citronnelle... Délicieux desserts. Sûr, un des meilleurs restos de l'île et un accueil des plus courtois. C'est pas le tout, mais on y retourne !

|●| *La Scarpetta de Mario* *(plan A2,* ***24****)* **:** *centro comercial* La Menorca, *c/ Juan de Austria (angle c/ Anzuelo).* ☎ *928-53-58-87. Tlj sf dim 12h30-15h30, 19h-23h. Repas 30-40 €.* Un excellent resto italien, mais un peu difficile à trouver (situé dans un centre commercial pas vraiment sexy !). Cadre sobre, tables bien séparées pour des petits plats finement cuisinés. Viandes bien choisies, cuisson juste pour les pâtes fraîches (goûter aux raviolis *di pesce*, aux tagliatelles *mero de sepia*)... Délicieux *tataki* de thon (déjà plus japonais qu'italien !). Non moins délicieux accueil.

Plus chic (min 40 €)

|●| *Restos de l'hôtel Atlantis Bahia Real* *(plan B3,* ***25****)* **:** *avda Grandes Playas, s/n.* ☎ *928-53-71-53.* ● *reservations.bahiareal@atlantishotels.com* ● *Ouv slt le soir. Buffet 42 €, plats 21-25 €, menu tapas 38 €.* L'hôtel le plus luxueux de la ville. Chambres très chères, mais aligne 3 restos qui ne commettent pas trop d'attentat au portefeuille : le « gourmet », l'« espagnol » et le « japonais ». Cuisine assez raffinée. D'abord, beau buffet (boisson en plus). Côté cuisine espagnole, menu 11 tapas et, conseillé, le fameux *lubina a la sal* (loup de mer en croûte de sel) pour 2. Côté nippon, à signaler le doux cadre zen (petit pont, ruisseau qui glougloute...) et son sashimi à un prix encore raisonnable. *Sushi bar* pour les pressés.

Où boire un verre ? Où sortir ?

🍷 *Calle de la Iglesia* *(plan A1,* ***30****)* **:** rue piétonne qui concentre pas mal de restos, bars et boîtes. Choisissez à la carte suivant vos désirs. Le ***Kactus Bar,*** au nº 16, est fameux pour ses cocktails.

🍷 *Pub McCarthys* *(plan A2,* ***31****)* **:** *c/ Antonio Hernández Páez.* 📱 *680-72-14-19.* ● *info@mccarthyscorralejo.com* ● *mccarthyscorralejo.com* ● *Lun-ven 18h-2h, w-e 12h30-2h.* Confortable pub irlandais à la rougeoyante atmosphère tamisée comme il convient en ces lieux. Bonne sélection de bières. Le sport bien entendu et *live music* 6 nuits par semaine vers 21h30, avec d'excellents groupes.

🍷 ♫ *Waikiki Beach Club* *(plan A2,* ***32****)* **:** *c/ Arístides Hernández Morán, 11.* ☎ *928-53-56-47. Ouv jusqu'à tard la nuit.* Une des boîtes les plus populaires, nuits animées et bons mojitos et *caipirinha.*

🍷 ♫ *Rock Café* *(plan A2,* ***33****)* **:** *avda Nuestra Señora del Carmen (rue principale).* ☎ *928-53-56-36. À côté du shopping center Plaza.* Super musique rock chaque nuit (parfois reggae) à 21h. Possibilité de se restaurer.

FUERTEVENTURA

À voir. À faire dans le coin

superbe !

Parque natural de las Dunas de Corralejo : *à 5 km de la ville, vers Puerto del Rosario par la route côtière (la FV-1). Parkings matérialisés sur la FV-1.* Un mini-Sahara d'une dizaine de kilomètres de long, une plage d'une merveilleuse blancheur. En prenant du sable dans la main, on voit qu'il se compose de poussière de coquillages, broyés, usés par des milliers d'années d'érosion. Baladez-vous au hasard dans les dunes et repérez toutes ces fleurs qui arrivent à y survivre. Parfois, quelques touffes d'herbe, de malingres arbustes et, surtout, de jolis graphismes, les longs plis de sable créés dans les dunes par des vents ludiques et taquins. Eaux turquoise d'une luminosité sans pareille. Plages du Nord les plus touristiques et sportives, surtout *El Médano* (planche à voile et *kite*

Trouver les chèvres

boarding). Après la plage d'*El Bajo Negro* commencent les balades en solo. Celles de *Los Martos, El Dormidero, El Moro, Alzade* sont les préférées des naturistes. Au sud, sans transition apparaissent les masses sombres des volcans. Le sable cède doucement à la pression de la *malpaís,* en de jolis contrastes de couleurs...

Isla de Los Lobos : *départ du port de Corralejo, 10h-17h. Prix : 15 € ; réduc. Trajet en 15-20 mn. Plusieurs petites compagnies proposent 2-3 départs/j. en milieu de journée, entre autres* Lobos Express *(☎ 928-90-00-49).* C'est une populaire excursion. Des bateaux à fond plat en verre permettent d'admirer les fonds au passage. Au milieu de la traversée, la profondeur maximum est de 30 m. L'île des « Loups », les *lobos marinos,* ces petits phoques moines qui auraient permis au compagnon de Béthencourt, Gadifer de La Salle, un des premiers touristes (et ayant malheureusement raté son bateau de retour), d'y survivre quelque temps... Depuis, ils ont disparu définitivement. Île de 5 km² qui affiche quand même 130 espèces végétales et de nombreux oiseaux dont l'adorable mouette argentée. À l'arrivée, un petit centre d'interprétation et une palette unique de bleus et de verts. De là, plusieurs promenades vous feront les yeux doux, notamment celle de playa de Concha et des anciennes salines, dominées par la montaña de la Caldera (que l'on peut grimper par un mince sentier empierré). Si vous ne souhaitez faire qu'une seule balade dans le coin, choisissez donc cette île et prévoyez 1h45-2h pour effectuer la très agréable boucle Las Lagunitas, Saladar del Faro, faro de Lobos... Chemin bien tracé, large et sans difficulté.

à faire !
Next time bring planche
"surf" + masques Decathlon
+ chaussures plage (rochers)

LANZAROTE

ABC DE LANZAROTE

- *Superficie :* 862 km² ; longueur : 58 km ; largeur : 34,5 km.
- *Population :* 142 000 hab. (167 hab/km²).
- *Capitale :* Arrecife (58 000 hab.).
- *Communes :* Teguise (ancienne capitale), Tias, San Bartolomé, Yaiza, Haria et Tinajo.
- *Point culminant :* Las Penas del Chache (671 m).
- *Économie :* agriculture (vignobles, tomates), salines et élevage de la cochenille, mais c'est surtout le tourisme (plus de 80 % de l'activité).

- Pour la carte générale de Lanzarote, se reporter au cahier couleur.

L' « île aux volcans », la plus ancienne des Canaries (230 millions d'années), tient une place originale dans l'archipel au point d'avoir obtenu le titre de « Réserve naturelle de la biosphère » par l'Unesco. C'est-à-dire ayant la capacité d'allier un développement économique durable avec la préservation de l'environnement et de ses ressources naturelles.
L'extrême aridité de son sol a également obligé les agriculteurs à vivre avec le déficit de pluie et à imaginer des formes de cultures sophistiquées.
Un paysage agricole unique, un climat exceptionnellement doux malgré la proximité de l'Afrique, de spectaculaires champs de lave, des panoramas époustouflants et de superbes plages.
Une identité culturelle tout à fait particulière se rajoute grâce à un visionnaire nommé *César Manrique...* En accord avec le gouvernement local, cet artiste génial parvint à imposer non seulement la sauvegarde de l'architecture rurale

it populaire traditionnelle, mais aussi à l'imposer dans toutes les constructions nouvelles. Résultat : des petites villes blanches idéales, sans dérives bétonnières ou inesthétiques, en symbiose totale avec des paysages de rêve... Au milieu de tout cela, des créations artistiques exceptionnelles, littéralement fondues dans la nature. Lanzarote, un de nos grands coups de cœur, c'est dit !

UN PEU D'HISTOIRE

On évalue vers 500 av. J.-C. l'arrivée des Mahos, les premiers habitants de l'île. Du continent africain bien sûr et d'origine berbère, comme les Guanches de la Grande Canarie. Jusqu'à la fin du XIVe s, l'île, qui portait localement le nom de *Titeroygatra,* ne connut que quelques incursions ou explorations infimes, avec capture d'une poignée d'indigènes. Le premier découvreur fut, dit-on, un certain *Lanzarotto Malocello,* génois de son état, qui aurait donné son nom à l'île. Puis, vint la vraie conquête en 1402, avec un baron normand, Jean de Béthencourt, des soldats et des aumôniers bien entendu... Les indigènes, avec à leur tête le roi *Guardafia,* réservèrent un bon accueil aux envahisseurs. La lune de miel ne dura cependant guère et une révolte des Mahos faillit tourner au massacre général, les conquérants proposant de tuer tous les hommes et de n'épargner que les femmes et les enfants. Les missionnaires réussirent à évangéliser à temps le maximum de familles pour les sauver, mais n'empêchèrent pas l'instauration de l'esclavage des Mahos. Ensuite, Lanzarote servit de tête de pont pour la conquête de Fuerteventura. Contrairement à d'autres îles de l'archipel, Lanzarote résista peu à cause du faible nombre d'habitants (environ 1 000) et de la nature du terrain, trop plat pour se cacher et pratiquer la guérilla. L'intégration se fit rapidement d'abord par les mariages entre Espagnols et élites indigènes, puis à cause de l'Inquisition : en effet, pour entrer dans les écoles supérieures, il fallait produire des documents établissant qu'on n'était d'origine ni canarienne, ni juive, ni maure. Nombre de familles dissimulèrent leurs origines aborigènes, reconstruisant leur arbre généalogique. Cependant le niveau d'intégration fut bien entendu assez différent d'une île à l'autre. Dans certaines îles de l'Ouest où les indigènes étaient beaucoup plus nombreux et la résistance armée plus vive, nombre d'insoumis ou d'esclaves évadés purent se réfugier pendant de nombreuses années dans les hautes montagnes.

Dans les siècles qui suivirent, la colonisation ne fut troublée que par les incursions barbaresques et, en 1617, par celle de sir Walter Raleigh, l'aventurier favori de la reine d'Angleterre Elisabeth Ire...

Des siècles telluriques

Le grand événement qui marqua l'île, ce furent les énormes éruptions volcaniques qui la frappèrent de 1730 à 1736. Pendant 6 ans, le volcan *Timanfaya* entra violemment en activité. Les habitants qui ne fuirent pas sur les autres îles (notamment la Gran Canaria) racontèrent que pendant de longues années l'air était noyé dans les cendres et qu'ils ne virent quasiment jamais le soleil. Toute la région ouest, la plus fertile, fut ravagée, des centaines de fermes, de nombreux villages disparurent... Elle y gagna cependant, grâce aux coulées de lave, 174 km^2 (soit un quart de l'île). Une autre importante éruption eut lieu en 1824, puis ça se calma définitivement.

CLIMAT

Là aussi, Lanzarote bénéficie d'un climat particulier : en effet, malgré sa proximité avec l'Afrique, l'île ne connaît pas de grandes variations climatiques. Plusieurs facteurs permettent d'afficher une température constante durant toute l'année (en moyenne 23 °C). Principalement grâce au célèbre anticyclone des Açores et de ses alizés qui permettent d'adoucir les températures les plus extrêmes, grâce aussi au courant froid des Canaries qui possède un rôle régulateur. En janvier-février, la moyenne s'établit autour de 17-20 °C. En novembre-décembre, au maximum 28 °C et des nuits agréablement fraîches. En été, des températures largement supportables. Il y pleut très rarement et seulement en hiver (certes de façon subite et torrentielle). Bref, le climat idéal ! Le seul problème, c'est l'eau, très faibles réserves phréatiques. Problème résolu avec les usines de dessalement. Ce manque d'eau, paradoxalement, a contribué à créer une agriculture originale.

UNE AGRICULTURE ORIGINALE

Que faire quand on manque d'eau ? On invente ! Les paysans sont des génies, capables de tirer le maximum du terrain auquel ils sont confrontés. Ils ont d'abord planté au fond des trous et des anfractuosités laissés par les irruptions. Ils se sont vite aperçu que sous la cendre volcanique, ça poussait fort bien. Puis, ils ont systématisé la technique en allant chercher le gravier volcanique et en ouvrant de véritables mines pour l'extraire, la réduisant en poussière en un produit appelé *picón*. Répandue sur la terre arable sur une épaisseur de 10-15 cm, ce *picón* permet de la protéger du vent et de l'érosion. Autre grande qualité, il absorbe bien la rosée (ou les très rares bruines), évite l'évaporation et sait conserver ces précieuses gouttes d'eau pour nourrir plantes, vignes et arbres fruitiers... En outre, afin de protéger leurs cultures du vent, suivant la configuration du terrain, les agriculteurs édifièrent des murets de pierre en ligne droite, en demi-cercles ou en cercles fermés. Dans ces derniers cas, en peignant parfois les pierres supérieures en blanc, offrant ainsi, au flanc des montagnes, des jeux de lignes et de graphismes sur fond noir du plus bel effet... Paysans et artistes tout à la fois, dans quelle autre île César Manrique aurait-il pu naître ?

CÉSAR MANRIQUE, GRAND ARTISTE ET SAUVEUR DE L'ÎLE !

C'est à lui que l'île doit son charme exceptionnel et un rapport ultra-harmonieux entre tourisme, architecture et culture (pour les détails de sa vie, se reporter à la rubrique « Personnages » dans « Hommes, culture, environnement » en début d'ouvrage). Après une riche vie artistique à travers le monde, César Manrique revient en 1966 se fixer définitivement dans son île natale. Il a vite compris que le développement économique et touristique était indissociable de la préservation et de la mise en valeur de l'architecture populaire et du maintien de l'identité de l'île. Sa chance fut d'avoir l'oreille attentive du *Cabildo* (le gouvernement local) et surtout de son président à l'époque, José Ramírez Cerdá (également maire d'Arrecife et sénateur de l'île).
Cette adhésion complète du pouvoir local aux thèses de Manrique permit d'imposer la couleur blanche à l'ensemble du bâti de l'île, de conserver la beauté des paysages agricoles, d'empêcher d'édifier des ensembles immobiliers en hauteur (la règle ? pas plus de trois étages), de limiter les panneaux publicitaires et les enseignes trop voyants en bord de route et en façade et surtout de réintroduire les éléments de l'architecture locale dans toute nouvelle construction.
Parallèlement, Manrique aménage artistiquement d'importants points d'intérêt touristique avec non seulement le souci de préserver leur environnement, mais aussi d'établir un dialogue avec lui. Résultat tout simplement merveilleux : se sachant destiné essentiellement au tourisme, démarrant sa « modernisation » plus tard que certaines îles, Lanzarote a su éviter les plus grosses erreurs qui ont été faites ailleurs... Ensuite, cela a permis de construire une identité intelligente de l'île, associant harmonieusement riche

patrimoine architectural et paysager, traditions et culture à un développement touristique maîtrisé... Ce développement à caractère durable se réalisant sans destruction du milieu naturel, y introduisant même une petite dose de poésie et d'utopie. Ainsi ce dialogue respectueux des paysages avec les valeurs architecturales traditionnelles. Avant-garde artistique et modernité sont devenues la véritable image de marque de l'île. Elle symbolise de façon éclatante toute sa force d'attraction aujourd'hui ! À la mort de César Manrique en 1992, suite à un accident de voiture, le respect du contrat passé avec lui continue... Comme disait maman Laeticia : « *Pourvou qué ça doure !* »...

HÉBERGEMENT À LANZAROTE

– ***Pensions et hôtels classiques :*** petits ou moyens, il en existe très peu. On indique les rares qu'on a dénichés.
– ***Casas rurales et hoteles rurales :*** le mode de logement le plus traditionnel. En nombre conséquent, bien répartis (certains dans des coins bien sauvages), mais pas assez pour satisfaire toute la clientèle. Réservation à l'avance hautement recommandée. La *casa rural* est une demeure particulière dans le style de l'île, au décor personnalisé et avec jardin. Par définition, l'*hotel rural,* souvent une ancienne ferme, offre un peu plus de chambres et de confort.
– ***Appartements ou studios à louer :*** la plus populaire des solutions sur les grandes plages. Des centaines de propositions, passage obligé : les agences. Par exemple, *Lanzarote Casas y Villas* (☎ 628-74-05-55 ou 676-79-78-40 ; • lanzarotecasasyvillas.com •). Parmi les nombreuses agences qui louent des maisons, celle-ci propose une belle sélection d'adresses à des prix fort raisonnables. Autant dans les campagnes que dans les grandes stations balnéaires comme Playa Blanca ou Puerto del Carmen... Voir leur site, fort bien fait !

MUSÉES ET SITES

C'est l'une des images fortes de l'île : la visite des *Centros de Arte, Cultura y Turismo,* les grandes réalisations de César Manrique, alliées à d'étonnants et somptueux paysages. À savoir, son ancienne et magnifique demeure transformée en *Fundación César Manrique*, le *museo internacional de Arte contemporáneo (MIAC)* dans le castillo San José (un monument historique), le *monumento al Campesino* (« monument au Paysan ») et sa *Casa del Campesino* (l'art « cubiste rural »), les *Montañas del Fuego* (« Montagnes de Feu ») *del parque Timanfaya* (balade dans Jules Verne), le fabuleux *jardín de Cactus,* les étonnants *Jameos del Agua* (au royaume des crabes aveugles), la *cueva de los Verdes* et le *mirador del Río* (le plus époustouflant panorama de l'île). Toutes, œuvres d'avant-garde, s'intégrant merveilleusement dans leur environnement... *Possibilité d'acheter un carnet* (bono) *de 6 visites (30 € ; réduc enfants) ou de 4 visites (26 € ; réduc enfants)... Infos :* • *centrosturisticos.com* • Sans oublier de très séduisants musées privés comme le *museo agrícola El Patio*, le *museo etnográfico Tanit* et beaucoup d'autres... Plus, la très intéressante visite des bodegas (les caves viticoles)...

RANDONNER À LANZAROTE

À ***Lanzarote,*** très beaux itinéraires dans les vignobles de montagne, surtout dans le coin de Yé et du mirador del Río. C'est bien simple, l'île offre une bonne centaine de chemins de randonnée de longueur et difficultés très différentes *(• senderismolanzarote.com •).* Il y en a pour tous les goûts sur des chemins sauvages bien balisés, dans les vignes ou au long des pentes des anciens volcans (mais attention à ne pas quitter les sentiers, certains environnements sont protégés !).

SPORTS

Lanzarote satisfera également les amateurs de sport... À commencer par la ***planche à voile,*** le ***surf*** et le ***kitesurf*** dont certaines plages se sont fait la spécialité. Le ***VTT*** sur de belles routes pas trop pentues, à part dans le Nord-Est (bon, que le vent ne souffle pas trop fort quand même !). La ***plongée sous-marine*** se développe aussi avec la découverte de fonds très clairs permettant de copiner avec murènes, mérous, raies et une grande variété de poissons locaux, quelques belles grottes sous-marines et épaves en prime. Se procurer la superbe brochure sur les 30 sites de plongée de Lanzarote, *Guiade immersiones-Lanzarote Ideal* (également disponible sur • *lanzaroteturismo.com* •).
Enfin, bon nombre de centres sportifs de l'île se sont associés sous le nom de *European Sports destination,* et on trouve toutes leurs coordonnées, ainsi que des hébergements spécialisés, sur • *esdlanzarote.com* •

Arriver – Quitter Lanzarote

En avion

✈ ***Aéroport d'Arrecife :*** *à 5 km de la capitale.* • *aena.es* • Liaisons depuis le T1 et le T2 vers le centre-ville avec le bus n° 22, lun-ven 7h-22h40 (1,30 €). N° 23, w-e et fêtes, 7h10-21h10 ttes les 50 mn. N° 161 vers ***Puerto del Carmen*** et ***Playa Blanca,*** 7h30-22h30, ttes les heures (30 mn aux heures de pointe et w-e ttes les 50 mn). Service réduit de moitié w-e et fêtes.
ℹ ***Office de tourisme :*** *terminal 1. ☎ 928-820-704. Tlj 8h30-20h30.* Bon matériel touristique, notamment une belle carte de l'île en couleur.
– Grand choix de ***loueurs de voitures.***
➢ Nombreuses ***liaisons européennes et inter-îles*** : en particulier les compagnies *Binter Canarias* (*☎ 902-391-392 ;* • *bintercanarias.com* •*),* avec 10-15 vols/j. pour ***Gran Canaria*** (45 mn) et 5-6 vols/j. pour ***Tenerife*** (50 mn), et *Canary Fly* (*☎ 928-84-61-00 ;* • *canaryfly.es* •*),* avec min 3 vols/j. vers ***Gran Canaria.***
– Quelques compagnies internationales régulières : *Air Europa* (*☎ 902-401-501*) ; *Easyjet* (*☎ 902-599-900*) ; *Iberia* (*☎ 902-400-500*) ; *Transavia,* etc.

En bateau

Pour Fuerteventura

L'île de Fuerteventura est à moins de 1h de traversée de la côte sud de Lanzarote depuis *Playa Blanca* : liaison avec le port de Corralejo, au nord de Fuerteventura. 2 grosses compagnies de ferries (plus quelques-unes ultra-rapides pour passagers uniquement). Elles possèdent toutes un guichet sur le port.

■ ***Fred Olsen Express :*** *☎ 902-10-01-07.* • *fredolsen.es* • Le plus rapide (25 mn en catamaran). Pour ***Corralejo,*** 6 traversées/j. en sem 7h10-18h, 5 le sam 8h30-18h, autant le dim 10h-20h. Embarque 69 voitures (réserver en saison) et 436 passagers.
■ ***Naviera Armas :*** *☎ 902-45-65-00.* • *navieraarmas.com* • Bateau classique, traversée en 45 mn. Pour ***Corralejo,*** 6 traversées/j. 7h-19h (5 le dim 7h-19h). Un peu moins chère que *Fred Olsen.*

Pour Gran Canaria

Au départ d'Arrecife, la capitale de l'île, arrivée à Las Palmas de Gran Canaria.

■ ***Naviera Armas :*** *☎ 902-45-65-00.* • *navieraarmas.com* • Traversée en 5-7h selon bateau. 1-2 traversées/j. dans les 2 sens. À noter que la plupart des trajets dans le sens Gran Canaria-Lanzarote se font de nuit : départ vers 23h30, arrivée au petit matin à Lanzarote (cabines).
■ ***Fred Olsen Express :*** peu pratique sur cette liaison, car elle s'effectue via Fuerteventura avec changement de port (toute l'île à traverser !).

Comment circuler sur l'île ?

– **Bus :** la plupart des plages importantes et la majorité des villages sont desservis par les bus locaux, les *guaguas* (prononcer « wah-wah »). Environ 25 lignes (info précise au niveau de chaque destination décrite).
Rens : ☎ 928-81-15-22. • arrecifebus.com •
Quelques exemples de tarifs : de l'aéroport à Playa Blanca : 3,25 € ; de Puerto del Carmen à Arrecife : 1,70 € ; d'Arrecife à Haría : 3,15 €.

– **Location de voitures :** bien entendu la solution idéale pour plus de liberté. Plutôt moins chère que sur le continent. Toutes les majors sont là, *Hertz, Avis, Europcar...* Une société locale sérieuse : *Cabrera Medina* (☎ 928-82-29-00 ; • cabreramedina.com •).

– **Taxi :** petite île, petites courses et prix très abordables. Exemple : Playa Blanca (le port pour Fuerteventura)-aéroport d'Arrecife : 40 € (environ 38 km).

LE CENTRE DE L'ÎLE

ARRECIFE

(35500) 30 000 hab.

La capitale de l'île depuis 1852, lorsqu'elle détrôna Teguise. Ville assez étendue, pas d'un charme absolu, pas désagréable pour autant, mais peu de touristes y résident. Après avoir garé sa voiture dans un parking payant (stationnement quasi impossible dans le centre-ville), on va musarder dans les rues commerçantes aboutissant au front de mer, assez vivantes en fin d'après-midi. Entre autres, on grignote un morceau ou on boit un verre aux abords du *Charco de San Ginès,* un grand bassin intérieur, ou dans le vieux quartier qui l'entoure. Immense plage en pleine ville. Intéressante offre culturelle aussi avec le *musée international d'Art contemporain,* le *musée d'Histoire* et, à la périphérie, la *fondation César-Manrique.*

Arriver – Quitter

En bus

Terminal *(Transporte Interurbano de Viajeros ; hors plan par B1)* **:** via Medular, s/n. ☎ 928-81-15-22. • arrecifebus.com • Si vous pensez voyager souvent en bus, intéressant d'acheter la *pre-pay card* (12 ou 22 €). Elle fait gagner 20 % sur les trajets.

➢ ***Teguise :*** env 20 liaisons/j. avec les nos 7, 9, 10, 26, 52 et 53, 6h30-20h40. Passe par Tahíche (Cruse César Manrique) et Nazaret. Pour le *marché de Teguise* dim mat : no 14 à 7h (retour 15h30).

➢ ***Caleta Famara :*** 5 liaisons/j., lun-ven 6h30-20h45 avec le no 20 (plus le no 313, par Costa Teguise). Env 45 mn de trajet.

➢ ***Tinajo-La Santa :*** env 15 liaisons/j. avec les nos 16, 52 et 53, lun-ven 7h-19h50. w-e et fêtes, 8 liaisons 8h-20h30. Par San Bartolomé, Mozaga, Tao, Tiagua.

➢ ***Órzola :*** avec le no 9, lun-ven à 7h30, 10h30, 12h, 15h30 et 17h. W-e et fêtes à 7h30, 15h30 et 17h. Par Teguise, le jardín de Cactus, Arrieta, Punta Mujeres.

➢ ***Los Valles :*** avec les nos 10 et 52 à 6h20, 10h, 14h, 16h, 20h40 (le no 52 continue sur La Santa).

➢ ***Yé*** *(près du mirador del Río)* **:** ligne 26. Bus lun-ven (sf fêtes) à 18h30 (retour à 6h30).

➢ ***Máguez-Haría :*** ligne 7, env 6-7 bus, lun-ven 8h-20h30 (6 les w-e et j. fériés).

➢ ***Playa Blanca :*** avec le no 60,

lun-ven, ttes les heures 7h-21h. Et env 10 liaisons/j. w-e et fêtes. Passe par Tias, Mácher, Uga, Yaiza. Le bus nº 6, même itinéraire, mais via Puerto del Carmen. 1h de trajet.
➢ ***Puerto del Carmen :*** lignes nºs 2, 3, 24 et 25 ; ttes les 20-40 mn suivant moments de la journée.
➢ ***Costa Teguise :*** nombreuses liaisons avec les bus nºs 1 et 3.
➢ ***La Asomada :*** bus nºs 5 et 19, via Tias et Conil, à 7h, 8h15, 14h et 19h15.
➢ ***Femés :*** bus nº 5, lun-ven à 8h15, 14h et 19h15.
➢ ***Playa Honda et aéroport :*** bus nºs 21 et 23. Très nombreuses liaisons.

Adresses utiles

Office de tourisme *(plan C2,* ***1****)* **:** *parque José Ramírez Cerdá, s/n. ☎ 928-81-31-74. • turismolanzarote.com • Lun-ven 9h30-17h, sam 10h-13h.* Situé dans un ancien kiosque à musique. Bonne doc sur la ville.
Kiosque touristique del Muelle *(hors plan par D1,* ***2****)* **:** *muelle de los Mármoles, s/n. ☎ 928-84-46-90. Horaires irréguliers : ouv à l'arrivée des croisières.*
Patronato de turismo *(plan A1,* ***3****)* **:** *c/ Triana, 38. ☎ 928-81-17-62. • turismolanzarote.com • Lun-ven 7h45-14h15 (15 juil-13 sept) ; 7h45-15h15 (oct-juin).* Là aussi, pour ramasser la doc sur toute l'île.
✉ ***Poste*** *(plan C2)* **:** *c/ La Marina, s/n. Tlj sf dim : lun-ven 8h30-20h, sam 9h30-13h.*

Où dormir ?

Bon marché (20-30 €)

Pensión San Gines *(hors plan par C1,* ***10****)* **:** *c/ El Molino, 9. ☎ 928-81-18-63 ou 23-51 (résas). 📱 697-78-85-07. • pensionsangines@hotmail.com • pensionsangines.com • Double 26 €.* Bâtisse de 2 étages à la blancheur immaculée dans une rue tranquille du quartier du *Charco de San Gines.* Une quarantaine de chambres avec salle de bains, classiques, bien tenues. Large terrasse avec vue sur le *Charco,* service de linge, cafétéria. La providence des petits budgets (et des autres).
Pensión Cardona *(plan B2,* ***11****)* **:** *c/ Democracia, 11. ☎ 928-81-10-08. • hrcardona.com • Double 35 €.* Une cinquantaine de chambres nickel dans un agréable quartier. Bon confort, ascenseur, cafétéria, mais accueil moyen.

De prix moyens à chic (40-90 €)

Hotel Miramar *(plan C2,* ***12****)* **:** *avda Coll, 2. ☎ 928-80-15-22. • reservas@miramar.com • hmiramar.com • Double 78 €, petit déj inclus. Parking payant.* Fort bien placé, sur le front de mer. Hôtel moderne à taille humaine (68 chambres), fonctionnel et de bon confort. À l'intérieur, plaisante déco contemporaine. Chambres classiques aux couleurs parfois vives. TV, coffre... Vaste terrasse et solarium, snack-bar.
Hotel Lancelot *(plan A2,* ***13****)* **:** *avda Mancomunidad, 9. ☎ 928-80-50-99. • info@hotellancelot.com • hotellancelot.com • Doubles 59 et 69 € (avec vue), beau petit déj-buffet inclus.* L'hôtel de petit luxe de la ville (110 chambres). Cadre moderne et confortable, TV, clim, minibar... Resto, cafétéria, piano-bar, salle de remise en forme, piscine et solarium.

Plus chic (90-120 €)

Grand Hotel *(plan A2,* ***14****)* **:** *parque Islas Canarias, s/n. ☎ 928-80-00-00. • aghotelspa.com • Doubles min 115 €, petit déj-buffet inclus. Parking payant.* C'est l'unique « gratte-ciel » de l'île (160 chambres) et il semble qu'il ait échappé à la vigilance de César Manrique. Rien à dire, grand confort, déco à la sobre élégance, chambres spacieuses, avec large baie descendant jusqu'au

Adresses utiles

- 1 Office de tourisme
- 2 Kiosque touristique del Muelle
- 3 Patronato de turismo

Où dormir ?

- 10 Pensión San Gines
- 11 Pensión Cardona
- 12 Hotel Miramar
- 13 Hotel Lancelot
- 14 Grand Hotel

sol et ouverte sur le large, clim, coffre, TV satellite, minibar... Installations de spa modernes, piscine intérieure lumineuse, solarium, agréable terrasse et resto panoramique au dernier étage. *Coffee shop*. Accès à une plage privée.

Où manger ? Où déguster une bonne glace ?

Nombreux petits restos avec des menus entre 7 et 10 € dans les rues piétonnes *Inspector Luis Martín, Ginés de Castro y Álvarez (plan C1-2)* et, à côté, sur l'agréable placette de l'*église San Gines*...

ARRECIFE

Où manger ? Où déguster une bonne glace ?	À voir
20 Lilium	21 Museo internacional de Arte contemporáneo – MIAC
21 Qué MUAC	30 Fundación César Manrique
22 Heladería-crepería Fresco d'Italia	

Lilium *(hors plan par D1,* ***20****) : avda Olaf Palme. ☎ 928-52-49-78. 650-14-84-71. • liliumtias@gmail.com • Tlj sf dim 13h-16h30, 20h-23h (23h30 le w-e). Repas 25-30 €.* Peut-être le meilleur resto de la ville. Tables bien séparées pour recevoir des petits plats canariens inspirés et élaborés à partir des bons produits du marché. Cuissons parfaites. Quelques vedettes d'une carte qui bouge : les croquettes de *gofio*, la cuisse de canard sauce aigre-douce aux figues, le cochon noir local rôti, les seiches et champignons en risotto et parmesan... Belle carte des vins faisant la fête aux crus locaux et espagnols, avec un *leya* (Albacete) 2012 ou un *bermejo* abordables...

Accueil affable. Certes, plats faits à la demande, mais l'attente peut parfois être un peu longue...

Qué MUAC *(restaurant et cafétéria du MIAC ; hors plan par D1,* ***21****) : castillo San José, avda de Naos, s/n. ☎ 928-81-23-21. Tlj 10h-20h pour la cafét' ; pour le resto 12h-16h et aussi ven-sam 19h-23h. Tapa 3,25 € (formule 16 € les 6), poisson env 16 €, viandes 13-17 €. Vins min 14 €.* Installé dans le musée d'Art contemporain, mais accès par l'extérieur également. Manrique a réussi de façon harmonieuse à intégrer ce resto dans l'architecture du fort. Immense salle avec baies lumineuses s'ouvrant magnifiquement sur le port. Réserver une table toute proche pour plonger dans la baie. D'abord, c'est un très sympathique endroit pour prendre le thé, déguster leur belle sélection de cafés (Costa Rica, Colombie, Brésil, Kenya, etc.) ou manger des tapas élaborés et des pâtisseries durant la journée. Ensuite, même superbe cadre pour déjeuner ou dîner d'une bonne cuisine contemporaine à des prix étonnamment modérés.

Heladería-crepería Fresco d'Italia *(plan B2,* ***22****) : avda Marítima, 4. Tlj jusqu'à 23h.* Délicieuses glaces artisanales aux parfums séduisants : *platano, dulce de leche, amaretto, kinder,* onctueux yaourt, etc.

À voir

Museo internacional de Arte contemporáneo – MIAC *(hors plan par D1,* ***21****) : castillo San José, avda de Naos, s/n. ☎ 928-81-23-21. Tlj 11h-21h (resto 13h-23h). Entrée : 2,50 € ; réduc. Ou inclus dans les bonos Centros Turísticos.* Ouvert en 1976 sous l'impulsion de César Manrique qui a dirigé les travaux de restauration. Fort édifié au XVIIIe s pour contrer les attaques des pirates et de la barbaresque. C'était une période de famine, une grande partie de la population participa aux travaux pour être nourrie, l'édifice y gagna le surnom de « forteresse de la faim ». Bel appareillage de pierre avec échauguettes aux angles. Ses élégantes salles voûtées accueillent des collections d'art moderne sur la période des années 1950-1970, principalement les trois grands courants abstraits : l'abstraction géométrique, l'abstraction formelle et l'abstraction figurative... Superbe escalier intérieur « à la Manrique ». On découvre tous les grands de l'abstrait : Julio Le Parc, Eduardo Sanz, José Guerrero, Tàpies et les Canariens, bien sûr, Manrique lui-même, Óscar Domínguez, Manolo Millares, Pancho Lasso (1904-1973). Ce grand sculpteur, né à Lanzarote, évolua d'abord entre le néocubisme et un genre de surréalisme populaire. Il travailla surtout le bois. Communiste, pendant la guerre civile, devant la violence des événements, son style devint bien entendu plus réaliste. Il fut un remarquable dessinateur également. Ses œuvres, un des musts du musée, sont exposées ici de façon permanente.

Pour vous reposer les yeux, ne pas manquer d'aller boire un verre dans la lumineuse cafétéria.

Castillo San Gabriel *(plan C2) : sur le front de mer, à hauteur de l'office de tourisme.* Construit en 1573, avant-garde du système de défense contre les corsaires anglais. Réaménagé en musée d'histoire de la capitale, témoignages archéologiques, documents, maquettes sur son développement... Plus des sections sur le volcanisme, la faune, la flore... Ouverture du musée cependant sans cesse repoussée (se renseigner à l'office de tourisme).

DANS LES ENVIRONS D'ARRECIFE

Fundación César Manrique *(hors plan par D1,* ***30****) : Taro de Tahíche, à 5 km au nord d'Arrecife. ☎ 928-84-31-38. • fcmanrique.org • Juil-oct, lun-sam et j. fériés 10h-19h ; nov-juin, lun-sam 10h-18h, dim 10h-15h. Entrée : 8 €.* Cette fondation fut créée pour conserver et populariser l'œuvre et la philosophie

de l'artiste. Abritée dans sa propre demeure et ses dépendances. Manrique commença à la construire sur 30 000 m², à son retour de New York en 1968, lorsqu'il décida de s'installer définitivement à Lanzarote. À dessein, il choisit de l'édifier sur l'une des plus belles coulées de lave (datant de 1730-1736) percée de cinq grandes bulles volcaniques. Au moins 1 800 m² de surface habitable sur deux niveaux, plus les terrasses et jardins. Le niveau supérieur s'inspire bien sûr de l'architecture traditionnelle de l'île, tout en y intégrant des éléments architecturaux modernes et fonctionnels, tels que verrières, grands espaces, larges baies, abondante végétation, etc. On y trouve chambres, salle de bains, cuisine... Le niveau inférieur s'est établi dans les bulles volcaniques et abrite des salons, la piscine et des espaces de loisirs... parfois à ciel ouvert. Mon tout, rappelant sans cesse ce riche dialogue entre nature et architecture, entre tradition et modernité. Les couloirs creusés entre chaque bulle sont de pures merveilles esthétiques.
Là aussi, expo, dans un cadre idéal, de tous les grands contemporains de Manrique : *Wilfredo Lam, Tàpies, Miró, Picasso...* avec, de temps à autre, des échappées sur les formes insolites des coulées de lave, assurant ainsi une harmonieuse liaison entre l'art et la nature. Plus les artistes locaux et régionaux, *Juan Gopar, Pedro González, Julio Le Parc, G. Delgado, J. R. Soto...* et, bien entendu, les propres œuvres de Manrique : un hommage à sa maman, des dessins, toiles, poteries, sculptures, son escalier si original et l'étonnant aménagement des bulles volcaniques. En conclusion, visite fascinante, hautement symbolique de la démarche esthétique et philosophique de l'artiste !

COSTA TEGUISE (35508)

À 5 km au nord-est d'Arrecife, une des trois grandes stations balnéaires et touristiques de l'île. Créée à partir de rien (pas même un p'tit port de pêche à se mettre sous la dent), uniquement pour le tourisme. On a même apporté le sable des plages. Celle de *Las Cucharas* est la plus populaire. Vie nocturne pas trop active, à l'exception de *Pueblo Marino.*

➢ ***Bus :*** nombreuses liaisons avec *Arrecife* avec les bus nos 1 et 3. Ttes les 10 mn env et bus de nuit ttes les heures.

Office de tourisme : *avda Islas Canarias, s/n. ☎ 928-59-25-42. • turismo teguise.com • Situé près de Pueblo Marino. Lun-ven 9h30-17h, w-e 10h-15h30.*

À faire

L'aquarium : *avda de Las Acacias, s/n, centro comercial* El Trébol. *☎ 928-59-00-69. • aquariumlanzarote.com • Tlj 10h-18h. Entrée : adulte 12,50 € ; enfant 4-12 ans 8 €.* Le plus grand des Canaries (1 million de litres d'eau, 33 aquariums). Bonne panoplie de poissons exotiques et tunnel sous-marin pour observer les requins. Bassins pédagogiques où l'on peut toucher plantes aquatiques, petits poissons et crustacés (comme crabes et autres oursins). Ultime attraction : la possibilité de plonger dans le plus grand bassin (après séance de préparation), avec équipement complet, moniteur et biologiste, parmi petits requins (le *cat shark* fait quand même presque 2 m !) et autres bébêtes (cependant très cher : 250 € !).

Aquapark : *avda Campo del Golf, 315. ☎ 928-59-21-28. Tlj 10h30-17h30 (19h le w-e). Entrée : 37,50 € adulte ; 29,20 € enfant (5-15 ans) ; gratuit moins de 5 ans (ouf !). Tarif famille 116 €. Réduc (senior et étudiant) et un poil moins cher entrée tardive (après 14h30 en sem, 15h30 le w-e) ; 10 €*

le transat. CB acceptées avec pièce d'identité. Outre que ce n'est pas très bon marché, quelques infos importantes : avis contrastés des usagers... Certains trouvant que les installations n'ont rien de grandiose, d'autres un peu fatiguées, beaucoup que c'est vraiment très cher pour ce que c'est. Savoir aussi que plusieurs toboggans ne sont pas accessibles aux enfants (selon l'âge et la taille), que certaines attractions sympas pour les mômes sont en fait... payantes à l'intérieur et que, finalement, il vaut mieux y aller un jour de plein soleil. En effet, si ciel couvert et vent puissant, vous risquez de ne pas en profiter vraiment. D'abord, brrr... et eau de la piscine pas chauffée (et en ce cas plus froide). Bon, on a fait le boulot !

SAN BARTOLOMÉ (35550)

À environ 9 km au nord-ouest d'Arrecife. Jolie bourgade agricole (vigne et patate douce) toute blanche à parcourir à pied, notamment autour de l'*ayuntamiento* et de l'ancienne église juste à côté (intéressant décor intérieur). On y découvre le célèbre *monumento al Campesino* (« monument au Paysan ») et la *casa-museo del Campesino* (dédiée au paysan, encore), parmi les plus belles œuvres de Manrique, ainsi qu'un musée ethnographique en ville.
Voir aussi la belle *casa Ajey* (au sud de la ville), demeure coloniale de 1720 avec un grand patio central.

Arriver – Quitter

➢ ***En bus :*** situé sur la ligne *Tinajo-La Senta* (lignes nos 16, 52 et 53).
➢ Concernant la ***voiture,*** attention, pour repartir, sachez que si vous vous engagez sur l'autoroute au sud de la ville, vous arriverez directement au centre d'Arrecife... Pas de sortie avant !

Adresse utile

ℹ ***Office de tourisme :*** *casa Cerdaña, c/ Dr Cerdaña Béthencourt, 17. ☎ 928-17-37-24. Tlj : août-sept 8h-14h, oct-juil 8h-15h.*

LANZAROTE

Où manger ? Où boire un verre ?
Où manger de bonnes tapas ?

🍽 🍷 ***Bar de la Plaza :*** *à droite de l'ayuntamiento. ☎ 928-52-14-71. Tlj sf dim.* Environnement sympa et terrasse fort agréable pour le petit déj et de bonnes tapas pas chères. Accueil souriant et dynamique.

🍽 🍷 ***Restaurant du Monumento al Campesino :*** *ctra Arrecife-Tijano, s/n. ☎ 928-52-01-36. Tlj 13h-16h. Repas env 20 €.* Descendre au sous-sol par le grand escalier. Immense salle ronde (recevant beaucoup de groupes) signée Manrique bien sûr. Cuisine traditionnelle canarienne à prix abordables. Laissez-vous tenter par cet étonnant *bienmesabe* (œufs mélangés à du miel et des amandes) ou le *sancocho* (poisson salé accompagné d'oignons et d'ail).
Au rez-de-chaussée, une cafétéria blanche et verte aux allures d'auberge campagnarde pour déguster quelques tapas. *Tlj 11h-16h30.*

Où dormir ? Où manger dans les environs ?

Casa rural Caserío de Mozaga : *c/ Malva, 8, 35562* ***Mozaga.*** *☎ 928-52-00-60. • info@caseriodemozaga.com • caseriodemozaga.com • À 3 km au nord de San Bartolomé. Doubles 70-120 €, suites 84-160 € selon saison, petit déj inclus. Parking privé.* Loin des foules touristiques, bien placé, au centre de l'île pour rayonner. Une ancienne ferme du XVIIIe s, joliment rénovée et entourée de végétation et bougainvillées. Dans la même famille depuis toujours. Une dizaine de chambres coquettes et confortables. Service de linge. Accueil affable, serviable, discret. Atmosphère familiale. Patio intérieur, grand salon bien agréable. Dans les anciennes étables, bon resto (mais direction indépendante).

Finca Isabel : *c/ Malvas, 11, 35562* ***Mozaga.*** *☎ 928-52-01-42. 609-74-21-63. • fincaisabel@gmail.com • fincaisabel.com • Studios 70-80 €, appartements 90-150 € selon saison et capacité, 455 et 490 €/sem.* Dans un pittoresque environnement de lave, au sein d'un verdoyant jardin, 2 beaux appartements de 100 et 120 m² et 3 spacieux studios tout équipés et de grand confort : chauffage, TV satellite, coffre, etc. Demeure du XVIIIe s. Murs en pierre. Superbe piscine en partie creusée dans la lave, bassin pour les enfants. Supermarché et 2 restos à quelques minutes. Location de voitures pas chère.

El Fomento : *c/ Achimencey, 25, 35530* ***Tao.*** *696-57-08-63. Plus connu sous le nom de* Teleclub El Rubio. *À 4 km au nord de San Bartolomé : passer la pancarte Tao, tourner à droite au 1er feu, puis à droite à nouveau (on aperçoit le grand bâtiment et son dôme pyramidal depuis la route, légèrement en surplomb). Tlj midi et soir jusqu'à 23h. Repas max 15 €.* Héritier de ces lieux à but social où les gens se réunissaient pour regarder la télé quand beaucoup n'avaient pas les moyens de s'en acheter une ! Il en reste une chaleureuse atmosphère conviviale dans un grand espace d'une blancheur immaculée. Siège du club de lutte canarienne local aussi. Long comptoir d'étain. Au mur du bar, un diplôme *slow food* : bingo ! Et en plus, non seulement c'est une nourriture saine, mais c'est bon, même très bon ! Pas de carte, ni menu, c'est selon le marché du jour, viande tendre ou poisson frais que le patron vient proposer affablement. Mon tout remarquablement préparé... Une belle entrée, plat généreux, flan maison, clientèle réjouie de familles et de potes... que demander de plus ? Notre grand coup de cœur... !

À voir

Monumento al Campesino *(monument au Paysan)* **:** situé au centre géographique de l'île. Excellent repère d'ailleurs, quand vous arrivez sur la ville, il se dresse à l'horizon comme un phare de plus de 15 m de haut. Appelé aussi « monument de la Fécondité ». Une création de Manrique, en hommage aux paysans, érigée en 1968 par le sculpteur J. Soto, à partir de vieux réservoirs d'eau de bateaux. Dans un style nettement cubiste, on croit deviner un personnage chevauchant un âne. Grande finesse des lignes, harmonie des volumes.

Casa-museo del Campesino *(musée du Paysan)* **:** *en contrebas du monumento al Campesino. Tlj 10h-17h15. GRATUIT.* Un panorama de l'artisanat local plutôt qu'un musée, d'ailleurs. Ensemble particulièrement harmonieux, une chaleureuse esthétique. Notamment le chemin menant à la cour intérieure, peint d'une blancheur éblouissante et intégrant des pierres plates et grises. Autour de la cour, entourée de bâtiments évoquant une ferme traditionnelle, divers ateliers où l'on peut observer le travail des artisans (poterie, céramique, vannerie, travail du cuir et du bois, tissage, cave de vigneron, etc.). Boutique. En contrepoint, divers objets agricoles.

Museo ethnográfico Tanit : *c/ Constitución, 1. ☎ 928-80-25-49 ou 928-52-06-55. • museotanit.com • Tlj sf dim 10h-14h. Entrée : 6 €.* L'un des plus étonnants musées ethno jamais visités ! Par la richesse des collections et son côté capharnaüm bien rangé... Ça fait vraiment penser à un immense cabinet de curiosités où il ne manquerait pratiquement rien de notre vie quotidienne ! L'ensemble dégage une impression de charmante et chaleureuse intimité avec tous les objets... socialement utiles, hétéroclites ou insolites... Dans cette immense caverne d'Ali Baba, on notera la collection de *panderos* (tambourins locaux) et de coquillages, les trouvailles de la mer, les poteries anciennes et céramiques, les vieilles photos pleines de nostalgie, quelques outils agricoles, comme cette grosse planche aux cailloux aigus incrustés qui servait à décortiquer les céréales. Cave à vin avec ses barriques et les instruments de la vigne. Certains tonneaux centenaires en bois de Virginie contiennent encore du vin de l'époque (précisé dessus), d'où cette forte atmosphère avinée qui donne une crédibilité supplémentaire à la visite. Intéressantes vitrines thématiques (la pêche, le linge de maison, la couture, la vannerie, graines et fruits, la vaisselle, etc.). Collection de meules de pierre et de costumes paysans. En mezzanine, diplômes viticoles, étiquettes de vin, mille petits objets et souvenirs littéraires présentés de façon naïve et tendre. On aime ! Puis une passerelle mène à une jolie reconstitution de salle à manger paysanne. En contrebas du musée, d'autres salles à ne pas manquer, comme cette pièce aux allures de « maison de poupée » pleine de jouets... et encore une expo de vêtements traditionnels, patchworks paysans, mobilier ancien, costumes de carnaval. Mon tout enjolivé de belles gravures, estampes et photos. Petit jardin présentant les plantes locales. Boutique de souvenirs et d'artisanat.

TINAJO (35560)

Grande bourgade agricole s'étendant sur plusieurs kilomètres (avec le prolongement de Mancha Blanca). Vit surtout de la vigne. Porte d'entrée du parc national de Timanfaya. Tout le coin est quasi intact de tourisme de masse et se révèle une excellente base pour résider. Jolie place principale avec une élégante mairie faisant face à une intéressante église du XVIIIe s.

➢ **Bus :** nos 16, 52 et 53 depuis *Arrecife* (lignes vers La Santa). Quasi ttes les heures 7h-21h40 (moins de liaisons w-e et fêtes).

– Voir aussi • *tinajo.es* •

Où dormir ? Où manger ?

Casa rural El Jallo : *camino de Cantarilla, 2, Tajaste. ☎ 928-84-03-19. • info@eljallo.com • eljallo.com • Passé la mairie et l'église de Tinajo, continuer tt droit vers Mancha Blanca. Juste après l'immeuble sur la droite, marqué « Pelluquería », prendre la 2e à droite et aller tt droit sur env 1 km. Le camino sera à droite, la casa à 300 m. Doubles 85-115 € selon confort, studio 95 €, petit déj inclus. Parking privé.* Ancienne ferme du XVIIIe s, ravissante bâtisse dans le style traditionnel, seule, face à un petit cratère et aux grands espaces, la ville blanche et la mer tout au fond, les volcans sur le côté... Calme total, même le coq de la *casa* respecte le sommeil des hôtes... À l'intérieur, cadre de charme, murs d'un blanc immaculé couverts de grands tableaux contemporains. Federico et Chiara, anglophones, reçoivent merveilleusement et proposent 4 chambres fort plaisantes (l'une avec salle de bains extérieure mais privée) et de bon confort, ainsi qu'un studio. On a un faible pour la chambre du 1er étage, très spacieuse, avec lit à baldaquin et terrasse pour jouir de tous les matins du monde. Grand salon où Federico met les gens en relation autour d'un verre de vin et de discussions sur l'art. Fou de jazz (il possède l'intégrale de Nina Simone) et généreux en bonnes infos sur l'île. Petit déj extra à partir de beaux produits et confitures maison. On a failli ne pas repartir, c'est tout dire !

Casa rural El Rancho Grande : *c/ Seguidilla, 1. ☎ 928-84-07-89. 686-60-36-26. • info@el-rancho-grande.com • el-rancho-grande.com • Depuis le sud, 500 m après la station-service* CEPSA, *tourner à gauche, juste avt le grand rond-point, puis 2e à gauche (venant du rond-point, 1re à droite, 2e à gauche). Double 65 €, petit déj inclus.* Sympathique *casa* avec un côté Sergio Leone, comme son nom l'indique... Quartier très calme, à deux pas du centre-ville. Accueil francophone, pro et affable de Thomas, Belge tombé en amour pour Lanzarote il y a 27 ans ! Il propose 7 chambres de bon confort et en mezzanine autour d'un patio. Déco gaie, avec de beaux tableaux (normal, Cindy, l'hôtesse, est artiste peintre). Copieux petit déjeuner dans une plaisante salle à manger. En prime, là aussi de bonnes infos sur l'île !

Grillen : *avda Lomo de los Señores, 9. 619-23-90-95. • info@grillen.es • Au bout du village, direction La Santa. Tlj 18h-22h (plus tard le w-e).* Open sandwich *env 10 €, entrecôte 18 €, repas 30-35 €.* Grande demeure particulière, cadre contemporain confortable. Le patron, un grand Danois qui reçoit fort bien, s'est fait une spécialité des grillades. Viandes bien sûr bien choisies, tendres à souhait et cuites parfaitement à la demande. Mardi à partir de 18h, *live music* (parfois aussi le jeudi).

Où manger dans les environs ?

À La Santa (35560)

À environ 4 km de Tinajo, ce discret village de pêcheurs propose de très belles adresses de restaurants.

Verde Mar : *c/ Señora Encarnacíon, 2. ☎ 928-84-08-58. 630-15-28-60. • debbie.verdemar@gmail.com • Tlj sf dim, midi et soir jusqu'à 22h. Repas 30 €.* Amis lecteurs, un peu d'attention, voici un resto dans le « top 3 » de l'île ! Et, pourtant, niché dans une ruelle discrète, on a failli le rater (bon repère, c'est celle qui part en face du resto *Amêndoa,* dans la rue principale). Cadre tamisé et intime dans les tons orangés pour une cuisine fine et créative sans pareille. Dave, le chef anglais, est un surdoué. Poissons d'une fraîcheur absolue. Entrées imaginatives comme ces savoureuses betteraves et oranges en risotto, dos de cabillaud à la cuisson parfaite et meilleur *cheese cake* des Canaries, tel a été notre repas... On a affaire ici à un très grand chef, allié à un service souriant et suave et des prix somme toute modérés, eu égard à la qualité de la cuisine.

Amêndoa : *avda El Marinero, 20. ☎ 928-83-82-52. • info@amendoalasanta.com • Tlj sf lun midi. Soir jusqu'à 22h. Entrées 5-11 €, plats 10-16 €.* Dans un décor un poil cossu, là aussi une belle cuisine assez sophistiquée attirant aussi bien autochtones que touristes. Plus animé et enjoué que *Verde Mar,* plus de bandes d'amis. Accueil dynamique, service souriant. Plats du jour au tableau noir (et ils tournent souvent). Délicieux maki saumon fumé et fromage de chèvre démontrant le savoir-faire du chef, consistantes côtelettes au romarin *(rack of lamb),* grillées et roses à souhait, merlu local aux crevettes et calamars prouvant son sens des associations, raviolis aux épinards... Adresse sérieuse et surprenante dans un village si perdu.

À voir

Iglesia de San Roque : *place principale de Tinajo, face à l'élégant bâtiment de la municipalité.* Édifiée au XVIIIe s. Double nef, deux chœurs, dont l'un propose un superbe retable polychrome sculpté dans les tons de rouge, gris et doré. Beau plafond en bois du chœur rappelant le style mudéjar.

Ermita de los Dolores : *à La Vegueta, à la sortie de Tinajo.* Ravissante église du XVIIIe s. Tout en longueur, d'une blancheur éclatante, avec des blocs de pierre de lave aux angles, créant une jolie harmonie graphique. À l'intérieur, voûte en berceau et élégant petit retable baroque abritant une Vierge vénérée. Édifiée, en reconnaissance, à l'endroit où la lave s'arrêta en 1735. La légende raconte que le curé de Mancha Blanca planta un bâton en terre, soutenu par la population en prière. La lave s'arrêta au bâton et le village, le premier à être préservé après 6 ans de destruction, marqua la limite des éruptions. Le pape Clément XII accorda permission de célébrer l'événement tous les 15 septembre. Ce jour-là, une foule nombreuse vient assister à la sortie de la Vierge des Douleurs.

Centro de visitantes : à 2 km, le centre d'interprétation du parc national de Timanfaya... Voir plus loin, dans le chapitre consacré au parc.

DANS LES ENVIRONS DE TINAJO

Museo agrícola El Patio : *c/ Echeyde, 18, à* ***Tiagua.*** *☎ 928-52-91-34. • museoelpatio.com • À 4 km de Tinajo, en direction de Caleta de Famara. Tlj sf dim 10h-17h. Sam 10h-14h. Entrée : 6 € (1 verre de malvoisie compris, à la bodega).* Un des plus intéressants musées agricoles jamais visités ! Installé dans une ancienne ferme de 1840. La coulée de lave de la dernière éruption sur l'île (1824) s'arrêta à 1 000 m ! Ce qui permet de découvrir aujourd'hui un ensemble exceptionnel de bâtiments, moulins, toits, cheminées, patios, celliers, puits, citernes, fours à pain... en un même lieu. Prévoir minimum 1h pour en apprécier toutes les richesses. Impossible de tout décrire, on vous donnera un plan très bien fait à l'entrée. En voici les points forts :
– *Le Musée ethnographique :* dans le plus grand bâtiment décoré de belles photos sépia : mobilier ancien, pierres de lave aux allures de sculptures, la fameuse poterie faite main (sans tour) avec la terre de cendre, objets domestiques, quelques costumes traditionnels, la chambre, la salle à manger, l'antédiluvienne cuisine... Au 1er étage, gravures et estampes sur l'habillement local, etc. Puis visite du cellier, la tonnellerie, le vieux pressoir. Moulin qui fonctionnait avec un animal de trait (âne ou chameau), puis la petite chapelle. En face, un jardin de cactus de charme. Ne pas manquer, à l'ombre du moulin à vent, la pittoresque bodega (et le p'tit coup à boire, et attention à ne pas marcher sur les poussins !). Juste à côté, une autre section importante du Musée ethnographique : matériel agricole, antiques charrues, vénérables balances...

CALETA DE FAMARA (35558)

Site naturel particulièrement photogénique, petit port de pêche et l'une des plages les plus longues et populaires pour le surf et le kitesurf. C'est l'endroit rêvé pour les routards du monde entier : tout est abordable et l'ambiance est à la hauteur. Attention aux courants. Ne pas aller trop loin et surtout, lorsqu'il y en a, rester à hauteur du surveillant de plage. Vent réputé, route côtière et rues du village sont souvent ensablées.
– Boutiques de location et écoles de surf dans la rue principale.
➢ **Bus :** nº 20 depuis *Arrecife.* 5 liaisons 6h30-20h45. Passe par *Soo, Mozaga, Tao, San Bartolomé.*

Où dormir ?

Red Star Surf Hostel : *avda El Marinero, 9. ☎ 928-52-88-08. 📱 646-38-20-80. • info@redstarsurf.com • redstarsurf.com •*

Nuitée 20-30 €/pers suivant nombre. Cette école de surf gère un sympathique *hostel* en 2 lieux. Le principal, une maison au cadre coloré et égayé par de nombreux pochoirs et fresques rigolos. Très bien tenu. Conviviale salle commune et animation assurée. Petits dortoirs de 4-5 personnes, excellents lits superposés en bois blanc, cuisine équipée. L'annexe se révèle plus classique, plus paisible, conviendra à ceux, celles cherchant une ambiance tranquille. Propose 2 chambres doubles en plus.

Finca Las Laderas : *c/ Las Laderas, 2. ☎ 928-17-39-42. • reservas@fincalasladeras.com • fincalasladeras.com • Route de Teguise, à 4 km du centre. Apparts 75-85 €, w-e 225-255 €, sem 490-560 €.* Ancienne hacienda à flanc de montagne, toute seule et dévorant l'immense espace. Parfait à qui cherche calme, isolement, beauté de l'environnement... 5 appartements de 50 à 85 m² avec cuisine et salon (dont l'un avec 2 chambres). Bon confort, la plupart avec terrasse. Piscine et barbecue. Accueil pro.

Où dormir dans les environs ?

La Casa Blanca : *c/ Los Parranderos, 3, 35558* ***Soo.*** *☎ 928-52-61-40. 606-02-90-28. • info@lacasablanca.org • lacasablanca.org • Double 50 €, triple 60 €, pour 4 aussi. CB refusées.* Chambres d'hôtes située dans l'adorable village de Soo, à un vol de corbeau des plages. Dans un environnement serein, fort peu urbanisé, avec d'amples horizons et un jardin tropical plein de palmiers et de yuccas, voici une de nos plus intéressantes chambres d'hôtes. Intérieur coloré et lumineux, 5 chambres de bon confort et au calme, donnant sur la mignonne piscine. Un véritable havre de paix. Bonnes infos sur les balades et les visites. Dîner sur réservation.

Où manger ?

El Risco : *c/ Montaña Clara, 30. ☎ 928-52-85-50. • info@restauranteelrisco.com • En centre-ville. Tlj sf dim soir.* Terrasse les pieds dans l'eau. Spécialités canariennes dont l'encornet et le cabri. Plats à partager et menu en français. Jolies peintures de poissons signées Manrique.

Bar-Hamburguesería : *dans une ruelle perpendiculaire à la rue principale.* Bon marché, donne pas mal dans le surgelé (OK, ne signifie pas pour autant que c'est mauvais !).

Restaurante Sol : *c/ Salvavidas, 48. ☎ 928-52-87-88. Tlj sf lun.* Pour sa terrasse sur rue... les pieds dans le sable, ses vieux serveurs grognons, son côté très populaire (gros succès le week-end) et une cuisine de poisson et fruits de mer correcte et à prix abordables. Connu pour sa paella et ses pâtisseries maison. Autre terrasse ensoleillée donnant sur la plage.
En fait, si vous êtes en voiture, en peu de temps, pensez aussi à poursuivre vers *La Santa* et ses bons restos...

TEGUISE

(35530)

L'une des plus anciennes communes des Canaries (avec *Betancuria* dans l'île de Fuerteventura). Sans conteste, la plus séduisante bourgade de l'île, un charme réel, une architecture homogène et protégée, une riche offre culturelle et de belles adresses pour se restaurer.

UN PEU D'HISTOIRE

L'île fut découverte dans les années 1320-1339 par *Lancelotto Malocello,* un navigateur italien (qui donna son nom à l'île). En 1402, conquise définitivement par le Normand Jean de Béthencourt qui battit *Guadarfia,* roi guanche (indigène). Première île du royaume de Castille. Maciot de Béthencourt, le neveu du conquérant normand, se maria avec la princesse *Teguise,* fille de Guadarfia. Ville prospère, elle fut la cible de nombre de raids de la part des pirates et de la barbaresque. En 1569, le pirate berbère *Morato Arraez* la pilla totalement et tua nombre d'habitants... Le *callejón de Sangre* (la « ruelle du Sang ») rappelle cet événement. Jusqu'au XVIIIe s, on compta plus de 20 raids contre Teguise. En 1852, elle perd son statut de capitale au profit d'Arrecife, devenu un port important. Victime d'un rude déclin économique, Teguise tombe alors dans l'oubli et c'est bien ce qui l'a préservée de la modernité ! Aujourd'hui, ce sont les touristes qui l'envahissent et ils ne colonisent que les bodegas de la ville et le grand marché du dimanche...

L'INCROYABLE MALCHANCE D'OMAR !

Omar Sharif, en 1973, au sommet de sa gloire cinématographique, achète la plus belle demeure de l'île (dont fait partie le resto Lagomar, *à Nazaret). Apprenant que son vendeur joue au bridge, Omar, trop sûr de lui, le défie et lui propose de jouer à l'argent. Ce dernier lui cache bien entendu qu'il est en fait champion de bridge et... plume Omar qui va jusqu'à jouer sa maison et... la perdre le soir même ! Le pauvre, il n'aura même pas pu y passer une nuit. Il ne reviendra plus jamais à Lanzarote. Ultime pied de nez, la demeure continue cependant de porter son nom !*

Arriver – Quitter

➢ ***Pour Arrecife :*** env 20 liaisons/j. dans les 2 sens, avec les n°s 7, 9, 10, 26, 52 et 53, 6h30-20h40. Passe par *Tahíche* (Cruse César Manrique) et *Nazaret.* Dim mat : le bus n° 14 partant à 7h d'Arrecife pour le grand marché repart de Teguise à 15h30. Bus pour le marché (et retour) également depuis ***Puerto del Carmen*** et ***Costa Teguise*** (4-5 bus à partir de 9h).

➢ ***Pour La Santa, Tinajo, Tiagua et Mozaga :*** lignes n°s 52 et 53 lun-ven sf j. fériés. Env 6 bus/j.

LANZAROTE

Adresse utile

🛈 ***Office de tourisme*** *(plan A2)* ***:*** *pl. de la Constitución, s/n. ☎ 928-84-53-98. • teguise.es • Tlj 9h-16h30 (w-e 9h-14h30).* Un des plus compétents sur l'île. Accueil pro et francophone. Excellent matériel touristique et d'utiles infos sur les randonnées locales.

Où dormir ? Où manger ?

Quasiment pas de logement sur place, allez voir nos *casas rurales* et chambres d'hôtes dans les environs. Pour se restaurer, pas de souci !

De bon marché à prix moyens

🏠 ***Estudio Chimida*** *(plan A1,* ***10****)* ***:*** *c/ Jaime Balmes, 14. ☎ 928-59-30-13. 📱 609-83-08-40. • estudiochimida@hotmail.com • estudiochimida.com • Proche du centre. Studio 2 pers 50 €. Parking.* Studio dans une demeure traditionnelle, dans une rue au calme. Spacieux (56 m²), avec salon, cuisine équipée, plaisante terrasse.

|●| ***La Cantina*** *(plan A2,* ***20****)* ***:*** *c/ León y Castillo, 8. ☎ 928-84-55-36. • info@cantinateguise.com • À 150 m de la*

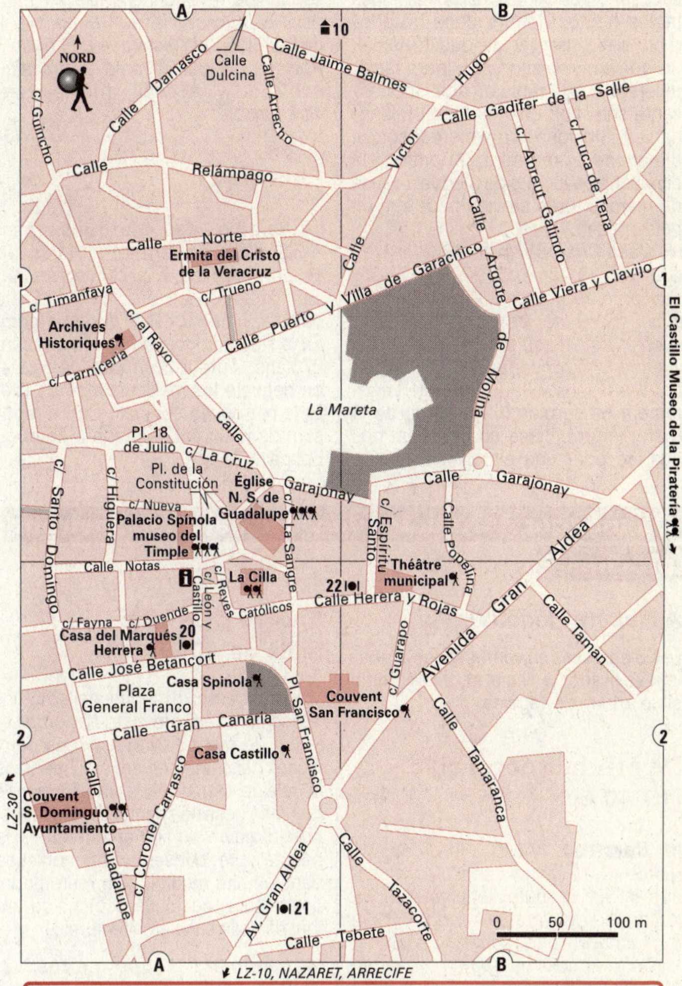

TEGUISE

■ **Adresse utile**	**20** La Cantina
Office de tourisme	**21** Casa Cristóbal
Où dormir ? Où manger ?	**22** Palacio del Marques
10 Estudio Chimida	

place principale. Tlj 10h-23h. Tapa 4 €, plats 10-20 €. Ven à 19h, dégustation de 8 vins de l'île différents pour 28 € (résa conseillée). Dans une élégante demeure ancienne. Un des bars à vins les plus populaires de l'île. Petite restauration correcte à partir de bons produits locaux. Cadre chaleureux, succession de petites salles. Quelques tables hautes dehors dans un adorable patio. Burger de qualité, steak uruguayen, poisson du jour, tapas diverses... Au tableau noir, intéressante sélection de vins à prix raisonnables. Musique live vendredi soir et dimanche après-midi. Attention, le dimanche beaucoup de monde à cause du marché (et le service peut être un peu longuet).

|●| ***Casa Cristóbal*** *(plan A2,* ***21****) : avda Gran Aldea, s/n. ☎ 928-84-52-95. Sur la voie principale Arrecife-Haría, à 300 m du centre-ville. Tlj sf mar, midi et soir jusqu'à 22h. Menu midi lun-ven 12,50 €, carte 25-30 € (change ttes les 3 sem). Grand parking.* Légèrement en surplomb, en retrait de la route, large bâtisse au cadre un poil austère pour une excellente cuisine espagnole traditionnelle. Belles viandes : *cabrito de Haría, T-bone,* steak de porc ibérique, *estofada de novillo...* Poisson du jour et *lomo de bacalao confitado...* Accueil affable, service aimable.

Plus chic

|●| ***Palacio del Marques*** *(plan A-B2,* ***22****) : c/ Herrera y Rojas, 9. ☎ 928-84-57-73. Tlj sf sam soir et dim soir 12h-20h. Plats env 13-14 €.* Cette bâtisse, plus modeste que son nom, fut le siège du gouvernement pendant 270 ans. Autour d'un plat de tapas, on déguste les meilleurs vins de l'île. Et le patron s'y connaît ! Cadre reposant dans un jardin intérieur fleuri de bougainvillées.

Où manger ? Où boire un verre dans les environs proches ?

À Nazaret (55539)

Les 3 adresses suivantes (dont 2 fabuleuses !) sont à Nazaret, village chic situé à 1 km de Teguise.

De prix moyens à chic (15-40 €)

|●| ***Barstro :*** *c/ Los Perdices, 8. 689-45-11-08. • barstro@outlook.com • Sur la route Teguise-Arrecife (à l'entrée de Nazaret, prendre la rue à gauche en direction de Lagomar ; venant d'Arrecife ou de Tinajo, à droite bien sûr !). Tlj midi et soir jusqu'à 23h. Plats 13-15 €.* Plaisant cadre contemporain pour une cuisine de bistrot moderne extra. Clientèle un poil branchée qui se contente parfois de venir boire un verre et croquer quelques bonnes tapas. Cuisine ouverte et carte au fil du marché. Quelques plats habituels : le *rib eye steak* frites maison, le thon rouge aux pâtes noires, le *tempura* de langoustines aux pâtes à la thaïe... Beaux desserts. Addition somme toute modérée vu le standing du lieu.

Encore plus chic (plus de 40 €)

Voici 2 adresses exceptionnelles intrinsèquement liées : le resto ***Lagomar*** et le bar de nuit ***La Cueva...*** Tous deux nichés dans une carrière creusée dans la falaise. Au départ, une immense demeure dessinée par César Manrique, chef-d'œuvre de fine architecture, de beauté pure, d'insertion harmonieuse dans un site naturel... On reste baba, confondu, époustouflé, scotché devant tant d'intelligence architecturale !

|●| ***Lagomar :*** *c/ Los Lorros, 2. ☎ 928-84-56-65. • lacuevadelagomar@hotmail.com • Plus haut que* Barstro, *même rue, tt droit (bien indiqué). Tlj 13h-16h, 19h-22h30. Repas 35-40 € (avec 1 verre de vin). Résa conseillée, mais en sem, il y a souvent de la place.* De nuit, facilement repérable de loin, le resto apparaît illuminé contre sa falaise. Presque « troglo », pelotonné dans une grotte, avec son jeu de lumière tamisée qui donne des formes insolites à la roche. Bref, les Mille et Une Nuits, se révélant le cadre parfait pour un dîner en amoureux. En

LANZAROTE

outre, en surfant subtilement sur la carte, on peut s'en tirer pour pas trop cher ! Service assez conformiste. Ne pas manquer, avant ou après, d'aller siroter un mojito à *La Cueva...*

🍷 ***La Cueva :*** ☎ *928-84-56-65. Tlj sf lun 18h-2h.* Encore plus enchanteur, avec sa végétation tropicale tranchant sur les blancs et bruns éclatants de la roche peinte, le ruisseau qui glougloute, le minilac, les incroyables couloirs « à la Manrique » menant au bar en contrebas, dans un chaos de lumières féerique... Un des bars les plus incroyables et surprenants au monde. À consommer séance tenante ! Mojitos et *caipinrinhas* réputés... Jazz les mercredis à partir de 21h, vendredi et samedi à partir de 23h.

À voir

Plaza de la Constitución *(plan A1)* **:** le centre, symbole de la ville, avec les plus beaux monuments : l'église *Nuestra Señora de la Guadalupe,* le *palacio Spínola* et la *Cilla* (ancienne grange à dîme de l'église).

PROTECTION DIVINE

À Teguise, des croix sont apposées devant certaines maisons. C'était un moyen pour empêcher les passants d'uriner sur les façades.

Nuestra Señora de la Guadalupe *(plan A1)* **:** *pl. de la Constitución. GRATUIT.* Fondée au XIVe s, elle fut maintes fois modifiée du fait des pillages et destructions des pirates. Acquiert trois nefs au XVIIIe s, reconstruite en 1909 suite à un incendie et héritant d'un petit clocher octogonal. Brique rouge et façades blanches du plus bel effet. À l'intérieur, voûte en berceau, larges arches romanes, nombreuses statues polychromes. Retable et tribune d'orgue de style néogothique.
Derrière la cathédrale, on découvre le *callejón de la Sangre* (la « ruelle du Sang »), rappelant le massacre des habitants et l'enlèvement de centaines d'autres comme esclaves, lors de l'attaque des pirates berbères en 1569.

Palacio Spínola – Casa-museo del Timple *(plan A1)* **:** *pl. de la Constitución. • casadeltimple.org • Tlj 9h-16h (15h dim, fêtes et en été).* Remarquable demeure aristocratique du XVIIe s d'une sobre élégance. D'abord siège du *Tribunal du Saint-Office* (l'Inquisition locale), avant d'être habitée par une grande famille patricienne, puis de servir de résidence officielle du gouvernement des Canaries. Abrite aujourd'hui le *musée du Timple,* une petite guitare typiquement canarienne, proche du *charango* (Pérou-Bolivie). En une séduisante muséographie, non seulement expo complète de toutes les variétés de *timples,* mais aussi les instruments qui lui sont proches de par le monde : *charango, balalaïka, oud, rebab, ukelelé, bandurria* des Philippines... et un curieux *cordofono membrafono* indonésien ! Visite de la chapelle et d'une petite reconstitution d'atelier de fabrication de guitares. En outre, la visite du musée constitue une intéressante découverte de l'organisation intérieure d'une maison noble. Les patios, les fenêtres intérieures ouvragées, le vénérable puits... Ne pas manquer le petit film sur la musique locale.

La Cilla *(plan A2)* **:** *pl. de la Constitución.* Élégant bâtiment qui abrita longtemps les impôts (notamment la dîme) perçus auprès des paysans, ainsi que leur part de récolte due à l'Église. Cette *cilla* (cellier), construite en 1680, était la plus grande de l'île. Continuation logique de l'activité, une banque lui a succédé.

Au fil de la balade au long de la ville, on rencontre successivement de belles maisons et petits palais nobles, dont la ***casa Perdomo*** du XVIIIe s *(plan A1 ; les archives historiques, lun-ven 9h-16h)* ; la ***casa del Marqués de Herrera*** *(plan A2),* longtemps lieu d'importantes décisions politiques ; la ***casa Spínola,*** ancienne propriété des dominicains, puis de la famille *Spínola* (qui produisit nombre d'écrivains et artistes), une des plus anciennes demeures ; le ***couvent San Francisco*** *(plan B2)* dont il ne reste que l'église aujourd'hui transformée en musée d'art sacré ; le ***théâtre municipal*** *(plan B2)*, ancien hôpital converti en théâtre en 1825 ; la ***casa Castillo*** *(plan A2)* et son élégante porte...

UNE CACHE SECRÈTE

Quand les pirates attaquaient, les habitants se cachaient dans une salle sous le siège du gouvernement, aujourd'hui le Palacio del Marqués (calle Herrera y Rojas). Le sous-sol ne se visite pas.

🎞🎞 ***Ayuntamiento*** *(hôtel de ville ; plan A2)* **:** *c/ Guadalupe.* Il occupe donc un ancien couvent du début du XVIIIe s. L'église, arborant un beau portail, abrite une salle d'expos temporaires et toujours son ancien retable *(lun-ven 9h-14h ; dim 10h-14h ; fermé lun).*

🎞🎞 ***Museo de la Piratería*** *(hors plan par B1)* **:** *castillo Santa Barbara, sur une colline à 1 km de la ville. • museodelapirateria.com • Tlj 10h-16h (15h le w-e) ; juil-sept ferme 1h plus tôt. Entrée : 3 €.* La plus ancienne fortification de l'île (première moitié du XVIe s), pour prévenir et contenir l'attaque des pirates. Peu intéressant pour les enfants car on n'y trouve que des pancartes en espagnol, anglais et allemand. Après avoir écumé la Méditerranée au XVIe s, les pirates attaquèrent régulièrement les Canaries au XVIIIe s pour piller les trésors sud-américains du roi d'Espagne. « Pirate » vient du grec et signifie « celui qui s'aventure ». Quelques extraits de films et des B.D.

À faire

– ***Le marché du dimanche*** *(mercado)* **:** *9h-14h.* Le plus important marché d'artisanat des Canaries. Artisans d'art et artistes viennent y présenter leurs œuvres. On y découvre bien sûr aussi toutes les bonnes spécialités de l'île : les fromages, vins, produits cosmétiques à base de cactus ou d'aloès... Belle animation, cafés et restos sont pleins à craquer. Pour rêver dans les romantiques rues désertes, revenir un autre jour...

➢ ***Les sentiers de petite randonnée :*** l'office de tourisme a eu la bonne idée d'éditer des fiches de *senderos de pequeño recorrido,* dont les plus populaires sont *Teguise-Guatiza* (le jardin des Cactus) et *Teguise-Caleta de Famara* (la plage des véliplanchistes).

Fêtes et festival

– ***Carnaval :*** *fév-mars.* Les vedettes de cette énorme fête remontant au XVIe s sont les *Diabletes,* personnages emblématiques de la culture populaire, fruit de la fusion des légendes guanches, des traditions espagnoles et d'une bonne dose de superstition... Ils parcourent les rues de la ville vêtus d'une peau de bouc, affublés d'un masque orné de cornes pour terrifier les enfants. Défilés, parades colorées, théâtre et musique emplissent rues et ruelles.

– ***Semaine canarienne :*** *mai.* Grande fête folklorique réunissant les meilleurs groupes de folklore et de danse. L'occasion d'entendre et voir chants et danses traditionnelles, les *folía, malagueña, isa* et autre *sorondongo...*

– ***Fêtes religieuses :*** principalement la ***Fête-Dieu*** *(60 j. après le dim de Pâques, fin mai-début juin suivant le calendrier).* Procession dans les rues sur des tapis de sel coloré, portes et fenêtres décorées et nombres d'autels exécutés soigneusement par les habitants le long du parcours. Le 16 juillet, c'est la ***fête de Nuestra Señora del Carmen*** : festival de folklore, championnat de lutte canarienne, processions et bals populaires. Temps fort : la procession en mer pour accompagner la Vierge autour de l'*île de La Graciosa.*

LE NORD-EST DE L'ÎLE

Rejoindre la route côtière, d'autres merveilles et coins insolites à découvrir dans une nature quasi intacte... À commencer par l'étonnant *jardin des Cactus.* Pour la pause déjeuner, pousser jusqu'à Órzola ou Arrieta, réputés pour leurs restos de poisson.

LA ROUTE CÔTIÈRE, DE GUATIZA À HARÍA

Jardín de Cactus : *ctra general del Norte, s/n, à* ***Guatiza.*** *☎ 928-52-93-97. Tlj 10h-17h45. En été, 9h-19h. Entrée : 5,50 €, 2,75 € moins de 18 ans.* Dans cette région dédiée à la culture de la cochenille recueillie sur les figuiers de Barbarie, on se devait de découvrir la dernière œuvre de Manrique (1990). On est accueilli par un gigantesque cactus (c'est un faux... quel farceur, ce Manrique !). Là encore, un superbe exemple d'application de son concept « art/nature-nature/art », intégration de l'art au paysage de façon insolite et harmonieuse tout à la fois. Il choisit une ancienne carrière de *picón* (ce cailloutis volcanique répandu au pied des vignes pour absorber l'humidité), dominée par un ancien moulin à *gofio* (céréales). Ce cratère protégeant du vent représentait vraiment le lieu idéal pour implanter plus de 1 400 variétés de cactus provenant du monde entier (Mexique, Chili, USA, Kenya, Tanzanie, Maroc, Madagascar, etc.)... Ensuite, en un mouvement circulaire, c'est un subtil jeu de jolis sentiers de pierre, de terrasses, de dénivelées et d'escaliers. Au centre, des ruisseaux, des nénuphars, des petits ponts apportent leur fraîcheur à cette errance cactée, dans les couleurs et les formes les plus étonnantes... Encore un chef-d'œuvre total imaginé par ce bougre de Manrique. Boutique de souvenirs et bar portent également la marque de l'artiste. Le site est parsemé de clins d'œil ne manquant pas de piquant, du portail aux poignées de porte des toilettes...

– Dans les environs du *jardín de Cactus,* pour une baignade en dehors des piscines battues, aller au ***Charco del Palo.*** Côte rocheuse et escarpée, livrant à chaque marée montante de petites mares où il fait bon se relaxer... En outre, un des lieux favoris des naturistes. Dans le coin, rendre aussi visite aux ***salines de Guatiza,*** à ***Los Cocoteros,*** plus intimes que celles de *Janubio* (sur la côte ouest).

Jameos del Agua : *c/ Jameos del Agua, à* ***Punta Mujeres.*** *☎ 928-84-80-20. Bien indiqué et immense parking. Tlj 10h-18h30 (22h30 sam). Entrée : 9 € ; réduc. Resto dans la 1re grotte. Concert sam à 22h30, mélangeant mélodies canariennes et jazz.* Ce fut la première intervention artistique de César Manrique en 1966. Son matériau : un conduit volcanique qui part du volcan Corona (éruption il y a environ 3 000-5 000 ans) et qui finit à la mer. Le contact de la lave avec la mer provoqua une explosion qui créa deux énormes cavités. Une volée d'escaliers mène d'abord au *Jameo Grande* (*jameo,* dérivé d'un mot indigène, voulant dire « bulle » ou « grotte »). Vaste lac souterrain avec, quand le soleil brille, un superbe phénomène de réflexion. Situé sous le niveau de la mer et créé par filtration. Y vivent depuis quelques milliers d'années des *munidopsis polymorphes,* crabes minuscules, albinos et aveugles (à force d'être restés dans l'obscurité). Honnêtement, difficiles à observer. Puis, un nouvel escalier mène à une piscine très « manriqueste ». On a bien aimé, comme toujours, le sol et les roches peintes d'un blanc éclatant, les chocs de couleur avec la lave (on pense parfois à des blocs de neige), les jeux d'ombre du palmier dans l'eau couleur Pacifique sud... Les plus observateurs de nos lecteurs arriveront peut-être à dénicher l'ancienne douche, bien planquée. Dernière attraction, la grotte-auditorium-salle de concerts de 600 places à l'extraordinaire acoustique, offrant, en outre, un décor intérieur sophistiqué, insolite et fascinant jeu de miroirs... Pour finir, la *casa de los Volcanes* présente l'histoire des 300 volcans de l'île... Seul petit regret, le côté peut-être un peu trop touristique du site, la restauration dominante...

Cuevas de los Verdes : *sur la commune de* ***Haría.*** *☎ 928-84-84-84. Bien indiqué, assez proche de los Jameos del Agua. Tlj 10h-18h (19h en été). Entrée : 9 € ; réduc. Plus que jamais conseillé de prendre l'abonnement de 4 ou 6 visites ! Explications slt en anglais et espagnol.* Pour amateurs de grottes (mais sans stalactites ni -mites). Tunnel de 6 km de long de même nature, même origine que *los Jameos de Agua,* sauf que là on peut l'arpenter sur 1 km... Pas linéaire d'ailleurs, galeries parfois superposées (jusqu'à trois niveaux), livrant des espaces et points de vue différents. Haut parfois jusqu'à 50 m, sur 15 m de large. Température constante de 19 °C, très peu d'humidité. Mise en lumière des parois assez spectaculaire, jouant sur les chromatismes des oxydes de fer et des dépôts salins, en une grande variété de nuances de blanc, vert, jaune, ocre... Balade de 45 mn environ. Attention, éviter la tranche fin de matinée début d'après-midi, au risque de se retrouver avec des groupes de 30-40 personnes.

LA ROUTE ARRIETA-ÓRZOLA

Un genre de côte sauvage longe le ***malpaís de la Corona,*** champs d'éboulis volcaniques à perte de vue, chaos rocheux recouverts de lichen et d'une rare végétation. De temps à autre, de petites criques où de hardis baigneurs vont s'aventurer. Quelques kilomètres avant d'arriver à *Órzola* s'étend l'une de nos plages préférées. D'abord, parce qu'elle offre un grand parking, du sable blanc et, nichée au fond d'une petite baie rocheuse, on peut y patauger sans grand danger. Surtout, ce qui nous a plu, ce sont les cercles ou demi-cercles de pierre (comme pour les pieds de vigne) édifiés pour se protéger du vent. Cependant, pas d'illusions, déjà occupés par couples et familles, pour la plupart, dès le matin...

ÓRZOLA

(35541)

Petit port de pêche assez perdu. Il a su rester dans son jus malgré quelques constructions modernes. Pas mal d'endroits où vous dégusterez prioritairement du poisson frais (une bonne demi-douzaine de restos sur le port, aux noms qui chantent : *El Norte, Bahía de Órzola, Os Gallegos, Punta Fariones, Arráez, Perla del Atlántico,* ce dernier propose une *parrillada* de poisson correcte). C'est d'ici que partent les bateaux pour l'*île de Graciosa.*

Arriver – Quitter

Pour Arrecife : avec le n° 9, lun-ven 5-6 bus/j., w-e et fêtes, 3 bus. Par *Punta Mujeres, Arrieta, le jardin des Cactus, Teguise.*

Comment aller à La Graciosa ?

Lineas marítimas Romero : *depuis le port d'Órzola. ☎ 928-84-20-55. • lineasromero.com •* Tlj à 8h30, 10h, 11h, 12h, 13h30, 16h, 17h, 18h (plus 19h juil-oct et 20h 12 juil-30 sept). Retour : à 8h, 8h40, 10h, 11h, 12h30, 15h, 16h, 17h (plus 18h juil-oct et 19h 12 juil-30 sept). A/R 20 € (enfant 11 €).

DANS LES ENVIRONS D'ÓRZOLA

L'ÎLE DE LA GRACIOSA (35540)

Petite île de 27 km² brute de forme où le temps ne semble jamais s'être écoulé. Fait partie de l'***archipel de Chinijo*** avec les îlots Montaña Clara, Alegranza, roque del Este et roque del Oeste. Classé « Réserve de pêche maritime » (la deuxième plus grande de l'Union européenne). Refuge de nombreuses espèces menacées, zone protégée de nidification (Alegranza abrite la deuxième plus grande colonie de puffins cendrés au monde).

À peine 600 habitants permanents (essentiellement à *Caleta de Sebo,* la capitale), quasiment pas de voitures et probablement la seule île d'Europe à ne pas avoir de routes goudronnées. Pas de réserve d'eau (apportée de Lanzarote). ***Caleta de Sebo*** est un petit port au visage avenant avec ses blanches demeures basses et ses bateaux colorés. *Pedro Barba* est exclusivement habité par les vacanciers, le reste de l'île est vierge d'habitants. Trois cônes de volcans (le plus haut culmine à 266 m) et parmi les plus belles plages de Lanzarote. Vu les dimensions, paradis des promeneurs et des cyclistes.

– Deux ***fêtes*** à ne pas manquer si vous êtes dans le coin : celle de *Nuestra Señora de Carmo* le 16 juillet (temps fort : la procession de la Vierge en mer) et le *carnaval,* intime et coloré.

Où dormir ?

Quelques pensions, appartements et studios à louer et à *Caleta de Sebo,* un petit ***camping*** tout simple (mais avec douches et toilettes). Pour tout logement, réservation quasi obligatoire (encore plus au moment des fêtes). Tous renseignements à l'office de tourisme de Lanzarote.

Pensión Enriqueta : *c/ Mar de Barlovento, 6,* ***Caleta de Sebo.*** *☎ 928-84-20-51. Double avec sdb 30 €.* Belle bâtisse, bien tenue, chambres de bon confort.

Pensión Girasol Playa : *avda Virgen del Mar, 97. ☎ 928-84-21-18. Doubles avec sdb 25-30 €.* Pension toute simple, correcte.

À voir. À faire

Quelques idées de distances et de temps, depuis Caleta de Sebo : *playa de Las Conchas* à 8 km (au moins 2h à pied, 45 mn à vélo) ; *playa del Salado* à 700 m ; *playa la Francesa* à 2,8 km (40 mn à pied) ; *playa de la Cocina* à 3,8 km (50-55 mn à pied) ; *Bajo del Corral* à 4 km (1h10 à pied ; 20 mn à vélo). Pour la *playa Lambra* et ses dunes de sable blanc, la plus éloignée, prendre plutôt un taxi 4x4. Le temps à vélo semble long, mais savoir que vous passerez autant de temps à pied que sur la selle, à cause des pistes de sable...

Playa del Salado : plus de 1 500 m de long, avec en fond la spectaculaire falaise du *Risco de Famara* (d'où vous avez peut-être admiré la veille le coucher de soleil sur l'île !). On y trouve le camping, douches et toilettes publiques.

Playa la Francesa : plus proche, accessible à pied aisément. Populaire. À marée haute, la plage se transforme en une immense lagune tranquille. Aucun service ni commodités...

Playa Las Conchas : la plus belle page se situe au nord de l'île, dominée par le mont Bermeja. 600 m de beauté pure, déserte, ample, vraiment paradisiaque. Une eau aux infinies variétés de bleus, un sable doré tranchant avec les pentes pourpres de la montagne... Des contrastes de couleurs saisissants.

Plongée sous-marine : La Graciosa offre parmi les eaux les plus poissonneuses de l'Atlantique et une demi-douzaine de spots. Étant situés dans une réserve marine, nécessité de se procurer un permis. Ses eaux possèdent le rare privilège de voir se côtoyer espèces locales et méditerranéennes et même certaines venues des îles Caraïbes, comme les poissons-lunes ou arbalètes... Eau jamais en dessous de 18 °C. Pour les pros, la ***Burrera*** est considéré comme l'un des plus beaux spots des Canaries (grosses roches, colonnes, arches, crevasses, paysages labyrinthiques où va se réfugier une riche faune). Assez éloigné cependant, transport en bateau assez long, ne pas être sujet au mal de mer. Certains spots proposent une très grande variété de gorgones.
Se procurer la superbe brochure sur les 30 sites de plongée de Lanzarote, *Guía de Inmersiónes-Lanzarote ideal.*
Pour les amateurs de ***pêche sportive,*** marlins blancs et bleus pouvant peser jusqu'à 60 kg (rendus à la mer bien entendu).

D'ÓRZOLA À YÉ

Pittoresque route de montagne qui permet d'admirer le rude travail des paysans locaux et comment ils ont sculpté la montagne pour la rendre fertile et exploitable. Surtout, la technique des murets, qu'ils soient rectilignes, en cercles ou demi-cercles et de construction élaborée ou primitive pour les plus anciens... On y cultive figuiers de Barbarie, l'aloès et surtout la vigne. Dans le coin de Yé, rendre visite aux petites bodegas locales où vous dégusterez de gouleyants petits vins faits avec passion... Des rouges capiteux et surtout des *moscateles* qui n'ont rien à envier aux meilleurs portos (et pas chers du tout, dans les 8-10 €)... Parfois, vins difficiles à trouver en boutique tant les parcelles sont petites et la production donc très confidentielle !
La balade s'achève sur la route côtière particulièrement étroite menant de Yé au *mirador del Río.* Déjà, là, vous jouissez quasiment du même somptueux panorama sur l'île La Graciosa qu'au mirador. Nombre de gens y viennent pour l'un des plus fabuleux couchers de soleil des Canaries... La voiture s'arrête d'elle-même, c'est tout dire !

Le mirador del Río : *situé au sommet du risco de Famara (475 m).* ☎ *928-52-65-48. Tlj 10h-17h45. Entrée : 4,50 € ; réduc.*
Création de César Manrique en 1973, alliance harmonieuse de la roche et du verre, site totalement intégré à son environnement. Boutique et agréable cafétéria aux immenses baies dont les arrondis rappellent la déco des années 1960... et les premiers *James Bond.* Panorama exceptionnel sur l'archipel de *Chinijo.* Un escalier hélicoïdal particulièrement esthétique mène au 1er étage à la boutique. Pendant la guerre hispano-américaine (1898, dite de Cuba), des batteries de canons furent installées à l'emplacement du mirador, dont il subsiste quelques vestiges.
Une fois de plus, c'est ici qu'on découvre, sans cesse ébahi, le génie de Manrique... En plus de la trouvaille de recouvrir l'observatoire d'une « peau de roche », observer donc le garde-fou de la promenade extérieure, fait de bois et de fer. On dirait un bastingage. Il donne au mirador l'aspect d'une proue de navire, il offre la merveilleuse illusion de se trouver sur un navire voguant sur l'océan (ambiance Di Caprio dans *Titanic* !)... La force de l'artiste fut donc non seulement de marier art et nature, mais aussi de donner une dimension onirique à son œuvre... Qu'on songe au nombre de sites de par le monde qui auraient pu être sauvegardés avec une application raisonnée de ses principes...

HARÍA

(35520)

La route qui y mène procure également son pesant de points de vue pittoresques. Attention à certains virages particulièrement étroits. Venant du sud,

Haría et ses environs apparaissent comme une véritable oasis. D'ailleurs, on la surnomme la « vallée des 10 000 palmiers ». Adorable bourgade d'une blancheur immaculée et jouissant d'un microclimat. Là aussi, bon camp de base pour rayonner dans le coin.

Arriver – Quitter

➢ ***Pour Arrecife :*** bus n° 7, env 7/j. lun-ven, partent de *Máguez* à 7h (ligne 26 slt), 9h, 11h, 13h30, 15h30, 17h30, 19h30 (6 le w-e et j. fériés). Arrivée à *Haría* quelques minutes après.

Où dormir dans la région de Haría ?

Le site ● *rural-villas.com* ● propose une intéressante sélection de belles villas. Fouiller sur le site, car nous ne pouvons bien sûr les citer toutes.

🏠 ***Casa rural Finca la Corona :*** *c/ Rositas, 8, Yé, 35520 Haría. ☎ 928-52-80-19. 📱 629-56-93-00. ● info@rural-villas.com ● rural-villas.com ● Villa pour 2 pers min 120 €, pour 4 pers 140 €. Parking privé.* Sur la petite et étroite route côtière menant au mirador, dans un environnement sauvage, avec l'un des panoramas les plus sublimes de l'île... Difficile de trouver mieux ! Ensemble de 6 villas très confortables de 130 à 180 m². Quasiment toutes avec 2 chambres, cadre de charme et pour certaines avec 2 salles de bains. TV satellite, service de linge, chauffage central... Piscine chauffée, bassin pour les enfants, jacuzzi, solarium.

🏠 ***Casita Tabayesco :*** *c/ Chafariz, 22, Tabayesco, 35542* ***Hembert Arrieta.*** *☎ 928-84-86-97. Petit village à l'est de Haría, à 2 km de la plage. Propose plusieurs doubles 50-110 € avec ou sans sdb. 3 nuits min. Parking privé.* Demeure d'un certain charme et de bon confort. Intérieur joliment décoré, belle vue de la terrasse. Kitchenette équipée et petit salon. Patio.

🏠 ***Finca La Crucita :*** *c/ San Juan, 63, 35520 Haría. ☎ 928-81-38-86. 📱 649-48-85-51. ● jorge@villasdelanzarote.com ● villasdelanzarote.com ● À l'entrée de Haría, route d'Arrieta. À partir de 80 € et 250 € pour la plus grande.* Propose 8 villas de charme, disséminées entre jardinets fleuris, palmiers, coursives... Piscine commune. Toutes de style différent, respectant totalement l'architecture régionale. Avec 2 ou 3 chambres (4 à 6 personnes), parfois 2 salles de bains, une très grande cuisine équipée. La plus grande villa (la *Haría*) possède même une piscine privée. Adresse très prisée, recommandé de réserver à l'avance !

🏠 ***Casa El Barranco :*** *c/ Bentayga, 3, Los Valles, 35539* ***Teguise.*** *☎ 928-52-80-19. ● info@rural-villas.com ● rural-villas.com ● À partir de 160 €.* À bonne distance de la route, là encore une jolie villa de 280 m², entourée d'un jardin exubérant (ancienne ferme remarquablement restaurée). 3 chambres, 3 salles de bains, cuisine équipée, TV satellite...

🏠 Le site internet ● *rural-villas.com* ● loue également, à côté, les ***Casas Catalina I et II*** à partir de 120 € (1 chambre) et 140 € (2 chambres, 2 salles de bains), même confort, même architecture de charme... Ancienne ferme de 200 ans superbement restaurée. Grande piscine chauffée commune, patio intérieur, solarium. Mieux, plus chic, plus insolite, assez unique dans son genre : la ***Casa El Aljibe,*** idéale pour 2 personnes en voyage de noces. Imaginez une immense citerne voûtée vieille de deux siècles, transformée artistiquement en logement et offrant un volume inhabituel, avec sa large voûte en pierre grossièrement équarrie, le lit en mezzanine ouverte, l'élégant ameublement, les éclairages sophistiqués. Décor de peintures et sculptures. Charme et cadre vraiment originaux pour 160 €... C'est vraiment *bargain* !

À voir

Casa-museo César Manrique : *☎ 928-84-31-38. • fcmanrique.org • Tlj 10h30-14h30 (dernière visite guidée à 13h50). Entrée : 10 € ; billet couplé avec la fondation 15 €.* C'est l'ultime étape du circuit Manrique : la maison-atelier où il s'installa en 1988, 4 ans avant sa mort. Au milieu d'une palmeraie, une demeure livrant l'intimité de l'artiste à travers objets familiers, trouvailles diverses, ustensiles de toutes sortes au sein d'une exubérante végétation... Objets auxquels il donne naturellement une fonction artistique toujours intéressante, voire insolite. Et bien sûr, son atelier, avec ses chevalets, pigments, dessins et des œuvres inachevées...

L'OUEST DE L'ÎLE

Retour dans l'ouest de l'île, à partir de *Tinajo* et de la route du parc national de Timanfaya. Une autre aventure, bien différente, de nouveaux bouleversants paysages...

PARQUE NACIONAL DE TIMANFAYA

Centro de visitantes : *à* **Mancha Blanca,** *à 2 km de Tinajo. ☎ 928-84-08-39. • magrama.gob.es • Tlj 9h-17h.* C'est le centre d'interprétation du parc national de Timanfaya... Présentation du parc au moyen d'expos et d'un programme audiovisuel. L'occasion de récupérer une carte-fiche technique très complète sur l'écosystème, la faune, la flore, etc. Librairie également. C'est ici que l'on prend rendez-vous pour le *circuit de Termesana* : visite guidée à pied de 2 km (résa par téléphone). Quant au circuit du littoral, c'est un sentier qui longe la côte dans le domaine naturel public. Peut s'effectuer avec un guide ou de façon libre.

Parque nacional de Timanfaya : *entrée env 10 km avt Yaiza. ☎ 928-84-00-56/57. Tlj 9h-17h45 (dernière visite à 17h). Entrée : 9 € ; réduc. Petit rappel : au-delà de 3 sites, il est plus intéressant d'acheter le pass !* Le parc s'étend sur 51 km², sur les communes de Tinajo et Yaiza. L'origine du parc épouse bien entendu l'histoire de l'île (voir l'introduction en début d'ouvrage). Il résulte des éruptions de 1730-1736, puis de la dernière, celle de 1824. À cette occasion, trois nouveaux cônes volcaniques apparurent, dont un seul dans le périmètre actuel du parc. Depuis, pas de nouvelles irruptions, mais cette activité a laissé des traces puisqu'il subsiste encore une chambre magmatique assez proche de la surface (à environ 4-5 km de profondeur). Résultat : des températures de 610 °C à seulement 13 m de profondeur et de 100-120 °C au niveau du sol ! Le parc fut créé en 1974 pour préserver l'exceptionnel écosystème que la main de l'homme, par bonheur, n'avait pas encore altéré... Vous allez pénétrer dans un monde de couleurs incroyables et de textures irréelles : des cratères, des mers de lave aux étranges plissements, des océans de scories et de cendres, des cônes, des bombes et des pipes volcaniques, toutes les variétés de rouge, brun, noir, ocre, jaune, des mélanges inédits changeant de couleur suivant les caprices du soleil... Des sites qui sonnent comme des notes de musique : *Montaña de Fuego, Montaña encantada, Calderadas Rajada* et *Bermeja, Calderada de Los Miraderos...* Pas d'arbres, que des lichens et quelques fleurs, paysages accidentés, austères, souvent poignants... Le car passe parfois en des endroits étroits et délicats. Peu d'animaux terrestres qui se comptent sur les doigts d'une main : la musaraigne des Canaries, le rat noir, le lapin, le lézard de Haría et le *perenquén* (un genre de gecko)... En plus des oiseaux migrateurs, 17 espèces se plaisent dans le parc, parmi lesquelles : la tourterelle, la chouette effraie, la perdrix gambra et le faucon crécerelle...

La visite

Entrée au lieu-dit « El Taro », puis aller jusqu'au parking d'*Isloto de Hilario.* La balade de 1h environ se fait uniquement en car. Il s'arrête en principe aux endroits les plus photogéniques (mais on ne descend pas). Sur place, boutique de souvenirs bien sûr et café-restaurant.

Au retour, ne pas manquer la démonstration géothermique : quelques brins d'herbe placés dans une anfractuosité et qui s'enflamment rapidement. Au resto *El Diablo* (œuvre de Manrique), on fait les grillades en utilisant la même source de chaleur.

À la sortie du parc *(Echadero de Camelios),* pour les amateurs, promenade à dos de dromadaire (20 mn à la queue leu leu... bof).

LA ROUTE DES BODEGAS ***

De Mozaga et San Bartolomé, jusqu'à Uga, par la LZ-30, vous traverserez la ***vallée de la Geria,*** le principal vignoble de l'île. C'est un paysage protégé en raison des méthodes de culture originales, tels les cercles ou murs de pierre abritant vignes et arbres fruitiers. Cette vallée, largement recouverte de cendres après les fameuses éruptions de 1730-1736, a repris vie grâce au travail acharné des hommes. Elle est même devenue prospère en produisant la *malvoisie,* un vin de grande qualité. Possibilité de visiter certaines bodegas.

Les plus connues : ***Stratvs, El Grifo, Rubicón, La Geria...*** On a apprécié la bodega ***Los Bermejos,*** plus intime et sa production est excellente.

Où déguster un verre de vin ?

Bodega Los Bermejos : *camino a Los Bermejos, 7, à **La Florida.** ☎ 928-52-24-63. 📱 627-96-36-54. • losbermejos.com • La bodega ne se visite pas actuellement, mais on peut s'installer en terrasse avec un verre.* Deux cuvées top : le *2007 Los Bermejos malvasia sec* et le *2008 Los Bermejos Tinto carbónico* (à partir du *listan negro*)... Apparemment, le 2012 n'est pas mal aussi !

À voir

pas fait

Museo del Vino El Grifo : *ctra Masdache, sur la commune de **San Bartolomé.** ☎ 928-52-49-51. • elgrifo.com • Tlj 10h30-18h. Visite guidée à 11h, 13h, 16h et 17h (résa obligatoire). Participation : 6 € (dégustation comprise).* L'un des plus grands vignobles (62 ha) et parmi les 10 plus anciens d'Espagne (1775). Produit entre 400 000 et 600 000 bouteilles annuellement. Visite du musée et petite balade dans les vignes. Tout sur le travail de la vigne et la vinification, l'évolution des techniques (mais ici, pas de machine à vendanger !), expo de vieux pressoirs...

À voir dans les environs

Yaiza *(35570) :* au carrefour de toutes les routes, on y passe quasi obligatoirement. Pas une corvée d'ailleurs, car la ville est toute blanche et proprette comme tout. Voir l'*iglesia Nuestra Señora de los Remedios* datant du XVIIIe s. Beau retable polychrome et plafond en bois peint. Pour dormir, quelques *casas rurales,* et un bon resto le temps d'une étape.

Belles vues sur les volcans

Où manger ?

Bodega Santiago : *c/ Garcia Escamez, 23. ☎ 928-83-63-15. Tlj midi et soir jusqu'à 22h30. Repas 25-30 €.* Peut-être le meilleur resto du coin ! Très populaire. Cuisine du marché, produits frais, plats bien exécutés et servis sur l'une des plus agréables terrasses de l'île... sous un immense ficus servant de parasol à tous les convives (pour en bénéficier, réserver !). Une vingtaine d'excellents hors-d'œuvre et une carte qui tourne souvent. Quelques incontournables quand même : le tartare de thon rouge, le carpaccio de *solomillo de buey* (le meilleur bœuf), le cabillaud façon du chef, le confit de porcelet, délicieux *cheese cake* aux *cranberries* (canneberges)...

Puerto Calero *(35571)* **:** déjà sur la côte, à 6 km à l'ouest de Puerto del Carmen et env 10 km de Yaiza, un petit port de plaisance et sa marina, à l'ambiance déjà un peu chic.

Café Milla : *paseo Marítimo, 13-15. ☎ 928-51-16-41. Tlj tte la journée. Paella env 10 €/pers, poissons et viandes 12-18 €.* Directement sur la marina, un petit resto qui fait, logiquement, dans le poisson. Succulente *paella* aussi (même si ce n'est pas la région), le tout pour des prix tout à fait locaux.

Submarine Safaris : *Modulo C, local 2, sur le port. ☎ 928-51-28-98. • submarinesafaris.com •* Voici une activité originale, qui réjouira les amateurs de fonds marins qui n'ont jamais osé la plongée. Une balade d'1h environ dans un vrai sous-marin jaune et rouge équipé de vastes hublots, et qui peut accueillir une quarantaine de curieux. On descend jusqu'à 30 m de profondeur au milieu des poissons... Un véritable plaisir, et sans se mouiller d'un poil ! *Env 4 sorties/j., pour 55 €/pers (enfant 32 € ; pour des raisons de sécurité, les enfants de moins de 2 ans ne sont pas admis à bord) ; réduc si résa sur leur site.*

EL GOLFO (35570)

Petit port tout au bout de la route. Isolé et pas encore repéré par les promoteurs immobiliers. Pas encore bétonné, bien connu pour sa lagune verte et sa côte déchiquetée. Au crépuscule, les visiteurs s'en étant allés, le village retrouve sa sérénité et de paisibles couchers de soleil.

Où dormir ?

El Hotelito del Golfo : *avda Marítima, 6. ☎ 928-17-32-72. 📱 609-55-17-87. • info@hotelitodelgolfo.com • hotelitodelgolfo.com • À l'entrée du village. Double 65 €, petit déj inclus.* Petit hôtel un poil en retrait et offrant 9 chambres plaisantes et de bon confort : très grand lit, frigo, TV écran plat. Mignonne piscine, solarium, parking privé... Accueil sympa et anglophone. Un des rares hôtels de type classique de l'île, présentant, de plus, un excellent rapport qualité-prix comme on dit !

Casa rural Caletón del Golfo : *avda Marítima, 3. 📱 626-49-26-84. • info@caletondelgolfo.com • caletondelgolfo.com • À l'entrée du village, les pieds dans l'eau (rochers et vasques). Doubles 80-100 € suivant saison et taille (séjours 5 j. min), petit déj 8 €. Parking privé.* Ensemble tout à fait canarien (Manrique, qui connaissait le proprio, aurait prodigué des conseils !). 4 petits appartements d'une blancheur immaculée et de bon confort : cuisine équipée, TV satellite écran plat, sèche-cheveux. Vaste terrasse avec hamacs et barbecue. 2 petites piscines, l'une d'eau douce, l'autre d'eau de mer avec accès exclusif des hôtes.

El Caleta del Golfo : *avda Marítima. 📱 699-58-28-41. • jeaninegoedendorp@hotmail.com • Compter 300-400 €/sem selon taille (séjour 4 nuits min).* 4 cubes tout blancs posés en bord de mer. Simple, confort correct, prix intéressant *(ça correspond à moins de 50 €/j. !).* Petite terrasse devant. Mais, contrairement à l'adresse précédente, pas de mur ni barrière pour isoler l'ensemble de la route du front de mer (où il y a un peu de passage la journée).

Où manger ?

Bogavante : *avda Marítima, 39.* ☎ *928-17-35-05. Repas 15-20 €.* Petit resto dont la terrasse donne directement sur la mer. Poissons et crustacés frais (le vivier en est la preuve). Cuisine sans gluten.

Restaurante La Lapa : *avda Marítima.* ☎ *928-17-36-63.* *646-93-68-06. Tlj sf dim 11h-20h30. Viandes 8,50-13 €,* parrillada *de poisson 27 € pour 2 pers.* Une adresse sérieuse, cuisine classique et prix raisonnables. Poisson frais, pâtes, pizzas... Terrasse et parking privé.

À voir dans le coin

Laguna Verde : à l'entrée du village, petit chemin menant à cette lagune aux eaux vertes. On devine un ancien cratère dont une moitié a été englouti sous les eaux. Appelée *Charco de los Clicos.* Longue de 150 m, salinité supérieure à la mer Morte, sa couleur provient de la présence d'algues et d'organismes végétaux en suspension. Coincée entre le bleu de la mer, la grande plage de sable noir et le rouge de la falaise, cela provoque un insolite chromatisme. ok

Los Hervideros : *avt d'arriver à El Golfo, légèrement au sud, bien indiqué.* Show dynamique de la mer s'engouffrant dans les grottes volcaniques. Suivant le degré de colère des flots, spectacle impressionnant des vagues s'écrasant en tourbillons et hautes gerbes d'écume dans un fracas assourdissant. Quelques sentiers mènent à de petits points de vue privilégiés. très chouette balade

Les salines de Janubio : *à 10 km au nord de Playa Blanca, peu avt Los Hervideros.* Le dernier témoignage de ce qui fut une grande activité économique par le passé. Ce sont les plus grandes des Canaries. Photo seulement (au coucher de soleil bien entendu, quand elles scintillent !), car elles ne se visitent pas !

PLAYA BLANCA magnifique marina (35580)

L'une des trois grandes stations balnéaires de Lanzarote et port d'arrivée des bateaux venant de Fuerteventura. Avec l'interdiction de construire en hauteur, Playa Blanca s'est considérablement agrandie depuis quelques années... mais à l'horizontale ! Les ensembles de bungalows s'étendent désormais à perte de vue, le long de la côte et surtout en profondeur. On a un peu de mal à trouver ses marques ! Heureusement, le sable y est toujours aussi blanc et le soleil d'une bienheureuse fidélité. Pour les amateurs de plage, il y a celle de *Papagayo,* à un coup d'ailes de mouette...

Arriver – Quitter

En bateau

➢ ***Pour Corralejo,** à Fuerteventura :* 25-45 mn de traversée suivant la compagnie (*Fred Olsen* et *Naviera Armas*). Détails dans la rubrique « Arriver – Quitter Lanzarote» au début du chapitre.

En bus

➢ ***Pour Arrecife :*** ligne 60 ttes les heures 8h-22h. Par *Yaiza, Uga, Mácher* et *Tias.* ☎ *928-81-15-22.*

➢ Pour le grand *marché du dimanche* à ***Teguise,*** ligne 13 : départ à 9h, retour à 13h30.

Location de voitures

On y trouve tous les loueurs de l'aéroport. Très abordable, compter 30 €/j.

Adresse et infos utiles

Office de tourisme : *c/ Limones, 1. ☎ 928-51-81-50. Lun-ven 9h30-18h, sam 10h-14h.*

➢ **Transports urbains :** la ligne 30 dessert tous les points importants ttes les 30 mn, 6h30-22h.

Où dormir ?

La majorité des établissements sont de gros hôtels (la plupart 3 à 4 étoiles). Nécessité de passer par les agences spécialisées. De même pour les appartements et les bungalows (par centaines). Liste exhaustive à l'office de tourisme et sur Internet. Si votre agence de voyages vous réserve un hôtel, demandez-le proche de la plage.

Camping : *playa de Papagayo. ☎ 928-17-37-24. À 5 km du centre de Playa Blanca, sur la plage.* Un énorme terrain de 2 000 places donnant sur la plage. Bien aménagé. Possibilité de rejoindre le port de Playa Blanca en bateau.

Très chic (plus de 120 €)

Princesa Yaiza : *avda Papagayo, 22. ☎ 928-51-93-00. • info@princesayaiza.com • princesayaiza.com • Doubles min 188 €, petit déj inclus ; ½ pens 264 €.* Très bien placé, au bord de la *playa Dorada,* architecture plaisante, chambres style colonial canarien d'au moins 43 m² et tout le confort imaginable, abondante végétation, immenses piscines, 8 restaurants (pas de routine !), fitness et une sympathique politique d'accueil des enfants (leur resto, leur bassin, leur club)... Certes, pas le moins cher, mais une adresse qui croule sous les *awards* et ne déçoit pas.

À voir. À faire

Playa de Papagayo : *à 5 km du centre, vers l'est, dans une réserve naturelle protégée. Entrée : 3 €.* Une des plus célèbres de l'île (et avec raison). Route en terre battue carrossable démarrant dès le péage (ne pas se plaindre, on dit que tant qu'une route n'est pas goudronnée, pas de risque de bétonnage !). Immenses parkings à l'arrivée. Plusieurs criques bien protégées s'offrent à vous. En haut de la falaise, deux petits restos-snack.

DANS LES ENVIRONS DE PLAYA BLANCA

Playa Quemada (35570) **:** *au nord-est de Playa Blanca, vers Arrecife (LZ-702). Au 3ᵉ rond-point, à droite tte (par la LZ-706), vous y êtes !* Petit village brut de forme, tout blanc bien sûr, tranquille, intime, oublié pour le moment... Plage de sable noir (quelques minigalets et rochers aussi), des restos pieds dans l'eau, une poignée de chambres chez l'habitant et quelques appartements seulement... L'antithèse des grandes stations balnéaires.

Casitas Pura Vida : *c/ Taburiente, 3. 619-55-16-32. • calendariopuravida@gmail.com • puravidalanzarote.com • Aller jusqu'au front de mer, puis à gauche et à gauche à nouveau. Appart 2 pers 40-55 €, appart 2 chambres 60-70 € suivant saison.* Située légèrement en surplomb de la mer, une petite structure blanc et bleu à taille humaine, dans le plaisant style canarien.

Appartements coquets, confortables, bien tenus, avec grande cuisine équipée. Une seule familiale avec 2 chambres et 2 salles de bains (s'y prendre de bonne heure pour réserver !). Terrasse avec la plus belle vue qui soit. Un de nos meilleurs rapports qualité-prix.

|●| ***Salmarina :*** *avda Playa Quemada, 13. ☎ 928-17-35-62. ● info@salmarinarestaurante.com ● Tlj midi et soir jusqu'à 21h30. Plats min 15 €.* Coquette salle avec subtile déco marine et, surtout, terrasse sur les flots pour une cuisine traditionnelle soignée. Belle sélection de produits frais. Goûter au *mixed shellfish* pour 2 (75 € quand même), à la *zarzuela* (poisson, fruits de mer, oignons et tomates), à la paella, au lapin style Lanzarote et toutes ces sortes de choses... Accueil gentil, service efficace.

PUERTO DEL CARMEN (35510)

belle plage de sable fin mais centre ville + marina tout au bout (vers Puerto Calero)

La grande rivale de *Puerto Blanca.* Au moins aussi étendue (7 km), avec bien sûr, une offre faramineuse de logements de tous types et de centres commerciaux. L'une des plages favorites des agences pour entasser leur clientèle allemande, anglaise et scandinave transie, vous l'aviez deviné ! De grande qualité cependant, une blancheur sans reproche, quasi rien en hauteur, sans oublier de superbes plages.

Playa Blanca + sympa et marina de Rubicon + Puerto Calero sont + sympas

Arriver – Quitter

En bus : super bien desservie.

➢ ***Pour Arrecife :*** ligne 3. Ttes les heures 1h10-6h10, puis ttes les 20 mn 7h-23h10. Ligne 2, ttes les 20 mn et bus de nuit ttes les heures. La ligne 24 Arrecife-Puerto Calero passe par *Puerto del Carmen* également.

➢ ***Pour Costa Teguise :*** ligne 3. La même qui passe par Arrecife, mêmes horaires.

➢ ***Pour Teguise*** *(grand marché du dimanche)* **:** plus chanceux que Playa Blanca, plus de départs : 9h-11h, ttes les 30 mn. Et 5 retours 12h-14h.

➢ ***Pour Playa Blanca :*** ligne 161. C'est la ligne qui vient de l'aéroport à 7h30 et 8h30, puis ttes les 30 mn jusqu'à 22h30.

➢ Pour les ***villes du Centre et du Nord,*** correspondance au terminal des *guaguas* à Arrecife.

Adresse utile

ℹ ***Office de tourisme :*** *avda de Las Playas, s/n. ☎ 928-51-33-51. ● ayuntamientodetias.es ● Lun-ven 10h-14h, 18h-20h.*

Où dormir ?

Majoritairement, vous trouverez des complexes touristiques (la plupart 3 à 4 étoiles). Nécessité donc de passer par les agences spécialisées. De même pour les appartements et les bungalows. Liste exhaustive à l'office de tourisme et sur Internet. Si votre agence de voyages vous réserve un hôtel, demandez-le évidemment proche de la plage.

🏠 ***Apartamentos Morromar :*** *urbanización Matagorda, 13. ☎ 928-51-03-64. ● totalhotelexperience.com ● À 350 m de la plage. Double 57 €, familiale (2 chambres) 94 € ; petit déj-buffet inclus.* L'archétype du *resort* classique à prix très abordables. Plus de 220 appartements modernes dans de plaisantes unités : architecture toute simple, blanche comme neige, avec toit à pignon, environnement végétal, palmiers... Tous les apparts de bon confort, avec cuisine équipée, large terrasse... 2 piscines, resto, snack-bar, location de voitures et vélos.

Où manger ?

La Lonja : *El Varadero. ☎ 928-51-13-77. Sur le port. Tlj. Repas 15 € env.* Réputé pour ses poissons. La preuve, le resto dispose de sa propre poissonnerie sur le côté, ce qui est rassurant. Tapas et menu en français proposant aussi bien des produits de la mer que des viandes. Grande salle avec mezzanine. Terrasse extérieure.

Cava Roja : *El Varadero. ☎ 928-51-58-66. Tlj. Repas 20-25 €.* Une bâtisse (rouge !) isolée donnant directement sur le port. Terrasse surplombant l'eau. Poisson, bien sûr. À l'intérieur, déco assez réussie, notamment grâce au plafond en charpente de bateau.

À voir dans les environs

Museo-casa José Saramago : *c/ Los Topes, 3, à* ***Tias.*** *☎ 928-83-30-53. • acasajosesaramago.com • Au nord-est de la ville, à l'entrée de Tias (accès par la c/ San Blas). Tlj 10h-14h (dernière visite guidée à 13h30). Entrée : 8 €.* Visite de la maison du célèbre écrivain portugais, Prix Nobel 1998. Simple, pleine d'humanité, émouvante, à l'image de celui qui avait choisi de se battre aux côtés des opprimés. Longtemps adhérent du parti communiste portugais, il termina sa longue existence d'écrivain engagé comme altermondialiste, signataire du manifeste de Porto Alegre. Dans son bureau, décoré de nombreux tableaux et estampes, sa table de travail d'où sortit *Dieu est manchot* qui lui assura une renommée internationale. Dans la salle de séjour, toiles de Tàpies et Oscar Niemeyer, photos de Salgado, puis la riche bibliothèque... Pour conclure sur une île qui mit tant la culture en harmonie avec la nature, normal de finir sur les fins aphorismes de José Saramago : « Le hasard ne choisit pas, il propose ! » ou bien « L'histoire des hommes est l'histoire de leur mésentente avec Dieu, il ne nous comprend pas et nous ne le comprenons pas ! » ou encore « La plus grande sagesse de l'homme, c'est de savoir se contenter de ce qu'on a en attendant qu'on invente mieux ! ». Vous voyez, on n'est pas forcé de bronzer idiot !

FÊTES ET MANIFESTATIONS

S'il y a une chose que les habitants de Tenerife ont conservé depuis des siècles, c'est leur ferveur festive. Les fêtes de l'île sont multiples, colorées, populaires et généreuses. Les habitants y participent avec plaisir et les touristes sont toujours les bienvenus. Le carnaval et la Semaine sainte font partie des temps forts dans les grandes villes, mais certaines bourgades et villages témoignent d'un grand dynamisme lors de fêtes plus modestes mais pleines d'une belle énergie. Voici le programme des manifestations les plus marquantes.

En février et mars

– ***Carnavals :*** • *carnavaldetenerife.es* • À Santa Cruz, Puerto de la Cruz, Güímar, Candelaria, Los Cristianos, Los Gigantes et Tacoronte. Le carnaval de Tenerife, et particulièrement celui de sa capitale Santa Cruz, est une des fêtes majeures de l'île. C'est un grand carnaval, mais il conserve son caractère familial, plein de bonne humeur et de partage. Il mélange ferveur religieuse et générosité, entre participants actifs et touristes. Le carnaval se déroule entre février et mars et attire des centaines de milliers de personnes. Dans le riche programme, on trouve le *Défilé annonciateur,* le *Grand Gala d'Élection de la Reine,* le très attendu *Coso* (Grand Défilé de l'Apothéose), le toujours nostalgique *Enterrement de la Sardine* ou le *Carnaval de jour* pour toute la famille. La fin du carnaval de Santa Cruz marque le début des carnavals d'autres grandes communes de l'île, comme ceux de Puerto de la Cruz, Candelaria, Los Cristianos ou Tacoronte.
– ***Carnaval de Güímar :*** celui-ci accueille une manifestation particulière. Il s'agit de *Las Burras* (« Les Ânesses »), une représentation théâtrale dont la première édition se déroula en 1992, et dont l'objectif était de redonner à l'*Enterrement de la Sardine* son lustre d'antan. Dans ce rituel les sorcières se convertissent en ânesses et invoquent le démon. Après une danse des sorcières et du diable, un groupe de frères religieux acclame l'archange Saint-Michel. À l'issue de la lutte entre les deux clans, le démon est abattu et les sorcières brûlées sur le bûcher.
– Le ***carnaval de Puerto de la Cruz*** a également sa tradition singulière. Un rituel d'origine afro-cubaine qui prend corps à la fin du XIXe s, rapporté par les émigrants canariens de retour de Cuba. Durant cette fête appelée *Matar la Culebra* (Tuer le serpent), plusieurs hommes, habillés en esclaves noirs, essaient de tuer à coups de fouet le serpent qui symbolise le mal. Autre point fort du carnaval, le *Mascarita ponte tacón* que l'on vous laisse découvrir.

En mars-avril

– ***Semaine sainte :*** *à* ***La Laguna.*** • *aytolalaguna.com* • Pour bien observer la ferveur religieuse des insulaires, c'est à La Laguna qu'il vous faudra vous rendre pour la célébration de la Semaine sainte. Elle attire une foule immense, sans doute grâce à la qualité de ses processions. De nombreuses autres communes organisent des processions traditionnelles qui témoignent de cette tradition. Citons La Orotava, Puerto de la Cruz, Icod de los Vinos, Santa Cruz, Adeje et Arona. À Candelaria, Güímar et Adeje, on met également en scène le Chemin de Croix.
– ***Fête patronale de San Marcos :*** *à* ***Tegueste,*** *dernier dim d'avr.* • *tegueste.org* • Tout le village met ses habits de gala pour recevoir des milliers de pèlerins. Procession en costume traditionnel. Charrettes joliment décorées et plein de produits naturels de la campagne. Groupes folkloriques venus de toutes les îles des Canaries animent la fête.

En mai-juin

– ***Fiestas de las Cruces*** *(fêtes de la Croix)* ***:*** *à* ***Santa Cruz, Puerto de la Cruz*** *et* ***Los Realejos,*** *3 mai.* • *ayto-realejos.es/realejos* • *santacruzdetenerife.es* • Les fêtes de la Sainte Croix se situent essentiellement dans trois communes, mais c'est la ville de Los Realejos qui est la plus ancienne, avec plus de trois siècles au compteur de l'histoire. Les habitants de chaque quartier fabriquent des dizaines de croix avec des fleurs et des fruits, qu'ils placent ensuite dans les rues de la ville pour le plaisir de tous. On confectionne ou décore également ses propres croix. À Realejos, où l'on a plus de 300 croix réalisées, se tient la cérémonie la plus traditionnelle. Clou de la fête, le populaire feu d'artifice se déroulant dans les rues del Medio de Arriba et del Sol. Atmosphère assez exceptionnelle. Dégustations gastronomiques, batailles de fleurs depuis des chars décorés et autres cérémonies festives s'étalent tout le mois de mai.

À Santa Cruz, c'est aussi ce jour-là que la ville célèbre l'anniversaire de la fondation de la ville.

– ***Tapis du Corpus Christi :*** *à* ***La Orotava*** *et* ***La Laguna.*** *Date mobile, mai-juin.* Le Corpus de La Orotava se déroule dans les rues avoisinantes de la place de la mairie, où sont confectionnés d'immenses tapis composés de fleurs, de sel et de bruyère. Le tapis principal occupe généralement toute la place de la mairie et est élaboré avec du sable volcanique d'une centaine de couleurs provenant du parc national du Teide. Le Corpus se célèbre également à La Laguna. Confections de tapis, célébration d'une eucharistie et traditionnelle procession.

– ***Fête patronale de San Isidro Labrador :*** ***La Orotava,*** *mai-juin.* • *villadelaorotava.org* • Divertissements, dégustation de plats typiques canariens, chants et danses, voici le programme de cette fête joyeuse et religieuse à la fois, dont l'origine remonte au XVIIe s et qui se déroule toujours après le Corpus Christi. La foule est généralement habillée en costume typique et coloré.

En juin

– ***Fête de la Saint-Jean :*** *à* ***Puerto de la Cruz, Punta del Hidalgo*** *et* ***Guía de Isora,*** *23 juin.* • *puertodelacruz.es* • Bûchers sur les plages, vœux et odeurs de bois et de vieux effets brûlés. Voici quelques ingrédients de la nuit magique du 23 juin, la veille de la Saint-Jean, qui est vécue avec une intensité particulière à Puerto de la Cruz, Punta del Hidalgo ou Guía de Isora. Les bûchers sont allumés à la tombée de la nuit pour souhaiter la bienvenue au solstice d'été. Sur le plan symbolique, il s'agit de mettre en scène l'abandon de la négativité pour ouvrir les bras à la nouveauté.

En juillet

– ***Fêtes de la Vierge du Carmen :*** *à* ***Puerto de la Cruz,*** *à la mi-juil.* • *puertodelacruz.es* • Bien que la fête de la Vierge du Carmen (patronne des pêcheurs), se célèbre dans de nombreuses communes de Tenerife, c'est à Puerto de la Cruz qu'elle atteint son paroxysme. Les habitants emportent le portrait de la Vierge avec celui de saint Telmo, depuis son ermitage jusqu'à la petite plage du port de pêche. Cette procession est devenue au fil du temps un événement d'une grande ferveur populaire, partagé par une impressionnante foule touristique. Une fois sur la plage et après un lâcher de colombes, les pêcheurs déposent les portraits sur l'un des bateaux décorés, au son d'une fanfare et des cornes de brume. La fête s'achève par un grand feu d'artifice sur le port de pêche.

– ***Fête patronale de San Benito :*** *à* ***La Laguna,*** *2e dim de juil.* • *aytolalaguna.com* • Cette célébration débute traditionnellement le 30 juin, avec les rondes de San Benito. Tous les jours des manifestations se déroulent jusqu'au point culminant, la populaire fête patronale.

En août

– ***Les Cœurs de Tejina :*** *à* ***Tejina,*** *village qui dépend de La Laguna. Fin août.* • *carazonesdetejina.com* • Une des traditions les plus colorées et les plus attractives de l'île, entretenue avec exaltation par les habitants du village. Des cœurs cousus de fleurs, de fruits et de galettes de farine sont confectionnés avec amour durant des semaines. Lors des fêtes de San Bartolomé, trois quartiers de la commune révèlent leurs cœurs, certains d'une hauteur de plus de 10 m. Ils sont transportés par les hommes jusqu'à la place de l'église. Là, un rituel amusant consiste à critiquer malicieusement les autres cœurs.

– ***Fête patronale de San Roque :*** *à* ***Garachico,*** *16 août.* ● *garachico.es* ● Populaire et joyeuse, cette fête remonte au XVIIe s. À 13h, la statue du saint est accompagnée jusqu'à son ermitage par la fanfare municipale. Charrettes, troupeaux de bétail, fanfares et petits orchestres de village sont de la partie. Au même instant, les pêcheurs de Garachico célèbrent la fête patronale maritime et accompagnent le saint en suivant le littoral en bateau.

En septembre

– ***Fêtes du Christ à La Laguna :*** *à* ***La Laguna,*** *tt le mois de sept.* ● *aytolalaguna.com* ● Le Christ, l'une des figures les plus vénérées de Tenerife, possède sa propre fête. De nombreuses manifestations se déroulent en son honneur durant tout le mois. Avec la Semaine sainte, c'est la fête la plus caractéristique de La Laguna et l'une des plus surprenantes de Tenerife. La nuit du 14 septembre, un feu d'artifice accompagne la procession du Christ.

En novembre

– ***Festivités autour du vin nouveau :*** *en nov, dans les villages du nord de l'île.*

– ***À Puerto de la Cruz :*** la « fête du Pot et de la Châtaigne » est le nom populaire donnée à la fête de San Andrés de Puerto de la Cruz. ● *puertodelacruz.es* ● Le 29 novembre, à la tombée de la nuit, les habitants se réunissent sur la place du Charco, en traînant pots et anciens objets, *a verga,* c'est-à-dire attachés à un solide fil de fer. Chacun fait le plus de bruit possible. Assourdissant et rigolo (prévoir des bouchons d'oreilles !). Sur la place, dégustation de châtaignes grillées et plats typiques canariens comme le *cherne* (poisson des Canaries), des préparations à base de *gofio* (farine de céréales grillées), pommes de terre cuites au sel et vins locaux.

L'AI-JE BIEN DESCENDUE ?

Lors de la fête de Saint-André, fin novembre, les jeunes du village s'amusent à dévaler les ruelles étroites de la ville d'Icod de Los Vinos à toute vitesse, à l'aide de planches graissées de goudron ! Une tradition qui vient de la façon de transporter autrefois le bois, depuis les collines jusqu'aux ateliers de menuiserie situés en bas du village. Des glissades incroyables, parfois dangereuses même, réalisées à bord de « véhicules » particulièrement originaux. Super ambiance, frisson inclus.

– ***À Icod de Los Vinos :*** *29 nov.* ● *icoddelosvinos.es* ● Une célébration particulière, la veille de la fête de Saint-André, où l'on déguste le « vin nouveau », accompagné de châtaignes grillées et de poisson salé. Mais l'originalité se situe dans les descentes de rues (voir l'encadré).

HISTOIRE

Les Guanches furent, comme sur les autres îles, les premiers occupants de l'île. Les Espagnols s'y installent en 1494, plus de 10 ans après avoir jeté l'ancre à Gran Canaria. Un poste avancé se met en place dans un port qui deviendra plus tard Santa Cruz. Sur les hauteurs du port, La Laguna se développe et devient une cité prospère, profitant du ravitaillement auquel procèdent les vaisseaux commerciaux espagnols en route vers les Amériques. Les Guanches vaincus se révoltent régulièrement mais la population est soumise, puis rapidement dissoute par le biais d'unions avec les conquistadors. Un des souvenirs toujours bien présent que l'on doit aux Guanches reste le *gofio*.

GOFIO

Des céréales grillées puis moulues, voici le gofio. Que ce soit à base de maïs, millet ou blé, le gofio se caractérise par le fait que la céréale est d'abord grillée. La fine mixture est ensuite mêlée à différentes préparations. Avec sa farine on fait du pain, on le roule en boulettes pour les ragoûts, on le mélange à des fruits secs dans les pâtisseries. Un point commun : son caractère nourrissant.

Dernière halte au stand avant la grande traversée !

Tenerife devient la plus importante des haltes européennes avant la traversée de l'Atlantique, ce qui favorise un développement économique rapide de l'île. La demande intérieure et extérieure en denrées fraîches implique un accroissement des surfaces cultivées. Les produits s'exportent et le commerce bat son plein. La banane tient un rôle de plus en plus important. Les Anglais, dont l'emprise coloniale s'étend rapidement à cette époque, commence à lorgner sur les Canaries. Durant plus d'un siècle, les navires de Sa Royale Majesté tentent en vain d'en prendre possession. De ces nombreuses tentatives, signalons la déveine de l'amiral Blake au milieu du XVIIe s, puis celle de Jennings au début du XVIIIe s et enfin la tentative de Nelson à la fin du même siècle (voir « Un peu d'histoire » à Santa Cruz).

Deux événements marquants de la fin du XVIIIe s : la création de l'université de La Laguna, dont le rayonnement est toujours bien présent, et la possibilité de commercer directement avec le Nouveau Monde accordée à Tenerife par le roi Charles III d'Espagne.

C'est en 1822 que Santa Cruz devient capitale des Canaries, titre qu'elle conservera jusqu'en 1927. Un embryon de tourisme se développe dès la fin du XIXe s du côté de Puerto de la Cruz, grâce aux Anglais et aux Hollandais qui apprécient le climat d'égale humeur toute l'année. Ils viennent ici soigner leurs bronchites et autres problèmes de circulation.

L'ère Franco et l'ère touristique

En 1934, le général Franco est nommé gouverneur militaire des îles Canaries, en poste à Tenerife. Sans doute une manière de l'écarter d'une éventuelle prise de pouvoir (mais les historiens ne sont pas tous d'accord sur ce point). En 1936, Franco met en place son putsch depuis Tenerife. Une période dure s'annonce pour les Canaries en général et Tenerife en particulier.

C'est le tourisme qui permettra le sauvetage économique de l'île. Dès la fin des années 1950 et surtout au cours des années 1960, l'aspiration aux vacances se développe dans toute l'Europe mais aussi en Espagne. Croissance, congés payés, développement des lignes aériennes... Tenerife possède bien des atouts : climat parfait et régulier, température de l'eau idéale, peu de décalage horaire, proximité culturelle... Ce sera le grand boom... qui ne cessera jamais. Los Cristianos, puis Las Galletas, Playa de las Américas et Costa Adeje... la côte sud est livrée aux promoteurs. Selon les modes on construit en hauteur, en longueur, en largeur... et souvent de travers. Côté positif, les Canaries sortent du marasme économique et il y a du travail pour beaucoup d'insulaires.

Le malheur des uns...

La crise économique de 2008 met quelques cailloux sur l'autoroute du développement touristique de l'île (il ne faut pas oublier qu'environ la moitié des visiteurs sont espagnols !). Mais la croissance touristique s'accentue grâce aux révolutions arabes. Par un simple principe de vases communicants, une partie des touristes ayant leurs habitudes en Tunisie, en Égypte ou dans une moindre mesure au Maroc, trouve refuge aux Canaries, et notamment sur l'île de Tenerife, faisant remonter les chiffres du tourisme aussi soudainement qu'étonnemment. L'ouverture de nouvelles lignes aériennes directes depuis Paris est une autre raison de la bonne santé touristique de l'île. Climat super, prix doux, population affable... Tenerife a encore de beaux jours devant elle.

RANDONNER À TENERIFE

Si c'est la mer qui attire avant tout les touristes, c'est souvent la randonnée qui les séduit. La diversité et la qualité des sentiers qui parcourent l'île est absolument étonnante. Les randos se font sur trois massifs essentiellement. À tout seigneur tout honneur, le ***parc national du Teide,*** avec ses champs de lave, ses cheminées de fée et évidemment l'ascension de l'incroyable volcan, le *pico de Teide* à 3 718 m. Le ***parque rural Anaga*** offre de superbes sentiers en sous-bois et le ***parque rural Teno*** fait pénétrer dans un univers conservé quasiment intact depuis des siècles. Chacun des parcs entretient entre 15 et 20 sentiers de rando, auxquels il faut ajouter les nombreuses variantes et recoupements. Tous les parcs abritent un ***centro de visitantes*** très bien fait, où des rangers sont là pour vous accueillir et vous guider, la plupart du temps en français. Excellentes brochures à disposition. On pourra vous aider à choisir la rando idéale en fonction de vos envies et vos possibilités. Pour chaque parc, nous vous proposons une sélection de sentiers emblématiques de la région et de difficultés variées.

Avant de partir pour une balade, toujours bien se renseigner sur la météo. Ne jamais oublier qu'en altitude, le temps n'est jamais le même qu'en bord de mer (humidité, vent, froid...).

ÊTRE SEREIN AUX CANARIES

Ce n'est pas une blague, mais l'un des plus populaires oiseaux de compagnie en Europe est le serin des Canaries, originaire des îles, plus connu sous son simple nom de canari (et non serin). Le serinus canaria *est un passereau dont sont issues toutes les variétés existantes actuellement. On trouve ce petit oiseau d'à peine 12 cm, souvent vert ou jaune, sur toutes les îles, sauf à Lanzarote et Fuerteventura.*

SPORTS À TENERIFE

– ***Sports de glisse :*** on peut pratiquer le ***surf*** sur certaines plages comme la *playa San Roque* à Taganana (lieu superbe et sauvage) ou la *playa Martiánez* à Puerto de la Cruz (paysage moins glamour). Ou encore à environ 5 km à l'ouest de cette ville, la *playa del Socorro* : belle plage de sable noir, rendez-vous prisé des bons surfeurs locaux.

Pour le ***kitesurf*** et la ***planche à voile,*** rendez-vous sans hésiter à *El Médano,* au sud de l'île. Cette grande plage superbe, pas du tout abîmée par l'urbanisme, est la mecque de l'île dans ce domaine. Vents réguliers et assez puissants (5 à 7 Beaufort) pour combler tout le monde.

– ***Plongée :*** l'univers volcanique de l'île et les falaises qui tombent à pic dans l'océan offrent un univers sous-marin exceptionnel. C'est surtout depuis le port de *Los Gigantes* mais également depuis la côte sud, *Los Cristianos* et *Costa Adeje* que l'on pourra le mieux exploiter les différentes possibilités de l'île. Voir nos adresses dans ces sites.

– ***Nager en mer :*** attention, malgré les nombreuses plages, peu de sites sont véritablement propices à la baignade. Certaines plages sauvages sont en fait véritablement dangereuses et il vous faudra observer les drapeaux pour savoir s'il est possible de mettre un pied dans l'eau ou pas. En l'absence de signalisation, toujours prendre ses informations auprès des habitants et ne jamais se risquer sur une plage ventée si personne ne s'y baigne. Certains sites dangereux pour la baignade possèdent des sortes de piscines naturelles, goulets étroits protégés de la houle, ou piscines artificielles (bien qu'elles soient appelées « naturelles »), alimentées en eau de mer grâce à la marée, comme à *Bajamar* ou à *Puerto de la Cruz* où César Manrique a construit de magnifiques bassins.
– ***Randonnée :*** voir la rubrique spécifique « Randonner à Tenerife ».
– De nombreux autres sports comme le VTT, le parapente ou l'escalade sont praticables sur l'île.

VILLES COLONIALES

Cuturellement, Tenerife abrite trois villes qui ont marqué l'histoire de l'île et qui conservent les traces de ce glorieux passé. ***La Laguna,*** première capitale de l'île, à quelques kilomètres au-dessus de Santa Cruz, est un bijou. Pas une ville-musée mais une cité bien vivante grâce à la présence de son université et de plusieurs dizaines de milliers d'étudiants. ***La Orotava*** est une ville tranquille et pleine de charme, que les touristes oublient trop souvent, ou qu'ils visitent trop rapidement. C'est dommage. Enfin l'adorable ***Garachico,*** ancienne petite ville portuaire, dont le développement a été stoppé net par une gigantesque éruption volcanique.

Arriver – Quitter Tenerife en avion

Tenerife possède 2 aéroports, l'un au nord de l'île, ***Tenerife Norte,*** qui se situe à une dizaine de kilomètres de Santa Cruz de Tenerife, la capitale, et un autre au sud, ***Tenerife Sur,*** à une dizaine de kilomètres du plus grand secteur hôtelier de l'île, à savoir Los Cristianos, Playa de las Américas et Costa Adeje. Les grandes compagnies aériennes partent et atterrissent aux 2 aéroports, mais le gros du trafic s'effectue vers le sud. Même chose pour les *low-cost.*

➢ La grande majorité des villes européennes est reliée à Tenerife par des vols réguliers ou *low-cost.* Tarifs parfois très avantageux, notamment sur Internet.

Aeropuerto Norte Los Rodeos

Tout proche de La Laguna, il s'agit de l'***aéroport domestique*** (d'île en île), avec quelques vols internationaux *(Ryanair)* et certaines liaisons vers Barcelone, Madrid, Séville et autres...

ℹ ***Turismo Tenerife*** *(oficina insular de Información Turística)* **:** *dans le terminal des arrivées.* *☎ 922-63-51-92. Tlj 9h-21h.* Carte de l'île, horaires des bus, infos sur les hôtels... Bon accueil.

■ ***Location de voitures :*** *ts les loueurs se situent dans la salle de remise des bagages. Cicar (☎ 928-82-29-00), Hertz (☎ 902-63-58-68), Europcar (☎ 922-63-59-48), Avis (☎ 922-25-87-13).* Évitez *Goldcar* dont le garage est à plusieurs km de l'aeropuerto Norte.

■ ***Autres services :*** dans l'aérogare, on trouve de nombreux services. Pharmacie, distributeur, presse, cafétéria...

■ ***Compagnies aériennes :*** *Vueling (☎ 807-20-01-00, central de résas ; kiosque ouv 5h-8h et 12h-17h). Air Europa (☎ 902-40-15-01 ; kiosque ouv 6h-20h). Iberia (☎ 905-40-37-59 ; kiosque ouv 5h30-19h). Binter Canarias (☎ 902-39-13-92).*

Comment rejoindre les grandes villes ?

– Les bus se prennent juste à l'extérieur du terminal d'arrivée, sur la droite à proximité des taxis.

➢ ***De/vers Santa Cruz et Puerto de la Cruz :*** bus nº 102. Fonctionne du

1er au dernier avion, env ttes les 30 mn. Quelques bus de nuit également. Un peu moins de liaisons w-e et j. fériés.

➢ ***De/vers la côte sud (Los Cristianos, Adeje et aeropuerto Sur) :*** bus nº 343, qui va jusqu'à l'*aeropuerto Sur Reina Sofia* (compter env 1h de trajet). Liaisons toutes les heures ou toutes les 1h30.

Aeropuerto Sur Reina Sofía

À 17 km à l'est de Los Cristianos. C'est l'***aéroport international,*** avec aussi une liaison intérieure vers Gran Canaria (parfois 1/sem vers El Hierro).

ℹ ***Tourist Información :*** *à l'extérieur du terminal des arrivées, dans un grand kiosque moderne. ☎ 902-39-20-37. Lun-ven 9h-21h, w-e 9h-17h.* Excellentes informations dans tous les domaines : hébergement, visites, etc. Infos sur les bus.

■ ***Location de voitures :*** nombreuses compagnies. *Cicar (☎ 928-82-29-00), Europcar (☎ 922-75-93-13), Hertz (☎ 922-75-93-19).*

■ ***Compagnies aériennes :*** *Vueling (☎ 807-20-01-00, central de résas), Air Europa (☎ 922-75-92-44), Iberia* (qui représente aussi ici *Binter Canarias* ; ☎ 922-75-93-78). *Volotea (☎ 922-75-90-87), Ryanair (☎ 922-75-96-93).*

Comment rejoindre les grandes villes ?

Les bus se prennent juste à l'extérieur du terminal d'arrivée. Plusieurs arrêts tout le long de la chaussée.

➢ ***De/vers Los Cristianos, Playa de las Américas et Costa Adeje :*** bus nº 111 (plate-forme 32). Liaisons 2 fois/h, 6h-22h.

➢ ***De/vers Puerto de la Cruz et l'aeropuerto Norte :*** bus nº 343 (plate-forme 30). 1 liaison/h en moyenne, 8h-20h et un dernier vers 23h.Compter env 1h.

➢ ***De/vers Santa Cruz :*** bus nº 111 (plate-forme 34). Liaisons ttes les 30 mn env, 6h-23h30. S'arrête sur tte la côte.

Arriver – Quitter Tenerife en bateau

2 ports principaux à Tenerife : celui de la capitale, Santa Cruz, sur la côte nord-est, et, plein sud, à Los Cristianos. Et 2 compagnies se partagent le gâteau des liaisons de l'archipel : *Fred Olsen (• fredolsen.es •)* et *Naviera Armas (• navieraarmas.es •).* Voir aussi nos chapitres « Comment y aller ? » et « Les liaisons inter-îles » au début du guide).

Au port de Santa Cruz de Tenerife (nord)

■ ***Naviera Armas :*** *dársena de Anaga, muelle de Enlace, s/n. ☎ 922-53-40-50 ou 902-45-65-00 (central de résas). • navieraarmas.com • Ouv lun-ven 6h-19h45 ; sam 6h-7h, 18h-19h30 ; dim 6h30-8h, 14h-15h30, 18h-19h30.*

■ ***Fred Olsen :*** *bureau au port de Santa Cruz. ☎ 902-10-01-07. • fredolsen.es •*

Au port de Los Cristianos (sud)

■ ***Fred Olsen :*** *bureau à la gare maritime. ☎ 902-10-01-07 (central de résas). • fredolsen.es • Bureaux ouv lun-ven 7h-19h, sam 7h-14h, dim et j. fériés slt 1h30 avt le départ du bateau.*

■ ***Naviera Armas :*** *bureau à la gare maritime. ☎ 922-79-61-78 ou 902-45-65-00 (central de résas). • navieraarmas.com • Bureau ouv lun-ven 7h30-18h30 ; sam 7h30-12h, 17h30-21h.*

En ferry pour Gran Canaria

Départs du port de ***Santa Cruz*** et les arrivées se font soit au port de ***Las Palmas*** de Gran Canaria pour *Naviera Armas,* soit au port de ***Agaete*** (au nord-ouest de Gran Canaria) pour *Fred Olsen.*

■ ***Naviera Armas :*** compter 2-3 liaisons/j. Durée : 2h45.
■ ***Fred Olsen :*** env 6 liaisons/j. en sem et slt 4 le w-e. Durée : env 1h20. Attention, ces bateaux arrivent au nord-ouest de l'île, à Agaete. De là, bus avec la ville de *Las Palmas de Gran Canaria,* inclus dans le prix du bateau (env 40 mn).

En ferry pour La Gomera

Départs du port de la station balnéaire de ***Los Cristianos,*** au sud de l'île. Arrivée au port de la ville principale de La Gomera, ***San Sebastián.*** Trajet : env 45 mn.

■ ***Fred Olsen :*** 2-3 bateaux/j.
■ ***Naviera Armas :*** 2-3 bateaux/j.

En ferry pour La Palma

Les départs se font de ***Los Cristianos*** et les arrivées à la capitale de l'île, ***Santa Cruz de La Palma.*** La plupart des bateaux font une brève escale à La Gomera avt de poursuivre vers La Palma (quelques trajets directs avec *Naviera Armas*).

■ ***Fred Olsen :*** 1 liaison/j. (sf sam où il n'y a pas de liaison).
■ ***Naviera Armas :*** 1 liaison/j. (sf sam). Durée : env 3h30.

En ferry pour El Hierro

Les départs se font de ***Los Cristianos*** et les arrivées à Puerto de la Estaca, à ***Valverde.*** Attention, pas énormément de liaisons pour cette île assez peu fréquentée. Bien se renseigner, car les fréquences changent souvent sans crier gare. Compter 3h-4h30 de trajet selon les escales : certains bateaux pour La Gomera poursuivent leur route vers El Hierro.

■ ***Fred Olsen :*** 3 liaisons/sem.
■ ***Naviera Armas :*** 2 liaisons/sem.

En ferry pour Fuerteventura et Lanzarote

■ ***Naviera Armas :*** départ du port de ***Santa Cruz.*** Bateaux 3 fois/sem env pour ***Morrojable*** (Fuerteventure), pour ***Puerto del Rosario*** (Fuerteventura), et 4 fois/sem pour ***Arrecife*** (Lanzarote).

Comment circuler sur l'île ?

Le réseau de bus dans l'île est excellent. C'est la compagnie ***Titsa*** qui gère les transports en bus. *Infos :* ☎ *922-53-13-00.* • *titsa.com* • Nous détaillons les liaisons entre les plus grandes villes dans chaque rubrique. Il existe une carte appelée *Bono Vía,* dont le prix oscille entre 15 et 25 €. On peut l'acheter dans toutes les stations de bus et au terminal. À chaque trajet, on débite votre carte du prix du trajet. Pas de limite de date. Pratique si vous ne souhaitez pas louer une voiture. Si vous choisissez d'acheter vos tickets à l'unité, faites-le plutôt dans un kiosque ou dans une station, car c'est un peu plus cher si on les prend directement dans le bus. Le tram est géré par la compagnie Metrotenerife *(• metrotenerife.com •).*

LE NORD-EST DE L'ÎLE

SANTA CRUZ DE TENERIFE (38000) 222 400 hab.

La plus grande ville de l'île, cité historique, présente un visage bien déconcertant. Cernée par de grands ensembles galopant sur la colline à l'ouest, une zone portuaire à l'est, des dépôts de gaz au sud et plantée de tours en plein centre, il ne reste plus grand-chose du passé de Santa Cruz. Au centre-ville,

les architectes des années 1960-1990 ont entouré son joli cœur colonial, en érigeant quelques buildings, même si l'on aperçoit toujours le spectacle étonnant de l'océan scintillant. Il reste des ruelles abritant une poignée de maisons anciennes, préservées comme par magie, témoignages précieux d'une histoire tumultueuse. Il faut malgré tout mettre en lumière deux édifices modernes, tant sur le plan architectural que sur le plan culturel : l'Auditorium, qui dresse sa haute voile blanche dominant le bord de mer, et le TEA (Tenerife Espacio de las Artes), superbe réalisation dédiée à l'art contemporain.
Malgré ce tableau certes en demi-teinte, on aime bien Santa Cruz. Si on ne craque pas pour sa plastique, on l'apprécie pour l'animation tranquille qui y règne. Elle n'est en rien touristique et c'est sans doute sa force. On peut y passer une demi-journée avec plaisir.
Notre incorrigible optimisme nous a fait apprécier les quelques rues coloniales, l'art moderne qui s'affiche dans les rues, la vieille église, les beaux musées, dont le superbe musée d'Art contemporain TEA, la simple vie de la rue et les terrasses de cafés du centre toujours bien pleines.

UN PEU D'HISTOIRE

Tenerife fut la dernière île à subir la conquête espagnole. Il faut attendre 1494 pour qu'Alonso Fernández de Lugo tente de prendre les rênes de ce qui n'est pas encore une ville. Les Guanches résistent vaillamment et les conquistadors mettront 2 ans à s'implanter et y construire un poste avancé. Les Espagnols plantent alors une croix là où ils débarquent, et le nom de la ville est trouvé ! Situé sur la route des Amériques, elle sert d'étape aux caravelles qui multiplient les voyages vers le Nouveau Monde au cours du XVIIe s. Sa vocation portuaire se confirme avec le commerce vers l'Angleterre. Au cours du XVIIIe s, ce sont d'ailleurs les Anglais qui cherchent à remettre en cause la suprématie espagnole sur les Canaries en fomentant plusieurs attaques. Nelson perd un bras au large de Santa Cruz, lors d'une mémorable bataille navale en 1797. Touché mais pas coulé par les Espagnols, les Anglais ne mettront finalement jamais les pieds sur l'île (ils se sont bien rattrapés depuis !).
Simple zone portuaire de sa voisine San Cristóbal de La Laguna, Santa Cruz ne rentre dans l'âge adulte qu'au début du XIXe s. Elle devient capitale de l'île et celle des Canaries en 1822. Cette reconnaissance tardive explique pourquoi elle n'a jamais eu le lustre de La Laguna et ne conserve que quelques modestes traces du passé.
Santa Cruz est la capitale de l'île de Tenerife et fut la seule capitale de l'archipel jusqu'à la scission des îles en deux provinces, en 1927. Elle partage aujourd'hui ce titre avec Las Palmas de Gran Canaria. Si elle n'est pas le premier pôle touristique de l'île, les moteurs de son économie sont le service, l'activité portuaire, le raffinage et l'industrie chimique. Avec La Laguna, elle constitue la plus grande zone urbanisée des Canaries, avec plus de 400 000 habitants.

Arriver – Quitter

Pour ttes infos concernant les bus qui sillonnent l'île : ☎ 922-53-13-00. • *titsa.com* •

En bus

🚌 ***Estación de Guaguas*** *(station de bus ; hors plan par C3)* **:** *avda de la Constitución.* Liaisons fréquentes avec ttes les villes de l'île.

➢ ***De/vers aeropuerto Tenerife Norte Los Rodeos et Puerto de la Cruz :*** bus n°s 102 et 103. Dessert d'abord l'aéroport, puis *Puerto de la Cruz.* Départs réguliers tte la journée. Le bus n° 103 est direct pour Puerto de la Cruz.
➢ ***De/vers Costa Adeje :*** bus n° 110. Fonctionne grosso modo 6h-20h. Beaucoup moins de liaisons le w-e.

■ **Adresses utiles**

- Información turística
- **1** Fred Olsen
- **2** Naviera Armas
- **11** Hotel Atlántico
- **12** Contemporáneo Hotel
- **13** Hotel Adonis Plaza Tenerife
- **14** Hotel Taburiente

Où dormir ?

- **10** Pensión Casa Blanca

Où manger ?

- **14** Restaurante Gom

SANTA CRUZ DE TENERIFE

20 La Hierbita
21 Caminito
22 Charcuterie La Garriga
23 Tasca Mesón El Porton
24 El Aguila
25 Bodeguita Canaria
26 La Concepción
27 Lagar de la Noria
28 Mesón Clavijo

Où boire un verre le soir ?

20 La Hierbita

➢ ***De/vers aeropuerto Tenerife Sur Reina Sofía :*** bus nº 111. Ligne Santa Cruz-Aeropuerto Sur-Reina Sofía-Los Cristianos-Costa Adeje. Liaisons régulières ttes les 30 mn, 5h30-21h30, puis quelques bus de nuit.
➢ ***De/vers Los Gigantes :*** bus nº 325. Fonctionne env 6h-19h (env 8h30-20h30 dans l'autre sens). Moins de fréquences le w-e.
➢ ***De/vers aeropuerto Tenerife Norte-Los Rodeos-Aeropuerto Sur Reina Sofía-Los Cristianos :*** bus nº 343. Fonctionne env 6h30-21h (env 8h30-23h dans l'autre sens). Beaucoup moins de fréquences le w-e.

En tram

Estación de tram *(station de tram ; hors plan par C3)* **:** *avda de la Constitución, au même endroit que la station de guaguas. • tranviatenerife.com •* Liaisons en tram entre Santa Cruz et La Laguna. Fonctionne ttes les 5 mn. Très pratique car le tram s'arrête en plein centre de La Laguna. Achat de billets dans les kiosques à l'extérieur.

Adresses utiles

Información turística *(plan C2)* **:** *au bas de la pl. España. ☎ 922-28-12-87. • webtenerifefr.com • Tte l'année, lun-ven 9h-18h (17h30 juil-sept), w-e 9h30-13h30.* Dans une sorte de grotte en fausse lave, couverte de végétation. Bon accueil et plein d'infos sur la ville et l'île en général : transports, visites, hébergements...
■ ***Fred Olsen*** *(plan D1-2,* ***1****)* **:** *bureau au port de Santa Cruz. ☎ 902-10-01-07. • fredolsen.es •* Voir intro « Comment y aller ? En bateau » pour le détail des liaisons.
■ ***Naviera Armas*** *(plan D2,* ***2****)* **:** *bureau au port de Santa Cruz. Dársena de Anaga, muelle de Enlace, s/n. ☎ 902-45-65-00 (central de résas). ☎ 922-53-40-50. • navieraarmas.com • Lun-ven 6h-19h45. Sam 6h-7h et 18h-19h30, dim 6h30-8h, 14h-15h30 et 18h-19h30.* Voir intro « Comment y aller ? En bateau » pour le détail des liaisons.
✉ ***Poste centrale*** *(plan B1)* **:** *pl. de España. Lun-ven 8h30-20h30, sam 9h-13h. Fermé dim.* Sur une jolie place avec fontaine et azulejos.
■ ***Distributeurs :*** *plusieurs banques et distributeurs autour de la pl. España (plan C-D2) ainsi que dans les c/ Villalba Hervas, c/ Bethencourt Alfonso et c/ Castillo.*
■ ***Farmacia :*** *nombreuses pharmacies dans le centre. Aucun problème pour en dénicher une. En voici une centrale,* ***El Negrito*** *: c/ de Cruz Verde, 20. ☎ 922-24-59-96. Lun-ven 8h30-20h30, sam 8h30-13h30.*
Hospital Nuestra Señora de La Candelaria : *ctra del Rosario, s/n. ☎ 922-60-20-00. • hospitaldelacandelaria.com • Urgences 24h/24.*

Où dormir ?

Même si peu de touristes séjournent à Santa Cruz, on peut être amené à y passer une nuit. Voici une sélection d'adresses pour toutes les gammes de budget.

Bon marché (20-40 €)

Pensión Casa Blanca *(plan B2,* ***10****)* **:** *c/ Viera y Clavijo, 15, 38003. ☎ 922-27-85-99. • pensioncasablanca@hotmail.es • Double avec sdb commune env 21 € tte l'année (1 pers, 15 €).* Attention, pas d'enseigne mais un simple « P » (qui veut dire *Pensión*) à côté de la porte. Dans une jolie bâtisse avec moulures, stucs à motifs floraux. Une pension toute simple, avec des chambres très basiques. Monacal, correct et propre, même si le lieu mériterait un petit coup de pinceau. Certaines donnent sur la rue (semi-piétonne), avec belle fenêtre et hauteur sous plafond, et d'autres sont bien plus banales. Une salle de bains et un seul w-c pour toutes les chambres (un peu juste tout de même).

Prix moyens (40-65 €)

Hotel Atlántico *(plan C2, **11**) : c/ Castillo, 12, 38002. ☎ 922-24-63-75. • info@hotelatlanticotenerife.com • hotelatlanticotenerife.com • Double env 50 €, petit déj compris. (sur la terrasse du 7e étage).* En plein centre, dans une rue piétonne, un grand bâtiment de 7 étages d'une soixantaine de chambres, sans charme, autant le savoir, mais très propre. Entrée toute petite, mais en marbre. Chambres assez gaies, avec mini-salon. Assez spacieuses, lumineuses mais bruyantes pour celles donnant sur rue (plus calme sur l'arrière). Cimaise en brique et salle de bains amusante. Pas d'AC, mais ventilo. Petit déj servi sur la terrasse.

Contemporáneo Hotel *(plan C1, **12**) : rambla General Franco, 116, 38001. ☎ 922-27-15-71 ou 902-12-03-29. • santacruzcontemporaneo@barcelo.com • hotelcontemporaneo.com • Double env 60 €. Au resto, menu complet 14 € (vin et café compris)* Sur cette belle *rambla* rendant hommage au grand démocrate espagnol, un imposant bâtiment blanc et gris de 150 chambres, qui s'élève sur 7 étages. Toutes avec salle de bains et AC. Plutôt design, avec ses murs blancs et son parquet foncé. Les chambres ne sont pas immenses mais fort bien équipées. Service aussi diligent que le *caudillo,* en plus sympathique et souriant tout de même. Belle salle de petit déj. Un bon hôtel, à l'excellent rapport qualité-prix. On peut aussi y manger, avec un menu épatant.

Hotel Adonis Plaza Tenerife *(plan C2, **13**) : pl. de la Candelaria, 10, 38002. ☎ 922-27-24-53. • hotelplaza@adonisresorts.com • adonisresorts.com • Double env 56 €, petit déj compris.* Dans un passage entre deux rues du centre, un hôtel un peu classe (on a bien dit « un peu »), bien dans ses années 1970 en ce qui concerne le style extérieur. Style que l'on retrouve dans les chambres, spacieuses, bien équipées (AC, minibar...) et bien isolées. Pas le grand charme mais pratique, central et confortable. Solarium sur la terrasse.

Chic (65-90 €)

Hotel Taburiente *(plan C1, **14**) : c/ Dr José Naveiras, 24A, 38001. ☎ 922-27-60-00. • hoteltaburiente@hoteltaburiente.com • hoteltaburiente.com • Doubles standard 58-73 € et 80-99 € pour les supérieures, excellent petit déj-buffet compris.* Situé face au beau parc García Sanabria, voici l'un des meilleurs établissements de la ville. Plus de 150 chambres, décorées dans un style zen moderne et épuré tout à la fois, dans des tons noir, blanc et taupe. Seulement une dizaine de chambres avec vue sur le parc. Central et tranquille. Lobby élégant, avec grand coin salon et une partie bar. Excellent service. Piscine modeste mais fort agréable au 5e étage (quelques transats), salle de gym (accès gratuit). Impeccable et moderne. Le *Gom,* le resto de l'hôtel, est aussi une excellente adresse (voir « Où manger ? »).

Où manger ?

Si Santa Cruz n'est pas la capitale touristique de l'île, elle en est la capitale économique. Et comme dans toutes les villes où se signent les affaires, il y a de bonnes tables !

Bon marché (8-12 €)

La Hierbita *(plan C3, **20**) : c/ Clavel, 19 ou par l'arrière, c/ Imeldo Seris, 24. ☎ 922-24-46-17. Tlj sf dim soir, en continu. Menu Doña Conchita, 12 € tt compris (servi tte la journée). Plats 8-12 €.* Sans doute l'adresse la plus sympathique de la ville. En tout cas notre préférée. Déjà cette maison coloniale est bien jolie de l'extérieur, mais une fois à l'intérieur, on découvre une série d'élégants salons, chaleureux comme tout, où les familles et les groupes de copains-copines se retrouvent autour d'un bon repas. Il faut dire que la cuisine est vraiment bien faite, familiale et copieuse (*pulpo guisado, marmitaco de atún, calamares a la romana*). Baladez-vous dans les différentes salles à l'étage, décorées avec un tas d'objets amusants, pour choisir celle qui vous plaît le mieux. Excellent service et rapport qualité-prix imbattable. Au rez-de-chaussée, côté calle Imeldo Seris, c'est également un bar sympa.

Caminito (*plan C2, **21***) : *callejón del Combate, 10. ☎ 922-29-18-34. Tlj sf dim, midi et soir. Plats 8-10 €.* Tenu par une famille argentine de Buenos Aires, ce minuscule resto du centre-ville fait le plein pour ses bonnes tapas variées. Excellent jambon, omelettes, petits plats en cassolettes. Un lieu bien agréable pour grignoter un morceau. Accueil mélangeant la gentillesse espagnole et la bonhomie sud-américaine.

Charcuterie La Garriga (*plan C2, **22***) : *c/ Pérez Galdós, 17 (angle Juan Padrón). ☎ 922-28-55-01. Tlj sf dim (slt jusqu'à 15h).* Une petite charcuterie, avec jambons qui pendent du plafond et une dizaine de bouteilles en rayon. Parfait pour faire le plein de charcuterie et se confectionner un bon sandwich sur le pouce, voire sur l'index, à dévorer au comptoir.

Prix moyens (12-24 €)

Tasca Mesón El Porton (*plan C1, **23***) : *c/ Dr Guigou, 18. ☎ 922-15-27-17. Tlj 13h-15h30, 20h-23h30. Fermé en août. Plats 10-15 €.* Superbe adresse traditionnelle, où l'on sert avec plaisir une cuisine qui en procure beaucoup. Que du typique, avec des préparations à base de viande et poisson, qui attendent dans la vitrine réfrigérée que vous les choisissiez. 2 salles avec mobilier de bois et ambiance confinée, très espagnole dans l'esprit. Plats généreusement servis.

El Aguila (*plan C2, **24***) : *pl. Alférez Provisional. ☎ 922-27-31-56. Tlj 9h-23h30, en continu. Menu 13,50 €, plats 10-15 €.* L'adresse semble bien touristique, mais c'est pourtant une bonne halte. Plats canariens essentiellement : lapin à l'ail, seiches grillées au *mojo*, oignonade de morue (si, si !)... et *arroz caldoso* (pour 2). Intérieur plutôt moche, mais c'est la terrasse ombragée qui est agréable, située au croisement de deux rues piétonnes où trône un superbe dragonnier (c'est un arbre). Menu bien ficelé, répondant parfaitement aux attentes. Cuisine servie généreusement et accueil attentif. Terrasse cosmopolite. Carte dans toutes les langues, même en suédois et en russe.

Bodeguita Canaria (*plan C3, **25***) : *c/ Imeldo Seris, 18. ☎ 922-29-32-16. Tlj sf dim 13h-16h, 20h-23h30. Plats 8-15 €.* Petite salle classique de bodega, avec terrasse sur rue où passent les tramways et à côté d'une oisellerie où piaillent les aras (ça fait stéréo). Cuisine locale, comme son nom l'indique. Bon accueil et carte en français. *Atún en mojo, pulpo en salsa,* lapin de l'île à l'ail, accompagné par ses fameuses *papas*. Joli choix de vins que l'on peut emporter. Plats bien préparés, bien que peu copieux.

Restaurante Gom (*plan C1, **14***) : *c/ Dr José Naveiras, 24A. ☎ 922-27-60-00. Menu 15 € (verre de vin compris).* C'est le resto de l'*Hotel Taburiente*. Au fond de l'élégant hall de ce bel hôtel, tout au bout à gauche. Resto moderne et épuré, confortable, dans les tons beige. Chemin de table blanc sur table noire, service en tenue, l'ensemble a du style. Le petit menu, servi même le soir, est une vraie affaire compte tenu du cadre et de la qualité de la table.

La Concepción (*plan C3, **26***) : *c/ La Noria, 4. ☎ 922-27-40-62. En bas de la c/ Antonio Domínguez Alfonso. Tlj 13h-1h du mat. Tapas 5-7 € et media ración 7-9 €.* Cuisine de femmes avec terrasse sur la rue piétonne, à l'ombre du campanile. Plats inventifs comme des *tempuras* ou des croquettes de légumes. Tentez les demi-portions pour vivre plusieurs aventures.

Lagar de la Noria (*plan C3, **27***) : *c/ Antonio Domínguez Alfonso, 37. ☎ 922-24-78-15. Tlj 12h30-1h du mat (2h30 ven-sam). Plats 10-12 € et arroz caldoso env 25 € pour 2.* Dans la rue la plus sympathique de la ville, piétonne et animée, voici un établissement chaleureux et moderne, s'ouvrant sur une généreuse terrasse. Carte éclectique et assez internationale. Belles viandes grillées. Terrasse à l'étage ouverte seulement le week-end.

De chic à plus chic (24-40 €)

🍽 ***Mesón Clavijo*** *(plan B2,* ***28****) : c/ Viera y Clavijo, 38. ☎ 922-27-10-65. Tlj sf dim soir, 13h-17h, 20h-23h. Plats 18-20 €. Menu tt compris 25 €.* Ce resto un peu chic, aux prix en accord avec le standing, propose une cuisine andalouse d'excellente facture, dans une salle cosy ou sur une terrasse abritée et calme car la rue est piétonne.

Où boire un verre le soir ?

🍷 ***Calle Antonio Domínguez Alfonso*** *(plan C3)* **:** c'est dans la rue la plus ancienne de la ville que l'on trouve quelques bars sympas, comme ***Los Reunidos*** ou le bar branché ***Mojos y Mojitos,*** ouvert jusque tard.

🍷 ***La Hierbita*** *(plan C3,* ***20****)* **:** *c/ Clavel, 19 ou par l'arrière, c/ Imeldo Seris, 24. ☎ 922-24-46-17. Tlj sf dim soir, en continu.* Cette excellente adresse pour manger possède aussi un chouette bar en rez-de-chaussée, côté calle Imeldo Seris.

À voir. À faire

👁👁 ***Museo de la Naturaleza y el Hombre*** *(plan C3)* **:** *c/ Fuente Morales, 1. ☎ 922-53-58-16. • museosdetenerife.org • Mar-sam 9h-20h et dim-lun 10h-17h. Entrée : 5 € ; réduc. Audioguide (en espagnol et anglais) : 3 €. Bar-resto MNH dans le 2ᵉ patio (menu 10 €, lun-ven 13h-16h) : tapas et petits plats.*

Sans doute le musée le plus intéressant de l'île pour qui veut s'imprégner de la culture canarienne au sens large. Il est installé dans un ancien hôpital et explore tous les aspects des îles, aussi bien géologiques, historiques que sociaux. Pour qui veut comprendre les Canaries, c'est sans hésiter le lieu culturel le plus complet et le plus pédagogique, même s'il arrive que les explications soient un peu courtes. L'édifice est lui-même digne d'intérêt avec ses deux grands patios agréables. La muséographie est parfois datée, mais l'ensemble est vraiment intéressant et les collections d'une grande richesse. Clou du musée : la section anthropologique consacrée aux Guanches (2ᵉ étage).

– ***Au rez-de-chaussée :*** jeter tout d'abord un œil au très beau patio central où se dressent des arbres tropicaux magnifiques. Tout autour, plusieurs salles abritent des écrans et des télés, qui, en un judicieux mélange d'images réelles et virtuelles, graphiques et schémas, présentent la diversité des îles et leurs richesses géologiques et naturelles. Malgré une organisation un rien confuse, on comprend comment les Canaries sont sorties du fond des océans.

– ***Au 1ᵉʳ étage : section botanique*** aux nombreuses planches de plantes endémiques des îles. Section sur les animaux invertébrés et vertébrés des Canaries. N'hésitez pas à ouvrir les tiroirs qui abritent quelques spécimens vraiment étonnants (notamment les papillons du monde entier). Reptiles, oiseaux et petits mammifères naturalisés complètent l'expo.

PAS SI BONNE FRANQUETTE

Il n'y a plus beaucoup de référence à Franco dans les villes espagnoles. Santa Cruz de Tenerife est sans doute l'une des dernières à évoquér par mégarde la mémoire du dictateur sur l'île, où il fut envoyé en 1934 pour être éloigné du pouvoir. On sait ce qu'il en advint. Les hôtels et restos situés sur la rambla General Franco préfèrent pudiquement oublier ce triste personnage et appeler ce beau boulevard arboré rambla de Santa Cruz.

Passionnante section dédiée à l'***archéologie de Tenerife*** : copies de gravures rupestres, exemples de gravures variées selon les îles, objets de tous les jours, ustensiles et outils. Vitrines d'objets bien choisis, complétées par des petits films sur l'artisanat traditionnel (poterie, taille de pierre, travail du bois et du cuir...).

– ***Au 2e étage :*** plusieurs riches sections là encore. ***Section égyptienne et berbère.*** Série de superbes céramiques, de pots décorés, plats gravés et cruches peintes, avec ou sans anses. On remonte là aux origines de la culture guanche, avant leur arrivée sur les îles Canaries. ***Section consacrée à la formation de chacune des îles*** : images satellite, présentation de la variété des sols, photos illustrant les différences géologiques... Évocation par maquettes des ***premiers habitats des îles*** et les formes primaires d'organisation sociale. Puis ***section anthropologique*** d'une grande richesse, dont une incroyable série de crânes guanches. Impressionnantes vitrines de momies particulièrement bien préservées et mises en valeur. L'une d'elles présente ses jambes repliées sous le corps, la tête légèrement de côté. D'autres momies sont soigneusement emmaillotées. Étonnant mur de crânes, mis en valeur par une lumière douce, respectant les os exposés. Suivent quelques panneaux évoquant pédagogiquement l'alimentation, la médecine par les plantes et la chirurgie guanches (voir notamment les crânes trépanés). On y fait même une analyse des carences alimentaires ! Section ***biologie marine*** : nombreuses espèces reconstituées (tortues, dauphins, crabes, coraux, coquillages, raies et autres poissons...). Bon, pas la partie la plus folichonne. On ne sait plus si les animaux sont naturalisés ou en plastique ! ***Minéraux, fossiles et roches*** : riche section où sont exposés dans de nombreuses vitrines une sélection de superbes minéraux des îles Canaries, mais également du monde entier.

***TEA (Tenerife Espacio de las Artes** ; plan C3) :* *avda de San Sebastián, 10. ☎ 922-84-90-57. ● teatenerife.es ● Mar-dim 10h-20h. Fermé lun. Bibliothèque ouv 24h/24. Entrée : 5 € ; réduc. Cafétéria (tlj 9h-20h).* Voici un superbe espace contemporain aux lignes modernes et aux larges baies vitrées, ouvert en 2008. Trois grands architectes ont collaboré à la conception de cet espace : Jacques Herzog et Pierre de Meuron, ainsi que Virgilio Gutíerrez. On découvre une longue façade de béton, piquetée de points de lumière. Ces vastes salles accueillent sur trois niveaux d'excellentes expositions (environ six par an). On y trouve le travail d'artistes variés, qu'ils soient canariens, espagnols ou venus d'ailleurs. Toutes formes d'art également : photo, sculpture, peinture, vidéo. Accrochages souvent originaux. Quelles que soient les expos en cours, on se trompe rarement quand on vient faire un tour au TEA, ce que nous vous conseillons vivement.

Mercado de Nuestra Señora de África *(plan C3) : avda de San Sebastián, 51. Slt le mat, jusqu'à 14h.* Inauguré en 1944 par le gouverneur général de Tenerife, le but était de regrouper les boutiques d'alimentation avec le maximum d'hygiène. L'architecte s'est inspiré des belles missions catholiques du Mexique ou de Californie. Une réussite totale. Descendez à l'étage inférieur pour découvrir la halle aux poissons ainsi que ses bars à tapas *(fermés l'ap-m).*

Iglesia Nuestra Señora de La Concepción *(plan C3) : pl. de la Iglesia.* Grande église dont la première construction date de l'année 1500 (détruite au milieu du XVIIe s). L'édifice actuel date des XVIIe et XVIIIe s. On le repère immédiatement grâce à son haut campanile blanc, élégant et bien séparé de l'église. L'ensemble constitue un bel exemple d'architecture coloniale, admirablement bien rénové. La façade arbore d'élégants balcons et coursives de bois. À l'intérieur, on remarque immédiatement les trois larges nefs et le plafond de style mudéjar tardif. Superbe autel chargé d'or et colonnes torses. D'autres chapelles, moins baroques, méritent tout de même un coup d'œil pour leur travail de sculpture, comme celle située dans la nef de droite. Mignonne petite chaire également.

Calle Antonio Domínguez Alfonso *(plan C3)* **:** c'est la rue qui a conservé le caractère colonial le plus marqué. Quelques façades présentent ici un balcon de bois, là un fronton un peu travaillé, ailleurs un encadrement de porte en pierre. C'est aussi là que se concentrent les quelques bars de la ville. À deux pas, la calle Santo Domingo. Au nº 1, deux jolis balcons.

Calle del Castillo *(plan B-C2)* **:** dans cette rue, quelques édifices sortent du lot de l'architecture des années 1970, telle la pharmacie située au nº 9, avec son intéressant balcon de bois et son toit de tuiles. La maison d'à côté, jalouse, s'est faite aussi belle.

Teatro Guimera *(plan C3)* **:** *pl. Isla de La Madera.* Ce théâtre classique inauguré au milieu du XIXᵉ s et rénové au début du XXᵉ s reste un des témoignages de la riche vie culturelle passée, qui se perpétue brillamment aujourd'hui. Sur la place, intéressante sculpture moderne d'un grand visage pensif.

Museo municipal de Bellas Artes *(plan C2)* **:** *c/ José Murphy, 12. ☎ 922-27-47-86. Mar-ven 10h-20h, w-e et j. fériés 10h-15h. GRATUIT.* On doit ce musée aux peintres Pedro et Eduardo Tarquis et Teodomiro Robayna à la fin du XIXᵉ s, qui souhaitaient réunir les œuvres d'artistes locaux dans un même lieu. Celui-ci fut édifié en 1933, avec des collections de peintures et sculptures couvrant la période allant du XVIᵉ au XIXᵉ s (pas mal d'œuvres provenant du musée du Prado de Madrid), additionnées d'artistes canariens contemporains et de différents legs. Quelques expos temporaires également. Parmi les toiles majeures exposées, on peut noter une intéressante série de peintures flamandes du XVIᵉ s. Voir encore le célèbre *Tríptico de Nava y Grimón* réalisé par Pieter Coecke, ainsi que l'*Orfeo* de Brueghel l'Ancien. Intéressante *Consigna de la Iglesia* de Willem Van Herp. Encore un beau *San Andrés* de José de Ribera, et, de Juan de Miranda, l'*Entrée du Christ à Jérusalem.*

Plaza España *(plan C-D2)* **:** cette place en pente douce et bordée de palmiers constitue le centre social de Santa Cruz. Sur le plan architectural, ce n'est pas à dire vrai un exemple de réussite. On y trouve tous les styles, et pas les meilleurs. Les années 1970 et 1980 ont frappé de plein fouet et sans discernement. Mais c'est surtout l'atmosphère vivante du quartier qu'on aime bien, et les quelques rues autour qui conservent de-ci de-là des souvenirs coloniaux, comme la calle Candelaria, bordée de maisons basses. Tout en bas de la place, derrière l'office de tourisme, vaste bassin tout rond.

Les rues autour de la plaza España *(plan C2-3)* **:** c'est dans les rues du centre que l'on trouve plusieurs sculptures d'Henry Moore et parfois d'autres grands artistes. Dès les années 1970, Santa Cruz organise régulièrement des expositions internationales de sculpture en plein air. Cette tradition se perpétue, et l'on peut admirer quelques chefs-d'œuvre au cours d'une simple balade. Vous tomberez peut-être sur *Guerrero Gaslar* d'Henry Moore, ou sur une sculpture de fer de José Abad, ou *Lady Tenerife* de Martín Chirino, à moins que vous ne croisiez le regard en bronze de *La Femme bouteille* de Miró.

Ruines du Castillo de San Cristóbal *(plan D2)* **:** *sur la pl. España, côté mer, juste devant le grand bassin. Pour y accéder, il faut emprunter l'escalier qui mène au souterrain. Lun-sam 10h-18h. GRATUIT. Demander le feuillet explicatif en français.* On y voit ce qui subsiste des fondations d'un *castillo* militaire datant du XVIᵉ s et mis au jour en 2006.

UN CANON, ÇA COÛTE UN BRAS !

En juillet 1797, les Canaries sont en guerre contre les Anglais. Le canon El Tigre *tire un boulet sur l'un des vaisseaux de la Perfide Albion présent dans la baie. Celui-ci atteint l'amiral Nelson et lui arrache un bras. Le célèbre canon est aujourd'hui conservé comme une relique dans le castillo de San Cristóbal.*

Quelques panneaux rappellent l'histoire de cet édifice, dont on peut observer les restes de la base. À voir encore, le célèbre canon *El Tigre* (voir l'encadré).

Parque García Sanabria *(plan B1)* **:** *accès par la rambla de Santa Cruz, par la c/ Dr José Naveiras ou Méndez Núñez. Ouv 24h/24.* Si vous êtes dans le coin ou que vous logez dans un hôtel voisin, vous pourrez faire un petit tour dans ce beau parc où l'on a planté une grande diversité de plantes tropicales et d'essences endémiques de l'île. Palmiers, banians, arcades d'hibiscus, bambous et une grande variété de cactus, etc. Quelques sculptures de béton assez discutables introduisent un peu de minéral dans cet univers végétal. Fontaine au centre, dédiée à García Sanabria. Dans la partie basse du parc, agréable kiosque où boire un verre.

Auditorio de Tenerife Adán Martín *(hors plan par C3)* **:** *avda de la Constitución, 1. ☎ 922-56-86-00. • auditoriodetenerife.com • Visites guidées sam à 12h30 et l'été lun-ven à 17h30. GRATUIT.* L'œuvre impressionnante de l'architecte Santiago Calatrava est rapidement devenue une figure emblématique de la ville. Sa haute silhouette dessine dans le ciel une gigantesque voile blanche (en béton !) qui surplombe le bâtiment du haut de ses 50 m et semble mystérieusement suspendu dans le ciel. Magique. Une réussite architecturale indéniable, légère et aux formes douces. Pour ceux qui le visiteront, l'intérieur est également superbe et ceux qui assisteront à un concert profiteront d'une étonnante qualité accoustique.

Museo militar regional *(castillo de Almeida)* **:** *c/ San Isidro, 1. ☎ 922-84-35-00. Mar-sam 10h-14h. GRATUIT.* Petit musée militaire, installé dans un site encore militarisé, qui passe en revue l'histoire militaire des Canaries, et particulièrement celle de Tenerife. Armes, costumes, bannières et drapeaux, cartes, canons, etc. Quelques peintures militaires également et évocation des grands personnages de l'armée locale. Bon, franchement, on peut facilement s'en passer.

Fêtes et manifestations

Se reporter au chapitre général où nous décrivons les principales fêtes.

DANS LES ENVIRONS DE SANTA CRUZ DE TENERIFE

Au nord de Santa Cruz

San Andrés et playa de Las Teresitas **:** *à 8 km au nord de Santa Cruz par la côte.* Village tranquille qui s'adosse à une colline et qui abrite la seule grande plage de sable blond du secteur, réputée comme étant l'une des plus belles de l'île. Près de 2 km de sable où poser sa serviette, ponctués par quelques palmiers. La baignade est protégée par une longue digue de pierre qui casse les vagues et rend la baignade tranquille. C'est ici que les habitants de Santa Cruz viennent se relaxer le week-end. C'est à ce moment-là qu'il faut y aller pour partager les moments familiaux et voir les grappes d'ados s'éclater. Douches gratuites et quelques buvettes posées sur le sable. Dans la partie sud de la plage, loin de celle-ci, les restes d'une grosse tour joufflue.

SABLE BLOND COMME LES BLÉS

Peu de gens savent pourquoi la plage de Las Teresitas, la plus fameuse de la région, offre un superbe sable, alors que l'île est volcanique et formée de roches noires. Tout simplement parce que ce sable fin et blond comme les blés que vous allez fouler avec bonheur provient du Sahara. Il a fallu quelques millions de mètres cubes (et d'années !) pour créer ce site « naturel ».

Cofradía de Pescadores San Andrés : *à la sortie de la plage, vers Santa Cruz, dans une bâtisse isolée. ☎ 922-54-90-24. Tlj sf mar, en continu 12h-23h. Compter 8-12 € selon poids et poisson.* Après un bon bain, on peut se régaler d'un beau poisson grillé à la minute dans cette confrérie de pêcheurs fort sympathique. Grande ardoise avec plein de propositions selon l'arrivage (prix au kilo). Quelques tables en terrasse donnant sur la mer. Mais avant tout, on aura pris l'apéro avec les habitués au bar attenant.

Au sud de Santa Cruz

Candelaria : *à une vingtaine de km au sud de Santa Cruz, par la route côtière, sortie 17.* Passé la première vision de la litanie de grands ensembles qu'offre la ville de Candelaria, on découvre dans le centre une place offrant presque une atmosphère de village. Sur celle-ci, la ***basilica de Candelaria*** *(ouv mar-dim 7h30-19h30, lun 15h-19h30).* Les férus d'histoire visiteront sans hésiter cette basilique assez lourde, au style néo-quelque-chose, élevée en 1959. Dire qu'elle dégage du charme serait exagéré, mais c'est sans doute la plus visitée de l'île. Son autel abrite en effet la statue de la Virgen de Candelaria, Vierge noire et patronne des Canaries, que l'on fête le 2 février. La veille au soir, incroyable procession dans toutes les rues de la ville. Comme toutes les Vierges, on la fête également le 15 août.

L'APPARITION DE LA VIERGE

C'est à la fin du XIVe s, un siècle avant la conquête espagnole, qu'une statue d'une Vierge noire apparaît sur les côtes de Tenerife. Les Guanches la découvrent et l'adoptent bien vite. Ils lui donnent le nom de Chaxiraxi. Depuis le début du XVIe s, cette image de la Vierge resta le symbole de l'île le plus vénéré, avant que la statue soit emportée par une crue en 1826. Une nouvelle sculpture fut réalisée l'année suivante, et c'est toujours elle que l'on vénère actuellement, notamment lors de la grande procession du 2 février.

À l'intérieur, jetez un œil à la fresque moderne rendant hommage à la Vierge, aux accents chagalliens. Quelques tableaux anciens (mais mal éclairés). Voir notamment *Tierras de Chinguaro,* à l'entrée sur la droite. Lui faisant pendant, côté gauche, voir *Playas de Chimisay,* avant l'arrivée des touristes. Un vrai témoignage historique.

– Sur la place de la basilique, en bord de mer, on découvre une série de ***neuf sculptures monumentales en bronze,*** rendant hommage aux grands chefs guanches. Très bien réalisées.

Güímar *(38500)* **:** *à une petite dizaine de km au sud de Candelaria et quelques km à l'intérieur des terres.* Petite ville de province pas désagréable où l'on peut faire halte pour une nuit car elle abrite une adresse que l'on apprécie bien, tant pour dormir que pour manger. Dans le centre, l'***iglesia de Santo Domingo de Guzmán*** *(sur la pl. del Ayuntamiento).* Elle date du XVIIe s et fut élevée pour protéger la Vierge de Candelaria des pirates. Elle était autrefois entourée d'un monastère, détruit en 1835. Nef unique en bois. Également en bois, le retable de l'autel, sans doute la pièce la plus intéressante de l'église.

En ville, on ne manquera pas de vous diriger vers les fameuses ***pirámides de Güimar*** : *c/ Chacona, s/n. ☎ 922-51-45-10. • piramidesdeguimar.es • Tlj 9h30-18h. Entrée : 11 € ; réduc.* Cet ensemble d'étranges pyramides fait la réputation de la ville. Le site en escalier a été soigneusement nettoyé et organisé pour recevoir beaucoup de touristes. Reste que son intérêt historique est singulièrement limité, ompte tenu du prix ! De la cafétéria, on en deux gratuitement. Le m... e attenant au site présente les recherches du navigateur norvégien Thor Heyerdahl qui s'intéressa aux pyramides en 1991. Il tenta de soutenir l'hypothèse d'une civilisation ayant mis le pied sur le Nouveau Monde bien avant Christophe Colomb (lire l'encadré). Ses expéditions (notamment sa traversée de l'Atlantique à bord du *Kon Tiki*) tentent de prouver la véracité de cette hypothèse. Mais celle-ci est toujours contestée.

DES PYRAMIDES TOUTES NEUVES

Les six pyramides de Güímar sont-elles l'œuvre des Guanches, comme le soutiennent certains ? Malgré l'intérêt historique de cette hypothèse et l'émotion qu'elle suscite, il est plus probable qu'elles furent le travail d'agriculteurs locaux, qui amassaient les pierres trouvées dans leurs champs, et les rangèrent soigneusement. D'ailleurs, dans l'acte de vente du terrain datant de 1854, il n'est fait aucune allusion aux pyramides, ce qui met en doute une édification antérieure. En revanche, elles apparaissent sur un acte de cession de ce même terrain en 1881. Il y a donc fort à parier qu'elles furent dressées dans la seconde partie du XIXe s.

Où dormir ? Où manger à Güímar et dans les environs ?

Hotel rural Casona Santo Domingo : *c/ Santo Domingo, 32, juste sur l'arrière de l'église. ☎ 922-51-02-29. • info@casonasantodomingo.com • casonasantodomingo.com • Doubles 66-76 € selon période, avec petit déj copieux et bien fait. (dans certaines chambres). Resto tlj sf dim, midi et soir. Plats 8-15 €, Menu dégustation env 20 € (verre de vin compris).* Une poignée de jolies chambres, pleines de charme et sises dans une bâtisse du XVIe s, refaite deux siècles plus tard. Beaucoup de bois et des parquets qui craquent. Toutes les chambres possèdent une belle salle de bains alliant le caractère traditionnel à la modernité. Certaines abritent lit à colonnes et couvre-lit en dentelles. Un ensemble adorable et intime, où l'on se sent bien. Courette au rez-de-chaussée. Chouette salon au parquet lustré, empreint de chaleur et où il fait bon ne rien faire. Excellent service. Un mot encore sur le resto de la *casa*, qui accueille tout le monde. La salle est dans la même ligne que l'hôtel, pleine de charme, tout comme la cuisine, traditionnelle et inventive à la fois. Spécialité de *merluza rellena* et magret de *pato*. Vin au verre de bon aloi et pas cher.

Finca Salamanca : *ctra El Puertito. ☎ 922-51-45-30. • info@hotel-fincasalamanca.com • hotel-fincasalamanca.com • En sortant de l'autoroute, dépasser la station-essence en allant vers Güímar, puis poursuivre sur 1 km. C'est dans un virage convexe, sur la gauche. Doubles 78-150 € selon saison.* Grande propriété agricole au milieu des arbres fruitiers avec 20 chambres et 4 suites. Piscine, massage... Resto assez réputé.

LA LAGUNA (38200) 150 600 hab.

Pour le plan de La Laguna, voir le cahier couleur.

On l'appelait autrefois *San Cristóbal de La Laguna,* puis elle devint tout simplement La Laguna. Fondée en 1496 par Alonso Fernández de Lugo, elle fut le centre économique et surtout politique de l'île durant

plusieurs siècles. C'est au tout début du XVIIIe s que le pape Clément XI décide d'y fonder une université. Première cité d'ampleur de l'île, elle en devient l'évêché au début du XIXe s (on y élève alors la cathédrale). Mais avec l'émancipation de Santa Cruz qu'elle avait sous son contrôle jusqu'au début de ce même siècle, la ville perd de son influence et son titre de capitale en 1822.
Forte de ce prestigieux passé, La Laguna conserve plusieurs centaines de palais aux façades baroques ou maniéristes, aux balcons de bois ouvragés et aux patios élégants. Le classement par l'Unesco au Patrimoine mondial en 1999 a définitivement protégé le centre historique.
Avec près de 30 000 étudiants, hier comme aujourd'hui, la ville continue à montrer le chemin sur le plan culturel et intellectuel. Et c'est la seule à avoir conservé son animation nocturne, non pas du fait des touristes, mais grâce aux habitants eux-mêmes.

Comment y aller ?

➢ ***En bus et en tram :*** de ***Santa Cruz*** et de ***Puerto de la Cruz,*** liaisons très faciles.
Estación de guaguas *(station de bus ; plan couleur B2)* **:** *tt au bout de l'avda de la Trinidad.* ☎ *922-53-13-00.* Bus très réguliers de/vers Santa Cruz (bus n° 108 et 107 et bus n° 014 et 015) et de/vers Puerto de la Cruz (bus n° 102).
Ⓣ ***Tram*** *(station de tram ; plan couleur B2)* **:** liaisons directes entre Santa Cruz et La Laguna. Très pratique car le tram s'arrête en centre-ville, sur l'avda de la Trinidad. Fonctionne tte la journée et jusque tard le soir, dans les 2 sens.
➢ ***En voiture :*** de Santa Cruz, prendre la sortie 8A sur la voie rapide.

Adresses utiles

Oficina de información turística *(plan couleur B2)* **:** *c/ Obispo Rey Redondo, 7 (La Carrera).* ☎ *922-63-11-94.* • *webtenerife.com* • *Tte l'année, tlj 9h-17h.* Carte de la ville avec description des sites les plus importants. *Visites gratuites et guidées du centre historique : en français, lun-ven (mais horaire variable, appelez pour avoir l'info) et en espagnol lun-ven, 3 fois/j. (2 fois le w-e). Durée : 1h.* On s'arrête devant 5 maisons du centre historique.
✉ ***Correos*** *(poste ; plan couleur B2)* **:** *c/ Santo Domingo.*
Parking *(plan couleur B2,* ***1****)* **:** *grand parking juste à côté de la pl. del Adelantado.* Si vous venez en voiture, c'est vraiment le plus pratique pour se garer car le centre historique est quasiment inaccessible et en grande partie piéton. En général, quelqu'un est là pour vous demander une petite pièce.
■ ***Distributeurs*** *(plan couleur A1 et B2)* **:** *la majorité des banques et distributeurs se situent dans la c/ Obispo Rey Redondo, plus connue sous le nom de La Carrera. La* ***Caixa*** *se trouve au n° 17 et la* ***BBVA*** *au n° 23.*
■ ***Farmacia Saavedra*** *(plan couleur A1,* ***2****)* **:** *c/ Obispo Rey Redondo, 48, à l'angle de la c/ Nuñez de la Peña.* ☎ *922-25-98-12. Tlj sf dim 8h30-20h30.*

Où dormir ?

Bon marché (20-40 €)

Pensión Padrón *(plan couleur A2,* ***10****)* **:** *c/ Núñez de la Peña, 29.* ☎ *922-25-91-16.* • *pensionpadron1953@hotmail.com* • *pension-padron.com* • *Ouv tte l'année. Double (avec sanitaires communs) env 30 €, triple 45 €, sans petit déj. (payant).* Gentille petite pension proprette et adorable, l'une des plus centrales

TENERIFE

de la ville, tenue par la sympathique Edilsa. Une vingtaine de chambres au 1er étage, installées autour d'une courette banale, avec 4 salles de bains à partager. Petites chambres un peu monacales, blanches et impeccables. Terrasse équipée tout en haut, avec quelques transats. On y trouve aussi une cuisine équipée, disponible pour les clients.

De chic à plus chic

Casa rural La Asomada del Gato *(plan couleur A1,* ***11****) : c/ Anchieta, 45. ☎ 922-26-39-37. 696-08-50-59. • info@laasomadadelgato.es • laasomadadelgato.es • Double 75 € tte l'année et pour ttes les chambres, petit déj continental compris.* Une poignée de chambres dans cette superbe maison de la fin du XVIIIe s, transformée en adresse de charme. La moitié dans la partie ancienne et le reste dans une partie plus récente. Superbe plafond de bois dans la salle du petit déj. Chambres charmantes, au rez-de-chaussée ou à l'étage, décorées avec beaucoup de chaleur. Calme total. Joli patio-jardin, minuscule mais très fleuri, où l'on peut prendre le frais. Tenue générale impeccable. Les chambres de la partie ancienne sont un peu plus grandes et possèdent un beau plancher de bois.

Laguna Nivaria *(plan couleur B2,* ***12****) : pl. del Adelantado, 11. ☎ 922-26-42-98. • info@lagunanivaria.com • lagunanivaria.com • Double « confort » 90 € le w-e et 110 € en sem, petit déj inclus.* Sur une placette jouxtant le centre historique. Si la base de cet hôtel est un palais privé du XVIe s, sa plus grande partie (80 chambres) est plus récente et son aménagement moderne, sur 2 étages. Très bonnes prestations, grand confort, chambres spacieuses (avec cuisinette) et calme total. Le grand hall couvert accueille une cafétéria agréable et l'ambiance est chaleureuse. Piscine couverte, gym. Quelques chambres « nobles » et *junior suite.* Attention, fréquenté par les groupes, donc il est plus prudent de réserver. Quelques tables sur la place, prolongation de la cafétéria, bien pour boire un verre.

Hotel Aguerre *(plan couleur A1,* ***13****) : c/ Obispo Rey Redondo, 55-57. ☎ 922-31-40-36 ou 922-25-94-90. • reservas@hotelaguere.es • hotelaguere.es • Double env 80 €, petit déj inclus. Discount dès 3 nuits.* Dans une demeure datant de 1760 autour de laquelle on a installé un hôtel dès 1885. Cet établissement pas comme les autres est dans la même famille depuis 1920. On est accueilli par un élégant et généreux patio où quelques tables permettent de prendre un verre. La vingtaine de chambres s'organise autour de celui-ci, aux 1er et 2e étages. Elles disposent de tout le confort moderne, sur une structure classique, mais ne débordent pas de charme. Plus qu'un hôtel de luxe, c'est avant tout une ambiance que l'on vient chercher ici. Certaines s'ouvrent sur la rue, d'autres donnent sur le patio central. Préférez les premières.

Où manger de bonnes tapas ?

Bodegón Tocuyo *(plan couleur B1,* ***20****) : c/ Juan de Vera, 16. ☎ 922-25-00-45. Tlj sf dim, midi et soir (service jusque très tard). Tapas 5-8 €.* Une bodega typique en diable, où les tonneaux servent de tables ou de dessertes. Installé au comptoir de bois patiné par le temps et le coude des habitués, on prend son temps pour admirer les graffitis qui garnissent les murs et choisir l'un des petits vins issus des tonnelets derrière le bar : *vino de misa, moscatel, montilla, amontillado* et autres. Quelques centaines de bouteilles poussiéreuses disent l'histoire de ce lieu pas comme les autres. Assiette de tapas toute simple : charcuterie ou fromage, ou mixte des deux. Excellent accueil des serveurs qui semblent, comme le vin, se bonifier avec les années.

Cafetería Benidorm *(plan couleur A1,* ***21****) : pl. Dr Oliveira. ☎ 922-25-88-62. Tlj 6h-minuit.* Un classique depuis 1957. Long comptoir de marbre, quelques boiseries derrière le bar et les traditionnels *jamónes* qui suintent du plafond. On sert ici de bien bonnes tapas (*poulpo en salsa, huevo reyeno,* etc.) que les locaux viennent déguster accoudés au bar ou sur l'agréable terrasse sur la place.

La Venta de la Esquina (*plan couleur A1,* **22**) *: pl. de la Concepción. 673-03-99-56. Tlj sf dim 12h-minuit.* Tapas à la créativité certaine, que l'on accompagne de jolis crus de l'île.

Où manger ?

El Archete (*plan couleur A1,* **23**) *: c/ Rodríguez Moure, 8. ☎ 922-50-03-54. Tlj midi et soir, sf dim soir et lun. Plats 8-15 €.* Dans le centre historique mais un peu à l'écart du passage, voici une coquette adresse que l'on apprécie tout particulièrement. Elle mêle recettes traditionnelles et présentation moderne sans pour autant rogner sur les portions. Carte courte, qui évolue régulièrement, soutenue par une ardoise du jour où sont proposés des plats de *cornejo,* de *bacalao* et un *cordero a la parrilla en salsa de miel.* Pour les petites faims, *tabla pequeña* (*jamón iberico,* pâté et *quesos*). Les 3 salles sont colorées et élégantes (nappes blanc et rose sur chaque table), tout comme l'adorable service.

El Obispado (*plan couleur A1,* **24**) *: c/ Herradores, 88. ☎ 922-25-14-50. • info@tascaelobispado.com • Tlj, tte la journée. Plats 12-16 €.* Chouette salle aux murs de pierre au rez-de-chaussée et salle coquette et plutôt chic à l'étage, autour d'une rampe de fer forgé. Plats classiques et typiques canariens. *Rabo de toro, puntas de solomillo al ajillo,* fromages de qualité... Une bien bonne petite adresse, fréquentée surtout par les locaux.

Casa El Tonique (*plan couleur B2,* **25**) *: c/ Heráclio Sánchez, 23, à l'angle de la c/ Barcelona. ☎ 922-26-15-29. Tlj midi et soir, sf dim et lun midi. Plats 12-16 €.* L'entrée est située exactement à l'angle de la rue et il faut emprunter l'escalier qui descend pour gagner la vaste salle qui abrite cette taverne réputée pour sa cuisine populaire et essentiellement canarienne (*pimientos de piquillos rellenos, gambas al ajillo* et *solomillo tonique*). Certains plats sont servis en *ración* et *media ración.* Quelques photos anciennes et des centaines de bouteilles de vin aux murs. Service classique, un peu à l'ancienne, gentiment bougon et un rien blasé, mais ça reste une bonne adresse.

Bodegón Viana (*plan couleur B1,* **26**) *: c/ de Viana, 35. ☎ 922-26-42-13. Tlj sf lun. Plats 8-10 €.* Bistrot traditionnel décoré de centaines de bouteilles et de quelques barriques au-dessus de vos têtes. Plats simples. La spécialité : *el secreto iberico* (côtelettes de porc).

Où déguster une bonne pâtisserie ?

Pastelería La Princesa (*plan couleur A1,* **27**) *: pl. de la Concepción. ☎ 922-25-98-21. • info@pasteleria laprincesa.com • Lun-sam 10h-13h, 16h-21h ; dim 10h-13h30.* La pâtisserie la plus célèbre de l'île. Mieux vaut le savoir.

Où boire un verre ?

La Venta de la Esquina (*plan couleur A1,* **22**) *: pl. de la Concepción. 673-03-99-56. Tlj sf dim 12h-minuit.* Si les tapas sont bonnes, on peut aussi se contenter de venir ici pour boire un petit cru de l'île et plus généralement une sélection de vins espagnols de bonne facture.

La Casa de Oscar (*plan couleur A1-2,* **30**) *: c/ Herradores. ☎ 922-26-52-14. Lun-sam 8h-minuit, dim 10h-17h.* Bodega où l'on vous sert de bons petits vins des Canaries (vraiment pas chers), mais aussi de *La Rioja,* de *Ribera del Duero* et d'autres régions continentales. Quelques tonneaux pour le décor et de modestes tapas pour mettre un peu de solide dans le liquide.

À voir

Les palais les plus intéressants et les demeures coloniales les plus belles se situent dans trois rues parallèles et piétonnes du centre : la ***calle San Agustín,*** la ***calle Herradores*** et dans une moindre mesure la ***calle Obispo Rey Redondo*** (La Carrera). Elles vous invitent à lever les yeux en permanence afin de détailler les façades de cet ensemble architectural superbement restauré et unique en son genre. Un vrai ravissement.

👣👣 ***Calle Obispo Rey Redondo*** *(plan couleur A-B1-2)* **:** au début de la rue, la ***casa del Corregidor,*** du XVIe s. Façade de style plateresque, au portail de pierre rouge et fronton sculpté. Noter les belles armoiries. Dans le hall (ancienne courette découverte), beaux balcons, escaliers et fenêtres à moucharabiehs. C'est l'un des plus vieux édifices de la ville, qui abrita la première mairie de la cité.
À côté, la ***casa de la Alhóndiga,*** datant du début du XVIIIe s, avec son blason de pierre. Et la ***casa Alvarado-Bracamonte,*** au n° 7. Cette maison du XVIIe s abrite l'office de tourisme. C'est l'un des chefs-d'œuvre de la rue. Intéressante façade à deux niveaux pour le fronton de pierre et encadrés de belles fenêtres de bois. À l'intérieur, superbe patio typique du style canarien, où l'on pourra admirer les galeries qui courent tout autour, supportées par une alternance de colonnes de pierre et de bois. Remarquables balcons vernis.

👣👣 ***Iglesia de la Concepción*** *(plan couleur A1)* **:** *c/ Obispo Rey Redondo. Lun 10h-14h, mar-ven 10h-17h. W-e, ouv à l'heure des cultes. Les billets d'entrée s'achètent sur le flanc droit de l'église. Entrée : 2 €, incluant la visite de la tour (127 marches !).* Église matrice de La Laguna, édifiée au tout début du XVIe s, on notera immédiatement le haut campanile, bien séparé de l'église et élevé à la fin du XVIIe s. L'intérieur offre trois généreuses nefs, soutenues par une voûte toute récente. En effet, en 1972, le plafond de la nef centrale s'écroula. Quelques œuvres picturales intéressantes. Voir notamment le *Christ Rédempteur* (au bas de l'église), réalisé par Lurán Pérez. Œuvres de Fernando Estevez également. Dans une des chapelles fermées (vers le bas de l'église, sur la gauche en regardant le chœur), jetez un œil à travers les lourdes portes ajourées, aux fonts baptismaux en céramique vitrée du XVIe s. Plusieurs beaux retables de bois travaillés. Superbe chaire baroque à l'étonnant décor, soutenue par un aigle. Un très élégant escalier en ellipse y conduit.
Du sommet de la tour, pour ceux qui auront le courage de monter, vue superbe sur la ville (mais pas d'accès extérieur).

👣👣 ***Plaza de Oliveira*** *(plan couleur A1)* **:** *sur le flanc de l'iglesia de la Concepción.* Charmante place bordée d'édifices colorés, certains d'origine coloniale. Les rez-de-chaussée sont presque tous occupés par des bars et autres petites bodegas où les étudiants viennent descendre une petite mousse tranquillou. Nous aussi.

👣👣 ***Plaza de la Concepción*** *(plan couleur A1)* **:** adorable place bordée sur certains côtés de demeures de charme dont certaines présentent un balcon en exergue. Fenêtres généreuses et encadrement de bois. Une intéressante cohérence architecturale et une restauration parfaite. On notera également les deux superbes dragonniers.

👣👣👣 ***Calle Herradores*** *(plan couleur A-B1-2)* **:** la plus belle rue de la ville, pleine de charme, avec ses maisons basses et colorées des XVIIe et XVIIIe s. Palais aux façades ouvragées, portiques de pierre, balcons de bois. De-ci de-là, quelques édifices du XIXe s, comme celui que l'on trouve au n° 65. On ne détaille pas toutes les bâtisses, il suffit de lever les yeux pour admirer quelques bijoux d'architecture coloniale.

Calle San Agustín *(plan couleur A-B1)* **:** parmi les belles maisons que peut détailler dans cette rue, on verra la ***casa Salazar*** (face au nº 25), qui date du XVIIe s. Elle abrite le siège du diocèse de La Laguna depuis le XIXe s. Façade en pierre noire volcanique, témoignant d'une architecture baroque typique des Canaries. Tour de portes à double colonnes et encadrement des fenêtres néo-classique. Grille en fer forgé aux fenêtres. Face au nº 13, la ***casa Montanes*** du milieu du XVIIIe s. Beau fronton armorié mais surtout superbe patio végétal, autour duquel court un balcon en bois ciselé, avec mezzanine. Fines colonnettes de bois. Au nº 15, intéressant balcon de bois.

Museo de Historia y Antropología *(plan couleur B1)* **:** *c/ San Agustín, 20-22. ☎ 922-82-59-49. Mar-sam 9h-20h, dim-lun 10h-17h. Entrée : 5 € ; réduc.*
Le rez-de-chaussée est dédié aux expos temporaires de peinture, à l'histoire et à la sculpture. Au 1er étage on trouve le musée d'Histoire et d'Anthropologie. On y retrace les grandes étapes de l'histoire de l'île, depuis la *Conquista* jusqu'au XXe s. En tout, une dizaine de salles au parquet rustique, auxquelles on accède par un lourd escalier de pierre. Présentation physique et historique de l'île. Vitrines d'armes à feu, poteries anciennes, monnaies... Noter dans une vitrine le livre d'histoire des Canaries (en français), narrant la conquête des îles par le « sieur de Béthencourt ». Éléments de culture religieuse (Christ en Croix, livre de musique, quelques tableaux de personnages ayant marqué l'histoire locale...). Petite évocation des peuples indigènes et panneaux des évolutions de la population au fil du temps. L'artisanat du XIXe s a également sa place (vitrines sur l'agriculture, cordonnerie, outils, commerce, menuiserie, pêche...). Quelques infos sur la lutte canarienne.
Et puis la ***salle de la cartographie,*** l'une des plus intéressantes du musée : remarquables cartes anciennes de la fin du XVIe s et jusqu'au XIXe s. N'hésitez pas à ouvrir les tiroirs qui abritent nombre d'autres cartes de toute beauté. Beaux plafonds par ailleurs. Quelques autres salles dédiées au XXe s : industrie chimique, électricité, photos et objets divers présentés un peu en vrac. Dans un coin, une curieuse crèche kitsch du XVIIIe s.
Au rez-de-chaussée, au fond, ne pas manquer les deux calèches avec suspension à lanières, l'une de style rococo de la fin du XVIIIe s, l'autre noire, très élégante et fabriquée à Londres. Avant de sortir, jetez un coup d'œil au patio décoré d'une belle structure de bois ciselé à l'étage, soutenu par des colonnes de pierre.

Fundación Cristino de Vera *(plan couleur B1)* **:** *c/ San Agustín, 18. ☎ 922-26-28-73. Tte l'année, lun-sam 11h-14h, 17h-20h. Entrée : 3 € ; gratuit étudiants.* Cette fondation est dédiée au peintre Cristino de Vera, artiste né à Santa Cruz et vivant à Madrid. Au rez-de-chaussée, expos temporaires d'art contemporain, principalement de la peinture des Canaries ou espagnole de manière générale. Le 1er étage présente en permanence des œuvres de l'artiste maison, Cristino de Vera : collages, peintures et étoffes ajoutées... Son travail est une sorte de pointillisme un peu dépressif, révélant des personnages aux visages très intériorisés, pleins de leur propre mélancolie.

Iglesia-catedral de Nuestra Señora de los Remedios *(plan couleur B1-2)* **:** *c/ Juan de Vera.* Cette église édifiée au début du XVIe s ne fut consacrée cathédrale qu'au début du XIXe s et fut alors revêtue d'une façade néoclassique. Le reste de l'édifice présente un style néogothique. L'ensemble a été entièrement restauré. On pourra admirer à l'intérieur entre autres choses le beau retable du chœur et un pupitre en marbre de Carrare.

Marchés agricoles

– ***Mercadillo agricol de La Laguna :*** *pl. del Cristo, s/n. Tlj 7h-14h et jeu 17h-20h.* Coloré et joyeux. Plein de bons produits locaux dans ce qui est le marché le plus intéressant de l'île.

agricultor de Tegueste : *c/ Asuncionista, 6, à* ***Tegueste.*** *W-e*
ouristique pour un sou. Très propret, avec une nette tendance sur
ie à la terrasse du bar en dégustant des tapas. La place du *centro*
ut à fait charmante. Dans le même secteur, le ***marché agricole de***
êmes jours et mêmes horaires.

Fêtes et manifestations

Forte tradition festive à La Laguna. Pour plus de détails, se reporter au chapitre général.

LA POINTE NORD-EST

Aux confins nord-est de l'île on découvre une région assez peu fréquentée par les touristes adeptes de la bronzette, mais prisé surtout par les randonneurs qui tiennent là un formidable terrain de jeux. Au cœur de la région, juste de part et d'autre de l'arête centrale, on trouve le *massif de l'Anaga,* devenu *parque rural.* Les côtes offrent quelques panoramas grandioses et pas trop abîmés par le tourisme de masse, c'est déjà ça. Si vous ne souhaitez pas faire de grande rando, 1 journée peut suffire pour découvrir ces espaces très variés. Sinon, prévoir au moins 2 ou 3 jours.

PARQUE RURAL ANAGA

Ce massif qui couvre près de 14 500 ha et s'étage du bord de mer à 1 024 m d'altitude se situe à la pointe nord-est de l'île. Le parc rural occupe la plus grande partie de cette zone. Sur le plan administratif, un parc rural est une zone protégée, mais où l'homme a toute sa place puisqu'il en a cultivé la terre depuis toujours. C'est un lieu singulier, couvert d'une épaisse forêt dans sa partie centrale, et cerné de pics acérés inaccessibles et de vallées profondes ponctuées de hameaux. Ce paysage est le résultat de l'érosion volcanique qui a créé d'importantes ravines comme taillées à la hache. La végétation de l'Anaga est en bonne partie due à la présence d'une forte humidité charriée par les alizés venant du nord-est et qui se fixe ici, offrant un climat propice au développement de cette forêt. Touffue, elle tranche avec le caractère semi-désertique des côtes.

Les jours où les nuages accrochent les sommets, on se retrouve dans une brume aussi épaisse qu'étrange. Cet écosystème particulier (que l'on retrouve à La Gomera) se compose en grande partie de laurisylve, forêt primaire composée essentiellement d'une variété de lauriers endémique de l'île, mais aussi de grandes bruyères, de *hijas,* de *fayas (Myrica faya), viñátigo (Persea indica),* de houx canarien, *palo blanco,* sans oublier les grands *sabinares,* les orangers sauvages et les petites forêts de pins. À certains endroits, la forêt est tellement dense que peu de lumière y pénètre, contribuant à lui donner son aspect fantomatique. Dans la partie basse du parc, les Guanches ont cultivé la terre depuis toujours en la découpant en improbables terrasses. Si certaines ont été abandonnées, d'autres donnent toujours d'excellents légumes et de beaux fruits car cette terre volcanique est particulièrement fertile.

Une excellente route traverse le parc et permet d'accéder aux départs de nombreuses randonnées qui le sillonnent.

UN ISOLEMENT SALUTAIRE

La richesse et la variété végétale de l'Anaga sont principalement dues à son isolement et à son relief. Son inaccessibilité lui a permis de conserver toute sa diversité, et l'emprise de l'homme est restée modérée. Le massif a ainsi conservé une bonne partie de son aspect originel. Parmi les 200 espèces endémiques qu'on y trouve encore, citons le bois de sabines et les superbes euphorbes, les *cardonales tabaibales*.

TOUT POUSSE

Le caractère austère et sauvage de l'Anaga cache une grande richesse du sol et un climat idéal pour l'agriculture. Sur ces terres escarpées, l'air de rien, on fait pousser les exquises pommes de terre borrallas (de vrais bonbons !), de nombreuses variétés de patates douces et d'ignames. Sans oublier la vigne, qui semble ici pousser comme l'herbe du Bon Dieu.

Comment y aller ?

➢ ***En bus :*** pour y aller depuis *La Laguna,* plusieurs bus possibles (lignes n^os^76, 77, 273, 274 et 275). Pratique mais attention, bien vérifier les horaires des derniers bus pour La Laguna et vers Santa Cruz.

➢ ***En voiture :*** accès par la route TF-12, après les villages de Las Canteras et Las Mercedes.

Adresse utile

🛈 ***Centro de visitantes Cruz del Carmen :*** *sur la droite de la route principale, bien indiqué. Tlj, tte l'année, 9h30-16h.* ☎ *922-63-35-76.* C'est depuis ce centre d'information que démarrent plusieurs randonnées intéressantes et de difficultés variées. Dans le centre, petite expo sur la vie de l'Anaga. Toilettes.

Où dormir ? Où manger dans le parc ?

🏠 |●| ***Albergue Montes de Anaga :*** *à* ***El Bailadero*** *(38129), bien indiqué.* ☎ *922-82-32-25. • alberguedeanaga@idecogestion.net • alberguestenerife.net • Nuitée 14,50 € en dortoir, et une seule double 32 € (lits superposés). Cafétéria ouv 10h-19h. Plats 8,50 €, servis le midi.* 💻 📶 Auberge à l'architecture moderne, mais pour une fois qui s'intègre parfaitement à son environnement. Pierre volcanique, béton, fer, bois et larges baies vitrées sont les matériaux qui composent cet ensemble d'une quarantaine de lits, organisé en dortoirs de 4 à 6 couchages (lits superposés). Draps et couvertures fournis. Certains avec sanitaires à l'intérieur du dortoir. Chambres petites et impeccables tout à la fois, lumineuses, quasiment toutes avec vue dégagée sur la montagne. Casiers. Accès (payant) à la cuisine (professionnelle !) équipée de tout le matériel. Même chose pour le barbecue situé sur la terrasse. Petite restauration pour les clients de l'auberge. En général, 2 plats par jour sont proposés. De la généreuse terrasse offrant un panorama extra, on voit jusqu'au village de San Andrés, en bord de mer. Sur place, vente de brochures (en anglais) sur les principaux sentiers de l'Anaga.

|●| ***Restaurante Cruz del Carmen :*** *juste au niveau du centro de visitantes Cruz del Carmen, mais sur la gauche de la route.* ☎ *922-25-00-62. • rte.cruzcarmen@hotmail.com • Tlj sf jeu 10h-20h (heure de fermeture de la cuisine). Menú de la casa 10,50 €, plats 8-9 €.* Taverne champêtre et cadre populaire pour une cuisine de bon aloi, qui privilégie la quantité et le caractère rustique à la finesse gastronomique. Tant mieux, on avait faim ! On a apprécié l'*estofado de ternera* et on a terminé avec plaisir

notre *conejo en salmorejo.* Pour le service, là encore, c'est du rustique. Bref, tout est raccord.

Bar Playa Casa Africa : roque de Las Bodegas, 3, 38130 **Taganana.** ☎ 922-59-01-00. Tlj 10h-18h. Face à la plage, en bord de route, ce petit resto du bout du monde est essentiellement fréquenté par les habitués de Santa Cruz. Minuscule terrasse blanc et bleu et grande salle intérieure avec plantes, fleurs, toiles cirées et faux tournesols. Excellente cuisine, simple et généreuse. Carte très courte : *pulpos fritos, pescado de la playa* et quelques tapas. Accompagné de délicieux *mojos* et de patates cuites dans le sel, c'est un délice. Tiens, derrière le bar, noter les assemblages improbables, les compositions pieuses agrémentées d'une sentence définitive sur ceci ou cela. Un petit côté surréaliste bien sympa.

À voir. À faire

Voici un parcours qui sillonne les routes de cette région méconnue. L'excellente route du parc grimpe sur les hauteurs quelques kilomètres après *La Laguna.*

➢ Premier arrêt au ***mirador de Jardina*** d'où l'on embrasse un point de vue majestueux sur le Teide et la vallée de La Laguna, dont la dense urbanisation n'échappera à personne.

➢ Deux kilomètres plus loin, on gagne le ***centro de visitantes Cruz del Carmen,*** d'où partent quelques randos (voir le texte plus loin « Randonner dans le parc »).

➢ Puis embranchement pour le ***pico del Inglés.*** Prendre à droite et faire 1 km pour accéder au *mirador pico del Inglés* (bien indiqué). De là part une intéressante rando vers *Valleseco.* Depuis le belvédère, vue sur les vallées escarpées. Au fond, on aperçoit Santa Cruz avec ses grandes tours et son auditorium prêt à mettre les voiles. On découvre également l'épaisse forêt qui couvre la partie centrale de ce secteur, les vallées profondes et les gorges qui ne le sont pas moins.

➢ On reprend la route principale vers ***El Bailadero,*** situé environ 11 km plus loin. C'est un carrefour qui sert de point de repère et où l'on trouve l'un des seuls hébergements du massif.

➢ ***Casa forestal :*** elle se situe env 6 km après. Tlj 8h-20h. On y trouve toutes les infos sur les randonnées. L'une d'elles, *Las Vueltas,* part de là.

➢ ***La route vers Taganana :*** superbe route qui dévale sur 7 km à partir d'*El Bailadero.* Itinéraire vertigineux et superbe, qui descend en multiples lacets. Paysages de forêts tout d'abord, puis le sol se dénude pour laisser place à de hautes pointes acérées, puis, plus bas, à quelques terrasses cultivées hardiment. La vision de la côte sauvage et déchiquetée, plongeant vers la mer depuis les falaises est véritablement impressionnante. Tout au fond de la vallée, le village de ***Taganana.*** Le village lui-même, de style traditionnel, distribue ses maisons blanches de part et d'autre de la vallée. Paysage rude et sauvage à la fois, avec des falaises qui tombent comme un fil à plomb dans l'océan.

➢ ***Playa El Roque :*** à 1 km à l'est de Taganana, on aime bien cette plagette de sable noir, secouée par de beaux rouleaux et surtout fréquentée par les jeunes surfeurs de Santa Cruz et les étudiants de La Laguna. Attention à la baignade. Ressac puissant et dangereux certains jours. Juste en face de la plage, de l'autre côté de la route, un resto qu'on apprécie bien (voir « Où dormir ? Où manger dans le parc ? »). Fermant la plage au nord, une ***petite promenade piétonne*** qui mène jusqu'au rocher le plus avancé dans l'eau.

➢ ***Playa de Benijo :*** 2 km après *playa El Roque,* en poursuivant la petite route. On n'y va pas vraiment pour la plage, mais pour le paysage. Il devient de plus en plus sauvage, la route de plus en plus étroite, la côte de plus en plus déchiquetée. Un lieu fort, assurément. En surplomb de la route, petite terrasse du resto *El Frontón* d'où l'on embrasse une vue extra.

➢ ***À voir encore sur la côte nord-est :*** toujours sur la côte nord, on trouve la petite station de ***Bajamar.*** Pas folichonne, franchement, avec ces vilains immeubles-hôtels qui polluent l'horizon. Si vous êtes de passage, arrêtez-vous prendre un bain dans l'une des deux *piscinas naturales* situées au bord de l'océan, dans le centre et qui justifient le détour. Facile à trouver. Ces piscines n'ont en fait rien de naturel, mais sont entourées de roches volcaniques noires. Elles sont vastes, découvertes et accessibles à tous librement et gratuitement. Un chouette bain en perspective, sans danger. L'eau est renouvelée automatiquement à chaque marée. Juste un peu plus au nord, à environ 1 km de là, la ***Punta del Hidalgo.*** Là encore, la ville n'a pas grand intérêt (euphémisme), mais à la pointe rocheuse on trouve un sentier de balade pas désagréable qui en fait le tour et également d'autres *piscinas naturales.*

Randonner dans le parc

Pratiquer la randonnée est l'un des plaisirs de Tenerife. Voici une sélection de quelques randos variées dans le *parque rural Anaga.* Tous les sentiers sont balisés et bien entretenus. Avant d'entreprendre une rando, se munir d'une bonne carte au *centro de visitantes* et prendre la météo. Pour plus d'infos, voir le site • *webtenerifefr.com* • Nos descriptifs ne sont en rien des topoguides (chacun son boulot !), mais sont là pour vous aider à sélectionner une balade selon vos envies et vos capacités physiques. Toujours vérifier leur faisabilité auprès des autorités compétentes.

➢ ***Sendero de los Sentidos – PR-TF-1*** *(sentier des Sens) :* ♿ *Départ devant le parking du* centro de visitantes Cruz del Carmen. *Très beau sentier ombragé et agréable, déclinable en 3 versions. Promenades de 10, 20 ou 45 mn, d'une distance respective de 340, 540 et 1 280 m.* Grâce à des chemins très adaptés, des passerelles de bois, ce sentier est accessible à tous, même aux personnes à mobilité réduite, et c'est une excellente initiative.

➢ ***Sendero El Batán – PR-TF-11 :*** *départ du* Restaurant de Cruz del Carmen. *Durée : 1h30 aller. Difficulté : faible. Dénivelée : 650 m. Retour possible depuis El Batán en guagua n° 274 à La Laguna.* Belle balade à travers un chemin de terre bien balisé et entretenu, encadré par de superbes *myricas fayas* et des bruyères géantes. On reste sur le sentier principal et à une bifurcation, on poursuit sur la droite pour descendre jusqu'à la pista de Las Hiedras. Arrivée à l'ermitage de la Vierge de Candelaria dans les *casas de Abajo.* Le sentier peut se poursuivre vers Punta del Hidalgo. Dans ce cas, durée totale du parcours : 4h. Distance totale : 9,7 km.

➢ ***Chinamada-Hidalgo – PR-TF-10 :*** *départ de Chinamada et arrivée à la Punta del Hidalgo. Durée : 2h15. Distance : 4,7 km. Difficulté : moyenne.* Voici une section faisant partie d'une plus grande randonnée *Cruz del Carmen – Punta del Hidalgo.* Chinamada, démarrage de la rando, est un ancien village aborigène composé de quelques dizaines de maisons-grottes, en bon état et toujours habitées. Elles ont déjà un intérêt en soi. On débute à gauche de l'ermitage, et l'on passe par le précipice du Tomadero. On traverse des parcelles cultivées (ah ! les belles pommes de terre !), puis un paysage composé de grosses roches, pierre volcanique, grottes. Vers la dernière partie, on embrasse un panorama dans lequel s'inscrit le *roque de los Dos Hermanos* et la *playa de La Fajana.* Descente en lacet vers le précipice du *río* avant de gagner la *Punta del Hidalgo.*

➢ ***Las Vueltas-Taganana – PR-TF-8 :*** *départ juste à gauche de la* casa forestal *située à 7,5 km du* centro de visitantes Cruz del Carmen *(sur la gauche de la route*

TF-12). Durée : env 2h. Distance : 3,2 km. On emprunte l'ancienne voie de communication qui date du XVIe s et qui fut l'unique lien avec le reste de l'île jusque tard au XXe s. Sentier qui plonge au milieu des *myricas fayas* et de superbes bruyères luxuriantes jusqu'à une grotte. Puis le sentier descend au cœur de la forêt de lauriers. Le tracé tout en courbes de cette rando lui a donné son nom *(vueltas)*. Puis la vue se dégage, les cultures en terrasses apparaissent. On aboutit à la route de los Naranjos, que l'on traverse pour aboutir au village de Taganana. Possibilité de retour par le bus depuis le village. On peut aussi revenir à pied puisque le sentier se poursuit en boucle (mais la montée est rude !).

LA CÔTE NORD

PUERTO DE LA CRUZ (38400) 32 200 hab.

Historiquement, c'est la première station balnéaire de l'île, fréquentée non pas depuis les années 1960 comme tout le reste de Tenerife, mais bien plus tôt, dès la fin du XIXe s. Évidemment, depuis les années 1970, les changements ont sans doute été un peu brutaux. Hérissée de nombreux hôtels de 5 à 15 étages, la ville a été colonisée par le tourisme de grande envergure. Les constructions ont, petit à petit, grignoté la colline.
Heureusement, un petit cœur de ville a été préservé, quelques rues étroites respirent une certaine douceur, autour de la sympathique *plaza del Charco* notamment. Le centre s'est également développé autour du croquignolet *puerto del Muelle,* un échantillon de port qui conserve tout son cachet. Il y a même un petit bout de plagette. Les *calles El Lomo, Puerto Viejo* et *San Felipe* sont piétonnes et accueillent plein de restos de qualité et quelques bars.
Quant aux plages, de sable noir évidemment, certaines sont facilement accessibles à la baignade, d'autres plus remuantes. Et n'oubliez pas le *Lago Martiánez,* un bouquet de huit bassins d'eau de mer, réalisé par le génial César Manrique à la fin des années 1960.

UN PEU D'HISTOIRE

Puerto de la Cruz n'est pas née dans le même moule touristique que les grandes stations du Sud. Même si elle s'est véritablement développée dans les années 1970-1990, sa vocation vacancière date de la fin du XIXe s, lorsque les vieilles et riches Anglaises, lasses du climat londonien, furent les premières à se réchauffer au doux soleil canarien. Moins d'un siècle après que Nelson se fut cassé le nez (et surtout eut perdu un bras) dans sa tentative d'invasion, ce sont donc ses compatriotes qui parvinrent à mettre la main sur le lieu, pacifiquement cette fois.

Adresses utiles

🚌 ***Estación de guaguas** (plan A3) :* *c/ Fernández Perdigón.* Tous les bus, quelles que soient leurs provenances et leurs destinations, s'arrêtent dans cette rue juste au-dessus du centre.
ℹ ***Oficina de turismo Casa de la Aduana** (plan B2, **1**) : c/ Las Lonjas, s/n, juste à droite du petit port El Muelle.* ☎ *922-38-60-00.* • *todo tenerife.es* • *Lun-ven 9h-20h, w-e 9h-17h.* Une excellente équipe qui propose un accueil personnalisé. Plein

d'infos à glaner sur la ville et l'île de manière générale.

Oficina de turismo (plan B2, **2**) : *c/ Puerto Viejo, 13. ☎ 922-38-87-77. Lun-ven 9h-15h.* Brochures et cartes de la ville. Pas d'un dynamisme extrême.

Correos (poste ; plan B2) : *c/ del Pozo.*

Distributeurs (plan B2) : *sur la pl. del Charco.* Plusieurs banques et distributeurs autour de cette place piétonne.

Farmacia Machado (plan B2, **3**) : *sur la pl. del Charco. ☎ 922-38-38-19. • farmmachado@vianwe.com • Lun-ven 9h-21h, sam 9h-14h. Autre farmacia, c/ San Felipe, 11. ☎ 922-38-42-64. Lun-ven 9h-13h, 16h-20h.*

Hospiten : *c/ Alemania, 6. ☎ 922-38-97-00.* Un centre médical privé. Bien pour les urgences.

Location de voitures Autos Plaza (plan A2, **4**) : *c/ Mequinez, 63. ☎ 922-38-32-40. Tlj 8h-13h, 16h-20h. Autre adresse pl. del Charco, 1. ☎ 922-38-58-27. • teneriferentacar.com •* Petit loueur local proposant de bonnes voitures à tarifs intéressants. Le 3e jour est vraiment bon marché.

Où dormir ?

Bon marché (20-40 €)

Hotel Sun Holidays (plan A2, **10**) : *c/ La Peñita, 6. ☎ 922-38-00-87. • hotelsunholidays@gmail.com • hotelsunholidays.com • À l'angle de c/ El Lomo. Doubles 29-34 €. Pas de petit déj. (payant). (lobby).* À l'angle d'une rue du centre, cet hôtel frais et lumineux affiche sur 4 étages les petits balcons de ses chambres impeccables, simples et blanches. Le lobby prend des allures zen-chic-design, avec canapés et fauteuils, bien dans son époque. Terrasse agréable tout en haut. Une bonne adresse, surtout pour de tels tarifs.

Pensión Los Geranios (plan A2, **11**) : *c/ El Lomo, 14. ☎ 922-38-28-10. • pensionlosgeranios.com • Double 30 €. Pas de petit déj.* Petite pension hyper propre, centrale et calme, dans la rue piétonne la plus sympa de la ville, où l'on trouve plein de restos. Les salles de bains sont petites mais impeccables. La plupart des chambres avec petit frigo. Terrasse tout en haut, avec vue et 2 tables et 2 chaises. Excellent rapport qualité-prix.

Pensión Rosa Marí (plan B2, **12**) : *c/ San Felipe, 14. ☎ 922-38-32-53. Doubles 30-35 €. Pas de petit déj.* Une dizaine de chambres sur 3 étages dans ce petit immeuble du centre-ville, tenues par une gentille mamie. Toutes avec salle de bains. Ensemble très propre. Certaines donnent sur l'arrière (plus calme), d'autres sur la petite rue. Nickel et familial. Préférer les chambres dans les étages supérieurs. Petite terrasse tout en haut.

Prix moyens (40-65 €)

Hotel Marquesa (plan B2, **13**) : *c/ Quintana, 11-13. ☎ 922-38-31-51. • reservas@hotelmarquesa.com • hotelmarquesa.com • Doubles min 40 € selon saison, petit déj compris. (lobby).* Superbe patio ancien, agrémenté de moult plantes vertes. Façade avec beau balcon et terrasse surélevée donnant sur la rue piétonne. Une vingtaine de chambres se situe dans la partie ancienne, mais la grande majorité est dans la section moderne, immeuble sans charme qui s'adosse à l'arrière du patio. On y trouve des chambres confortables et banales, certaines avec un bout de vue sur la mer. Classique. On vient surtout ici pour profiter du vieux patio, qui dégage encore une bonne atmosphère.

De prix moyens à plus chic (40-120 €)

Hotel Monopol (plan B2, **13**) : *c/ Quintana, 15. ☎ 922-38-46-11. • info@monopoltf.com • monopoltf.com • Doubles 50-120 € selon saison et type de chambre (avec ou sans balcon), petit déj compris. (lobby).* Juste à côté de son concurrent le *Marquesa*, une bâtisse du milieu du XVIIIe s,

■ **Adresses utiles**		**Où dormir ?**
1 Oficina de turismo Casa de la Aduana		10 Hotel Sun Holidays
2 Oficina de turismo		11 Pensíon Los Geranios
3 Farmacia Machado		12 Pensíon Rosa Marí
4 Location de voitures Autos Plaza		13 Hotel Marquesa et Hotel Monopol
		14 Hotel San Borondón

PUERTO DE LA CRUZ

15 Hotel Tigaiga

Où manger ?

20 La Papaya
21 Mesón Los Gemelos
22 La Rosa di Bari
23 Cofradía de Pescadores
24 Regulo Restaurante

Où acheter des produits locaux ?

28 La Casa de los Balcones

ancienne demeure bourgeoise transformée en hôtel d'une centaine de chambres en 1888. Elle s'élève aujourd'hui sur 4 étages, avec une belle série de balcons de bois donnant sur la place. Chambres tout confort mais finalement relativement banales. Les plus chères possèdent un balcon sur la place. Beau patio, ayant subi quelques transformations au fil du temps. Sauna et jacuzzi à disposition.

Hotel San Borondón *(plan A3,* ***14****) : c/ Agustín Espinosa, 2. ☎ 922-38-33-13. • reservas@hotelsanborondon.com • hotelsanborondon.com • Doubles 50-90 € selon saison et type de chambre, petit déj compris. (payant, dans le hall).* Une centaine de chambres pour cet hôtel central, organisé en 3 édifices de quelques étages. Façade plutôt élégante, avec une généreuse bougainvillée. Chambres de bon confort (supplément pour le frigo) avec balcon ou petite terrasse. Pas de vue sur la mer. Une adresse tranquille. Agréable piscine d'eau de mer.

Plus chic (95-120 €)

Hotel Tigaiga *(hors plan par B3,* ***15****) : parque Taoro, 28. ☎ 922-38-35-00. • info@tigaiga.com • tigaiga.com • Doubles 95-180 € selon saison et type de chambre, petit déj compris.* Si l'architecture de cet hôtel perché sur les hauteurs de la ville trahit les années 1960, sa rénovation récente lui a donné un sérieux coup de jeune. Jaune et cubique, il abrite des chambres modernes et soignées, fort bien équipées. Toutes avec balcon. Le grand plus du lieu, outre son calme, est qu'il domine toute la baie. La piscine et la grande terrasse qui l'entoure offrent un espace bien agréable pour les fins d'après-midi. Grand hall pensé avec intelligence (beaux fauteuils vert pomme).

Où manger ?

Bon marché (8-15 €)

La Papaya *(plan A-B2,* ***20****) : c/ El Lomo, 10. ☎ 922-38-28-11. Tlj sf mer 12h30-22h30 (service en continu). Plats 8-15 €.* Dans une petite maison ocre, aux fenêtres de bois, avec au fond un patio verdoyant, prolongée par une salle vitrée. Spécialité de *conejo*, longe de porc au miel, poisson *abadejo* cuit au four, thon à la canarienne, merlu en sauce verte, saumon au vin de malvoisie... La carte est longue comme un menu chinois, les plats sont rustiques mais très honnêtes et les prix doux.

Mesón Los Gemelos *(plan A3,* ***21****) : c/ El Peñón, 4. ☎ 922-37-01-33. Tlj sf mer 12h30-22h30 (service en continu). Plats 7-13 €.* Entre les calamars en sauce, la sole grillée, le poulpe à la romaine et le lapin aux champignons, on a sérieusement de quoi se remplir la panse dans cette sorte de grande cantine où les habitués se donnent rendez-vous, locaux comme touristes. La salle, couverte par des cannisses et pleine de plantes, agrémentée de quelques aquariums et de vieux outils aux murs, distille une atmosphère chaleureuse et un peu ringarde, mais on aime bien. La clientèle n'est plus toute jeune mais les gens d'expérience ont du goût et on ne leur fait pas avaler n'importe quoi. Service diligent rythmé par un personnel sans doute acheté avec les murs.

Prix moyens (12-24 €)

La Rosa di Bari *(plan A2,* ***22****) : c/ El Lomo, 23. ☎ 922-36-85-23. Tlj sf dim soir et lun tte la journée, 12h30-14h30, 18h30-23h. Dim 12h30-15h30. Plats 10-15 €, repas complet 25-30 €.* Tenu par une famille italienne, voici un resto italien servant une cuisine italienne. Et c'est tout bonnement excellent. Plats parfaitement réalisés, cuissons précises. Que ce soit les tagliatelles *con frutti di mare*, les raviolis *di asparagi e ricotta*, ou le *pesce in crosta di mostarda*, franchement tout est réussi. Le service prévenant et discret complète le tableau sans fausse note de cette *Rose* pas près de se faner. Prix doux compte tenu de la qualité. Les 3 élégantes salles constituent un écrin raffiné pour une soirée en amoureux.

Cofradía de Pescadores *(plan B2, **23**)* : *c/ Las Lonjas, 5. ☎ 922-38-34-09. • cofradiarestaurante@gmail.com • Tlj sf dim soir et lun, en continu, 11h-22h. Dim 12h30-15h30. Plats 10-15 €.* Discrètement installé à l'étage d'un édifice sur la droite de l'office de tourisme. Cette confrérie de pêcheurs propose la pêche du jour, qui se tient en vitrine réfrigérée. Vous choisissez votre poisson, on le pèse, puis on le cuisine selon votre goût. Grillé ou frit, entier ou en filet, accompagné d'un bon *mojo* et de quelques patates locales cuites au sel, c'est simple et c'est tout bon. On s'installe en terrasse, d'où l'on embrasse une vue plongeante sur le petit port, et on est bien. Chouette service, efficace et sympa.

Chic (24-40 €)

Regulo Restaurante *(plan B2, **24**)* : *c/ de Pérez Zamora, 16 (à l'angle de c/ San Felipe). ☎ 922-38-45-06. Tlj sf dim et lun midi, 12h-15h, 18h-23h. Plats 12-18 €, repas complet 25-30 €.* Ce discret restaurant sis dans une maison ancienne du XVIIIe s abrite plusieurs petits salons chic (mais pas guindés pour autant), ainsi que quelques tables dans un sympathique patio. On y concocte une jolie cuisine internationale (beaucoup de poissons) et pas mal de recettes traditionnelles canariennes comme le *merluza a la riojana* ou la classique *chuleta de ternera.* Belle carte des vins. Pour prendre le large, crevettes au curry. La plupart des plats sont servis avec des pommes de terre au sel.

Où manger dans les environs ?

El Mesón El Monasterio : *à 4 km de Puerto de la Cruz, au village de **Los Realejos,** sur les hauteurs. De l'autopista, sortir à La Montañeta (salida 36). ☎ 922-34-07-07. Parking.* Monastère transformé en 5 restos ayant chacun leurs spécialités (*La Cabaña* : fondue et pierrade de poissons et viandes ; *San Pedro* : fruits de mer ou poisson...). Partout, des petites terrasses ensoleillées dont certaines avec vue sur la mer et des petits animaux de basse-cour en liberté pour occuper les enfants.

Où boire un verre ?

Plaza del Charco *(plan B2)* : les quelques terrasses de cette place sont agréables et assez animées le soir. Les palmiers altiers et les grands ficus forment un voile pudique qui tente de masquer les vilains immeubles qui bordent la place.

Où acheter des produits locaux ?

La Casa de los Balcones *(plan C2, **28**)* : *paseo San Telmo, 22. ☎ 922-38-99-64. Lun-sam, tte la journée.* On y trouve un bon résumé de l'artisanat de l'île. Comme partout dans ce genre d'endroit, il faut faire le tri entre le vrai artisanat et les objets made in ailleurs.

À voir

Puerto del Muelle et le centre *(plan B2)* : *située au cœur de la ville, sur le petit port.* C'est l'ancien port de poche et de pêche, autour duquel se situent les rues les plus sympathiques de la ville. En souvenir de sa vocation passée, on peut y voir sur la grève une sculpture en bronze d'une dynamique marchande de poissons. À deux pas, la ***plaza del Charco,*** entourée de terrasses de cafés. Autour, les calles El Lomo, San Felipe et Puerto Viejo ont été relativement épargnées par la course immobilière. Les édifices ne dépassent pas quatre étages, donnant à ce petit bout de ville dans la ville une coloration différente du reste de la cité. Dès que l'on s'éloigne de ce secteur, les grands ensembles reprennent le pouvoir.

Museo de Arte contemporáneo Eduardo Westerdahl – MACEW *(plan B2) : casa de la Aduana ; c/ Las Lonjas, s/n, juste à droite du petit port El Muelle, à l'étage de l'office de tourisme. ☎ 922-38-14-90. • macew.com • Mar-sam 10h-14h (ven 17h-19h30 slt). GRATUIT.* Le musée d'Art contemporain Eduardo-Westerdahl se situe dans plusieurs salles au 1er étage du bâtiment. Plusieurs sections : le surréalisme, l'art international de 1935 à 1964, l'art espagnol après la guerre et l'art canarien des années 1950-1960. Un beau panorama de l'art du XXe s. L'ensemble n'est pas bien grand, mais les œuvres exposées, peintures et sculptures, sont dignes d'intérêt. Accrochage en partie permanent, mais régulièrement des expos temporaires du XXe s prennent le pas sur l'accrochage régulier.

Museo arqueológico *(plan B2) : c/ El Lomo, 9A. ☎ 922-37-14-65. • arqueopc.com • Mar-sam 10h-13h, 17h-21h ; dim 10h-13h. Fermé en août. Entrée : 1 € ; réduc ; gratuit jeu.* Dans une belle demeure du XIXe s, aux boiseries peintes en vert. Au rez-de-chaussée, quelques petites salles évoquent avec modestie la civilisation guanche. Petit film sur les traditions, quelques poteries avec ou sans anses. Quelques restes d'amphores. La reconstitution de la grotte en polyester noirci est un modèle du genre ! Plus sérieusement, l'œuvre la plus intéressante du musée est minuscule. Il s'agit d'une figurine religieuse retrouvée en 1885 dans une grotte, et d'origine assez énigmatique.

Iglesia de San Francisco *(plan B2) : c/ Quintana.* Cette adorable petite église du XVIIIe s présente plusieurs retables dorés, baroques ou rococo, dédiés à la Vierge pour certains. Près du chœur, sur la droite, toile de *N. Señora de la Candelaria,* la Vierge noire. Dans la calle Quintana on trouve une grande concentration de boutiques en *tax free.*

TAX FREE

Les Canaries sont des îles détaxées et Puerto de la Cruz est sans doute la ville de Tenerife qui offre le plus de boutiques proposant appareils photo, vidéo et téléphonie. Si les vendeurs sont efficaces, sachez que l'on trouve de tout, le meilleur comme le pire. Il arrive par ailleurs que les prix affichés, détaxés certes, soient malgré tout assez élevés. Ne vous laissez pas endormir et comparez les prix sur Internet !

Iglesia Peña de La Francia *(plan C2) : pl. de la Iglesia. Lun-ven 8h30-18h30. Le w-e, ouv aux heures de messes (être discret).* L'église, aux proportions généreuses, à trois larges nefs, vaut surtout pour ses quelques retables polychromes de bois doré. Le plus fin est sans doute celui que l'on trouve dans le chœur, avec ses colonnes torses, ses bas-reliefs et sa Vierge à l'Enfant. Dans la chapelle de droite, un retable plus petit combine les motifs floraux, la peinture et les sculptures. Beau plafond de bois, et sous l'orgue, stalles de bois.

Lago Martiánez *(plan D1) : avda de Colón, s/n. ☎ 922-38-59-55. Tlj 10h-18h (19h l'été). Entrée : 5,50 € ; réduc. Toilettes et vestiaires.* En bord de mer, voici un ensemble de huit piscines (dont trois pour les enfants) organisées comme une sorte de parc aquatique mais sans toboggan ni jeux d'eau, édifié en 1969. Parfait pour les familles. On doit cette étrange et superbe composition au célèbre architecte, peintre et artiste César Manrique (1919-1992), originaire de Lanzarote. Il est, ici comme ailleurs, resté fidèle à son credo : travailler sur l'union entre l'homme et la nature en utilisant au maximum les matériaux naturels. Ici, c'est la roche volcanique noire, la rondeur des éléments et les contrastes chromatiques de la mer (chaque bassin est d'un bleu différent). Vastes piscines super agréables, entourées de grandes terrasses et de palmiers qui rompent le caractère minéral de l'ensemble, et où vous attendent des transats. Le grand *lago* est une réussite. Quelques snacks et deux restos complètent le tableau de ce lieu pas comme les autres. À l'époque de sa construction, le *Lago Martiánez* fut une petite révolution en ville, car les plages sont souvent dangereuses et inaccessibles. Il offrait (et offre toujours) la possibilité d'accéder à l'eau sans danger, dans un cadre original, et pour tout le monde.

Loro Park *(hors plan par A2) : c/ del Bergentin. • loroparque.com • Pour y aller, il y a régulièrement un petit train qui amène les visiteurs au parc gratuitement. Différents points de départs (voir sur leur site). Tlj 8h30-18h45. Entrée : 33 € adulte ; 6-11 ans, 22 €.* Ce vaste parc d'attractions, construit en 1972 et régulièrement modernisé depuis, assène sa publicité sous tous les supports existants dans l'île (panneaux, bus, grandes affiches, dos d'hôtels...). Si vous y avez échappé, c'est sans doute que vous avez un problème de vue. On y trouve de nombreux bassins et autant de shows (3 à 5 fois/j.) : orques, dauphins, otaries... Grand aquarium avec requins qui nagent au-dessus de votre tête (!), quelques tigres (dont un blanc) et une famille de gorilles nichés dans une forêt reconstituée. Sans oublier une étonnante collection de superbes perroquets. Beau film en HD également. Si l'on aime ce genre de parc, on y trouvera son compte, malgré un prix d'entrée vraiment très élevé.

Jardín botánico *(hors plan par D3) : entrée par la c/ Retama, 2. Tlj 9h-18h (dernière entrée à 17h30). Entrée : 3 € ; gratuit moins de 14 ans.* Superbe jardin créé au XVIIe s en vue d'adapter les espèces végétales provenant d'Afrique, d'Asie et des Amériques. Une richesse incroyable d'essences donc, dans un site très bien entretenu. Splendides palmiers, banyans, série de superbes cactus, pamplemoussiers, araucarias, etc.

Les plages de Puerto de la Cruz

Les plages de Puerto de la Cruz ne sont pas facilement accessibles à la baignade. Grosses vagues, courants et cailloux exigent de votre part la plus grande prudence.

Playa Jardín : *à 1 km à l'ouest du centre.* Plage fréquentée par la population et les touristes tout à la fois. Attention aux vagues à l'entrée à l'eau car des cailloux tapissent le sol à certains endroits. Un peu plus à l'ouest on trouve la *playa de Punta Brava.* Sable noir et grosses vagues.

Playa Martiánez *(plan D1) : située à l'est du centre, avda de Colón.* Cette plage caillouto-sableuse n'est pas toujours propice à la baignade, ça dépend du vent. C'est avant tout un site prisé par les surfeurs débutants pour la régularité de ses vagues. Le coin, particulièrement urbanisé, est cerné par de hauts buildings et des hôtels de plus de 10 étages, pas du meilleur effet.

Playa et puerto del Muelle *(plan B2) : située au cœur de la ville, sur le petit port.* C'est l'ancien petit port de pêche de la ville, aujourd'hui devenu petite plage de sable où se baignent quelques touristes. Ceux-ci n'hésitent pas non plus à se baigner directement dans les eaux du port. Des échelles permettent l'accès à l'eau. Puis on allonge sa serviette sur les dalles de pierre volcanique.

Playa de San Telmo : petite et agréable.

Playa del Socorro : *à env 5 km à l'ouest de la ville à* ***Los Realejos.*** Voici une belle plage de sable noir pas trop urbanisée, où les bons surfeurs prendront du plaisir. Possibilité de baignade également.

À voir dans les environs

Casa del Vino : *c/ San Simón, 49, à* ***El Sauzal.*** *• casadelvinotenerife.com • productosdetenerife.com • Situé à env 15 km au nord de Puerto de la Cruz. De* *l'autoroute, sortie El Sauzal, puis c'est à 2 mn (bien fléché).* ☎ *922-57-25-35/42. Mar 10h30-18h30, mer-sam 9h-21h ; dim 11h-18h. J. fériés 11h30-17h30. Fermé lun. Entrée : 3 € (et réduc de 2 € à la boutique). Dégustation : 1,70-2,50 € selon les vins.* Ce lieu abrite en fait trois sections : le *museo del Vino,* la *casa de la Miel* et le *museo de la Agrodiversidad.* Le ***museo del Vino*** explique de manière assez didactique l'histoire du vin à Tenerife, présentant la variété des cépages cultivés, la manière de conduire la vigne (culture haute ou au ras du sol...), la vinification, etc. La vigne couvre 9 000 ha sur l'île, divisés en petites exploitations. Photos, documents, pressoir... On apprend que le *listán negro,* le *listán blanco* et la *malvasía blanca* donnent de bons résultats, et que le *vijariego* est un cépage endémique de l'île. Maquette d'une ferme viticole. À l'issue de la visite, dégustation (payante). Une douzaine de vins sont proposés, à tour de rôle. Carte des cinq appellations d'origine, créées en 1992. À noter que san Andrés, patron du vin, est fêté le 30 novembre. Le ***musée du Miel*** présente quant à lui la vie des abeilles sur l'île et le type de miel qu'on y produit, comme le miel de châtaigne et le miel de Tajinaste. Modeste mais pas inintéressant. Dans le ***museo de la Agrodiversidad*** : petite évocation des productions agroalimentaires de l'île, ainsi que de l'élevage.

LA OROTAVA (38300) 41 200 hab.

Avec La Laguna et dans une moindre mesure Garachico, La Orotava constitue l'autre perle de Tenerife. Le petit centre-ville colonial est une merveille. La vallée de La Orotava, où l'on produit, depuis toujours, d'excellents fruits et légumes (ah ! le superbe potage de cresson !) et le meilleur vin de l'île, s'est couverte de superbes demeures de charme et maisons de maître aux XVIIe et XVIIIe s, période à laquelle les grandes familles se sont enrichies. Il reste un bon nombre de témoignages de ce glorieux passé et la plupart des édifices ont été restaurés. Ils sont aujourd'hui protégés.

La ville s'est édifiée sur une colline et l'on explore les ruelles et les venelles pavées le nez en l'air, en grimpant et en redescendant sans cesse, à la recherche d'un balcon de bois ciselé, d'une lourde porte ouvragée, d'un patio verdoyant, d'une coursive soutenue par d'élégantes colonnes. Du fait de la proximité de Puerto de la Cruz qui n'était autrefois que le satellite portuaire de La Orotava, les touristes viennent ici pour la journée, et repartent ensuite. Ils choisissent rarement d'y passer la nuit. C'est bien dommage car la cité se vide en milieu d'après-midi et l'atmosphère devient alors presque magique et un peu fantomatique.

De bonnes adresses vous attendent, tant pour dormir que pour y prendre un repas. Certaines demeures ont été transformées en musées, d'autres en hôtels ou restos, dans lesquels on sert les excellents vins de la vallée. La Orotava, un des musts de l'île, sans hésiter.

RICHES ET PAUVRES

De tout temps les nantis ont aimé afficher leurs différences sociales. Mais à l'intérieur même de cette classe, il est encore possible de segmenter. Ainsi à La Orotava, aux XVIIe et XVIIIe s, où seules les familles seigneuriales possédaient une demeure, cette distinction était automatique. Mais aux moins riches la villa de Abajo (la partie basse), aux plus aisés la villa de Arriba (en haut). Cette distinction existe toujours aujourd'hui.

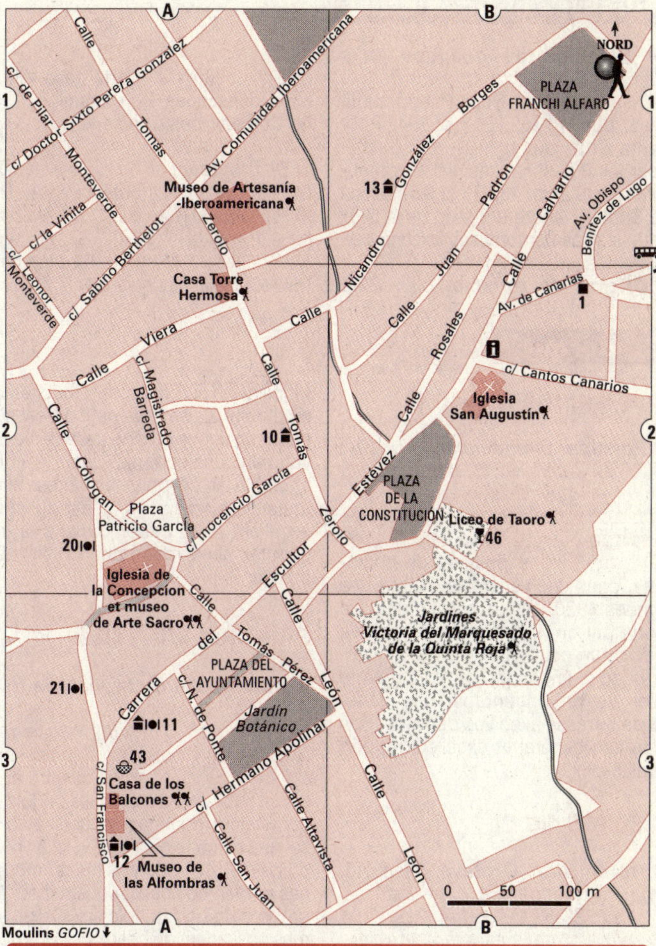

LA OROTAVA

Adresses utiles
- Oficina de turismo
- 1 Pharmacie

Où dormir ?
- 10 Pensión Silene
- 11 Hotel rural Orotava
- 12 Hotel-restaurante Victoria
- 13 Hotel Alhambra

Où manger ?
- 11 Restaurant Sabor Canaria
- 12 Restaurante de l'Hotel Victoria
- 20 Bar-resto La Duquesa
- 21 Casa Lercaro

Où boire un verre ?
- 46 Cafetería Liceo de Taoro

Où acheter des produits locaux ?
- 43 Casa de los Balcones

Adresses et infos utiles

Estación de guaguas *(hors plan par B1-2)* **:** *c/ San Juan Bosco. Lun-sam 9h-14h.* Pour Puerto de la Cruz, bus nos 352, 353 et 354. Pour Santa Cruz, bus nos 101, 107 et 108. Pour les 2 destinations, liaisons régulières jusqu'à env 23h. Pour les stations du Sud, se rendre à Puerto de la Cruz et de là, très nombreuses liaisons permanentes jusque tard le soir.

Oficina de turismo *(plan B2)* **:** *c/ Calvario, 4. ☎ 922-32-30-41. Lun-ven 8h30-18h.* Carte de la ville et infos touristiques. Bon accueil.

Correos *(poste ; plan A2)* **:** *pl. Casañas. Lun-sam 9h-14h.*

Distributeur : *pl. de la Constitución.* On y trouve un distributeur *BBVA.*

Pharmacie *(plan B2,* **1***)* **:** *avda Canarias, 10. ☎ 922-33-02-29. Lun-ven 8h-21h, sam 9h-13h30.* La plus centrale et la mieux achalandée.

Où dormir ?

Bon marché (20-40 €)

Pensión Silene *(plan A2,* **10***)* **:** *c/ Tomás Zerolo, 9. ☎ 922-33-01-99. • sileneorotava@gmail.es • sileneo rotava.es • Ouv tte l'année. Doubles avec sdb 36-40 € selon saison, avec petit déj.* Une poignée de chambres, dans une vénérable maison des années 1920, tenue par Antonio, le jeune patron. L'atmosphère générale s'avère un peu froide, mais les chambres sont impeccables, et 3 d'entre elles se prolongent par une généreuse terrasse avec vue dégagée. Bon entretien général et excellent rapport qualité-prix.

Chic (65-90 €)

Hotel rural Orotava *(plan A3,* **11***)* **:** *carrera del Escultor Estévez, 17. ☎ 922-32-27-93. • reservas@ hotelruralorotava.es • hotelruraloro tava.es • Double env 75 €, avec petit déj.* L'un des meilleurs rapports qualité-prix de la ville. Outre des prix raisonnables, ses 8 chambres dégagent un vrai charme, à commencer par le chouette patio, en partie soutenu par de fines colonnes de pierre et un large balcon qui court au-dessus. Il faut dire que cette vénérable maison date de 1608, rénovée en 2002. Il se dégage du lieu une grande sérénité. Chambres à l'image des parties communes, pleines de charme et de discrétion, chacune peinte d'une couleur différente (jaune, rouge, vert...). Mobilier ancien avec des touches de modernité. La salle du petit déj est sise dans l'ancienne cuisine de la demeure, vraiment chaleureuse. Juste à côté, agréable salon pour les hôtes, avec fauteuils et canapés. C'est aussi un excellent resto *Sabor Canaria,* à fréquenter sans modération (voir « Où manger ? »).

Plus chic (90-120 €)

Hotel-restaurante Victoria *(plan A3,* **12***)* **:** *c/ Hermano Apolinar, 8. ☎ 922-33-16-83. • info@hotelrural victoria.com • hotelruralvictoria.com • Doubles 90-110 € selon saison, avec petit déj.* Malgré l'accueil parfois en demi-teinte (dommage pour un établissement de cette qualité !), voici un hôtel d'une quinzaine de chambres, modernes et bien équipées, construit sur les bases d'un édifice colonial. Celles sur rues possèdent de beaux balcons donnant sur rue. Resto de qualité (voir la rubrique « Où manger ? »).

Hotel Alhambra *(plan B1,* **13***)* **:** *c/ Nicandro González Borges, 19. ☎ 922-32-04-34. • alhambra@hotel lorotava.com • alhambra-orotava. com • Doubles env 100-122 € selon type de chambre et saison.* Une adresse un peu chère certes, mais vraiment exceptionnelle, que le charmant proprio fait visiter presque comme un musée. La bâtisse date du XVIIIe s, et fut ensuite rénovée dans le style de l'Alhambra de Grenade. 5 chambres seulement, magnifiques, distribuées autour du patio néomudéjar. Les supérieures ont de superbes salles de bains. On prend le petit déj dans l'ancienne cuisine, magnifique, avec vue sur le Teide et la mer. Petite piscine également, bien sympathique en plein cœur de la ville. Noter le perroquet du salon et le bow-window, ajouté par la propriétaire anglaise en 1910. Voir encore l'escalier flottant (sans pilier).

Où manger ?

Bon marché (8-12 €)

🍽 ***Bar-resto La Duquesa*** *(plan A2,* ***20****)* **:** *pl. Patricio García, 6B. ☎ 922-33-49-49. Lun-ven 7h-16h, sam 8h-15h. Plats 5-8 €.* Sur le flanc de l'église de la Concepción, au bord d'un petit jardin, sympathique resto populaire prolongé par un bout de terrasse d'où l'on aperçoit la mer. Petite maison basse (attention à la tête en entrant), composée de 2 petites salles. Très fréquenté par les habitants qui apprécient les bons petits plats de ménage vraiment pas chers et l'accueil souriant.

🍽 ***Casa Lercaro*** *(plan A3,* ***21****)* **:** *c/ Colegio, 5-7. ☎ 922-32-62-04. • tasca@casalercaro.com • Tlj 10h-18h. Plats 8-10 €, tapa env 5 €.* Dans un ancien moulin (on peut même voir la roue motrice), une superbe terrasse pavée surplombant un jardin avec une petite fontaine et vue panoramique donnant sur la mer au loin. Belle demeure ancienne avec balcon de bois ouvragé au 2e étage et donnant sur la rue. À la carte on retrouve les classiques de la cuisine canarienne, fort bien faits ma foi. Une bonne adresse, surtout quand il n'y a pas de groupes qui troublent parfois la sérénité du lieu. Pour les mômes, petite cabane en plastique dans la cour.

Prix moyens

🍽 ***Restaurant Sabor Canaria*** *(plan A3,* ***11****)* **:** *carrera del Escultor Estévez, 17. ☎ 922-32-27-93. • info@saborcanario.es • Tlj sf dim soir, 12h-22h, dim 12h-16h. Menus (14h-16h), 12,50-14 €, boisson comprise. Plat env 10 €.* Dans le superbe patio colonial de l'excellent hôtel de charme Orotava (voir « Où dormir ? »), on déguste une bien belle cuisine, copieuse et goûteuse, servie sans tralala. Carte surtout basée sur les traditions canariennes. On y retrouve les classiques *conejo al salmorejo*, la *parrillada de pescado* ou la *paella mixta*. Également de copieuses tapas et une carte de vins de qualité.

Chic (24-40 €)

🏠 ***Restaurante de l'Hotel Victoria*** *(plan A3,* ***12****)* **:** *c/ Hermano Apolinar, 8. ☎ 922-33-16-83. • info@hotelruralvictoria.com • Tlj midi et soir. Menu le midi 11 € (dessert et vin compris). Le soir, plats 15-18 €.* Le resto est situé au fond du patio couvert de l'hôtel, aux murs anis. Une table un peu chic, aux plats traditionnels mais assez sophistiqués dans leur traitement. Mélange de cuisine internationale et de recettes canariennes. Peu de choix, mais l'ensemble est de qualité. On a apprécié le dos de cabillaud confit et le canard croustillant. Et puis, juste à gauche de l'entrée, petite *sala de vino* où l'on peut grignoter des tapas pas chères en goûtant les vins locaux de bon aloi, notamment le *tinto de La Orotava.*

Où boire un verre ?

🍷 ***Cafetería Liceo de Taoro*** *(plan B2,* ***46****)* **:** *pl. de la Constitución. ☎ 922-33-11-11. Tlj 11h-22h.* Un lieu pas comme les autres, véritable demeure de maître, aujourd'hui siège d'une association culturelle et sportive, qui abrite une sorte de cafétéria-resto. Si la nourriture n'a pas grand relief, on y prend un verre avec grand plaisir sur la généreuse terrasse surplombant la place. Fréquenté essentiellement par les membres de l'association.

Où acheter des produits locaux ?

Casa de los Balcones *(plan A3,* ***43****) : c/ San Francisco, 3-4. ☎ 922-33-06-29. Tlj 8h30-18h30.* Ce bel édifice du XVIIe s transformé en musée à l'étage (rubrique « À voir ») abrite de nombreuses boutiques au rez-de-chaussée, où sont vendus des produits artisanaux : broderies, céramiques, vins... Un peu de tout en fait, mais il faut faire le tri entre le vrai artisanat et les souvenirs de pacotille.

À voir

Iglesia San Agustín *(plan B2) : pl. de la Constitución.* Édifice à la façade baroque classique du XVIIe s. Noter le campanile sur la droite, intéressant pour son clocher équipé d'un petit balcon et encadré de bas-reliefs. L'intérieur à trois nefs se distingue par ses intéressants retables. Celui du chœur, en bois sombre ciselé, à motifs floraux, accueille en son centre une Vierge à l'Enfant sous un dais doré. Sur les côtés du chœur, deux retables baroques. À droite, un autre néoclassique, avec quelques rondeurs baroques malgré tout.

Après le recueillement, prendre un verre à la terrasse d'un bar de la plaza de la Constitución (en particulier le petit bar sous le kiosque à musique). Place fleurie.

Jardínes Victoria del Marquesado de la Quinta Roja *(plan B2-3) : pl. de la Constitución. Lun-ven 9h-18h, w-e 10h-15h.* Bien joli jardin organisé en terrasses, adossé à une colline. Grande variété de plantes semi-tropicales. Ce jardin a été conçu pour abriter le monument funéraire maçonnique du septième marquis de la *Quinta Roja.*

MAÇON, MAÇONNE TON TOMBEAU AILLEURS !

Si la dépouille du septième marquis de la Quinta Roja se situe dans les jardínes Victoria qui portent son nom, c'est que l'Église catholique refusa de l'accueillir au cimetière, du fait de son appartenance à la franc-maçonnerie. Le marquis fit alors bâtir un superbe jardin en plein cœur de la ville, sur une colline au sommet de laquelle trône son caveau, qui fait toujours parler de lui.

Liceo de Taoro *(plan B2) : pl. de la Constitución.* Édifiée en 1928, cette jolie bâtisse saumon, précédée par un jardin bien entretenu et pentu, s'ouvre sur un large balcon-terrasse. Elle accueille aujourd'hui une association culturelle et sportive. Une construction originale, dans un genre pâtisserie de qualité. Dans le grand hall, remarquables boiseries vernies et bel escalier. Le lieu abrite un bar. De la terrasse, vue extra (voir « Où boire un verre ? »).

Iglesia de la Concepción et museo de Arte sacro *(plan A2-3) : pl. Patricio García. ☎ 922-32-69-24. • concepcionorotava.org • Tlj 9h-21h. Pour le musée, lun-ven 9h-13h30. Entrée : 2 € (billet cumulé possible pour les 3 musées de la ville, à 3 € l'ensemble).*

Église baroque espagnole, datant du XVIIIe s, à la façade austère, gris et noir, élevée sur les ruines d'une église précédente, détruite par un tremblement de terre. Triple nef assez courte. Voir le tabernacle en marbre de Carrare dédié à l'agneau et encadré par des retables de bois sculpté.

Petit musée situé à droite de la nef, à côté du retable. Dans la sacristie, vêtements religieux de soie brodée, brocards, etc. Ostensoir en or du XVe s et pierres précieuses. Couronnes de la Vierge, très belle croix or et argent. Plafond mudéjar à l'étage. Derrière l'autel, stèles, orgue allemand et harmonium français. Voir encore la *silver room.* Baldaquin en argent du XVIIIe s, utilisé pour la procession de la

Madone durant le *Corpus Christi*. Trois symboles accompagnent la Vierge : la couronne évoquant le Saint-Esprit, le soleil qui donne la lumière et le piédestal qui rappelle la lune. Quelques pièces en argent des XVII-XIXe s, provenant du Mexique, Cuba et Angleterre, pays avec lesquels les Canaries commerçaient. À l'étage, maquette de l'église et un étrange cercueil des pauvres (voir l'encadré). Et encore une ancienne horloge française, quelques sculptures canariennes, un Christ en ivoire...

PAUVRE CERCUEIL, CERCUEIL DES PAUVRES

Le museo de Arte sacro abrite un exemple rare de cercueil des pauvres, datant des siècles passés. Par souci d'hygiène mais aussi par décence, le malheureux était placé dans ce cerceuil très simple. On l'acheminait jusqu'au cimetière avant de les mettre en terre... et de récupérer le cercueil. Jusqu'au prochain pauvre.

Plaza del Ayuntamiento – Casas Consistorales *(plan A3)* : *c/ carrera del Escultor Estévez, face au nº 10.* C'est sur le vaste parvis de l'hôtel de ville, long bâtiment très classique, que l'on compose le tapis de sable et de fleurs pour le Corpus Christi. Cinquante jours de travail !

Casa de los Balcones *(plan A3)* : *c/ San Francisco, 3-4. ☎ 922-33-06-29. • casa-balcones.com • Tlj 8h30-18h30. Entrée : 2 €.* Bel édifice du XVIIe s, transformé pour partie en boutiques d'artisanat local, et à l'étage en musée. Ce qui frappe évidemment, ce sont les nombreux balcons fleuris en façade et les remarquables fenêtres, balcons et galeries de bois ajouré dans le patio planté de palmiers. Au rez-de-chaussée donc, dans le patio, boutiques de souvenirs, d'artisanat et de produits locaux. Parfait pour quelques emplettes, mais il faut faire le tri. On entre dans le musée par un tourniquet en glissant une pièce de 2 €, puis en montant l'escalier en colimaçon. De cette maison caractéristique de l'architecture insulaire, édifiée en 1632, on ne visite donc que le 1er étage dont la galerie donnant sur le patio s'ouvre sur quelques salles où est reconstitué un intérieur traditionnel des XIXe et XXe s : salon, salle à manger, cuisine, salle de bains. Sur les murs de la galerie, nombreuses photos anciennes, reproductions et quelques toiles.
En face, un bar avec terrasse célèbre pour ses pâtisseries.

Museo de las Alfombras *(musée des Tapis de sable et de fleurs ; plan A3) : c/ San Fransisco, 5. ☎ 922-33-63-45. • alfombristaorotava@gmail.com • Lun-ven 10h-14h, et, de mi-mai à mi-juin, 10h-14h, 15h-19h. Parfois aussi ouv le w-e. Entrée : 2 € (billet cumulé possible pour les 3 musées de la ville, à 3 € l'ensemble).* Installé dans une belle demeure XVIIe s, ce musée célèbre une curieuse coutume locale qui consiste à composer, à l'aide de sables colorés et de fleurs, des images de Jésus. C'est sur le parvis de l'hôtel de ville de La Orotava que s'activent les catholiques artistes de l'éphémère, travaillant plusieurs semaines pour terminer leur impressionnant et saint tableau, le jour du *Corpus Christi* exactement. Cette célébration, connue aussi sous le nom de Fête-Dieu ou du Saint-Sacrement, a lieu 60 jours après Pâques. Elle insiste sur la présence du corps du Christ dans la cérémonie de l'eucharistie, c'est-à-dire sous la forme de pain et de vin. Le jour dit (entre fin mai et mi-juin), les rues se couvrent de fleurs et les processions se succèdent jusqu'à l'hôtel de ville. Si la fête est très populaire et les œuvres étonnantes, l'intérêt du musée demeure cependant limité. Six salles réparties autour d'un patio, où sont exposées quelques photos et explications sur le boulot. Un film (en espagnol) évoque la première fête, en 1848, et la ferveur des habitants qui, depuis cette date, semble intacte.

Les moulins à gofio *(hors plan par A3)* : *c/ Domingo González García.* Dans cette rue très pentue, quelques moulins à *gofio* sont encore en activité. Une petite dizaine en tout, donc certains sont visibles. Rappelons que cette fine farine brune,

mélange de céréales grillées et broyées, est un aliment préhispanique, base de la nourriture des Guanches, encore très populaire sur les îles Canaries. On faisait du *gofio* avec du maïs principalement, mais le blé, le millet ou l'orge étaient également utilisés.
En face du nº 2 de la rue, à côté d'un ancien lavoir, on voit l'aqueduc qui apportait l'eau de la montagne et la colonne qui la faisait descendre pour faire tourner la roue. Si l'électricité a remplacé la force hydraulique, l'odeur caractéristique des graines moulues persiste. On trouve un ***autre moulin*** visitable à deux pas : *c/ Colegio, 3. Ouv en théorie lun-ven 8h-13h, 14h30-18h ; sam 9h30-13h. Fermé dim et j. fériés.* C'est l'un des derniers encore en activité en ville. Petit bâtiment rouge, où l'on broie le millet et le maïs. On peut y voir l'ancienne petite roue et l'aqueduc qui conduisait l'eau jusqu'à d'autres moulins. À la boutique, on peut faire le plein de *gofio* pour les périodes de disette (ça bourre !).

Dans la ***calle Tomás Zerolo*** *(plan A2),* aux nos 13, 22 et 19 notamment, on peut admirer plusieurs maisons anciennes, aux volets ouvragés. Dans une perpendiculaire, ***calle Viera,*** au nº 2, autre vénérable demeure avec beau porche en pierre et galerie couverte.

Casa Torre Hermosa *(plan A2)* **:** *c/ Tomás Zerolo, 27. ☎ 922-32-22-85. Lun-ven 10h-15h.* Encore une grosse maison édifiée à la même période que l'église San Domingo, située juste en face. Et puisque vous êtes là, allez donc jeter un œil à l'intérieur, dans l'autel, au retable de la Passion, évocation des dernières heures terrestres du Christ. La maison abrite une boutique de produits locaux et une galerie avec expos, textiles, etc. Y pénétrer permet de jeter un œil à cette intéressante demeure avec sa galerie du XVIIe s, donnant sur un petit jardin, agréable pour une pause. À l'étage, des dames brodent des étoffes typiques (jusqu'à 13h). C'est aussi un des magasins officiels de l'artisanat de Tenerife. La plupart des artisans de l'île présente leurs travaux ici (céramique, bois, broderies, coutellerie...).

Museo de Artesanía-Iberoamericana *(plan A1)* **:** *c/ Tomás Zerolo, 34. ☎ 922-32-17-46. • cdiaea@artesaniadetenerife.com • Lun-ven 10h-15h. Entrée : 2 € (ou billet combiné 3 € pour les 3 musées de la ville).* Dans l'ancien couvent de San Domingo, juste à côté de l'église. Musée consacré à l'art et l'artisanat hispanique, de la péninsule de manière générale et de l'Amérique latine (Pérou, Venezuela...) en particulier. Salle dédiée aux instruments de musique, dont la fameuse « triple » miniguitare à cinq cordes appartenant au folklore local. Pas mal d'autres instruments (flûtes, percussions...). Autour du charmant cloître, la poterie est à l'honneur. À l'étage, enfilade de salles où sont exposés tissus, vannerie, instruments de musique, verrerie et art religieux, reflétant l'exubérance de l'art en Amérique latine au cours des siècles.

LE CENTRE DE L'ÎLE

PARQUE NACIONAL DEL TEIDE

Inscrit au Patrimoine mondial de l'humanité, le parque nacional del Teide est une merveille. C'est une zone unique en Europe de haute montagne subtropicale. Si le volcan du Teide est le point culminant de la péninsule Ibérique (3 718 m d'altitude) et que l'on peut y grimper, c'est l'ensemble du parc qu'il faut considérer, car d'incroyables paysages le composent. On a tout d'abord le sentiment d'un désert ennuyeux, succédant à une forêt de pins, quand, au détour d'un virage, le panorama change du tout au tout. D'un chaos rocheux on passe à une sombre mer de lave, qui elle-même laisse la place à des

strates de terre de différentes couleurs, faisant le grand écart entre les reflets jaune-vert et le chocolat noir, en passant par toutes les nuances de brun, tantôt lisse et brillante comme de la soie, ailleurs présentant l'aspect rugueux et mat d'une toile émeri. Plus loin, quelque canyon rappelle les paysages de l'Ouest américain, façon John Ford, complétés par d'étranges cheminées de fée. Une poignée de kilomètres encore et le désert partage le terrain avec une maigre végétation de bosquets, ponctuée de-ci de-là par d'autres visions lunaires. Parfois la longue tige de fleurs rouges d'un *tajinaste rojo* offre le spectacle de la vie dans cet univers à la manière de *The Day after.* Ouf, une forêt occupe enfin l'espace ! D'ou vient-elle ? Où ces arbres ont-ils puisé la force pour ancrer leurs racines ? À peine le temps d'y réfléchir que la vision d'un gentil cratère nous apparaît, bouche béante...
Et régulièrement le spectacle sur l'incroyable Teide, le volcan des volcans, rappelle qu'il domine le parc de toute sa hauteur, de toute sa majesté et donne le *la* à ces espaces uniques. Son accès par le téléphérique est véritablement un must. À tel point qu'il est préférable de réserver par Internet pour être certain de pouvoir y grimper. De là-haut, on aperçoit nettement l'immense caldera, gigantesque cratère dans lequel s'inscrit le pico Teide. À côté, son vieux complice de toujours, le *pico Viejo,* qui s'élève quant à lui à 3 134 m seulement. Assurément, le Teide ne laisse pas indifférent.
Il vous faudra prévoir une bonne journée pour explorer le parc en voiture. Mais 2 jours semblent plus raisonnables. De nombreux sentiers de randonnée très bien balisés permettent d'explorer le parc en profondeur, et c'est la seule vraie porte d'entrée pour accéder à ce monde particulier.

UN PEU D'HISTOIRE, ET UN POIL DE LÉGENDE

Lors d'une grosse éruption du volcan, les Guanches, aborigènes des Canaries, manquant d'explications rationnelles, convoquèrent leurs dieux. Ils accusèrent Guayota, dieu du Mal, vivant à l'intérieur du volcan, d'avoir enlevé le Magec, dieu de la Lumière et du Soleil, et de l'avoir emporté au fond du cratère. Car la fumée et les poussières dégagées par l'impressionnante éruption bouchaient l'horizon et laissaient penser que le soleil avait été avalé. Mais Achamán, le dieu des dieux, eut raison de Guayota et libéra le Soleil... qui reprit sa place dans le ciel, tandis qu'il boucha le volcan où il enferma le vilain Guyota. Aux dernières nouvelles, il y est toujours.

LE TEIDE, UN PARC EXCEPTIONNEL

Quelques chiffres

- ***Parc national :*** depuis 1954
- ***Surface :*** 18 990 ha depuis 1999.
- ***Situation :*** au centre de l'île.
- ***Altitude maximum :*** 3 718 m, sommet du Teide.
- ***Inscription au Patrimoine mondial de l'humanité :*** 2007
- ***Taille de la caldera :*** 17 km de diamètre.
- ***Le Teide est la troisième structure volcanique la plus haute et volumineuse du monde.***

Quelques éléments de géologie

Le volcan du Teide se caractérise par sa gigantesque ***caldera,*** d'un diamètre de 17 km. Une caldera, amis ignorants, est une dépression la plupart du temps

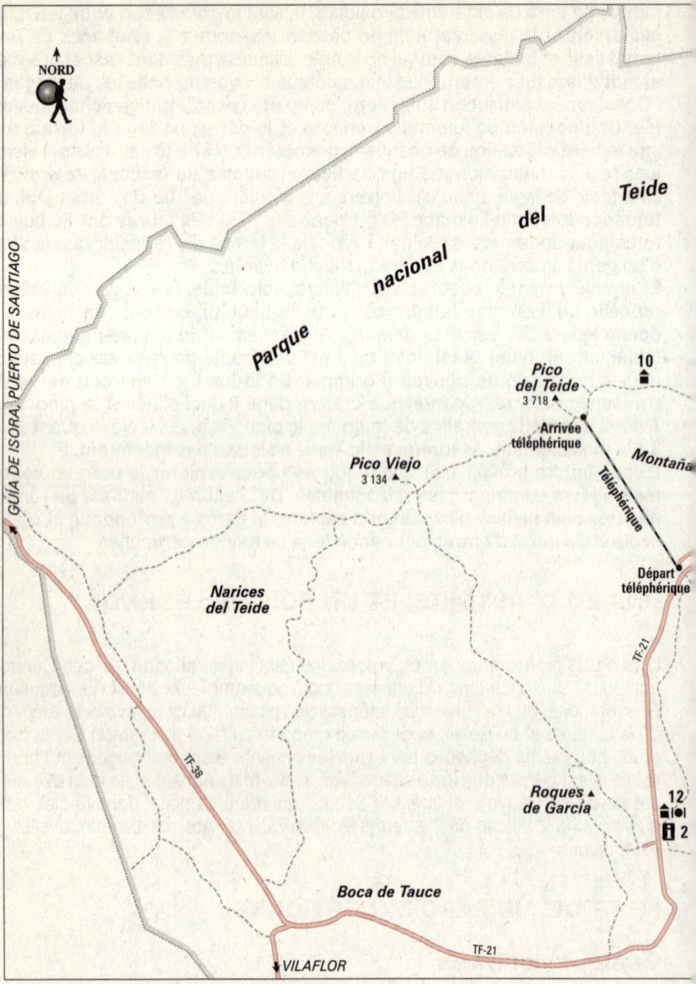

■ Adresses utiles	2 Información turístico Cañada Blanca
1 Centro de visitantes El Portillo	

circulaire (plus rarement en forme d'ellipse), que l'on trouve au cœur d'un volcan. Elle se forme à la suite d'une grande éruption volcanique. Bref, un très grand cratère dont le fond est une sorte de désert. On l'appelle ici *circo de las Cañadas.* Une partie de ses bords dessine les flancs du Teide. Les alizés touchent la montagne du Teide sur une tranche intermédiaire (grosso modo entre 600 et 1 800 m

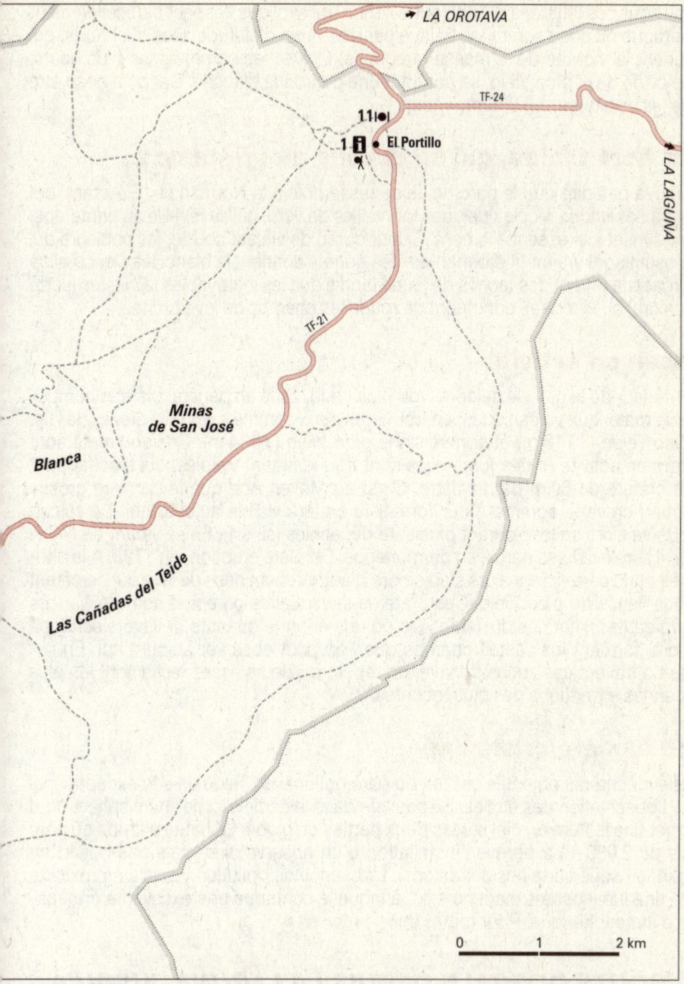

PARQUE NACIONAL DEL TEIDE

Où dormir ? Où manger ?	**11** Restaurante El Portillo
10 Refugio Altavista	**12** Parador Nacional Cañadas del Teide

d'altitude), charriant avec eux une forte dose d'humidité et permettant le développement de nombreux végétaux. Mais le parc étant situé plus en altitude, il ne profite pas de cette humidité. Les alizés créent souvent une superbe mer de nuages qui isole visuellement le parc du reste de l'île. Il y a la partie « en dessous des nuages » et le monde « au-dessus des nuages ». La faible pluviométrie qui règne sous ces latitudes est une autre raison qui explique l'aspect particulièrement désertique du cône sommital, balayé par des vents d'altitude secs et chauds, qui bloquent la montée de la masse nuageuse. L'hiver, les sommets les plus hauts, los pico Teide et pico Viejo, se parent d'une couronne blanche. Car on a beau être sous les tropiques, à 3 000 m, il neige !

Une flore timide, qui se dévoile au printemps

On ne va pas dire que le parc du Teide ressemble à la Normandie ! Pourtant, cet univers désertique recèle quelques merveilles de flore, qui se réveille au printemps, entre avril et juin essentiellement. Si leur durée de vie est courte, les couleurs qui explosent sont vraiment étonnantes : les genêts donnent le blanc, les *Descurainia bourgaeana* offrent des taches de jaune tandis que les incroyables *tajinastes* (sorte d'echium, ou vipérine), ponctuent de rouge les champs de lave brune.

Volcan en activité

À l'intérieur de la grande caldera (voir plus haut), zone en général plate et composée de matériaux volcaniques, on trouve les deux sommets les plus élevés de l'île, le *pico Teide* (3 718 m) et son voisin le *pico Viejo* (3 134 m). Ces sommets sont encore en activité et des fumerolles sont fréquemment visibles, qui s'échappent d'un cratère de 80 m de diamètre. C'est au Moyen Âge que la dernière grosse éruption creva le sommet pour former le cratère visible aujourd'hui. Le volcan dégueula alors sa lave durant plusieurs décennies (si, si !). En se vidant de l'intérieur, il surélevait ses parois en permanence. Dernière éruption, en 1798. À la cheminée principale vinrent alors s'adjoindre d'autres cheminées de lave qui percèrent sur les flancs du pico Viejo. Ces cratères secondaires prirent le nom de *Narices del Teide* (les « narines du Teide »), d'où une énorme quantité de lave s'échappa encore, formant les vastes champs que l'on peut observer aujourd'hui. En circulant à travers ces zones de lave, on repère d'ailleurs assez facilement les plus anciennes formations des plus récentes.

Une lumière cristalline

Plusieurs critères objectifs ont fait du parc national du Teide un site exceptionnel pour l'observation des étoiles. Sa position dans la partie sud de l'hémisphère nord permet une lecture du ciel sur les deux parties du globe. La haute altitude du parc (plus de 2 000 m) a permis l'installation d'un observatoire (mais pas ouvert au public, ou sous certaines conditions). L'absence de pollution visuelle à proximité offre une luminosité exceptionnelle, à laquelle contribue une excellente transparence atmosphérique. Pour toutes infos : • *iac.es* •

LA ROUTE DORSALE DEPUIS LA LAGUNA JUSQU'À L'ENTRÉE DU PARQUE NACIONAL DEL TEIDE

Depuis la ville de *La Laguna*, on emprunte la TF-24, superbe artère dorsale qui délivre régulièrement de remarquables panoramas. En route, on rencontre trois *miradores* (points de vue) où l'on peut faire halte.

➢ ***Mirador Montaña Grande :*** *quelques km après le village de La Esperanza, sur la droite de la chaussée.* De là, vue sur la partie nord de l'île.

➢ ***Mirador Pico de las Flores :*** un peu plus loin sur la gauche de la route, mais arrêt pas pratique. Un petit bout de chemin mène au point de vue.

Forestal Park : *630-38-57-42. • forestalpark.com • Mer-sam et dim en hiver et tlj l'été, 10h-17h (15h en hiver). Prix 17-22 € selon parcours choisi (2-3h selon circuit). Avoir 6 ans min.* Chouette accrobranche niché dans une jolie forêt.

Trois circuits sont proposés (de familial à très sportif). Après la présentation faite par un moniteur, on fait le circuit tout seul.

➢ ***Sendero El Centeno :*** face au *Forestal Park,* petite balade sympa en forêt.

➢ ***Mirador de Ortuño :*** si vous deviez vous arrêter à un seul point de vue, ce serait celui-là, à 1 620 m d'altitude. Large panorama sur une forêt immense et dense de pins canariens, espèce endémique, avec en toile de fond le Teide et une partie de la côte.

➢ ***Mirador Chimague :*** environ 2,5 km après avoir croisé la route qui descend vers Güímar, on rencontre ce point de vue exceptionnel qui ouvre sur une forêt de jeunes pins, en partie replantée au milieu du XXe s, pour reverdir ces collines pelées qui subissaient une forte érosion au fil des siècles. *Note* : ne rien laisser d'apparent dans votre véhicule. Un peu plus loin encore, le ***mirador de Ayosa.*** Vue sur *Puerto de la Cruz, Orotava* et le *Teide.*

➢ La route de crête offre alternativement des ***vues extraordinaires*** sur la côte sud et la côte nord.

➢ ***Mirador de La Crucita :*** dernier point de vue avant le parc.

Dès l'entrée du parc, changement radical d'ambiance et de géologie. La terre est noire, la roche volcanique et la végétation rare et rase.

➢ Quelques kilomètres après l'entrée, on parvient au carrefour d'*El Portillo,* où l'on trouve le ***centro de visitantes El Portillo,*** halte conseillée. De ce carrefour, deux solutions : on pénètre vers le sud dans le parc et le Teide, ou l'on bifurque au nord vers *La Orotava* et *Puerto de la Cruz.* Notre itinéraire plonge vers le parc.

Comment circuler dans le parc ?

➢ ***En bus :*** depuis le sud et Playa de las Américas, bus n° 342. Il passe par le *Parador Nacional* (passage vers 10h30 et 16h) et fait halte au niveau du téléphérique puis au carrefour d'*El Portillo.* Depuis le nord, de Puerto de la Cruz, bus n° 348. Il passe par le carrefour d'El Portillo (passage vers 10h15 et 15h15), puis au niveau du téléphérique, du *Parador Nacional* et fait route vers le sud.

➢ ***En voiture :*** routes TF-21 et TF-23.

Où s'informer sur le parc et sur les randonnées ?

Centro de visitantes El Portillo *(plan Parque nacional del Teide,* ***1****)* **:** *situé à 150 m après le carrefour d'El Portillo. Tlj 9h-16h. Pas de tél.* On accède à cet excellent centre d'information et d'interprétation par une rampe simulant une coulée de lave. Plusieurs écrans présentent la formation des îles Canaries et particulièrement de Tenerife et du Teide. Demandez le feuillet d'explications en français à l'accueil. Petit film d'environ 10 mn où le dieu du volcan raconte son histoire. Animations plutôt bien faites et quelques expériences interactives comme le fait de soulever différentes densités de lave.
À l'accueil, on parle français et on vous donnera toutes les infos sur les randonnées du parc. On vous aidera à choisir celle qui vous convient le mieux. Doc et carte. C'est aussi là que vous pourrez vous informer sur la météo.

Información turístico Cañada Blanca *(plan Parque nacional del Teide,* ***2****)* **:** *juste à gauche du* Parador Nacional Cañadas del Teide, *dans un petit kiosque de bois. Tlj 8h-16h (horaires d'ouverture irréguliers).* On peut y glaner quelques infos sur les balades situées dans les environs. Carte du parc.

Où dormir dans le parc ? Où manger ?

Prix moyens

🏠 ***Refugio Altavista*** *(plan Parque nacional del Teide,* ***10****) : refuge situé sur le chemin de randonnée Montaña Blanca-pico del Teide (rando n° 7). Voir plus loin la rubrique « Randonner dans le parc ». ☎ 922-01-04-40 (8h-16h). • info@refugioaltavista.com • refugioaltavista.com • Ouv tte l'année (sf pour raisons climatiques extrêmes). Hall d'accueil ouv à 11h. Installations ouv dès 17h, accès aux dortoirs dès 19h. 1 seule nuit autorisée. Attention, le matin le refuge ferme à 8h. Lit en dortoir 24 €.* Seuls les randonneurs dormiront ici. En effet, il n'y a pas de route ! Situé à 3 260 m d'altitude, voici un beau refuge de pierre construit dès 1892 et rénové il y a quelques années. C'est l'occasion de passer la nuit dans le plus haut refuge d'Espagne. La pureté de l'air offre d'incroyables cieux étoilés. Cuisine à disposition. Pour ceux qui vont faire l'ascension du sommet du Teide au petit matin (avant 9h si vous n'avez pas de permis), possibilité de laisser ses affaires au refuge et de les reprendre au cours de la descente. En revanche, si vous souhaitez redescendre par le téléphérique après votre ascension au sommet, il vous faudra prendre votre sac avec vous.

|●| ***Restaurante El Portillo*** *(plan Parque nacional del Teide,* ***11****) : juste au carrefour d'El Portillo. ☎ 922-35-60-06. Tlj 10h-16h (on peut y boire un verre jusqu'à 18h). Menus 12-16 €, plats 6-8 €.* Touristique certes, mais ce modeste établissement équipé d'une agréable terrasse en surplomb de la route contente bien les visiteurs du parc. Et puis la nourriture est tout à fait convenable pour le prix.

Très chic

🏠 |●| ***Parador Nacional Cañadas del Teide*** *(plan Parque nacional del Teide,* ***12****) : dans le parc d'El Teide, bien indiqué sur la route TF-21, sur la gauche en venant du nord. ☎ 922-38-64-15. • canadas@parador.es • parador.es • Double 142 €, avec petit déj. Promos régulières. Au resto, menus 28-32 €, plats 15-20 €. Également une petite cafétéria (tlj 10h-18h). Wi-fi (dans le hall).* Une quarantaine de chambres avec AC, d'excellente tenue, confortables et classiques, même si elles ne débordent pas de charme. La plupart avec vue extra sur les collines, les champs de lave ou le Teide. Salle de gym et petite piscine installée à l'extérieur mais couverte et chauffée, installée dans une sorte de jardin minéral, avec vue sur le célèbre volcan. On vient ici pour l'atmosphère particulière du lieu, le fait de se retrouver presque seul dans le parc. Idéal pour qui veut vivre une soirée et un petit matin sous les lumières magiques du parc. Au resto, une salle chic aux généreuses baies vitrées donnant sur la vallée et le volcan. Tables nappées de blanc. Dans l'assiette, des plats traditionnels de bon aloi. Salon de montagne avec cheminée et petit bar où l'on sert d'excellents chocolats. Bonne atmosphère générale. Plusieurs salons cossus et confortables, parfait après une rando. Pour ceux qui ne logent pas à l'hôtel, mentionnons la présence d'une petite cafétéria (sandwichs et petits plats de snack).

Randonner dans le parc

Faire une petite (ou une grande) rando dans le parc est véritablement le seul moyen d'appréhender ce milieu si particulier. Avec ses 21 randos balisées (nous reprenons plus bas la numérotation officielle), le parc offre la possibilité d'une approche pour tout le monde (balades de durée et de niveau très variés). En voici une petite sélection par ordre de difficulté croissante. Avant d'entreprendre une rando, même facile, se rendre impérativement au *centro de visitantes El Portillo* pour prendre les dernières infos sur la météo, une carte du parc où les sentiers

sont notés, et vérifier si la rando choisie est ouverte. Des spécialistes pourront aussi vous conseiller. Nos indications ne sont nullement des topoguides. Elles sont là pour vous aider à choisir votre itinéraire, pas pour vous guider.
Pour toutes les randonnées, n'oubliez jamais que vous êtes en haute montagne. Prévoir des vêtements chauds, de bonnes chaussures, des lunettes de soleil, de l'eau, de la crème solaire et un chapeau. En cas de problème : ☎ *112.*

➢ ***Sendero de los Roques de García (rando nº 3) :*** *type de rando, en boucle. Accès : mirador de La Ruleta (prendre la petite route juste en face du* Parador *et faire 200 m). Difficulté : aucune. Durée : 1h30-2h. Distance : 3,5 km. Dénivelée : + 150 m.* S'il n'y avait qu'une rando à faire, ce serait sans aucun doute celle-ci que nous vous conseillerions, superbe et facile. On suit la vallée au milieu de paysages assez extraordinaires, champs de lave et hautes falaises dessinant une sorte de défilé au milieu d'un ensemble de *picos* (fines aiguilles rocheuses, sorte de cheminée de fée). Une des formations est appelée la cathédrale, amas de roches ayant résisté à l'explosion volcanique. Vue panoramique quasi permanente sur le Teide.

➢ ***Sendero de la Fortaleza (rando nº 1) :*** *type de rando, linéaire. Accès : départ du* centro de visitantes El Portillo. *Difficulté : aucune. Distance : 5,3 km. Dénivelée : + 170 m en descente. Durée : 1h30-1h45 (aller slt).* L'avantage de cette balade réside dans son accessibilité à tous. Autre avantage, on peut voir le sommet du Teide en permanence. Le point d'arrivée se situe à la *cuesta de la Fortaleza,* en limite du parc. Connexions avec de nombreux autres sentiers.

➢ ***Sendero de Arenas Negras (rando nº 2) :*** *type de rando, en boucle. Accès : départ juste en face du* centro de visitantes El Portillo, *de l'autre côté de la route. Difficulté : aucune. Distance : 7,6 km. Dénivelée : + 250 m. Durée : 3h.* Une rando très prisée car elle ne présente aucune difficulté. On profite de superbes vues sur le Teide et de beaux panoramas sur la côte nord et La Palma, à moins que ce ne soit sur une mer... de nuages.

➢ ***Sendero de Siete Cañadas (rando nº 4) :*** *type de rando, linéaire. Accès : départ du* centro de visitantes del Portillo *et arrivée au kiosque* Información turístico Cañada Blanca, *devant le* Parador Nacional. *Pour le retour, bus nº 342 ou 348 (pour Puerto de la Cruz ou Costa Adeje). Difficulté : aucune. Distance : 16,6 km. Dénivelée : + 175 m. Durée : 4-5h (aller).* Une agréable balade qui peut se faire dans les deux sens. Déjà fréquenté par les Guanches, c'est un chemin traditionnel. On circule sur la partie orientale de la caldera. L'intérêt de cette rando, outre les points de vue, réside dans la diversité des paysages et la présence de végétation par endroits. On découvre de-ci de-là quelques vestiges d'anciens refuges. Belles formations géologiques sur la fin du parcours et nombreuses vues sur le Teide. Certains la font la nuit, avec une lampe électrique et sous un manteau d'étoiles.

➢ ***Montaña Blanca-pico del Teide (rando nº 7) :*** *type de rando, linéaire. Accès : sur la TF-21, au km 40,7. Indiqué en bord de route. Difficulté : élevée. Dénivelée : + 1 350 m. Temps de marche estimé : 5h30-6h. Point le plus haut : Teide (3 718 m). Distance : 9,5 km.*
La rando des randos puisqu'elle permet d'accéder aux portes du sommet du Teide, mais pas tout à fait. Elle s'arrête à 3 555 m, au *mirador de La Fortaleza,* soit 163 m avant le sommet. Pour accéder au sommet, au niveau du cratère, il faut demander une autorisation, à réserver environ 2 mois à l'avance, notamment en haute saison (entre octobre et Pâques) sur le site ● *reservasparquesnacionales.es* ● On choisit alors la date et l'heure de son ascension. Quatre lots horaires sont distribués chaque jour : de 9h à 11h, de 11h à 13h, de 13h à 15h et de 15h à 16h50, car seulement 200 personnes sont autorisés par jour. La randonnée passe devant le *Refugio Altavista* (situé à 3 270 m), où l'on vous conseille de passer la nuit. C'est une bonne idée si l'on veut couper la rando en deux. Pour réserver un lit au refuge ● *refugioaltavista.com* ● (Voir le texte concernant le refuge dans « Où dormir dans le parc ? ».) À réserver au moins

1 semaine à l'avance. Le refuge est réservé aux marcheurs. Si vous y passez la nuit, vous avez la possibilité d'accéder au sommet du Teide (à 3 718 m) tôt le matin, sans avoir d'autorisation, à condition d'être redescendu au refuge avant 9h. L'avantage de passer la nuit au refuge, c'est que cela donne l'occasion de grimper au sommet du cratère pour le lever du soleil. Pour cela, partir avant 6h du matin. Prévoir une lampe de poche (on part à la nuit). Assez exceptionnel. Si vous souhaitez y monter plus tard, l'autorisation est alors obligatoire. Cette randonnée nécessite d'être en bonne santé car la dénivelée, le froid, plus l'altitude la rendent difficile.
– À noter que les randonneurs pour le *pico* (le sommet) peuvent redescendre par le téléphérique (achat du ticket en haut). Si vous descendez à pied, comptez 3h30.
– *Info importante :* si vous décidez de redescendre par le téléphérique, la station d'arrivée se trouve à 3 km du point de départ de la rando (là où vous avez sans doute garé votre voiture). Un bus passe sur la route devant la station du téléphérique vers 16h et s'arrêtera sur demande au parking.
– ***Variante pour les moins courageux :*** ceux qui veulent tout de même faire l'ascension au sommet du pico Teide mais ne se sentent pas le courage de le faire à pied pourront prendre le téléphérique. Une fois là-haut, emprunter le ***sentier de rando nº 10*** jusqu'au sommet. Compter 40 à 50 mn de grimpette (163 m de dénivelée). Toujours depuis la station supérieure du téléphérique, on peut également emprunter le ***sentier de rando nº 11*** pour se rendre au *mirador de la Fortaleza.* Puis redescente à pied par le même chemin pour récupérer le téléphérique. On rappelle que pour cette dernière portion, à savoir l'ascension jusqu'au sommet du Teide, une autorisation est obligatoire, à prendre au moins 2 mois à l'avance (en haute saison) par Internet (bis repetita), sur le site • *reservasparquesnacionales.es* • En revanche, pour le *mirador de la Fortaleza,* nul besoin de permis.

Et encore

➢ Parmi les autres chouettes randonnées, on aime bien le ***sendero Alto de Guamaso, rando nº 14*** (en boucle ; facile ; durée : 1h30, départ face au resto *El Portillo*) et le ***sendero Sámara, rando nº 13*** (en boucle ; facile ; durée : 2h30). Intéressante pour ses vues sur le *pico Teide* et le *pico Viejo* en toile de fond. On est au bord de la caldera et on profite au loin de la vue sur La Palma, La Gomera et El Hierro... en fonction de la météo.

L'ascension du Teide en téléphérique

*** ***Teleférico del Teide*** *(plan Parque nacional del Teide) : sur la route principale qui traverse le parc. ☎ 922-01-04-40. • telefericoteide.com • Fonctionne tlj 9h-16h (dernière montée), 16h50 pour la dernière descente. Départ ttes les 10 mn. Trajet : 8 mn. Prix : 25 € A/R (12,50 € l'aller). Cafétéria (chère). Toilettes (au départ et à l'arrivée).* Un must ! Inutile d'être un grand sportif pour gravir le Teide. Le téléphérique est là pour vous hisser de 2 356 m à 3 555 m d'altitude. Température à l'arrivée : 3-5 °C (selon la saison).
La montée offre une vue extraordinaire sur la caldera et ses arêtes clairement dessinées, et en arrière plan, l'océan. En haut, vaste champ de lave séché. À la sortie du téléphérique démarrent deux sentiers : les ***sentiers de rando nº 10 et nº 11*** (voir les détails plus haut dans la rubrique « Randonner dans le parc »).

À voir dans le parc

*** Tout le long de la route TF-24 et de la TF-21, entre le carrefour d'*El Portillo* et le *Parador Nacional,* on découvre moult ***points de vue spectaculaires*** sur les coulées de lave, vallées aux teintes chamoirées, zones arborées qui alternent avec de curieux déserts proposant toute la gamme des bruns. Certains secteurs du parc présentent

des aspects géologiques bien curieux où d'immenses plaines semblent avoir été labourées par des tracteurs géants, laissant derrière eux de gigantesques mottes de lave. D'autres régions sont moins tourmentées, avec des paysages plus lisses.
- Face au *Parador Nacional,* sur la droite (quand on vient du nord), prendre la petite route qui mène aux ***roques de García.*** Même si vous ne souhaitez pas entreprendre la ***rando n° 3*** qui explore superbement cette zone (voir le texte « Randonner dans le parc »), il faut aller voir de près cet ensemble d'étranges cheminées, pitons acérés, petits canyons et colonnes rocailleuses dressées fièrement vers le ciel dans une vallée lunaire. La vue sur le Teide complète joliment ce panorama. Plusieurs mini-sentiers permettant d'embrasser des points de vue différents sur ces formations rocheuses, aux lumières changeantes au coucher du soleil.

➢ On poursuit la route vers ***Boca de Tauce.*** Arrêt au point de vue-mirador *las Narices del Teide.* Surnommé « les narines du Teide », on y fait arrêt pour observer les deux *picos* les plus célèbres du parc, que l'on embrasse d'ici ensemble : pico Viejo et pico del Teide. Belle vision des deux cratères béants sur leur flanc ouest.

➢ À ***Boca de Tauce,*** au croisement des routes TF-38 et TF-21, ***petit kiosque d'info*** sur le parc. *Ouv lun-ven, 9h-16h.* Carte du parc et infos sur les randonnées.

➢ ***La route TF-38 vers Puerto de Santiago et Santiago del Teide :*** le ruban d'asphalte descend ensuite sévèrement. On passe au milieu d'étranges champs de lave noire où quelques pins sont parvenus de-ci de-là à planter leurs racines dans un univers hostile. Impressionnant. Panorama d'une grande force.

➢ Toujours sur la même route, un peu après la sortie du parc, sur la gauche, fléchage pour le ***mirador de Chirche*** (1 km plus loin). De ce point de vue, panorama exceptionnel sur la côte, sauvage par endroits, bien abîmée à d'autres. Petite halte avant la descente finale vers *Puerto de Santiago* ou *Santiago del Teide.*

Cafétéria du Mirador de Chirche : *sous le mirador du même nom. 671-20-22-23. Tlj sf lun 9h-20h. Plats 7-10 €.* Si l'on fait halte par ici en sortant du parc, on pourra y casser une petite graine ou simplement y prendre un verre. En fin d'après-midi, lumière magnifique.

AU SUD DU PARC DU TEIDE

Après *Boca de Tauce,* la route TF-21 descend vers deux charmants villages, Vilaflor et Granadilla.

VILAFLOR

(38613) 1 900 hab.

À mi-altitude, à une poignée de kilomètres du parc national et suffisamment en retrait de la côte, voici un chouette village où il fait bon marquer une halte, et pourquoi pas séjourner car on y trouve de bonnes adresses pour dormir et pour manger. C'est une région viticole et le regard croise souvent des vignes bien alignées. Le village lui-même ne manque pas de charme. Une place sympathique et quelques rues affichent encore quelques demeures coloniales de bon aloi. Autour du village, quelques chouettes balades comme celle où l'on rencontre des paysages lunaires.

Adresse utile

Point info : *sur la place du village, dans un petit kiosque de bois. Lun-ven 9h-16h.* Infos sur les balades et les hébergements du village.

Où dormir ? Où manger ?

Bon marché

Pensión Germán : *c/ Santo Domingo, 1. ☎ 922-70-90-28. Tte l'année. Double 40 €.* Une pension sise à l'étage d'un troquet de campagne. Un établissement de dépannage surtout, simplissime et sans déco, tenu par un vieux monsieur. Demandez celles au 2e étage, qui possédent une terrasse. Pour le charme, on repassera. Sert des sandwichs et des tortillas.

Prix moyens

Hostal El Sombrerito : *c/ Santa Catalina, 15. ☎ 922-70-90-52. Ouv tte l'année. Doubles 37-50 €, avec ou sans petit déj et selon saison. Resto fermé jeu soir. Menu 7,50 € servi midi et soir, plats 8-12 €.* À 5 mn du centre, une vingtaine de chambres très agréables et sobres, tranquilles et confortables, dans un hôtel champêtre tout jaune, aux fenêtres vertes. Certaines avec un bout de terrasse (mais sans vue). Au rez-de-chaussée, bar populaire et touristique tout à la fois, mais dans le bon sens du terme. C'est également un excellent resto, où l'on déguste une excellente cuisine traditionnelle. Que ce soit l'*escaldón*, l'exquis *puchero canario* ou le pot au feu canarien à base de viande de chèvre, on en ressort vraiment ravi. On terminera par la superbe tarte au café. Noter la belle salle du resto, transformée en musée d'objets anciens éclectiques (vieilles radios, projecteur ciné, outils agricoles...).

Casa Pana : *c/ Los Castaños, 7, à deux pas de la place principale. ☎ 922-70-90-70. Mar-sam 12h-19h, dim 12h-17h. Plats 8-13 €.* La plus réputée des tables de la ville, bien dans la tradition canarienne, très fréquenté par les locaux. Parmi les classiques on retrouve une excellente *carne de cabra*, un *bacalao encebollado*, ainsi que le *pringo* (viande de porc en sauce et *gofio*). Une cuisine de femmes, servie par des femmes. Au fond du resto, terrasse couverte donnant sur la campagne. Service un peu sec, dommage.

Plus chic

Hotel Spa Villalba : *ctra San Roque, s/n. ☎ 922-70-99-30. • hotelvillalba@hotelesreveron.com • hotelesreveron.com • À env 1 km du village, sur les hauteurs. Ouv tte l'année. Doubles standard 95-115 €, avec petit déj-buffet et spa inclus.* Une très grande structure classique, avec un hall aux odeurs de chlore. Normal, on est dans un hôtel-centre de soins, où l'on trouve une grande piscine chaude, un spa, des salons pour massage et un centre de soins. Les chambres sont spacieuses et classiques, le lieu très calme et zen. Vous l'aviez compris, une adresse de remise en forme, où règne le calme, loin du tohu-bohu de la côte. L'hôtel abrite un resto bien dans l'esprit du lieu.

Où dormir ? Où manger dans les environs ?

Plus chic

Hotel El Nogal : *camino Real, 38614* ***La Escalona.*** *☎ 922-72-60-50/09. • nogal@hotelnogal.com • hotelnogal.com • Dans un village à 5 km au sud de Vilaflor, en direction d'Arona, sur la TF-51. Bien indiqué sur la gauche. Ouv tte l'année. Doubles eco 60-70 €, standard 80-100 € et jusqu'à 130 € pour les supérieures, avec petit déj-buffet inclus. Au resto, repas env 20-25 €.* Superbe hôtel d'une quarantaine de chambres, édifié autour d'une vénérable bâtisse du XVIIe s et agrandie au fur et à mesure, dans le même style et le même esprit que la structure ancestrale. Grandes maisons rouge et ocre, tourelles avec appareillage de vieilles pierres, éléments de marbre, colonnes, patio avec structures de bois... Piscine extérieure sur une terrasse, avec vue plongeante sur la côte, et, sur le côté, une petite place arborée avec transats. On y trouve une autre adorable petite piscine intérieure (avec jacuzzi), entourée de larges baies vitrées qui lui donnent des airs de hammam. L'ensemble est presque organisé comme un minivillage avec passages, coursives... À l'intérieur, salons vénérables, mobilier ancien et petits patios, où le moderne se mêle sans heurts à l'ancien. On a tendance à préférer les chambres de la partie ancienne, mais elles sont toutes de qualité. Du luxe, de la chaleur et du bon goût. Autant de qualités que l'on retrouve à la table du resto, ouverte à tous, où la carte décline les grands classiques canariens, dans une salle décorée classiquement. Excellent service et carte des vins de qualité.

GRANADILLA DE ABONA (38600) 42 500 hab.

À une poignée de kilomètres de la côte, Granadilla de Abona possède encore l'atmosphère d'une bourgade tranquille même si elle subit déjà l'influence de la côte. Quelques-unes des ruelles tranquilles respirent l'esprit village. Pas grand-chose à voir, mais il y règne le soir une atmosphère délicieuse et la ville abrite une excellente adresse qui peut servir de base pour explorer aussi bien le parc national, situé un peu plus au nord, que les plages de la côte sud.

– ***Marché agricole de Granadilla :*** *pl. González Mena. W-e 8h-14h.* Sympathique et animé.

Où dormir ?

Chic

☗ ***Hotel rural Senderos de Abona :*** *c/ de la Iglesia, 5, juste devant l'église du village. ☎ 922-77-02-00. • info@senderosdeabona.com • senderosdeabona.com • Doubles 65-70 €, petit déj compris. Resto ouv slt le soir, 18h-22h. Plats 9-13 €.* Une grosse maison toute jaune du XVIIe s, qui se décline sur l'arrière en plusieurs autres bâtisses accolées, formant une enclave protégée, une sorte de minivillage avec placettes, patios, couloirs savamment décorés, courettes ombragées et passages donnant toute sa chaleur au lieu. L'auberge est tenue par une même famille depuis bien longtemps et on sent bien cette atmosphère dans les lieux, doublée d'un charme indéniable. Une petite vingtaine de chambres de très bon confort, à l'ancienne, avec meubles patinés, parquet ciré et beaucoup de vieux objets. Elles sont distribuées autour de différentes courettes, toutes pleines de plantes vertes. Au creux du petit jardin, piscine de poche encadrée de transats. Resto classique offrant une carte de plats maîtrisés mais sans génie particulier.

LA CÔTE NORD-OUEST

Une région passionnante car elle abrite sur un espace finalement assez réduit, de nombreux points d'intérêt touristique et culturel, d'une très grande diversité. Garachico, jolie bourgade historique ayant conservé de belles demeures et des adresses de charme, puis la vertigineuse route du valle del Palmar, qui nous mène sur les hauteurs au parc rural Teno, d'une richesse remarquable. Dans le parc vous attend une bonne douzaine de randonnées bien balisées. La route progresse vers le croquignolet village de Masca.
Autre point notable, un peu plus au sud, Los Gigantes, sympathique port et point de départ d'une réjouissante excursion en bateau pour aller voir les baleines et les dauphins.

ICOD DE LOS VINOS

(38430) 24 000 hab.

À une quinzaine de kilomètres à l'ouest de Puerto de la Cruz, voici une petite bourgade tranquille dont l'activité touristique se concentre autour d'un arbre ! Un *drago* plus précisément, à savoir un dragonnier censé être vieux d'un millénaire.

➢ Pour y aller, de ***Puerto de la Cruz***, bus nº 363. Liaisons ttes les 30 mn. *On prend le bus c/ Francisco Miranda.*

LE SANG DU DRAGON

La substance grasse et rouge qui s'écoule des blessures du dragonnier a rapidement été qualifiée de « sang du dragonnier » au fil du temps. De là à attribuer à cette résine des vertus thérapeutiques, il n'y avait qu'un pas que l'on franchit aisément au cours des siècles. Les Romains, pragmatiques, l'utilisaient plus prosaïquement comme colorant.

DRAGONNIER MILLÉNAIRE

Le dragonnier des Canaries que l'on peut observer dans certaines villes (La Laguna notamment) est un arbre arborescent, à savoir qu'il se ramifie en de nombreux troncs et en bouquets de palmes épineuses. Mais ce qui le caractérise, c'est sa longévité. On évoque l'existence d'un arbre vieux de 5 000 ans (emporté par un ouragan au XXe s) ! Le dragonnier d'Icod aurait plus de 1 000 ans, mais de solides études ne lui attribuent que six siècles d'existence. Seulement !

Adresse utile

🛈 ***Centro de iniciativas y turismo :*** *c/ San Sebastián, 6. ☎ 922-81-21-23. • citicod.com • Lun-ven 9h30-13h30. Horaires étendus en été et aux périodes d'affluence.* Carte de la ville et infos sur les choses à voir.

Où dormir ?

Plus chic (90-120 €)

🏠 ***Hotel San Agustín :*** *c/ San Agustín, 18. ☎ 922-81-31-94. • info@hotelsanagustin.es • hotelsanagustin.es • Double 95 € (même prix tte l'année), avec petit déj. Promotions régulières sur Internet.* Une poignée de chambres très confortables, abritées dans une maison de 1736. Chambres distribuées autour d'une coursive de bois, à l'étage d'un patio où glougloute une petite fontaine. Ensemble assez luxe (matelas épais) et salles de bains modernes. On profite d'un lieu de charme, d'un équipement au goût du jour et d'une atmosphère zen. Le patio accueille une cafétéria où l'on peut profiter de quelques tapas (ferme à 21h).

Où manger ?

De bon marché à prix moyens (8-24 €)

I●I ***Restaurante Agustín y Rosa :*** *c/ San Sebastián, 15. ☎ 922-81-07-92. • agustinyrosa1950@hotmail.com • Tlj 9h-18h. Repas 8-15 €.* Situé un poil à l'écart du centre historique, à 5 mn à pied. Si la salle est banale, le resto sert depuis 1950 une cuisine canarienne classique certes, mais bien faite. Les locaux ne s'y trompent pas, qui viennent ici comme à la cantine.

Restaurante-bar Tierra de Campo : *pl. de la Constitución, 2. 674-25-96-75. Tlj 9h-18h. Menú del día 10 €, plats 8-12 €.* Petite terrasse sur la jolie place coloniale, proposant d'honnêtes plats canariens et internationaux. Ensemble correct.

À voir

Plaza de la Constitución : adorable placette bordée de demeures coloniales élégantes, modestes pour certaines, plus nobles pour d'autres. Certaines sont dotées de fenêtres de bois décorées de motifs géométriques. Une autre est parée d'un remarquable balcon.

Iglesia San Marcos et museo de Arte sacro : *pl. de Andrés de Lorenzo-Cáceres. Lun-sam 9h30-18h15 (17h15 sam). Entrée : 2 €.* La visite de l'église est obligatoirement liée à celle du musée d'Art sacré. On débute d'ailleurs par celui-ci, en descendant un étroit escalier. Quelques toiles, sculptures, coffre de bois et icônes. Vitrines de vêtements liturgiques. Malheureusement aucune explication. En remontant, autre salle avec d'autres vêtements liturgiques et la plus grande croix de l'île en argent ciselé. L'église quant à elle s'avère trapue, aux flancs généreux, et présente quelques retables intéressants, baroque ou rococo, dorés ou en bois brut. Noter qu'on entre par une boutique et on ressort par une autre. On ne perd pas le nord !

Parque del Drago : *à deux pas de la pl. de la Constitución. Bien fléché. Tlj 9h-19h (20h l'été). Entrée : 4 € ; réduc.* Bon, inutile de payer une somme que l'on trouve trop élevée pour aller rendre hommage au plus vieux *drago* de l'île. On peut très bien le voir gratuitement depuis la plaza de Andrés de Lorenzo-Cáceres. En surplomb de la rue, depuis le petit kiosque on a une vue plongeante sur l'arbre qui, soit dit en passant, n'aurait que six siècles ! Il a près de 20 m de hauteur et 10 m de diamètre et son ramage est superbe. Ceux qui auront choisi de payer l'entrée verront en complément de l'arbre un jardin planté de palmiers, de cactus variés, d'autres petits *dragos, tabaibas* et *cardos.* Ils jetteront également un œil à la *casa del Drago* qui se résume à un ensemble de boutiques entourant un beau patio.

Dans la ***calle San Antonío,*** face au n° 15, un autre dragonnier, visible de près celui-ci. Gigantesque et élégant, il est toutefois maintenu par trois câbles. Dans la rue, vous noterez quelques vénérables demeures coloniales.

GARACHICO

(38450) 5 400 hab.

Bourgade adorable et troisième ville coloniale de Tenerife, avec La Laguna et La Orotava. Un vrai coup de cœur ! Garachico fut fondée très rapidement après la conquête de l'île, en 1496 par un banquier génois, Cristobal de Ponte, et devint l'une des cités portuaires les plus actives commercialement de l'île. On y exportait du sucre mais aussi les vins produits dans la région, vers l'Europe et les Amériques. Mais une tragédie mit brutalement fin à sa prospérité au tout début du XVIIIe s. La soudaine éruption du volcan Trebejo en 1706 cracha sa lave sur la ville et le port, détruisant sur son passage la plupart des édifices. Tout fut anéanti, sauf un portique encore visible sur une petite place. Les vignes en prirent également un sacré coup, mais il n'y eut aucune perte humaine.

De superbes édifices, toujours visibles aujourd'hui, furent reconstruits au cours du XVIIIe s. La ville ne retrouva cependant jamais son faste passé, surtout qu'entre-temps Puerto de la Cruz en profita pour développer son

emprise commerciale. On apprécie aujourd'hui son côté gros village presque en décalage avec le luxe de ses palais, ses rues pavées et sa jolie place entourée de vénérables édifices. D'excellents hôtels de charme invitent à y passer une nuit ou deux, quand la masse des visiteurs venue pour la matinée a retrouvé le chemin des plages.

Comment y aller ?

➢ ***De/vers Puerto de la Cruz :*** bus nº 363. Liaisons env ttes les heures. Le bus s'arrête au bord de la route.

➢ ***De/vers Icod de los Vinos :*** se rendre d'abord à Puerto de la Cruz, puis changer.

Adresses utiles

CIT Garachico – Oficina de turismo : *avda República de Venezuela, s/n. ☎ 922-13-34-61. Le petit kiosque de l'office est situé un peu à l'ouest du centre, à env 500 m, sur la route côtière, sur un grand parking. Lun-ven 10h-17h, sam-dim 10h-15h.* Plan de la ville payant (2 €).

Parking : *avda República de Venezuela, s/n.* Grand parking gratuit bien pratique, situé un peu à l'ouest du centre.

Distributeur : *à côté de la Casa Jamon, près de la pl. Juan Gonzáles de la Torre.*

Où dormir ?

Dommage, Garachico ne propose aucun hébergement bon marché.

Plus chic (90-120 €)

Hotel La Quinta Roja : *pl. de la Libertad, au cœur de la ville. ☎ 922-13-33-77. • hotelquintaroja@quintaroja.com • quintaroja.com • Doubles 112-125 € selon saison, petit déj compris (buffet).* Superbe maison du XVIe s, doté d'un généreux patio plein de plantes, où un chouette salon est installé. Une partie ancienne et une autre plus récente. Une vingtaine de chambres en tout, soignées et modernes, vraiment très agréables. Déco distinguée et confort total. Le large parquet et le bel escalier de pierre contribuent au charme du lieu. Excellent accueil. Jacuzzi (gratuit). Terrasses avec transats sur le toit.

Très chic (plus de 120 €)

Hotel San Roque : *c/ Esteban del Ponte, 32. ☎ 922-13-34-35. • info@hotelsanroque.com • hotelsanroque.com • Doubles standard 180-210 €.* Bâtisse du XVIIe s abritant une vingtaine de chambres, la plupart autour d'un remarquable patio, les autres autour de la piscine située dans l'espace voisin. On préférera celles à l'étage, plus isolées. Intéressant mélange entre un lieu historique et une déco très actuelle. Murs de plâtre cirés couleur brique. Dans le patio, haute sculpture moderne et métallique. On a également bien aimé le salon, classe et chaleureux, aux confortables sièges de cuir. Les arcades du patio accueillent un autre salon agréable. Bonne atmosphère autour de la piscine. Mention spéciale également pour le resto (voir « Où manger ? »).

Isla Baja Suites : *c/ Esteban del Ponte, 3. ☎ 922-83-00-08. 607-33-61-75. • info@islabajasuites.com • islabajasuites.com • Réception tlj 9h-14h slt. Double avec ou sans vue mer 130-150 €.* Une poignée de chambres coquettes et soignées à l'étage d'un beau patio abritant la terrasse d'une sympathique pâtisserie (voir « Où manger ? »). Les chambres dégagent un luxe sans ostentation. Fort bien équipées et dotées d'une petite cuisine.

Où manger ?

Sur le pouce

Le Pâtissier : *c/ Esteban del Ponte, 3. Tlj sf mer 9h-20h30. Menu du jour 10 €.* Coquette pâtisserie offrant un choix de gâteaux frais et un peu de salé. Petite carte de pizzas également. Bien aussi pour un thé dans l'après-midi, avec ses quelques tables installées dans l'agréable patio.

De bon marché à prix moyens (8-20 €)

Restaurante Los Pinos : *c/ Pérez Zamora, 6. ☎ 922-83-01-34. Mer-sam 13h-16h, 19h-22h. Dim-lun 13h-16h. Menu complet 9 €, plats 8-10 €. Poisson au poids.* Salle crépie de jaune et pierre de lave, sous une charpente typique de l'île, l'ensemble est niché dans une maison ancienne, et éclairée par un lustre impressionnant. Cuisine typiquement canarienne : *rancho canaria,* sélection de tapas, poisson frit ou *a la plancha* (selon type de poisson et arrivage), servi avec les belles *papas canarias* et un excellent *mojo.* Steak de thon grillé frais très réussi. Belles omelettes également. Service efficace, féminin et souriant.

La Almena de San Miguel : *avda República de Venezuela, 3. ☎ 922-13-33-03. Lun-mer 12h-22h ; jeu-sam jusqu'à 18h. 3 menus 11 €, plats min 7 €.* Poissons grillés, sépioles, filet de mérou en sauce, sole à la canarienne, calamars à la romaine. C'est surtout du poisson que l'on vient déguster ici, soit dans la grande salle fermée du 1er étage, soit sur la terrasse ouverte qui surplombe la rue. De là on embrasse une large vue sur la mer, la côte volcanique, les piscines naturelles et le castillo San Miguel. Malgré le côté touristique du lieu, c'est une bonne adresse et le rapport qualité-prix est imbattable. Service zélé et efficace.

Casa Ramón : *c/ Esteban del Ponte, 2. Pas de tél. Tlj 13h-18h. Plats env 7-10 €.* Poisson, poulpe, calamars, *sopa* et basta. Tenu par une gentille mamie, on s'assoit et on prend ce qu'il y a. Pas de carte, mais on vous dira ce qui est disponible. Salle minuscule et rustique, couverte de lambris. Une adresse comme on n'en fait plus. Accueil gentil comme tout.

Prix moyens (12-24 €)

Ardeola : *avda Tomé Cano, 4. ☎ 922-13-30-12. Mer soir et jeu-dim 13h-16h, 19h-23h30. Plats 11-16 €.* Face à la piscine municipale, mais en bord de route, on évitera la terrasse pour préférer la belle petite salle couleur sable, moderne et épurée, à l'atmosphère zen. Cette élégance générale se retrouve dans l'assiette, quel que soit le type de plat. C'est réussi et bien servi. On a apprécié le riz en bouillon de fruits de mer, la paella et le saumon grillé. Quelques viandes également, mais c'est avant tout pour les poissons que l'on vient ici. Une réussite, pour un prix ma foi très raisonnable.

Chic (24-40 €)

Resto de l'Hotel San Roque : *c/ Esteban del Ponte, 32. ☎ 922-13-34-35. Résa conseillée le soir. Menu 28 €.* Si le resto sert midi et soir, c'est le soir qu'il conviendra de s'y rendre car l'atmosphère s'y prête mieux. Parfait pour une soirée romantique et un repas de qualité, judicieux mélange de la cuisine canarienne et de réalisations plus internationales.

Où boire un verre ?

El Caletón : *juste à côté du castillo San Miguel, sur le bord de route. ☎ 922-83-08-55. Tlj 12h-17h30.* Ce resto, prisé par les touristes du fait de sa situation stratégique juste au-dessus du petit goulet de roches volcaniques, ne propose pas une cuisine mémorable. En revanche, on peut y prendre un verre sur la terrasse.

Kiosque sur la plaza de la Libertad : *au cœur de la bourgade. Tlj jusqu'à 22h.* Sympathique petit kiosque où l'on vient prendre le frais et un verre quand les touristes ont quitté la ville. Mais on ne se sent pas seul car on est entouré des plus belles façades historiques de la cité.

À voir

Iglesia de Santa Ana et museo de Arte sacro : *c/ Francisco Montes de Oca y Garcia. Tlj (sf durant les messes) 10h30-13h30, 15h30-18h30. Entrée : 1 € pour le musée. Demander le feuillet en français à l'entrée.* Dans l'église, plusieurs chapelles ornées d'intéressants retables des XVIIe et XVIIIe s. Une chapelle dans la nef de droite accueille des fonts baptismaux en marbre. On verra le retable de *N. Señora de Fatima,* ainsi que le retable du Seigneur attaché à la colonne (XVIIe s). Le musée est situé au fond de l'église, sur la gauche, sur le côté de l'autel. On traverse la sacristie puis c'est à l'étage. Une salle unique entourée de vitrines qui présentent essentiellement des vêtements sacerdotaux ainsi que quelques objets liturgiques. Voir notamment ce Christ en ivoire du XVIIe s des Philippines, ces reliques de san Celestino, de nombreux calices, croix de procession, série de porte-bannières, candélabres et des petites boîtes d'huile d'extrême onction.

Plaza de la Libertad : elle est bien belle cette place, généreuse et entourée d'anciens palais du XVIIIe s. Elle fut créée de toutes pièces après l'éruption du volcan, lors de la réorganisation de la cité. On notera l'*iglesia Santa Ana,* mais aussi l'ancien *palacio de los Condes de la Gomera,* au lourd appareillage de pierre et au porche à doubles colonnettes. Toujours sur la place, la statue de *Simón Bolívar* pensif, icône politique et militaire, *Libertador* de nombreuses colonies espagnoles d'Amérique du Sud, dont la famille était originaire de Garachico. Au fond de la place, large façade de l'*iglesia de Nuestra Señora de los Ángeles,* à double porte et fronton de pierre. Plafond de style mudéjar.

FRANCO DE PORT

La plaza de la Libertad, au cœur de la ville, était autrefois connue sous le nom de General Franco. Mais le nom du caudillo passa soudainement de mode. Il est vrai qu'habitants et touristes grinçaient un peu des dents en prononçant ce nom. On préféra la nommer Libertad. C'est vrai que ça sonne mieux.

Ex-convento de San Francisco : *pl. de la Libertad, au fond sur la droite. Lun-ven 11h-14h, 15h-18h ; sam 11h-16h. Entrée : 1 €.* Édifié à la fondation de la ville au début du XVIe s, il fut reconstruit après l'éruption volcanique. Cet ancien couvent de frères abrite deux superbes patios, en partie transformés en musées. Noter le pavement de petites pierres au sol, dessinant des motifs floraux. Les deux cloîtres présentent de superbes balcons de bois soutenus par de fines colonnettes. Vitrines de minéraux de tous pays, fossiles... Quelques invertébrés et coquillages, photos anciennes de Garachico au début du XXe s. À l'étage, modeste expo sur les volcans. L'autre patio est plus sobre.

Castillo San Miguel : *au bord de la route côtière, au niveau du centre. ☎ 922-83-00-00. Lun-sam 10h30-16h. Entrée : 2 €.* Mignon petit fortin édifié en 1575 puis détruit par un grand incendie en 1697. Reconstruit au cours du XVIIIe s, il arbore un bel appareillage de pierre. Une coquette échauguette blanche lui donne du caractère. Il abrite un petit musée historique retraçant les grandes étapes de la ville. Assez peu pédagogique et sans grand intérêt. À l'étage, la terrasse permet d'embrasser la vue sur la côte.

Piscina natural El Caletón : c/ Esteban del Ponte, 2. Tlj 13h-18h. Au pied du fortin *castillo San Miguel,* petit réseau de minipromenades sur les rochers volcaniques. Accès à une sorte de minifjord, appelé *piscina natural.* Agréable quand les eaux sont calmes. À éviter quand la mer est forte car les vagues rentrent avec puissance dans le goulet.

Tabaco Arturo : avda Tomé Cano, 8. ☎ 922-13-35-15. Lun-ven 10h-17h, sam 10h-14h. Boutique de cigares bien sympathique où l'on peut voir une torcedora fabriquer sous vos yeux les précieux *puros.* Les feuilles proviennent de Cuba, du Brésil et de Sumatra mais aussi de l'île de La Palma. Avec cet assemblage, on fabrique des modules qui portent le nom de *Macuba* et des *Tabaco Arturo.*

Plaza Juan Gonzáles de la Torre : en contrebas de cette place, on peut voir les restes d'une porte de pierre noyée dans les palmiers, que l'on vénère comme étant le seul vestige ayant été épargné par le volcan.

À voir dans les environs

À l'ouest de Garachico, la côte présente une physionomie sauvage et abrupte, avec côté terre un massif aux pics acérés et couvert d'une végétation rase. Ensemble très découpé, au relief tourmenté. Les flancs de ces collines pentues sont souvent ponctués de grottes inaccessibles. La vallée, côté mer, est couverte d'immenses bananeraies cachées sous de gigantesques toiles protectrices. Ces plantations s'étirent jusqu'à *Buenavista del Norte,* autre petite station balnéaire.

PARQUE RURAL TENO

De Buenavista del Norte, la route TF-436 monte en lacets serrés vers la valle del Palmar et pénètre dans le *parque rural Teno.* Il couvre 8 063 ha, se situe à la pointe nord-ouest de l'île et descend vers le sud en englobant une partie côtière. C'est une région encore méconnue et pourtant d'une grande richesse, très facilement explorable grâce à de beaux sentiers de tous niveaux de difficultés et balisés impeccablement. Ce massif a subi une forte érosion qui ravina durant des siècles le travail des volcans, créant d'incroyables crêtes effilées comme des dents de requin qui plongent vers des ravins profonds. Resté quasiment intouché depuis 2 millions d'années, le Teno est en partie couvert de *laurisilva* (laurisylve), cette dense végétation composée notamment de lauriers et bruyères géantes, que l'on retrouve dans le *parque rural Anaga,* au nord-est de l'île, ainsi que sur les îles de La Palma et La Gomera. C'est au milieu de cet espace protégé que l'on trouve le balbuzard pêcheur ou le lézard géant de Teno.

Le parc abrite quelques villages, qui se résument souvent à un bouquet de maisons dispersées sur les collines. Ils ont pour nom *El Palmar, Las Lagunetas, Las Portelas* et enfin *Masca,* le plus fameux de tous pour sa position stratégique et son panorama remarquable.

DU SENTIER MULETIER AU SENTIER DE RANDONNÉE

Si les chemins sont si nombreux dans le parque rural Teno, *c'est qu'ils étaient, il n'y a pas si longtemps encore, les seuls moyens de communication entre les villages. Ils étaient parfaitement entretenus quand on les transforma en sentiers de randonnée, lorsque le trekkeur prit le relais des bergers.*

➢ Après **Las Portelas,** la végétation se fait de plus en plus rase. On passe un col et l'on découvre un paysage de plus en plus aigu, pointu, acéré, brutal et désertique, composé de pitons rocheux gris, quelques buissons et plantes grasses qui s'accrochent vaillamment entre les roches et la vue qui plonge vers la mer. Superbe descente jusqu'à Masca. Sur la route, à gauche en allant vers ce village, faire halte au ***mirador de la Cruz de Hilda.*** Vue extra sur un massif volcanique ponctué de grottes, sauvage et abrupt. Quelques maisons blanches ponctuent le paysage.

Adresses utiles

Oficina del parque rural Teno *(carte Parque rural Teno)* **:** *à Los Pedregales, bien fléché sur la droite juste en arrivant à El Palmar (38489). ☎ 922-44-79-70/74. Lun-ven 8h-15h, ainsi que sam mat 1 sem sur 2.* On peut y obtenir toutes les infos sur les balades dans le parque rural Teno et les cartes nécessaires pour s'y retrouver.

■ ***Agence El Cardón Naturexperience*** *(carte Parque rural Teno,* ***10****)* **:** *agence basée à* ***Buenavista del Norte,*** *mais on peut également les trouver à l'*Albergue Bolico *(voir « Où dormir ? »). ☎ 922-12-79-38. • elcardon.com •* Basée à Buenavista del Norte, cette agence propose des randonnées guidées assez variées, selon les jours.

Où dormir ? Où manger dans le parc ?

De bon marché à prix moyens

Albergue Bolico *(carte Parque rural Teno,* ***10****)* **:** *sur la TF-436, passer Las Portelas et prendre à gauche vers* ***El Bolico*** *(38489) et faire env 1 km. Bien indiqué. ☎ 922-12-79-38. • info@elcardon.com • elcardon.com • Ouv tte l'année. Attention : réception ouv slt ven et sam. Le reste du temps, appeler auparavant. Lit en dortoir, en sem 25 € et 14 € ven-sam. Chambre double 45 €. Petit déj 3 €. Loc de draps et couverture 3 €. Utilisation de la cuisine, 1 €.* Très belle auberge moderne, rouge brique, avec de larges baies vitrées offrant un panorama superbe sur la montagne. 3 dortoirs de 10 à 14 lits. Terrasse tranquille. Une auberge de qualité, excellente halte pour les randonneurs souhaitant explorer le parc rural Teno, car on pourra y dégoter plein d'infos sur les différents sentiers. Pas de repas servi.

Mesón del Norte *(carte Parque rural Teno,* ***20****)* **:** ***Las Portelas*** *(38489). Sur la route TF-436, à la sortie de Las Portelas, sur la gauche en allant vers Masca. ☎ 922-12-80-49. Tlj sf dim soir et lun, 12h-17h, 18h30-21h30. Fermé de mi-juin à mi-juil. Plats 8-14 €.* Une grande auberge de campagne avec ses solides tables et ses nappes à carreaux, son bar et sa grande cheminée qui accueille la plupart des viandes grillées (sauf le lapin en sauce, évidemment !). Spécialités de superbes, juteuses et généreuses *carne a la brasa,* comme ces filets, ces entrecôtes, ce tendre agneau ou l'étonnant steak *secreto iberiquo.* Cuisson parfaite et accompagnement généreux. Une adresse solide, parfaite pour les affamés après une grande rando. L'accueil est direct et champêtre, toujours adorable.

Bodegón Patamero *(carte Parque rural Teno,* ***21****)* **:** *entre* ***El Palmar*** *et* ***Las Portelas,*** *le resto est indiqué sur la gauche de la route, à 200 m de la route principale. ☎ 922-12-78-27. Tlj sf dim et lun soir, et mar tte la journée. Plats 8-12 €.* Une autre adresse intéressante, dans un genre plus intime que *Mesón del Norte,* un peu plus chic également. Carte courte, miniterrasse, petite salle proprette avec à la carte une dominante de viandes grillées comme ce bon *secreto iberico.* Superbes steaks et entrées de qualité. Service pro et agréable.

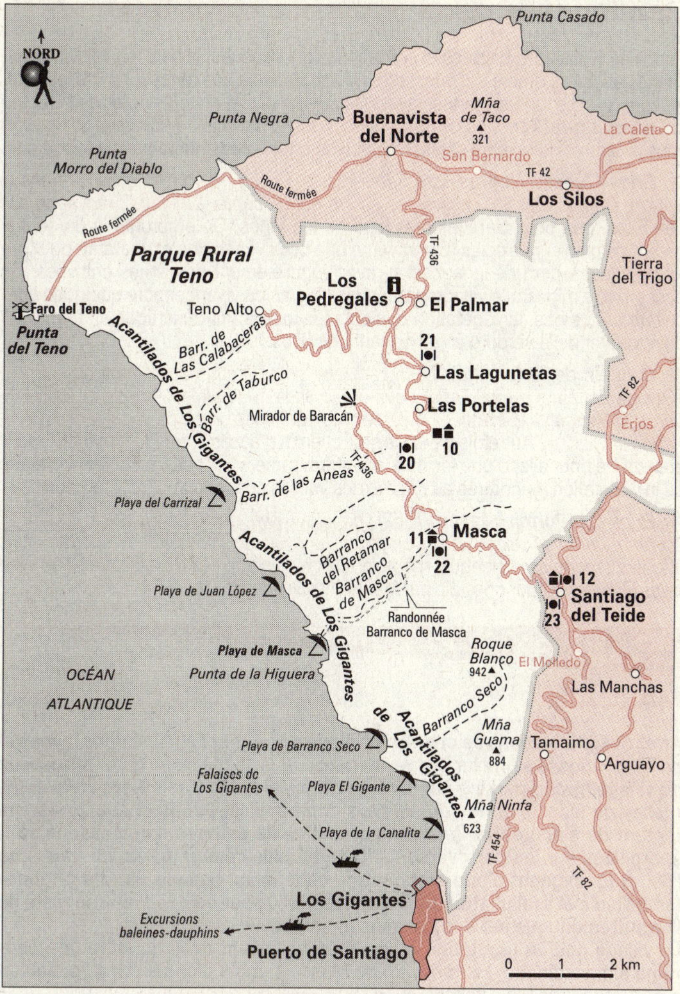

PARQUE RURAL TENO

Adresses utiles

- i Oficina del parque rural Teno
- **10** Agence El Cardón Naturexperience

Où dormir ? Où manger dans le parc et à proximité ?

- **10** Albergue Bolico
- **11** Casa rural Morro Catana
- **12** Hotel Casona del Patio
- **20** Mesón del Norte
- **21** Bodegón Patamero
- **22** Restaurant La Piedra et Chez Arlette
- **23** Restaurante Santiago del Teide

Randonnées dans le parque rural Teno

Parmi les 13 balades balisées et entretenues qui sillonnent le parc, en voici 4 de difficulté variable. Comme toujours, avant d'entreprendre une rando, prendre les informations sur ces randos (cartes, faisabilité, parcours... et météo) auprès de l'***Oficina del parque rural Teno,*** à *Los Pedregales*, à ***El Palmar*** (voir « Adresses utiles »). Ils vous aideront à faire votre choix. Nos indications ne constituent pas un topoguide.

➢ ***Erjos-Cuevas Negras-Los Silos*** *(rando TF-53)* **:** *départ d'Erjos. Distance : 5,7 km. Durée : env 3h. Dénivelée : 900 m en descente. Difficulté : moyenne.* De Los Silos, bus pour Garachico et Icod de los Vinos. On emprunte là un sentier datant de plusieurs siècles. On traverse une belle végétation exubérante du Monteverde (autre nom de la *laurisilva*), avec régulièrement des zones cultivées. On passe par le minuscule village de Cuevas Negras où vivent encore quelques agriculteurs. Plus bas, la végétation devient plus rase, semi-désertique en fait, avant de retrouver de la verdure en atteignant Los Silos.

➢ ***Callejón de Teno*** *(rando TF-57)* **:** *départ du petit embranchement qui mène à l'*Oficina del parque rural Teno, *point d'info situé à El Palmar. Arrivée à Los Bailaderos. Distance : 4,2 km aller. Durée : env 3h. Difficulté : de facile à moyenne. Dénivelée : env 250 m.* Autrefois c'était le seul chemin d'accès entre El Palmar et Teno. Il était utilisé pour aller d'une ferme à une autre. L'intérêt de cette rando est la variété de la végétation rencontrée au rythme des vallées accueillantes qu'il parcourt.

➢ ***Erjos-Las Portelas*** *(rando TF-52)* **:** *départ du petit point d'info à Erjos. Distance : 10,7 km. Durée : 4h-4h30 aller. Dénivelée : env 400 m.* Dénivelée pas énorme, mais attention, rando assez longue, même si elle ne présente pas de difficulté. À l'arrivée à *Las Portelas*, retour possible par le bus vers *Buenavista del Norte.*

MASCA (38489) 150 hab.

Arrêt obligatoire dans ce charmant village de montagne, situé dans le massif de Teno, adossé à une falaise vertigineuse. Possibilité de se garer au-dessus du village (grand parking sur la route principale). On explore avec plaisir les ruelles de Masca, sortes de sentiers improbables, étroits et empierrés, qui tentent de s'accrocher à la colline comme ils peuvent. Les maisons sont éparpillées sur les deux versants, face au plus célèbre *barranco* (ravin) de l'île, et témoignent d'une architecture canarienne typique. Masca fut longtemps isolé et il fallut attendre les années 1960 pour qu'il soit relié au reste de l'île autrement que par des chemins muletiers.
Le village doit sa réputation à son impressionnant ravin qui offre un panorama extraordinaire. Le *barranco de Masca* semble plonger dans l'océan en empruntant une faille vertigineuse.

Où dormir ?

Prix moyens

☗ ***Casa rural Morro Catana*** *(carte Parque rural Teno,* ***11****)* **:** *c/ Lomito, 15.* ☎ *922-86-34-09. • ruralmorrocatana@hotmail.com • morrocatana.es • Ouv tte l'année. 2 maisonnettes pour 2-3 pers 60-70 € et pour 4 pers 90 €. Tt petit studio pour 2 pers 40 €.* Mignonne maison en terrasse à flanc de colline et au cœur du village, tenue par Pedro, le serviable proprio. Il met à la disposition des touristes 3 maisonnettes, dont 2 possèdent une grande terrasse commune, équipée de transats et tables, s'ouvrant sur un panorama extra sur la montagne et la mer. Entièrement équipé, avec cuisine, frigo, vaisselle, etc. Parking possible.

Où manger ?

Prix moyens

🍴 ***Restaurant La Piedra*** *(carte Parque rural Teno, **22**) : juste en contrebas du parking, sur une placette. ☎ 922-86-31-13. Tlj sf dim, 10h-18h. Compter 10-15 €.* Si la cuisine est honnête, c'est surtout la belle et généreuse terrasse surplombant le village qui donne tout son charme à l'endroit. Soupe, calamars à la romaine, gambas à l'ail, *conejo al salmorejo.* Vue extra sur la vallée, parfois troublée par des groupes un peu bruyants.

🍴 ***Chez Arlette*** *(carte Parque rural Teno, **22**) : descendre par le sentier à gauche quand on arrive au village. Tlj sf sam, 10h-18h. Compter 10-15 €.* Quelques tables de bois en terrasse, sous un bouquet de palmiers jouxtant une maisonnette de pierre.

SANTIAGO DEL TEIDE

(38690) 12 000 hab.

Bourgade de bord de route à la lisière extérieure du parc rural Teno. Une bonne halte pour explorer le parc. On peut aussi se contenter d'y casser une graine. Quelques balades à effectuer dans les environs.

Adresses utiles

ℹ ***Oficina de turismo** : avda de la Iglesia, 64, sur la route principale. ☎ 922-83-92-20. Juste à côté de l'église. Mar-ven 8h-15h, sam 9h-13h.* Excellent accueil. Vente d'une carte sur les sentiers de randonnée locaux.

🚌 ***Station de bus** : le principal arrêt de bus se situe sur la route principale, sur la place de l'église.* Bus n° 462 vers Los Gigantes.

Où dormir ?

Très chic (plus de 120 €)

🏠 ***Hotel Casona del Patio*** *(carte Parque rural Teno, **12**) : avda de la Iglesia, 72. ☎ 922-83-92-92. • reservas@lacasonadelpatio.com • lacasonadelpatio.com • Sur la gauche en arrivant en ville depuis* Buenavista del Norte. *Double 125 € avec petit déj-buffet. Au resto, plats 11-16 €.* 📶 Une vingtaine de chambres dans ce superbe lieu, alliant le charme, la modernité, le luxe et une certaine intimité tout à la fois. C'est une vieille bâtisse remise au goût du jour, avec une base de grosse pierre volcanique, mélangée au béton brut et aux grandes baies vitrées. Baldaquin de bois, grandes salles de bains de marbre gris, volets de bois coulissants... Les chambres sont magnifiques, lumineuses et contemporaines. Nos préférées, les n°s 205, 211 et 212. Même atmosphère dans le patio, moderne et minéral. Excellent resto *La Tasca* (voir « Où manger ? »).

Où manger ?

Bon marché (8-12 €)

🍴 ***Restaurante Santíago del Teide*** *(carte Parque rural Teno, **23**) : ctra General, 46. ☎ 922-86-41-90. Tlj sf dim, 12h-18h. Menu du jour 10,50 € (servi lun-ven), plats 8-16 €.* Petit resto de bord de route, à la cuisine tranquille et régulière. Un bout de terrasse sur le trottoir pour boire un verre et une salle plus apprêtée au fond du resto, coquette comme tout, avec nappes à fleurs. Plats rustiques, classiques et de qualité. Viandes grillées et poissons en sauce se partagent équitablement la carte. Quelques tapas à grignoter également.

Prix moyens (12-24 €)

I●I ***Resto La Tasca - Hotel Casona del Patio*** *(carte Parque rural Teno,* ***12****)* **:** *avda de la Iglesia, 72. ☎ 922-83-92-92. Sur la gauche en arrivant en ville depuis* Buenavista del Norte. *Plats 11-16 €.* Des 2 restos que compte l'hôtel, notre préféré est sans hésiter *La Tasca,* niché dans une belle et ancienne demeure, sorte d'hacienda conservée dans son jus, juste à côté de l'hôtel. Bien bonne cuisine à prix raisonnables comme ce *bacalao con tomate y papas,* ce *pulpo de costa* ou ce *risotto de calamares con su tinta.* Plusieurs salons avec planchers et plafonds de bois contribuent à l'ambiance chaleureuse du lieu. Dans l'hacienda, petit musée sur le volcan Chinyero *(gratuit, 10h-18h).*

Petites randonnées à partir de Santíago del Teide

Bonnes infos à l'office de tourisme, très efficace. Y prendre un plan pour les randos suivantes.

➢ ***Balade circulaire* :** une boucle de 1h qui passe par la *valle de Arriba* et les vignobles. Départ à l'arrière de l'office de tourisme. Facile.

➢ ***Balade linéaire SL-TF-60* :** *départ à l'arrière de l'office de tourisme. Durée : env 3h30-4h. Difficulté : de facile à moyen.* Un sentier de 9 km qui mène au volcan Chinyero, puis se poursuit vers le village d'Arguayo. Ce volcan est le dernier à avoir été en activité sur l'île, en 1909. Possibilité de faire le tour du petit cratère. Arrivée au village d'Arguayo. De là, possibilité de prendre le bus n° 462 pour revenir à Santíago del Teide ou Los Gigantes (passe à Arguayo à 14h30 et 16h30).

Où faire du cheval ?

➢ ***Randonnées équestres à l'Hotel La Casona del Patio* :** *avda de la Iglesia, 72. 📱 628-08-69-67. Sur la gauche en arrivant en ville depuis* Buenavista del Norte. *Compter 30 €/h.* Infos à l'hôtel. Balade sympa dans les environs de Santíago.

À voir dans les environs

➢ La route entre *Santíago del Teide* et *Puerto de Santiago* dévale en lacet à travers les à-pics avant de traverser les vastes bananeraies cultivées en terrasses sous serres.

Marché agricole

– ***Marché de l'Agriculteur de Santiago del Teide* :** *avda General Franco, 2A. W-e 8h-15h.* On n'y vient pas exprès, mais si vous êtes dans les parages le week-end, un petit tour s'impose. Plein de bons produits locaux.

PUERTO DE SANTIAGO

(38689) 5 500 hab.

Puerto de Santiago et Los Gigantes constituent deux stations balnéaires dont les structures immobilières, hôtels et appartements, s'étagent à flanc de colline, s'adossant à la pente. Un point de chute plutôt agréable. Si vous n'y résidez pas, il faudra tout de même y faire halte car c'est le point de départ des excursions pour aller voir les baleines pilotes et les dauphins. À ne manquer sous aucun prétexte !

Où dormir dans les environs ?

Puerto de Santiago est une station balnéaire de moyenne importance et ses côtes sont couvertes d'hôtels. On a dégoté une adresse sympa et tranquille, un peu à l'écart de l'animation de la station.

Plus chic (90-120 €)

Hotel rural El Navio : *situé à 3 km au sud de Puerto de Santiago. ☎ 922-86-56-80. 653-23-90-03. • hotelrural@elnavio.es • elnavio.es • Juste avt le village d'Acatara, juste avt le panneau km 16, indication sur la gauche, puis faire env 700 m. Fermé en juil. Double 90 €, petit déj-buffet compris. Suite pour 4 pers 115 €.* Au cœur d'une immense bananeraie, une dizaine de chambres et suites tenues par Gustavo et alignées comme à la parade. Toutes avec terrasse et vue sur les champs de bananes et la mer au loin. Les chambres, agréables et confortables, sont desservies par une allée de cactus, en rez-de-chaussée, et prolongées par une généreuse terrasse avec transats. Belle piscine entourée de bains de soleil. Quelques bicyclettes à louer. Espace barbecue à disposition des clients. Et en cadeau, des bananes !

Où manger ?

De bon marché à prix moyens (8-24 €)

El Barco de Nino : *c/ La Hondura. ☎ 922-86-83-39. Tlj, tte la journée, 13h-23h.* Menú del día *servi en permanence 13 €. Plats de poisson 12-18 €.* Un resto assez classe, dans une rue de bord de mer, avec vue plongeante sur l'océan depuis les baies vitrées. Ce spécialiste du poisson vous accueille dans une salle plutôt chic, à la cuisine ouverte et aux prix doux. La carte propose de superbes poissons bien frais, que l'on demandera grillés ou frits. Belle *zarzuela mixta* (pour 2 personnes) ou *filete de lenguado el Barco.* Excellent rapport qualité-prix.

Plage

Playa Arena : *juste au sud de Puerto de Santiago.* La plus grande et la plus touristique des plages de sable noir de cette partie de la côte, en contrebas de la route côtière cernée par les bananeraies sous serres. Plutôt tranquille pour la baignade.

DANS LES ENVIRONS DE PUERTO DE SANTIAGO

LOS GIGANTES (38683)

C'est de ce port à 2 km au nord de Puerto de Santiago que se font les départs pour les excursions baleines et dauphins, ainsi que la balade vers les falaises qui ont donné son nom à la station et qui étirent leurs colonnes de basalte sur plusieurs kilomètres. C'est également l'objet d'une chouette excursion. Les fonds marins y sont d'une grande richesse.

Où manger ?

Plus chic (plus de 40 €)

Rincón de Juan Carlos : *pasaje Jacaranda, 2. ☎ 922-86-80-40. • info@elrincondejuancarlos.es • Lun-sam, slt le soir, 19h30-22h30. Résa conseillée. 3 menus 30-55 €. Plats 16-24 €.* Il n'y a pas tant de tables classe dans l'île pour ne pas mentionner celle-ci. Salle assez ennuyeuse, aux tables nappées de blanc et aux chaises grises. La terrasse est plus vivante, installée sur une placette piétonne autour d'un grand ficus. La courte carte tourne régulièrement et propose essentiellement des plats de viande créatifs et goûteux. Également un poisson du jour.

Excursion pour aller voir les baleines et vers les falaises Los Gigantes

Excursion baleines et dauphins : les sorties baleines et dauphins durent entre 3 et 4h et s'organisent toujours de la même manière. Environ 1h30 à 2h à la recherche des baleines et des dauphins, puis on longe les côtes pour se mettre à l'abri devant la *playa de Masca* pour un bon bain et manger un morceau sur le bateau. De nombreuses compagnies proposent cette excursion.

Excursions vers les falaises de Los Gigantes (acantilado de Los Gigantes) : outre la sortie baleines-dauphins, les compagnies proposent cette balade le long des falaises gigantesques. Juste au nord de la station balnéaire de Los Gigantes, l'urbanisation s'arrête brutalement et laisse place à ces cathédrales de basalte, hautes de plusieurs centaines de mètres (jusqu'à 600 m !) et qui s'étirent vers le nord sur 8 km jusqu'à la *Punta de Teno.* Cette partie-là n'est accessible qu'en bateau, qui longe la côte au plus près. Spectacle impressionnant que ces orgues d'un noir charbon.

■ **Maritima Acantilados :** *juste avt le port de Los Gigantes, sur la droite au niveau de la barrière du parking. ☎ 922-86-19-18 ou 07-26. • maritimaacantilados.com • Souvent des promos sur Internet.* 3 bateaux : *Nashira* (47 personnes), *El Gladiator* (36 personnes) et un *Zodiac rapide* (12 personnes). Pour les baleines, 2 sorties de 2 ou 3h *(25-35 €). Réduc enfants (5-12 ans).* Également une balade de 1h le long de la côte (15 €). En général, sorties à 11h et 14h, avec repas compris. Guide de qualité, bonne atmosphère et sérieux dans l'observation des baleines. Tout est fait pour que l'on soit content. La compagnie propose aussi une sortie le long des falaises de Los Gigantes.

■ **Autres activités :** *sur le port de Los Gigantes.* La plupart des compagnies proposent location de jet-skis, parachute ascensionnel, etc.

Où plonger à partir de Los Gigantes ?

Voici une côte proposant de très belles immersions, sur des sites de grande qualité, dû au fait que les falaises tombent en à-pics dans l'océan. La richesse de la flore donne vie à une faune riche et diverse.

■ **Los Gigantes Diving Centre :** *sur le port. Entrée juste à gauche de la pizzeria* Stella Marina. *☎ 922-86-04-31. • divingtenerife.co.uk • Compter 45 € la plongée, équipement compris. Forfaits. Cours (en anglais) et passage de* *diplômes.* Un club de qualité, tenu par des Anglais, dont la réputation n'est plus à faire. Plongées extra au pied des falaises de Los Gigantes. Mémorable !

Quelques sites de plongée

Octopus Cove : *env - 12-15 m. Plongeurs de ts niveaux.* Une plongée facile et très colorée où se niche une vie microscopique qu'il faut prendre le temps d'observer. Coraux superbes, anémones délicates, éponges multicolores. Et entre les branches protectrices de cette faune et de cette flore, une centaine d'espèces de petits poissons qui viennent se mettre à l'abri. Superbe.

Masca Bay : *env - 10-15 m. Plongeurs de ts niveaux.* Au pied des gigantesques falaises de basalte, une plongée facile où l'on découvre de belles murènes, poulpes et anémones. Superbe luminosité.

Punta Barbero : *env - 15-20 m. Plongeurs de ts niveaux.* Encore des à-pics vertigineux qui poursuivent leur course sous l'eau. On circule autour d'une sorte de cirque dans lequel s'animent des anémones, poissons colorés comme le poisson scorpion, poulpes et de très nombreux nudibranches. La vision d'une murène vient régulièrement s'inscrire dans le panorama.

Los Chuchos : *env - 20 m. Plongeurs de ts niveaux.* L'une des plus connues des plongées du secteur. Une immersion facile où l'on aura l'occasion de rencontrer de nombreuses raies, notamment la *stingray* et l'*eagle ray,* mais aussi des petits bancs de barracudas et de temps en temps des thons.

Atlantis : *env - 25 m. Plongeurs confirmés.* Intéressante plate-forme volcanique et morceaux de falaises basaltiques écroulées sur les fonds. Belles gorgones.

LA CÔTE SUD

La désertique et sauvage côte sud de l'île, tranquille durant des millénaires, s'est transformée en quelques décennies en un vaste terrain de jeux pour promoteurs immobiliers, axés sur le tourisme à grande échelle. Historiquement, c'est Franco qui eut le premier l'idée de développer le tourisme dès la fin des années 1950, afin de redynamiser une économie essoufflée.
Quelques décennies plus tard, trois stations balnéaires tentaculaires s'étirent sur la côte, concentrant plusieurs centaines d'hôtels. Les ramifications des programmes immobiliers n'ont, depuis lors, pas cessé de se déployer, tout d'abord entre la mer et la voie rapide, puis passant au-delà de l'autoroute et grignotant les collines, sur une bande d'une dizaine de kilomètres.

Topographie des lieux

On trouve d'abord la station balnéaire de *Los Cristianos,* la station historique, la première à s'être développée. Dans un second temps on édifia *Playa de las Américas,* qui n'est en fait que la continuation de la première, et enfin *Costa Adeje* qui ferme le banc avec ses hôtels les plus luxueux.
3 stations aujourd'hui quasiment fondues les unes dans les autres, uniquement composées de grandes structures (souvent plus de 300 chambres), de vastes groupes d'appart-hôtels dévorant les collines avec appétit. Au milieu de tout cela, de larges artères avec des centaines de restos de toutes nationalités, des centres commerciaux gigantesques et des dizaines de bars en tout genre.
Côté plages, le sud de l'île offre de grandes étendues comme à *Los Cristianos* et *Playa de las Américas.* Sable noir ou sable blond, tranquilles ou houleuses, vastes ou de poche, elles

sont parfois artificielles, ou en tout cas redessinées, et la plupart du temps protégées des vagues par des digues de roches volcaniques qui permettent la baignade par tous les temps.

QUI VIENT ICI EN VACANCES ?

Les familles espagnoles avant tout, mais également une clientèle plutôt âgée, germanique et anglo-saxonne, qui vient ici chercher un soleil d'hiver qui fait défaut chez elle, à des prix défiant toute concurrence. On est souvent en demi-pension, ou en appart-hôtel pour limiter les frais, ou en *time-share* (appartement en temps partagé). Beaucoup de vacanciers y ont leurs habitudes et viennent pour 1, 2 ou 3 mois.

UN PEU D'HISTOIRE

Tout commence dans les années 1950 à *Los Cristianos,* où l'on décide de bâtir autour du petit port déjà existant. Si cette côte est choisie, c'est que son climat est propice. Quasiment pas de précipitations et un ensoleillemement annuel supérieur à 3 000 h. Pas ailleurs, la côte est quasi déserte. Les villages se situent à mi-altitude, là où la culture est plus aisée. Puis c'est le tour de *Las Galletas,* mais la mayonnaise ne prend pas vraiment. Avec l'explosion du tourisme de masse, dans les années 1960-1970, *Playa de las Américas* se développe. Les premiers grands ensembles voient le jour (comme sur les côtes espagnoles et françaises, d'ailleurs). Les 3 et 4-étoiles hissent leurs tours en hauteur et en longueur.
Dès le retour à la démocratie, l'Espagne a le vent en poupe et on décide de faire les choses en grand. En deux décennies, le sud de l'île devient le site touristique le plus important de toutes les Canaries, loin devant ses consœurs. Durant les années 1980, la pression touristique ne se relâche pas et c'est au tour de *Costa Adeje* de voir le jour. On choisit d'y bâtir des grandes structures, des hôtels à thème de 300 chambres et plus, autour de vastes piscines, équipées de plusieurs restaurants. En bord de mer, on trouve des promenades de bois longeant des plages protégées par des petites digues, équipées de transats et parasols.

COMMENT CHOISIR SA STATION ?

Pas facile de choisir l'hôtel qui vous conviendra le mieux parmi les centaines d'hôtels qui se mènent une rude concurrence. Autant le savoir, ce n'est pas là que vous allez rencontrer l'âme des Canaries et vous y réviserez plus votre allemand et votre anglais que votre espagnol.
Ceux qui opteront pour cette région trouveront sur Internet des dizaines de propositions et de promotions pour tous les hôtels. C'est en fait la seule vraie manière de procéder pour réserver, ou de passer par une agence.
Voici quelques-unes des chaînes hôtelières qui proposent plusieurs établissements de qualité dans ce secteur : *Iberostar (• iberostar.com •), h10 hotels (• h10hotels.com •) ; Adrian Hoteles (• adrianhoteles.com •), Dream Place Hotels and Resorts (• dreamplacehotels.com •).*

■ Adresses utiles

- ℹ Información turística
- **1** Compagnies maritimes Fred Olsen et Naviera Armas, location de voitures Cicar

Où dormir ?

- **10** Pensión Paloma
- **11** Pensión Playa
- **12** Hotel Andrea's
- **13** Reverón Plaza

Où manger ?

- **20** Fortuna Nova
- **21** Cofradía de Pescadores
- **22** Le Bistrot d'Alain
- **23** La Paloma

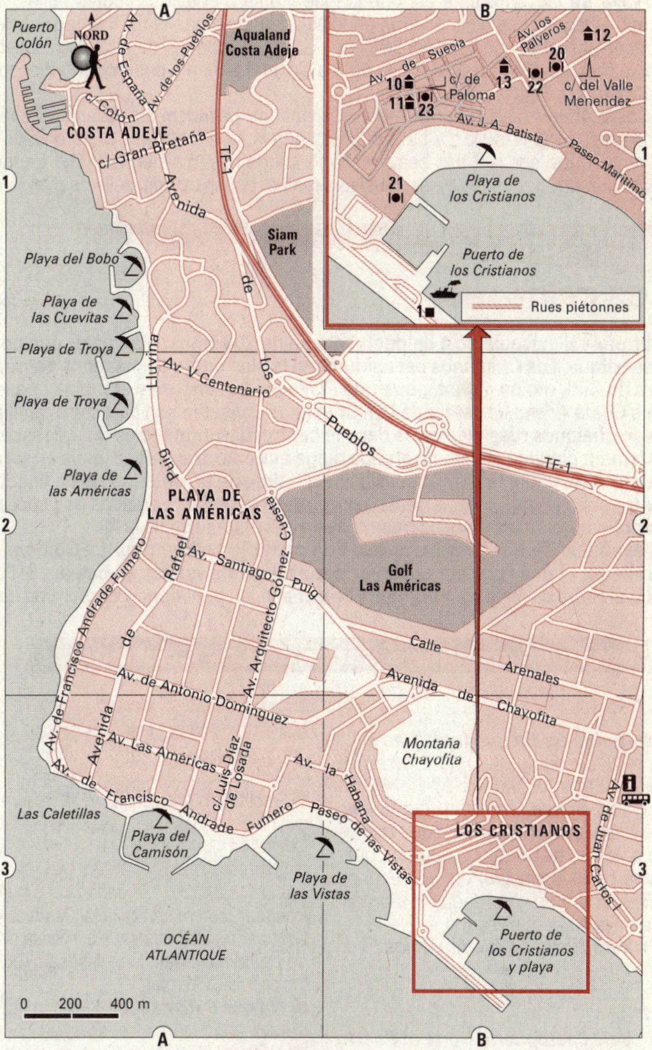

LOS CRISTIANOS, PLAYA DE LAS AMÉRICAS ET COSTA ADEJE

– ***Los Cristianos,*** la plus ancienne des stations balnéaires, où l'on trouve des constructions à taille humaine. C'est aussi le port de départ pour La Gomera. C'est la seule station qui propose des petits hébergements simples et pas chers, et de chouettes restos installés depuis longtemps. C'est celle que nous avons choisi de développer dans ce guide.

– ***Playa de las Américas*** est une longue litanie d'hôtels de toutes tailles. Sa grande plage constitue son attrait principal, quand on parvient à voir le sable tellement elle est bondée. Un conseil : s'il y a trop de monde, mettez votre serviette sur la tranche. Cette station, tout comme *Costa Adeje,* n'a pas forcément besoin de vous pour faire le plein.
– ***Costa Adeje :*** c'est la dernière-née des stations. Le terrain est devenu tellement prisé qu'on n'a le droit d'y bâtir que des hôtels 4 ou 5 étoiles ! Série d'édifices gigantesques, souvent très beaux et hyper modernes, mais entièrement tournés sur eux-mêmes, avec piscines, plusieurs restos, boîtes de nuit, salle de gym, etc.

LOS CRISTIANOS (38650)

Autrefois minuscule port de pêche d'à peine 200 âmes, planté sur une côte désertique, *Los Cristianos* est aujourd'hui la plus petite des stations balnéaires du Sud, moins gigantesque que *Playa de las Américas* et moins cossue que *Costa Adeje.* Le centre de Los Cristianos conserve son caractère familial, avec quelques rues piétonnes dans le centre, des immeubles qui dépassent rarement cinq étages et une grande plage aux eaux tranquilles (mais au sable dur !), sans doute la plus accessible à la baignade de cette partie de la côte. Autre point positif, c'est la seule à proposer des petites pensions pas chères, sur une côte où les établissements de luxe font désormais la loi.
C'est aussi de Los Cristianos que l'on prend le bateau pour La Gomera et El Hierro, et que l'on peut effectuer des excursions variées en bateau. Si l'on doit prendre un ferry pour une autre île le matin, on peut donc y passer une nuit.

Comment circuler à partir de Los Cristianos ?

En bus

Estación de guaguas *(plan B3) : sur l'avda Juan Carlos I, à 10 mn à pied du port. ☎ 922-53-13-00. • titsa.com •* Les bus s'alignent tout le long de l'avenue. Pratique. Kiosque d'infos et d'achats de billets. On peut y acquérir la carte ***Bono Via,*** qui coûte 15 ou 25 € et dont on vous déduit le montant du trajet à chaque voyage.
➢ ***Vers Playa de las Américas :*** bus nos 416, 472, 473 et 477.
➢ ***Vers Costa Adeje :*** bus nos 472, 473 et 477.
➢ ***Vers l'aeropuerto Norte et Puerto de la Cruz :*** bus no 343. Nombreux bus/j.

En taxi

Station de taxis : *juste en face de la station de bus, sur l'avda Juan Carlos I. Compter env 20 € pour l'aeropuerto Sur et env 90 € pour l'aeropuerto Norte.*

En bateau : pour La Gomera, La Palma et El Hierro

■ ***Fred Olsen*** *(plan zoom,* ***1****) : bureau à la gare maritime, au port. ☎ 902-10-01-07 (central de résas). • fredolsen.es • Bureaux ouv lun-ven 7h-19h, sam 7h-14h, dim et j. fériés slt 1h30 avt le départ du bateau.* Pour *La Gomera* : en général 3 bateaux/j. Dim, parfois slt 2 liaisons. Pour *Santa Cruz de La Palma,* 1 bateau/j., tlj sf sam (ou sf lun depuis La Palma).
■ ***Naviera Armas*** *(plan zoom,* ***1****) : bureau à la gare maritime, au port. ☎ 902-45-65-00 (central de résas). ☎ 922-79-61-78. • navieraarmas.com • Lun-ven 7h30-18h30 ; sam 7h30-12h, 17h30-21h.* Compter env 46 € A/R pour *La Gomera,* avec 1-3 bateaux/j. (1 seul mar, jeu et ven, 3/j. mer et dim ; mais min 2 liaisons/j. depuis La Gomera). Pour *La Palma,* 1 bateau/j., tlj sf sam (et sf lun au retour). Pour *El Hierro,* 1 bateau/j. lun, mer et ven, 2/j. mar et jeu, mais aucun le sam !

Adresses utiles

Información turística (plan B3) : *sur l'avda Juan Carlos I, s/n ; le long de la station de bus. ☎ 922-75-71-30. • arona.travel • Ouv en théorie lun-ven 8h30-16h.*

Services : on trouve une **pharmacie** et de nombreux **distributeurs** autour de la plaza Virgen del Carmen au cœur de la ville, où se situe la petite église.

Location de voitures Cicar (plan zoom, **1**) : *sur le port, dans la gare maritime. ☎ 922-75-11-25. • cicar.com • Tlj 8h-13h, 17h-20h (horaires variables selon saison).* Pratique pour louer un véhicule si vous arrivez de La Gomera en bateau.

Où dormir ?

Bon marché (20-40 €)

Pensión Paloma (plan zoom, **10**) : *c/ Berlin, 7. ☎ 922-79-01-98. 📱 619-95-89-28. Doubles 25-30 €, sans petit déj. Quelques chambres pour 3 pers.* Sur 2 étages, Ofelia vous accueille dans son impeccable pension abritant une dizaine de chambres avec salles de bains communes (une par étage). 2 d'entre elles ont des sanitaires privés. Vraiment très propre. Une bonne petite adresse à prix doux.

Pensión Playa (plan zoom, **11**) : *c/ Paloma, 9, à l'angle de la c/ Berlin. ☎ 922-79-22-64. 📱 670-47-00-95. Double 25 € (18 € pour 1 pers), sans petit déj.* Du 1er au 4e étage de ce petit immeuble dans une rue piétonne et agréable, on trouve une poignée de chambres, avec salles de bains à partager (sauf une). Pension fort bien tenue par l'adorable Loli, originaire de Cuba.

Prix moyens (40-65 €)

Hotel Andrea's (plan zoom, **12**) : *avda del Valle Menéndes, 6. ☎ 922-79-00-24. • hotelandreas@reveronhotels.com • reveronhotels.com • Doubles 40-50 € selon saison, sans petit déj. 📶 (payant).* C'est l'un des plus anciens hôtels de la station, élevé dans les années 1970. Structure à la façade verdâtre, tristoune comme tout, mais les chambres sont confortables et d'un bon rapport qualité-prix. Ensemble simple et fonctionnel.

De chic à plus chic (65-120 €)

Reverón Plaza (plan zoom, **13**) : *c/ General Franco, 26, juste sur la pl. Virgen del Carmen. ☎ 922-75-71-20. • reservas@hotelesereveron.com • hotelesreveron.com • Doubles 76-115 €, avec petit déj. 💻 📶 (payants).* Une quarantaine de chambres, toutes avec balcon et AC, sises dans un édifice assez massif, confortable et à taille humaine, planté au cœur de la station et situé à 5 mn à pied de la plage. Excellent service et chambres de très bon confort, impeccables et classiques. Demandez-en une dans les étages. Piscine découverte et chauffée au 5e étage, avec transats et vue circulaire.

Où manger ?

Bon marché (8-12 €)

Fortuna Nova (plan zoom, **20**) : *avda del Valle Menéndez. ☎ 922-79-51-92. Juste à côté de l'Hotel Andreas. Tlj midi et soir, sf dim. Menu 8 € le midi, 10 € le soir.* Terrasse avec lourdes tables de bois et fer forgé. Terrasse agréable et un peu à l'écart de la plage. Menu très correct à un prix imbattable. Bonne petite adresse internationale (pâtes, *spare ribs,* légumes au gril, goulash, poisson du jour...).

Cofradía de Pescadores (plan zoom, **21**) : *sur le port même.*

☎ *922-79-00-14. Lun-ven 12h-15h. Poisson 10-12 € selon poids.* Le resto est à l'étage. On y propose des poissons apportés par les pêcheurs, tout beaux tout frais. On choisit sa bête et on décide du type de cuisson. Que du bon.

Prix moyens (12-24 €)

|●| ***Le Bistrot d'Alain*** *(plan zoom, **22**) : avda del Valle Menéndez, 23.* ☎ *922-75-23-36. • alainebistrot@hotmail.com • Mar-dim 19h-22h. Plats 10-15 €.* À deux pas de l'*Hotel Andreas,* au pied d'un édifice banal, vous trouverez cette excellente adresse, fidèle au poste depuis bientôt 30 ans. C'est dire si elle fédère les habitués ! Si vous avez la nostalgie du pays, c'est sans doute chez Alain qu'il faut aller. On y retrouve avec plaisir de nombreuses spécialités de l'Hexagone, bien travaillées : ris de veau, entrecôte, Saint-Jacques, et même des escargots ! Avec un vin français bien choisi, en terrasse, on n'est vraiment pas mal.

|●| ***La Paloma*** *(plan zoom, **23**) : c/ Paloma, 4.* ☎ *922-79-22-49. Tlj sf mar, en continu. Plats 8-15 €.* Dans une des agréables ruelles du centre, un resto familial mettant à l'honneur la cuisine espagnole en général. Fameuse *pierna de cordero,* lapin en sauce, agneau au four... Quelques poissons également. Bonne atmosphère familiale, dans la chaleureuse salle ou en terrasse.

À faire à Los Cristianos et dans les environs

L'activité principale dans le secteur est surtout le bronzage sur plage. Une fois que vous êtes doré des deux côtés, quelques parcs à thème vous attendent. Uniformisés, plutôt rigolos mais souvent hors de prix.

Jungle Park *: urbanización La Águilas del Teide, s/n,* ***Arona.*** ☎ *922-72-90-10. • junglepark.es • Pour y aller, sortie 72 depuis l'autoroute qui longe la côte sud. Entrée : adulte 24 € ; enfant 8-17 € selon taille. Tlj 10h-17h30 (dernière admission à 16h30).* Voici un parc animalier d'une grande variété, à cheval entre le zoo et le parc d'attractions. Rapaces, félins, animaux marins tels que phoques, pingouins et otaries. Lions, panthères, léopards, tigres, lémuriens, crocodiles et gorilles. Plusieurs spectacles par jour. On n'est pas pour ce genre de lieu, mais force est de constater que les animaux ont de l'espace et qu'ils sont en bonne santé.

Aqualand Costa Adeje *(plan A1) : avda de Austria, 15 ; San Eugenio Alto,* ***Costa Adeje.*** ☎ *922-71-52-66. • aqualand.es • Système de bus gratuit A/R en fonction de votre lieu de résidence. Tlj 10h-17h (18h juil-août). Prix adulte : 22,50 € ; réduc enfants, 8-16 € selon taille.* Toboggans géants, piscines à vagues, piscines tout court, toboggans qui font des huit, jeux d'eau... sans oublier un show de dauphins.

Siam Park *(plan A1) :* ***Costa Adeje.*** ☎ *922-06-00-00. • siampark.net • Pour y aller, sortie 28 depuis l'autoroute qui longe la côte sud. Tlj 10h-17h (18h mai-fin oct). Entrée : adulte 33 € (arghh !) ; enfant 22 € !* Un autre parc aquatique avec le royaume de Siam pour thème central. Mais les toboggans et les piscines sont les mêmes qu'ailleurs.

– Et encore d'autres attractions du genre balade à dos de chameau à la *Casa del Camello,* karting...

➢ ***Activités nautiques :*** *à Los Cristianos, sur la droite de la plage, à l'angle du port.* Plusieurs kiosques proposent des activités nautiques diverses : pêche au gros, sorties baleines, balades en jet-ski...

TENERIFE

Où plonger ?

Escuela municipal de Buceo : *sur le port de Los Cristianos, à droite de la plage.* ☎ *922-79-73-61.* Cours et sorties plongée avec ce club de bonne réputation. Nombreux sites aux alentours de la côte sud.

EN LONGEANT LA CÔTE VERS L'EST

LAS GALLETAS

(38631)

À quelques kilomètres de l'aéroport, une petite station balnéaire sans grande particularité. Le port de pêche n'est pas désagréable. On n'y séjourne pas vraiment, mais on peut y faire halte pour ses bouts de plage de sable noir dans le centre.

Où manger ?

I●I ***Café del Puerto :*** *sur la digue de la marina. ☎ 922-78-67-79. Tlj sf mar 12h-21h (bar jusqu'à 22h). Plats 7-12 €.* Sur la jetée du port, juste au-dessus de l'eau. Bons petits plats de la mer servis avec le sourire. Calamars et poulpes frits. On n'y vient pas exprès, mais si vous êtes dans le village et que la faim vous tenaille...

LOS ABRIGOS

(38618)

Comparativement aux grosses stations balnéaires de la côte sud qui jouent des coudes pour étendre leur notoriété, celle-ci fait office d'exception. À deux pas de l'aéroport, Los Abrigos a su conserver intact son esprit village. Son petit port, lové en surplomb d'une crique, constitue une étape agréable, où l'on passe une soirée délicieuse. La grande notoriété de Los Abrigos, ce sont ses excellents restos de poisson (et non les abricots !). La petite promenade piétonne le long du port est bordée par une quinzaine d'établissements où les choses de la mer sont à l'honneur. On y vient même exprès depuis Costa Adeje pour profiter d'un pur moment d'authenticité.

Où manger ?

De bon marché à prix moyens (8-24 €)

I●I ***El Mirador :*** *avda La Marina, 7. ☎ 922-74-94-48. Juste en arrivant sur le port, immédiatement sur la droite, dans une maison bleue. Tlj sf mer en continu dès 13h. Dim, midi et soir. Poisson au poids, env 20 €/kg.* Certainement une des plus jolies terrasses dominant la mer. De beaux poissons, mollusques et crustacés attendent d'être choisis dans les vitrines réfrigérées. On pointe son poisson du doigt, on le fait peser, on détermine le type de cuisson et hop... dans l'assiette. Moules, calamars, gambas, sole, daurade, badèche, pageot et on en passe... Servi avec le sourire, *papas y mojos*, c'est un délice.

I●I ***Perlas del Mar :*** *casa Alejo, c/ La Marina. ☎ 922-17-00-14. À l'extrémité est du port, en surplomb. Tlj sf lun, 12h-23h en continu. Poisson env 22 €/kg.* Large terrasse et salle aux généreuses baies vitrées dominant le port. Grande variété de poissons frais, rien que du frais, présentée en vitrines. Frit ou grillé, c'est tout bon. Bien vérifier la pesée.

EL MÉDANO

(38612)

Petite station balnéaire à quelques kilomètres à l'est de l'*aeropuerto Sur*. Elle ne brusque pas par son gigantisme, et elle a adopté un développement

horizontal plus que vertical. El Médano abrite quelques hôtels, des petits restos sympas, mais surtout deux jolies plages, intéressantes à plus d'un titre. Une plage assez petite, dans le centre-ville, où la baignade est aisée et tranquille, et une autre immense, composée de sable gris-blond à l'ouest de la ville, sauvage et très ventée, où l'on pratique la planche à voile et le kitesurf. C'est l'un des sites les plus prisés de l'île pour ces activités. La plage est longée par une promenade de bois et totalement épargnée par les constructions. En revanche, attention, la baignade peut être dangereuse.

Adresses utiles

■ ***Location de kites, Azul Kite-surf School :*** *paseo de las Mercedes de Roja, 26, sur la promenade de bois au-dessus de la plage. ☎ 922-17-83-14. • azulkiteboarding.com • Tlj 10h-19h.* Location et cours de kite (en anglais). Très bon matériel.

■ ***Location de planches à voile, TWS :*** *paseo de las Mercedes de Roja, tt au bout de la promenade de bois au-dessus de la plage. ☎ 922-17-94-01. • tws-windsurf.com • Tlj 10h-18h.* Location de belles planches, utilisées pour des tests de matériel. Propose aussi des cours.

Où dormir ?

Prix moyens (40-65 €)

Hotel Carel : *avda Principes de España, 22. ☎ 922-17-68-98. • reservas@hcareltenerifesur.com • hcareltenerifesur.com • Doubles 35-45 €, petit déj 5 €.* Pas l'hôtel le plus attrayant de la terre, mais il peut dépanner si vous souhaitez séjourner dans le secteur une nuit. Situé en retrait de la plage, à 5 mn à pied, c'est un édifice sans style de 4 étages, dans une rue calme. Une vingtaine de chambres en tout, fonctionnelles et correctes.

De chic à plus chic (65-120 €)

Hotel Medano : *sur la plage au cœur du village. ☎ 922-17-70-00. • reservas@medano.es • medano.es • Doubles 80-105 € selon saison et vue, petit déj-buffet compris.* Un établissement de qualité, construit dans les années 1910, offrant un style Art déco et donnant directement sur la mer. Beau lobby moderne, à l'image des chambres, lumineuses et assez généreuses, très bien équipées. Salles de bains soignées. Superbe terrasse au-dessus de l'eau, telle une proue de navire (escalier directement dans l'eau), et une autre équipée de transats tout en haut de l'hôtel, avec une vue extraordinaire. Sinon, toute petite piscine.

Où manger ? Où boire un verre ?

Restaurante El Astillero de Avencio : *paseo Marcial García, 2. ☎ 922-17-82-20. Dans la rue piétonne, 50 m à gauche de l'*Hotel Medano *quand on regarde la mer. Tlj sf dim soir et lun. Plats 8-14 €.* Établissement classique, juste au-dessus de l'eau (mais sans terrasse), à l'excellente réputation, et ce depuis bien des années. On y sert essentiellement des plats de poisson et de crustacés, préparés avec précision. Moules, poulpes et perche de mer grillée. Bonne morue également. Service souriant et plein d'humour.

Flash Point : *paseo de las Mercedes de Roja. Au bout de la promenade de bois. Ouv tte la journée.* Au-dessus de la plage, petite terrasse fréquentée par les véliplanchistes qui viennent ici prendre un peu de repos.

Les plages

La plage d'El Medano : *au cœur de la bourgade.* Un lieu familial et agréable pour un petit bain tranquille. Son avantage : l'eau est calme la plupart du temps.

La grande plage de la Tejita : *à l'ouest du centre.* Elle s'étire au pied de quelques rochers blonds. Blond est le sable également, suffisamment rare pour être souligné. La plage est sauvage et quasiment aucune construction ne vient heurter le regard. De la promenade de bois, on peut admirer les véliplanchistes et les kitesurfeurs virevolter dans les vagues et le vent. Pour pratiquer, voir nos adresses de location dans la rubrique « Adresses utiles ».

LA GOMERA

ABC
DE LA GOMERA

- *Superficie :* 369 km² (env 3,5 fois la surface de Paris).
- *Nombre d'habitants :* 24 000.
- *Ville principale :* San Sebastián de La Gomera.
- *Nombre de palmiers :* entre 100 000 et 150 000 !
- *El silbo :* langage sifflé unique en son genre, inscrit sur la liste du Patrimoine culturel immatériel de l'humanité par l'Unesco depuis 2009, et enseigné à l'école.
- *Particularité touristique :* la randonnée. Plus de 60 sentiers balisés, de tous niveaux.
- *Point culminant :* le mont Garajonay (1 487 m).
- *Climat :* les côtes sont quasiment toujours au soleil, tandis que la montagne est souvent plongée dans les nuages. Parfois près de 15 °C de différence entre le bord de mer et 800 m d'altitude.
- *Culture en terrasses :* La Gomera est l'une des îles où la culture en terrasses s'est le plus développée depuis la civilisation guanche.
- *Événement historique :* dernière étape de Christophe Colomb et de ses 3 caravelles avant de partir à la découverte des Amériques.

Pour la carte générale de La Gomera, se reporter au cahier couleur.

Comme ses voisines, La Gomera est avant tout une montagne aride d'origine volcanique, dont le centre, le *parque nacional de Garajonay,* est coiffé par une forêt de lauriers (la laurisylve) absolument unique, qui fait la spécificité de l'île. Et qui dit montagne dit randonnées. Allons droit au but : si l'on vient à La Gomera, c'est avant tout pour pratiquer la randonnée, pas vraiment pour les plages. Et vous allez découvrir un surprenant coin de terre, caché derrière Tenerife, et qui semble avoir été oublié.

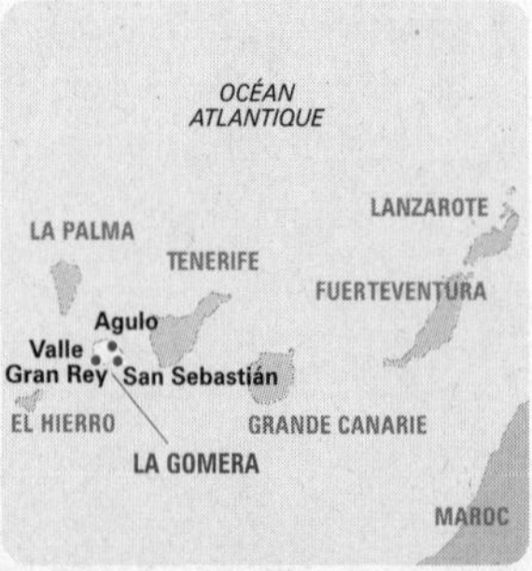

Pour dessiner La Gomera, il vous faudra tracer un rond presque parfait. En mettant la pointe du compas approximativement sur le sommet le plus haut de l'île, l'*Alto de Garajonay,* à 1 487 m d'altitude. Pour la coupe transversale, faites une pyramide ! Voilà pour l'idée de base. Mais rien n'est vraiment si simple. Car cette île volcanique, semi-désertique (surtout dans sa partie sud), est creusée de larges entailles, de ravins incroyables *(barrancos),* qui la découpent en profondes vallées offrant des paysages extraordinaires, des plongées visuelles de toute beauté vers l'océan. Chaque vallée est comme un coup de couteau qui aurait tranché le gâteau en parts inégales, en partant du centre, mais en ayant pris le soin de bien séparer les tranches.

Ainsi, La Gomera ne possède pas de route côtière, mais un réseau en étoile, où l'on relie une vallée à une autre en repassant par le centre ou peu s'en faut, et à chaque fois en remontant à plus de 1 000 m au-dessus du niveau de la mer.

En altitude, on découvre un autre monde. C'est le royaume de la forêt, immense et étrange, qui forme comme un couvercle au-dessus de l'île, et dont l'existence est due à la forte humidité qui y règne, distillée par un voile nuageux créé par les alizés frappant l'île à partir de 800 m d'altitude. C'est un formidable terrain de jeux pour les randonneurs qui pourront s'en donner à cœur joie sur des sentiers bien balisés.

Et les plages, alors ? Il y en a très peu. Celles qui sont accessibles à la baignade sans danger se comptent sur les doigts d'une seule main, ce qui a sans aucun doute tenu à distance les promoteurs à la truelle légère.

La Gomera est une île puissante, qui se mérite. Ceux qui la découvrent en marchant en repartent les mollets musclés, les poumons pleins d'un air sain et la tête remplie de belles images.

CULTURE EN TERRASSES

Les profondes vallées et les flancs très pentus des montagnes constituent une des caractéristiques géologiques de l'île. Au fond de ces vallées volcaniques et minérales, les sols se sont transformés au cours des millénaires en une terre riche, nourrissante, fertile. Les premiers hommes ayant mis les pieds sur l'île, les Guanches, ont organisé les flancs des vallées en terrasses, les faisant remonter le plus haut possible afin de profiter du maximum de surface cultivable. Ils y firent pousser des légumes, notamment d'excellentes tomates, les célèbres pommes de terre, mais aussi des bananes, dont la culture tapisse encore tout le fond des vallées. Si les terrasses les plus haut perchées ont aujourd'hui été abandonnées, on en devine toujours les jolies courbes, les ondulations régulières marquées par les murs de pierres sèches. On est fatigué d'avance simplement en imaginant l'incroyable énergie qu'il a fallu déployer pour les dessiner et les empierrer.

EL SILBO

À La Gomera, siffler n'est pas impoli. Bien au contraire, c'est un langage. Pas parlé donc, mais sifflé. Il fut développé par les Guanches pour communiquer d'une vallée à une autre lorsqu'un ennemi était en vue. On pense que le *silbo* est d'origine berbère et que les premiers habitants l'importèrent du Sahara. Après la disparition des Guanches, les bergers espagnols utilisèrent à leur tour ce mode de communication. On estime que près de 4 000 mots composent ce langage extraordinaire, absolument impossible à décrypter pour les néophytes, et dont la portée pouvait aller de 4 à 6 km selon la géographie et le vent, en l'absence de toute contamination acoustique (voitures, rumeurs, etc.). Le *silbo* est basé sur une grande variété des tonalités, mais aussi sur la longueur de celles-ci. Il permet de condenser le langage en un très petit nombre de voyelles et consonnes. Les phrases sont courtes mais l'on peut toutefois tenir une petite conversation. Bon, on ne parle pas philosophie, mais on dit où l'on est, on s'informe d'une situation météo, on demande des nouvelles de la famille, du petit dernier et l'on se donne un rendez-vous au troquet. Une sorte de sms à moyenne portée en quelque sorte.

Le *silbo* a été inscrit en 2009 sur la liste du Patrimoine culturel immatériel de l'humanité, et protégé à ce titre. Cette décision a permis à la population de comprendre le caractère exceptionnel de ce langage, qui tombait doucement en désuétude. Considéré sur place comme une évidence culturelle, il n'était que mollement défendu et de moins en moins utilisé. Enseigné à l'école de manière obligatoire depuis 1999 à raison de 30 mn par semaine, il reprend fièrement du service, alors que seules quelques poignées de bergers l'utilisaient encore dans la quasi-solitude des vallées jusqu'à la fin du siècle dernier. Aujourd'hui, quelques profs-bergers tournent dans les écoles de l'île pour en assurer la survie.

Et il n'est pas rare que sur la place des villages de Hermigua, Agulo, Chipude ou Vallehermoso, on entende siffler des mômes pour s'appeler ou raconter quelque histoire drôle, au vu (mais pas au su) de tous. Le *silbo gomero* n'est pas la seule langue sifflée au monde. Il existe un langage comparable au Mexique, en Thaïlande et en Turquie. Le chanteur Féloche a sorti en 2013 une chanson, simplement intitulé *El Silbo,* qui raconte, avec des mots, l'histoire de ce sifflement.

Pour être certain d'entendre siffler, le visiteur n'a guère le choix : se rendre dans un des restos touristiques qui reçoit des groupes, où un *silbador* vient faire le show (on vous donne quelques noms de restos au cours du texte). Tout de même plus facile que d'aller crapahuter dans la montagne !

UN GARS DE CLICHY SIFFLE LE *SILBO*

La maman du chanteur Féloche fut autrefois liée à un réfugié politique, militant pour l'indépendance de l'archipel canarien. Il est originaire de La Gomera et apprend au petit Félix les rudiments du langage sifflé de son île. Le gamin est fasciné. Devenu chanteur, il retourne à La Gomera, prend contact avec les racines de l'ancien compagnon de sa mère, et en tire une chanson, El Silbo, *rendant hommage à cet homme, à sa mère, au silbo et à cette île.*

SIFFLER N'EST PAS JOUER

Durant la guerre d'Espagne, les franquistes interdirent le silbo, *le considérant comme un langage codé, utilisé par les opposants. Il servait en effet à passer des messages au nez et à la barbe de la* guardia civil *venant du continent, qui n'y comprenait goutte. Mais comment empêcher des résistants cachés dans les montagnes de siffler ? Eh ben, on peut pas ! Cette vaine interdiction n'empêcha donc pas les républicains de continuer à siffler sur les collines.*

FÊTES ET MANIFESTATIONS

Même si les nuits de La Gomera ne ressemblent guère à celles d'Ibiza, les traditions festives sont malgré tout bien vivantes. Quelques fêtes continuent à mobiliser une bonne partie de l'île.

– ***Fiesta de San Sébastián :*** *20 janv.* On y fête le saint patron de la ville avec force manifestations musicales et défilés.

– ***Día de San Juan :*** *juin, le soir du solstice d'été.* Cette fête est également célébrée à la Grande Canarie et à Tenerife. Le soir du 23 juin, on illumine toute l'île par de très grands feux de joie autour desquels tout le monde se réunit. Musique et danse évidemment.

– ***Fêtes Colombines :*** *autour du 6 sept. Essentiellement à* ***San Sebastián.*** Ces fêtes, qui peuvent s'étaler sur une semaine, rendent hommage à Christophe Colomb dont La Gomera fut la dernière halte avant d'aller découvrir les Amériques (qu'il prendra pour les Indes). Manifestations culturelles et concerts de musique traditionnelle.

– ***Fiesta del Paso :*** *sept.* Même si cette fête est particulière au village d'Alajeró, elle rassemble une bonne partie des Gomériens. Le point fort de la fête est une impressionnante procession où tous les habitants portent leurs habits traditionnels. Elle part du sommet d'une haute colline dominant la bourgade et descend au fond de la vallée.

– ***Bajada de la Virgen de Guadelupe San Sebastián :*** *cette fête a lieu en oct, mais slt ts les 5 ans (la prochaine en 2018).* Fête qui célèbre la patronne de la ville de San Sebastián, durant laquelle on promène la statue de la Vierge jusqu'à la capitale de l'île, entourée de nombreux bateaux.

GÉOGRAPHIE : UNE ÎLE SEMI-DÉSERTIQUE... MAIS PAS TOUT À FAIT

Comme presque chaque île des Canaries, La Gomera n'en est pas à une contradiction près. Si une bonne partie de celle-ci présente un visage sauvage et particulièrement aride (surtout le Sud), la partie centrale, en altitude, est couverte d'une extraordinaire forêt, constituée d'une épaisse couverture de lauriers mélangés à d'autres essences comme les bruyères géantes, que l'on découvre dans des brumes étranges, des nuages épais et des brouillards fantomatiques. C'est une sorte de tonsure de moine inversée. La moumoute est sur le dessus, et tout le reste de la tête est rasée. On est là au cœur du *parque nacional de Garajonay.* Si ce secteur est si vert, ce n'est pas un hasard. C'est que l'humidité est omniprésente. Elle est due aux alizés qui s'accrochent à partir de 800 m d'altitude sur les éperons rocheux, et constituent une réserve d'eau inépuisable qui nourrit abondamment cette végétation. L'hiver, quand l'horizon est bouché, on est baigné dans une atmosphère étrange. De nombreux sentiers permettent d'explorer les sous-bois de cet univers particulier. Le reste de l'île, notamment le Sud, offre un visage différent. Sur les flancs des parois rocheuses et brunes s'accrochent des plantes grasses comme les agaves, cactus et figuiers de Barbarie. De hauts pitons rocheux présentent la forme de grandes orgues basaltiques *(roques).* Dans le fond des vallées, c'est le royaume des palmiers, endémique de l'île, et des bananeraies, qui donnent de la couleur à cet ensemble minéral.

HÉBERGEMENT À LA GOMERA

Comme dans toutes les autres îles, on trouve ici un large éventail de propositions pour se loger. Petites pensions, *casas rurales,* hôtels de tous niveaux, mais aussi un très grand nombre d'appart-hôtels souvent loués pour 1 semaine ou plus (il y a une cuisine), mais également à la nuit. Dans les petites stations de bord de mer comme Valle Gran Rey ou Playa de Santiago, c'est le type d'hébergement que l'on trouve le plus souvent. On vous donne une sélection de logements, sachant que, pour les appartements, il est souvent préférable de réserver par Internet, ou de s'adresser aux offices de tourisme locaux qui en possèdent la liste.
Pour ceux qui souhaitent séjourner une semaine dans un site particulier, voici un site de qualité • *lagomera.travel* • qui peut vous aider. Bonne sélection de maisons de qualité et d'appartements situés dans ou à proximité des sites balnéaires les plus importants de l'île. Voir aussi le site • *gomera-individual.com* • On y trouve une sélection d'hôtels et d'appart-hôtels un peu partout dans l'île.

HISTOIRE

L'historien grec Ptolémée ainsi que Pline l'Ancien mentionnent déjà l'île au début de notre ère. Mais la véritable histoire de La Gomera commence, comme pour le reste de l'archipel, avec la venue des conquérants qui cherchent à se l'approprier au début du XVe s. C'est d'abord le Normand Jean de Béthencourt qui tente une approche. La géographie difficile met ses espoirs en berne et les Guanches remettent facilement l'explorateur et ses troupes à l'eau. Quelque temps plus tard, ils font la même chose avec les premiers Espagnols. Si les Guanches accueillent finalement les conquistadors, c'est parce que ceux-ci changèrent de tactique. Les hommes de Hernán Peraza l'Ancien (dont le nom est déjà lié aux îles de Lanzarote et de Fuerteventura) utilisent finalement la persuasion religieuse plutôt que le tranchant de l'épée. Ils vivent dans les premiers temps en bon entendement avec les autochtones, leur permettant de conserver leur culture et leurs traditions. Cela ne durera pas bien longtemps.

Après l'Ancien, le Jeune

Hernán Peraza le Jeune prend le relais et s'oppose plus frontalement aux Guanches. Il met en coupe réglée les quatre chefs guanches qui se partagent l'île, et intègre celle-ci à la couronne castillane. Il perd la vie lors d'une violente rébellion durant laquelle les Espagnols sont contraints de se réfugier dans la *torre del Conde* à San Sebastián (que l'on peut visiter). Ce coup de force provoquera des représailles de la part des Espagnols sur la population. Quand Pedro de Vera, homme fort de la Grande Canarie, débarque sur l'île, c'est pour utiliser les mêmes recettes qui firent son succès. Il y exerce des violences envers les Guanches et massacre plusieurs centaines d'hommes. L'île retrouve ensuite un certain calme, elle rentre dans le rang si l'on peut dire. L'histoire retient surtout l'étape qu'y fit un certain Christophe Colomb pour remplir ses cales de vivres et d'eau. Ce sera sa dernière étape, en septembre 1492, avant de conquérir le Nouveau Continent.

Durant les siècles suivants, un certain équilibre s'installe entre les conquistadors et les Guanches, qui finiront malgré tout par s'éteindre à force d'unions avec l'occupant. Le développement d'une agriculture en terrasses permet à la population d'être quasiment autosuffisante et de vivre pratiquement en autarcie. La banane s'exporte bien, la pêche également.

Près de 30 000 personnes résident sur l'île avant la Seconde Guerre mondiale. Miel de palmier, bananes, l'île ne manque de rien, mais son développement est somme toute limité, et l'horizon pour les jeunes générations un peu bouché.

La soif d'ailleurs

Après la Seconde Guerre mondiale, l'île connaît un exode sans précédent, notamment vers l'Amérique latine. Le Venezuela et Cuba seront les deux destinations étrangères favorites des émigrants. Mais c'est Tenerife et son explosion touristique de l'après-guerre qui vont attirer les jeunes Gomeros en nombre. Dans les décennies 1950 et 1960, près de la moitié de la population prendra le bateau. Il faut dire que depuis les villages du sud de l'île et ceux perchés en montagne, quand le temps le permet, on voit les lumières de la Grande Île, là-bas, de l'autre côté du bras de mer. Si proche, et pourtant un tout autre monde.

MIEL DE PALME

Entre 100 000 et 150 000 palmiers *Phoenix canariensis* ponctuent le paysage de La Gomera. Ils font intimement partie de l'économie locale. On en tire un sirop appelé miel de palme *(miel de palma).* Cette production épaisse, collante et semi-liquide, est un peu le *Canada Dry* du miel. Il en a la couleur, la texture, et pas loin

d'en avoir le goût, en un peu plus rustique tout de même. On élève les palmiers et on les bichonne depuis des siècles. Les branches sont régulièrement coupées et le tronc cerclé d'un bandeau de métal pour empêcher les nouvelles branches de pousser. C'est par la présence de cette bande métallique que l'on distingue un palmier productif d'un autre parti à la retraite. On en extrait la sève *(guarapo)* en faisant des incisions profondes sur le tronc une fois le soir venu (la sève n'aime ni la chaleur, ni la lumière), et on vient dès le matin récolter le « miel » qui aura dégouliné tranquillement dans des petits pots toute la nuit. Il est commercialisé sur toute l'île et on le trouve facilement. Il constitue un chouette petit cadeau, typique de La Gomera. Il existe par ailleurs du vrai miel d'abeilles, très bon également.
Parmi les spécialités de La Gomera, signalons également l'***almogrote*** ; à base de fromage dur mélangé à de la tomate, huile d'olive et piment. Tartiné sur un bon pain, c'est un régal.

PLONGER À LA GOMERA

Si El Hierro est sans doute la plus réputée des îles pour la plongée, La Gomera n'est pas en reste et propose de très belles immersions, aussi bien pour les plongeurs débutants que pour les plus expérimentés. Parmi la vingtaine de sites explorables et explorés, voici une petite sélection de plongées. De bien belles bulles en perspective.
Un des clubs les plus fiables de l'île (qui n'en compte pas beaucoup) est ***Dive Art.*** Il se situe à San Sebastián. Pour plus d'infos, voir la rubrique « Où plonger ? » dans cette ville ou • *dive-art.com* •

Playa La Cueva : *niveau facile. Profondeur max : env 20 m.* Courant léger, la plupart du temps dans le sens dans lequel on plonge. Voici le récif « maison ». L'immersion se fait à partir de la plage ou depuis le bateau. Les poissons sont ici habitués à voir des plongeurs de toutes sortes. Ils sont extrêmement confiants et laissent les plongeurs s'approcher jusqu'à une distance de quelques centimètres seulement, ce qui permet des perspectives insolites pour l'observation comme pour la photo. Plongée de nuit possible.

Punta de Juan Daza : *pour plongeurs niveau 1 ou équivalent. Plongée dérivante. Profondeur max : 19 m.* La Punta, situé à proximité de la sortie du port, et au point presque le plus oriental de l'île, offre de beaux courants laminaires à toutes phases de la lune, qui ne se distinguent que par leur force. La profondeur modérée de cette plongée rend ce site intéressant tant pour les plongeurs débutants que pour les plus expérimentés. Grandes volées de poissons grogneurs, sardines, bonites et parfois des thons. Les raies s'y abritent des courants dans les nombreuses grottes, et les octopodes et calmars aiment à y frayer. Idéal pour faire ses premières bulles dans le courant.

Roque del Herrero : *pour plongeurs niveau 2. Profondeur max : 24 m. Courant léger à moyen.* Cette immersion magnifique offre tout ce qu'un plongeur peut espérer. Ce rocher solitaire planté non loin de la côte est peuplé de rascasses, d'araignées de mer et de crabes des neiges. Dans les multiples brèches se cachent diverses espèces de murènes, dont la murène tigrée, assez rare à voir. Le *roque* est entouré de petites et grandes marmites de pierres dans lesquelles se cachent coraux mous et anémones, et parfois un poulpe ou un poisson lézard. À partir de 20 m, les fonds sablonneux permettent d'observer des colonies d'anguilles jardinières.

Punta Guincho : *niveau moyen. Profondeur max : 22 m. Courant faible à moyen.* Voici une plongée passionnante. Une grotte, un tunnel de lave, un trou dans le bleu, différentes corniches et des brèches profondes où se développe une vie sous-marine d'une grande richesse. Crevettes vivant dans des grottes obscures, raies pastenagues qui profitent de la protection du tunnel de lave, volées de bonites et parfois un requin. Également des cigales de mer, anémones et coraux colorés.

Roque abajo de Avalo : *plongeurs expérimentés slt. Profondeur max : 40 m.* Courants forts et plongée dans le bleu. La situation exposée de la *Punta de Avalo* et du *roque abajo de Avalo* offre des conditions idéales pour l'observation de gros poissons. Avec un peu de chance, on peut y voir raies, barracudas, thons et dauphins, en petits groupes ou en solitaire.

Roque Colorado : *plongeurs expérimentés slt. Niveau technique élevé pour cette plongée à 26 m. Courant moyen à fort.* Il s'agit d'un canyon situé entre 6 et 8 m de profondeur et long de 30 m, mais large de 1 m seulement. L'entrée ou la sortie (dépendant du sens dans lequel on plonge) se fait par un pertuis de 8 m à la verticale. Au fond du canyon, sous les nombreuses corniches, on voit des mérous, poissons-ballons et murènes. À 10 m de profondeur, petite grotte qui offre la vision de superbes coraux durs et un pêle-mêle de poissons colorés. Des percements dans le plafond de la grotte permettent l'entrée à la lumière.

RANDONNER À LA GOMERA

La Gomera, on y va et on y revient pour randonner passionnément, entre montagne et océan, loin des foules. C'est indiscutablement le paradis des marcheurs, offrant des paysages pleins de contrastes, avec des températures agréables toute l'année. Au long de ravins et vallées, au milieu d'une forêt humide dense et verte, ou au pied de monolithes volcaniques tranchant sur le bleu du ciel, on n'y rencontre ni serpents, ni tarentules, ni moustiques ! Seules quelques chèvres vous accompagneront du regard aux abords des villages et vous laisseront volontiers la place sur les plages noires installées entre des falaises aux couleurs de résiné. Les paysages de La Gomera sont marqués par l'érosion qui effrite ses roches depuis plus de 2 millions d'années. L'action volcanique ne s'y retrouve que sous forme de relique du temps jadis.

La Gomera recèle environ 400 km de chemins balisés et bien entretenus, qui montent jusqu'à 1 487 m au sommet du Garajonay, et qui descendent jusqu'à la mer. Ces chemins ancestraux, souvent pavés de larges pierres, étaient les uniques voies de communication qui reliaient ravins *(barrancos)*, vallées et villages jusque très tard au XXe s. Depuis les années 1970 le réseau routier se développe constamment, et l'état actuel des routes est excellent. On accède aux chemins de rando en voiture, mais aussi très facilement en bus et même en stop.

TENDEZ LE POUCE !

Alors que le stop est devenu ringard et désuet dans la plupart des pays d'Europe, à La Gomera, on est un peu hors du temps. Les randonneurs qui ne souhaitent pas toujours louer une voiture ratent parfois le dernier bus. Alors on tend le pouce et il faut rarement plus de 5 mn pour qu'un véhicule s'arrête. Un mode de déplacement solidaire qui fonctionne de manière naturelle, sans chichis. Tout cela est normal après tout. Si vous êtes en voiture, à votre tour, arrêtez-vous.

Randonner à La Gomera n'est pas compliqué car les sentiers sont très bien balisés. Il y en a de toutes sortes. Voici quelques infos pratiques, quelques recommandations, ainsi qu'une sélection de randonnées allant de facile à moyenne, et de durée variable.

– **Climat :** le climat printanier connaît des variations géographiques aussi bien que saisonnières. Le nord de l'île est plus nuageux et plus vert que le sud, et plus on s'élève en montagne, plus il y fait frais : la forêt pluvieuse de laurisylve, installée sur le plateau au centre de l'île, vit grâce à cette humidité et s'épanouit sous des températures comprises entre 10 et 20 °C. Pour randonner, prévoir une veste imperméable type coupe-vent, un chapeau, une protection solaire et des chaussures de rando avec de bonnes semelles. Les vestes sans manches sont très bien adaptées.

- ***La meilleure période pour randonner :*** entre octobre et avril. Pendant la saison d'été, on privilégiera les balades dans la forêt plutôt que sur terrains ensoleillés, comme dans l'est ou le sud de l'île, et on profitera des quelques plages accessibles à San Sebastián, Playa Santiago ou Valle Gran Rey.
- ***Difficultés des randos :*** débutants ou marcheurs chevronnés, vous avez le choix. Il faut juste savoir que La Gomera n'est pas plate. Beaucoup de chemins ressemblent à des escaliers et les montées ou descentes de 400 m ou 800 m de dénivelée ne sont pas rares. De 1 à 6h de temps de marche ou plus, vous choisissez sur une bonne carte ce qui vous convient.
- ***Organiser sa rando tout seul :*** si vous randonnez seul, il est fortement conseillé de faire un tour dans l'un des offices de tourisme ou au *centro de visitantes* du parc avant d'entreprendre votre balade. Ils vous donneront toutes les infos sur les bus pour y aller et en revenir si votre balade n'est pas en boucle. Avoir les horaires du dernier bus pour rentrer au bercail est non seulement pratique, mais indispensable ! Bon, sinon le stop marche plutôt bien par ici. Par ailleurs, on vous donnera les ***dernières infos météo, indispensables avant de partir.***
- ***Cartes de rando :*** *Goldstat Wanderkarte/Hiking Routes/Mapa senderismo* ; échelle 1/35000. 57 randos y sont indiquées et commentées en espagnol, anglais, allemand. Très bien faite et petit budget ! Prix fin 2013 : 5,90 €. *La Gomera Tour & Trail,* échelle 1/35000, avec 34 randos expliquées en anglais. Très fiable. Prix fin 2013 : 14,90 €. Les offices de tourisme proposent aussi des cartes gratuites, bien faites, mais bien plus sommaires.
- ***Topoguides :*** pour les randos, il n'existe pas actuellement de bon topoguide en français. On conseille le *Rother,* en anglais (existe aussi en allemand). Disponible dans certaines librairies de l'île.
- ***Balisage des sentiers :*** on distingue trois types de randonnées.
- ***Les GR*** *(Gran Recorrido, grande randonnée)* **:** il y a deux GR sur l'île. Le GR 131 qui va de San Sebastián à Vallehermoso en 2-3 jours, et le GR 132 qui fait le tour de l'île en 5 à 8 jours. Marquage blanc-rouge.
- ***Les PR*** *(Pequeño Recorrido, petite randonnée)* **:** en général prévus pour 1 journée. L'indication supplémentaire « LG » correspond à « La Gomera ». Marquage blanc-jaune.
- ***Les SL*** *(Senderos locales)* **:** chemins locaux, d'une longueur de 10 km max. Marquage blanc-vert.

Quelques randonnées...

➢ ***Jardín de Las Creces*** *(carte Randonnées à La Gomera ; rando nº I)* **:** *type de rando, balade en boucle. Accès : route principale GM-2 (« carretera dorsale ») à 35 mn de Valle Gran Rey en voiture. Arrêt sur le parking « Las Creces ». Difficulté : très facile, veste imperméable recommandée. Point le plus haut : Las Creces, 1 055 m. d'altitude. Dénivelée : + 50 m/- 50 m. Temps de marche estimé : 1h.*

- ***Pourquoi on aime :*** belle clairière et aire de pique-nique en pleine forêt dans le parc national. Balade très accessible qui permet sans peine de découvrir le domaine protégé du parc national. On y respire une odeur particulière, celle d'une bonne terre, de feuilles, de mousses et de fougères, en se promenant dans ce que les Gomeros appellent leur « jardin ». L'ère de pique-nique est fréquentée surtout le dimanche et l'été. On y trouve un robinet d'eau non traitée très bonne à boire. Les *creces* sont les fruits comestibles d'un des arbres les plus courants du parc, le haya *(Myrica faya).* Par temps de pluie, le chemin peut être glissant mais pas dangereux.
- ***Description :*** on descend les 700 m de piste jusqu'à l'aire de pique-nique. De là on emprunte le premier chemin le plus étroit (à droite des jolies poubelles en bois !). En route, deux intersections, l'une après 20 mn, puis 15 mn plus tard. Il

NORD
Punta de los Órganos
Punta Gorda
Baja de los Roques
Punta de Bejira
Cumbre de Chijeré
OCÉAN ATLANTIQUE
Vallehermoso
Punta de las Salinas
Playa de Alojera
Alojera
Macayao
Punta del Viento
TF 713
Los Loros
Mirador de Alojera
Presa de Marichal
Risquillos de Gorgo
Presa de Los Gallos
Quemado
1 136
Arure
Mirador del Santo
Las Hayas
Punta del Guincho
El Tanque de la Ermita
Laguna Grande
El Cercado
Los Granados
Chipude
Playa del Inglés
Bar. Valle Gran Rey
La Fortaleza
1 243
La Playa
La Calera
Mirador de Igualero
Playa de Valle Gran Rey
Borbalán
La Puntilla
Vueltas
Valle Gran Rey
0
0,5
1 km
I
V
VI
VII

RANDONNÉES À LA GOMERA

suffira à chaque fois de tourner à gauche pour revenir au point de départ. On peut très bien faire le chemin dans l'autre sens.
- ***Variantes :*** faire la boucle plus grande en commençant par le village de *Las Hayas* (durée de marche : 1h30), ce qui permet d'arriver et repartir en bus (ligne 1, 4 et 6). Arrêt sur la place aux eucalyptus où se trouve le restaurant traditionnel de la Señora Efigenia, *Restaurante La Montaña.* On trouve le GR 131 (marquage blanc-rouge) en montant la route, dans le virage suivant, sur la gauche. Au bout de 25 mn on arrive à l'aire de *Las Creces* où l'on quitte le GR pour prendre le chemin le plus étroit comme décrit précédemment. Environ 20 mn après, on ignore la bifurcation possible sur la gauche et l'on va en direction d'*Arure.* Arrivé à une piste, prendre à gauche et 5 mn plus tard encore à gauche (PR-LG-11, marquage blanc-jaune) jusqu'à *Las Hayas.*

L'*ASTIA*, BÂTON DE BERGER

Avec le silbo, langage sifflé, les bergers de La Gomera possèdent une autre particularité, celui de la descente en bâtons. Il s'agit en fait d'une longue tige de bois bien solide, longue de plus de 3 m et agrémentée d'un pique à son extrémité. Dans les vallées escarpées, pour descendre à travers les rochers, les bergers plantaient la pointe dans le sol en contrebas et utilisaient le bâton comme une colonne, en se laissant glisser le long de celle-ci, à la manière des pompiers, ou comme d'une perche. Cette technique faillit disparaître, avant que certaines agences la transforment en une véritable activité sportive, proposée aux touristes.

➢ ***La forêt d'El Cedro* (Alto d'El Contadero-Ermita de Lourdes-Cruce de La Zarcita** *; carte Randonnées à La Gomera ; rando n° II)* **:** *type de rando, linéaire. Accès : parking El Contadero, sur la route GM-2, ou « carretera dorsal ». Difficulté : moyenne, veste imperméable recommandée. Env 1h de chemin en escalier à descendre. Point le plus haut : 1 350 m. Dénivelée : - 450 m/+ 280 m. Temps de marche : env 2h40.*
- ***Pourquoi on aime :*** c'est le cœur du parc national, au pied du sommet le plus élevé de l'île, le Garajonay (1 487 m d'altitude). On s'enfonce dans une forêt adulte, véritable sous-bois enchanté, où lauriers et bruyères sont des arbres qui dépassent les 10 m de hauteur, pour rejoindre le ruisseau d'El Cedro, unique cours d'eau de l'île à couler toute l'année sans interruption.
- ***Description :*** on descend le chemin PR-LG-3, marqué blanc-jaune, en direction de *Las Mimbreras.* En 30 mn on arrive à un point de vue avec quelques bancs, qui, si le temps le permet, nous montre le toit vert de l'île jusqu'au monolithe du *roque Agando.* On continue à descendre en direction d'« Arroyo del Cedro » et 40 mn plus tard, au croisement de *Las Mimbreras,* on ignore la piste sur la gauche. On descend par un chemin plus étroit pour rejoindre le ruisseau, que l'on traversera trois fois en tout, direction : *ermita de Lourdes,* chapelle que l'on atteint 10 mn plus tard (panneau PR-LG-3). Tables et bancs pour le pique-nique et une arrivée de l'excellente eau sortant directement... d'un arbre ! À hauteur de la chapelle, on prend le chemin qui grimpe sur la droite. On arrive à une route pavée que l'on prend en montant jusqu'au parking *Reventón Oscuro.* Une fois sur le parking, monter les escaliers à droite (panneau « La Zarcita ») et suivre pendant 30 mn le chemin jusqu'à La Zarcita.
- ***Variantes :*** variante en boucle possible à partir du parking *Pajarito* (4h30 de temps de marche) en passant par le sommet de La Gomera. Le parking se situe sur la même route GM-2, carretera dorsal. Parcours : Parajito-Garajonay-Alto de Contadero-ermita de Lourdes-Cruce de La Zarcita-mirador de Tajaqué-Pajarito. Arrêt de bus ligne 1.

➢ ***Hermigua-cascade d'El Cedro-ermita de San Juan-Hermigua*** *(carte Randonnéess à La Gomera ; rando n° III)* **:** *type de rando, circulaire. Accès : parking du* *museo del Gofio des appartements* Los Telares, *à 100 m du couvent El Convento, en haut de Hermigua. Arrêt de bus ligne 2. Difficulté : bonne condition nécessaire, env 2h de montée en escalier puis la même chose en descente. Veste coupe-vent recommandée. Point le plus haut : 1 030 m. Dénivelée : + 780 m/- 780 m. Temps de marche : 5h30.*

- ***Pourquoi on aime :*** rando complète entre terrasses cultivées, forêt enchantée, cascade d'El Cedro et vues magnifiques sur la vallée de Hermigua ainsi que sur le volcan du Teide. On aime aussi, après la montée, la soupe de cresson typique servie au *Bar La Vista* !
- ***Description :*** on monte la route principale en direction des appartements *Los Telares* et on prend en face de la place du Convento, les escaliers sur la droite (panneau indiquant El Cedro 4,6 km, PR/LG-3 marqué blanc-jaune). On continue tout droit sur la route jusqu'à un petit pont sur la gauche où l'on trouvera un panneau récapitulatif de la rando. On passe sur le pont et l'on suit les marques blanc-jaune. Après avoir passé deux barrages de retenue des eaux et monté beaucoup de marches on arrive au *Bar La Vista,* installé près de l'unique camping de l'île au village d'*El Cedro.* On monte ensuite la route derrière le bar et l'on suit le chemin qui grimpe en forêt, direction Los Aceviños, Hermigua. 20 mn de montée pour arriver au point le plus haut de la rando et rencontrer une piste : prendre à droite et poursuivre pendant environ 45 mn. On bifurque alors à nouveau sur la droite en délaissant la piste (suivre le panneau « Ermita de San Juan », 2,3 km). Arrivé à *La Ermita,* il reste environ 30 mn de marche sur une route secondaire jusqu'aux escaliers qui redescendent vers le parking du museo del Gofio.
- ***Variante :*** à partir du *Bar La Vista,* on peut décider de continuer à monter jusqu'au sommet du Garajonay puis de descendre sur la route principale au parking *El Parajito* où l'on pourra attendre le bus ligne 1 ou tenter sa chance en stop. Dénivelée : + 1 230 m ; durée de marche de 3h15.

➢ ***Hermingua-Las Poyatas-Los Alamos-Playa de La Caleta*** *(carte Randonnées à La Gomera ; rando n° IV)* ***:*** *type de rando, linéaire. Accès : parking du museo del Gofio, des appartements* Los Telares, *à 100 m. du couvent El Convento, en haut de Hermigua. Arrêt de bus ligne 2. Difficulté : facile, chapeau et crème solaire recommandés ! Point le plus haut : 250 m. Dénivelée : + 250 m/- 250 m. Temps de marche : 3h30.*

- ***Pourquoi on aime :*** c'est une rando qui offre des points de vue magnifiques sur les falaises et sur l'océan, et termine dans une jolie crique avec bar-restaurant, où le volcan du Teide sert de toile de fond.
- ***Description :*** descendre la route principale sur 150 m jusqu'au premier croisement, tourner à droite dans la rue du *Molino de gofio.* Suivre la route qui se fait chemin, puis escalier pour remonter de l'autre côté de la vallée (ou *barranco*) et atteindre la route secondaire de Hermigua au lieu-dit *Las Poyatas.* Le chemin est balisé par une balustrade en bois et commence à droite de cette route, en montant, au pied d'une petite icône de saint installée dans une niche vitrée. On passe d'un *barranco* à l'autre (Los Alamos, Montoro) en suivant ce chemin qui monte et descend doucement. Au bout de 1h30 on parvient à une crête où poussent les pins et où l'on peut observer le Teide. Descendre le chemin environ 10 mn jusqu'à une large piste que l'on suivra en prenant sur la droite. On ignore au bout de 45 mn le premier panneau indiquant « Playa La Caleta » sur la gauche (ce chemin serait plus court mais plus abrupt) pour bifurquer 15 mn plus tard à gauche : panneau CR Las Casas. En moins de 5 mn on arrive à des maisons abandonnées : le chemin ira alors sur la gauche (panneau PR/LG-2 La Caleta), il est marqué blanc-jaune. En 20 mn on arrive à un petit pont de bois : le chemin se poursuit sur la droite, au-dessus de la côte, souvent protégé par une balustrade en bois. On ignore au bout de 10 mn la bifurcation sur la droite (panneau Las Salinas) pour arriver 5 mn plus tard à une plate-forme impressionnante au-dessus de l'océan, d'où l'on voit Playa La Caleta. Le chemin s'éloigne alors de la côte pour aller rejoindre la route goudronnée qui redescend (1 km) jusqu'à la crique. Sur la plage, *Bar-Restaurante*

La Caleta (voir « Où manger dans les environs ? » à Hermigua). Attention, baignade pas toujours possible sur cette plage. Soyez prudent !
- ***Variante :*** rando en boucle possible en remontant la route qui mène vers Hermigua, compter 2h de plus de temps de marche.

➢ ***Vallehermoso*** *(autour du roque Cano ; carte Randonnées à La Gomera ; rando nº V)* ***:*** *type de rando, circulaire. Accès : parking à côté de la place principale « Plaza de la Constitución », celle de la mairie, en face du magasin Spar. Arrêt de bus lignes 2, 4 et 5. Difficulté : moyenne. Chapeau, crème solaire et veste coupe-vent recommandés. Point le plus haut : 750 m. Dénivelée : + 580 m/- 580 m. Temps de marche : 3h30.*
- ***Pourquoi on aime :*** Vallehermoso signifie « jolie vallée ». Et c'est vrai. Le monolithe roque Cano en est le symbole. Impressionnantes terrasses à flanc de montagne qui, dès la fin du XVᵉ s, permettaient la culture de la vigne et la production de vin exporté jusqu'en Angleterre.
- ***Description :*** on descend la route principale en direction de Hermigua, on bifurque à droite avant le square aux statues modernes, que l'on contourne. On remonte la route jusqu'aux panneaux : à droite Garabato, à gauche GR 132 marqué blanc-rouge (le retour se fera par la route de droite). On prend le GR 132 qui nous fera passer au pied du *roque Cano*. Au bout d'environ 2h de montée, on parvient à une route goudronnée. Prendre sur la droite et laisser le GR 132 de côté. On passe devant le restaurant *Roque Blanco* (très bonnes grillades, fermé le lundi). Descendre une dizaine de minutes la route bordée de châtaigniers jusqu'au parking en cul-de-sac. Le chemin (PR/LG-7 marqué blanc-jaune) commence là, entre les maisons abandonnées du lieu-dit El Tión, et se promène sur la crête avant de redescendre (30 mn) jusqu'à une piste qui mène à Vallehermoso.
- ***Variante :*** après la montée du roque Cano, on peut continuer le GR 132 jusqu'à Las Rosas. Retour en bus, ligne 2.

➢ ***Valle Gran Rey-La Mérica-Arure*** *(carte Randonnées à La Gomera ; rando nº VI)* ***:*** *type de rando, linéaire. Accès : La Calera, parking devant la mairie de Valle Gran Rey, à côté de la station de taxis. Difficulté : moyenne, beaucoup d'escaliers, prévoir assez d'eau et préférer les heures matinales pour la montée, afin d'éviter l'exposition au soleil. Point le plus haut : 850 m. Dénivelée : + 800 m. Temps de marche : 3h30.*
- ***Pourquoi on aime :*** pour la vue impressionnante sur l'océan et sur Valle Gran Rey. On admire au sommet La Fortaleza, cette montagne en forme de table, sacrée pour les antiques Gomeros qui en avaient fait leur lieu de culte. Vue sur le ravin *(barranco)* de Taguluche, où s'épanouissent les palmiers.
- ***Description :*** prendre les escaliers entre le bar à jus de fruits (excellente adresse !) *Zumería Carlos* et la mairie *(ayuntamiento)*, bifurquer immédiatement à droite en prenant les escaliers. Une fois en haut, prendre à droite, puis à gauche en arrivant sur une route asphaltée que l'on montera. Après 5 mn entre les maisons, on arrive au panneau en bois indicateur : *La Mérica, Arure*. Le chemin monte en zigzag jusqu'au plateau. À la fin de la montée, bifurcation possible à gauche jusqu'à la crête surplombant la *Playa del Inglés* ou trône un arbre solitaire (20 mn aller-retour, excellent site pour faire une pause). Ensuite le chemin remonte le plateau jusqu'au point le plus haut, La Mérica, 857 m d'altitude. Continuer en direction d'Arure. Vous rencontrerez beaucoup de chèvres avant d'arriver à un chemin qui va jusqu'au point de vue *La Ermita del Santo* (bifurcation à gauche, aller-retour 10 mn). Puis retour en direction de la route principale (GM-2). Prendre cette route sur la droite pendant 10 mn jusqu'au bar *El Jape*, en face d'un parking. De là, retour en bus lignes 1 et 6 vers Valle Gran Rey.
- ***Variante :*** faire la rando en montant ou en descendant en fonction de l'état de vos genoux ! Le grand tour de Valle Gran Rey en passant par Arure, Las Hayas, El Cercado, La Vizcaina et retour à La Calera peut se faire en 8h de marche.

➢ ***Valle Gran Rey, la cascade d'El Guro*** *(carte Randonnées à La Gomera ; rando nº 7)* ***:*** *type de rando, A/R.* ***Pour cette rando, se faire guider.*** *Accès : parking* *d'El Guro à 2,5 km de la playa de Valle Gran Rey. Arrêt de bus lignes 1 et 6. Difficulté : moyenne, avec difficultés ponctuelles demandant une bonne sûreté dans le déplacement. Les bâtons de rando ne sont pas d'une grande aide, comptez plutôt sur de bonnes chaussures non glissantes et sur vos mains pour vous agripper, mais attention aux ronces ! Ne pas entreprendre cette rando en cas de pluie ou de grand vent. Très agréable en été où l'on est bien protégé du soleil. Point le plus haut : 300 m. Dénivelée : + 150 m/- 150 m. Temps de marche : 2h30.*

– ***Pourquoi on aime :*** on suit le lit d'un ruisseau, on saute de pierre en pierre pour éviter de marcher dans l'eau jusqu'à la cascade encastrée dans un ravin ou *barranco*. La plus belle rando (fréquentée) de Valle Gran Rey ! Au retour, on s'arrête avec plaisir dans le lieu-dit El Guro, aux maisons décorées par différents artistes. Le hameau a beaucoup souffert de l'incendie d'août 2012 mais renaît doucement de ses cendres.

– ***Description :*** on remonte le long de la route jusqu'à un grand virage à droite, on traverse la route et l'on emprunte un chemin cimenté entre des maisons. Au bout de 50 m, sur la droite, on prend en montant des escaliers taillés dans la pierre rouge. Un symbole jaune sera à partir de là votre fil conducteur : trois lignes en forme de vagues surmontées d'une flèche directionnelle. Il n'y a pas de chemin concret, il faut simplement croiser et recroiser le ru pour le remonter, entre les roseaux et l'abondante végétation, en s'aidant parfois des mains et même d'une corde pour monter à un étage supérieur. Vers la fin de la rando, ce sont des points rouges peints (l'ancien marquage, des années 1990) qui indiquent le chemin. Vous arriverez en 1h15 à la cascade. Retour par le même chemin jusqu'à l'indication El Guro sur votre droite. Encore quelques minutes de quasi-escalade (marquage de ronds, jaune et bleu) pour suivre le chemin qui vous mènera à El Guro. Deux longs escaliers parallèles retournent en descendant sur le parking de la route principale.

Avec qui randonner ?

Si vous ne devez faire qu'une ou deux randos et que vous n'êtes pas des spécialistes, nous vous conseillons vivement de vous faire guider. Trois avantages : on est en totale sécurité, on prend son temps (pas de stress de se perdre) et on profite des explications géologiques et historiques narrées par le guide. Il saura attirer votre œil sur un détail, vous faire sentir les essences de la forêt et vous raconter plein d'anecdotes. En plus, les tarifs sont très raisonnables.

■ ***Canarislas Trekking :*** *☎ 922-80-70-38. 📱 699-58-77-13. • info@canarislas.com • canarislas.com • Pour la rando, prix à la journée pour 2 pers, 80 € (plus le transport) ; pour 3-4 pers, 100 € et 6-9 pers, 130 €. On les contacte par Internet ou par tél. Pour se rendre ou revenir sur les sites : bus, voiture de loc ou taxi (à régler en plus).* Voici une petite agence artisanale, qui s'appuie sur une vraie connaissance du terrain et une excellente expérience dans l'organisation de voyages aux Canaries depuis plus de 12 ans. Le gros avantage de cette structure, c'est qu'elle est toute petite et que ceux qui la composent sont vraiment sur place. L'équipe est menée par Delphine, une Française adorable et pro, qui connaît toutes les randos de l'île comme sa poche. *Canarislas Trekking propose* des randonnées à la journée (entre 4 et 6h de marche maxi), bien souvent organisées sur 1 semaine (une rando par jour). Mais on peut aussi ne faire qu'une rando de 1 journée, à la demande. S'y prendre assez tôt en haute saison. Niveau de difficulté : de facile à moyen. L'agence peut également vous aider à organiser votre voyage au sens large.

■ ***Agence Timah :*** *La Puntilla, en bord de mer, à **Valle Gran Rey**. ☎ 922-80-70-84. 📱 616-47-22-50. • info@timah.net • timah.net •* Pour les infos, voir « Adresses utiles » à Valle Gran Rey.

Arriver – Quitter La Gomera

L'île est reliée à Tenerife par 2 compagnies de ferries (2-3 bateaux/j.), ainsi que par 2 avions.

En ferry

Les 2 compagnies de ferries plus bas assurent 2-3 liaisons/j. pour La Gomera depuis Tenerife selon saison. Départ de la station de Los Cristianos, au sud de l'île. Arrivée à San Sebastián à La Gomera. Trajet : env 45 mn.

■ ***Fred Olsen*** *(plan San Sebastián de la Gomera, B3, **1**) : bureau à la gare maritime, au port. ☎ 902-10-01-07 (central de résas). • fredolsen.es • Bureaux ouv lun-ven 7h-19h et parfois simplement 1h avt le départ des bateaux.* Compter env 60-65 € A/R. En général, 3 bateaux/j. Dim, slt 2 liaisons.
■ ***Naviera Armas*** *(plan San Sebastián de la Gomera, B3, **1**) : bureau à la gare maritime, au port. ☎ 902-45-65-00 (central de résas). Lun-ven 7h30-18h30 ; sam 7h30-12h, 17h30-21h.* Compter env 46 € A/R.

En avion

Adorable petit aéroport. Noter la maquette de celui-ci dans le hall principal, qui permet de voir les millions de tonnes de terre qu'il a fallu déplacer pour créer cet espace horizontal sur une île verticale ! On y trouve quelques loueurs de voitures et une cafétéria.

ℹ Petit ***bureau d'info*** à l'aéroport mais pas toujours ouvert.
■ ***Binter Canarias :*** *à l'aéroport. ☎ 922-87-30-24 ou 902-39-13-92 (central de résas). • bintercanarias.com • Ouv 9h-12h, 16h-18h.* Cette compagnie assure une liaison Tenerife-La Gomera et retour 2 fois/j. Durée du vol : env 30 mn.
■ ***Location de voitures :*** *dans le hall, 3 loueurs. **Cicar,** ☎ 922-87-30-31. Tlj 8h-13h, 15h-18h. **Avis,** ☎ 922-89-59-50 ou 📱 630-43-74-87. Tlj 8h-18h (sf quand c'est fermé !). Noter que l'on peut se faire livrer la voiture sur demande à un autre endroit qu'à l'aéroport si l'on n'arrive pas par avion. **Europcar,** ☎ 922-87-30-30.* Bureau également à Playa de Santiago.

Comment circuler sur l'île ?

Le réseau de bus ***GuaguaGomera*** assure des liaisons dans toute l'île. Infos sur *• guaguagomera.com •* 7 lignes parcourent les excellentes routes de l'île. Chaque bus fait halte dans tous les villages qu'il rencontre sur sa route. Les chauffeurs s'arrêtent également sur demande si vous devez descendre entre 2 arrêts.
– ***Ligne 1 :*** San Sebastián-Valle Gran Rey (et retour). Lun-sam, 5 bus/j. en moyenne (10h30-20h30) et 2 le dim.
– ***Ligne 2 :*** San Sebastián-Hermigua-Agulo-Vallehermoso (et retour). Lun-sam, 5 bus/j. en moyenne (10h30-20h30) et 2 le dim.
– ***Ligne 3 :*** San Sebastián-Playa Santiago-Alajeró-Imada (et retour). Lun-sam, 6 bus/j. (7h-20h30) et 2 le dim.
– ***Ligne 4 :*** Vallehermoso-Epina-Las Hayas-El Cercado-Chipude-La Dama (et retour). Lun-ven slt, 2 bus/j. Connexion avec la ligne 1 à Chipude.
– ***Ligne 5 :*** Vallehermoso-Epina-Alojera (et retour). Lun-ven slt, 2 bus/j.
– ***Ligne 6 :*** Valle Gran Rey-aeropuerto. Liaison tlj, 2h avt le départ du vol (se renseigner pour les horaires précis). Liaison aéroport-Valle Gran Rey à l'arrivée de l'avion.
– ***Ligne 7 :*** San Sebastián-aeropuerto. Liaison tlj, 1h45 avt le départ du vol (se renseigner pour les horaires précis). Liaison aéroport-San Sebastián à l'arrivée de l'avion.

LA CÔTE EST ET LE SUD

Nous débuterons notre circuit par la ville principale, San Sebastián, port d'arrivée des ferries. Puis direction le sud de l'île, vers l'agréable village de Playa de

Santiago, où l'on trouve l'aéroport. Pour cela on emprunte une superbe route, la TF-711, qui grimpe dans la montagne pour offrir des panoramas extraordinaires.

SAN SEBASTIÁN DE LA GOMERA (38800) 9 000 hab.

Port d'arrivée des ferries depuis Tenerife, ville principale de l'île, San Sebastián est une bourgade bien tranquille, pas dénuée de charme. Elle ne possède que très peu de monuments notables certes, mais il y règne une vie bonhomme, où la rumeur des voitures n'a pas pris le pas sur les rires des enfants dans les rues piétonnes du centre. Une halte sympathique, puisque même Christophe Colomb, qui n'avait pas mauvais goût, y fit un dernier arrêt avant sa grande traversée. Alors pourquoi pas vous ? En arrivant par le bateau de la fin d'après-midi, on y passe une soirée et une nuit avec plaisir.
Depuis le port, on atteint en quelques minutes une placette aux terrasses agréables, qui s'ouvre sur trois rues parallèles qui forment le cœur de la petite cité. Hébergement de tous niveaux, bons petits restos, quelques petites visites, et même un club de plongée de qualité !

Arriver – Quitter

Estación de guaguas *(station de bus ; plan A2)* **:** *à l'angle des avda del Quinto et de Colón.* ☎ *922-14-11-01.* • *guaguagomera.com* • À 5 mn à pied du centre. Pratique. Pour les lignes et les fréquences, se reporter à la rubrique « Comment circuler dans l'île ? ».

Adresses utiles

Oficina de turismo *(plan A2)* **:** *dans la Casa Bencomo, c/ Real, 32.* ☎ *922-14-15-12.* • *lagomera.travel* • *Tte l'année, lun-sam 9h-13h30, 15h30-18h. Dim 10h-13h.* Plan de l'île, doc bien faite avec la liste de tous les hébergements, infos transports, etc. L'office est situé dans une maison historique que l'on peut visiter (lire la rubrique « À voir »).

Poste *(plan A1)* **:** *c/ Real.*

Port de San Sebastián *(plan B2)* **:** dans la gare maritime, on trouve les 2 compagnies de navigation, ***Fred Olsen*** et ***Navieras Armas*** (voir la rubrique « Comment y aller ? », en intro de « La Gomera »). Également la compagnie de location de voitures ***Cicar*** *(plan B3,* ***1****)* : ☎ *922-14-17-56. Lun-ven 8h-20h ; w-e 8h30-12h30, 16h-19h.* Une compagnie locale aux bonnes prestations.

■ **Farmacia Fernández Galván** *(plan A2,* ***2****)* **:** *c/ Real, 34.* ☎ *922-87-01-57. Lun-ven 9h-19h, sam 9h-14h.*

■ **Distributeurs automatiques :** *sur la place principale, pl. de las Américas (plan B2,* ***3****) et dans la rue centrale, c/ Real.* ***Banco Santander*** *c/ Real, 7 et la* ***BBVA*** *c/ Real, 45.*

■ **Club de plongée Dive Art** *(plan A2,* ***4****)* **:** *c/ Real, 48.* 📱 *660-65-90-98.* • *info@dive-art.com* • *dive-art.com* • Andy propose de nombreuses plongées sur toute la côte sud de l'île. Voir dans l'intro « Plonger à La Gomera ».

■ **Location de VTT** *(plan A2,* ***4****)* **:** *voir au club de plongée* Dive Art, *c/ Real, 48.* 📱 *660-65-90-98. Compter 12 € la ½ journée et 15 € la journée complète.*

Où dormir ?

Bon marché (20-40 €)

Pensión Victor *(plan A2,* ***10****)* **:** *c/ Real, 23.* 📱 *607-51-75-65. Double env 25 € tte l'année, avec sdb commune.* Petite pension sise dans une vénérable demeure du XVIIIe s, donnant dans la rue piétonne. C'est un peu vieillot certes, mais les chambres sont propres et situées le long d'une coursive de bois, à chaque extrémité de laquelle on trouve les sanitaires. Pas bien grandes, elles sont arrangées « comme chez mémé », mais pour le prix, c'est pas cher payé. Victor, le vieux patron, est un homme souriant.

Pensión Colón *(plan A2, **11**) : c/ Real, 59. ☎ 922-87-02-35. • info@hotelvillagomera.com • Double 25 € tte l'année, avec sdb commune.* Une poignée de chambres avec lavabo, dans une vieille maison. Quelques-unes donnent sur la rue et elles sont préférables car celles sans fenêtre donnent sur une coursive. 3 douches et 2 toilettes pour l'ensemble. C'est petit mais propre.

Prix moyens (40-65 €)

Hotel Villa Gomera *(plan A2, **12**) : c/ Ruiz de Padrón, 68. ☎ 922-87-00-20. • info@hotelvillagomera.com • hotelvillagomera.com • Double env 50 € tte l'année, petit déj compris (petit buffet).* Un hôtel fonctionnel de 2 étages, à la trentaine de chambres proprettes et tranquilles, toutes avec salle de bains. Pas de charme mais c'est pratique. Certaines donnent sur rue mais pas d'inquiétude, c'est calme le soir. Bon rapport qualité-prix.

Chic (65-90 €)

Hotel Torre de Conde *(plan A2, **13**) : c/ Ruiz de Padrón, 17-19. ☎ 922-87-00-00. • direccion@hoteltorredelconde.com • hoteltorredelconde.com • Double env 70 € (plus cher à Noël), petit déj compris.* Dans l'une des rues principales de la ville, voici un hôtel assez chic, malgré l'aspect extérieur plutôt banal. Prix doux et bon confort. Pas un charme bouleversant, mais chambres tranquilles et bien équipées. Demandez-en une donnant sur le parc à l'arrière, c'est plus sympa. Malgré sa taille, ambiance presque familiale.

Très chic (plus de 120 €)

Hotel Parador Nacional *(plan B2, **14**) : perché sur la colline au-dessus du port. ☎ 922-87-11-00. • lagomera@parador.es • parador.es • Doubles standard env 130-200 € selon saison, avec petit déj-buffet. (dans le hall slt).* Une soixantaine de chambres standard, supérieures et *junior suite* pour ce qui constitue le plus bel hôtel de l'île, le plus charmant sans aucun doute, installé dans un ancien édifice colonial entièrement revisité. Charmant patio plein de plantes, plusieurs salons à l'ancienne avec meubles d'époque, chaleureux et cosy, et superbe jardin organisé comme un immense balcon surplombant la baie et offrant une vue extra sur la côte. Ensemble entretenu avec grand soin, abritant de belles essences (cactus, palmiers...). Au bord du balcon, au fond du jardin, séduisante piscine avec transats. Calme total. Selon le temps, vue sur le Teide, juste en ligne de mire. Chambres luxe évidemment, disséminées dans le jardin et proposant tout le confort digne des autres hôtels de la chaîne (parquet, lit de bois, odeurs d'encaustique...). On conseille également l'excellent resto (voir « Où manger ? »).

Où manger ?

Très bon marché (max 8 €)

La Tasca *(plan A2, **20**) : c/ Ruiz de Padrón, 36. ☎ 922-14-15-98. Tlj midi et soir, sf dim. Fermé en juin. Pizzas 4-6 €.* Elle n'a pas l'air de grand-chose, cette taverne au comptoir de bois, avec ses 2 salles classiques et sans esbroufe. On y sert pourtant de bien bonnes pizzas, copieuses et vraiment pas chères. Omelettes, pâtes et quelques plats de viandes viennent compléter la carte.

Bon marché (8-12 €)

Resto El Pejin *(plan B2, **21**) : c/ Real, 14. ☎ 922-87-15-30. Ts les soirs sf mer, 18h-23h. Plats 8-12 €.* Outre la vente de produits locaux

SAN SEBASTIÁN DE LA GOMERA

■ **Adresses utiles**

- i Oficina de turismo
- 1 Fred Olsen, Naviera Armas et Cicar
- 2 Farmacia Fernández Galván
- 3 Distributeur automatique
- 4 Club de plongée Dive Art, location de VTT et Magma Sport

Où dormir ?

- 10 Pensión Victor
- 11 Pensión Colón
- 12 Hotel Villa Gomera
- 13 Hotel Torre de Conde
- 14 Hotel Parador Nacional

Où manger ?

- 14 Restaurant du Parador Nacional
- 20 La Tasca
- 21 Resto El Pejin
- 22 Bar-restaurante La Hila
- 23 Restaurant El Charcón

typiques sur les étagères, on mange très bien dans cette petite salle aux guitares accrochées aux murs et aux poissons frais dans l'assiette. Bonne atmosphère générale puisque l'adresse est fréquentée aussi bien par les locaux que par les touristes. Agréable terrasse dans la rue piétonne.

Bar-restaurante La Hila *(plan B2,* **22***)* **:** *c/ Virgen de Guadalupe, à l'angle de camino La Hila. ☎ 680-58-35-37. Tlj midi et soir. Plats 8-10 €.* Genre troquet local avec poster d'un lac sur le mur et façade peinte façon jungle. Presque d'une banalité affligeante. En choisissant le *pescado fresco del día* (*albacora* ou *sardinas a la plancha*), vous ne pourrez pas vous tromper. On en restera là, mais ce n'est déjà pas si mal. Quelques chaises en plastique sont installées dans la rue piétonne.

Prix moyens (12-24 €)

Restaurant El Charcón *(plan B2,* **23***)* **:** *paseo Marítimo La Cueva. ☎ 922-14-18-98. Tlj sf dim, midi et soir. Plats 10-14 €.* Entre le port et la *playa de la Cueva,* sur une avancée. La maison est jaune et la salle creusée dans une grotte. Une référence culinaire en ville depuis bien longtemps et service d'excellente tenue (nappes sur les tables). Demandez le poisson frais du jour, toujours bien cuisiné. Également des *lapas* (coquillages). Terrasse extérieure quand le temps le permet.

Chic

Restaurant du Parador Nacional *(plan B2,* **14***)* **:** *perché sur la colline au-dessus du port, dans l'hôtel. ☎ 922-87-11-00. Tlj midi et soir, mais on conseille d'y venir plutôt le soir. Plats 18-23 €. Menu complet 33 €.* Pour profiter de ce beau lieu, venir y dîner est une bonne idée. Carte courte, composée d'un mélange de recettes traditionnelles canariennes et de plats plus internationaux, toujours en accord avec la saison. Poissons frais, produits de la région. Outre la pêche locale, on trouvera toujours une bonne soupe de cresson *(potaje de berros)* et un ragoût de lapin. Et comme c'est assez chic, baskets cirées et chemise repassée.

Où boire un verre le soir ?

Les terrasses de la place *(plan B2)* **:** *sur la place centrale du bourg.* Plusieurs terrasses sympathiques où se retrouvent les familles le soir venu. Ambiance tranquille et populaire. Les petits restos indiqués plus haut sont également des lieux où l'on peut boire un verre.

À voir. À faire

Calle Real *(plan A1-2-B2)* **:** c'est la rue principale de la bourgade, bien agréable à parcourir à la recherche des quelques maisons anciennes et coloniales encore debout. Les constructions, même modernes, ont su rester modestes en taille. Tant mieux. Ici un balcon de bois, là une fenêtre un peu travaillée. Au n° 26, un édifice en pierre du XIXe s... Puis on arrive à l'*iglesia de la Asunción,* sur la droite.

Iglesia Nuestra Señora de la Asunción *(plan A2)* **:** *dans la c/ Real, sur une placette juste après le n° 32.* De l'extérieur on découvre une façade large, d'inspiration gothique, à trois portails dédiés à la Vierge. Celui du centre offre un décor à colonnettes torses. À l'intérieur, sous le porche d'entrée, beau claustra de bois. Puis on découvre une église basse, à trois travées, soutenue par d'épaisses colonnes de pierre rouge. Intéressante tribune de bois au-dessus de l'entrée. L'église, malgré une certaine modestie architecturale, abrite plusieurs beaux retables peints et dorés, datant des XVIIe et XVIIIe s. Les plus intéressants se situent dans la nef de gauche. Certains sont simples et assez épurés, d'autres tarabiscotés, accusant un style baroque aux influences maniéristes. Près du chœur, sur le mur de gauche, voir la fresque malheureusement mal éclairée où apparaissent les caravelles de Christophe Colomb qui firent halte à San Sebastián avant de traverser l'Atlantique.

COLOMB LE COLON

Christophe Colomb est, dit-on, venu prier dans l'iglesia Nuestra Señora de la Asunción de San Sebastián avant son départ pour les Amériques. Sur place, certains vous confirmeront son passage, d'autres vous assureront que c'est faux. On aime surtout entretenir le doute. En fait, rien ne certifie son passage... mais rien ne prouve le contraire.

Museo arqueológico de La Gomera *(plan B2)* **:** *pl. de la iglesia de la Asunción, juste à droite de l'église. ☎ 922-14-15-86. Mar-ven 10h-18h (19h en été), sam 10h-14h. GRATUIT.* Dans une ancienne bâtisse coloniale d'un étage, aux jolies fenêtres de bois, on vous contera toute l'histoire de La Gomera en quelques salles, depuis la présence des Guanches. Panneaux descriptifs (en espagnol). Évocation de l'agriculture, travail de la pierre, éléments sur les divinités. Quelques crânes et restes de poteries... La maison est belle mais l'expo tout de même un peu succincte.

Torre del Conde *(plan A2)* **:** *parque Torre de la Conde. Lun-ven 9h30-17h30. GRATUIT.* Imposante tour carrée édifiée au milieu du XVe s, plutôt élégante avec son appareillage de pierre aux angles et sise au milieu d'une grande pelouse, ce qui la met bien en valeur. Elle fut bâtie sur l'ordre de Hernán Peraza l'Ancien, le premier conquistador espagnol qui s'appropria La Gomera. C'est tout ce qui reste des fortifications espagnoles. Sur deux niveaux, on y verra des copies de cartes de l'île entre les XVIe et XXe s. Elles sont d'un intérêt inégal, mais quelques-unes se révèlent de toute beauté. Modestes esquisses du port, assez approximatives.

Casa Colón *(plan A1-2)* **:** *c/ Real, 56. Lun-ven 10h-13h, 15h30-17h30.* Modeste maison où Colomb aurait passé la nuit avant de prendre la mer vers les Amériques à bord de l'une de ses trois caravelles. Bien que petit en taille, ce musée présente une intéressante collection de poteries *Chimú,* civilisation précolombienne qui s'implanta en Amérique du Sud, notamment en Équateur et au Pérou. Objets de tous les jours en terre cuite, s'étalant du IXe au XVe s. Superbes pots décorés, vases à deux corps et à têtes d'oiseau, assiettes et cruches d'une grande finesse décorative... Des œuvres témoignant d'une civilisation assez avancée. À l'étage, petite expo temporaire.

Casa Bencomo *(plan A2)* **:** *c/ Real, 32, dans l'office de tourisme. ☎ 922-14-15-12. Tte l'année : lun-sam 9h-13h30, 15h30-18h ; dim 10h-13h. GRATUIT.* Cette maison historique abrite une expo au rez-de-chaussée sur l'histoire de l'île et sa formation. Évocation de la création du volcan, l'architecture locale, la faune et la flore, etc.

Les plages : on peut se baigner sur la ***playa de San Sebastián*** *(plan A3),* à côté du port. Les eaux sont tranquilles et sans danger, ce qui n'est pas si fréquent sur l'île, mais elle n'est pas plus agréable que ça. On préfère de loin la petite ***playa de la Cueva*** *(plan B2),* situé à l'est du port. Agréable et populaire.

Où plonger ?

■ ***Dive Art*** *(plan A2,* ***4****)* **:** *c/ Real, 48. 📱 660-65-90-98. • info@dive-art.com • dive-art.com • Tte l'année. Venir le mat avt les départs en plongée ou en fin d'ap-m. Compter 35 € la plongée, équipement compris. Prévoir son pique-nique.* Un des clubs les plus sérieux de l'île, tenu par Andy, un Allemand (qui parle parfaitement anglais) qui a fait ses preuves depuis de nombreuses années déjà. Départ en général à 10h pour une journée en mer. Au programme, 2 plongées. Retour en fin d'après-midi selon l'éloignement du site choisi. On compte une grosse vingtaine de sites à découvrir dans la partie sud de l'île, entre Playa de Santiago au sud, et Punta Llana à l'est. Voir notre sélection de plongées dans la partie « Plonger à La Gomera » dans l'intro sur l'île.

Autres activités à La Gomera

■ ***Magma Sport*** *(Dive Art ; plan A2, 4) : c/ Real, 48.* 660-65-90-98. Cette agence, outre la plongée, propose différentes activités, toutes vraiment passionnantes. Une bonne manière d'appréhender l'île sous des formes diverses et originales. ***Kayak de mer*** (de 2h à la journée, départ du port de San Sebastián). Excursion guidée le long des côtes, avec baignade sur des sites déserts. ***Tour en PMT*** (palmes-masque-tuba) : départ en bateau puis mise à l'eau et rando aquatique. Durée : environ 2h. ***Sorties guidées à VTT*** (3 tours de niveau de difficulté différent). Durée : 4-6h selon les parcours. Prix : 28-44 €. Également, assez unique à La Gomera, des descentes appelées ***Salto del Pastor,*** technique de descente en bâtons, utilisée par les bergers de La Gomera. Plusieurs types de descente, 2-4h. Compter environ 25 € par personne. Une manière concrète et amusante d'entrer en contact avec la culture de l'île.

LA ROUTE ENTRE SAN SEBASTIÁN ET PLAYA DE SANTIAGO

On emprunte une route sinueuse, la GM-1, qui traverse des paysages abrupts, semi-désertiques (et même aux trois quarts désertiques), parfois dessinés en innombrables terrasses par l'homme. Cultivées jadis, abandonnées aujourd'hui, elles laissent des traces indélébiles du passage des courageux agriculteurs d'autrefois.

SUR LA ROUTE

De San Sebastián, la route s'élève rapidement vers les hauteurs. Plusieurs ***miradores*** (points de vue) permettent de laisser la voiture reprendre son souffle et d'admirer d'époustouflantes visions vers les profondes vallées et l'océan. On peut prendre la première route que l'on rencontre sur la gauche (la GM-3) pour descendre plus directement vers ***Playa de Santiago,*** mais si vous disposez de temps, on conseille de pousser sur quelques kilomètres et d'aller récupérer la deuxième bifurcation, au carrefour de Pajarito, où la route descend vers ***Alajeró,*** puis poursuit vers Playa de Santiago.

Le mirador de Los Roques : parmi les nombreux points de vue, on pourra faire halte à ce belvédère qui offre une plongée sur les grandes failles, les *barrancos,* ces incroyables canyons, secs et pelés. Vue également sur l'un des monolithes rocheux les plus imposants de l'île, sorte de gros pain de sucre dressé vers le ciel, composé d'orgues basaltiques. On notera enfin dans ce secteur les ravages causés par le grand incendie de l'été 2012. Des centaines d'arbres calcinés constellent le paysage.

Le mirador de Tajaqué : *quelques km après le mirador de Los Roques.* Ce point de vue présente un panorama complémentaire au premier, c'est pour cela qu'il mérite un arrêt. Au carrefour de ***Pajarito*** (d'où partent de nombreux sentiers de rando), la route plonge à nouveau dans la profonde vallée qui mène à Playa de Santiago.

Ermita del Paso : à mi-chemin de cette route, sur la gauche, nouvelle halte à cet ancien ermitage, bien indiqué. Situé un peu au-dessus de la route, accessible par une volée de marches, on y trouve un belvédère, une chapelle, un bel eucalyptus, quelques tables de pique-nique et même des barbecues (mais on n'a vu personne faire cuire un steak !). On y embrasse un panorama rude mais de toute beauté. Descente finale vers ***Playa de Santiago,*** village du bout du monde.

PLAYA DE SANTIAGO (38810) env 1 200 hab.

Le deuxième village le plus touristique de l'île, mais c'est un bien grand mot. Playa Santiago (on oublie rapidement le « de ») est un petit coin peinard, aux maisons cubiques et blanches, niché au fond d'une profonde vallée plantée de bananeraies. Le village n'est pas vraiment beau au sens esthétique du terme, mais il est encadré par de jolies falaises rocheuses et s'intègre bien à la nature. C'est un petit port de pêche qui ne fait pas de vagues, sauf quand le vent souffle. Alors les quelques barques se dodelinent gentiment. Le coin n'a pas été dénaturé par les constructions sauvages et c'est tant mieux. Il y a une plage noire, sablo-caillouteuse, et une jetée le long de laquelle on se promène. Un aller, un retour, et on a tout vu. Quelques pensions, des appart-hôtels et un hôtel de luxe... De bons petits restos aussi.
Le bord de mer est organisé en une petite plage de sable noir, pas désagréable, aux eaux plutôt tranquilles.

MOBY DICK

Fin 2013, le village de Playa Santiago est en effervescence. La moindre pension affiche complet et on assiste à un ballet de minibus, d'Américains dûment badgés qui hurlent des ordres et d'agents de sécurité qui gardent on ne sait quoi. Dans le port, à côté des barcasses de pêcheurs, un fameux deux-mâts du XIXe s est garé comme à la parade. C'est qu'Hollywood est là ! Ron Howard y réalise en effet une sorte de fresque océane In the Heart of the Sea*, en partie inspirée de* Moby Dick*, le chef-d'œuvre d'Herman Melville. Ou comment un village tranquille voit sa vie bouleversée !*

Adresses et infos utiles

- ***Oficina de turismo*** *(plan A2)* **:** *avda Marítima, s/n. ☎ 922-89-56-50. • lagomera.travel • lagomera.es • Sur la gauche en arrivant au bord de mer, à 200 m de la place. Lun-mar 9h-13h, 16h-18h ; mer-ven 9h-15h30 ; sam 9h-13h. Fermé dim. Ferme un peu plus tôt en été.* Plan de la ville, liste des hébergements et infos sur les bus.
- ***Station de bus*** *(plan A2)* **:** *pl. del Carmen, dans le centre.* Env 5 bus/j. pour San Sebastián (et autant dans l'autre sens).
- ***Distributeur*** *(plan A2,* ***1****)* **:** *sur l'avda Marítima, à gauche de la petite place.* Banque *Caja Canarias.*
- @ **Internet** (plan A2, **2**) **:** *à la boutique* ***Foto Libre,*** *sur l'avda Marítima, à côté de l'office de tourisme. ☎ 922-89-50-20. Lun-sam 11h-14h30, 17h-20h. Fermé dim.*
- ***Farmacia*** *(plan A1-2,* ***3****)* **:** *c/ Santiago Apóstol, 35. ☎ 922-89-50-03. Ouv lun-ven 9h-13h30, 16h30-19h30 ; sam 9h-13h, 17h-19h (20h en été).*
- ***Gomera en moto – Location de motos et vélos*** *(plan A2,* ***4****)* **:** *avda Marítima, 12, à gauche en arrivant au*

bord de mer. ☎ *922-89-54-38.* 📱 *661-25-21-85. Lun-sam 10h-13h, 16h30-19h.* ● *gomeraenmoto@gmail.com* ● *Loc de scooters (125 cc), compter env 30 €/j. (pour 24h). Loc de VTT, 15 €/j. et 25 € pour 2 j. Casque et kit de réparation compris.*

Où dormir ?

Bon marché (20-40 €)

Pensión Gaviota (plan A2, **10**) : *avda Marítima, 35.* ☎ *922-89-51-35.* 📱 *639-18-32-24.* ● *pensionlagaviota@gmail.com* ● *pensionlagaviota.es* ● *Tte l'année. Double avec sdb env 27 €, sans petit déj. CB refusées.* Dans une bâtisse de 2 étages, une dizaine de chambres dans les bleu et blanc, tenues par Elias et Theresa, fort sympathiques. 2 chambres profitent de la vue sur la mer et 4 donnent sur la place. Toutes absolument impeccables et assez coquettes. Un excellent rapport qualité-prix-tranquillité. Cafétéria au rez-de-chaussée, bien pratique pour prendre le petit déj ou pour un dernier verre avant d'aller au dodo.

Prix moyens (40-65 €)

Apartamentos Tapahuga (plan A2, **11**) : *avda Marítima, s/n.* ☎ *922-89-51-59.* ● *info@tapahuga.es* ● *tapahuga.es* ● *À env 100 m sur la droite quand on arrive sur le bord de mer. Ouv tte l'année. Studios avec sdb 2 pers, avec ou sans vue sur mer, env 50-55 €, sans petit déj.* Sur le front de mer, une trentaine de studios pour 2 ou 3 personnes, avec cuisine et salon, dont une dizaine avec balcon de bois donnant sur l'océan. Les choisir de préférence, celles donnant sur le patio sont moins agréables. Sur la terrasse, quelques tables, et autour de la piscine (car il y a une piscine !), des transats vous attendent. Une bonne adresse dans sa catégorie.

Apartamentos Playa (plan A2, **12**) : *avda Marítima, 56.* ☎ *922-89-51-47.* 📱 *638-94-81-47. Ouv tte l'année. Doubles 39-42 € selon saison.* 4 appartements face à la mer, au cœur du village et au-dessus d'un petit bar-resto. Tous disposent d'un petit balcon. Au rez-de-chaussée, resto sympathique et fort honnête.

Apartamentos Turístico rural Santa Ana (hors plan par A1, **13**) : *finca Santa Ana, s/n. Sur les hauteurs de Playa de Santiago, à 5 mn par la route. Appelez avt pour vous faire expliquer comment arriver.* ☎ *922-89-51-66.* ● *santaana@gomerarural.com* ● *gomerarural.com* ● *Ouv tte l'année. Doubles 45-60 € selon saison et type d'appartements.* Dominant la baie, 2 grosses maisons d'un étage chacune, offrant une quinzaine d'agréables appartements avec balcon ou terrasse, cuisine américaine et salon. Piscine sympa pour l'ensemble des appartements. Une adresse agréable si vous acceptez d'être un peu à l'écart du village. Ne conviendra pas aux familles (le lieu est réservé aux adultes).

Très chic (plus de 120 €)

Hotel Jardín Tecina (plan B1, **14**) : *c/ Tecina, tt en haut de la colline, à gauche quand on regarde la mer.* ☎ *922-14-58-50.* ● *hotelrecep@fredolsen.es* ● *jardin-tecina.com* ● *Ouv tte l'année. Doubles 120-170 € selon saison, petit déj-buffet compris.* Un des hôtels les plus chic de l'île, perché sur une colline. Malgré ses 430 chambres, cet énorme complexe hôtelier, de loin le plus important de La Gomera, se compose de bungalows disséminés dans un jardin superbement entretenu. Les parties communes rappellent l'architecture d'une hacienda et se révèlent pleines d'élégance. Un ensemble qui parvient à conserver son charme et son aspect humain, et ce malgré sa taille. Pour le plaisir, 3 piscines, une salle de fitness, un sauna, spa, tennis... et on en oublie certainement.

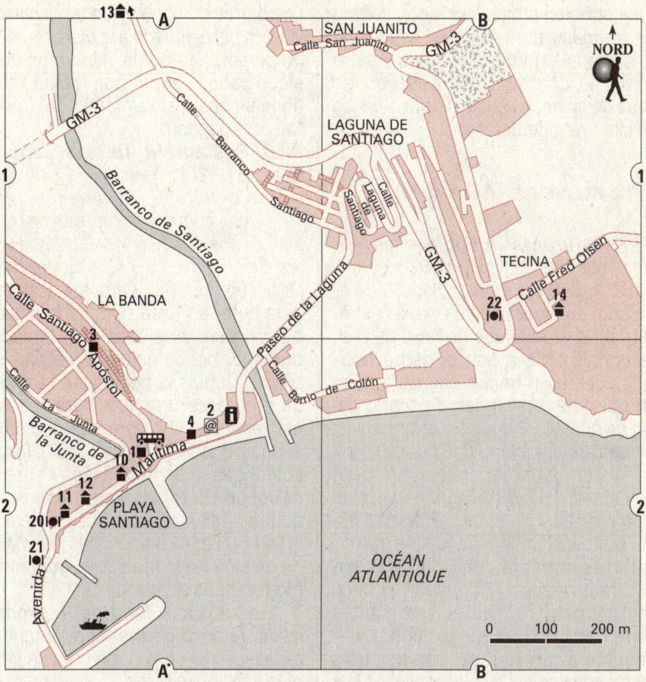

PLAYA DE SANTIAGO

Adresses utiles

- Oficina de turismo
- 1 Distributeur
- @ 2 Internet
- 3 Farmacia
- 4 Gomera en moto – Location de motos et vélos

Où dormir ?

- 10 Pensión Gaviota
- 11 Apartamentos Tapahuga
- 12 Apartamentos Playa
- 13 Apartamentos Turístico rural Santa Ana
- 14 Hotel Jardín Tecina

Où manger ? Où boire un verre ?

- 20 Restaurante-pizzeria Don Tomate et Restaurante Junonia
- 21 La Cuevita
- 22 Restaurant Terraza Tagoror

Où manger ? Où boire un verre ?

De très bon marché à bon marché (max 12 €)

Restaurante-pizzería Don Tomate *(plan A2, **20**) : avda Marítima, 56 (à droite du Junonia). ☎ 922-89-55-45. Tlj midi et soir sf lun. Pizzas et pâtes 6-9 €.* Terrasse coquette sur le trottoir, protégée par des parasols rouges. Pour changer de la cuisine espagnole, un petit tour vers la péninsule pour profiter d'excellentes pizzas et de pâtes à la cuisson parfaite. Le fond de carte a été mis au point par un vrai Italien et les cuistots espagnols venus à la suite ont bien appris leur leçon. Même les *antipasti* sont réalisés avec soin et s'avèrent goûteux. Dans un autre genre, le *churrasco de pescado en salsa de marisco* vaut le détour. Service délicieux et attentionné.

Prix moyens (40-65 €)

Restaurante Junonia (plan A2, **20**) : *avda Marítima, 56. ☎ 922-89-54-50. Tlj midi et soir sf mar. Plats 10-14 €.* Un bout de terrasse surélevée à l'extrémité de la promenade de bord de mer, reconnaissable à son superbe bougainvillier. Bien bonne cuisine à base de poissons et viandes. *Pescado del día* de qualité.

La Cuevita (plan A2, **21**) : *tt au bout de l'avda Marítima, juste avt le petit tunnel. ☎ 922-89-55-68. Tlj, tte la journée, 12h-13h, sf dim. Plats 9-13 €.* Le resto est niché dans une grotte naturelle sombre, mais il possède pourtant beaucoup d'élégance avec ses nappes en tissu et ses plantes vertes accrochées au plafond. On y déguste avant tout du poisson frais (demandez ce qu'il y a ce jour-là). On a l'embarras du choix entre un *bacalao a la vizcaina, lenguado a la plancha, filete de pargo...* et pour la viande, un classique *cabrito* ou un non moins traditionnel *conejo al salmorejo* qui jouent toujours gagnant.

Restaurant Terraza Tagoror (plan B1, **22**) : *Tecina, 97, en surplomb de la ville. ☎ 922-89-51-95. Tlj 11h30-minuit pour le bar et resto midi et soir (jusqu'à env 22h30). Pizza env 8 €. Plats 8-15 €. Choix de 4 tapas (11h-18h) 15,50 €.* On aime vraiment bien cette adresse dominant la baie, où l'on vient aussi bien pour un repas que pour boire un verre en tapant un billard. Depuis la généreuse terrasse, on embrasse une vue extra. Le lieu est tenu par une sympathique Sud-Africaine qui propose une cuisine éclectique bien maîtrisée. Outre la sélection de tapas bien fraîches, on pourra profiter de plats aussi différents qu'un canard à l'orange, des *calamares en salsa* ou des *meatballs* goûteuses (boulettes de viandes).

Les ***restos le long de la promenade de bord de mer*** sont autant de terrasses où l'on peut prendre un verre et le frais tout à la fois.

LA ROUTE DE SAN SEBASTIÁN À LA CÔTE NORD

La route GM-1 depuis San Sebastián s'élève rapidement dans les hauteurs, frôle le parc national de Garajonay pour replonger vers les vallées fertiles de Hermigua, porte d'entrée de la région nord de l'île, et poursuivre vers les villages d'Agulo et de Vallehermoso. C'est dans cette région que l'on trouve le plus de témoignages du *silbo*, ce langage sifflé utilisé par les bergers dans les montagnes de l'île.

Où écouter siffler les *silbadores* ?

Comme il y a peu de chances que vous alliez en quête d'un berger au fond d'une vallée pour lui demander gentiment : « *Por favor*, siffle-moi un petit air ! », vous allez faire comme tout le monde, à savoir fréquenter un des restos à grande capacité où un *silbador* se produit durant le déjeuner, à la demande des agences de touristes. Pas très romantique, mais vous n'aurez pas le choix. Avantage : on profite de pas mal d'explications données au cours de la prestation.

– ***À Hermigua :*** le resto *El Silbo.*

– ***À Las Rosas :*** au resto *Las Rosas,* une grosse maison blanche, sur la droite de la route. Accueille souvent des groupes le midi.

– ***À Agulo :*** au resto *La Zula.* Là, c'est la jeune serveuse qui siffle pour vous ! Il y a souvent des groupes à déjeuner, mais même en l'absence de ceux-ci, demander si la *silbadora* est là. Elle se fera un plaisir de vous siffler quelques mots d'amour.

HERMIGUA

(38820) 2 100 hab.

Voici un village bien caractéristique de La Gomera. Il s'étire sur presque 3 km au fond d'une vallée particulièrement fertile, dont il suit les contours naturels pour aboutir à la mer. Il est cerné de hautes montagnes rocheuses formant des pics impressionnants, ponctués de vaillants bosquets qui s'accrochent avec l'énergie du désespoir. La partie basse des montagnes est découpée en de multiples terrasses soignées et cultivées, où les palmiers à miel prennent leurs aises et sont l'objet de soins méticuleux. De chaque côté de la route *(carretera General)*, un alignement de maisons blanches, et, au fond de la vallée, un tapis de plantations de bananeraies. Au bord de l'océan, la plage sauvage de *Santa Catalina*, peu amène, composée de gros cailloux et prolongée par l'écume grondante de dangereux rouleaux. En revanche, à quelques kilomètres plus à l'est, la petite *playa de la Caleta* peut accueillir les baigneurs (quand il n'y a pas trop de vent !). Un univers rude et sauvage, où l'homme a réussi à se faire une place en harmonie avec la nature.

Adresses utiles

✉ ■ La ***poste*** et la ***pharmacie*** se trouvent le long de l'unique route qui traverse la bourgade *(ctra General)*.

■ ***Location de vélos – Tasca Telemaco :*** *sur la ctra General, dans la ruelle en contrebas de l'église principale (facile à repérer, elle est tte jaune).* ☎ *922-88-08-12. Voir également « Où manger ? ». Ouverture aux heures du resto. Le mieux est d'appeler auparavant si vous voulez un vélo. Compter env 15 €/j.* Location de VTT et de vélos électriques pour ceux qui craignent de ne pas pouvoir affronter les pentes raides.

Où dormir ?

Bon marché (20-40 €)

■ ***Casa Creativa :*** *ctra General, 56, dans la partie la plus basse du village, sur la droite en descendant.* ☎ *922-88-09-91. Ouv tte l'année. Doubles avec sdb 35-40 €, sans petit déj.* Une maison pas comme les autres. On passe par le sympathique bar-resto *Terraza Pedro* (voir « Où manger ? ») pour accéder aux chambres situées en contrebas de la demeure principale, distribuées sur 2 niveaux le long d'une coursive. Elles sont spacieuses et disposent toutes d'une petite terrasse. Toutes profitent d'une vue extra sur le fond de la vallée, plantée de bananeraies. Petit bout de jardin sur le devant. Une adresse à prix doux, doublée d'un chouette rendez-vous pour grignoter un morceau.

Prix moyens (40-65 €)

■ ***Apartamentos Los Telares :*** *ctra General, sur la droite en arrivant dans le village.* ☎ *922-88-07-81. • info@apartamentosgomera.com • apartamentosgomera.com • Réception ouv 8h30-13h et 10h30-19h30. Appeler en cas d'arrivée tardive. Appart standard ou supérieur 45-59 €, petit déj en plus.* Ce sont des appartements de qualité, vraiment spacieux, élégants et chaleureux, avec salle de bains bien conçue, cuisine toute équipée, coin salon et grande baie vitrée donnant sur la vallée. Calme total. Grand salon commun agréable. Une bien bonne adresse, tenue par une équipe serviable et efficace. De l'autre côté de la route, piscine à disposition des hôtes.

Chic (65-90 €)

Villa de Hermigua : *ctra General, sur la gauche de la route en allant vers le sud, dans la partie basse du village, juste au niveau du stade de foot. ☎ 922-88-07-77. 600-52-69-25. • hotel@gomeraturismo.com • gomeraturismo.com • Double env 70 € (tte l'année) avec petit déj.* Cet hôtel tout jaune, en bord de route, échelonne ses chambres dans différents petits édifices organisés en terrasses. Les chambres les plus hautes disposent d'une vue plus large sur la vallée. Celles tout en haut s'agrandissent d'une terrasse. Confortables, bien équipées et chaleureuses, elles sont tenues impeccablement par un patron jovial. Petit patio plein de plantes. Ensemble au calme malgré la proximité de la route.

Hotel rural Ibo Alfaro : *dans le quartier Ibo Alfaro. ☎ 922-88-01-68. • info@hotel-gomera.com • hotel-gomera.com • Sur la ctra General, prendre à gauche après la farmacia, monter sur env 300 m puis 1re à droite. Parcourir encore env 200 m et c'est sur la gauche. Ouv tte l'année. Double env 85 €, petit déj compris.* On est accueilli par une allée de jolis cactus pour être reçu de manière pas piquante du tout, et même très sympathique, par un jeune hôte. Une vingtaine de chambres de charme dans cette maison du XIXe s, anciennement propriété d'une famille aisée. Elles sont de bon confort, parquetées et bien équipées, la plupart avec vue sur la vallée, d'autres profitant en plus d'une petite terrasse.

Où manger ?

De nombreux restos à Hermigua, souvent de qualité.

De bon marché à prix moyens (8-24 €)

Casa Creativa – Bar Terraza Pedro : *ctra General, 56, dans la partie la plus basse du village, sur la droite en descendant. ☎ 922-88-09-91. Voir également « Où dormir ? ». Plats 8-10 €.* La belle terrasse couleur lie-de-vin est située en bord de route et domine la vallée. Bien agréable, tout comme la cuisine de ce resto qui sert des tapas, de la viande et des petites choses végétariennes. Parfait pour grignoter un morceau.

Tasca Telemaco : *sur la ctra General, dans la ruelle en contrebas de l'église principale (facile à repérer, elle est tte jaune). ☎ 922-88-08-12. Tlj 13h-16h, 18h-23h (jusqu'à 2h du mat ven-sam). Cours de salsa sam soir. Plats et salades 8-14 €.* C'est sur la terrasse, couverte par des cannisses, que l'on profite le mieux de ce lieu où l'on prépare de bien belles salades, des tapas de qualité et des plats joliment tournés. Un lieu un peu décalé, au cœur de ce village plutôt traditionnel. Location de vélos également (prévoir de bons mollets !).

El Faro : *dans la partie basse du village, presque au bout, sur la droite, juste avt d'arriver à la mer. ☎ 922-88-00-62. Tlj 12h-22h. Plats 8-12 €.* Tenu par une sympathique Allemande qui confectionne de bonnes tapas et de jolies salades composées. Elle propose également des plats de pâtes revigorants dans son petit bout de salle arrangé avec goût.

Las Chácaras : *dans la partie haute du village. Prendre à gauche juste au rond-point situé après le pont en arrivant. ☎ 922-88-10-39. Tlj sf dim, midi et soir. Plats 8-12 €.* Sur la carte on retrouve tous les classiques de la cuisine canarienne, tant pour le gibier à poil qu'à plume, sans oublier la nourriture à écaille. La patronne est aux fourneaux et le patron au service. Potage gomero, *garbanzos, cabra en salsa* (chèvre en sauce), *lapas* (coquillages), viande de bœuf fourrée aux amandes... Du classique, qu'on vous dit. La salle ne déroge pas : classique itou.

Où manger dans les environs ?

Bon marché

|●| ***Bar-restaurante La Caleta :*** *sur la* ***playa de la Caleta,*** *située à 3 km à l'est du bord de mer de Hermigua. 670-49-37-56. Tlj 10h30-22h (selon les j.). Salades et plats 8-14 €.* Arrivé à cet improbable bout de plage au fin fond de nulle part, on découvre au bord de l'eau une adorable cabane de pierre, tenue par Olivia, qui fera bien l'affaire des assoiffés et des affamés. On y prend un jus de fruits bien frais et pressé sous vos yeux, un bon poisson grillé tout aussi frais, ou une petite salade. Sans être très chers, les tarifs sont un peu supérieurs à ce qui se fait ailleurs, mais c'est parce qu'il faut apporter les produits jusque-là et mettre de l'essence dans le groupe électrogène ! Mais quel plaisir...

À voir

Le village s'étirant sur près de 2 km, il n'existe pas de centre à proprement parler.

Convento de San Pedro Apóstol : *en arrivant dans le village, sur la droite un peu avt le pont. Parking juste au niveau du pont.* Ensemble conventuel sur une placette qui semble désertée. Quelques demeures ont conservé une architecture coloniale. L'église, basse et trapue, présente des retables de bois brut, sculptés assez grossièrement dans un style baroque minimaliste. Beau balcon de bois au-dessus de l'entrée. Ensemble assez rustique mais qui ne manque pourtant pas de cachet.

Museo etnográfico de La Gomera : *ctra General, 97. ☎ 922-88-19-60. Mar-ven 10h-18h (19h en été), w-e 10h-14h. GRATUIT.* Sur deux étages, ce musée est sans doute le plus pédagogique de l'île, mais explications en espagnol uniquement. Des vitrines d'objets viennent illustrer les nombreux thèmes abordés : l'agriculture en terrasses, les moulins, la sylviculture, la saignée des palmiers (pour en extraire le « miel »), la vie quotidienne, la pêche. Le *silbo* est également en bonne place, tout comme la viticulture, la vannerie et la poterie, issue de la technique utilisée par les Guanches.

Molino del Gofio : *ctra General, s/n. ☎ 922-88-07-27. Juste au niveau du pont, sur la gauche, là où l'on trouve un grand parking. Bien indiqué. Lun-ven 10h-12h30, 14h-16h30. Sam 10h-12h30. Entrée : 2 €.* Outre la boutique par laquelle on vous fait immanquablement passer, on vous montrera le système mécanique de ce moulin à eau, utilisé pour préparer le *gofio.* On rappelle que le *gofio* est une céréale grillée, puis moulue. Il peut s'agir de maïs (le plus souvent), mais on peut aussi utiliser de l'orge, du blé ou du millet. Attenante au moulin, une petite salle de musée où sont présentés des outils agricoles et des ustensiles de toutes sortes : série de mortiers, meules de pierre, métier à tisser, jougs, socles de charrue et quelques poteries anciennes... Beau jardin tout autour.

Où se baigner dans les environs ?

Playa de la Caleta : *située à 3 km à l'est du bord de mer de Hermigua, par une petite route sinueuse et bien indiquée, une fois que l'on est au bord de mer de Hermigua. Parking juste au-dessus de la plage, puis on descend à pied par une rampe bordée de cactus.* Parmi les plages les plus jolies de l'île, celle de la Caleta arrive dans le tiercé de tête. Pas bien grande certes, très sauvage et encadrée par de hautes falaises, avec vue sur le Teide (mont le plus haut d'Espagne, sur l'île de Tenerife), qui est dans l'axe. Une partie de cailloux noirs, une autre de sable, tout aussi noir. Selon les périodes, cette plage peut être accessible sans danger à la baignade, mais peut s'avérer très dangereuse. Bien observer le drapeau et demander aux gens sur place avant de piquer une tête. Quelques tables de pique-nique sous des tamaris, deux ou trois barques de pêcheurs, trois paillotes et une minuscule chapelle.

AGULO (38830) env 1 200 hab.

Quelques kilomètres après Hermigua, voici un autre village tranquille qui s'est posé le long de la route, et qui se décline en plusieurs bourgs, suivant en cela les courbes naturelles du cirque au pied duquel il se niche. Ces quartiers ont pour nom *La Montañeta,* un peu plus loin *Las Casas* et plus haut *El Charco.* C'est dans ce dernier (au-dessus du terrain de foot) que l'on découvre un modeste lacis de ruelles et de placettes adorables, bordées par des maisons traditionnelles, certaines d'origine coloniale. Entre chacun des quartiers, comme dans tous les villages de ces vallées fertiles, des cultures en terrasses et des bananeraies offrent un tapis vert qui contraste avec les falaises austères. Remarquables variations de couleurs allant de l'ocre au brun foncé selon la lumière.

Adresse et info utiles

i *Oficina municipal de turismo :* *dans la rue centrale, quartier El Charco, dans la mairie.* • *agulo-info* • *Lun-ven 9h30-13h30.* Petit bureau dans la mairie. Quelques infos à glaner. – ***Site internet :*** • *silbogomero.es* •

Où manger ?

Bon marché (8-12 €)

|●| *Restaurante La Vieja Escuela :* *c/ Poeta Trujillo Armas, 2, El Charco, dans les rues piétonnes.* ☎ *922-14-60-04. Tlj sf dim, midi et soir pour manger, 11h-21h pour boire un verre. Plats pas chers, 7-9 €.* Vous l'aviez traduit, le resto s'est installé dans l'ancienne école du village. Dans la petite salle ou aux quelques tables de bois qui occupent la ruelle, on se sent bien dans ce lieu tranquille, pour profiter d'une cuisine classique, régulière et bien faite, à l'image de cette *carne al limón* ou du *chuletón de ternera.* Bon accueil.

|●| *La Zula :* *dans le quartier de La Montañeta, sur la droite en contre-haut d'un virage, quand on va vers Vallehermoso.* ☎ *922-14-61-09. Tlj midi et soir, mais c'est surtout le midi qu'il est intéressant de s'y rendre. Repas 15-20 €.* Si l'on vous indique cette adresse qui reçoit surtout des groupes le midi, c'est parce qu'une des serveuses pratique le *silbo* et sera toujours d'accord pour vous en raconter un peu l'histoire, et siffler si ça vous chante. Elle est sympa comme tout.

À voir

De grands panneaux ont été disposés dans les ruelles, agrémentés de textes et de photos témoignant de l'histoire et des traditions passées du village. Une bonne initiative (mais seulement en espagnol).

Balade dans le village : *dans le barrio El Charco. Se garer à proximité de la mairie.* Une petite balade bien agréable à travers le réseau de ruelles pavées et piétonnes situées derrière la mairie. Atmosphère tranquille. Quelques jolies maisons, des venelles au calme et de sympathiques points de vue. Maisons blanches à un étage, toits de tuiles. Architecture traditionnelle et simple à la fois. Sur une petite place, l'*iglesia San Marcos,* grise, du début du XXe s, tranche un peu avec son style néogothico-minimilismo-tristoune.

VALLEHERMOSO

(38840) 3 200 hab.

La poursuite de la route vers l'ouest nous mène vers cet autre village coloré, niché au fond d'une gorge profonde (on en prend l'habitude !), où l'on découvre des terres fertiles et intelligemment cultivées. Comme à Hermigua et Agulo, Vallehermoso dresse fièrement sa tradition agricole en étendard. Des terrasses peignées comme un dimanche, une vallée profonde qui va jusqu'à la mer et un tapis de bananeraies qui déroule son long manteau. Même si le village a perdu les deux tiers de sa population depuis les années 1960 (l'hémorragie s'est tout de même arrêtée dans les années 1990 !), il conserve un vrai dynamisme, grâce à un tissu de population qui couvre encore toutes les classes d'âge.

Si vous vous attardez sur la place du village, vous aurez peut-être la chance d'entendre des gamins communiquer en sifflant le *silbo.* Preuve que l'école sert encore à quelque chose... Toujours depuis la place, votre regard sera immanquablement attiré par ce massif monolithe volcanique, le *roque Cano,* qui se dresse fièrement vers le ciel et semble protéger le village.

Adresse utile

■ **Agence Ymaguara :** *c/ Mayor, 5. ☎ 922-80-03-29. Tte l'année, lun-ven 9h30-13h, 16h30-19h ; sam 10h-14h. Fermé dim.* Petite agence tenue par quelques jeunes avides de faire découvrir leur île par le biais de randonnées guidées (en anglais), de haltes chez les petits producteurs de miel ou chez les dernières potières de l'île. Fait aussi un peu office de tourisme. On vous y fournira aimablement toutes les informations désirées. Bon accueil.

Où dormir ?

Bon marché (20-40 €)

Pensión Amaya : *pl. de la Constitución. ☎ 922-80-00-73. 606-42-07-51. Double 30 €.* Une poignée de chambres dans cette pension éminemment centrale, simple comme tout. Elles sont au 1er étage et certaines donnent sur la place (les demander de préférence). Lavabo dans les chambres et la salle de bains est au bout du couloir. Le bar-resto du rez-de-chaussée est très fréquentable (voir « Où manger ? »).

Chic (65-90 €)

Hotel rural Tamahuche : *c/ La Hoya, 20. ☎ 922-80-11-76. • info@hoteltamahuche.com • hoteltamahuche.com • Doubles 75-80 € tte l'année, petit déj compris (buffet).* Jolie adresse tranquille et coquette tout à la fois, sise dans une maison plus que centenaire. Chambres assez spacieuses, organisées sur 3 terrasses, décalées les unes par rapport aux autres. Architecture agréable, où la brique et la pierre sont utilisées avec intelligence. Parquet qui craque et mobilier de bois dans les chambres de la partie ancienne. Celles de la partie supérieure possèdent une terrasse commune avec vue.

Où manger ?

Bon marché (8-12 €)

Bar-restaurant Amaya : *pl. de la Constitución. ☎ 922-80-00-73. Plat env 8 €.* Le petit troquet du village, idéalement situé sur la place, où l'on s'assoit pour prendre un petit verre ou profiter du plat du jour. En attendant, on regarde les mômes jouer, les vieux se balader, les touristes s'égarer...

Bodegón-restaurante Agana : *avda Guillermo Ascanio, 5. ☎ 922-80-08-43. Tlj sf mar, 8h-minuit. Menu 10 €.* La petite terrasse avec ses tonneaux donnent immédiatement le ton. On sert ici des vins de l'île, de bonnes tapas et une chouette charcuterie (*jamón serrano, salchichas,* bons *quesos,* tortillas...). Et même une joyeuse soupe de cresson et des *lapas asadas.*

Restaurante Iballa : *avda Guillermo Ascanio, 10. ☎ 922-80-03-14. Tlj sf dim, tte la journée. Menu 10 €, servi en permanence.* Encore un bar très local, avec ses piliers de comptoir, où la cuisine simple et honnête vous nourrira avec satisfaction à défaut de génie. Sur l'arrière, une grande salle où les vieux du village se retrouvent pour jouer aux cartes.

Où acheter des produits locaux ?

Venta de Rafael : *sur la pl. de la Constitución, juste à gauche du bar-cafétéria Central. ☎ 922-80-02-86. Tlj 10h-15h.* Dans cette boutique de 3 m² (guère plus et peut-être moins), un gentil monsieur propose *quesos* (fromages), *miel de palma, gofio, mojos...* et quelques souvenirs.

À voir

Parque marítimo : *en bord de mer. Ouv l'été en théorie, tlj sf lun, 10h-18h (en général).* Si la plage de Vallehermoso n'est pas vraiment propice à la baignade, juste au-dessus de celle-ci on trouve un *parque marítimo,* nom un poil prétentieux qui désigne une piscine municipale d'eau de mer, ouverte seulement l'été. Le plaisir de se baigner sans le danger des vagues.

PARQUE NACIONAL DE GARAJONAY

Le cœur de l'île, sa partie la plus haute, est chapeautée par une incroyable forêt humide composée de plusieurs variétés de lauriers (appelé *laurisilva*) d'une densité étonnante. C'est un parc national de près de 4 000 ha (10 % de l'île), créé en 1981, protégé à ce titre et s'étageant entre 800 m d'altitude et 1 487 m, point culminant de La Gomera. Il est inscrit depuis 1986 au Patrimoine mondial naturel de l'humanité par l'Unesco. Cette partie verdoyante est appelée le *monteverde* et elle constitue à elle seule 85 % de la surface totale du parc. C'est un peu l'enfant caché de la forêt des Carnutes (forêt des druides bretons) et de celle de Brocéliande (abritant les aventures de Merlin, Viviane et Lancelot du Lac).

L'absence d'éruption volcanique depuis plus de 2 millions d'années a permis la création de cette forêt épaisse, touffue et étrange tout à la fois. C'est un univers où règnent une humidité constante et une brume quasi permanente, automne comme hiver, sans gelées persistantes (sauf en haute altitude). Ce

taux d'humidité élevé, présent toute l'année grâce aux alizés qui viennent frapper la montagne à partir de 800 m, a donné vie à ce mélange de plantes et d'arbres composant une sorte de jungle subtropicale. La persistance des brumes permet de limiter l'évaporation et contribue à cet écosystème complexe et fragile à la fois, où l'eau en suspension joue un rôle déterminant. C'est un monde singulier, où l'homme est le bienvenu, mais seulement sur 10 % de la surface du parc. Le reste est tout simplement inaccessible et c'est tant mieux. Heureusement, de nombreux sentiers permettent d'explorer cet univers où l'imagination peut s'envoler. Inutile d'être un grand randonneur, les sentiers sont accessibles à tous, très aisément. Venir à La Gomera sans pénétrer cet univers constituerait une sérieuse faute de goût.

L'EAU ET LE FEU

Le feu qui fit craindre le pire durant l'été 2012 n'a touché en fait que moins de 10 % du parc, sur son flanc sud, dans une région finalement assez peu boisée. Ouf !

FLORE ET FAUNE

Le cœur du parc est couvert par cette épaisse forêt de lauriers décrite plus haut. Elle se compose de différents types de lauriers (mais non, pas de lauriers-roses ni lauriers sauce !). C'est l'une des plus denses et plus vastes forêts de ce genre qui subsiste encore en Europe et en Afrique du Nord, proche de ce qui existait durant l'ère tertiaire, grâce au fait que les Canaries n'ont été que peu touchées par les grands bouleversements climatiques. Rappelons que c'est une forêt de cette nature qui couvrait également une bonne partie de la France il y a fort longtemps. L'espèce la plus présente est une variété de feuillus, le *Laurisilva canaria* (laurier), espèce endémique, de même les hautes bruyères arborescentes que l'on trouve dans les lieux un peu plus secs, et qui peuvent atteindre près de 15 m de hauteur. Citons encore le *palo blanco (Picconia excelsa),* le *viñatigo (Persea indica)*, l'*acebiño (Ilex canariensis)* ou le *loro (Laurus azorica).* Les botanistes chevronnés nous en voudraient si l'on passait sous silence le *tejo (Reica scoparia)* et le *til (Ocotea foetens).* Les mousses et les lichens qui couvrent les troncs des arbres au sol et les superbes fougères qui tapissent les sous-bois contribuent à l'étrangeté et à la richesse de ce milieu.

Corollaire naturelle à cette flore, la faune se distingue ici par plus de 150 espèces endémiques, qu'il est rare de pouvoir observer malheureusement. La faune vertébrée est en revanche relativement limitée, conséquence de l'éloignement du continent. Avec une quarantaine d'espèces, elle se limite surtout aux oiseaux : citons le *pigeon des lauriers* et le *pigeon de Bolle,* les deux espèces les plus notables, auxquels on pourra ajouter quatre espèces de chauves-souris. Concernant les invertébrés, il faudra se pencher un peu et grattouiller la terre pour observer nombre d'insectes étranges comme les coléoptères (scarabées), ainsi que quelques araignées propres à l'île.

GARAJONAY ET L'AMOUR ÉTERNEL

Le nom de ce parc proviendrait des amours contrariés de Gara, la princesse d'Agulo, où l'eau règne, et Jonay, le fils d'un roi de Tenerife, fils du feu. Ils se rencontrent lors des moissons, mais opposés à leur union (classique !), les parents de l'un et de l'autre font tout pour séparer les amoureux. N'écoutant que son courage, Jonay nage pour rejoindre sa belle (si, si !). Ils gagnent ensemble le sommet de l'île, se fichent un pieu de bois de cèdre dans la poitrine et se jettent du haut de la falaise. C'est de leur union, de celle de leurs noms et de leur suicide que l'on créa le parc, Garajonay.

Adresses utiles dans le parc

🅸 ***Centro de visitantes de Juego de Bolas :*** *dans la partie nord du parc, sur une petite route secondaire que l'on emprunte depuis Las Rosas (bien fléché depuis ce village).* ☎ *922-80-09-93. Tlj 9h30-16h30 (fermé 14h-14h20, car le ranger prend son déj).* Au fond d'un jardin botanique bien tenu et fort plaisant, le centre d'info abrite un musée bien fait (lire plus loin la rubrique « À voir »). Une halte dans ce centre est vivement conseillée pour ceux qui veulent randonner dans le parc. On pourra y rencontrer un des gardiens du parc (le sympathique Roberto est français d'origine). On pourra efficacement vous indiquer les balades les plus adaptées à vos envies et vos capacités. Voir les infos plus loin dans « Comment choisir sa randonnée dans le parc ? ».

🅸 ***Laguna Grande :*** *dans la partie sud du parc, sur la GM-2, route entre Vallehermoso et le carrefour de Pajarito, quelques km avt celui-ci. Tlj 8h30-16h30.* Petit point d'info mais rien à voir avec le *centro de visitantes.* C'est avant tout un lieu de pique-nique et d'agrément, où l'on peut faire halte. On y trouve également un resto *(ouv tlj).*

Comment choisir sa randonnée dans le parc ?

– Faire tout d'abord halte au ***centro de visitantes Juego de Bolas*** (voir ci-dessus). Pas moins de 18 sentiers sillonnent le parc, d'une durée de 30 mn à 7h. Demander la carte appelée *Garajonay* (carte en français, c'est la seule que l'on trouve). Tous les sentiers y sont indiqués. Prendre aussi le feuillet *Red de Senderos del parque nacional de Garajonay.* Ce document fort bien fait indique les noms, les numéros des randonnées (correspondant à la carte), les niveaux de difficulté, les temps moyens de marche, les distances et les dénivelées. On y distingue les sentiers en boucle et ceux qui sont linéaires. Voici notre palmarès par ordre croissant de durée.

➢ ***Barranquillos, rando nº 4*** *(sentier linéaire) :* *difficulté, aucune.* Petite balade tranquille de moins de 1 km, d'une durée de 30 mn maxi, avec belvédère offrant une belle vue sur la côte ouest de l'île.

➢ ***Las Creces, rando nº 5*** *(en boucle) : difficulté, aucune. Durée : 2h. Distance : 4,2 km. Dénivelée : 100 m.* Garer sa voiture à Las Hayas.

➢ ***Laguna Grande-Alto de Garajonay-Laguna Grande, rando nº 14*** *(en boucle) : difficulté moyenne. Durée : 4h. Distance : 11 km. Dénivelée : 230 m.* On aime bien cette rando car elle permet de s'approcher au plus près du point culminant de l'île.

➢ ***Entre Contadero et El Cedro, rando nº 9*** *(sentier linéaire) : difficulté moyenne. Durée : env 5h A/R. Distance : 9,6 km. Dénivelée : 530 m.* Cette rando permet de découvrir sur un même parcours les trois étages de cette riche flore que constitue la haute *laurisilva,* la moyenne et la basse. C'est l'un des seuls sentiers qui présentent une telle variété de lauriers, mais aussi de bruyères géantes, de *palo blanco* et d'*asevigno.*

Où manger au nord du parc ?

|●| ***Restaurante El Tambor :*** *juste à côté du* centro de visitantes de Juego de Bolas. 📱 *666-29-78-64. Tlj sf dim 10h-17h.* Menú del día *10 €.* De la terrasse de ce petit resto situé en face du *centro de visitantes,* on profitera non seulement de la jolie vue, mais aussi d'une cuisine classique et bien faite. Bonne *carne de cabra con papas* notamment. On pourra se contenter de quelques tapas pour combler un petit creux.

PARQUE NACIONAL DE GARAJONAY

Où dormir ?

Où manger au sud-ouest du parc ?

Si vous souhaitez séjourner à proximité du parc, on conseille de le faire dans la partie sud-ouest de celui-ci, dans un secteur où l'on trouve quelques adresses bien pratiques, et ce non loin de la station balnéaire la plus sympa de l'île, Valle Gran Rey.

De bon marché à prix moyens

***À Chipude** (38869)*

Hotel-restaurante Sonia : *pl. de Chipude, au cœur du village du même nom. ☎ 922-80-41-58. Double avec sdb 35 €, sans petit déj. Au resto, plats env 8-9 €.* On est bien content de trouver ce genre d'adresse dans ce village de montagne où les petits hôtels ne courent pas les *calles*. Il s'agit d'un établissement familial à la vingtaine de chambres, fonctionnelles et propres, toutes avec balcon. En demander une donnant sur l'arrière, avec vue sur la montagne. Cela dit, celles offrant une vue sur la place du village sont très bien également. Et puis c'est une bonne étape pour reprendre des forces. Au bar-resto à la déco éclectico-kitsch, on profitera d'un bon ragoût de bœuf, d'un lapin en sauce ou d'un steak de thon *a la plancha,* servis avec un sourire grand comme ça. Assiettes particulièrement copieuses.

***À Las Hayas** (38869)*

Jardín Las Hayas Efigenia Natural : *au fond d'une*

petite place (bien indiqué). ☎ 922-80-42-48 (pour l'hébergement) ou 40-77 (pour le resto). • info@efigenianatural.com • efigenianatural.com • Chambres doubles 45-55 € (et une à 30 €), sans petit déj. Également 7 maisonnettes pour 2-4 pers 65-90 €, entièrement équipées. Au resto (tlj), menu 10 €, plats 10-12 €. Efigenia travaille avec les touristes depuis bien longtemps. Elle propose, avec son fils Sergio, des hébergements variés à tous les prix. Assez idéal pour les randonneurs. La réception se situe au cœur du village où se trouve le resto. Quant aux chambres et aux *casas* (maisonnettes), On les trouve dans 2 sites différents, à environ 200 m de là. Ce sont de vraies petites maisons de pierre pour certaines, fonctionnelles et assez charmantes, avec un bout de jardin sur le devant. Cuisinette, salon et 1 ou 2 chambres, chaleureuses et équipées avec soin. Le cadre est fort agréable et très tranquille. On s'y sent vite chez soi. Le soir, on profite du bon resto où les plats de viande classiques sont préparés avec amour : lapin en sauce, ragoût de chèvre, soupe de cresson. Spécialités à base de *gofio* également. Une adresse parfaite pour les marcheurs, les amoureux de la montagne en général et tous les autres. Bref, tout le monde. Excellent rapport qualité-prix.

À Las Rosas (38869) et dans les proches environs

Restaurante Roque Blanco : *sur une petite route qui part de Las Rosas vers Cruz de Tierno (bien indiqué). ☎ 922-80-04-83. Tlj sf lun 12h-19h (parfois 20h, ça dépend des clients). Repas env 20 €. Plats min 8 €.* La salle est assez quelconque, mais la vue se révèle époustouflante depuis la petite terrasse. On monte par cette route du bout du monde pour déguster ici des viandes *a la brasa* (grillées) de très bonne facture : *carne de cabra, costillas de cerdo...* Avec un épais *potaje de berros* (potage de cresson) pour entamer les débats, la redescente dans la vallée va se faire toute seule ! Une excellente adresse à fréquenter plutôt après une randonnée qu'avant.

Restaurante Las Rosas : *ctra General, env 1 km après le carrefour de Las Rosas (qui n'est pas un village mais se compose slt de maisons éparpillées), sur la droite en direction de Vallehermoso. ☎ 922-80-09-16. Tlj, surtout le midi.* Nous indiquons ce grand resto tout blanc, un peu à la manière d'une hacienda, parce qu'il reçoit régulièrement des groupes, et qu'à cette occasion, on peut généralement y entendre une démonstration de *silbo.*

À voir dans le sud-ouest du parc

Les villages au sud-ouest du parc peuvent constituer de bonnes petites haltes pour se balader ou grignoter un morceau. C'est dans celui d'***Arure*** que se situe l'une des coopératives qui réunit les producteurs de vins de l'île, et dans celui d'***El Cercado*** que l'on trouve les dernières potières de La Gomera. La route entre ces deux villages longe un plateau semi-désertique et offre quelques superbes perspectives sur la vallée et les canyons.

LA FORTALEZA DE CHIPUDE

Durant la Conquista espagnole, les Guanches se réfugièrent tout en haut de cette montagne qui prit naturellement le nom de forteresse. Les conquistadors cherchèrent à gravir la montagne afin d'y déloger les autochtones. Mais lorsque les Espagnols arrivèrent au sommet, les Guanches se jetèrent du haut de la falaise, préférant le suicide à l'esclavage.

Entre *Las Hayas* et *Chipude,* on découvre une sorte de large plateau rocheux appelé la ***Fortaleza de Chipude,*** évoquant une forteresse perchée dans le ciel.

La Tienda del Vino : *à **Arure** (38892), à la sortie du village en direction de Valle Gran Rey, sur la gauche. ☎ 922-80-40-79. Tlj 10h-19h.* Une des seules *bodegas* de l'île qui représente quasiment tous les petits producteurs de vin de La Gomera. Il y en a à peine une quinzaine et ils possèdent tous la *Denominacíon de Origen,* classement créé au début de ce siècle. Possibilité de dégustation (payante). On y découvre des vins rustiques, francs du collier, qui sentent le soleil et la puissance de la terre sur laquelle ils sont nés. Pas d'un très grand raffinement, certes, mais pas inintéressant pour autant.

La poterie traditionnelle : *à **El Cercado** (38389), à l'entrée du village, sur la gauche. En général, les boutiques des 2 potières sont ouv tlj 10h-20h.* Le village d'El Cercado est bien tranquille, perché entre ciel et mer. C'est le seul endroit où l'on trouve encore des fabriques de *ceramica tradicional.* Ce sont des poteries réalisées avec la terre locale, uniquement par des femmes, et selon les techniques ancestrales des Guanches, sans tour, puis cuite au feu de bois à 700 °C. Il reste quatre potières dans le village, dont deux possèdent un atelier-magasin où on peut les voir à l'œuvre... dès qu'un touriste pointe le bout de son nez. ***Ceramica Tradicional Maria*** (*619-62-08-07 ; tlj 10h-20h*) et, juste à côté, la ***Ceramica Tradicional del Mar.*** Vente de produits tels que petites cruches, pots et récipients rustiquement décorés.

LA ROUTE DE VALLE GRAN REY

La descente à partir du village d'Arure vers la plus grande station balnéaire de l'île, Valle Gran Rey, emprunte une route vertigineuse. Elle s'inscrit dans une vallée profonde, bordée de majestueuses falaises, qui rappelle les canyons américains. Sur ces flancs, la nature semble avoir dessiné des terrasses naturelles qui dévalent en escalier. Agaves, cactus et figuiers de barbarie s'accrochent comme ils peuvent sur les parois rocheuses. Plusieurs *miradores* (points de vue) permettent de rythmer la descente.

Le mirador de la Curva del Queso : il domine le fond d'une vallée fertile où l'on découvre avec émerveillement les terrasses multiples, façonnées par l'homme, puis des jardins de palmiers.

Le mirador El Palmarejo *(et Restaurante César Manrique)* **:** halte obligatoire à ce point de vue extraordinaire avant la dernière plongée vers la « vallée du Grand Roi » (Valle Gran Rey). On découvre la multitude de lacets qui ouvrent le dernier verrou permettant d'accéder au fond de cette vallée. Elle vous accueille par des terrasses ondulantes, peignées soigneusement. Tout au bout apparaît le gros village balnéaire qui s'étire sur quelques kilomètres avant d'atteindre la mer.

Où manger ?

Restaurante-mirador César Manrique : *sur la route principale, au **mirador El Palmarejo** (à gauche de la route en descendant), à env 5 km avt d'arriver à Valle Gran Rey. ☎ 922-80-70-45. Mar-jeu 13h-19h (20h l'été), ven-sam 12h-22h, dim 13h-16h (17h l'été). Fermé lun. Repas env 20 €, plats 10-12 €.* Vue saisissante sur la vallée depuis ce resto-belvédère conçu par César Manrique, dont les généreuses baies vitrées panoramiques s'ouvrent entièrement sur la vallée. Plats classiques canariens *(estofado de rabo de toro, conejo en salmorejo canario, carne de cabra en salsa),* complétés par un bout de carte plus éclectique et internationale (notamment des pâtes de bon aloi). Si on n'y fait pas halte pour le repas (par ailleurs satisfaisant), on s'y arrêtera au moins pour la vue extraordinaire et l'architecture du lieu, s'harmonisant parfaitement avec la nature.

VALLE GRAN REY

(38870) env 5 100 hab.

La plus grande station balnéaire de l'île a su conserver un visage humain. C'est ici que se retrouvent une bonne moitié des touristes de La Gomera, les autres faisant étape dans les hameaux de montagne, souvent dans le cadre d'une randonnée, ou à Playa de Santiago. Il faut dire que ce grand village a bien des atouts. Il propose suffisamment d'activités pour satisfaire le désir balnéaire de chacun, et reste assez calme pour ne pas qu'on se sente oppressé. La bourgade dispose de plusieurs plages très différentes les unes des autres, où tout le monde trouve son compte. Le grand truc, une fois que l'on s'est bien doré sur la plage, c'est de faire une excursion pour aller voir les baleines et les dauphins. Extra. Valle Gran Rey constitue également un excellent camp de base pour les randonnées.

Sur le plan architectural, on n'a pas à déplorer d'attentat à la truelle. Pas de vilaines tours, pas de complexes touristiques démesurés... On a dû attacher les promoteurs durant les décennies de folie immobilière ! Évidemment, il y a bien des groupes d'appart-hôtels qui s'étirent un peu sur la côte, mais franchement, rien de scandaleux. Le village a du cœur, mais pas vraiment de centre. Il se compose de différents quartiers, assez éclatés. On s'y balade sans problème à pied, mais on peut aussi choisir le vélo.

CANARIES SALVATEURS

C'est dans la maison devenue aujourd'hui le Bar Cacatua *(voir « Où boire un verre le soir ? ») qu'au début des années 1970, un jeune Américain est venu se cacher, désertant la loterie qui devait l'envoyer au Vietnam. Il ne reconnaîtrait sans doute pas Valle Gran Rey, hier village de pêcheurs du bout du monde, aujourd'hui coquette petite station balnéaire. Mais il serait sans doute ravi de voir son refuge transformé en bar super cool.*

LES DIFFÉRENTS QUARTIERS

Valle Gran Rey s'organise de manière assez curieuse, avec des quartiers totalement séparés. Ils sont parfois distants les uns des autres d'un bon kilomètre. En arrivant par l'unique route, on rencontre tout d'abord *La Calera,* la partie la plus ancienne de la ville, située à environ 300 m en retrait de la plage, à flanc de colline, sur la droite. Puis, en bord de mer, le quartier de *La Playa* où se concentrent de nombreux appart-hôtels, tandis que le long de la plage, on aboutit à un secteur appelé *La Puntilla.* Le long de la route de la plage, beaucoup de possibilités de logement. Un peu plus au sud de la grande plage principale, on aboutit à *Vueltas,* le quartier du port.
Compte tenu des distances, on peut soit marcher (rien n'est très loin), soit louer un vélo, ce que font pas mal de visiteurs (voir « Adresses utiles »).

LES BALEINES DE LA GOMERA

L'une des attractions les plus prisées est d'aller voir les baleines et les dauphins, deux espèces résidantes (comme on dit chez les DJ), et donc visibles toute l'année dans ce secteur. Il s'agit des *calderónes tropicales* ou ***baleines pilotes*** *(Globicephala macrorhynchus),* une des plus petites espèces de baleine globicéphale, cétacé très proche des dauphins. Comme eux, elles sont dotées d'une belle

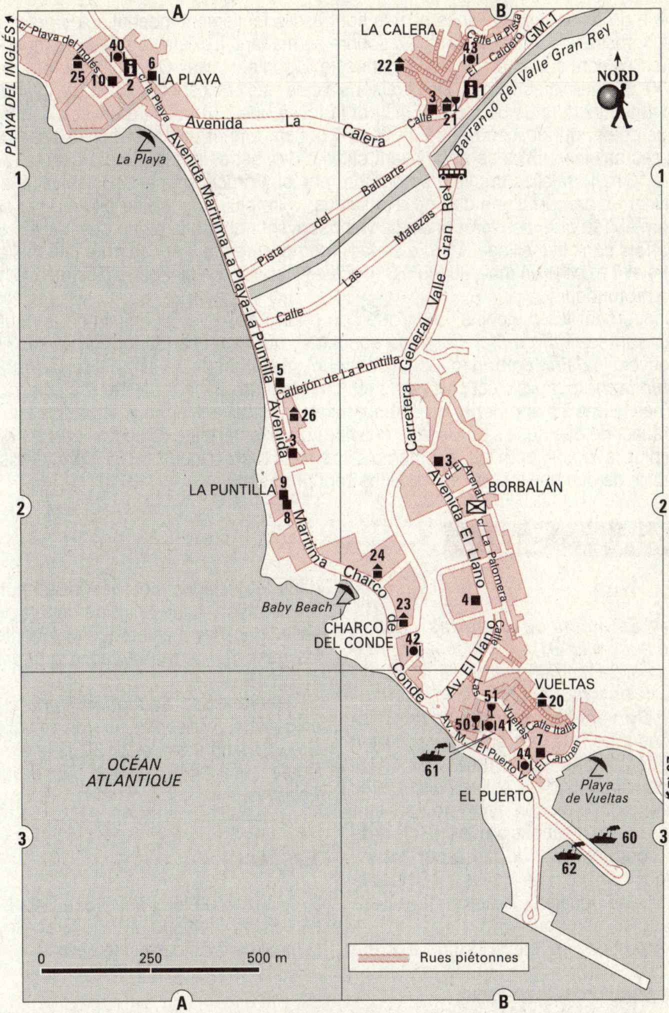

VALLE GRAN REY

Adresses utiles

- 1 Oficina de información turística del Ayuntamiento
- 2 Oficina de información turística
- 3 Distributeurs automatiques
- 4 Farmacía Celina
- 5 Europcar Piñero
- 6 La Rueda
- 7 Rent a car Garajonay
- 8 Agence Timah
- 9 Bike Station Gomera
- 10 Bike Center

Où dormir ?

- 20 Pensión Candelaria
- 21 Pensión Parada
- 22 Hotel Jardín Concha
- 23 Apartamentos Residencial El Conde
- 24 Apartamentos Baja del Secreto
- 25 Apartamentos Las Tres Palmeras
- 26 Hotel Gran Rey
- 28 Finca Argayall

Où manger ?

- 40 Restaurante El Baifo
- 41 Restaurante Abisinia et Pescador
- 42 Pizzeria Pinocchio
- 43 Restaurante El Mirador
- 44 Restaurante El Puerto

Où boire un verre le soir ? et dans la journée ?

- 21 Zumería Carlos
- 50 Bar Cacatua
- 51 Bar Tasca

Où observer les baleines et les falaises de Los Oraganos ?

- 60 Excursiones Amazonia
- 61 Oceano
- 62 Excursiones Tina

série de dents. Les baleines pilotes sont assez facilement indentifiables grâce à leur grosse tête toute ronde et leur sourire permanent. Il existe trois lieux au monde où elles sont sédentaires : les Canaries, le Japon et Hawaï. On estime qu'environ 400 baleines vivent par ici. Deux raisons à cela : les eaux sont tièdes toute l'année (différentiel de plus ou moins 5 °C), et la fosse que l'on trouve à environ 3 miles des côtes, qui descend entre 1 000 et 1 500 m, fournit une nourriture suffisante à ces baleines. Elles se nourrissent surtout des bébés des calamars géants (de 4 à 13 m !), qu'elles trouvent en nombre par ici. Particulièrement sociables, elles vivent en groupe d'une dizaine d'individus, voire plus. La baleine pilote doit son nom au fait que, peu farouche, elle vient souvent nager à la proue des navires et parfois dans leur sillage. Malgré sa taille comprise entre 3 et 4 m pour la femelle, et 4 et 6 m pour un mâle (jusqu'à 3 t), elle est capable de plonger à plus de 600 m de profondeur !

Concernant les dauphins, ceux que l'on pourra observer ici quasiment à coup sûr sont le ***delfin mular*** *(Tursiops truncatus),* qui vit en bande, et un peu moins souvent le ***delfin común*** (dauphin commun), mesurant de 2 à 4 m. Parfois le ***dauphin tacheté,*** mais c'est plus rare. Le premier est un animal joueur et sociable, qui n'hésite pas à s'approcher du bateau, nager juste devant la proue et parfois vous gratifier de quelques sauts, saltos ou vrilles du plus bel effet. Superbe ! La période la plus favorable pour les voir, même s'ils sont là toute l'année, reste le printemps. Inutile de dire que toutes ces espèces sont protégées.

Arriver – Quitter

En bus

Estación de guaguas *(station de bus ; plan B1)* **:** *dans le quartier de La Calera, sur la gauche de la grande route en arrivant au village.*

➢ ***De/vers l'aéroport (ligne 6) :*** 2 liaisons/j. Le bus part en général 2h avt le départ des vols. Durée : env 1h15. Pas d'inquiétude, il est en liaison avec l'aéroport et aucun avion ne part tant que le bus n'est pas arrivé (ça, c'est de la coordination !). Il passe par les villages d'Arure, Las Hayas, El Cercado, Chipude, Igualero, Alajeró, Playa Santiago et l'aéroport.

– *Attention :* même si le bus s'arrête dans les villages indiqués plus haut, il faut savoir qu'au point de départ de Valle Gran Rey il embarque en priorité les gens qui ont un avion à prendre (normal !).

➢ ***De/vers San Sebastián (ligne 1) :*** en général, 5 liaisons/j. 5h-18h de Valle Gran Rey. Lun-sam et slt 2 bus le dim. Durée : env 1h45. Le bus passe par Pajaritos.

En ferry

Il n'y a plus de ferry entre San Sebastián, Playa Santiago et Valle Gran Rey comme ce fut le cas par le passé.

Adresses utiles

Oficina de información turística del Ayuntamiento *(plan B1,* ***1****)* **:** *en arrivant au village, kiosque sur la droite dans la grande ligne droite, quartier La Calera. ☎ 922-80-54-17. • vallegranrey/turismo.es • Tte l'année, lun-ven 8h-15h. Fermé w-e.* Plan du village, horaires des bus, liste des excursions, infos sur les randonnées et la météo. Excellent service et personnel vraiment affable. Plein de conseils à glaner.

Oficina de información turística *(plan A1,* ***2****)* **:** *c/ La Noria. ☎ 922-80-54-58. En saison, ouv lun-sam 9h-14h, 15h30-18h ; dim 10h-13h.* Délivre également des infos sur la ville.

✉ ***Correos*** *(poste ; plan B2)* **:** *caridad del Cabre, dans le quartier Borbalán, un peu au nord du port.*

■ ***Distributeurs automatiques :*** *ctra General. Juste en dessous du kiosque en bois de l'office de tourisme (plan B1,* ***3****). Un autre en bord de mer, dans le quartier La Puntilla (au niveau de la* *grande statue du chef guanche (plan A2, **3**), et un autre dans celui de Borbalán (plan B2, **3**).*

■ ***Farmacía Celina*** (plan B2, **4**) : *c/ La Palomera, quartier Vueltas (près du port). ☎ 922-80-59-19. Lun-sam 8h-13h, 16h-19h.*

✚ ***Urgences, centro de salud :*** *☎ 922-80-70-05.*

■ **Location de voitures :** plusieurs loueurs dans la bourgade. *Bureaux en général ouv lun-sam 8h30-13h, 16h-19h et parfois le dim mat.* ***Europcar Piñero*** *(plan A2,* ***5****) : à côté de l'*Hotel Gran Rey, *quartier La Puntilla ; ☎ 922-80-70-47 ; • grupopinero.com •* ***La Rueda*** *(plan A1,* ***6****) : c/ Lepanto, dans le quartier La Playa ; ☎ 922-87-07-09 ; • autoslarueda.es •* ***Rent a car Garajonay*** *(plan B3,* ***7****) : c/ El Carmen, 1, quartier Vueltas ; ☎ 922-80-70-57 ; • rentacargarajonay.com •*

■ **Canarislas Trekking :** *☎ 922-80-70-38. 📱 699-58-77-13. • info@canarislas.com • canarislas.com • Pour la rando, prix à la journée pour 2 pers, 80 € (plus le transport) ; pour 3-4 pers 100 €, et 6-9 pers 130 €. On les contacte par Internet ou par tél, mais ils sont basés à Valle Gran Rey. Pour se rendre ou revenir sur les sites : bus, voiture de loc ou taxi (à régler en plus).* Petite agence artisanale, qui s'appuie sur une vraie connaissance du terrain et une excellente expérience de la randonnée à La Gomera. Tenu par Delphine, qui, outre le fait d'être vraiment chouette, est française, ce qui facilite bien les échanges dans le cadre d'une randonnée. Elle adore son île et en connaît tous les recoins.

■ ***Agence Timah*** (plan A2, **8**) : *La Puntilla, en bord de mer. ☎ 922-80-70-84. 📱 616-47-22-50. • info@timah.net • timah.net •* Agence qui propose toutes sortes de tours dans l'île, visites et également de belles randonnées guidées, et ce depuis de nombreuses années.

■ ***Bike Station Gomera*** (plan A2, **9**) : *La Puntilla, en bord de mer. ☎ 922-80-50-82. • bike-station-gomera.com • Lun-sam 8h30-13h, 16h-19h.* Location de VTT.

■ ***Bike Center*** (plan A1, **10**) : *camino Playa del Inglés, quartier La Playa. ☎ 922-80-53-36. • gomera-bikes.com • Lun-sam 8h30-13h, 17h-19h. Compter env 17 €/j.* Location de VTT.

Où dormir ?

Bon marché (20-40 €)

Pensión Candelaria (plan B3, **20**) : *dans une ruelle piétonne, quartier Vueltas. 📱 670-80-50-89. • pension candelaria.de • Doubles 30-40 €, tte l'année.* Certainement la meilleure adresse de la ville en ce qui concerne les pensions. Autant il est relativement facile de louer une chambre en basse saison à la nuit (entre mai et octobre), autant en haute saison la pension est souvent complète avec les habitués qui y séjournent plusieurs semaines. Sur la dizaine de chambres avec salle de bains et cuisinette sise dans ce petit édifice jaune somme toute banal, la moitié dispose d'une vue dégagée. Terrasse commune au 2e étage, avec transats. Ensemble très propre.

Pensión Parada (plan B1, **21**) : *ctra General, à 50 m en dessous de l'office de tourisme, quartier La Calera. ☎ 922-80-50-52. Double 30 €, tte l'année.* Au-dessus de la *Zumería Carlos.* 4 chambres avec salle de bains commune. Simple et pas cher.

Prix moyens (40-65 €)

Hotel Jardín Concha (plan B1, **22**) : *c/ La Orquidea, dans le quartier La Calera, juste au-dessus de l'office de tourisme, dans une ruelle au calme. ☎ 922-80-60-63. • hotelconcha@telefonica.net • hotelconcha.net • Doubles 40-60 € selon saison.* À flanc de colline, au fond d'une ruelle piétonne, dans le quartier le plus ancien de Valle Gran Rey, voici une adresse intéressante si le fait d'être à l'écart de la mer ne vous dérange pas. Les chambres s'étagent sur différents niveaux, à la manière d'un petit village. Elles sont coquettes, dans les tons jaune et vert. Quelques balcons de bois pour prendre le frais donnent au lieu des airs d'hacienda. Pas mal de plantes pour égayer le tout. Calme total. Belle vue sur la mer depuis certaines terrasses. Une bonne adresse.

■ ***Apartamentos Residencial El Conde*** *(plan B2,* ***23****)* **:** *avda Marítima, quartier Charco del Conde, face à Baby Beach. ☎ 922-80-61-25. • info@residencialelconde.com • residencialelconde.com • Doubles 40-60 € selon saison, tte l'année. Pas de petit déj.* Une vingtaine de chambres-apparts, avec coin cuisine et salon. Terrasse ou balcon, et certaines avec vue sur la mer. Bon confort pour cet ensemble relativement intimiste et pas trop anonyme. Coffre (payant). La mer est juste en face. Sur la terrasse, piscine avec transats et vue circulaire sur l'océan et la montagne.

Un peu plus chic (50-75 €)

■ ***Apartamentos Baja del Secreto*** *(plan B2,* ***24****)* **:** *avda Marítima, 11, quartier Charco del Conde. ☎ 922-80-57-09. • info@residencialelconde.com • bajadelsecreto.es • Réception 9h-13h. Appart 2-4 pers 56-74 € selon saison et nombre de pers.* Ensemble coquet qui présente un style classique. Il s'organise comme une grosse maison qui s'échelonne doucement en terrasses successives, avec pierres apparentes aux angles. Salon, cuisine, coffre et balcon pour chaque appart. Piscine au 5e étage, vraiment chouette. Un excellent rapport qualité-prix, situation et tranquillité.

■ ***Apartamentos Las Tres Palmeras*** *(plan A1,* ***25****)* **:** *camino Playa del Inglés, quartier La Playa. ☎ 922-80-60-68. • reservas@trespalmeras.com • trespalmeras.com • Réception tlj sf dim 9h-13h, 16h-20h. Apparts 2-3 pers (adultes) 62-72 € selon saison et nombre de pers (peut accepter 2 adultes et 2 enfants).* Une centaine de logements organisés en épi autour d'une piscine. Les appartements sont très bien équipés, spacieux, modernes et propres. Ils disposent d'une petite terrasse ou d'un balcon. Une adresse pratique, mais l'ensemble est particulièrement froid, pas du tout arboré et pas très rock'n roll en définitive. On utilisera donc cette adresse surtout en solution de repli, pour sa grosse capacité d'accueil : en haute saison, on peut avoir une chance d'y trouver de la place.

Plus chic (90-120 €)

■ ***Hotel Gran Rey*** *(plan A2,* ***26****)* **:** *avda Marítima, 1, quartier La Puntilla. ☎ 922-80-58-59. • info@hotelgranrey.es • hotelgranrey.es • Doubles 92-122 € selon saison et vue sur mer (ou pas !).* Le plus grand hôtel de la station, qui étale sa façade tout en longueur, mais heureusement pas en hauteur, puisqu'il s'organise sur 2 étages seulement. Chambres très confortables, mais sans recherche décorative particulière. Toutes avec balcon. Pour la faible différence de prix, préférez celles donnant sur la mer. Sur la terrasse, chouette piscine avec transats. Fait aussi resto, qui se révèle de bonne qualité (possibilité de demi-pension).

Où dormir dans les proches environs ?

De prix moyens à plus chic

■ ***Finca Argayall*** *(hors plan par B3,* ***28****)* **:** *au-delà du port, on accède à la finca par une étroite route de terre qui longe la haute falaise verticale. ☎ 922-69-70-08 ou 922-80-57-04. • info@argayall.com • argayall.com • Ouv tte l'année. Séjour de 3 nuits min. Tarifs délivrés par Internet slt, en fonction du type d'hébergement que vous désirez.* Ce « Lieu de Lumière » (c'est la traduction d'*Argayall*) n'est pas comme les autres. C'est un site d'une tranquillité totale, tout au bout du bout de la piste, où l'on vient pour quelques jours, en pension complète. Attention, il ne conviendra qu'à ceux qui veulent vivre un moment différent, car il ne s'agit pas d'un hôtel mais plutôt d'un lieu où l'on vient pour se relaxer, se détendre et éventuellement participer à des séances de méditation, ou profiter d'une séance de yoga (différentes écoles). Également plusieurs types de massages proposés. Ce n'est pas pour autant un centre de yoga, puisqu'on participe aux activités seulement si on le désire. On peut se contenter de ne rien faire au bord de la piscine, au pied du superbe ficus qui l'ombrage, et c'est très bien comme ça. Excellente cuisine, dont la plupart des produits sont issus du jardin, bio évidemment, végétarienne ça va de soi, servie sous forme d'un superbe et généreux buffet. Hébergements très variés, depuis la petite cahute toute simple, avec ou sans salle de bains privée jusqu'à des chambres vraiment chic. Chambres éventuellement à partager si vous êtes seul. Quelques bungalows privés, avec terrasse donnant sur un jardinet et profitant d'une petite piscine privative. Au bar, on sert l'un des meilleurs cafés qui soient. Voilà, une adresse différente, pleine d'une belle énergie.

Où manger ?

Bon marché (8-12 €)

Pizzeria Pinocchio *(plan B2, **42**)* **:** *dans une ruelle perpendiculaire à la rue du bord de mer, quartier La Puntilla. ☎ 922-80-62-97. Tlj sf lun, slt le soir, 18h-23h. Pizzas 5-7 €.* Bien bonnes pizzas au feu de bois (grand choix), lasagnes ou cannellonis. Tiramisù pour terminer. Petite salle toute simple et sympathique, à l'image du patron.

De bon marché à prix moyens (8-24 €)

Restaurante El Baifo *(plan A1, **40**)* **:** *c/ Normara, 1, dans le quartier La Playa. ☎ 922-80-57-75. Ts les soirs sf ven, 18h30-22h (résa indispensable et on vous donne un horaire de service précis). Plats 8-15 €.* Le meilleur resto de Valle Gran Rey, tout simplement. Le pitch : un patron-cuistot malais, une patronne allemande, une expérience culinaire parisienne, sur une île espagnole, plantée au large de l'Afrique. Voilà ! Le résultat aurait pu être cacophonique, il est sublime. Un mélange de créativité française, des herbes et des épices des tropiques et une liberté d'expression totale. Une cuisine raffinée, aux goûts subtils, dont il faudra profiter en réservant car c'est souvent complet. Ça change sérieusement du ragoût de chèvre !

Restaurante Abisinia *(plan B3, **41**)* **:** *cuesta de Abisinia, dans le quartier Vueltas (juste à côté du port). ☎ 922-80-58-93. Tlj sf dim, slt le soir, 18h-23h. Plats 8-10 €.* Longue terrasse avec sièges en osier confortables, tout le long de cette ruelle piétonne, où l'on aime à s'installer pour profiter d'un excellent *potaje de berros*, un *pulpo a la vinagreta*, une assiette de *calamares a la romana* ou encore un *conejo en salmorejo* qui complète bien le tableau. Du classique, du bon, du régulier.

Pescador *(plan B3, **41**)* **:** *cuesta de Abisinia, dans le quartier Vueltas (juste à côté du port). ☎ 922-80-50-03. Tlj sf sam, slt le soir, 18h-23h. Plats 8-10 €.* Pour une salade ou un poulet-frites, cette petite adresse tenue par Dominique (une Française souriante) fait franchement l'affaire. Quelques tables en terrasse dans la ruelle.

Restaurante El Mirador *(plan B1, **43**)* **:** *c/ La Gurona, 13, dans une ruelle piétonne, au cœur du quartier La Calera. ☎ 922-80-50-86. Tlj midi et soir, sf jeu. Plats 10-17 €.* Carte éclectique pour ce resto de référence, où pâtes, *lasaña, pescado* et différents steaks complètent la liste des salades. Outre la cuisine, c'est le panorama depuis la terrasse qui vaut le détour. Bien agréable.

Restaurante El Puerto *(plan B3, **44**)* **:** *quartier Vueltas, au port. ☎ 922-80-52-24. Tlj 12h-22h. Plats 8-13 €.* Un resto de poisson à la cuisine régulière et dont la réputation n'est plus à faire. Très fréquenté par les locaux. Bon *atún en mojo.* Paella et *arroz caldosa* sur commande.

Où boire un verre le soir ?

Coucher du soleil* :** les soirs d'hiver, une bonne partie des touristes se réunit au ***bord de la plage pour assister au coucher du soleil, une bière à la main (à prendre au resto-cafétéria de La Playa). Un groupe de percussions et jongleurs rythme agréablement ce moment de communion. Ça fait vieux bab, mais on s'en fout, c'est vraiment sympa. L'été, le soleil se couche plus au sud, donc pas de cérémonie.

Bar Cacatua *(plan B3, **50**)* **:** *dans le quartier Vueltas (juste à côté du port). Ouv 9h-2h.* Une courette où l'on se retrouve avec plaisir le soir venu pour boire un verre ou grignoter un petit quelque chose. La maison juste au-dessus est un chouette bar ouvert le soir à partir de 21h. Du jeudi au samedi, un DJ vient mettre de l'ambiance.

Bar Tasca *(plan B3, **51**)* **:** *cuesta de Abisinia, dans le quartier Vueltas (juste à côté du port). Ouv slt le soir. Ferme tard.* À deux pas du *Bar Cacatua,* voici l'adresse de nuit la plus prisée du bourg. L'ambiance dépend des soirs évidemment. Tranquille en semaine, plus débridée les vendredi et samedi.

... ou dans la journée ?

Zumería Carlos *(plan B1, **21**)* **:** *ctra General, à 50 m en dessous de l'office de tourisme, quartier La Calera. Tlj sf dim 8h-18h. Jus frais env 3 €.* La bonne halte pour un excellent jus de fruits fraîchement pressé sous vos yeux.

À voir à Valle Gran Rey

Pas grand-chose à voir par ici, mais on peut faire un petit tour dans le plus vieux quartier de la ville, ***La Calera,*** situé un peu en retrait du bord de mer, légèrement sur les hauteurs (au-dessus de l'office de tourisme). Balade pas désagréable dans ce petit réseau de ruelles piétonnes.

Les plages de Valle Gran Rey

Plusieurs plages dans et autour de la bourgade.

Playa de Vuelta *(plan B3)* **:** *juste derrière le port.* Petite plage de sable noir bien agréable, aux eaux tranquilles, au pied d'imposantes et impressionnantes falaises dressées à la verticale. Elle partage ses eaux avec les petits bateaux de pêche.

Playa del Inglés *(hors plan par A1)* **:** *à 1 petit km au nord du village, en poursuivant la route après le quartier La Playa.* La plus belle plage du secteur, sans conteste, et l'une des plus intéressantes de l'île. Facilement accessible à pied, à vélo ou en voiture. Plage naturiste mais si on a froid, on peut très bien conserver son maillot. Son sable fin et noir, au pied de hautes falaises, lui donne tout son caractère. Revers de la médaille, les vagues et le courant peuvent être particulièrement dangereux. Bien vérifier la couleur du drapeau et se renseigner auprès des habitués avant de se mettre à l'eau.

La Playa de la Calera *(plan A1)* **:** *dans le centre du village, juste au sud du quartier La Playa.* C'est la très grande plage de sable et de gros cailloux noirs située au cœur de Valle Gran Rey. Assez sûre mais, là encore, en fonction du vent, il peut y avoir des vagues traîtres. Bien se renseigner. Selon les périodes, la plage est couverte d'énormes galets... ou de sable, en fonction des tempêtes.

Playa Charco del Conde *(Baby Beach ; plan A-B2)* **:** *dans le quartier La Puntilla.* Minuscule plage de sable noir, assez fermée sur elle-même, aux eaux très peu profondes, ce qui la rend parfaite pour les petits enfants, d'où son nom de *Baby Beach.*

Où randonner à partir de Valle Gran Rey ?

Si vous souhaitez randonner, allez faire un tour à l'office de tourisme pour obtenir les dernières infos sur la météo, c'est indispensable. En effet, les conditions climatiques sont très différentes entre le bord de mer et la montagne. Vent, température, pluie... tout change très vite à La Gomera. Votre sécurité est en jeu. Une chouette rando à entreprendre à partir de Valle Gran Rey.

➢ ***Valle Gran Rey-La Mérica-Arure :*** *difficulté moyenne. Durée : env 3h30. Distance : 7 km. Dénivelée : env 850 m (en montée).* Point de départ sur la route principale de La Calera, 100 m plus haut que l'office de tourisme *(plan B1, **1**)*, sur la gauche en montant. Cette rando peut être faite dans le sens de la montée, mais aussi en descente à partir d'Arure.

Où observer les baleines et les falaises de Los Órganos ?

Comme dans la partie sud de Tenerife, on peut observer les baleines pilotes et les dauphins *mular* au large des côtes de La Gomera. Les excursions partent du port de Valle Gran Rey. Quelques compagnies assurent cette balade de 3-4h.

■ ***Excursiones Amazonia*** *(plan B3, **60**) : résas par tél slt ou rdv directement sur le port. ☎ 922-80-55-15. 📱 616-47-22-65. En général, 2 sorties/j. (à 9h30 et 15h). Compter env 42 €/pers (réduc enfants).* On aime bien ce petit bateau de pêche traditionnel qui accueille une dizaine de personnes seulement. Bon accueil et guide compétent. Déjeuner et baignade le long des côtes, compris dans le tarif.

■ ***Oceano*** *(plan B3, **61**) : pas de kiosque sur le port. Bureau c/ Quema, dans le quartier du port (ouv tte la journée). ☎ 922-80-57-17. 📱 649-28-88-52. • oceano-gomera.com • Lun-ven 9h30-13h, 17h-19h. Excursion 2 fois/j., mat et ap-m, et parfois aussi des sunset tours. Compter 40 €/pers (réduc enfants).* On fait l'excursion sur un bateau canarien. Cette organisation allemande travaille avec une association de chercheurs à Berlin. Toujours quelque chose à grignoter à bord selon les excursions. *Oceano* respecte scrupuleusement le code de bonne conduite d'approche des cétacés. Conférences régulières sur les baleines et dauphins *(en général lun soir à 19h30 ; entrée : 4 €)*. Au sous-sol, expo sur les baleines en général, et plus particulièrement sur celles que l'on voit dans le secteur.

■ ***Excursiones Tina*** *(plan B3, **62**) : kiosque sur le port (ouv tte la journée). ☎ 922-80-58-85. 📱 629-99-06-43. • excursiones-tina.com • Excursions presque tlj, de 3-4h, mat et/ou ap-m, tapas ou lunch compris selon les cas. Compter 35-40 €/pers (réduc enfants).* On embarque soit sur le bateau *Tina* (env 60 personnes) ou sur le *Speedy Adventure* (bateau semi-rigide rapide de 12 personnes). Organise également plusieurs fois par semaine une excursion vers ***Los Órganos,*** ces hautes falaises d'orgues basaltiques particulièrement majestueuses, et seulement visibles depuis la mer. *Même tarif que pour l'excursion baleines.*

LA PALMA

ABC DE LA PALMA

- *Superficie :* 708,32 km² (presque 7 fois la surface de Paris).
- *Nombre d'habitants :* 85 115.
- *Capitale :* Santa Cruz de La Palma.
- *Villes principales :* Santa Cruz de La Palma (16 330 hab.) et Los Llanos de Aridane (20 930 hab.).
- *Point culminant :* roque de los Muchachos (2 426 m).
- *Particularité naturelle :* l'île la plus boisée de l'archipel (34 000 ha de forêt), classée « Réserve de la biosphère » par l'Unesco.
- *Particularité géographique :* proportionnellement à sa largeur, c'est l'île la plus haute du monde.
- *Particularité touristique :* la randonnée. Environ 80 sentiers balisés de tous niveaux, soit plus de 1 000 km.
- *Économie :* surtout agriculture (banane, vigne et autres arbres fruitiers).
- *Climat :* température assez stable sur les côtes, 20 °C, mais il neige l'hiver en altitude.

Pour la carte générale de La Palma, se reporter au cahier couleur.

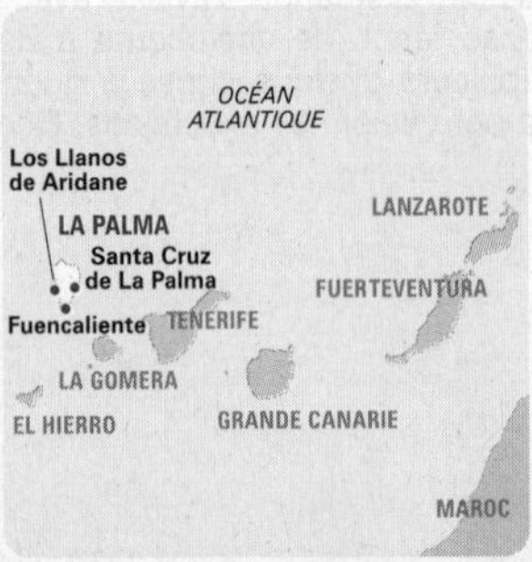

La Palma, la plus grande des petites îles occidentales ! Et peut-être parmi les plus étonnantes. Aussi volcanique que ses copines, elle offre un vrai kaléidoscope de paysage. *Malpaís* balsatiques, ces coulées de lave bien noires, dans le Sud... vastes forêts de pins canariens (les plus hauts culminent à 60 m) un peu partout, en particulier dans la caldera de Taburiente... foisonnante laurisylve, cette forêt primaire de lauriers et de fougères arborescentes, sur le versant nord-est... falaises sans fin sur la côte nord-ouest, petites

criques un peu partout... Ajouter de grosses pincées de bananeraies, saupoudrer de vignes, dresser des cônes volcaniques et de longues crêtes, dessiner un cœur, la pointe en bas... Déposer une griffe de bleu éclatant ici, un à-plat de vert profond là, une touche d'un noir riche et brillant à côté... La voilà, la Isla Bonita, la belle île, La Palma.

La plus escarpée côté nord, puisque avec une largeur maximale d'à peine 28 km au niveau de la caldera de Taburiente, elle culmine à 2 426 m au *roque de los Muchachos.* La pointe du cœur, tournée vers le sud et scindée par les crêtes de la Cumbre Vieja, reste abrupte sur le versant est pendant qu'à l'ouest la descente se fait plus douce, plus accueillante aux hommes... Du coup, devant tant de dénivelée, il est rare que la route côtière longe réellement la mer : elle flirte avec les 600 m sur la couronne de Taburiente, et descend rarement sous les 200 m ailleurs. Une multitude de petites routes et allées bétonnées, souvent héritées des anciens sentiers muletiers, en descendent vers les criques et les petits ports, parfois presque tout droit et comme à la verticale, s'allongeant dans le meilleur des cas en d'amples lacets. C'est que jusque dans les années 1960, les routes étaient encore rares, et nombre de sentiers toujours en activité !

Aujourd'hui, tous ces sentiers, fort bien balisés et entretenus, continuent à vivre sous les pas des randonneurs. Forêts luxuriantes au nord ou *malpaís* quasi lunaires au sud, il y en a pour tous les goûts ! Autre point fort de l'île, les nombreuses criques qui ponctuent la côte, toujours anthracites, toujours de petite taille, préservent une certaine intimité, et offrent parfois au visiteur des solitudes de bout du monde. À explorer, on vous dit, ce bout de terre !

Et puis il y a... le ciel de La Palma. Si proche, si dégagé, que c'est un point d'observation privilégié pour les scientifiques du monde entier. Au sommet de l'île, au roque de los Muchachos, un observatoire les accueille, les télescopes pointés vers la voûte étoilée. Et pour pérenniser cette activité scientifique, protéger la visibilité de la voûte et limiter la pollution lumineuse, la *ley del cielo* (loi du ciel) encadre strictement l'éclairage public et le survol de l'île. Du coup, le ciel s'offre aussi aux amateurs. Nombre de *casas rurales* sont équipées de télescopes de bonne qualité, d'ouvrages d'initiation, des zones d'observation sont aménagées, avec planisphère céleste, et quelques agences proposent des sorties en compagnie de spécialistes, pour s'initier au décryptage des étoiles.

Enfin, il y a les habitants de La Palma. Chaleureux, accueillants... D'autant que sous ses airs de montagnard et d'infatigable marcheur, au fil des siècles, le *Palmero* (c'est ainsi que se nomme le natif de La Palma) a aussi su se faire pêcheur et ramener à terre un succulent calamar, agriculteur-éleveur pour se régaler de banane ou d'un chevreau, vigneron pour siroter les douceurs de la malvoisie, ou bâtisseur de petites villes coloniales... On l'avoue, on a eu un gros coup de cœur pour l'île-cœur.

UN PEU D'HISTOIRE...

Les Benahoarites (ou Benahorites), premiers habitants de l'île, arrivèrent des côtes africaines en plusieurs vagues (voir « Population » dans « Hommes, culture, environnement » en début de guide) et vécurent probablement plus de 2 000 ans sur La Palma sans être dérangés outre mesure... Peuple d'éleveurs (la chèvre) et de cueilleurs (différentes plantes et céréales, dont ils faisaient du *gofio*), ils avaient probablement des habitudes semi-nomades, se déplaçant sur un territoire donné au gré des saisons. Car déjà l'île était divisée en plusieurs royaumes, chacun mené par un chef *(mencey)*, royaumes qui s'affrontaient régulièrement. Au XVe s, lorsque les incursions des Européens se multiplièrent, l'île comptait 12 comtés, tous descendant de la montagne vers la mer, et on estimait la population locale à

4 000 personnes environ. Les premières tentatives de conquête de l'île se heurtèrent à une vive résistance. Aussi, en septembre 1493 (le 29, jour de la San Miguel, d'où le premier nom de l'île, San Miguel de La Palma), Alonso Fernández de Lugo aborde sur la côte ouest, à l'actuel Puerto de Tazacorte, accompagné de 900 hommes. Étonnamment, il parvient assez aisément à conclure des accords avec les différents *menceyes* de l'île. Seuls lui résistent un temps le comté de Tigalate (actuel Villa de Mazo, en gros), et surtout celui d'Aceró, dont le *mencey*, Tanausú, se replie dans les profondeurs de ses terres, à savoir rien moins que la caldera de Taburiente, une véritable forteresse naturelle. Le Castillan tente à deux reprises de pénétrer la caldera, et se heurte aux troupes de Tanausú. Il change finalement son fusil d'épaule, et opte pour la négociation, par l'entremise d'un proche de Tanausú. En mai 1494, Tanausú accepte la rencontre avec Alonso Fernández de Lugo, mais c'est en fait une embuscade qu'il trouve à son arrivée. Le Castillan a rusé ! et surtout, il n'a pas tenu sa parole... Emprisonné et enchaîné, Tanausú est embarqué à destination de l'Espagne : Alonso veut présenter ses succès à ses patrons les rois de Castille. L'histoire raconte que le malheureux *mencey* préféra se laisser mourir sur le bateau plutôt que d'affronter la honte de la reddition...

Quoi qu'il en soit, les Castillans sont désormais maîtres de La Palma et se partagent le gâteau, en particulier les terres agricoles les plus fertiles. D'abord consacrée à la canne à sucre (en particulier dans toute la zone de Valle de Aridane et de Tazacorte), des fortunes se firent rapidement. Les quelques Benahoarites qui restaient doivent se convertir au christianisme, sous peine d'être réduits en esclavage... Ce n'est qu'en 1514 qu'Alonso Fernández de Lugo libère de ce joug les Benahoarites, et leur concède les mêmes droits que les Castillans, quelle que soit leur religion. L'histoire ne dit pas s'il en restait encore beaucoup...

... ET BEAUCOUP DE GÉOGRAPHIE

Impossible, pour comprendre La Palma et sa diversité, de faire abstraction de sa géographie. Comme creusées au centre de ce cœur, les profondeurs de la caldera de Taburiente. Cela ressemble à un cratère de volcan, mais pas tout à fait : c'est plus profond encore, puisqu'une caldera est le résultat de l'effondrement d'un fond de cratère (ici, celui d'un stratovolcan), en général dans une énorme poche de gaz qui s'était formée en sous-sol lors des éruptions. C'est la partie la plus ancienne de l'île, la plus montagneuse, mais aussi la plus verte, arrosée qu'elle est par les alizés du nord-est. Bloqués par le rebord du volcan puis par le prolongement de la Cumbre Nueva (une crête nord-sud parallèle à la mer, issue d'un autre volcan), les alizés s'accrochent au relief entre 800 et 1 800 m d'altitude, formant une sorte de masse de nuages mouvante qui semble essayer de sauter par-dessus, phénomène qui s'appelle la « mer de mages » ou « cascade de mages »... Ils alimentent ainsi un extraordinaire réseau de sources et rivières souterraines, et nourrissent la riche laurisylve qui se niche sur ses flancs est. La *cumbre* (crête) de la caldera forme comme une couronne qui descend vers le nord (et vers l'Atlantique) en éventail, striée de profonds ravins (les *barrancos*). Du coup, les communes du nord de l'île suivent elles aussi une organisation en éventail, et toutes s'étendent de la crête à la côte, toutes connaissent des dénivelées de plus de 2 000 m de leur point le plus haut jusqu'au niveau de la mer.

Côté sud, les cratères ne sont pas en reste non plus. Dans le prolongement de la Cumbre Nueva, la Cumbre Vieja, une dorsale de volcans – les plus récents en dépit de leur nom –, descend jusqu'à la pointe de Fuencaliente. Depuis l'extrémité nord-ouest de la couronne de la caldera jusqu'à la pointe sud, c'est un peu comme si un géant fou avait déposé une longue crête en forme de point d'interrogation au beau milieu d'un cœur !

RANDONNER À LA PALMA

On pourrait presque se contenter d'aligner les chiffres... Plus de 1 000 km de sentiers aménagés de tous niveaux : deux sentiers de Grande Randonnée (*Gran Recorrido* – GR), l'un de plus de 159 km qui fait le tour de l'île, l'autre de 87 km qui en épouse toutes les crêtes ; 42 sentiers de Promenade et Randonnée (*Pequeño Recorrido* – PR), soit 19 sentiers principaux et 23 variations ; et 36 Sentiers Locaux (*Senderos locales* – SL) officiellement recensés... Mais, plus important encore, La Palma offre des paysages d'une incroyable diversité et extrêmement préservés. Non seulement l'île tout entière est classée « Réserve de la biosphère » par l'Unesco, mais en outre les différents parcs nationaux, parcs naturels et autres réserves couvrent plus de 35 % de sa surface. Quoi de mieux, pour sauvegarder la richesse des écosystèmes ? Nature à tous les étages, donc, bercée par des températures globalement agréables toute l'année, sur ces sentiers millénaires que Benahorites, conquistadors et Palmeros ont tracés, creusés et patinés au fil du temps, qu'ils ont préparés en quelque sorte pour les randonneurs du XXIe s.

UN PIED FOU !

Il y a ceux qui marchent sur les crêtes, et ceux qui courent sur les volcans. Depuis 2009, tous les ans en mai, l'Ultramarathon Transvulcania réunit plus de 2 000 coureurs, qui survolent en une journée 83 km le long des crêtes des volcans, depuis le phare de Fuencaliente jusqu'au mirador del Time, avant de redescendre à Los Llanos de Aridane... En gros, le GR 131 que les bons marcheurs avalent en 3 jours... Un cumul de dénivelée de plus de 8 800 m, comme si ces marathoniens aux semelles de vent se mangeaient le Cervin dans la journée.

– ***Climat et équipement :*** si le climat reste subtropical, doux et printanier toute l'année, la géographie complexe de l'île impose des nuances. L'écart de température entre la côte et le point de plus haut, le roque de los Muchachos, peut dépasser les 20 °C, quand la neige s'y accroche. Le Nord, plus boisé et plus montagneux, et en particulier la forêt humide de laurisylve, affiche des températures oscillant entre 10 et 18 °C. S'imposent alors veste chaude imperméable coupe-vent, chapeau imperméable et chaussures de rando tout aussi imperméables, avec des semelles adaptées à l'humus humide (et donc glissant). Du côté de la dorsale sud, la Cumbre Vieja, plus ensoleillée mais plus ventée aussi, chapeau et coupe-vent seront tout aussi utiles, et la protection solaire nécessaire. Enfin, la zone du parc national de la Caldera de Taburiente réconciliera tous les équipements : bonnes chaussures, vêtements chauds et imperméables mais légers, chapeau et protection solaire.

– ***Meilleure période :*** toute l'année ! Si le Nord et la laurisylve sont légèrement plus pluvieux en plein hiver, les déluges sont rares et ne durent guère qu'une journée, le temps d'un grain. Le bon sens dictera de privilégier les balades en forêt, à couvert, en plein été, et de garder pour l'automne et l'hiver le Sud plus ensoleillé.

– ***Difficultés :*** il y en a pour tous les niveaux, depuis la balade de 1h au bivouac de 3 jours. Particularité quand même de La Palma : l'île est très escarpée, et la plupart des sentiers présentent des dénivelées importantes, à la descente comme à la montée (rarement moins de 300 m), souvent sous forme d'escaliers ou de terrasses successives qui plus est.

– ***Choisir sa randonnée :*** évidemment en fonction de votre niveau, de votre endurance, et du temps dont vous disposez. Pas la peine de vous attaquer à un parcours de 5h s'il est déjà 16h ! Si vous partez seul (sans guide), il est ***impératif*** de rendre visite à l'un des offices de tourisme de l'île ou au *centro de visitantes* du parc concerné, qui vous donneront les dernières infos : sentiers ouverts et fermés, horaires des bus ou tarifs des taxis pour atteindre le point de départ de la rando ou revenir (si la rando n'est pas une boucle), et surtout les ***dernières infos météo, à vérifier avant chaque départ.***

– ***Transports pour les randonneurs :*** la plupart des randos sont accessibles depuis une route ou un parking, et pas mal d'entre elles sont desservies par les bus de l'île (les *guaguas*). Mais lorsque le sentier ne forme pas une boucle et s'arrête au bord d'une petite route de montagne... eh bien, on trouve en général à cet endroit un panneau « Taxi verde », qui comporte un numéro de téléphone ainsi qu'un numéro de station (qui correspond à la localisation du panneau). Il suffit normalement de passer un coup de fil en indiquant le numéro de station pour qu'un taxi vienne vous chercher, moyennant paiement bien sûr. Donc, on n'oublie pas son portable avant de partir, et on révise son espagnol pendant la pause pique-nique ! Autre solution : parmi les agences qui proposent des guides, certaines proposent également juste l'option transport, soit vers le point de départ, soit pour le retour, soit pour les deux. C'est entre autres le cas de *Natour,* basé à Los Cancajos *(☎ 922-43-30-01 ; 📱 616-41-90-26 ; • natour.travel •).*

Cartes, topoguides et autre doc

– ***Cartes de rando :*** *La Palma – Red de Senderos,* édité par le Cabildo de La Palma, et distribué gratuitement par les offices de tourisme, donne une bonne vision d'ensemble de tous les sentiers mais n'est pas suffisant pour organiser une randonnée. *Freytag & Berndt : La Palma/Wander und Freizeitkarte/Hiking and Leisure map ;* échelle 1/30 000 ; la plus précise, qui couvre tous les sentiers de l'île, en anglais et en allemand ; environ 8 €. Voir aussi les cartes incluses dans les guides plus bas.

– ***Topoguides : Topoguide FFRandonnée In01 – L'île de La Palma... à pied,*** 2009 ; le seul en français pour l'instant ; 18 balades de PR (Promenade et randonnée), de tous niveaux, clair et bien fait ; 15 €. ***Topoguía Isla de La Palma – Red de Senderos de La Palma,*** 2005, édité par le Cabildo de La Palma, et vendu avec une carte au 1/40 000 ; 20 €, dans certains offices de tourisme (celui de La Palma) et *centros de visitantes* ; existe aussi en anglais ; une nouvelle édition est en préparation théoriquement avec une version française ; tous les sentiers de l'île, depuis les GR jusqu'aux SL, bien détaillés, y compris des variantes ; indispensables pour les vrais accros. ***Guía de visita del parque nacional de la Caldera de Taburiente,*** 2008, édité par les *Parques nacionales de España* ; un gros guide bien complet sur le parc de la Caldera, depuis l'histoire jusqu'à la faune, et bien sûr les différents sentiers expliqués façon topoguide ; en vente au *centro de visitantes* du parc. Également une version plus légère, ***Guía del parque nacional de la Caldera de Taburiente,*** 2001, consacrée uniquement aux sentiers de randonnée, et augmentée d'une très bonne carte du parc.

– ***Site internet :*** *• senderosdelapalma.com •* Le site officiel du réseau des sentiers de rando, avec possibilité de télécharger certains itinéraires avec les coordonnées GPS. En espagnol, en anglais et en allemand (la version française est incomplète). Relaie également les alertes météo et les infos sur les sentiers fermés. Également une liste des refuges et zones de camping à proximité des sentiers.

Randonner seul ou accompagné ?

Partir seul en balade, avec ses cartes, sa gourde et son chapeau, c'est chouette, à condition de savoir lire une carte ! L'avantage, si on choisit de se faire accompagner, c'est qu'on est libéré de la logistique (acheminement, etc.) et de la préparation. En plus, on profite des explications du guide sur la flore environnante, les stigmates du volcanisme de l'île, les traces des habitants préhispaniques... Cela peut donc valoir le coup, en particulier pour les randonneurs très occasionnels. Seul hic, à La Palma, rares sont les agences à proposer ce genre de prestations en français (les germanophones, par contre, seront bien servis).

■ **Natour :** *Aptos La Cascada, s/n, à* ***Los Cancajos.*** *☎ 922-43-30-01. 📱 616-41-90-26. • natour.travel • Presque en face de La Caleta, en descendant vers la mer, sur la gauche. Lun-ven 8h-9h, 17h-18h, mais on les contacte surtout via Internet.* Alberto et son équipe de guides connaissent l'île comme leur poche, et proposent de belles randos guidées, de tous niveaux et durées, depuis la familiale de 2h jusqu'à la tournée des GR avec bivouac. Transport en bus depuis différents points de l'île, ou point de rendez-vous si vous arrivez par vos propres moyens. Intéressant, ils proposent aussi, pour un certain nombre de randos, uniquement le transfert (aller ou retour, c'est selon, à prix correct : par exemple, depuis Los Cancajos ou Puerto Naos jusqu'au *Refugio del Pilar,* pour suivre la route des Volcans jusqu'à Fuencaliente).

L'ÎLE AUX ÉTOILES

S'initier à l'observation des étoiles, lorsqu'on n'y connaît vraiment pas grand-chose, ce n'est pas si simple. Et même lorsque l'on a déjà quelques notions, se faire accompagner par un guide spécialisé peut vraiment changer la donne. Quelques agences spécialisées, et vraiment compétentes, proposent leurs services à La Palma, et s'adressent à tous les publics. Outre les sorties d'observation simple, elles organisent régulièrement des sorties à thème, qui intéresseront les initiés : spécial photographie, spécial lune, etc. Enfin, l'une d'elles (voir plus bas) est incontournable pour qui veut visiter l'observatoire du roque de los Muchachos. Il s'agit d'une visite de jour, donc une visite technique de l'observatoire, sans observation de la voûte : seuls les scientifiques ont accès à cette technologie de pointe ! Un site officiel recense les différentes activités liées aux étoiles et à l'observation astronomique : *• starsislandlapalma.com •*

■ **Astro La Palma :** *edificio Las Olas, c/ Cancajos,* ***Los Cancajos.*** *☎ 922-43-41-16. 📱 622-80-56-18. • astrolapalma.com • À l'entrée de Los Cancajos sur la droite, env 100 m avt l'entrée de Las Olas. Lun-ven 9h-13h, mais on les contacte surtout via Internet.* C'est via cette agence privée très pro que l'on peut visiter, de jour et en groupe (max 25 personnes), *l'observatoire Roque de los Muchachos (compter 9 €/pers, pas de visite pour les moins de 12 ans pour des raisons de sécurité, et réserver min 15 j. avt, en remplissant un formulaire sur Internet). Au moins 2 visites/sem (en général ven et dim), et aussi mar et jeu en hte saison.* Il s'agit d'une visite des installations, donc plutôt technique, et non d'une observation, puisque tout se fait en plein jour. Mais que les amateurs d'étoiles et de galaxies se rassurent, Ana García, astrophysicienne, et ses collègues, organisent aussi 3 fois par semaine, toute l'année, des sorties de nuit de 2h d'observation, accompagnées par des spécialistes chevronnés, en petits groupes de 10 à 15 personnes *(compter 35 €/pers avec transport depuis Los Cancajos, ou 25 €/pers sans le transfert, avec son propre véhicule).* Une véritable initiation pour les néophytes, toujours dans des coins déserts et au plus proche de la nature. Explications en espagnol ou anglais (en français sur demande, avec un supplément). Et régulièrement des sorties thématiques, ou sur mesure pour les amateurs éclairés. Ils louent aussi du matériel de haute qualité.

■ **AstroTour :** *📱 616-37-72-27 (lun-ven 9h-14h). • astrotour.es •* Même type de prestations, avec 2 sorties d'observation par semaine, ainsi qu'une « balade sous les étoiles » *(paseo abajo las estrellas)* tous les mercredis. En espagnol et en anglais.

HÉBERGEMENT À LA PALMA

L'offre hôtelière est assez restreinte à La Palma : on trouve un éventail de petites pensions ou d'hôtels essentiellement à Santa Cruz ou à Los Llanos de Aridane,

deux pensions à Fuencaliente, quelques hôtels-clubs à Los Cancajos, Puerto Naos ou Fuencaliente, et c'est à peu près tout... Le nord de l'île, en particulier, ne compte qu'un hôtel et une pension ! Du coup, deux autres types d'hébergement s'avèrent intéressants.
– ***Les appartements*** *(apartamentos)* **:** du studio à l'appart de deux chambres, en ville comme en bord de mer, que l'on peut louer à la nuit en général (parfois des séjours minimum de 2 ou 3 nuits imposés en pleine saison). Souvent bien équipés, y compris la cuisine, et bien tenus, mais pour le charme à revendre, ce n'est pas ça ! La réservation s'impose, car la réception n'est pas forcément sur place, ou a des horaires limités.
– ***Les casas rurales :*** très développées, en particulier dans les coins isolés, ce qui permet justement, comme leur nom l'indique, de profiter à plein des superbes paysages ruraux de l'île. Pour explorer tranquillement la côte nord, par exemple, elles sont incontournables. De même pour les randonneurs qui entendent suivre l'un des GR sur plusieurs jours, et préfèrent le confort d'un lit au bivouac. À part quelques rares exceptions, elles s'apparentent plus à des gîtes, à louer en entier, qu'à des maisons d'hôtes, avec une location chambre par chambre. Différence avec les gîtes version française : draps et serviettes sont fournis, et le ménage est compris. La réservation préalable est obligatoire, car les propriétaires n'habitent en général pas sur place. Entre autres, on recommande ***Isla Bonita*** *(• islabonita.es •, voir aussi « Adresses utiles » à Santa Cruz de La Palma).* Cette association de propriétaires gère environ 80 *casas rurales* réparties sur toute l'île, avec beaucoup de sérieux et de fiabilité, dans les descriptifs comme dans les réservations. La plupart de leurs *casas* sont des maisons anciennes bien rénovées (dans le style canarien rustique) et bien équipées, depuis la *casa* de poupée avec une seule chambre pour deux personnes jusqu'à la grande maison paysanne pour sept personnes.
– Enfin, on trouve quelques ***aires de camping,*** version rustique, surtout destinées aux randonneurs, donc dans des coins campagnards. Certaines sont vraiment réduites à leur plus simple expression ! Peu de camping-cars et pas de mobile homes dans ces campings-là. Dans les zones protégées, il faut en général demander préalablement un permis. Toutes les infos sur *• senderosdelapalma.com •,* puis sur la droite « Areas de acampada ».

Comment y aller ?

En avion

✈ ***Aéroport de La Palma :*** *à env 9 km au sud de Santa Cruz de La Palma, en bord de mer. Accès par la LP-2 puis la LP-5. ☎ 902-404-704. • aena-aeropuerto.es •* Aéroport international modeste et moderne. Petit ***kiosque d'infos touristiques*** ouvert selon les vols dans le hall d'arrivée (et écran tactile lorsque c'est fermé), location de voitures ***(Europcar,*** *☎ 922-42-61-92, • europcar.es • ;* ***Avis,*** *☎ 922-42-61-94, • avis.es • ;* ***Hertz,*** *☎ 922-42-85-94, • hertz.es • ;* ***Cicar,*** *☎ 922-42-61-90, • cicar.com •).*
Pour rejoindre Santa Cruz, bus n° 500. Sinon, en taxi, compter 10-11 € : ne pas s'en priver à plusieurs.

➢ ***Madrid :*** 2-3 vols directs/sem (env 3h de vol), sinon tlj via *Tenerife Norte,* avec *Iberia Express (☎ 922-42-61-61 ; • iberiaexpress.com •).*

➢ ***Tenerife Norte :*** min 10 vols/j. avec *Binter Canarias (☎ 922-42-61-85 ; • bintercanarias.com •)* et *Canary Fly (☎ 902-808-065 ; • canaryfly.es •).*

➢ ***Gran Canaria, La Gomera, Lanzarote, El Hierro et Fuerteventura :*** 1-2 vols/j. via *Tenerife Norte* avec *Binter Canarias.* Pour La Gomera, c'est presque plus court en bateau.

➢ Également des liaisons vers ***Bruxelles, Amsterdam,*** l'***Allemagne*** et l'***Angleterre*** avec *Air Berlin (☎ 922-42-62-09 ; • airberlin.com •)* et ***Condor*** *(☎ 922-42-61-61 ; • condor.com •).*

En bateau

À Santa Cruz de La Palma, port récemment remodelé, qui accueille aussi les fastueux navires de croisière.

Deux compagnies se partagent le gâteau, **Naviera Armas** (☎ 922-41-14-45 – au port – ou 902-45-65-00 ; • navieraarmas.es •) et **Fred Olsen** (☎ 902-100-107 ; • fredolsen.es •).

➢ ***Los Cristianos*** *(Tenerife sud)* via ***La Gomera :*** 1 liaison/j. sf sam dans les 2 sens. Trajet : avec *Fred Olsen* 1h50 vers La Gomera, 2h50 pour Los Cristianos ; avec *Naviera Armas,* 2h30 vers La Gomera, 4h vers Los Cristianos. Moins cher, et un poil plus long avec *Naviera Armas.*

➢ ***Gran Canaria*** *(Las Palmas de Gran Canaria)* **:** avec *Naviera Armas,* via un changement de monture (et même de port, en bus) à Tenerife... un peu long, ça prend la journée.

Comment se déplacer sur l'île ?

En bus

Les *guaguas* (on prononce « oua-oua »). Une bonne solution, pas mal de lignes sillonnent l'île. Pas toutes très fréquentes, mais globalement à l'heure. Les abribus sont en dur, et généralement peints en couleur (sauf dans l'extrême sud de l'île, sur la commune de Fuencaliente, où ils sont bâtis en pierre volcanique anthracite). En tout cas, ils se repèrent de loin ! 2 terminus principaux sur l'île, l'un à Santa Cruz, en plein centre, l'autre à Los Llanos de Aridane. Pas très simple en revanche de trouver un plan : tentez votre chance dans les offices de tourisme, qui distribuent aussi une fiche des horaires. Pour les infos : ☎ 922-41-19-24. • transporteslapalma.com •

En gros, voici les 3 lignes principales, qui desservent toute l'île :

– ***Línea 100 :*** Santa Cruz de La Palma-Los Llanos de Aridane, par le nord de l'île (Puntallana, Sauces, Barlovento, Gallegos, Franceses, Santo Domingo, Puntagorda, Tijarafe, Tazacorte). Dans les 2 sens, ttes les heures 6h15 (7h15 depuis Los Llanos le w-e)-18h15 ; ttes les 2h w-e et fêtes.

– ***Línea 200 :*** Santa Cruz de La Palma-Los Llanos de Aridane, par le sud de l'île (Villa de Mazo, Fuencaliente). Dans les 2 sens, ttes les 2h 6h15 (8h15 le w-e)-20h15.

– ***Línea 300 :*** Santa Cruz de La Palma-Los Llanos de Aridane, par le tunnel (LP-3) et El Paso, plus court. Depuis Santa Cruz, ttes les 30 mn 6h-14h30 en sem, puis ttes les 1h-1h15 jusqu'à 22h30 ; le w-e, ttes les heures. Depuis Los Llanos de Aridane, ttes les 30 mn 5h30-14h30, puis ttes les 1h-1h15 jusqu'à 22h30 ; ttes les heures le w-e.

En voiture

Pour explorer les plis et recoins les plus isolés, c'est encore ce qu'on a trouvé de mieux. Routes globalement en bon état, mais parfois étroites et pleines de lacets bien corsés : La Palma est une île montagneuse, et tout son réseau routier s'en ressent, en particulier dans le Nord. Gaffe aussi aux raidillons bétonnés qui descendent quasi direct vers la mer... certains y ont laissé des pneus... !

Quelques portions en 2 fois 2 voies autour de Santa Cruz (par exemple en direction de l'aéroport) ou entre Santa Cruz et Los Llanos, mais d'autres voies, comme la LP-1 qui fait le tour de la caldeira par le nord ou la LP-2, qui mène du centre (El Paso) au sud (Fuencaliente), sont en cours d'élargissement.

Enfin, un bon point : les routes principales sont ponctuées de belvédères (avec parking !) qui offrent de superbes échappées sur les paysages et l'océan. Côté pratique, outre les grands loueurs de voitures internationaux, pas mal de petites agences proposent des tarifs raisonnables. *En gros, à partir de 25 €/j. pour 1 sem, ou autour de 30 €/j. pour des loc plus courtes.*

SANTA CRUZ DE LA PALMA (38700) 16 330 hab.

Accrochée à flanc de montagne, étageant ses ruelles jusqu'à la mer en un lacis ponctué d'escaliers et de raidillons, la capitale historique de La Palma offre un visage assez modeste, avec 16 000 habitants à peine. C'est que, cerné par la montagne de toutes parts, il n'est pas simple de s'étendre ! C'est probablement ce qui lui vaut d'avoir conservé son beau patrimoine historique et architectural hérité de l'époque coloniale. Nobles demeures, églises baroques, placettes romantiques et gros pavés, blanc de la chaux ou façades colorées soulignées des masses sombres de la pierre volcanique font de la ville une étape intéressante, et même une base très pratique pour rayonner sur toute la partie nord-est et centrale de l'île. Capitale, elle est aussi très bien desservie par les transports en commun, ce qui est particulièrement intéressant pour les petits budgets.

Arriver – Quitter

En bus

Pas de vraie station de bus, mais tous les bus de l'île passent par les arrêts *(plan A3)* de l'avda de Los Indianos, à l'entrée de Santa Cruz. Outre les bus qui desservent toute l'île (les lignes 100 pour la côte nord, 200 pour la côte sud et 300 pour Los Llanos de Aridane ; voir plus haut « Comment se déplacer sur l'île ? »), voici les bus qui desservent les proches environs :

– ***Ligne 201 :*** une boucle qui dessert Fuencaliente via Hoyo de Mazo et Villa de Mazo. Ttes les 2h 7h15 (9h15)-19h15, plus un dernier bus à 21h15 avec Villa de Mazo comme terminus. Mais slt 4 départs le dim. Compter 15-20 mn pour Villa de Mazo et 45-50 mn pour Fuencaliente.

– ***Ligne 202 :*** dessert les différents hameaux de Breña Baja et Breña Alta. Ttes les 2h 9h15-21h15 (slt 4 départs dim).

– ***Ligne 303 :*** une boucle qui fonctionne dans les 2 sens, et dessert San Pedro (Breña Alta) via le *Real Santuario de Nuestra Señora de las Nieves.* Départ ttes les heures (ttes les 2h le w-e) 7h14 (8h15 dim)-14h15, puis ttes les 2h 14h15-20h15.

– ***Ligne 500 :*** dessert l'aéroport via ***Los Cancajos.*** Ttes les 30 mn (ttes les heures dim) 6h30 (7h dim)-22h. Compter 20 mn pour l'aéroport.

En bateau

Voir plus haut en intro « Comment y aller ? ». Le port est moderne et bien équipé, et chaque compagnie maritime y dispose d'un guichet *(plan A3, **2**).*

Adresses utiles

CIT – Oficina de turismo *(plan A3)* **:** *Casa Cristal, pl. de la Constitución. ☎ 922-41-21-06. • cit-lapalma.com • Dans le kiosque vitré sur le terre-plein/rond-point à l'entrée sud de la ville. Lun-ven 9h-14h, 16h-20h ; sam 9h-13h ; dim selon affluence.* De la doc sur l'île et sur la ville, mais accueil routinier. Carte de l'île en vente 1 €.

✉ ***Correos*** *(poste ; plan A3)* **:** *pl. de la Constitución, 2. ☎ 922-41-17-02. Lun-ven 8h30-20h30, sam 9h30-13h.*

■ ***Isla Bonita*** *(plan A2-3, **1**)* **:** *c/ O'Daly, 39. ☎ 922-43-06-25. • islabonita.es • Bureau ouv lun-ven 9h-12h, mais tt le processus de résa se fait sur Internet.* C'est cette association qui gère le plus de *casas rurales* de l'île, avec beaucoup de sérieux (voir plus haut « Hébergement à La Palma »).

Parking : vaste parking gratuit *(plan A3)* à l'entrée du port, face à l'office

SANTA CRUZ DE LA PALMA

Adresses utiles	Où manger ?	Où boire un verre ?
CIT – Oficina de turismo	20 La Bodeguita del Medio	21 Cinnamon Bar
1 Isla Bonita	21 Cinnamon Bar	22 La Placeta
2 Guichet des compagnies maritimes	22 La Placeta	23 Casa Indianos
	23 Casa Indianos	24 El Carajo
	24 El Carajo	30 Sputnik
	25 Chipi-Chipi	31 Tasca El Cuarto de Tula
		32 Cosmos
		33 El Refugio

Où dormir ?

10 Pensión La Cubana
11 Apartamentos La Fuente
12 Casa rural San Sebastián
13 Hotel San Telmo
14 El Galeón

de tourisme (attention, 1er dimanche du mois, occupé par un marché aux puces). Sinon, emplacements payants le long de l'avenida de Las Nieves, à proximité de Barco de la Virgen *(Museo naval municipal ; plan B1).*

Où dormir ?

Bon marché (20-40 €)

Pensión La Cubana *(plan A2,* ***10****) : c/ O'Daly, 24. ☎ 922-41-13-54. • info@la-fuente.com • la-fuente.com • À l'entrée sud de la ville historique. Double avec lavabo 29 €, triple 35 €. Pas de petit déj. (dans le salon).* Dans une adorable petite maison *palmera* à l'architecture coloniale typique, 6 chambrettes sur 2 étages se partagent 2 salles de bains. Plutôt étroites, basses de plafond pour celles du rez-de-chaussée (presque des cabines de bateau !), elles sont bien tenues et dégagent un certain charme désuet. Grand salon commun convivial au 1er étage, et balcon pour profiter de l'animation de la rue piétonne. Accueil gentil comme tout et bonne ambiance. La providence des petits budgets !

Prix moyens (40-65 €)

Apartamentos La Fuente *(plan B1,* ***11****) : c/ Anselmo Pérez de Brito, 49. ☎ 922-41-56-36. • info@la-fuente.com • la-fuente.com • En plein centre, dans une rue piétonne. Apparts 2 pers 39-45 €, avec grande terrasse 60 €. Pas de petit déj.* Si l'entrée se cache derrière une jolie façade ancienne qui débouche sur un patio, les appartements, d'environ 35-40 m², étagent leurs cubes modernes sur 4 niveaux. Bien équipés (cuisine aménagée donnant sur un petit salon, une chambre) et récents, ils donnent sur des patios intérieurs, parfois avec microterrasse, pour les moins chers, ou sur la rue, avec balcon et une belle vue lorsque l'on grimpe dans les étages. Notre préféré ? Le plus grand, haut perché, avec sa grande terrasse privative. Sinon, à partager, grande terrasse-solarium avec douche d'été aménagée sur le toit, avec un chouette panorama. Excellent accueil, et tout plein de conseils pour découvrir le coin. À noter que le proprio possède ou gère aussi la proche *Pensión Montecristo,* ainsi que plusieurs apparts ou maisonnettes à louer à Santa Cruz.

De prix moyens à chic (50-70 €)

Casa rural San Sebastián *(plan A2,* ***12****) : c/ San Sebastián, 28. ☎ 922-43-06-25. • reservas@islabonita.es • islabonita.es • Doubles 50-70 €, familiales 60-84 €. Petit déj 4 €.* Dans cette belle demeure canarienne à l'architecture traditionnelle, la rénovation, respectueuse, a fait la place à 2 appartements aussi confortables que charmants dans le genre semi-rustique, chacun avec sa cuisine-salle à manger (bien équipée), son salon et sa salle de bains. *Ayza,* avec son superbe parquet en *tea* et ses beaux volumes, est vraiment séduisant pour un couple, et *Lolina,* qui compte 2 chambres, impeccable en famille. Vrai plus, les proprios mettent à disposition des iPad, et sont de vrais passionnés d'astronomie, avec l'équipement adapté (télescope, ouvrages spécialisés, etc.) : idéal pour s'initier, ou pour partager de belles soirées entre amateurs éclairés. Bel accueil.

Hotel San Telmo *(plan A2,* ***13****) : c/ San Telmo, 5. ☎ 922-41-53-85. • info@santelmo-lapalma.eu • santelmo-lapalma.eu • Doubles 58-70 €, petit déj 7 €. (câble).* Petit établissement installé dans une antique demeure, en plein centre de la ville ancienne, et tout juste rénové. Des chambres spacieuses et lumineuses, des salles de bains modernes, et de jolis détails de finition en font une adresse de charme. Très agréable patio où prendre le petit déj, et accueil jeune et dynamique.

El Galeón *(hors plan par A3,* ***14****) : c/ Galeón, 10. ☎ 922-41-10-00. • info@hotelelgaleon.com • hotelelgaleon.com • En surplomb de la ville,* *dans un virage... Doubles 50-80 €. Parking souterrain gratuit.* Tel un vaisseau à la pointe sud de la ville, déjà dans ses hauteurs (et les sens uniques rendent complexe d'en repartir en voiture !), la façade rouge du *Galeón* se voit depuis le port. Cela dit, à pied, il s'atteint aisément par les ruelles. À l'intérieur, chambres et appartements vastes, à la déco standard un peu sombre mais vraiment tout confort. Certains avec balcon – côté mer ou montagne. Plutôt calme malgré sa situation. Accueil pro.

Où manger ?

Bon marché (8-12 €)

La Bodeguita del Medio *(plan A2,* ***20****) : c/ Alvarez de Abreu, 58.* ☎ *922-41-59-12. Tlj sf dim, midi et soir. Plats 4-10 €.* Si c'est dans la 1re salle que se concentrent les habitués, les 3 salles suivantes sont tout aussi agréables et animées, en particulier le soir. Une bodega de quartier sans façons, avec ses tables en bois, ses tonneaux en guise de guéridons et son décor d'azulejos. Petits plats simples de cuisine locale et espagnole. Le soir en fin de semaine, c'est tout le carrefour qui se fait bodega à ciel ouvert, la clientèle des 2 autres bars ajoutant à l'ambiance.

Cinnamon Bar *(plan A2,* ***21****) : c/ San Telmo, 2.* ☎ *922-41-02-24. • cinnamonsantacruz@gmail.com • À l'angle de la pl. Santo Domingo. Tlj sf dim soir. Plats 4-12 €.* Ce resto moderne, à la déco tout en contraste de rouge, noir et blanc, offre un accueil jovial, et des produits frais, essentiellement issus de l'agriculture locale (et bio autant que possible). Recettes traditionnelles, souvent rehaussées de touches personnelles, et même quelques incursions exotiques (miniburgers au coulis de framboise, etc.). Plus tapas que plats dans les quantités, l'idéal est de choisir une sélection à se partager. Pas mal de plats végétariens et sans gluten aussi. Et pendant ce temps-là, les enfants jouent sur l'esplanade, devant l'église San Domingo...

De prix moyens à chic (12-40 €)

La Placeta *(plan B2,* ***22****) : placeta Borrero, 1.* ☎ *922-41-52-73. • info@laplaceta.es • Tlj 10h-22h30. Repas 20-25 €.* Que ce soit sur la très agréable placette piétonne ou dans l'élégante salle du 1er étage, Palmeros et touristes se croisent ici pour simplement boire un verre (un p'tit *barraquito ?*), ou s'attabler plus sérieusement devant les copieuses et délicieuses spécialités maison, plus raffinées que dans bien des restos voisins. Cuissons impeccables, mariages sucrés-salés réussis, et service plutôt agréable. Une de nos adresses préférées.

Casa Indianos *(plan A3,* ***23****) : avda Los Indianos, 2.* 📱 *618-75-20-44. • casaindianos@casaindianos.com • Tlj 13h-16h30, 19h-23h (minuit jeu-sam). Carte 15-20 €.* Drôlement bien placée, cette *casa !* On craignait l'attrape-touriste, on se trompait. Plein d'espaces aux ambiances variées, chaleureusement colorés de rouge, depuis le long bar jusqu'à la salle cosy, ou la mignonne mezzanine, le tout sous une superbe charpente apparente. Et la grande terrasse n'est pas mal non plus pour déguster les grillades copieuses, ou panacher quelques entrées-tapas goûteuses (et parfois originales, comme les *habanitos de morcilla*). Délicieux desserts, bien cacahuchés aussi ! Service efficace.

El Carajo *(plan A3,* ***24****) : dans le bâtiment de la marina, sur le port.* ☎ *922-41-63-13. • restauranteelcarajo@gmail.com • Au 1er étage, sur la terrasse. Tlj sf dim soir et lun, 13h-minuit (cuisine fermée 16h-20h). Carte env 20 €.* Une chouette adresse pour profiter du balancement des bateaux de plaisance à quai, tout en dégustant une jolie cuisine de marché personnalisée qui suit les saisons et les envies du chef. Évidemment tournée vers la mer (poissons et crustacés), mais sans oublier la terre (canard, champignons farcis, paella de poulet au curry). Salle plutôt classe, largement ouverte sur la terrasse : il est pas bon, ce *montadito* accompagné d'un verre, en guise d'apéro ?

I●I **Chipi-Chipi** *(hors plan par B1, **25**) : c/ Juan Mayor, 42, Velhoco. ☎ 922-41-10-24. ● info@chipichipi.es ● Dans un des quartiers périphériques de la ville, à mi-chemin entre le Real Santuario de Nuestra Señora de las Nieves et le mirador de la Concepción, bien visible de la route. Tlj sf dim et mer, 12h-17h, 19h-23h. Repas 8-15 €.* Autour d'une grande terrasse très arborée et dégoulinante de verdure (quelques perroquets accueillent le visiteur), une multitude de petites salles privées de 6-8 places, et quelques-unes plus vastes pour les grandes réunions de famille. Chacun son intimité, mais au resto : le havre de repos des mères de famille ! D'ailleurs très apprécié des Palmeros, qui viennent se régaler d'une cuisine canarienne familiale et plantureuse : viandes grillées (excellent *cabrito* ou *conejo* grillés – le porc peut être plus sec), *papas arrugadas, ali-oli* et autres *mojos.* Les aventuriers du goût tenteront les *chicharrones al gofio...* bon, vous n'êtes pas obligé de finir... Une expérience sympa, et sans danger pour les portefeuilles.

Où boire un verre ?

🍷 Les terrasses du front de mer, un peu empoussiérées par les travaux d'aménagement de la plage à l'heure où nous écrivons ces lignes, offrent cependant quelques refuges. Par exemple le ***Sputnik*** *(plan A2, **30** ; avda Marítima, 11, à l'angle avec la c/ Apurón ; ☎ 911-41-84-55, tlj – sf lun en hiver – 📶),* agréable aussi bien pour boire un café en consultant son *laptop* que pour une mousse en début de soirée, et très apprécié des vieux Palmeros aussi. Ou la ***Tasca El Cuarto de Tula*** *(plan B1-2, **31** ; avda Marítima, 48 ; 📱 619-17-83-33),* tout à fait recommandable aussi pour ses tapas bon marché et de bonne qualité, et le ***Cosmos*** *(plan B1, **32** ; avda Marítima, 70),* un café au cadre minimaliste (et avec une terrasse) qui accueille de temps à autre des groupes *en vivo.* Aux heures chaudes, la terrasse ombragée de ***La Placeta*** *(plan B2, **22** ; placeta Borrero ; voir plus haut « Où manger ? »)* s'avère un refuge sûr. Et puisque que l'on vous parle de refuge, vous pouvez aussi tenter, mais plutôt en soirée, ***El Refugio*** *(plan A2, **33** ; c/ Álvarez de Abreu, 39 ; 📱 693-71-84-06 ; tlj sf dim),* ou ses voisins de la rue piétonne, entre bar à tapas et café relax, mais sans vue sur la mer ! Enfin, n'oublions pas la sympathique terrasse du ***Cinnamon Bar*** *(plan A2, **21** ; c/ San Telmo, 2 ; voir plus haut « Où manger ? »),* qui reste ouverte entre les services et donne sur l'esplanade en balcon de l'*iglesia Santo Domingo,* ni celle du ***Carajo*** *(plan A3, **24** ; en surplomb du port de plaisance),* ni, bien sûr, les cocktails et soirées *en vivo* de la ***Casa Indianos*** *(plan A3, **23** ; avda Los Indianos, 2 ; voir plus haut « Où manger ? »).*

À voir

👥 Le ***vieux Santa Cruz*** s'explore résolument à pied, déjà parce que ce n'est pas bien étendu, en ensuite parce que nombre de rues sont piétonnes ou semi-piétonnes. Depuis la ***plaza de la Constitución*** *(plan A3),* deux rues piétonnes, parallèles au front de mer, s'enfoncent entre les élégantes façades canariennes, basalte anthracite et chaulage éclatant de blancheur, ou bleu pervenche, tendre vert amande et saumon pâle relevés de boiseries... La ***calle O'Daly,*** couramment nommée « calle Real », fort commerçante, passe ainsi devant la belle façade de la ***casa de Salazar*** *(au n° 22 ; lun-ven 8h-15h ; expos temporaires).* Blason en marbre de la famille, plein de noblesse, belles colonnettes en basalte torsadées pour la touche baroque, majestueuses portes de *tea* et balcon aux rambardes de fer forgé, et une architecture intérieure typique de l'île au XVIIe s : grand patio qui distribue une série de jolies salles, surmonté d'une galerie en *tea* qui dessert les salles protocolaires.

La balade mène tout naturellement à la délicieuse ***plaza de España*** *(plan A2)*, considérée comme l'un des plus beaux ensembles d'architecture Renaissance civile des Canaries, et depuis toujours centre névralgique des pouvoirs politiques et religieux de la ville. Côté rue, l'***ayuntamiento*** *(casas consistoriales)*, avec ses arches de pierre travaillées et son plafond en bois à caisson surmonté d'une galerie. Et, en face, tout en recoins biscornus, la placette en elle-même, flanquée de ***belles demeures du XVIIe s,*** aux façades blanches soulignées de pierre volcanique et ponctuées de beaux oriels en bois. Elles ont certes été rénovées, mais gardent une belle prestance. La ***grosse fontaine*** blasonnée, si elle date du XVIe s, a été déplacée au fond de la place au XIXe s. Quant à la statue en bronze en son centre, c'est celle du ***padre Manuel Díaz,*** figure majeure de l'histoire de l'île au XIXe s. Voir aussi, juste après l'*ayuntamiento,* le beau patio (lorsqu'il est ouvert) de la ***Casa Cabrera Martín*** : encore un exemple typique de l'architecture palmera.

Et puis, à visiter absolument aussi, l'***iglesia del Salvador*** *(plan A2)*, dont la façade principale donne sur la plaza de España. Si elle date initialement du XVIe s, les siècles l'ont largement remodelée, et elle mêle éléments gothiques, Renaissance et baroques. Cela dit, avec ses trois nefs séparées par des colonnettes en *tea,* à la charpente apparente aux décorations inspirées des géométries mudéjares, elle est très représentative de l'architecture des églises de l'île : basalte, chaux et *tea* (même le parquet, ici !), et, au fond, une tribune décorée en trompe l'œil et surmontée d'un orgue.

➢ Une fois l'avenida El Puente passée, la *calle O'Daly* devient *calle Anselmo Pérez de Brito* (un autre illustre personnage de l'histoire locale, avocat au XVIIIe s), mais garde le même caractère, avec un pavage large et confortable et de belles façades, comme, au no 9, le siège du *Real Nuevo Club Náutico,* et au no 15 la *Sociedad La Investigadora* (un club culturel directement issu des sociétés savantes et philosophiques très influentes sur l'île au XVIIIe s). Juste en face, la ***placeta de Vandale*** *(plan B2)*, pavée de galets. Sous ses flamboyants, une sculpture en bronze (contemporaine), *El Divino,* rend hommage aux musiciens et chanteurs qui, durant 9 nuits avant Noël, parcourent la ville pour chanter au coin des rues, à la recherche de la plus belle acoustique. À quelques pas, la *placeta Borrero (plan B2),* où débouche aussi la *calle Álvarez de Abreu.* En empruntant l'étroite ruelle qui longe la façade du resto *La Placeta* (une de nos bonnes adresses, voir plus haut « Où manger ? »), on gagne l'*avenida Marítima* juste au niveau du plus bel ensemble de ***balcones tipicos*** *(plan B2)* de la ville. En bois, parfois à double galerie (et alors inspirés de leurs semblables portugais), ces beaux balcons aujourd'hui tant photographiés étaient en fait l'arrière des nobles demeures de la calle Real, et servaient principalement à favoriser l'aération (grâce aux alizés) desdites maisons. Car à l'époque, pas d'avenida Marítima : ces façades arrière donnaient sur la mer. Autre signe de leur usage : en levant les yeux sous les balcons, on remarque encore, pour certains, l'emplacement d'une trappe, qui servait de latrines... lesquelles partaient direct nourrir les poissons ! Il paraît aussi qu'il y eut à une époque un impôt sur les fenêtres des façades principales, qui incitèrent les propriétaires à les aménager plutôt sur la façade secondaire, à l'arrière...
Toujours sur l'*avenida Marítima,* on tombe ensuite sur le *castillo Santa Catalina* (*plan B1* ; ou ce qu'il en reste), gros bastion défensif carré aux pointes en diamants. Ne se visite pas, mais du côté de l'entrée, calle Castillete, on aperçoit encore le blason des Rois Catholiques. Un peu plus haut, ce drôle de bateau en bois comme fiché au milieu de la rue est une reconstitution de la caravelle de Christophe Colomb, la *Santa María,* et accueille aujourd'hui le *Museo naval.*

Museo naval – Barco de la Virgen *(plan B1)* **:** *avda de las Nieves, s/n. Lun-ven 10h-14h. Entrée : 3 €.* Installé, donc, dans une réplique de la *Santa María,* ce

musée est tout naturellement tourné vers la mer. Anciens portulans, outils de marine, instruments de mesure... et aussi des maquettes de navires du XIXe s réalisées par les armateurs palmeros, quelques belles figures de proue en bois (brut ou peint). Et également la reconstitution (mannequin à l'appui !) de la cambuse du capitaine Cristobal ! À noter que, tous les 5 ans, le *Barco de la Virgen* est une étape importante de la *Bajada de la Virgen,* la fête majeure de l'île.
– En sortant, l'élégante ***plaza de la Alameda*** *(plan B1),* aménagée mi-XIXe s, et ses accueillantes frondaisons. Entre les deux fontaines, à l'abri des palmiers des Canaries, des araucarias et des lauriers des Indes (une des multiples espèces de ficus), les tables d'un petit café sympathique tout plein, le ***Kiosko Alameda*** *(tlj 8h-21h).* Niché dans la base d'un vrai kiosque à musique aux arabesques orientalisantes, les Palmeros viennent y prendre un *chocolate con churros* le dimanche matin *(ou au goûter, tlj à partir de 17h),* un *barraquito* ou un rafraîchissement les autres jours.

★★ ***Museo insular*** *(plan B1)* **:** *pl. de San Francisco, 3. ☎ 922-42-05-58. Entrée à gauche de l'église, sous le clocher. Lun-sam 10h-20h (19h30 juil-sept), dim 10h-14h (fermé juil-sept). Entrée : 4 € ; gratuit moins de 12 ans.*
Installé dans l'ancien convento San Francisco, édifié à partir de 1508. À droite de l'entrée, on commence par le charmant patio de los Naranjos, aux gros pavés moussus, dont les orangers ont tous été plantés par d'illustres chefs d'État en 1985 (la reine Sofia, par exemple), lors de l'inauguration de l'observatoire de los Muchachos. Tout autour, quelques éléments de la collection ethno, comme ce *distiladero,* un système de filtration et de conservation de l'eau dont le filtre n'est autre qu'une grosse pierre volcanique. Petite capilla Santa Catalina, où s'exposent aquarelles et cartes anciennes sur le thème de la Conquête.
Toujours au ***rez-de-chaussée,*** les trois salles de la section sciences naturelles (en grande partie héritée des collections de *La Cosmológica,* l'une des sociétés savantes les plus actives de l'île) alignent coraux, coquillages, étoiles de mer, minerais et minéraux locaux, ainsi que bestioles empaillées (dont un gros poisson-lune, deux superbes tortues et de multiples oiseaux). Et puisque l'on est ici proche du monde marin, quelques vitrines illustrent l'histoire des chantiers navals de l'île et de sa marine marchande, entre outils de menuiserie, maquettes de goélettes, et vieilles balances à poids. Et qu'est-ce donc que ce truc, qui ressemble à une machine à coudre à l'envers ? Une table de marqueterie, avec sa scie-câble actionnée par un volant.
Grimper ensuite le bel escalier double, évidemment en pin des Canaries, pour accéder au ***1er étage.*** Sur la galerie qui surplombe le patio de los Naranjos s'ouvrent les salles dédiées à l'***ethnographie locale*** : le monde agricole, avec les moules à *rapadura* (en argile pour les plus rustiques, et métal pour les autres), les métiers à tisser, la vannerie (des chapeaux, mais aussi, plus étonnants, des sacoches et sacs à main limite kitsch), une vitrine consacrée au monde du cigare (ne pas manquer le super museo del Puro à Breña Alta sur le sujet), les illustrations à l'aquarelle du peintre local Juan B. Fiero. Au bas de quelques marches, un peu cachée, une modeste salle consacrée aux textiles, en particulier la soie. Dans la section beaux-arts (XIXe-XXe s), des œuvres du Palmero Gregorio Toledo Pérez, mais aussi une ravissante marine de Sorolla, des toiles des paysagistes Martín Rico y Ortega, Carlos de Haes ou Emilio Sala Francés.
Au-dessus de la grande cour du couvent, le ***fonds Urs Baerlocher,*** collection de sculptures, gravures mais surtout peintures du XXe s (dont Joan Miró, Antoni Tàpies, August Puig ou Jacques Pajak, entre autres), offerte en 2009 à La Palma par le collectionneur suisse, et des salles destinées aux expositions temporaires.
En sortant, faire un tour dans l'***iglesia San Francisco,*** ne serait-ce que pour le superbe plafond à caisson Renaissance de la chapelle de Montserrat, ou son retable principal.

➢ Pour poursuivre la découverte du vieux Santa Cruz, rejoindre l'avenida del Puente pour jeter un œil au ***mercado municipal La Recova*** *(plan A2 ; lun-ven 7h-14h, sam 7h-15h),* puis, via les calles Pérez Volcan et Vandewalle (qui abrite aussi la société savante *La Cosmológica*), gagner la calle Virgen de la Luz. Elle conduit à la belle esplanade de la ***plaza Santo Domingo*** *(plan A2)*, dominée par le couvent du même nom (aujourd'hui un établissement scolaire). L'***iglesia Santo Domingo,*** attenante, abrite quelques-unes des plus belles pièces du baroque palmero, mais l'accès en est très limité *(dim 9h-12h)*. Pousser ensuite jusqu'au mignon ***ermitage de Nuestra Señora de la Luz*** *(plan A2)* qui offre un panorama splendide sur l'océan.

Où se baigner ?

À courte échéance, le front de mer de La Palma, le long de l'avenida Marítima *(plan B2)*, devrait être aménagé en une longue plage : une aubaine, une vraie plage en pleine ville. En attendant, la plus proche, à 800 m au sud, après le port marchand, reste ***playa de Bajamar*** *(hors plan par A3)* et son sable noir. Son appartenance est d'ailleurs disputée : encore sur la commune de Santa Cruz, ou déjà sur celle de Breña Alta ? La querelle fait rage ! Mais ça ne vous empêchera pas de vous baigner.

DANS LES ENVIRONS DE SANTA CRUZ DE LA PALMA

Real Santuario de Nuestra Señora de las Nieves *(hors plan par B1) : à env 4 km de Santa Cruz par la LP-101. Juste après le tunnel, au rond-point, prendre à gauche puis tt de suite à droite. Ou bus circulaire n° 303 (ttes les heures 7h45-20h45). Tlj 9h-20h. GRATUIT (mais petite donation recommandée).* Le sanctuaire emblématique de l'île, dont la *Virgen* est fêtée tous les 5 ans avec une grande procession jusqu'à Santa Cruz. L'extérieur austère laisse mal présager du foisonnement chaleureusement baroque de l'intérieur, où les chaudes boiseries du superbe plafond à caisson en *tea* sont rehaussées par des tentures rougeoyantes. Derrière l'autel, le retable principal d'une extrême richesse et sa Virgen de las Nieves, resplendissante, soutenue et entourée par une nuée de chérubins rose bonbon. Juste à droite de la porte latérale, une mignonne Virgen del Buen Viaje, un bateau dans une main et une étoile d'argent dans l'autre afin de guider les voyageurs. Belle Nuestra Señora de los Angeles (à gauche de la porte latérale), de pur style flamand (grande délicatesse du drapé), dans une niche en bois richement ouvragée. Sous la mezzanine qui soutient l'orgue, de part et d'autre de la porte principale, de nombreux tableaux ex-voto témoignent de l'importance de la dévotion à la Virgen de las Nieves : l'un deux évoque le sort d'un bateau français parti de Martinique à destination de Cadiz, et sauvé d'une effroyable tempête par la dame... En sortant, fontaine au centre de la charmante placette du sanctuaire, flanquée d'une petite cafétéria (mais pour casser une vraie croûte, aller plutôt jusqu'à *Chipi-Chipi* – voir « Où manger ? » plus haut, sur la même route un poil plus au sud).

BREÑA ALTA *(38700 ; 7 450 hab.)*

Cette commune assez étendue, suspendue entre la mer et la Cumbre Nueva, s'explore aisément au départ de Santa Cruz. Un chapelet de hameaux et de villages éclatés, le plus important étant San Pedro. Plusieurs sites culturels qui méritent le détour, pour la plupart à San Pedro, et deux très belles adresses ! C'est qu'il s'agit aussi de la capitale du *puro,* le cigare de La Palma, importé sur l'île après les premières vagues d'émigration vers Cuba, au XIXe s : de retour au pays, les paysans acclimatèrent la plante avec succès sur ces coteaux à la terre riche et régulièrement arrosée... Une terre qui faisait déjà (et fait toujours) pousser généreusement de nombreux fruits.

➢ ***Liaisons avec Santa Cruz :*** bus n° 300 à destination de Los Llanos (ttes les 30 mn, env 10 mn de trajet ; ttes les heures le w-e), n° 302 (ttes les 2h, env 40 mn de trajet) ou bus circulaire n° 303 (ttes les heures, env 45 mn de trajet).
P ***Parking*** gratuit à San Pedro, en contrebas de l'église, devant le commissariat *(policia local).*

Où dormir ? Où manger dans le coin ?

Parador de La Palma : *ctra de El Zumacal, s/n, 38712* ***Breña Baja.*** *☎ 922-43-58-28. • lapalma@parador.es • parador.es • Légèrement en contrebas de Breña Alta, à mi-chemin avec Breña Baja. Depuis la côte, prendre la LP-2, puis tourner à droite au niveau de San Antonio de Breña (bien fléché). Double 162 € (tarif officiel, mais nombreuses promos), petit déj 17 €. (partiel).* À flanc de colline dans un coin peu urbanisé, ce bel établissement à l'architecture moderne (même s'il est construit autour d'une tour ancienne) répond à tous les critères de cette chaîne : grand confort des chambres, avec vue sur le jardin ou sur la mer, finitions soignées, service disponible, efficace et souriant, piscine, agréable salle de restaurant... Petit déj-buffet bien copieux. Qui plus est, un vaste parc botanique de plantes endémiques l'entoure, avec cascade, petit pont de bois, et surtout un éventail riche et varié de la flore de l'île, depuis les cactus et euphorbes jusqu'aux palmiers et dragonniers (demander la brochure explicative). Une agréable promenade digestive, avec toujours cette vue imprenable sur l'océan.

El Chinchal del Arco : *c/ Atlantida, 2,* ***San Pedro,*** *Breña Alta. ☎ 922-43-80-03. Dans le village de San Pedro, juste en face de l'église dans la ruelle. Lun-ven 9h-23h, sam 12h-23h. Repas 15-20 €.* Le *chinchal,* c'est le petit atelier à cigares traditionnel que les Palmeros avaient à domicile... Rien à voir ici avec le tabac, si ce n'est le soin et la délicatesse apportés à la cuisine, un vrai festival de saveurs. Les spécialités de l'île, pour une fois, sont revues et corrigées avec une vraie touche de modernité et de légèreté, sur une carte qui valse au fil des saisons. La terrasse, sur la rue piétonne, est bien pour boire un verre aussi. Service au poil. Une des meilleures adresses de La Palma.

À voir

Museo del Puro palmero : *parque de los Álamos, à la sortie nord de* ***San Pedro,*** *bien indiqué. ☎ 922-42-95-67. Mar-sam 9h30-13h30. Entrée : 3 € (inclus museo de la Fiesta de las Cruces) ; réduc.* Un musée moderne et bien conçu (nombreuses bornes interactives en plusieurs langues) entièrement consacré au tabac et à son histoire. Après une petite vidéo (bientôt en français), les salles présentent les mythologies qu'il a générées, sa place dans les pratiques chamaniques ou les cérémoniels de paix (les fameuses pipes de paix). L'histoire de la précieuse feuille et de sa diffusion depuis l'Amérique jusqu'à l'Europe (clin d'œil au Français Jean Nicot) et dans le reste du monde, les différentes manières de la conserver... et enfin de sa place en Espagne et plus particulièrement dans l'évolution de l'agriculture à La Palma (cannes à sucre, banane, cochenille, vigne). Belle collection de boîtes, étiquettes et bagues de cigares, dont les modes évoluaient fréquemment. On apprend aussi que si Cuba, très lié à La Palma, mit au point les techniques agricoles toujours utilisées, c'est La Palma qui perfectionna l'art de la confection du cigare, et exporta ces techniques vers l'île antillaise. Enfin, le cœur du musée : le séchoir (environ 45 jours), la fermentation des feuilles humides (à nouveau 45 jours), et pour finir le *chinchal,* l'atelier-établi domestique qui occupait une place de choix dans de nombreux foyers, comme activité soit principale, soit saisonnière (l'île compte d'ailleurs toujours neuf fabriques familiales, artisanales et traditionnelles), avec des démonstrations tous les jours. Enfin, petite boutique. Et si vous y passez en mai-juin, vous apercevrez même les fleurettes roses des quelques plants de tabac, dans la courette.

Museo de las Fiestas de la Cruces : *même adresse, mêmes horaires que le museo del Puro palmero ; inclus dans le ticket d'entrée.* Ces deux étonnantes petites salles (vidéo également) sont consacrées à un rite singulier, commun à toute l'île mais suivi avec une ferveur toute particulière à Breña Alta. Car chaque année, le 3 mai, chaque hameau (et Breña Alta en compte 23) commémore un miracle datant de 1622. Il se trouve que c'est aussi la date officielle de la conquête de l'île et de la fondation de Santa Cruz... Le rituel est immuable : c'est à qui produira la croix la plus travaillée et la plus richement ornée. La confection débute dès l'automne, car c'est un incroyable, minutieux et patient travail qui réunit tout le hameau, des plus petits aux plus âgés. Toutes les dextérités sont réquisitionnées ! Les croix, qui évoquent toujours un thème précis, sont composées essentiellement de matériaux naturels : papier délicatement découpé, fleurs, herbes, mousses ou feuillages séchés, copeaux et lamelle de bois, dentelle... Et c'est finalement dans la nuit du 2 mai que sont dressées les croix, accompagnées dans chaque *barrio* d'un petit buffet... Et le 3 c'est le défilé des voisins... Le musée récupère ensuite les installations, jusqu'à... l'année suivante !

Iglesia de San Pedro : *entre la c/ de la Cura et la c/ de la Constitución, dans le centre de...* ***San Pedro*** *(logique).* Avec ses murs chaulés de blanc et son petit clocher à galerie de bois, on la repère facilement ! Édifiée sur un antique ermitage, mais bien des fois agrandie et modifiée depuis sa fondation au XVIe s. Intérieur nettement baroque, et les fonts baptismaux, en céramique, seraient les plus anciens de l'île, et auraient servi à convertir une bonne partie des aborigènes...

Finca Tabaquera El Sitio : *camino La Cueva, 19, barrio San Isidro. ☎ 922-43-52-27. • fincatabaqueraelsitio.info • Pas si simple à trouver. Au-dessus de San Pedro, dans le hameau de San Isidro : depuis San Pedro, direction San José, puis sur la droite suivre la LP-301 sur env 2,5 km, direction* Refugio El Pilar, *puis à gauche à la sortie du 4e virage en épingle. Lun-ven 9h-13h.* La seule *finca tabaquera* qui se visite. Un panorama complet qui passionnera les fans de tabac et/ou d'agriculture : tout le cycle de la plante, depuis la visite de la plantation jusqu'à l'élaboration des *puros,* en passant par la cueillette, le séchage, la fermentation... Savoir-faire et techniques artisanales, résolument traditionnels.

LOS CANCAJOS *(38712)*

À 5 km au sud de Santa Cruz, au bord d'une anse de sable anthracite, Los Cancajos offre le visage d'une station balnéaire de poche, poussée dans les années 1980 et restée modeste, familiale et bon enfant. La quinzaine de résidences et autres hôtels descendent doucement vers la mer, bordée d'une longue promenade en bois (éclairée de nuit !) qui surplombe les rochers côté sud. Pas désagréable, finalement, même si l'ensemble n'a aucun charme et que la plage n'est pas bien longue (mais bien aménagée : douche, toilettes). On y trouve aussi pas mal de services, dont les bureaux d'*Astro La Palma* (spécialisé en tourisme astronomique) et ceux de *Natour* (des guides de rando qui proposent aussi des transferts en bus).

➢ **De San Cruz et de l'aéroport :** bus circulaire n° 500, ttes les 30 mn 6h30 (7h le w-e)-22h. Le bus descend vraiment jusqu'au niveau du *CIT – Oficina de turismo,* en bord de mer.

– Facile de se repérer à Los Cancajos : de la rue principale, plus ou moins parallèle à la côte, descendent des petites rues et des allées qui desservent les hôtels et la plage.

Adresses utiles

CIT – Oficina de información turística : *c/ Los Cancajos, 24.* ☎ *922-18-13-54.* • *lapalmacit.com* • *En surplomb de la plage, entre l'hôtel* H10 Taburiente *et la* Hacienda San Jorge. *Lun-ven 9h-13h30, 15h-18h (15h30-18h30 mai-sept) ; sam 9h-13h, 16h-18h ; dim et j. fériés 9h30-14h.* Riche documentation, excellent accueil (anglophone mais rarement francophone) et plein de conseils pour organiser son séjour. Carte de l'île bien pratique, qui recense aussi les stations-service (1 €).

■ **Centro médico Cancajos :** *centro comercial Cancajos, local 307-308.* ☎ *922-43-42-11.* Dans une galerie de ce gros centre commercial vieillissant. Consultation tous les matins sur rendez-vous. Pour les bobos et les gros rhumes.

■ **Farmacia :** *à l'entrée de Los Cancajos, sur la gauche, à côté des restos.*

■ **Banque :** attention, pas d'*ATM* à Los Cancajos, sauf dans le hall de l'hôtel *H10 Taburiente* (mais il est régulièrement vide...).

■ **Astro La Palma :** *edificio Las Olas, c/ Cancajos.* ☎ *922-43-41-16.* 📱 *622-80-56-18.* • *astrolapalma.com* • *À l'entrée de Los Cancajos sur la droite, env 100 m avt l'entrée de Las Olas. Lun-ven 9h-13h, mais on les contacte surtout via Internet.* C'est cette agence privée très pro qui organise les visites, de jour et en groupe (max 25 personnes), de l'*observatoire Roque de los Muchachos.* Propose aussi des sorties d'observation de nuit. Voir les détails ci-dessus dans « L'île aux étoiles ».

■ **Natour :** *Aptos La Cascada, s/n.* ☎ *922-43-30-01.* 📱 *616-41-90-26.* • *natour.travel* • *Presque en face de La Caleta, en descendant vers la mer, sur la gauche. Lun-ven 8h-9h, 17h-18h, mais on les contacte surtout via Internet.* Le point d'accueil de cette petite agence qui propose de belles randos guidées. Plus de détail ci-dessus dans « Randonner à La Palma ».

Où dormir ? Où manger ?

De bon marché à prix moyens

La Caleta Apartamentos : *c/ San Antonio del Mar.* ☎ *922-43-31-70.* • *reservas.lacaleta@gmail.com* • *lacaletaapartamentos.com* • *Apparts 2 pers (1 chambre) 39-56 € selon saison, 4 pers (2 chambres) 61-78 € ; petit déj inclus.* 💻 📶 *(à la réception slt).* Une soixantaine d'apparts fonctionnels et bien tenus, tous avec balconnet ou terrassette, cuisine équipée (micro-ondes, plaques et frigo), résolument tournés vers la mer, à un jet de pierre, ou vers la piscine selon les étages. Le canapé du salon peut accueillir un 3e adulte ou 2 enfants. Les bâtiments de 2-3 niveaux cernent la piscine et ses quelques carrés de pelouse, plutôt agréable. Accueil fort aimable. Particulièrement intéressant en basse saison.

Cancajos Apartamentos : *c/ Los Cancajos, s/n.* ☎ *922-41-63-29.* • *info@apartamentoscancajos.com* • *apartamentoscancajos.com* • *Un poil à l'écart, au-dessus de la* Hacienda San Jorge. *Apparts 3 pers 55-65 € selon saison (+ 10 € le 4e adulte), petit déj inclus.* Comme à la maison ou presque, puisque avec à peine 8 appartements, l'établissement, construit en escalier à flanc de colline, reste intime. Tous les apparts ont une vraie terrasse privative tournée vers le grand large avec transat et table, tous sont meublés de bois massif un peu rustique, et équipés de cuisine et salle de bains absolument impeccables. Et même ici, outre la mer à quelques pas, la piscine (et même un petit bain enfants) attend les visiteurs au sommet de la maison blanche soulignée de bleu... Avec la végétation fournie qui l'entoure, une vraie petite oasis.

El Pulpo : *à l'extrémité nord de la crique, sur la plage.* ☎ *922-43-49-14. Tlj sf mar soir et mer 12h30-16h30, 18h-21h. Repas 12-15 €.* Un resto de plage simple et rustique, spécialisé dans les produits de la mer (quoique peu de poulpe à la carte !), mais excellent ragoût de lapin également, servis en assiettes copieuses. Agréable terrasse les pieds dans le sable, si le vent reste calme. Service sans façons, voire distrait (d'ailleurs, vérifiez donc votre addition), mais gentil.

Voir aussi, à l'entrée de la station et mitoyens de la pharmacie, les restos ***Mi Rincón*** *(tlj sf mer)* et la ***Tasca Alavasca*** *(ouv ts 2 du petit déj jusqu'à minuit),* qui proposent des cartes bon marché mêlant spécialités canariennes et internationales – pizzas, entre autres –, pour grignoter, boire un verre ou s'enthousiasmer devant la retransmission d'un match dans une atmosphère chaleureuse (surtout la *Tasca Alavasca* pour l'ambiance, *Mi Rincón* est plus sage).

De chic à plus chic

Hacienda San Jorge : *playa de Los Cancajos, 22. ☎ 922-18-10-66. • reservas@hsanjorge.com • hsanjorge.com • Un peu après l'office de tourisme, sur la gauche, au fond d'une impasse. Apparts 2-3 pers 85-105 €, petit déj-buffet inclus. Parking. (réception).* Encore des appartements, vastes et très bien aménagés, mais toujours sans une once de charme ! Outre la cuisine, la salle de bains et un vrai salon, balcon pour tous, et vue sur la mer pour ceux du 2e étage. L'intérêt, outre sa grande capacité, c'est ce foisonnant jardin tropical en cuvette, évoquant un peu un volcan dont le fond du cratère serait occupé par... la piscine. Tant qu'à choisir, éviter les apparts du bâtiment d'accueil, et privilégier ceux des pavillons, presque nichés dans la verdure. Copieux petit déj-buffet, et vue sur la plage depuis le restaurant. Accueil un peu routinier.

H10 Taburiente : *playa de Los Cancajos, s/n. ☎ 922-18-12-77. • h10.taburiente.playa@h10hotels.com • Sur la rue principale, immanquable. Doubles en général 70-80 €, petit déj compris. Fréquentes promos sur Internet. (payant). (gratuit à la réception).* Un complexe de près de 300 chambres (vue mer ou montagne selon la catégorie), 2 piscines, un hall plus vaste qu'une gare de RER et une salle de resto qui n'en finit pas... Certes, tout cela est très standardisé, n'empêche que les promos très régulières en font un choix judicieux pour qui cherche une grande piscine en surplomb de la mer, un service de bonne qualité qui reste personnalisé, le tout à un coût très raisonnable... Demander une des chambres rénovées, plus contemporaines côté déco. Tennis, jeux pour enfants, et très nombreux services.

LA CÔTE NORD

L'imposante couronne de la caldera de Taburiente, prolongée par les crêtes de la Cumbre Nueva, domine toute la côte nord, rythmée par les profondes entailles des *barrancos.* À mesure que la route principale, la LP-1, en fait le tour, elle s'accroche de plus en plus haut sur ses flancs escarpés. C'est la partie la plus abrupte de l'île, mais ici encore il faut nuancer. Côté nord-est, c'est la partie la plus boisée de La Palma, qu'il s'agisse des sous-bois denses et touffus de la laurisylve (comme dans la superbe réserve de Los Tilos) ou des pins canariens altiers, la partie la plus humide aussi, arrosée qu'elle est par les alizés du nord-est. On y trouve aussi quelques criques agréables pour dérouler sa serviette. Mais après Barlovento les pentes s'accentuent, et descendre jusqu'au bord de mer devient plus hasardeux. Peu à peu les pinèdes prennent le pas sur toute autre végétation, en alternance avec les amandiers à partir de Garafía, quand le relief devient plus propice aux activités agricoles. Peu d'hôtels dans cette région où la nature fait la loi, le mieux pour l'explorer reste de se loger en *casa rural.*

PUNTALLANA (38715) 2 340 hab.

À une dizaine de kilomètres au nord de Santa Cruz, en bonne partie côtière, la commune de Puntallana s'éparpille en de multiples *barrios* (hameaux), à flanc de montagne, qui descendent jusqu'à la mer au milieu des plantations de bananes. La tradition agricole n'est pas un vain mot dans cette commune ! La montagne ici est encore presque sage, les *barrancos* encore discrets. Le village principal, Puntallana, niche son petit supermarché et son petit centre autour de l'église, sur un à-plat qui se rompt de manière abrupte vers l'océan, et des routes et pistes cimentées qui serpentent au milieu des bananeraies.

Infos pratiques

➢ La ligne 100, au départ de Santa Cruz, dessert tte la route du Nord, la LP-1, jusqu'à Los Llanos de Aridane. De Santa Cruz, départs ttes les heures 6h15-22h30 (à partir de 19h15, terminus à Saucés, donc après Puntallana). Env 15 mn de trajet depuis Santa Cruz, et 4h depuis Los Llanos.
– Pas d'office de tourisme à Puntallana, mais quelques infos disponibles à la *Casa Luján,* ou sur ● *puntallana.es* ● On y trouve aussi *ATM* et petit supermarché *Spar.*

Où dormir ? Où manger ?

Pas d'hôtel proprement dit à Puntallana. Cela dit, la proximité avec Santa Cruz n'oblige pas à y dormir ! Si la campagne vous gagne, plusieurs *casas rurales* dans le coin, dont certaines gérées par *Isla Bonita (☎ 922-43-06-25 ; voir « Adresses utiles » à Santa Cruz de La Palma)* : la ***Casa Atilio*** *(Lomo Piñero, 23,* ***La Galga*** *; ● islabonita.es/atilio ● ; entre Puntallana et le Cubo de La Galga ; 45-54 € pour 2 pers),* une maisonnette jaune pâle rustique et confortable, dans un style typiquement canarien, qui dispose d'une chambre, d'un tout petit salon et d'une belle grande cuisine avec un four traditionnel restauré. Belle vue sur la mer depuis la terrasse et barbecue extérieur à l'arrière. Également la ***Casa Lina*** *(c/ Los Lirios, 14A,* ***El Granel*** *; ● islabonita.es/lina ● ; entre la LP-1 et la mer, accès par une piste bétonnée bien, bien pentue ; 50-60 € pour 2 pers, 60-72 € pour 4 pers ; wifi par clé 3G fournie),* perdue au milieu des champs et ceinte d'un jardin décoratif, qui offre l'avantage d'avoir 2 chambres. Toujours une chouette vue sur la mer depuis la terrasse, et barbecue extérieur pour faire péter les grillades !

Casa Asterio – La Galga : *sur la LP-1, juste avt La Galga, env 5 km après Puntallana sur la droite, au niveau d'un croisement. ☎ 922-43-01-11. Tlj sf mar, ouv tte la journée. Repas 10-12 €.* Posé en bord de route (on compte facilement les voitures depuis la terrasse), c'est une des seules options – et heureusement bonne – pour casser la croûte dans le coin. Cuisine résolument canarienne (*papas, queso et cerdo,* etc.), copieusement servie. On peut aussi simplement y boire un verre.
– Aire de pique-nique équipée de barbecue juste à gauche du parking de la *Casa Luján,* à Puntallana.

À voir. À faire

À Puntallana

Iglesia San Juan Batista : *dans le centre du village, se repère de loin. Si c'est fermé, demander la clé au Bazar Arieta, juste en face.* Petite église du XVIe s agrandie au XVIIIe s, à une seule nef, avec un plafond à caisson en bois brut, sauf au-dessus du chœur et du transept : motifs mudéjars rehaussés de bleu et blanc, avec une clé de voûte en bois sculpté pendante. Le saint patron de la paroisse, saint Jean Baptiste, domine évidemment le retable baroque flamand du XVIe s. Lors des fêtes patronales (le 24 juin), il est emmené en procession jusqu'à la ***fuente de San Juan,*** la source qui abreuvait tout le village, à 5 mn à pied en contrebas de la *Casa Luján.*

Casa Luján – Museo etnográfico : *en contrebas du village, par une route sur la droite (bien fléché), à 5 mn à pied de la petite église San Juan. Parking. ☎ 922-43-02-26. Lun-ven 10h-13h, 16h-19h ; sam 10h-13h. GRATUIT, mais donation demandée. La visite est guidée (anglais ou espagnol selon les j.), s'adresser à la 1re maison-boutique.* Cette maison seigneuriale rustique, avec ses murs chaulés et sa structure en bois et pierre, en L autour d'une cour fermée, s'avère exemplaire de l'architecture coloniale palmera des XVIe-XVIIe s. Tour à tour mairie, siège de la *gardia civil* ou même refuge pour animaux égarés, elle fut aussi longtemps l'école des garçons du village. C'est aujourd'hui un musée ethno assez riche, qui évoque les différentes vies de la maison et les traditions locales. Autour de la galerie en bois du 1er étage, reconstitutions de la salle de réunion des édiles, mais aussi d'une chambre, d'une salle à manger ou d'une cuisine (avec les ustensiles d'époque : mortier, pierre volcanique à déposer dans les braises avant de la glisser entre les draps pour chauffer le lit). Au rez-de-chaussée, autour de la cour, c'est le monde agricole, ses moules à fromage, mesures à grain, et pinces pour cueillir les figues de Barbarie. Également la salle de classe des fillettes (mais en réalité, les filles s'instruisaient dans l'actuelle boutique, juste au-dessus). Dans la boutique, tout est issu de l'artisanat local, et théoriquement de bonne qualité.

Dans les autres barrios

Playa de Nogales : *à env 4,5 km du centre de Puntallana, par la LP-102. Bien fléché. Arrivé au parking, il reste encore env 20 mn à pied par un sentier creusé dans les rochers.* Au pied d'une falaise, cette longue plage, pas très large cependant, est l'une des plus belles et des plus sauvages de l'île. Le lieu idéal pour venir passer une journée au bord de l'eau, mais ***la baignade est déconseillée : courant vraiment dangereux,*** y compris par mer calme, donc on se contente de se tremper les pieds. Très appréciée des Palmeros, qui viennent volontiers y pique-niquer.

Le mirador de San Bartolomé : *à 6 km de Puntallana en direction de Los Sauces, env 800 km après le resto* Casa Asterio – La Galga, *sur la droite de la route.* À côté de l'ermita de San Bartolomé, une belle esplanade avec une vue panoramique sur une bonne partie de la côte. Parking (qui permet de laisser son véhicule pour la version longue de la rando vers le *Cubo de Galga*).

Randonnée

➢ ***Cubo de La Galga (PR/LP-5 et PR/LP-5.1) :*** à environ 5 km au nord de Puntallana par la LP-1, le barranco de La Galga, profondément encaissé, offre un abri privilégié à une foisonnante et luxuriante laurisylve (mélange de lauriers, fougères, tilleuls) gourmande en humidité, typique de l'île (comme sur La Gomera). Le seul moyen de s'en approcher est une petite rando. Petit rappel : la laurisylve est un milieu humide, avoir donc des chaussures adaptées. D'autre part, les sentiers de La Galga sont assez enchevêtrés, il peut donc être judicieux, pour bien en profiter de se faire accompagner (voir « Randonner à La Palma », plus haut).
– ***La version courte :*** sur la LP-1, après le tunnel sur la gauche, au niveau d'une cahute d'info en bois *(théoriquement tlj 9h-17h, mais pas toujours ouv),* départ d'une piste en partie goudronnée qui mène en 45 mn environ sur un chemin très facile (peu de dénivelée) jusqu'au fond du *barranco.* Deux bons points pour cette

LA PALMA

version courte : sa facilité, et surtout on est environné pendant vraiment tout le parcours par cette extraordinaire forêt primaire.

– ***La version longue :*** une boucle qui suit les sentiers PR/LP-5 et PR/LP-5.1. Départs soit du resto *Casa Asterio-La Galga (parking ; compter env 3h, difficulté moyenne, dénivelée +/- 480 m),* mais la première grimpette manque d'intérêt. Soit en diagonale à peu près en face du même resto, prendre la petite LP-103 jusqu'au parking, où l'on retrouve la signalisation des deux sentiers et d'où l'on peut refaire une boucle, en commençant par le PR/LP-5.1 et en revenant par le PR/LP-5. *Difficulté facile (mais bonnes chaussures impératives), dénivelée +/- env 300 m, durée env 2h.*

SAN ANDRÉS Y SAUCES (38720) 4 470 hab.

Cette commune étendue, vraiment entre mer et montagne, s'organise autour de la place de Los Sauces, le plus gros village de la *comarca* – et le plus animé, avec son église, son kiosque à musique et son glacier. Mais ses véritables attraits sont ailleurs. Soit au ras de l'eau, en dévalant vers la mer depuis Los Sauces vers le délicieux petit village de San Andrés, le microport de Puerto Espíndola et surtout les piscines naturelles, à même les rochers, du *Charco Azul...* Soit presque à hauteur des nuages, dans la fameuse forêt de Los Tilos, classée « Réserve de la biosphère » par l'Unesco dès 1983 pour son incroyable et dense laurisylve de toute beauté, ses sources et ses étonnants tunnels. Un terrain de jeux prisé des randonneurs, qui s'en donnent à cœur joie sous les futaies abondantes et dans une humidité toute tropicale. Dépaysant s'il en est !

➢ La ligne 100, au départ de Santa Cruz, dessert toute la route du nord, la LP-1, jusqu'à Los Llanos de Aridane. De Santa Cruz, départs ttes les heures 6h15-22h30 (à partir de 19h15, terminus à Saucés). Jusqu'à Los Sauces, env 35 mn de trajet depuis Santa Cruz, et 3h35 depuis Los Llanos.

SAN ANDRÉS ET PUERTO ESPÍNDOLA

Tout petit et charmant hameau de San Andrés (250 habitants à peine) à 2 km de Los Sauces, à rejoindre par la LP-104 qui fait une boucle vers la mer (bien fléché depuis la LP-1). À part sa rue principale qui est bien plane, ses maisons colorées et son église bien blanche s'étagent en terrasses au milieu des bananeraies. En poursuivant encore un petit kilomètre et en bifurquant vers la droite, une nouvelle patte-d'oie mène à gauche vers Puerto Espíndola. À peine une poignée de maisons nichées au pied d'une haute falaise, qui s'épanouit en un petit éventail de sable. Un port de pêche toujours très actif, et une place de choix pour déguster du poisson bien frais ! Sur la droite, c'est le *Charco Azul* et ses piscines presque naturelles.

➢ ***Bus*** n° 104 Los Sauces-San Andrés 3 fois/j., vers 9h, 11h et 17h, et retour. 10 mn de trajet, et le dernier arrêt est vraiment à la fourche qui mène d'un côté à Puerto Espíndola, de l'autre au *Charco Azul,* à 5 mn à pied de l'un comme de l'autre. Mais vu la fréquence, mieux vaut avoir son propre véhicule, ou de bonnes chaussures de rando (et du temps)...

Où manger ? Où boire un verre ?

I●I *Casa del Mar :* *à **Puerto Espíndola.** ☎ 922-45-03-05. Tlj sf mar 12h30-23h. Congés : nov. Repas env 20 €.* Jolie maison ancienne blanc et bleu sur le port même, qui ouvre une galerie-terrasse idéale pour se perdre dans les flots, et une salle agréable aux tables rustiques. Spécialités ? Poisson (selon la pêche du jour) et fruits de mer, quelle question ! Et desserts canariens maison, ce qui ne gâche rien.

Restaurante San Andrés : *sur la place de l'église, côté square, à* ***San Andrés.*** *☎ 922-45-17-25. Tlj sf mer 12h-16h, 19h-23h30 (non-stop en hte saison). Repas env 20 €.* Belle terrasse ombragée de parasols ou salle rustique vert pomme, voilà un bar-resto de village convivial. Cuisine canarienne servie généreusement, et la part belle aux poissons et à leurs copains les crustacés.

La Placita : *La Plaza, 5,* ***San Andrés.*** *☎ 922-10-63-34. • laplacitadesanandres@gmail.com • Sur la place de l'église, sur la terrasse supérieure. Tlj sf dim 11h30-23h. Tapas min 2,50 €, plats 8-12 €.* Une petite salle jaune et bleu coquette (remarquer le mur décoré de clayettes de bois tête-bêche), un accueil détendu et gentil, et une carte qui, plus internationale que chez son voisin le *San Andrés*, préserve les saveurs de La Palma (*queso, papas,* crevettes à l'ail, etc.). Et puis cette agréable terrasse bordée de *casas* aux couleurs vives, idéale pour boire un rafraîchissement ou entamer l'apéro, dans une bonne ambiance musicale.

Restaurante Rompecabos : *c/ El Melonar, 15, en surplomb du* ***Charco Azul.*** *☎ 922-45-25-48. Juste au-dessus du Charco Azul, 50 m après les escaliers qui y mènent. Tlj sf jeu. Congés : déc-début janv. Plats min 8-10 €, parrillada de poisson pour 2 pers 23 €.* Moins de charme que nos autres adresses, mais la *parrillada* de poisson se défend très bien, de même que les autres bestioles issues de la pêche. Si la salle manque d'attraits, la vaste terrasse est un véritable belvédère. Service distrait.

Le petit ***snack-bar*** immédiatement au bord du *Charco Azul* est aussi une halte agréable pour siroter une mousse bien fraîche ou suçoter une glace, les doigts de pied en éventail et le maillot encore humide...

LA PALMA

À voir. À faire

Iglesia de San Andrés : *en contrebas de la rue principale, à* ***San Andrés.*** *Si c'est fermé, toquer à la porte du 20, c/ de la... Iglesia (la grande maison blanche à soubassement gris et boiseries rouges) mais éviter l'heure de la sieste, que diable !* Il y eut ici une église dès la fin du XVe s, parmi les premières bâties par les conquistadors, et reconnue comme paroisse dès 1515. Les premiers registres de baptême remontent d'ailleurs au milieu du XVIe s. Mais l'édifice actuel date du XVIIe s (et son campanile à balcon du XVIIIe s), ce qui n'empêche pas le plafond, au-dessus du chœur, et les chapelles, tout deux de style mudéjar, patinés par le temps, d'être de toute beauté ! À gauche de l'autel, le saint patron, san Andrés, sur son char de procession. Retables flamands dans les chapelles latérales. Une bizarrerie, sur le mur de droite, ces étonnants ex-voto accrochés à un panneau, petits personnages ou membres – bras, jambes – de cire, dédiés à la statue d'un Christ de *gran poder,* de grand pouvoir, symbole christique parmi les plus vénérés de l'île dans les années 1960.

➢ Au bas de la ruelle pavée qui borde l'église (la bien nommée calle de la Iglesia), sur la gauche, départ d'un chemin côtier bien pavé et bordé de murets, qui conduit en 25-30 mn au Charco Azul. Balade vraiment facile et agréable, entre bananiers et écume de la grande bleue, et l'occasion de croiser des pêcheurs.

Charco Azul : *un poil au nord du village de San Andrés, à env 1 km en poursuivant la LP-102 (ou à pied par le sentier côtier). Bien fléché, en bas d'une volée de marches.* La côte nord s'avérant plus riche en rochers et en falaises qu'en longues plages, les Palmeros se sont adaptés, et ont aidé la nature. Là où les rochers formaient comme des vasques naturelles, ils ont complété l'œuvre des volcans, fermé ces anses et aménagé les abords. Résultats, des piscines alimentées naturellement en eau de mer, gratuites et à l'abri des caprices de l'océan. Buvette sur la terrasse.

Destilería Ron Aldea : *à* **Puerto Espíndola,** *dans le grand bâtiment jaune juste avt le tournant lorsque l'on remonte du port.* ☎ *922-45-05-68.* • *destileriasaldea.es* • *Ouv lun-ven 9h-17h.* Ce bâtiment abrite les cuves et la mise en bouteilles (pas spectaculaire et ne se visite pas vraiment), et bien sûr un coin boutique où se procurer le rhum élaboré ici en distillation directe, uniquement à base de canne à sucre locale. En revanche, si vous passez entre avril et juin, à la saison de la récolte de la canne, possibilité de visiter la distillerie *(lun-ven 8h-17h, slt avr-juin),* avec ses alambics, presque en face après le petit pont, à deux pas du *Charco Azul.*

BOSQUE DE LOS TILOS

C'est pour la richesse de sa laurisylve que cette superbe forêt et ses 91 ha sont classés « Réserve de la biosphère » par l'Unesco depuis 1983. Ce n'est que par la suite que l'ensemble de l'île a rejoint ce club privilégié des « Réserves de la biosphère ». Il faut dire que la forêt est ici prolixe, d'un vert brillant, et s'y mêlent différents lauriers (dont le fameux *tilo* qui donne son nom à la réserve), des fougères géantes, des *barbuzanos,* des *viñatigos* et des *fayas,* des futaies de 15 à 25 m de mètres de hauteur. Le tout est arrosé par les alizés et par de multiples sources qui jaillissent des rochers à même le fond du *barranco.* Les plus abondantes, *los Nacimientos de Marcos y Cordero,* furent canalisées au début du XXe s afin d'irriguer plus largement les terres en aval, et sont aujourd'hui le but de l'une des randos les plus appréciées et les plus fréquentées de l'île. Un univers d'eau, de fraîcheur et de verdure vraiment dépaysant.

Adresses et infos utiles

Centro de visitante – Los Tilos : *depuis Los Sauces, prendre la route sur la droite juste après le pont qui suit le barranco del Agua avt de grimper dans la forêt, et continuer jusqu'à arriver au dernier parking, 600 m après La Portada (le départ des taxis collectifs).* ☎ *922-45-12-46. Tlj 9h-18h25.* Outre l'exposition assez complète qui présente les écosystèmes, faune et flore de la réserve, on trouve ici une vidéo (en espagnol, anglais ou allemand) et une équipe qui vous expliquera (mais toujours pas en français), autour d'une maquette, les différents itinéraires de rando. Y passer de toute façon pour vérifier les conditions météo ou si certains sentiers sont fermés. Vente sur place *(slt par CB)* du *Red de Senderos de La Palma,* le gros bouquin qui répertorie tous les sentiers de l'île, accompagné d'une carte détaillée (20 €, français... en projet).

Taxis collectifs à La Portada : *env 600 m avt le centro de visitante, sur la gauche, au niveau d'une piste qui monte (fermée par une chaîne). Parking. 15 €/pers (un peu cher mais bien pratique).* Ces taxis 4x4 fonctionnent de 9h à 14h, et grimpent en 1h env jusqu'à la *Casa del Monte,* ce qui permet de raccourcir un peu les randos.

Où dormir dans le coin ? Où manger dans la réserve ?

Casa rural Los Nacientos – Marcos y Cordero : *camino La Orotava, 24,* **Las Lomadas.** *Gérée par* Isla Bonita *(voir « Adresses utiles » à Santa Cruz de La Palma ;* ☎ *922-43-06-25 ;* • *islabonita.es* •*). Depuis Los Sauces, passer le pont direction Puntallana, puis à env 500 m, prendre une petite route qui grimpe bien raide sur la droite, c'est à env 700 m. Pour 2-3 pers, compter 40-48 € en bas* (Cordero), *45-54 € en haut* (Marcos). 2 *casas rurales* en une, puisque chaque étage de cette maison traditionnelle rénovée en jaune et rouge, à l'angle de 2 chemins, est un logement indépendant. Plus petit et un peu plus sombre en bas, mais tous 2 bien équipés, et se partageant un barbecue extérieur, une buanderie et des terrasses. De même que l'accès à la cave du jovial proprio, Nestor, qui fait son propre vin. Les plus de l'endroit : tout proche du PR/LP-6 (le chemin de rando du bosque de los Tilos), et télescope performant à disposition, ainsi que toute une documentation sur l'astronomie.

|●| *Los Tilos – Casa Demetrio :* *300 m avt le* centro de visitantes *sur la droite.* ☎ *922-45-05-19. Tlj sf mar. Repas env 15 €.* Perdu sous les immenses frondaisons de la laurisylve et adossé à un gros mur de soutien, un resto qui reste dans l'esprit rustique du lieu, avec une grosse cheminée (qui fonctionne !) et de grosses tables en bois. Cuisine simple (grillades, *papas* et *queso*), à prix raisonnables et de qualité correcte. Terrasse plus qu'ombragée. On peut aussi juste prendre un verre (ou une boisson chaude !) ou se caler d'un bon gros sandwich.

|●| *Aire de pique-nique* avec barbecue, point d'eau, poubelles et tables en contrebas du *centro de visitantes,* accessible par quelques volées de marches. Le tout bien ombragé, comme l'ensemble de la réserve !

Randonner dans le bosque de los Tilos

Rappel important : vêtement vraiment imperméable, chaussures antidérapantes, chapeau (imperméable aussi) et ***lampe de poche*** sont impératifs ici.

➢ ***Casa del Monte-Nacientes de Marcos y Cordero-centro de visitantes (PR/LP(6) :*** *niveau moyen. Durée : env 4h. Env 14 km. Dénivelée : +/- 100/970 m.* Se garer au *centro de visitantes* et prendre, 300 m avant, les 4x4 qui mènent à la *casa del Monte* (altitude 1 350 m). Le chemin longe le canal, bordé dans ses quelques parties délicates par une rambarde en bois, et passe sous 11 tunnels (certains font plus de 400 m), généreux en humidité et en gouttelettes. Il mène ainsi en 1h30 environ aux Nacientes de Marcos (les sources de Marcos, une cascade qui saute une trentaine de mètres depuis la paroi), puis, après une petite grimpette et un 12e tunnel (où c'est véritable douche qui descend de la voûte), en 15 mn aux Nacientes de Cordero (sources de Cordero). Commence alors la descente, en suivant grosso modo le fond du *barranco,* tantôt sur une rive, tantôt sur l'autre, au cœur de la laurisylve. Après un pont en bois (altitude environ 1 100 m), reprendre la rive gauche, et suivre la Fajana de la Tea, puis un autre pont ramène à la rive droite, où on l'on retrouve une piste. Un peu plus bas (altitude environ 730 m), une petite déviation permet d'atteindre le mirador de l'Espigón Atravesado, d'où l'on a une superbe vue. La fin de la rando suit ensuite une route forestière, au milieu de magnifiques fougères et repasse sous un dernier tunnel avant de retrouver la route, environ 600 m en contrebas du *centro de visitantes.*

➢ ***Centro de visitantes-mirador de Espigón Atravesado-centro de visitantes :*** *niveau facile. Durée : 2h A/R. Env 5 km. Dénivelée : +/- 319/96 m aller (et l'inverse au retour).* Une balade qui conviendra parfaitement aussi avec des enfants, d'autant qu'elle permet déjà un très bel aperçu de la laurisylve (et on trouve sur le chemin un ou deux panneaux d'info sur la flore et la faune). Depuis le *centro de visitantes,* redescendre la route 600 m jusqu'à La Portada, et entamer la grimpette. Seule la première portion est un peu raide, entrecoupée par un passage sous un tunnel, mais elle est régulière et complètement abritée sous la laurisylve. La suite est relativement aisée, puis se finit par un nouveau raidillon suivi d'un escalier semi-naturel (et sécurisé par des rambardes en bois), dans un environnement assez spectaculaire. Depuis le mirador, très chouette vue sur le *barranco.* Retour par le même chemin.

BARLOVENTO ET LA CÔTE SAUVAGE

Après Los Sauces, la LP-1 part à l'assaut d'un paysage plus aride, tranché par de profonds *barrancos* secs, à travers d'amples courbes taillées dans la montagne. C'est la pointe nord-est de l'île, venteuse et peu hospitalière, où les euphorbes, cactus et autres plantes grasses sont reines. La commune de Barlovento s'adosse en fait directement sur la crête nord-est de la caldera de Taburiente et descend jusqu'à la mer. Quelques étapes sympathiques néanmoins, en chemin.

➢ La ligne 100, au départ de Santa Cruz, dessert toute la route du nord, la LP-1, jusqu'à Los Llanos de Aridane. De Santa Cruz, départs ttes les heures 6h15-22h30 (à partir de 19h15, terminus à Los Sauces). Jusqu'à Barlovento, env 1h15 de trajet depuis Santa Cruz, 30 mn depuis Los Sauces et 3h15 depuis Los Llanos.

LA FAJANA

À mi-chemin des 12 km qui séparent Los Sauces de Barlovento, au niveau d'un arrêt de bus (ligne 100, arrêt Llano Abreu, demander au chauffeur « las piscinas de La Fajana »), une petite route (fléchée) déroule 1,5 km d'asphalte vers la mer. Au bout, une jolie surprise au milieu de pas grand-chose, les *piscinas de La Fajana,* une série de belles vasques en escalier et de terrasses aménagées (parasols et tables en dur, w-c) sur les rochers. Lieu de baignade bien agréable, à l'abri des courants et pourtant alimenté par la mer, comme au *Charco Azul.* Et un presque bout du monde, avec sa poignée de maisonnettes blanches alignées sagement en arc de cercle le long d'une promenade, face à la mer.

La Fajana Cafetería Apartamentos : *sur la promenade. ☎ 922-18-61-62. Apparts 2-3 pers 25-35 € selon saison, durée du séjour, etc. Cafét' (en demi-sous-sol) très bon marché.* De toute façon, c'est le seul du coin ! Alors, à ce prix et vu la gentillesse de l'accueil, on se satisfait des apparts tout simples, avec cuisine et salle de bains, certes un peu vieillots côté déco et un peu mous côté matelas, mais bien tenus. Petit balcon, côté grand bleu, bien sûr, et parasol sur la promenade pour le petit déj ou l'apéro.

Restaurante La Gaviota : *juste au-dessus des piscines, sous la promenade. ☎ 922-18-69-14. Tlj 10h-22h (ou plus tard selon affluence). Repas env 15 €.* Cuisine de la mer et de l'île plutôt fraîche, à déguster dans la grande salle en rotonde aux vastes baies vitrées, très marine avec ses blancs et ses bleus, ou sur la terrasse, à l'abri des parasols. Accueil gentil, et vente de glaces aussi. Très bien également pour une pause boisson, à contempler l'écume qui gronde en dessous.

BARLOVENTO *(38726 ; env 2 080 hab.)*

Déjà à 540 m d'altitude, ce gros bourg donne son nom au *municipio* et s'étale le long des virages de la route... pas grand intérêt en soi, mais on y trouve quelques hébergements, ce qui en fait un point de chute intéressant pour rayonner dans le Nord, à pied par les chemins de randonnée comme en voiture.

– Théoriquement, petit kiosque d'infos touristiques (sorte d'hexagone vert) au bord de la route principale, à gauche un peu après l'église (qui, elle, est à droite), mais horaires tellement restreints...

Où dormir ?

Parque recreativo Laguna de Barlovento : *Laguna de Barlovento. 639-83-79-36. À env 3 km de Barlovento : à la sortie du bourg, au* *niveau d'El Campesino, prendre la LP-109 tt droit, puis fléchage sur la gauche. À proximité des sentiers PR/LP-7, 8 et 20, et à 3 km du GR 130. Accueil tlj 9h-13h, 15h-20h. Tente ou caravane 4,50 € (9 € le w-e), cabane en bois 6 places 20 € (30 € le w-e). Accès zone barbecue 4,50 € (9 € le w-e).* À proximité d'une réserve d'eau artificielle (la fameuse « *laguna* »), une aire de camping rustique, avec sanitaires (douches chaudes) bien tenus. Les cabanes permettent de loger à moindre coût dans une ambiance de camp forestier, et sans trimballer sa tente. Resto sur place (voir plus bas), zone de barbecue, jeux pour enfants.

Casas rurales Facundo A et B : *c/ Lomo Machin Alto, 4 ; par la LP-109 en direction de La Laguna, à env 1 km du centre. Gérée par* Isla Bonita *(voir « Adresses utiles » à Santa Cruz de La Palma ; ☎ 922-43-06-25 ; • isla bonita.es •). Compter 45-54 € pour 2 pers, jusqu'à 90 € pour 5 pers.* Posées sur une sorte de petit plateau, avec une terrasse-belvédère qui offre une vue absolument splendide vers le nord et l'océan, 2 maisons indépendantes, l'une d'une capacité de 2-3 personnes (la *Facundo A*) et l'autre pouvant accueillir jusqu'à 5 adultes. Bien aménagées, et bien dans l'esprit rustique qui sied bien à ces maisons paysannes traditionnelles, il n'y a alentour que des champs, en particulier ceux d'Alexis, l'adorable proprio, horticulteur qui cultive des *protea*. On a adoré la vaste table noyée sous la végétation, et le calme absolu de l'endroit.

Hotel La Palma Romántica : *La Llanadas, s/n. ☎ 922-18-62-21. • reservas@hotellapalmaromantica.com • hotellapalmaromantica.com • Sur la LP-109, à env 800 m de la LP-1 sur la gauche, en direction de La Laguna. Doubles 60-72 € selon saison, petit déj inclus. (réception).* Le seul hôtel du coin, dans un parc paysagé. Un drôle de bâtiment qui mêle différents styles, entre chalet montagnard, tradition canarienne et extension moderne. Toutes les vastes chambres, confortables et meublées en bois brut dans un style traditionnel, ont vue sur la montagne, et jusqu'à la mer pour certaines, une terrasse ou un balcon. Resto sur place (rien d'extraordinaire), et petit déj-buffet un peu triste. Et puis aussi 2 piscines (dont une couverte), un spa avec jacuzzi, une salle de sport, un observatoire astronomique ! Et plein de services : transfert vers les départs de randos, pique-nique sur demande, etc. Accueil dynamique et efficace.

LA PALMA

Où manger ?

El Campesino : *travesía del Casco Urbano, 34. ☎ 922-18-69-06. À la sortie de Barlovento, au croisement de la LP-1 et de la LP-109, lorsque la LP-1 fait un coude brutal vers la droite. Tlj sf mar, 8h-minuit. Repas 8-12 €.* Un resto de village, qui ne paie pas de mine avec son bar d'habitués à l'entrée, sa salle très classique et sa grande véranda (belle vue), et qui sert une bonne cuisine canarienne, en particulier de très bonnes grillades. Plus rare, un *gofio escaldado* délicieux (de quoi se rabibocher avec le *gofio !*) quoique bien nourrissant (ben oui, ça reste du *gofio*). Accueil sympa comme tout, et souvent une ambiance animée côté bar, où le rhum semble s'évaporer des verres...

Las Goteras : *parque recreativo Laguna de Barlovento. ☎ 922-69-64-56. À env 3 km de Barlovento : à la sortie du bourg, au niveau d'El Campesino, prendre la LP-109 tt droit, puis fléchage sur la gauche. À proximité des sentiers PR/LP-7, 8 et 20, et à 3 km du GR 130. Tlj sf lun, 9h-22h. Repas 8-15 €.* Entre les arbres du *parque recreativo,* une grosse maison en pierre, des tables en bois en salle ou en terrasse, un bar pour *tapear,* et une cuisine maison qui tient bien la route, avec les classiques canariens (excellent *pulpo,* viandes grillées, etc.) et quelques plats plus personnels, tout aussi réussis. Service familial, et vente de pains de glace pour les campeurs.

LA ROUTE DE BARLOVENTO À VILLA DE GARAFÍA

Plus étroite, après Barlovento, la LP-1 continue à sinuer de virage en virage sur le cône de la caldera, épousant tant bien que mal les courbes de niveau, hésitant entre les excroissances lunaires d'une végétation rase, les profondeurs des *barrancos* et les frondaisons des grands pins canariens lorsqu'elle flirte avec les hauteurs. Et les routes et chemins qui descendent vers la côte, découpée de rochers et sans plage, semblent plonger à pic ! Ce qui est parfois presque le cas... Pour emprunter le chemin des écoliers et approcher les hameaux du bord de l'eau, le 4x4, ou du moins une voiture avec une bonne puissance (et un bas de caisse pas trop bas, justement) s'avère bien utile... Mais le coin est cependant loin d'être désert : ce relief sculpté et abrupt, qui protège naturellement la zone d'une quelconque velléité d'urbanisation, est prisé de nombreux Anglais et Allemands qui y trouvent un soleil réparateur et un calme absolu. Ils sont nombreux à y avoir acheté une maison.

Le mirador La Tosca : à 1 km après Barlovento, ce mirador flanqué de deux dragonniers offre un panorama de toute beauté sur le relief de la côte, jusqu'à la pointe de Gallegos.

Franceses et La Fajana de Franceses : *env 11 km après le mirador La Tosca sur la droite, fléchage vers le tt petit village de Franceses (par la LP-110).* Ces villages d'agriculteurs (admirer les terrasses aménagées pour faire pousser bananiers, avocatiers et autres fruits et légumes !) semblent n'avoir guère bougé depuis l'arrivée de la route jusqu'ici... Encore plus bas, à atteindre après moult lacets, posé sur les rochers, *La Fajana,* quelques maisons à peine. Cet ancien port de poche (on dit ici *prois* lorsqu'il s'agissait d'une simple jetée amarrée aux rochers) a perdu sa vocation, et il suffit de pousser sur la droite, à pied par un petit chemin, pour comprendre pourquoi : la falaise est bien raide et les vagues viennent rugir dessus sans vergogne... Il ne devait pas être facile tous les jours d'embarquer le *tea* et les produits de la terre à destination de Gran Canaria. Quelques pêcheurs jettent encore la ligne depuis la pointe. Le basalte volcanique et les euphorbes vertes, rouges ou presque bleutées forment sur la falaise des tableaux d'un graphisme saisissant. À l'ouest du village, tout petit bout de plage que l'on atteint par un sentier : attention, les vagues ne sont pas tendres, baignade limitée.

Parque arqueológico La Zarza y la Zarzita : *sur la LP-1, à 21 km de Barlovento, déjà sur la commune de* ***Garafía.*** *☎ 922-69-50-05. • pclazarza@hotmail.com • Mal indiqué depuis Barlovento, un peu après le resto* La Mata, *au niveau de la grosse statue de tête, en épingle à cheveux sur la gauche. Tlj 11h-17h (19h de mi-juin au dernier w-e oct). Entrée : 2 € ; réduc.* Un des sites archéologiques majeurs de La Palma, qui éclaire bien des aspects de la vie quotidienne et de la culture des habitants préhispaniques de l'île, les Benahoarites. Au *centro de visitantes*, une vidéo de 20 mn, en français s'il vous plaît, très bien faite, ainsi qu'un musée qui en reprend les grands thèmes, schéma, vestiges archéo et reconstitutions à l'appui. Si la découverte des premières gravures rupestres date de 1752 (sur le site de Belmaco, côte est), c'est en 1941 que La Zarza fut mise au jour. Les pétroglyphes des Benahoarites se découvrent ensuite in situ, à même les roches où ils furent gravés, par un petit circuit de 1,5 km de long (environ 30 mn de marche tranquille, avec quelques escaliers par-ci par-là). D'autant plus agréable que le joli paysage boisé demeure frais en toute saison. Ces gravures à même les rochers figurent toujours des lignes courbes, qui épousent en gros quatre types de formes : en spirale, en cercle, en méandre, linéraire et réticulé, ou alors une combinaison de plusieurs formes. Il semblerait que les plus anciens soient les plus complexes et les plus variés, les motifs se simplifiant avec les siècles. Et à partir du XVIe s (coïncidence ? serait-ce l'arrivée des Européens, grands protecteurs des cultures locales ?), ils rétrécissent et la gravure se fait plus superficielle. Ces motifs seraient à la fois liés à l'activité pastorale et à des rites de fécondité (ils sont toujours liés à des sources ou des points d'eau, soit le long des falaises de *cabocos* – des ravins peu profonds – et de *barrancos*, soit en des points élevés). En tout cas, la géographie de leur situation (il y en a des dizaines sur l'île) épouse parfaitement la géographie de l'eau et de son culte, essentiellement dans le nord de l'île.

Où dormir ? Où manger dans le coin ?

Albergue San Antonio del Monte : *à 500 m de la LP-1, à proximité du PR/LP-9. Résa (obligatoire) : Cooperativa Andén Verde, ☎ et fax : 922-40-04-44. À 800 m du* parque arqueológico, *prendre la route en face la station d'essence, direction San Antonio, puis tt de suite à droite, c'est au bout.* Une auberge surtout destinée aux groupes de randonneurs, avec dortoirs, au milieu des champs.

Restaurante La Mata : *au lieu-dit* **El Pino de la Mata,** *à 50 m à gauche de la LP-1, 800 m avt le* parque arqueológico, *au niveau d'un arrêt de bus (toujours la ligne 100). ☎ 922-40-00-74. Mar-dim 11h-17h.* Cuisine traditionnelle et accueil familial, une pause reconstituante sur la route.

GARAFÍA (SANTO DOMINGO)

(38787) 1 700 hab.

Une des plus vastes communes de l'île, mais aussi une des moins peuplées, avec ses 1 700 habitants disséminés sur plus de 10 *barrios*... Il faut dire que la route n'arriva à Santo Domingo, le bourg principal qui héberge la mairie, que dans les années 1960. Une île dans l'île, en quelque sorte... Du coup, même Santo Domingo peine à ressembler à un village... Parmi les terres les plus pauvres de La Palma, avec une côte qui ne se prête pas à l'installation d'un port, la vie ici fut longtemps rude. Il semble qu'au début du XVIe s une bonne partie des habitants étaient des juifs portugais, à la recherche d'une nouvelle nation après leur expulsion du Portugal à la fin du XVe s. Les premiers registres de la paroisse, jusqu'au début du XVIIIe s, sont d'ailleurs rédigés en portugais. D'où le nom de *callao de Portuguese* d'une portion de la côte...

Cet isolement devient un atout quelques siècles plus tard : bel ensoleillement, calme et nature ? Nombre de résidents du nord de l'Europe en font leur miel et achètent ici de vieilles fermes, qu'ils retapent (et ouvrent à l'occasion en maisons d'hôtes). L'autre atout majeur de la commune, c'est que le fameux observatoire du roque de los Muchachos est sur ses terres (pour le visiter, se reporter au début du chapitre de La Palma à la rubrique « Étoiles »). Enfin, s'il est bien un animal d'élevage qui sait faire quelque chose de bon à partir d'une nature âpre, c'est la chèvre : le fromage de Garafía est réputé, et le chevreau *(cabrito)* grillé une des spécialités locales.

AU BON VOULOIR DU ROI, PUIS DU MAIRE...

Le bon roi Philippe II céda en 1576 aux serfs, paysans et métayers de Villa de Garafía les bonnes terres ensoleillées du coin, en échange d'un cinquième de toutes les récoltes. La perception de cet impôt, le Quinto Real, passa ensuite au Cabildo, puis à la municipalité... Isolés, les paysans restaient sous la coupe de l'administration... Ce n'est qu'en 1987 que le gouvernement autonome des Canaries supprima enfin cet impôt médiéval.

Arriver – Quitter

➢ La ***ligne 100,*** au départ de Santa Cruz, dessert toute la route du nord, la LP-1, jusqu'à Los Llanos de Aridane, en faisant un détour par la LP-114 pour desservir Santo Domingo de Garafía. De Santa Cruz, départs ttes les heures (ttes les 2h le w-e) 6h15-18h15 (les bus plus tardifs ont pour terminus Sauces) ; compter 2h30 pour Santo Domingo. Depuis Los Llanos de Aridane (dans l'autre sens), bus ttes les heures (ttes les 2h le w-e) 6h15 (7h15 le w-e)-18h15 ; compter alors 1h45 depuis Los Llanos.

Où dormir ? Où manger dans le coin ?

Autour de Santo Domingo

Casa rural Panchita : *Cueva de Agua. Gérée par* Isla Bonita *(voir « Adresses utiles » à Santa Cruz de La Palma ; ☎ 922-43-06-25 ; ● islabonita.es ●). À env 4 km au sud-ouest de Santo Domingo par la LP-114, en bifurquant vers la gauche face à un arrêt de bus (fléchage « Cueva de Agua »), c'est 2 km plus haut, sur la gauche. Compter 40-48 € pour 2 pers.* Une mignonnette maison de poche rouge et bleu, à flanc de montagne (déjà à 500 m d'altitude alors qu'on ne doit pas être à plus de 3-4 km de la côte à vol d'oiseau...) : un salon-cuisine, une chambre, une salle de bains, et voilà. Le tout confortable et bien équipé, comme toujours. Ah ! une petite terrasse encore, en bord de route, mais elle est si peu passante... Autour, quelques néfliers, la montagne et la vue, jusqu'à la mer. Idéal pour les envies de solitude.

À El Castillo

Si Santo Domingo est un gros bourg, El Castillo n'est qu'un hameau d'une poignée de maisons, perdu dans la montagne au milieu des amandiers (admirable floraison en janvier-février !) entre la route principale (la LP-1) et la LP-114. Mais comme c'est aussi un carrefour de sentiers muletiers, à mi-chemin du GR 130 et du PR/LP-10, on y trouve rien moins que deux restos ! Pour y grimper, 3 km d'une route en lacet, discrètement fléchée « El Castillo » sur un panneau de bois, depuis la LP-114 (à environ 8 km de Santo Domingo et 5 km de Las Tricias). Également fléché depuis la LP-1 (environ 3 km en descente). Enfin, un sentier immémorial joint Las Tricias à El Castillo en 1h environ : demander à Las Tricias, les habitants vous l'indiqueront.

Restaurante Azul : *sur la place du hameau, inratable. ☎ 922-40-06-60. Ouv slt w-e 13h-23h (et mieux vaut passer un coup de fil avt pour vérifier). Menu env 21 €, carte 25-30 €.* L'ancienne épicerie du village a retrouvée sa vocation nourricière, entre les mains d'un couple allemand. Belle rénovation de la maison, entre tradition pour les matériaux et modernité pour les couleurs bleutées et les mariages de textures, chouette terrasse avec une vue absolument splendide (et cheminée pour les jours frais). Dans l'assiette rien que du bon, du frais et du fait maison, avec une utilisation généreuse et inventive des produits du terroir, en particulier du poisson, et une carte qui change tous les week-ends. Accueil détendu et polyglotte. Une belle adresse, où l'on oublie volontiers le temps qui passe.

Tasca El Castillo : *El Castillo, 12, à l'angle des 2 routes du hameau. ☎ 922-40-00-36. ● info@tascaelcastillo.com ● Tt proche du* Restaurante Azul. *Ouv jeu-dim 14h-23h. Repas 15-20 €.* Agréable jardin derrière ces murs d'un orange soutenu, où les tables et chaises en bois se perdent entre les fleurs et les arbustes, avec une vue extra. On cuisine ici des produits tendance bio, issus des exploitations voisines, élaborés maison de A à Z. Accueil gentil.

À Las Tricias

À environ 13 km de Santo Domingo par la LP-114, ce hameau se niche autour de son église, prolongée par une esplanade qui offre une vue dégagée jusqu'à la mer, magnifique. Comme c'est aussi le départ d'une belle balade (une portion du GR 130) vers la combe de Buracas, l'endroit semble presque plus animé que Santo Domingo.

Los Cardones : *La Pelada, s/n. Gérée par Isla Bonita (voir « Adresses utiles » à Santa Cruz de La Palma ; ☎ 922-43-06-25 ; • islabonita.es •). Sur la LP-114 en direction de Santo Domingo, à env 2 km de Las Tricias. Compter 60-72 € pour 2 pers, jusqu'à 84 € pour 4 pers.* Avec ses murs chaulés où affleurent d'énormes pierres, cette belle maison paysanne traditionnelle de la fin du XIXe s annonce l'esprit du lieu dès la façade. Matériaux nobles et naturels sont à l'honneur, toujours dans une ambiance rustique et traditionnelle, avec ici un vieux tonneau, là des chardons séchés. Idéal pour une famille avec sa grande chambre parentale et ses 2 petites chambres individuelles (on a un faible pour l'aspect presque monacal de la chambrette sous l'escalier, avec son petit bureau et sa fenêtre propice à la méditation), d'autant qu'il y a aussi une agréable piscine, prolongée d'une cuisine-barbecue (et même des w-c). Panorama splendide, à perte de vue la nature jusqu'à l'océan, et jardin tout autour. Un de nos coups de cœur.

Encore deux options pour se sustenter à Las Tricias : le ***Café-bar Las Tricias*** *(en face de l'église),* bar de village typique, pour s'enfiler un bon gros sandwich chaud à 3-4 € (on peut aussi les emporter), ou le ***Rincón El Kiosquo*** *(sur l'esplanade de l'église, menu 7-9 €),* avec ses plats roboratifs et reconstituants de cuisine locale : le repos du randonneur !

Sur la LP-1

El Bailadero : ***Hoya Grande.*** *☎ 922-40-02-57. Sur la LP-1, env 3 km sur la gauche après le croisement avec la LP-112 qui mène vers Santo Domingo (et 400 m avt l'embranchement de la LP-4 vers le roque de los Muchachos). Tlj sf lun 7h-22h. Repas 8-12 €.* Cela ressemble à un bar de bord de route, mais c'est un bon petit resto spécialisé dans les grillades (dont le chevreau en saison, aussi en ragoût), avec ses 2 salles jaune paille, ses tables rustiques et sa grande pergola dans le jardin. Accueil cordial.

À voir. À faire

➢ ***Randonnée Las Tricias-Buracas et retour (sur le GR 130) :*** *facile ; 6 km ; env 2h45 ; dénivelée cumulée 380 m.* Descendre d'abord la route sur 1 km environ jusqu'à trouver, dans un lacet, le panneau « Burracas », le long de vieilles maisons traditionnelles. Le but de la balade est la combe de Buracas, avec des grottes et une fontaine, et même des pétroglyphes.

PUNTAGORDA (38789) 2 160 hab.

Déjà clairement sur la côte ouest de l'île, Puntagorda offre un visage vivant et des villages animés. La commune a longtemps souffert, à l'image de sa voisine Garafía, d'un certain isolement, repliée sur sa tradition paysanne, entre élevage et agriculture, basée sur une économie de subsistance. Aujourd'hui désenclavé, le village reste agricole, et le paysage déploie un tapis blanc et rosé à la floraison des amandiers, entre janvier et mars !

Adresses et infos utiles

➢ La ***ligne 100,*** au départ de Santa Cruz, dessert toute la route du nord, la LP-1, jusqu'à Los Llanos de Aridane. De Santa Cruz, départs ttes les heures (ttes les 2h le w-e) 6h15-18h15 (les bus plus tardifs ont pour terminus Los Sauces) ;

compter 3h10 pour Puntagorda. Depuis Los Llanos de Aridane (dans l'autre sens), bus ttes les heures (ttes les 2h le w-e) 6h15 (7h15 le w-e)-20h15 ; compter alors 1h15 depuis Los Llanos.

✉ ***Correos :*** *avda de la Constitución, 11 A. Tt proche du carrefour central du village. Lun-sam 8h-12h.*

– Deux ou trois petites supérettes dans le village.

Où dormir ?

Camping

Camping La Rosa : *camino Real La Rosa, 4, ctra LP-1, km 76. ☎ 922-49-33-06. 📱 649-90-62-64. • airelibre@airelibrelapalma.org • airelibrelapalma.org • À 2 km du centre de Puntagorda, à env 500 m au-dessus de la LP-1 (bien fléché) à l'entrée de la ville ; au croisement du PR/LP-11 et du GR 130. Camping 5 €/pers, nuitée en cabaña à partager 10 €/pers. Loc de draps et couvertures. 💻 (payant).* Un camping écolo, en pleine nature, où l'on peut soit planter sa tente, soit dormir dans des *cabañas* en bois toutes simples de 8-10 places en lits superposés, à partager avec les autres randonneurs (car c'est surtout eux qui prisent l'endroit). Sanitaires bien tenus (eau chaude, toilettes sèches), cuisine à dispo, et de l'espace, organisé en terrasses à flanc de montagne.

Prix moyens (40-65 €)

Pensión Mar y Monte : *c/ Pino de la Virgen, 7. ☎ 922-49-30-67. • info@la-palma-marymonte.de • lapalmamarymonte.de • Dans le village, presque en face du resto* Pino de la Virgen. *Résa conseillée. Double 52 €, petit déj inclus.* La seule pension de la côte nord ! Par chance, avec son jardinet, sa cuisine commune et sa grande terrasse sur le toit, elle est accueillante et bien tenue. Les 5 chambres, joliment meublées et équipées d'un lavabo, se partagent 2 salles de bains. Petit déj copieux, frais et maison. Bons conseils sur les randos à faire dans le coin.

Casa rural El Tendal : *camino de Matos, 14,* ***El Pinar.*** *Gérée par* Isla Bonita *(voir « Adresses utiles » à Santa Cruz de La Palma ; ☎ 922-43-06-25 ; • islabonita.es •). Dans le barrio El Pinar, à 1 petit km du centre de Puntagorda. Compter 50-60 € pour 2 pers.* 📶 Dans un coin tranquille, au milieu des amandiers, à peine une chambre, un grand salon et une toute petite cuisine dans cette maison rouge traditionnelle bien rénovée. Grande cour fermée avec barbecue, une vraie « pièce d'été » supplémentaire, et un très joli jardinet plein de plantes endémiques. Accueil chaleureux.

Casas rurales La Oliva et Herenio : *camino de La Oliva, 3,* ***El Pinar.*** *Gérée par* Isla Bonita *(voir « Adresses utiles » à Santa Cruz de La Palma ; ☎ 922-43-06-25 ; • islabonita.es •). Compter 50-60 € pour 2 pers côté* La Oliva *; 55-66 € pour 2 pers et jusqu'à 84 € pour 5 pers côté* Herenio. Sur une même grande ferme traditionnelle, au milieu de tout plein d'arbres fruitiers (citronniers, orangers, figuiers de Barbarie, etc.) et de bosquets fleuris, une maisonnette récente et confortable, avec terrasse, qui peut accueillir 2 personnes, *La Oliva.* À quelques mètres, la *casa Herenio,* aménagée en partie dans la vieille *finca,* en partie dans une extension moderne, est nettement plus biscornue et bizarrement aménagée, mais peut héberger jusqu'à 5 personnes, dans des chambrettes de poche. Avantage cependant de *Herenio* : une piscine, rien que pour vous. Accueil gentil.

Où manger ? Où boire un verre ?

Restaurante Pino de la Virgen : *c/ Pino de la Virgen, 6. ☎ 922-49-32-28. Dans la rue principale (parking à l'arrière, derrière le* *bâtiment du Cabildo). Tlj 12h-23h (dès 7h30 côté bar). Repas 8-15 €.* Un établissement typique et familial, où privilégier les viandes grillées (au poids) et les *papas* locales, accompagnées de leur *mojo.* Grandes salles rustiques ou patio fleuri, très agréable. Bons desserts palmeros maison.

Restaurante Jardín de los Naranjos : *camino del Pinar, 33,* **El Pinar.** *619-57-11-25. Dans le barrio El Pinar, à mi-chemin entre le village et le mer*cadillo campesino. *Mer-ven 13h-16h, 18h-23h ; w-e 12h-23h (vérifier, parfois fermé midi en sem hors saison). Repas 20-25 €.* Tout petit et cosy, l'une des meilleures adresses du coin. Carte courte, qui offre cependant un éventail varié de poisson, viande, et même de plats végétariens, le tout cuisiné maison avec un vrai savoir-faire et franchement réussi. Accueil polyglotte, comme la direction.

Bar Barraca : *c/ Pino de la Virgen, 1. ☎ 922-49-33-95. Au carrefour principal du village. Tlj 7h-23h.* Le bar du village, où l'on trouve du monde à toute heure, qui à siroter un café, qui à écluser une *cerveza,* ou encore à grignoter une tapa, au fil des heures. Convivial et animé.

LA PALMA

À voir. À faire

Ermita San Mauro : *depuis l'édifice du Cabildo sur la c/ Pino de la Virgen, prendre à droite (c'est fléché), puis un peu plus bas sur la droite, à 300 m de la route par une piste.* Le plus ancien édifice religieux de Puntagorda, du début du XVIe s, dont le nom initial, « Santa Amaro Abate », révèle les origines portugaises d'une partie des premiers immigrants européens, comme à Garafía. Tout simple et rarement ouvert, mais à l'époque c'est ici qu'était situé le village le plus important ! Aujourd'hui, c'est une pause bucolique, au croisement de plusieurs sentiers de randos locales.

Mercadillo del agricultor : *à 2 km au nord du centre à proximité de la forêt El Fayal, après le barrio El Pinar, fléché également depuis la LP-1. Sam 15h-19h, dim 11h-15h.* Le rendez-vous hebdomadaire de toute la région, voire d'une bonne partie de l'île. Une quarantaine de stands dans le bâtiment récent en demi-lune, et tous les producteurs du coin venus présenter et vendre leurs spécialités. Beaucoup d'animation !

Le mirador de Miraflores : *200 m après le resto* Pino de la Virgen, *prendre à droite, c'est à 300 m.* Beau panorama sur une bonne partie de Puntagorda jusqu'à la mer, particulièrement spectaculaire en janvier-février, lors de la floraison des amandiers.

Fête

– **Fiesta del Almendro en flor :** *ven-dim, dernier w-e de janv ou 1er w-e de fév.* Fête de la Floraison des amandiers, tout un programme ! Danses folkloriques, festival de musique, dégustations d'amandes grillées et des vins de pays, toujours du monde et une chaude ambiance.

DE TIJARAFE À LOS LLANOS DE ARIDANE

Si Tijarafe fait encore résolument partie de la côte nord, aux vastes communes qui descendent depuis la crête de la caldera de Taburiente jusqu'à la mer, son caractère très éparpillé peut être déroutant, alignant les hameaux tout

au long de la route – toujours la LP-1. La montagne pique ici de manière très raide vers une côte escarpée, aux falaises dentelées.

➢ La ***ligne 100,*** au départ de Santa Cruz et retour, dessert toute la route du nord, la LP-1, jusqu'à Los Llanos de Aridane. De Santa Cruz, départs ttes les heures (ttes les 2h le w-e) 6h15-18h15 (les bus plus tardifs ont pour terminus Sauces) ; compter 3h30 pour Tirajafe. Depuis Los Llanos de Aridane (dans l'autre sens), bus ttes les heures (ttes les 2h le w-e) 6h15 (7h15 le w-e)-21h15 ; compter alors 35 mn depuis Los Llanos.

➢ Pour rejoindre ***Tijarafe depuis Santa Cruz,*** mieux vaut faire le trajet Santa Cruz-Los Llanos en 40 mn avec la ligne 300, qui part de Santa Cruz ttes les 30 mn (ttes les heures le w-e) 6h-22h30, puis faire Los Llanos-Tijarafe avec la ligne 100 en direction de Santa Cruz (35 mn). Moins long malgré le changement de bus, sauf parfois le w-e lorsque les horaires se combinent mal.

TIJARAFE *(38780 ; 2 770 hab.)*

Se garer sur la route principale. Le seul des hameaux qui ressemble vraiment à un village, avec ses quelques ruelles aux gros pavés et ses façades pastel, organisées autour de l'***iglesia de Candelaria*** (fin XVIe-début XVIIe s).

Où manger ?

La Muralla : *ctra LP-1, km 70, Aguatavar.* ☎ *922-69-53-71.* • *info@restaurantlamuralla.com* • *Entre Puntagorda et Tijarafe, après Tinizara. Tlj sf lun 13h-22h (16h dim). Repas 10-15 €.* Ce n'est pas la place qui manque, entre la salle moderne tirée au cordeau de ses tables de bois clair et les 2 balcons en surplomb d'une vue époustouflante sur la côte. La vue est partout dégagée par de larges baies vitrées. Mais on s'arrête aussi ici pour la qualité de l'assiette, toujours copieuse, en particulier les viandes : la rôtisserie est visible et les cuissons parfaites, la présentation plutôt soignée et le service efficace. Parmi les spécialités, le *costillar* (poitrine de porc fraîche) au miel, délicieux. Un excellent rapport qualité-prix. Aussi un coin café pour profiter simplement de la vue en prenant un rafraîchissement. Ah oui, deux autruches s'ébatent dans un grand enclos, juste en dessous des balcons, et une petite aire d'observation astronomique borde le parking.

Où boire une bière artisanale ?

Cervecería Isla Verde : *ctra LP-1, El Jesús.* ☎ *922-49-06-25.* • *info@cervezaislaverde.com* • *Env 2,5 km après Tijarafe, à l'angle de la route vers El Jesús, sur la droite. Parking. Ouv jeu-lun 15h (13h w-e)-23h.* Cette petite brasserie artisanale concocte sur place une brune presque noire, la *Danza del Diablo,* et une rousse, la *Pícara.* Et pour en profiter pleinement, belle vue depuis la terrasse, sous une treille, et des tapas maison pour se caler l'estomac. Quelques établissements de l'île distribuent aussi la production : demander !

À voir. À faire

Iglesia de Candelaria : *au milieu du village, en surplomb de la LP-1.* Si elle est ouverte, beau retable de style baroque canarien (une œuvre unique par son style, paraît-il), fort haut, qui occupe tout le fond du chœur. Pause intéressante aussi au petit ***Museo etnográfico Casa del Maestro*** *(théoriquement lun-ven 9h-15h en été, 16h-20h en hiver ; mais à confirmer),* tout proche, aménagé dans l'ancienne école.

La ***côte de Tijarafe*** offre aussi de jolies surprises, mais d'accès un peu compliqué, en particulier la ***playa de la Veta*** et la ***cueva Bonita.*** Si on peut atteindre la première à pied (mais bonjour la remontée !) ou en partie en voiture (à moins de se perdre entre les champs), c'est encore en bateau qu'il est le plus simple de découvrir les deux, au départ de *Puerto de Tazacorte* (voir plus bas). Enfin, à condition d'avoir une bonne voiture, solide et puissante (ou de bonnes chaussures et des mollets en béton), petit tour à l'antique ***proís*** (l'ancien petit port) : prendre la route qui descend depuis le centre, à partir de la LP-1, entre le *supermercado Santo Antonio* et la petite cafét'-kiosque sur la promenade en balcon qui domine le paysage : d'abord asphaltée, puis bétonnée puis à nouveau goudronnée, elle semple plonger à pic vers la mer... et c'est quasiment le cas... ce n'est que sur le dernier kilomètre qu'elle consent à faire quelques lacets... Arrivé au parking, il reste environ 10 mn à pied pour atteindre cette anfractuosité de la falaise, utilisée pendant trois siècles comme port... Bien mignon avec ses rambardes et ses quelques cabanes, utilisées aujourd'hui par les pêcheurs, mais imaginer les conditions lorsqu'il s'agissait de transborder des marchandises laisse rêveur...

MIRADOR DEL TIME

À l'extrémité sud du *municipio* de Tijarafe, ce mirador au point de vue assez fantastique marque une vraie frontière, entre les hauteurs et la rugosité de la côte nord et le « monde d'en bas », ce sud de l'île que l'on découvre, 500 m en dessous, au-delà de la profonde fracture du ***barranco de las Angustias.*** Vertigineux ! Ces 594 m d'altitude qui séparent El Time du niveau de la mer, la LP-1 les descend par une série de larges et impressionnants lacets taillés à même la roche, jusqu'au fond du *barranco* et de son échappée vers le cœur de la caldera de Taburiente, avant de remonter en douceur vers Los Llanos de Aridane. Paysage saisissant !

LE CENTRE DE L'ÎLE

Le versant sud de la caldera de Taburiente, où les pins canariens sont rois et surtout où le relief se montre plus clément. Plus clément, ça ne veut pas dire plat non plus ! Disons que les terrasses des bananeraies sont moins serrées, les routes moins tortueuses, la côte moins abrupte et l'océan plus accessible. Plus accueillant pour les activités humaines, en somme. C'est probablement la raison du dynamisme de Los Llanos de Aridane, qui ferait presque de l'ombre à la capitale Santa Cruz ! C'est aussi par ce versant sud que la découverte de la caldera de Taburiente se fait en général, ne serait-ce que parce que le large *barranco de las Angustias,* qui débouche la côte ouest, en constitue une sorte d'accès naturel, complété plus à l'est, à El Paso, par le *centro de visitantes* et la route qui grimpe jusqu'au mirador de la Cumbrecita.

LOS LLANOS DE ARIDANE (38760) 20 930 hab.

Au centre de l'île (pas tout à fait géographiquement mais presque), en tout cas point de jonction entre la culture montagnarde du Nord et l'univers plus maritime du Sud, Los Llanos s'avère plus peuplée que la capitale Santa Cruz, et, il faut bien l'avouer, singulièrement plus dynamique et vivante aussi. Car son centre colonial, avec ses élégantes maisons seigneuriales longtemps vouées au commerce et ses larges et belles places se prêtent volontiers à la flânerie. Un musée intéressant pour compléter le tout, des adresses accueillantes, la proximité aussi bien de la plage de Puerto de Tazacorte que des accès au parc national de la Caldeira : la ville constitue un excellent point de chute pour rayonner dans le coin.

■ Adresses utiles	☗ Où dormir ?
i CIT – Oficina de turismo	**10** El Porvenir
10 Magic Bike La Palma	**11** Hotel Edén
	12 Hotel Trocadero Plaza

Arriver – Quitter

Estación de guaguas *(plan B1)* **:** *c/ Ramón Poll, s/n.* ☎ *922-46-02-41.* • *transporteslapalma.es* • *À 5 mn à pied du centre colonial.* Nombreuses lignes vers toutes les localités de l'île.

➢ ***Ligne 100*** *(circunvalación norte)* **:** ttes les 2h 6h15 (7h15 le w-e)-18h15 vers ***Santa Cruz de La Palma,*** via ***toutes les localités de la côte nord*** : Tazacorte, Tijarafe, Puntagorda, Santo

LOS LLANOS DE ARIDANE

13 Valle Aridane Hotel	**20** Kiosko Aridane
Où manger ? Où boire un verre ?	**21** Pérgola Casino Aridane
	22 Tasca La Luna
11 Café Edén	**23** Restaurante El Hidalgo

Domingo (Garafía), Barlovento, San Andrés y Sauces et Puntallana. Départs supplémentaires ttes les heures jusqu'à Tijarafe. Quelques départs encore 19h-21h15, mais terminus à Puntagorda ou Tijarafe. Compter 4h pour aller jusqu'à Santa Cruz, 15 mn pour Tazacorte, 35 mn pour Tijarafe, 1h15 pour Puntagorda, 1h45 pour Garafía, 3h10 pour Barlovento, etc.

➢ ***Ligne 200*** *(circunvalación sur)* **:** ttes les 2h 6h15 (8h15 le w-e)-20h15 vers ***Santa Cruz,*** via ***toutes les localités de la côte sud*** sur la LP-2 (et une partie de la LP-206 sur la côte est) : Las Manchas, Fuencaliente, Villa de Mazo et San José (Breña Baja). Compter 1h30 pour Santa Cruz, 40 mn pour Fuencaliente, 1h pour Villa de Mazo.

➢ **Ligne 300** *(Santa Cruz via le tunnel de la cumbre)* **:** ttes les 30 mn (ttes les heures le w-e) 5h30-14h30, puis ttes les heures 14h30-22h30, vers ***Santa Cruz par l'intérieur sur la LP-3,*** via ***El Paso*** (dont le ***centro de visitante du parc national de Taburiente***) et ***San Pedro*** (Breña Alta). Compter 15 mn pour El Paso et env 50 mn pour Santa Cruz (c'est le plus direct, donc le plus rapide !).

➢ ***Ligne 204 :*** ttes les heures 6h30 (7h30 le w-e)-21h30 vers ***Puerto Naos*** ; ttes les 2h, pousse jusqu'au Charco Azul. Compter 30 mn pour Puerto Naos, env 10 mn de plus pour le Charco Azul.

➢ ***Ligne 205 :*** slt en sem, 5 bus/j. 7h-14h15 vers ***Las Manchas de Abajo.*** Compter 45 mn. Pas très pratique...

➢ ***Ligne 207 :*** tlj ttes les heures 7h45-21h45, vers ***Tazacorte*** et ***Puerto de Tazacorte.*** Trajet en 15 mn.

Adresses utiles

i *CIT – Oficina de turismo* *(plan B1)* **:** *avda Dr Fleming, s/n. ☎ 922-40-25-28. • oitaridane@lapalmacit.com • lapalmacit.com • Central, en sous-sol au milieu du terre-plein de l'avenue. Lun-ven 9h30-14h, 16h-18h ; w-e 10h-13h30. Dim, jour de marché, stand sur l'avenida, pas en sous-sol.* Beaucoup de brochures, de cartes de la ville et de l'île (1 € pour cette dernière) et d'infos dans ce syndicat d'initiative dynamique et efficace, y compris sur les établissements qui ne sont pas adhérents chez eux. Accueil parfois francophone.

✉ ***Correos*** *(poste ; plan B1)* **:** *c/ Real, 1. Lun-ven 8h30-20h30, sam 9h30, 13h.*

■ ***Magic Bike La Palma*** *(plan C1,* ***10****)* **:** *c/ Fernandez Taño, 33. ☎ 922-46-16-49. • magic-bike-lapalma.com • Lun-sam 9h-13h, 18h-20h. Loc de VTT de bonne qualité à partir de 17 €/j. et de 100 €/sem selon type.* Sigi, grand passionné de *mountainbike* et de montagne tout court, propose aussi toutes sortes de balades, guidées ou non, pour découvrir les paysages de La Palma en toute liberté. Possibilité aussi de n'utiliser que son service de navette (plate-forme spéciale pour transporter les bécanes).

P *Parkings :* ***grand parking extérieur gratuit*** *(plan B1), derrière le mercado municipal, à l'angle de la c/ Ramón Poll et de l'avda Enrique Mederos. Sinon, encore plus proche du centre mais payant, et en sous-sol, au bout de l'avda Dr Fleming (plan B1).*

Où dormir ?

Bon marché (20-45 €)

El Porvenir *(plan C1,* ***10****)* **:** *c/ Fernandez Taño, 33. ☎ 922-46-16-49. • sigi@el-porvenir.info • el-porvenir.info • En plein centre, dans une rue semi-piétonne. Double avec sdb commune 40 €.* Si l'entrée ressemble à un atelier de réparation de vélos, c'est normal (voir dans « Adresses utiles » *Magic Bike La Palma*) ! Sigi et Annemarie, tous deux allemands, ont concocté dans une maison coloniale typique, avec sa cour arborée et ses dépendances tout autour, une sorte d'auberge décalée vraiment conviviale, ouverte aussi aux non-cyclistes. Chambres colorées de tailles diverses, chacune autour d'un thème (Havana, Guanche, etc.), avec ou sans balcon, qui se partagent 2 salles de bains décorées de *trencadis* qui évoquent fortement Gaudí. Le tout bien propre, avec cuisine à disposition, et accueil à la bonne franquette. Un peu cher, mais unique.

Hotel Edén *(plan C1,* ***11****)* **:** *c/ del Angel, 1 (angle pl. de España). ☎ 922-46-06-98. • hoteledenlapalma@hotmail.com • En plein centre piéton, réception au 1er étage. Doubles avec sdb 40-45 € ; pas de petit* *déj. (à la réception).* Vraiment bien placé et très abordable, mais c'est vrai que l'établissement, tout en hauteur (et sans ascenseur), affiche une déco nettement datée et un peu vieillissante. Cela dit, c'est impeccable, et Sara, la patronne parfaitement anglophone, rénove peu à peu le tout. Accueil chaleureux et très nature.

Prix moyens (45-65 €)

Hotel Trocadero Plaza *(plan C2, **12**) : c/ Adelfas, 12. ☎ 922-40-30-13. • info@hoteltrocaderoplaza.com • hoteltrocaderoplaza.com • En face du* MAB, *dans une rue semi-piétonne. Double env 62 €, petit déj 5 €. (à la réception et à la cafét').* Un établissement moderne aux chambres bien confortables, assez vastes, et vraiment très bien entretenues. Préférer, pour le même prix, celles avec balcon, d'autant qu'elles sont un poil plus grandes (et tout aussi calmes). Mobilier standard mais choisi, avec dessus-de-lit coordonnés. Dommage par contre que le petit déj soit servi en sous-sol, alors que la cafét' du rez-de-chaussée est bien lumineuse et s'élargit d'une terrasse.

Valle Aridane Hotel *(plan B1-2, **13**) : glorieta Castillo Olivares, 3. ☎ 922-46-26-00. • reception@hotelvallearidane.com • hotelvallearidane.com • À l'entrée de l'avda Carlos Francisco Lorenzo Navarro, presque en face d'une station essence. Réception au 1er étage (ascenseur). Double 59 €, petit déj inclus. (à la réception).* Situation un peu plus bruyante pour cet hôtel situé sur l'artère centrale de la ville, mais les chambres, certes fort sobres, restent un bon compromis pour loger en ville. Éviter celles qui donnent sur la rue, ce sera plus agréable. Accueil tout à fait professionnel et charmant.

LA PALMA

Où manger ? Où boire un verre ?

Bon marché (8-12 €)

Les terrasses de la ***plaza de España*** *(plan B-C1),* sous l'ombrage de ses grands lauriers, restent animées quelle que soit l'heure : depuis le *cortado* du petit déj jusqu'au cocktail en soirée, c'est d'abord au ***Kiosko Aridane*** *(plan C1, **20**),* au centre de la place, puis au ***Café Edén*** *(angle c/ Ángel ; plan C1, **11**)* que les Palmeros se retrouvent. Et nous, on fait comme eux !

Pérgola Casino Aridane *(plan C1, **21**) : pl. de España, 1. ☎ 922-40-25-03. Tlj 9h-22h. Repas 8-12 €.* Sous les arcades de la plaza de España, l'endroit idéal pour profiter de l'animation ambiante, avec vue sur l'église qui plus est. Spécialités canariennes, correctes, ou pizzas.

De bon marché à prix moyens (12-25 €)

Tasca La Luna *(plan C1, **22**) : c/ Fernandez Taño, 26. ☎ 922-40-19-13. • lalunalapalma@gmail.com • Lun-sam 12h-14h, 19h-23h. Repas 10-15 €, buffet de tapas mer soir 10 €.* Dans une pimpante maison traditionnelle, pas mal de cachet pour cette enfilade de petites salles chaleureuses enroulées autour du charmant patio fleuri. Carte de tapas assez variées (y compris végétariennes), qui, outre de bons produits locaux, fait des clins d'œil à l'Afrique voisine ou des incursions vers la lointaine Asie. Régulièrement des concerts, des lectures (parfois en allemand, langue maternelle de la patronne), en général le mercredi ou le jeudi.

Restaurante El Hidalgo *(plan C2, **23**) : c/ La Salud, 21. ☎ 922-46-31-24. • rudolfporth@yahoo.de • Tlj sf mer 12h30-23h. Repas 18-25 €.* Toujours dans le coquet centre historique, 2 belles salles et un jardinet pour savourer poissons, *solomillo iberico* cuit avec précision, couscous végétarien ou salade fraîche. Cuisine soignée, donc, et accueil fort gentil et polyglotte. Service détendu (voire lent !).

À voir

ККК ***Le centre historique*** *(plan B-C1)* **:** organisé autour de la ***plaza de España*** et de la ***calle Real,*** la balade entre les vieilles façades coloniales, qui mêlent couleurs vives, linteaux de pierre volcanique et galeries de bois pour les plus anciennes, s'avère d'autant plus plaisante qu'une bonne partie est exclusivement piétonne, et que l'ensemble est joliment entretenu. La *plaza de España,* déjà, et ses 11 majestueux *laureles de Indias* (d'immenses ficus !), rapportés de Cuba en 1863 par des émigrants de Los Llanos de retour au pays, est bordée sur sa face nord par l'*iglesia Nuestra Señora de los Remedios,* et au sud par l'*ayuntamiento* (*casas consistoriales,* la mairie). Si ce dernier est bien de style régional, il date en fait de la fin des années 1940. Particulièrement bien mises en valeur, les façades de la calle Real, plantée ici et là d'arbustes et de nombreux bancs, celles de la *calle Calvo Sotello,* de la *calle Fernandez Taño,* et de l'étroite de *calle de la Luna.* Ces ruelles conduisent naturellement à la charmante *plaza de Elías Santos Abreu,* surnommée plaza *Chica* pour sa taille (petite, donc). Mignonne tout plein, avec sa fontaine glougloutante et ses palmiers, et romantique à souhait de nuit, sous un éclairage étudié.

ККК ***Iglesia Nuestra Señora de los Remedios*** *(plan B1)* **:** *pl. de España (ou c/ Fernandez Taño). Tlj 10h-13h30, 16h30-20h.* Cette belle église du XVIe s, chaulée d'un blanc éclatant qui contraste avec les linteaux et le clocher d'un anthracite tout volcanique, est typique de l'architecture religieuse de l'île d'inspiration mudéjare. Seule originalité dans sa conception, elle a deux portes latérales, mais aucune principale. À l'intérieur, le *tea* est omniprésent, jusque dans le plancher, usé par les passages. Au bout de la nef principale, la charpente mudéjare du chœur a conservé sa polychromie. Retable baroque, plus que flamboyant, dédié au *Señor del Huerto* et surtout à *Nuestra Señora de la Regla* (c'est elle qui rayonne !). De style flamand (et du XVIe s, comme l'église), le portrait de la *Virgen de los Remedios,* sainte patronne de la ville. Une curiosité également, un Christ en Croix *(Cristo de la Salud)* grandeur nature, réalisé en « pâte à papier de maïs » (il ne pèserait que 14 kg !) au Mexique au XVIe s (une technique héritée des *Tarascos,* des Indiens mexicains de la région de Michoacán). Sinon, belle chaire en bois sculpté (pour une fois en bois brut, sans parement polychrome), et au fond, sous la galerie à gauche, les fonts baptismaux.
– Derrière l'église, côté *plaza de Elías Santos Abreu,* petit ***museo de Arte sacro,*** tout récemment rénové, avec en particulier une importante collection de textiles (beaucoup en soie, de La Palma bien sûr), ainsi que pas mal de pièces rapportées du Nouveau Monde par la diaspora palmera.

ККК ***Museo arqueológico Benahoarita – MAB*** *(plan C2)* **:** *c/ de las Adelfas.* ☎ *922-46-46-09. Sur une place piétonne, juste en face de l'*Hotel Trocadero Plaza. *Lun-sam 9h-20h, dim 10h-14h. Audioguide (mais pas en français). Entrée : 4 €.*
L'expo permanente est au 1er étage, au bout d'une longue rampe courbe, organisée par grands thèmes. Petit diaporama d'introduction, qui permet de voir in situ les monolithes de pierre au sommet de la caldera. Beaucoup de lectures sur de larges panneaux, mais aussi de nombreux objets issus de l'exploration archéologique, ainsi que des reconstitutions. Avant même les Benahorites, un grand mur explique la formation géologique de l'île, depuis les plus anciens de ses 10 volcans (Garafía et Taburiente, - 3 millions d'années) jusqu'aux plus jeunes, San Juan (en 1949) et Teneguía (1971). Après le feu, vers - 1,7 million d'années, la laurisylve commence à coloniser l'île. Mais l'activité tellurique est toujours en cours : entre - 400 000 et - 100 000 se forme la caldera de Taburiente, et la Cumbre Vieja, elle, apparaît vers - 100 000. Comme la suite de la présentation est thématique, pas d'ordre particulier à respecter, mais c'est tout de même plus clair de commencer par faire un tour du côté des différents habitats (avec reconstitutions de huttes, au milieu de la salle) avant de se pencher sur le grand panneau qui présente en parallèle les écosystèmes de l'île (qui varient selon l'altitude et l'exposition aux alizés du nord-est), et les différentes

activités des Benahorites, ce peuple de bergers, selon les saisons et même au fil de la journée. Une vaste section présente ensuite les activités artisanales (la poterie, avec l'évolution des motifs), la vannerie, le travail de la pierre et du bois, l'utilisation des coquillages ou de l'os. Intéressant encore, toute la partie consacrée aux rituels religieux, depuis les pétroglyphes, motifs gravés dans la roche, jusqu'aux amoncellements de pierres trouvés au sommet de la caldera, la place de l'eau ; enfin les rites funéraires, avec la reconstitution d'une grotte où reposaient les morts.
Au rez-de-chaussée, régulièrement, des expos temporaires, qui en général tentent de faire un pont avec les pratiques contemporaines. Et une boutique d'artisanat, gérée par le *Cabildo*.

Les amateurs de balade urbaine descendront l'***avenida Tanausú*** *(plan B1)*, qui aligne, dans une atmosphère déjà beaucoup moins urbaine, quelques belles villas postcoloniales (fin XIXe-début XXe s) derrière des jardins soignés.

Mercado *(plan B1)* **:** *entre l'avda Tanausú et l'avda Enrique Mederos. Lun-sam 6h-14h30 (15h sam).* Pour le plaisir de faire un tour dans ce marché alimentaire couvert aux murs ocre jaune, plutôt animé. Et pourquoi pas, y trouver un sachet de *gofio,* ou de quoi se confectionner un sandwich...

Parque Antonio Gómez Felipe – Centro botánico *(hors plan par C2)* **:** *à moins de 1 km du centre, de l'autre côté du barranco Tenisca par la LP-213, en direction de Las Rosas et de Puerto Naos.* Un jardin botanique où les 300 plantes endémiques voisinent avec d'autres espèces uniques et inconnues des botanistes. Couvertes de mosaïques multicolores ou déroulant leurs volutes de fer forgé, ce sont les œuvres de Luis Morera, artiste palmero prolifique et polymorphe, puisqu'il est également peintre, poète et chanteur dans le groupe choral *Taburiente.* Joyeux, et évoquant les modernistes catalans (Gaudí, etc.). Également des jeux pour enfants, dans une autre partie du parc.

TAZACORTE ET PUERTO DE TAZACORTE (38770) 4 900 hab.

À une poignée de kilomètres à l'ouest de Los Llanos de Aridane, accroché sur un épaulement montagneux au-dessus de la mer, Tazacorte est un peu éclaté, entre sa partie moderne et son centre ancien, lequel offre une vue plongeante sur un océan... de bananeraies (avec l'océan, le vrai, en toile de fond, quand même) ! La petite ville fut très active, d'abord dans l'exploitation de la canne à sucre puis dans celle des bananes, d'autant qu'elle est flanquée, 2 km plus bas à l'entrée du *barranco de las Angustias,* d'un port qui concurrençait celui de la capitale Santa Cruz. Car c'est à Puerto de Tazacorte que débarqua en 1493 Alonso Fernández de Lugo, et il eut tôt fait de repérer la richesse de ses terres, alimentées en eau vive par le barranco de las Angustias. Si aujourd'hui l'activité économique s'est déplacée vers Los Llanos, le vieux port, lui, est toujours là, avec sa poignée de maisons colorées qui abritent quelques excellents restos de poisson (c'est encore un port de pêche)... et une belle plage assez protégée. C'est aussi de Puerto de Tazacorte que partent les excursions en bateau pour observer baleines et dauphins, ou longer l'abrupte falaise qui borde la côte nord-ouest en direction de la playa de la Veta (voir plus haut « Tijarafe »). Enfin, on trouve à Tazacorte un hôtel exceptionnel.

Arriver – Quitter

➢ ***Ligne 207 :*** depuis et vers ***Los Llanos de Aridane,*** tlj ttes les heures 7h45-21h45, vers ***Tazacorte*** et ***Puerto de Tazacorte.*** Trajet en 15 mn.

➢ La ***ligne 100,*** qui fait tout le tour de la côte nord de Los Llanos à Santa Cruz et vice versa, passe aussi, dans les 2 sens, par Tazacorte.

Où dormir dans un véritable musée ?

Hotel Hacienda de Abajo : *c/ Miguel de Unamuno, 11, El Charco, à* ***Tazacorte.*** *☎ 922-40-60-00. • info@hotelhaciendadeabajo.com • Passer le centre moderne de Tazacorte en direction de Puerto de Tazacorte, puis, juste après l'esplanade en corniche (la c/ Nueva), en face de l'église, prendre la ruelle qui descend à gauche entre 2 maisons anciennes, fléchage « Casco antiguo ». C'est env 200 m plus bas par une allée sur la gauche, juste avt le museo del Platano. Doubles 182-270 €, suites min 400 €, petit déj inclus. (parties communes, câble dans les chambres).* Une adresse unique en son genre, et à plus d'un titre ! Au XVIIe s, la belle époque de la canne à sucre, c'était rien moins que la plantation la plus prospère de l'île, propriété d'une noble et riche famille aux ramifications galiciennes, andalouses et flamandes. Aujourd'hui rénovée, les propriétaires – descendants des fondateurs – ont choisi de la meubler et de la décorer d'œuvres d'art authentiques, de véritables pièces de musée issues de la collection familiale (et complétée par des acquisitions). De la trentaine de grandes chambres et suites, pas deux ne sont identiques ! Délicates porcelaines chinoises ici, tapisserie flamande là, mobilier précieux partout, jusque dans les salles de bains, les salons et l'accueil. Enfin, pour compléter ce superbe tableau, très beau jardin d'essences endémiques autour d'une piscine protégée des regards, spa pour se détendre, et restaurant de cuisine fine, *El Sitio,* installé sous une longue et impressionnante charpente pleine de caractère. Service aussi personnalisé que le reste. Seul – minuscule – bémol, quelques chambres n'ont ni balcon ni terrasse. Une oasis de luxe et de raffinement !

Où manger ?

Pas d'hésitation, il faut pousser jusqu'au mignon Puerto de Tazacorte : comme Puerto Espíndola (au nord de Santa Cruz), ce petit port toujours en activité reste un rendez-vous incontournable des Palmeros amateurs de poissons et fruits de mer fraîchement sortis de l'eau.

Kiosco Teneguia : *c/ La Esplanada,* ***Puerto de Tazacorte.*** *☎ 922-40-61-36. Sur la promenade piétonne au-dessus de la plage, presque à l'extrémité. Tlj 11h-minuit. Repas 8-20 €.* Parmi les plus anciens restos de poisson du port, le *Kiosco* a conservé son esprit *chiringuito* de plage, avec un accueil chaleureux, une carte consise imprimé sur le set de table en papier, et des prix tout en retenue. Et, le plus important, la qualité des produits, toujours aussi frais et cuits avec précision (ce *pulpo a la plancha* !). Même les *mojos* sont faits maison ! On s'oublie bien volontiers sur la terrasse, à l'ombre des grands parasols, avant de retourner s'installer sur la plage, 2 m plus bas...

Kiosco Montecarlo : *c/ La Esplanada,* ***Puerto de Tazacorte.*** *☎ 922-48-05-33. Tlj 10h-minuit. Repas 10-25 €.* Voisin et concurrent historique du *Kiosco Teneguia,* on peut éventuellement lui reprocher des prix légèrement plus élevés et un service moins souriant. Cela étant dit, l'assiette reste de qualité, et les produits de la mer bien frais.

À voir. À faire

El Charco (casco antiguo) : *à* ***Tazacorte.*** *Passer le centre moderne de Tazacorte en direction de Puerto de Tazacorte, puis, juste après l'esplanade en corniche (la c/ Nueva), en face de l'église, prendre la ruelle qui descend à gauche entre 2 maisons anciennes, fléché « Casco antiguo ». Conseil : laisser sa voiture sur la c/ Nueva* *au niveau de l'église, ou au parking un peu plus bas sur la gauche de la LP-2, dans le virage.* La partie la plus ancienne de Tazacorte, et on mesure alors combien les débuts furent modestes, en taille s'entend ! Une fois dépassé les petites maisons basse sur la gauche, le gros pavement descend vers de plus amples demeures, des *casas solariegas,* celles des nobles et des notables (l'actuel *Hotel Hacienda de Abajo* était de celles-là). Sur la gauche, la *Casa Massieu-Van Dalle* (XVIIe s) et sa vaste terrasse, au porche surmonté d'un large blason de marbre blanc qui reprend les armes des Massieu, Van Dalle, Monteverde et Ponte (l'épousée de Nicolás Massieu Van Dalle était une demoiselle Monteverde y Ponte). Restaurée par le *Cabildo,* elle accueille régulièrement des expos, ce qui permet aussi d'en visiter une partie. De manière traditionnelle, le rez-de-chaussée avec ses hauts plafonds était utilisé comme entrepôts et magasins, et c'est au 1er étage que vivaient les propriétaires.

Museo del Plátano *(musée de la Banane) : c/ Unamuno, El Charco, à* ***Tazacorte.*** *Passer le centre moderne de Tazacorte en direction de Puerto de Tazacorte, puis, juste après l'esplanade en corniche (la c/ Nueva), en face de l'église, prendre la ruelle qui descend à gauche entre 2 maisons anciennes, fléché « Casco antiguo ». C'est env 200 m plus bas au bout d'une allée sur la gauche. Lun-ven 10h30-13h, 16h30-18h. Entrée : 2 €.* Tout sur la banane, qui fit – et fait encore – la richesse de Tazacorte, depuis les différentes espèces jusqu'aux ustensiles utilisés par les ouvriers agricoles dans les plantations, depuis l'empaquetage au mode d'exportation, depuis les étiquettes aux campagnes publicitaires. Quelques outils pour illustrer tout ça, ainsi que de nombreux panneaux explicatifs (bon, rien en français...). Et puis, pour être au cœur du sujet, regarder alentour : le musée est cerné, entouré, voire encerclé !... par des bananiers.

➢ Depuis *El Charco,* en poursuivant la descente sur cette allée mi-bétonnée mi-pavée puis en obliquant vers la droite sur une étroite route bitumée au milieu des bananiers, on finit par retrouver la LP-2 qui descend vers Puerto de Tazacorte. Mais le plus agréable est encore de faire ce parcours à pied (peu de circulation, environ 30 mn et 100 m de dénivelée), car au débouché sur la LP-2, on récupère, en face, la dernière portion du PR/LP-1 (le sentier de rando qui traverse toute l'île depuis Santa Cruz), qui descend sous forme d'escaliers directement jusqu'à Puerto de Tazacorte.

Playa de Puerto de Tazacorte : une anse de sable et de galets bien protégée par une digue, desservie par l'agréable *paseo* qui aligne les petits restos. Pas mal de familles le week-end et en plein été. Douche et toilettes, ce qui rend l'endroit encore plus plaisant.

Où observer les baleines et les falaises de la côte nord ?

Comme à La Gomera ou Tenerife, les baleines pilotes et les dauphins *mular* cinglent au large de la côte ouest de La Gomera, toute l'année. Pour les observer, direction le *puerto deportivo* de Puerto de Tazacorte, sur la gauche juste avant de passer le barranco de las Angustias. Deux compagnies proposent ces excursions. Plusieurs formules, l'une d'elles couple l'observation avec une navigation le long de la falaise qui plonge depuis le mirador del Time (et une pause sur la playa de la Veta). Spectaculaire ! Et on se sent bien petit, au pied de ces mastodontes de pierre...
– Chacune des deux compagnies a un kiosque directement sur les quais du *puerto deportivo,* juste avant d'arriver à Puerto de Tazacorte sur la gauche.

■ ***Fancy II :*** *609-53-13-76.* • *fancy2.com* • Un catamaran avec un fond transparent, qui permet de voir les cétacés également lorsqu'ils évoluent sous l'eau. Propose différents types de balades, selon les jours. Dans le *Safary Corto al Norte,* 2h30-3h *(adulte 35 €, 4-12 ans 20 €)* de navigation le long des somptueuses falaises, avec visite de la cueva Bonita et de la cueva de Candelaria, une pause baignade à la playa de la Veta (prendre le maillot !), et l'observation des dauphins. C'est l'excursion en 4h-4h30 *(adulte 45 €, 4-12 ans 25 € ; repas compris),* qui se prête à la rencontre avec les baleines. Quelques sorties en bateau express aussi pour les pressés (le *Fantasy*), ou au coucher du soleil. Équipe aussi compétente qu'accueillante, qui prend bien soin de respecter les animaux et de ne pas les effaroucher.

■ ***Ocean Explorer :*** *644-16-10-03.* • *oceanexplorer.es* • Deux bateaux, *INIA* (un gros bateau gonflable rigide), pour l'observation des baleines et dauphins sur des sorties de 2h *(adulte 39 €, moins de 12 ans 25 €),* et *Bussard,* un bateau en bois traditionnel avec mât, pour des balades de 4h *(adulte 55 €, moins de 12 ans 30 € ; repas de tapas inclus, masques et tubas fournis).*

EL PASO (38750) 7 925 hab.

À quelques kilomètres à l'est de Los Llanos de Aridane, El Paso est la seule commune de l'île sans accès à la l'Atlantique, mais c'est aussi la plus vaste. Plutôt montagnarde, donc, et abondante en pins canariens ! La petite ville-capitale, El Paso, ne compte qu'un tout petit centre ancien, niché autour de l'*Iglesia Vieja.* Son véritable atout, c'est sa situation privilégiée puisque son territoire compte deux zones naturelles exceptionnelles : au nord une moitié du *parque nacional de la Caldera de Taburiente,* et au sud une bonne partie du *parque natural de la Cumbre Vieja* (la chaîne volcanique qui occupe le centre de l'île sur un axe nord-sud). Randonneurs : à vos marques, prêts, partez !

Arriver – Quitter

➢ ***Ligne 300 :*** la ligne Los Llanos de Aridane-Santa Cruz (et réciproquement) via la LP-3 dessert en chemin ***El Paso,*** ttes les 30 mn (ttes les heures le w-e) 5h30-14h30, puis ttes les heures 14h30-22h30. Compter 15 mn depuis Los Llanos de Aridane, et env 35 mn depuis Santa-Cruz.

– Pas très simple de trouver à se garer à El Paso : suivre la direction « Museo de la Seda. Centro Ciudad », et sur l'avda Islas Canarias, tourner à gauche vers l'*Oficina de información – CIT* : quelques places devant. Sinon, souvent des places en haut de la c/ Manuel Taño, après l'église.

Adresses utiles

ℹ ***CIT – Oficina de turismo :*** *c/ Antonio Pino Pérez, s/n.* ☎ *922-48-57-33.* • *lapalmacit.com* • *Lun-ven 9h30-17h30, w-e et j. fériés 10h-14h.* Petit kiosque sur une place assez centrale de la ville. Même réseau que les *CIT* de Los Llanos et de Los Cancajos.

✉ ***Correos*** *(poste)* ***:*** *c/ Manuel Taño, 8. Entre le museo de la Seda et* Tapas y Trekking. *Lun-ven 8h30-14h30, sam 9h30-13h.*

Où manger ?

|●| ***Tapas y Trekking :*** *c/ Sagrado Corazón, 6.* ☎ *922-48-55-99.* • *tapasytrekking@gmail.com* • *Depuis l'avda Islas Canarias, prendre la*

c/ Manuel Taño, c'est 300 m plus haut sur la gauche, caché derrière la petite église. Tlj sf mar 9h-23h (16h dim-lun). Repas env 10 €. Cela ressemblerait à un bar de quartier s'il n'y avait cette super petite terrasse à même le parvis de la vieille église, et si l'assiette n'était aussi succulente ! Excellentes croquettes, entre autres. C'est aussi un rendez-vous apprécié des randonneurs en tout genre (à pied, à vélo), petites annonces à l'appui.

À voir

Taller-museo de la Seda Las Hilanderas *(musée de la Soie) : c/ Manuel Taño, 4. ☎ 922-48-56-31. • lashilanderaselpaso.com • Lun-ven 10h-13h et aussi mar et jeu 17h-19h. Entrée : 2,50 € ; gratuit moins de 14 ans.* Cet atelier-musée explique l'importance de la soie et de son artisanat sur l'île, depuis l'élevage des vers jusqu'au tissage. C'est un atelier, donc avec des démonstrations, ce qui rend la visite encore plus intéressante.

Iglesia Vieja (Nuestra Señora de Bonanza) *: en haut de la c/ Manuel Taño, à côté de Tapas y Trekking.* Toute petite église mignonne comme tout, sur sa placette, avec un beau plafond mudéjar en bois naturel, plein d'étoiles, au-dessus de l'autel. Dans les quelques ruelles alentour, la partie la plus ancienne du village, avec quelques jolies façades et des rues pavées (mais c'est vraiment minuscule !).

Palmex Cactus *: c/ Santa Ana, 8, El Paso Abajo. ☎ 922-46-48-62. • palmex55@gmail.com • Entre Los Llanos de Aridane et El Paso. De Los Llanos, prendre la LP2 en direction de El Paso sur 3 km env, puis la petite montée à gauche (fléché), et encore 2 fois à gauche. Mar-jeu 10h-16h. Donation libre.* Un superbe jardin de cactus qui rassemble une collection de plus de 700 variétés de cactus, aloès, euphorbes et bien d'autres, pour la plupart originaires de l'île. Passionnant, parce que les proprios sont des passionnés !

PARQUE NACIONAL DE LA CALDERA DE TABURIENTE

Véritable frontière naturelle entre le nord et le sud de l'île, la caldera de Taburiente est avant tout un site naturel rendu exceptionnel par les heureux hasards de la géologie. Plusieurs volcans qui se superposent au fil des millénaires, en alternance avec des périodes d'érosion, des effondrements de cratères, creusant l'étroit *barranco de las Angustias,* pendant que sur les crêtes ouest l'activité volcanique continue de faire gronder la croûte terrestre et donne naissance à la Cumbre Nueva... Une véritable forteresse naturelle, de 8 km de diamètre ! C'est d'ailleurs depuis les tréfonds de la caldera que Tanausú, le chef benahoare du territoire Aceró (qui signifiait « place forte et invulnérable », déjà !), repoussa en 1493 les assauts des troupes d'Alonso de Lugo... Imprenable, on vous dit ! Le Castillan dut recourir à la ruse pour le déloger et se rendre maître de l'île...
Depuis les hauteurs du Nord, qui culminent à 2 426 m au *Roque de los Muchachos,* les pentes dévalent bien raides vers le cœur de l'ancien volcan, découpées par des *barrancos* qui conduisent les multiples sources et résurgences jusqu'aux gorges de las Angustias (430 m d'altitude dans sa partie la plus basse). C'est l'eau qui a modelé ainsi le paysage, cette eau captée dès le XVIe s pour alimenter le Valle de Aridane et Tazacorte. Mais bien avant l'arrivée des Européens, les Benahorites connaissaient la caldera, et pas

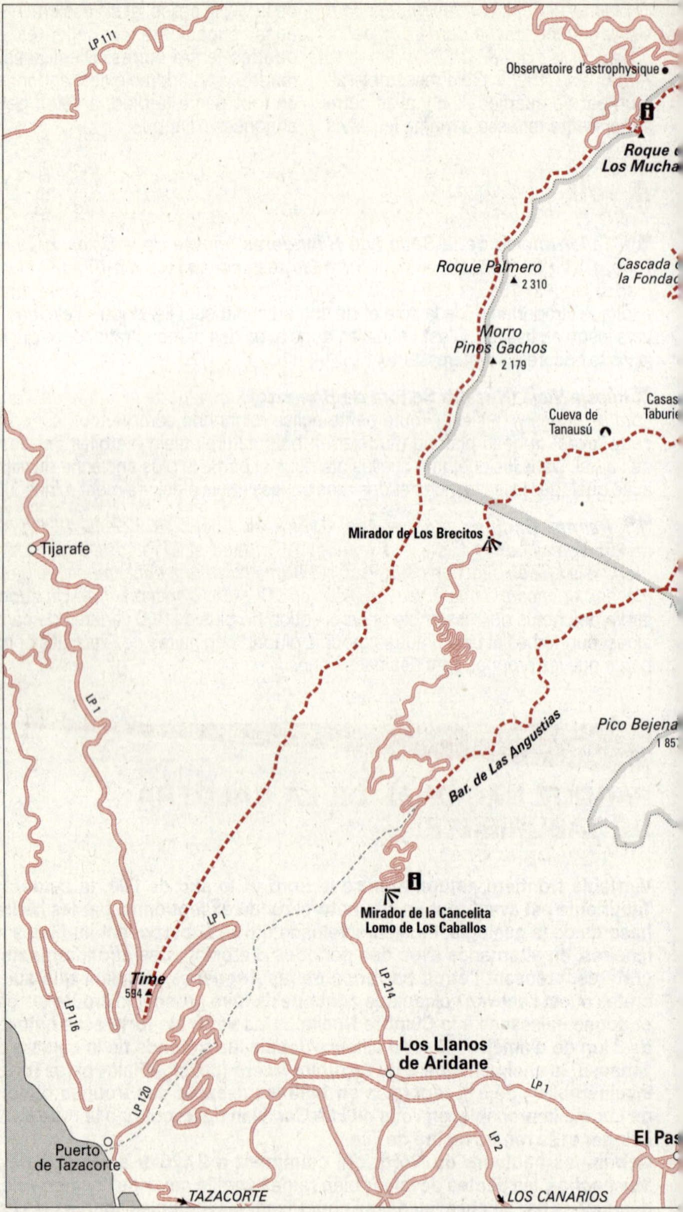
LP 111
Observatoire d'astrophysique
Roque
Los Mucha
Roque Palmero
2 310
Cascada
la Fondac
Morro
Pinos Gachos
2 179
Casas
Taburie
Cueva de
Tanausú
Mirador de Los Brecitos
Tijarafe
LP 1
Pico Bejena
1 85
Bar. de Las Angustias
Mirador de la Cancelita
Lomo de Los Caballos
LP 1
Time
594
LP 214
LP 116
Los Llanos
de Aridane
LP 120
LP 1
LP 2
El Pas
Puerto
de Tazacorte
TAZACORTE
LOS CANARIOS

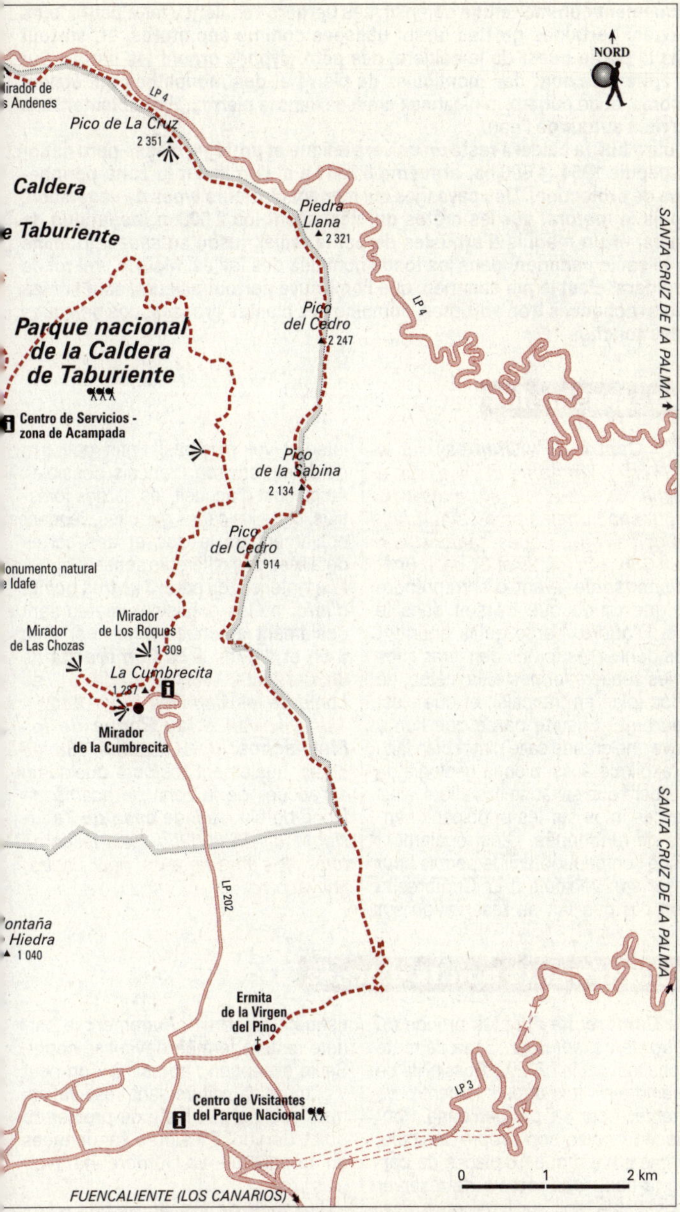

CALDERA DE TABURIENTE

uniquement comme refuge défensif. Les bergers venaient y faire paître leurs chèvres, certaines grottes furent utilisées comme sépultures, et, surtout dans la partie ouest de la caldera, des pétroglyphes ornent les parois. Sur les crêtes, ce sont des monticules de pierre et des monolithes qui étaient honorés, et de curieux minicanaux creusés dans la pierre… Probablement liés aux rites autour de l'eau.

Aujourd'hui, la caldera reste un univers unique et protégé, classé parc national depuis 1954 (4 690 ha, et même 5 956 ha si l'on inclut la zone périphérique de protection). Des paysages qui marient plusieurs types de végétation, depuis le *matoral* sur les crêtes qui dépassent les 2 000 m (beaucoup de genêts, et un maquis d'arbustes de petite taille), jusqu'au *sauzal* (dominé par le saule canarien) dans les fonds humides des failles. Mais le vrai roi de la caldera, c'est le pin canarien, que l'on trouve partout ailleurs, sauf sur les parois rocheuses trop abruptes, domaine des plantes grasses, des *bejeques* et des *sonchus*.

Adresses utiles

Centro de visitantes : *sur la LP-3, env 3 km après El Paso, sur la gauche.* ☎ *922-92-22-80. • reservasparquesnacionales.es • magrama.gob.es/es/red-parques-nacionales • Tlj 9h-18h (14h 24, 25 et 31 déc).* Arrêt ***indispensable*** avant d'entreprendre quelque rando que ce soit dans le parc. D'abord, parce qu'ils pourront vous donner les toutes dernières infos sur les sentiers fermés et la météo, de la doc (plan en français), et que c'est important ! Ensuite parce que l'on y trouve une grande salle plutôt bien faite qui explique aussi bien la géologie de la caldera que sa faune et sa flore, ainsi que des infos sur les principaux sentiers de randonnée. C'est également ici que l'on peut obtenir le permis pour laisser son véhicule à La Cumbrecita si on n'a pas fait sa réservation sur Internet (voir plus bas). Enfin, petit film de 20 mn environ (français possible). Au guichet d'accueil, les gardes forestiers, outre les cartes gratuites, vendent également de la doc et des cartes détaillées des différents sentiers.

À l'intérieur du parc, ***3 autres points d'info,*** où les prévisions météo sont également affichées 2 fois par jour, à 9h et à 17h : à ***La Cumbrecita*** *(tlj 8h30-19h40 – 18h30 en hiver),* au ***Lomo de los Caballos*** *(tlj 8h-19h25 – 18h en hiver)* et au ***Roque de los Muchachos*** *(tlj 10h-20h – 18h en hiver).* Également toujours quelqu'un à l'accueil de la *zona de acampada* (zone de bivouac) de ***casa de Taburiente*** *(tlj 9h-20h25 ; mais le garde forestier s'absente aussi pour l'entretien du parc).*

Les différents points d'accès

– ***La Cumbrecita :*** le plus proche du *centro de visitantes,* à 15 mn de route (asphaltée) par la LP-202. Possibilité de l'atteindre en taxi depuis le *centro de visitantes* pour 8 € par personne. Pour y accéder avec son propre véhicule, comme il n'y a que 16 places de parking là-haut, ***obligatoire*** de réserver au préalable, soit sur Internet *(• reservasparquesnacionales.es • ; ce qu'on vous conseille en hte saison),* soit directement auprès du *centro de visitantes* (en basse et moyenne saison : c'est un risque à prendre !). Autrement la barrière restera fermée devant le capot. Seule exception : après 16h, on peut y grimper en voiture sans réservation, mais cela permet juste de profiter du point de vue. Plusieurs randonnées au départ de La Cumbrecita (voir plus bas).

– ***Barranco de las Angustias – Los Brecitos :*** le plus proche de Los Llanos de Aridane (bien fléché). La route est asphaltée jusqu'au mirador de Los Brecitos, mais aucune possibilité de s'y garer (éventuellement, on peut y grimper pour la vue avant de faire demi-tour, ou s'y faire déposer). Parking plus bas, à La Viña. Pour atteindre Los Brecitos, service de taxi collectif (51 € le taxi complet : attendre d'autres amateurs). Départ de rando aussi bien depuis Los Brecitos que depuis le parking.

- ***Roque de los Muchachos :*** sur la LP-4, à proximité de l'observatoire, tout en haut de la crête nord. Les sentiers qui en partent sont parmi les plus rudes, réservés à des randonneurs expérimentés.

Les randonnées dans le parc

Rappel : nos descriptifs ne sont pas des topoguides (chacun son boulot !), mais sont là pour vous aider à sélectionner une balade selon vos envies et vos capacités physiques.

➢ ***Mirador de Los Brecitos-zona de acampada-parking de La Viña (barranco de las Angustias) :*** *moyen-difficile. 14,5 km, 6h30. Dénivelée cumulée à la descente : - 850 m. Attention, parfois fermé par temps pluvieux, car le retour suit le lit du barranco de las Angustias, dont le torrent peut gonfler.* Le parcours, presque uniquement une descente, forme presque une boucle (à condition d'avoir laissé son véhicule au parking de La Viña), et mène jusqu'au cœur de la caldera. Départ depuis le mirador de Los Brecitos (s'y faire déposer ou à rejoindre en taxi collectif – voir plus haut). À Los Brecitos, suivre le balisage vert du parc « Zona de Acampada » : le sentier, au milieu d'une belle et haute pinède ombragée au début, est accroché sur le flanc de la caldera et traverse plusieurs petits *barrancos* et leurs torrents. La descente s'accentue au bout de 1h environ, dans la dernière portion avant l'arrivée au fond de la caldera (fléché « Playa de Taburiente »). Après la traversée du dernier torrent (le seul permanent de l'île), arrivée au *centro de servicios* du parc (zone de pique-nique et de camping, infos météo, etc. ; à 1h40 environ de Los Brecitos). Le retour s'effectue en rejoignant le barranco de las Angustias, et c'est la partie la plus ardue, qui suit le lit du torrent. Depuis le *centro de servicios,* légère remontée avant la descente en lacet sur le flanc du *barranco del Almendro,* avec vue sur le roque Idafe sur la gauche. Arrivé au torrent, suivre « Barranco de las Angustias – salida normal ». On passe ensuite le panneau de délimitation du parc, puis on descend dans le lit du barranco de las Angustias pour suivre le torrent sur les 5 derniers km, en passant d'une rive à l'autre. Pour sortir du ravin, suivre le PR/LP-13 Lomo de los Caballos, qui ramène à la route de Los Brecitos (le parking de La Viña est 200 m plus bas).

➢ ***La Cumbrecita-La Cumbrecita :*** *facile-moyen. 3 km, 1h30. Denivelée : 130 m. Sentier en boucle. Départ et retour depuis le mirador de la Cumbrecita (penser à réserver sa place de parking, voir plus haut, ou y grimper en taxi).* La balade, ponctuée de panneaux d'explications sur la flore, la faune et le paysage de la caldera, mène jusqu'au mirador de Las Chozas (vraiment facile), puis revient par le mirador de Los Roques (sentier en difficulté moyenne, plus vetigineux). On peut aussi revenir par le même sentier qu'à l'aller.

- Le parc compte en tout ***huit sentiers balisés,*** pour la plupart de difficulté moyenne à haute.

LA CÔTE OUEST

Au sud de Tazacorte, la côte, moins escarpée que sur la couronne nord de l'île, offre quelques havres de sable et de farniente, toujours à taille humaine même si un ou deux gros hôtels-clubs apparaissent ici ou là. Et quelques visites intéressantes dans les terres.

PUERTO NAOS (38760)

Accès par la LP-213, qui serpente à flanc de montagne avt d'arriver. Une vraie petite station balnéaire, modeste avec ses trois avenues parallèles à la plage et ses quatre perpendiculaires, créée de toutes pièces dans les années 1980, tout comme Los Cancajos sur la côte est. Du coup, l'anse de sable est très soignée, bordée d'une promenade bien aménagée, le tout équipé de douches, toilettes... tout ce qu'il faut pour une journée de plage en toute quiétude, dans une ambiance familiale ! On trouve même quelques palmiers sur la plage, c'est dire ! Difficile en revanche d'oublier les étages pyramidaux de l'*Hotel Sol Palma,* posé à l'extrémité sud de la station, juste en bord de sable.

Adresses et infos utiles

➢ ***Ligne 204 :*** depuis Los Llanos de Aridane, bus ttes les heures 6h30 (7h30 le w-e)-21h30 vers ***Puerto Naos*** ; ttes les 2h, poursuit jusqu'au Charco Azul. Compter 30 mn pour Puerto Naos, env 10 mn de plus pour le Charco Azul.

ℹ ***CIT – Oficina de turismo :*** *sur le côté droit du rond-point à l'entrée de Puerto Naos.* 📱 *618-85-65-16.* • *lapalmacit.com* • *Lun-ven 9h30-14h, 16h-18h ; w-e et j. fériés 10h-13h30.* Tout petit stand, et même type d'infos qu'aux *CIT* d'El Paso et de Los Llanos de Aridane.

Où dormir ? Où manger ?

De bon marché à prix moyens

🏠 ***Apartamentos Playa Delphin :*** *avda José Guzmán Pérez, 1.* ☎ *922-40-81-94.* • *info@playadelphin.com* • *playadelphin.com* • *Sur le front de mer, à l'angle de l'avda Marítima, piétonne. Selon saison, studio 2 pers 40-58 €, apparts 2-3 pers 45-79 €. Séjour min 3 nuits.* Vraiment au bord de la mer, et tous les apparts, de taille variable, ont d'ailleurs un balcon ou une terrasse directement au-dessus (riquiqui pour les studios), une cuisine-salon, et une chambre. Bien tenu et pratique.

|●| Une grosse poignée de bars et restos sur la piétonne avenida Marítima, face à la mer, qui se valent tous plus ou moins.

De chic à plus chic

🏠 ***Hotel Sol La Palma :*** *après le rond-point, continuer encore 400 m en direction de Charco Verde, et prendre l'allée sur la droite après la plantation de bananiers.* ☎ *922-40-80-00.* • *sol.la.palma@melia.com* • *sol-hotels.com* • *Doubles 70-125 €, petit déj inclus. ½ pens et pension complète possibles. Fréquentes promos sur Internet. 💻 📶 (payants).* Avec ses 300 chambres qui dominent le reste de la station, impossible de louper cet hôtel qui fonctionne surtout avec des tour-opérateurs, y compris en formule *all inclusive.* Chambres de différentes catégories, qui se distinguent surtout par leur taille et leur déco, et aussi un peu à l'étage : il faut dire qu'à mesure que l'on grimpe, la vue se fait plus dégagée sur l'océan, et le balcon plus vaste. Piscine, tennis, restaurant-buffet, etc.

CHARCO VERDE

⛱ *À 2-3 km de Puerto Naos en continuant la LP-213 vers le sud, entre les plantations de bananes.* Une belle anse de sable noir, ponctuée par un éperon rocheux, et bien aménagée : parking, douche/w-c et *chiringuito.*

EL REMO

Encore quelques kilomètres plus loin, au bout de la LP-213, El Remo, avec ses quelques maisons face à la mer et sa piste en terre bordée de bananeraies, semble comme figée entre deux époques, dans une sorte d'indiscipline revendiquée. Des rochers, un bout de plage de galets (la zone est protégée, attention à ne pas abîmer les fonds) et trois *chiringuitos,* fréquentés essentiellement par les Palmeros pour les calamars *a la plancha.* Avec une préférence pour les saveurs du ***Kiosco Aterure*** *(☎ 922-40-84-02 ; tlj 12h-22h, repas 10-12 €),* vraiment dans son jus avec sa bâche rayée bleu et blanc.

LAS MANCHAS *(env 670 hab.)*

À 3 km à vol d'oiseau de la mer, ce village, qui fait encore partie de la commune de Los Llanos de Aridane, est une étape intéressante sur la route du sud, la LP-2. Le paysage garde ici les stigmates de l'activité volcanique de l'île. Si en surface la coulée de lave (issue de l'éruption du San Juan en 1949) est impressionnante, coupée par les méandres de la route qui remonte de la côte, en sous-sol c'est un *tubo,* un tunnel volcanique long de 14 km, qui fait la joie des spéléologues. Les autres iront plutôt visiter l'intéressant petit musée du Vin !

Où manger dans le coin ? Où déguster du vin ?

Bodegón y bodegas Tamanca : *ctra General Las Manchas-Fuencaliente (LP-2) ☎ 922-49-41-55. • bodegas_tamanca@hotmail.com • Sur la LP-2, 200 m après la sortie de Las Manchas en direction de Fuencaliente, sur la gauche. Tlj sf lun : resto 11h-23h (18h dim), cave 11h-18h. Repas 10-15 €.* Même si on y mange une cuisine canarienne aussi honnête que ses prix (viandes grillées en particulier), c'est surtout pour le cadre étonnant que l'on vient ici : 2 salles tout en longueur installées dans un tunnel volcanique, la première qui accueille le bar et ses habitués, la seconde, encore plus profonde, pour s'attabler. Sur la droite, la partie bodega (cave vinicole), un domaine qui produit des rouges et surtout une malvoisie de bonne réputation.

À voir

Casa-museo del Vino : *camino del Callejón de Las Manchas, Los Cuatros Caminos, Las Manchas Abajo. ☎ 922-49-43-20. Bien fléché (« Museo »), aussi bien depuis la LP-2 que depuis la LP-211, qui relie la LP-213 à la LP-2. Lun-ven 9h30-16h (15h juil-sept), sam 9h30-14h. Entrée : 1,50 €.* Installé dans ce qui fut la maison du directeur d'école, un panorama complet des 19 bodegas de la DO *(denominación de origen)* de La Palma. Au 1er étage, divers outils, et des panneaux expliquent les différentes zones vinicoles de l'île et leurs différents climats, les blancs secs du Nord, les doux (malvoisies) au sud, et le fameux *vino de tea* (le vin reste 1 mois dans une barrique en *tea,* et y gagne un léger parfum de résine). Les différents types de cultures aussi, en terrasses, en espalier, ou au ras du sol (du côté de Fuencaliente par exemple). On les retrouve, ainsi que les variétés de cépages, dans le petit jardin, flanqué, au fond, de la reconstitution d'une bodega, avec son antique pressoir et ses paniers de collecte du vin. Juste devant, remarquer le réservoir *(aljibe)* sous la terrasse.

À 50 m en dessous du musée, la ***plaza de la Glorieta,*** œuvre, comme le *parque Antonio Gómez Felipe* à Los Llanos de Aridane, de Luis Morera, artiste palmero polymorphe et leader du groupe *Taburiente.* Cactus, euphorbe, mosaïques florales, lampes champignons et évocation du cratère du San Juan, avec une assez jolie vue.

LA POINTE SUD DE L'ÎLE

PARQUE NATURAL DE LA CUMBRE VIEJA

Il étire sa zone de protection depuis le sud d'El Paso jusqu'à la pointe (ou presque) de Fuencaliente, et couvre toute la ligne de crêtes volcaniques du centre de l'île, qu'il est destiné à protéger. Plusieurs sentiers y sont aménagés, mais c'est surtout pour la fameuse « route des Volcans » que les randonneurs l'apprécient, dans des paysages qui alternent pins canariens, *malpaís* volcaniques et volcans tout court.

Adresses et infos utiles

ℹ *Centro de visitantes – El Pilar :* *sur la LP-301, accès depuis la LP-3 à peu près au niveau du tunnel, ou directement en grimpant depuis San Isidro (Breña Alta).* ☎ *922-48-52-78. Tlj 9h-17h.* Distribution d'une carte, vente d'autres cartes, exposition sur la faune, la flore et la géologie du parc, et bien sûr la météo ! C'est le départ de la rando.
– Et puis, au même endroit, une zone de pique-nique avec barbecue, et également une aire de camping (permis obligatoire).

➢ Dommage, impossible d'atteindre le point de départ de la route des Volcans, El Pilar, en *guagua...* Pour faire toute la rando jusqu'à Fuencaliente, grimper à El Pilar en taxi (env 15 € depuis El Paso), ou se faire déposer par *Natour* (voir plus haut « Randonner à La Palma »). Arrivé à Fuencaliente, tout à fait possible de revenir en bus vers Santa Cruz (ligne 200, dernier départ vers 20h50) ou vers Los Llanos de Aridane (ligne 200, dernier départ vers 21h). Le tout étant de ne pas traîner en route !

La route des Volcans

L'une des randonnées les plus connues et les plus courues de l'île, mais déjà difficile : l'itinéraire complet est long (et guère de possibilités de le raccourcir), et à éviter par temps chaud.

➢ ***Refugio El Pilar-Los Canarios (Fuencaliente) :*** *difficile. 20,5 km, 6h15. Dénivelée cumulée : +/- 690/1 380 m.* Le sentier, une portion du GR 131, chemine essentiellement dans un univers volcanique surprenant, de scories et de cratères (que l'on croise dans leur ordre d'apparition géologique), avec de temps à autre quelques pinèdes. Vraiment beau, mais les descentes comme les montées sont très raides, et l'ensemble est très peu ombragé. À l'arrivée à Los Canarios, possibilité de rejoindre Santa Cruz ou Los Llanos de Aridane en bus (voir « Arriver – Quitter » à Fuencaliente pour le détail des horaires).

➢ ***Refugio El Pilar-ermita de la Virgen del Pino :*** *facile-moyen. 10 km, 2h30. Dénivelée : +/- 50/450 m.* Encore une portion du GR 131 sur sa plus grande partie, avant de rejoindre l'ermita de la Virgen del Pino par un petit bout du PR/LP-1. Depuis El Pilar, le GR 131, en direction du nord, suit une piste forestière le long des crêtes de la Cumbre Nueva, à une altitude à peu près constante de 1 430 m. Très belle vue de part et d'autre de l'île, et vraiment facile. Au niveau du pic d'El Reventón, on quitte la piste pour descendre à gauche, dans une végétation de *fayal brezal,* par un chemin empierré parfois quasiment à pic. C'est la partie la plus difficile du parcours, qui mène jusqu'à l'*ermita.* Prendre un taxi pour retourner à

El Pilar, ou poursuivre la route sur environ 1,2 km jusqu'à retrouver la LP-202, qui redescend sur la gauche (encore 1 km de plus) jusqu'au *centro de visitantes* du parque nacional de la Caldera de Taburiente.

À faire encore

Acropark : *à 400 m du* centro de visitantes El Pilar, *sur la LP-301. 603-83-00-63 ou 674-04-15-17. • acropark.es • Mer-dim 10h-18h. Tarifs : 6,50-18 € selon circuit (enfant, junior ou senior) ; ou 8,50-15 € les 3h selon les circuits (vaut le coup pour les non-débutants).* Au milieu des pins canariens, cinq circuits (dont un exclusivement réservé aux enfants de 80 cm à 1,20 m), bien entretenus et dans de bonnes conditions de sécurité (harnais et ligne de vie partout). Environnement vraiment chouette, impec' pour prendre l'air de la montagne (on est déjà à 1 400 m !).

FUENCALIENTE (38740) 1 800 hab.

L'extrême sud de l'île au grand cœur ! La commune de Fuencaliente est parmi les plus vastes de l'île (avec ses 56 km², elle couvre un huitième de sa surface), mais, entre les volcans et le parque natural de Cumbre Vieja qui occupent une partie de son sol, elle garde un visage très rural. Le village-capitale, Los Canarios, avec ses 700 habitants (et c'est le plus peuplé !), reste modeste, étalé le long de la route, pendant que les volcans San Antonio et Teneguia, en contrebas, terminent leur abrupte descente vers la mer. Terre viticole, on y trouve toute une série de caves *(bodegas)* dont certaines peuvent se visiter, un *centro de visitantes* consacré aux volcans, des salines, des criques... et même (comme partout à La Palma) de belles balades ! Si les alentours de Los Canarios, à 750 m d'altitude, arborent quelques pins, ce sont euphorbes, cactées et autres plantes grasses, mêlées aux lianes rampantes des vignes, qui courent le long des volcans, relayés ici et là par d'austères coulées de lave. Très beaux paysages le long de la côte.

Arriver – Quitter

Les bus s'arrêtent dans le village de Los Canarios, le long de la LP-2.

➢ ***Ligne 200*** *(circunvalación sur)* **:** c'est la ligne Los Llanos de Aridane-Santa Cruz, ttes les 2h 6h15 (8h15 le w-e) dans les 2 sens via ***toutes les localités de la côte sud*** sur la LP-2 (et une partie de la LP-206 sur la côte est) : Las Manchas, Villa de Mazo et San José (Breña Baja). Compter 40 mn pour Santa Cruz, 40 mn pour Los Llanos de Aridane.

➢ ***Ligne 201 :*** une boucle ***Santa Cruz-Fuencaliente,*** via ***Hoyo de Mazo*** et ***Mazo,*** env ttes les 2h 6h-20h depuis Los Canarios (slt 4 liaisons le dim), 7h15-19h15 depuis Santa Cruz (slt 4 liaisons le dim). Compter 45 mn pour le trajet Los Canarios-Santa Cruz ou inverse.

➢ ***Ligne 203 :*** petite liaison locale entre ***Los Canarios*** et ***el Faro de Fuencaliente*** (et les salines). Bus ttes les 2h, 9h-19h depuis Los Canarios, 9h45-17h45 depuis el Faro.

Où dormir ?

Bon marché (20-40 €)

La Palma Hostel – Pensión Central : *c/ Yaiza, 4,* ***Los Canarios.*** *692-47-95-06. • info@lapalmahostel.com • lapalmahostel.com • En plein centre de Los Canarios, dans la ruelle qui monte vers l'ermita de San*

Antonio Abad. Double 25 €, appart 2 pers 30 €. Rénovée peu à peu, la pension se transforme en *hostel*, avec buanderie et terrasses communes (quelle vue !), bout de jardin, et, en projet, une cuisine à se partager aussi. Chambres de taille variable, toutes avec salle de bains et frigo, et certaines un balcon. Les apparts, avec petite cuisine et petite chambre, sont très bien aussi, surtout vu les tarifs. Accueil sympathique, et tout plein de bons conseils pour profiter du séjour.

Pensión Los Volcanes : *ctra General del Sur, 84,* ***Los Canarios.*** *☎ 922-44-41-64. • apartamentosvolcanes@hotmail.com • Sur la rue principale (la LP-2), presque en face de l'arrêt de bus. Double 25 €, studio 2 pers 27 €.* Chambres impeccables, toutes équipées de salle de bains, et studios plutôt récents, aux couleurs gaies, avec cuisine bien équipée. Accueil très courtois. Propose aussi, dans les environs, une petite *casa rural* pour 2 personnes pour 30 €.

De prix moyens à chic (50-90 €)

Casa rural Rincón de Mercedes : *Pista El Somadero,* ***Las Caletas.*** *Gérée par Isla Bonita (voir « Adresses utiles » à Santa Cruz de La Palma ; ☎ 922-43-06-25 ; • islabonita.es •). Dans le hameau de Las Caletas, sur le flanc est de Fuencaliente, à env 4 km de Los Canarios dans un dédale de petites routes bien raides... Compter 50-60 € pour 2 pers, jusqu'à 72 € pour 3 pers.* Perchée à 500 m au-dessus de la mer (qui semble pourtant si proche !), entre rocailles et vignes rampantes, une belle maison traditionnelle toute chaulée de blanc. Dans les 2 chambres (une double et une simple), le petit salon et la cuisine, décoration plutôt soignée. Bordée de plates-bandes fleuries, agréable terrasse autour de l'antique citerne, avec une vue panoramique splendide. Pour un séjour nature !

Casa rural Los Llanos Negros : *c/ La Time,* ***Los Quemados.*** *Gérée par Isla Bonita (voir « Adresses utiles » à Santa Cruz de La Palma ; ☎ 922-43-06-25 ; • islabonita.es •). À env 1 km du hameau de Las Indias et 3 km de Los Canarios, sur le flanc ouest de Fuencaliente, par une allée qui descend très vite. Compter 65-78 € pour 2 pers, jusqu'à 102 € pour 4 pers.* Perdue entre les vignobles rampants, cette maison en pierre volcanique, ancienne bodega, a gardé ses airs rustiques derrière une belle rénovation. Mobilier de bois brut dans les 2 vastes chambres doubles et dans la grande pièce salon-cuisine, terrasse aménagée, et tout le confort moderne. Très bel environnement, où les ocres de la montagne le disputent à l'anthracite volcanique et au vert flamboyant, avec les bleus du ciel et de l'océan en toile de fond.

Plus chic (90-120 €)

Teneguía Princess et La Palma Princess : *ctra La Costa Vieja, 10 (LP-209). ☎ 922-42-55-00. • reservas.lapalma@princess-hotels.com • À env 10 km au sud-ouest de Los Canarios, par la LP-207 puis la LP-209, en direction du phare de Fuencaliente. Doubles min 114 € avec petit déj en hte saison, jusqu'à 186 € en pension complète. Fréquentes promos sur Internet. (gratuit). (payant, slt réception).* En bord de mer, tout en bas de Fuencaliente, le plus gros complexe hôtelier de l'île, avec plus de 300 chambres réparties dans un grand parc, essentiellement des petites résidences de 2 ou 3 étages, pour la plupart avec vue sur la mer ou sur les piscines. Car on compte 11 piscines, comme une enfilade de lagons turquoise, avec les bars et restaurants attenants. Bon confort général, mais c'est vrai que ça en fait, du monde, devant les buffets, à l'heure des repas ! Tennis, miniclub, et pléthore de services (vérifier quand même les tarifs avant).

Où manger ? Où boire un verre ?

À Los Canarios

Bar Parada : *ctra General, 96. ☎ 922-44-40-02. Sur la route principale, au beau milieu du village de Los Canarios. Tlj sf mar soir et mer 7h-21h.* Connu dans toute l'île pour ses *almendrados*, des biscuits aux amandes absolument succulents, vendus en petits sachets (un régal avec le café !). Pas un Palmero qui ne passe dans le coin sans en acheter. Sinon, c'est un bar de village (l'ancien arrêt de bus, d'où son nom), avec aussi un coin plus cosy, pour le côté salon de thé.

La Casa del Volcán : *c/ Los Volcánes, 23. ☎ 922-44-44-27. • info@lacasadelvolcan.es • Sur le chemin d'accès au* centro de visitantes *de San Antonio, à mi-chemin sur la gauche. Tlj sf lun 12h30-21h30 (23h ven-sam). Tapas 2-4 €, repas 8-15 €, vin au verre 1,80-6 €.* Cette bodega-resto en pierre de lave, tenue en famille, ne produit guère que 1 000 bouteilles par an, bien vite écoulées ! Mais elle a l'avantage de proposer un grand (et judicieux) choix de vins au verre, tous issus des cépages de La Palma, ce qui permet de déguster un éventail intéressant et varié. Selon l'heure, à accompagner de bonnes tapas maison, d'un vrai repas dans la salle chaleureuse ou le petit patio couvert, ou carrément d'une mousse de *gofio.* Bons conseils, et bouteilles en vente sur place.

La Era : *ctra Antonio Paz y Paz, 6. ☎ 922-44-44-75. Depuis le centre de Los Canarios, prendre la LP-209 en direction de volcán San Antonio, c'est fléché sur la gauche, puis à nouveau à gauche. Tlj midi et soir sf mar soir et mer. Parking. Repas 12-16 €.* Dans une maison rose bonbon, cuisine de La Palma bien tournée, à déguster dans la salle tout aussi colorée, sous la véranda de poupée ou en terrasse dans la verdure si le vent reste calme. Un bon rapport qualité-prix-accueil.

À Las Salinas et sur la pointe sud

Les salines (lire aussi plus bas « À voir »), c'est l'extrême sud de Fuencaliente, l'extrême sud de l'île... En face, au loin, on distingue El Hierro, et tout autour, rien d'autre que le grand bleu... On y accède en descendant toute la côte par les lacets de la LP-209 (qui devient ensuite LP-207), jusqu'à arriver au phare.

El Jardín de la Sal : *☎ 922-97-98-00. Tlj 12h-19h (21h le w-e). Tapas 3-5 € côté cafét' ; repas env 20 € côté resto.* Un deux-en-un, puisque, dans le bâtiment principal des salines, moderne et bien intégré au paysage, on trouve une cafét' au 1er étage qui sert boissons, tapas et petits plats rapides, avec une vue absolument magnifique ! Et au rez-de-chaussée, une salle climatisée et une terrasse (dommage, la vue est moins spectaculaire), pour un resto à la carte restreinte et bien maîtrisée. Cuisine locale travaillée avec raffinement, le tout élaboré essentiellement à base de produits locaux. L'endroit s'inspire clairement de la philosophie *slow food,* et on aime !

Voir aussi le ***Kiosco Zamora*** plus bas, à *playa Zamora Chica,* pour ses fruits de mer *a la plancha.*

LA PALMA

À voir. À faire

Los Canarios : ambiance tranquille dans le village principal, traversé par la route. Petit tour à l'***ermita de San Antonio Abad,*** en surplomb de la route, avec ses murs chaulés et son clocher plat. Date de la fin du XVIe s, mais remanié jusqu'au début du XXe s. Sur la place devant l'église, un vieux pressoir à grappes en bois du XIXe s.

Centro de visitantes y Volcán San Antonio : *à* ***Los Canarios,*** *en peu en contrebas de la route principale par la LP-209, bien fléché. Tlj 9h-18h (10h-19h en été). Entrée : 5 € ; réduc.* Une expo qui reprend les grandes phases de la formation de La Palma (et aussi du reste de l'archipel), et surtout de la Cumbre Vieja, avec, entre autres, l'éruption en 1677 du volcan de San Antonio. Le plus récent à avoir fait parler de lui est le Teneguía, un peu plus au sud, en 1971, qui déroula sa lave vers la pointe sud et la côte ouest (et donna naissance au passage à la playa Nueva, voir plus bas). Petite vidéo de 10 mn environ (en anglais, mais la version espagnole est plus complète), puis un itinéraire extérieur bien balisé mène en 30 mn aller-retour au sommet du cône du San Antonio. Belle vue de là-haut, y compris sur le cône du Teneguía. Au passage, faire une pause au simulateur d'éruption : on dirait vraiment que la terre tremble !

LA SOURCE PERDUE

Fuencaliente tire son nom (fuente caliente, « source chaude ») d'une source thermale, qui se trouvait quasiment au niveau de la mer, à l'ouest du phare actuel. Mais au XVIIe s l'éruption du volcan San Antonio ensevelit la source sous des coulées de lave, et la rend introuvable pendant trois siècles, malgré de nombreuses recherches... Ce n'est qu'en 2005 qu'une équipe de scientifiques parvient enfin à la localiser. Et elle doit être aménagée dans les années qui viennent pour accueillir à nouveau des visiteurs !

➢ Depuis le ***centro de visitantes,*** petite ***rando*** qui emprunte la fin du GR 131 et descend jusqu'aux ***salines,*** dans un univers complètement minéral. *Dénivelée en descente de 605 m en 2h, env 6 km ; balisage rouge et blanc.* La seule difficulté est la dénivelée très raide, et l'exposition au soleil : à éviter par temps très chaud. L'idéal est de le faire en début de matinée, après la visite du *centro de visitantes.* Le sentier descend d'abord en lacet sur le flanc ouest du San Antonio jusqu'à rejoindre le GR 131. Prendre alors la piste qui descend sur la gauche pendant environ 1 km. Au carrefour (panneau d'info sur le volcan de Teneguía), prendre à droite, toujours le long du GR 131, qui contourne le cône du Teneguía par l'est. Le sentier est alors matérialisé par deux bordures de pierre (ne pas en sortir, la zone est protégée et fragile). Plus bas, suivre la route sur environ 100 m avant de retrouver le sentier sur la gauche. Dans la dernière portion, pure coulée volcanique de basalte, on recoupe deux fois la route avant d'arriver au phare et aux salines. Là, le resto ou la cafét' des salines, *El Jardín de la Sal,* n'attendent que vous !
– Pour remonter sur Los Canarios, ***bus nº 203*** ttes les 2h, 9h45-17h45 depuis le phare.

Playa Zamora Chica et playa La Zamora : *à env 8 km au sud-ouest de Los Canarios, par la LP-209 puis la LP-207, puis route à droite dans un virage (fléché), un peu avt le* Princess Hotel *; ou bus nº 203 puis 500 m à pied.* Deux charmantes criques de sable engoncées dans la falaise et séparées par un éperon rocheux. La *Zamora Chica* est la mieux aménagée, avec un escalier creusé dans la roche pour l'atteindre, une douche, et, en surplomb, le super petit ***Kiosco Zamora*** *(📱 676-86-72-64 ; tlj 11h-18h, ración 5-8 €),* et ses fruits de mer *a la plancha* : calamar et crevettes à se lécher les doigts !

Punta Larga : *sur la LP-207, env 3 km après l'*Hotel Princess, *embranchement sur la droite. Bus nº 203, arrêt à l'embranchement.* Un minuscule village de pêcheurs, aux quelques maisons toutes simples posées sur les rochers devant une anse de galets où l'on tire encore les barques (et éventuellement on s'y baigne aussi). Dans son jus ! Petit *chiringuito* sur place.

Playa Nueva : *sur la LP-207, env 3 km après Punta Larga, sur la droite. Bus nº 203.* Nichée dans le basalte, cette plage de sable et de galets a des airs de bout du monde, comme posée au milieu d'un désert minéral, dans le contraste éclatant de la pierre et de l'océan. Une de nos préférées ! C'est l'éruption de 1971 qui l'a modifiée, d'où son nom. Douche.

Las Salinas : *à la pointe sud de l'île, accès par la LP-209 puis la LP-207, ou par le bus nº 203 (voir « Arriver – Quitter »). ☎ 922-97-98-00. • salinasdefuencaliente.es • Tlj, de 10h30 à la tombée de la nuit. GRATUIT.* Entre les bassins, un parcours d'une vingtaine de minutes, jalonné de sept panneaux explicatifs, permet de mieux comprendre le processus. Si le gros de la production se fait de mai à octobre, avec la montée des eaux, l'évaporation, etc., le site reste actif toute l'année, et produit 60 t de sel par an (ainsi que 5 t de fleur de sel). Plutôt bien fait, et finalement belle balade, dans un paysage doublement minéral, entre le blanc du sel, l'anthracite des coulées de lave alentour et le bleu de l'océan. Sur place, boutique (dont de la fleur de sel parfumé au *mojo*), et bon resto (voir plus haut).

VILLA DE MAZO

(38730) 4 860 hab.

Échelonnés à flanc de montagne, tout en longueur sur la côte est, les villages et hameaux de Villa de Mazo ont tous en commun une longue tradition d'artisanat. Broderie, vannerie, poterie sont des arts ici toujours vivaces, des savoir-faire protégés, voire entretenus, puisque, outre un musée dédié, on y trouve même une école d'artisanat. C'est aussi sur la commune que l'on trouve un important site archéologique, la Cueva de Belmaco, témoignage du mode de vie des habitants préhispaniques de l'île.

Et comme ce n'est finalement qu'à 8 km de l'aéroport, cela peut même être une base intéressante pour rayonner alentour.

– Pas d'office de tourisme, mais pour pourrez trouver des infos sur le village à l'accueil de la Casa Roja ou de la Cueva de Belmaco, ou sur • *villademazo.es* • et • *artesaniadevillademazo.es* •

Arriver – Quitter

➢ ***Ligne 200** (circunvalación sur)* **:** c'est la ligne Los Llanos de Aridane-Santa Cruz et retour, via ***toutes les localités de la côte sud*** sur la LP-2 (et une partie de la LP-206 sur la côte est) : Las Manchas, Fuencaliente, Villa de Mazo et San José (Breña Baja). De Santa Cruz, ttes les 2h 6h15 (8h15 le w-e)-22h30, dernier passage à Villa de Mazo vers 20h30 ; de Los Llanos ttes les 2h 6h15 (8h15 le w-e)-20h15, dernier passage à Villa de Mazo vers 21h10. Compter env 20 mn depuis Santa Cruz, 1h pour Los Llanos de Aridane.

➢ ***Ligne 201 :*** une boucle ***Santa Cruz-Fuencaliente,*** via ***Hoyo de Mazo*** et ***Mazo par la LP-2,*** env ttes les 2h, 6h-20h depuis Los Canarios (slt 4 liaisons le dim), 7h15-19h15 depuis Santa Cruz (slt 4 liaisons le dim). Compter 15-20 mn pour le trajet Santa Cruz-Mazo, et 15 mn pour la portion Mazo-Fuencaliente.

Où dormir ?

☗ ***Hotel Rural Finca Arminda :*** *Lodero, 181.* ☎ *922-42-82-90.* • *info@fincaarminda.es* • *fincaarminda.es* • *Depuis Villa de Mazo, rejoindre la LP-2 et continuer sur env 1,5 km sur la gauche vers le nord, c'est la maison blanche en retrait, un peu après le Bar Las Brisas sur la droite. Doubles 95-120 €, petit déj inclus. Séjour min 3 j.* Dans un joli jardin, une belle *finca* traditionnelle toute blanche, rénovée et meublée avec soin pour conserver son caractère à la demeure. À peine 6 chambres, de tailles diverses, avec accès direct à la terrasse, ce qui en fait une adresse intime. De la terrasse, où le petit déj est servi, vue plongeante vers la mer. Petite piscine pour se rafraîchir. Une adresse de charme.

☗ ***Casa rural El Molino :*** *camino Monte de Pueblo, 29. Gérée par* Isla Bonita *(voir « Adresses utiles » à Santa Cruz de La Palma ;* ☎ *922-43-06-25 ;* • *islabonita.es* •*). Dans le hameau de Monte Pueblo, en contrebas de Villa de Mazo, accès depuis la LP-2 (fléché « Ceramica El Molino »). Compter 50-60 € pour 2 pers, jusqu'à 96 € pour 5 pers.* 📶 Une adresse un peu différente, qui fait partie du centre artisanal *El Molino* : le propriétaire, c'est le potier, assez caustique ! Une maison paysanne indépendante dans le dédale de sentiers qui parcourt le jardin, retapée dans un esprit rustique, et qui, avec ses 3 chambres (dont 2 doubles), peut accueillir jusqu'à 5 convives. Barbecue, et belle terrasse sur le toit, aussi agréable pour parler à la lune et aux étoiles que pour se dorer au soleil.

À voir. À faire

Casa Roja : *c/ Maximiliano Pérez Díaz. ☎ 922-42-85-87. Dans le centre de Villa de Mazo, une noble demeure rouge et blanc, bien fléchée. Lun-sam 10h-14h. Entrée : 2 €.* Cette imposante bâtisse fut édifiée au début du XXe s pour un Indiano, l'un de ces émigrés canariens ayant fait fortune aux Z'Amériques (en l'occurrence, au Venezuela). D'où sa prestance, son superbe escalier en *tea,* et sa belle hauteur son plafond. Le rez-de-chaussée est consacré aux étonnantes compositions de papiers et palmes confectionnés pour le Corpus Christi, chaque année (fête particulièrement célébrée à Villa de Mazo). Au 1er étage, c'est la broderie et la dentelle qui sont à l'honneur, sur lin, sur coton ou sur soie, en relief ou en points savants, un travail d'une grande précision. Petite boutique.

Mercadillo : *c/ Dr Morera Bravo. Dans le centre de Villa de Mazo, un peu en dessous de la Casa Roja. Sam 15h-19h, dim 9h-13h.* Certes c'est un marché, tous les week-ends, mais cela vaut aussi la visite. Produits frais des agriculteurs et producteurs de la région, mais aussi artisanat local (bien vérifier quand même), en particulier dentelles et broderies. Le village, bien calme en semaine, s'anime alors.

Cueva de Belmaco : *sur la LP-2, à env 4 km au sud de Villa de Mazo, entre les hameaux de Malpaises et de Hoyo de Mazo, sur la droite depuis Fuencaliente. En bus, ligne 201 depuis Villa de Mazo, Santa Cruz ou Fuencaliente (arrêt à proximité, demander au chauffeur). ☎ 922-44-00-90. Lun-sam 10h-15h. Entrée : 2 €.* Une visite tout à fait complémentaire de celle de la Zarza. Les deux salles du petit musée présentent le matériel archéo trouvé sur différents sites alentour, et les rites funéraires. Au 1er étage se trouvent les poteries et les outils utilisés pour les réaliser : pierres acérées pour les motifs, pierre de polissage... La suite se passe en plein air, le long d'un parcours de 20-30 mn de marche qui, après être passé sous un pont (c'est la LP-2 qui passe au-dessus), conduit le long du ruisseau dans le barranco de Belmaco. Au fond, une grotte abrite la reconstitution d'un habitat des Benahoarites. Sur les parois rocheuses, quelques pétroglyphes, dont un très ancien, probalement du Ve s. Le reste du parcours est ponctué de panneaux sur la flore et l'agriculture. Théoriquement, le sentier fait ensuite une boucle pour revenir par l'autre rive du *barranco,* mais aux dernières nouvelles la fin du sentier était fermée pour rénovation.

Taller de Cerámica y museo El Molino : *camino Monte de Pueblo. ☎ 922-44-02-13. Dans le hameau de Monte Pueblo, en contrebas de Villa de Mazo, accès depuis la LP-2 (fléché « Ceramica El Molino »). Musée lun-sam 9h-13h, 15h-19h ; atelier 8h-13h, 15h-18h. GRATUIT.* C'est ici que maître Ramón, depuis les années 1970, travaille l'argile selon les techniques qu'il a retrouvées, afin de s'approcher au plus près des poteries découvertes sur les sites des Benahoarites. La visite de l'atelier permet d'assister aux différentes étapes de la fabrication des pots de toutes tailles, monochromes. Le processus est assez long, avec des jours de pause pour raffermir l'argile fraîchement gravée avant de la polir. La plupart des outils sont fabriqués par le potier lui-même, et aucun tour n'est utilisé pour monter les pièces. Cela donne une poterie d'aspect assez rustique, mais qui ne manque pas de charme lorsqu'elle est finement réalisée, comme ici. Contigu à l'atelier, le moulin à *gofio,* surmonté d'une sorte de verrière multicolore, accueille aujourd'hui un petit musée ethnographique, avec outils anciens, mesures, etc., et un petit film qui présente aussi le travail de

Ramón (version française un peu approximative). Enfin, boutique, pour qui veut rapporter une belle poterie de style préhispanique à la *casa*.

Playa La Salemera (ou Arenas Blancas) : *depuis la Cueva de Belmaco, suivre la LP-2 vers le nord sur env 1,5 km, puis prendre à droite (fléchage « La Salemera ») et descendre les lacets jusqu'à la mer (env 4 km).* Mi-balnéaire mi-village de pêcheurs avec sa grosse poignée de maisons basses et ses petites barques colorées tirées sur les galets ; le sable de cette crique reste tout aussi sombre et volcanique que celui de ses voisines : ne pas se fier au « *blancas* » de son surnom ! Vraiment tranquille pour s'offrir une baignade, et le ***Kiosco Playa Salemera*** *(tlj sf mar 12h-20h ; bon marché)* permet de déjeuner sur place de poisson frais à bon compte.

EL HIERRO

ABC
DE EL HIERRO

- *Superficie :* 278 km².
- *Dimensions :* 29 km de long sur 15 km de large.
- *Point culminant :* le pico Malpaso (1 501 m).
- *Population :* 10 979 hab. (2013).
- *Capitale :* Valverde.
- *Dernière éruption volcanique :* le 10 novembre 2011, à 2 km au large du port de La Restinga.
- *Spécialité gastronomique :* le *queso herreño,* fromage frais ou fumé, majoritairement au lait de chèvre (mélangé à du lait de brebis et de vache).

Pour la carte générale d'El Hierro, se reporter au cahier couleur.

Longtemps El Hierro marqua la fin du monde connu. Il fallut trois caravelles et un commandant génois pour imaginer que plus loin à l'ouest, au-delà de l'océan, existait un continent. Que la terre ne s'arrêtait pas à ce bout de rocher noir déchiqueté par le tumulte des vagues, à cette montagne dans la mer en forme de boomerang, austère et sauvage. Alors oui, aujourd'hui, la plus petite île des Canaries n'est plus au bout du monde. Pourtant, lorsqu'on arpente ses crêtes volcaniques battues par les vents ou engluées dans la brume, lorsqu'on traverse ses villages isolés peuplés de chats plus que d'habitants, lorsqu'on s'égare entre les murets en pierres sèches de ses pâturages âpres, hérissés d'arbres à qui le vent fait courber l'échine, le tumulte du monde paraît bien loin. Découvrir El Hierro c'est faire l'expérience de nuits de silence laissant le champ libre aux étoiles. De balades entre fraîcheur des hauteurs et sécheresse des côtes, sur les pas

des bergers herreños d'hier et de leur vie de labeur, entravée par le manque d'eau. C'est sauter de mirador en mirador pour embrasser l'île sous toutes ses coutures, catalogue de coulée de lave et de falaises rêches que viennent trancher forêts de pins ou de lauriers, et l'immense amphithéâtre d'El Golfo, plaine agricole taillée dans les montagnes. C'est profiter, à défaut de plages, d'un chapelet de piscines naturelles creusées dans le basalte, ouvertes sur l'océan. C'est enfin explorer les fonds sous-marins exceptionnels de la réserve marine Mar de las Calmas, encore peu fréquentés. L'île n'est pas grande, on en fait vite le tour, mais ses atouts naturels offrent à qui recherche le calme de quoi couler quelques jours tranquilles.

UN PEU D'HISTOIRE

Dernière-née des îles de l'archipel, El Hierro fut d'abord habitée par un peuple de culture néolithique, les Bimbaches, dont on suppose qu'ils arrivèrent d'Afrique du Nord vers 120 apr. J.-C. Installés dans les grottes de l'île, les Bimbaches vivaient de cueillette et d'élevage (chèvres et porcs), et vénéraient, semble-t-il, un cochon sacré, entre autres divinités. Peuple pacifique, ils opposèrent peu de résistance à la conquête espagnole, menée par le Normand Jean de Béthencourt au début du XVe s. D'abord réduits en esclavage, ils se mêlèrent ensuite à la nouvelle population de paysans venus du continent, dans une société féodale qui perdura jusqu'au XIXe s. Au XXe s, nombre de Herreños émigrèrent vers les plus grandes îles de l'archipel et vers l'Amérique du Sud (le Venezuela notamment), avant qu'une partie d'entre eux ne rentrent au pays... puis ne repartent, chassés par la récente crise frappant l'Espagne. Aujourd'hui, El Hierro vit principalement d'agriculture (élevage, vigne, fruitiers), de pêche et, depuis peu, du tourisme.

PERFIDE ALBION

Au IIe s de notre ère, le géographe grec Ptolémée fixe le passage du méridien 0 à la pointe occidentale d'El Hierro. L'île est alors la terre la plus à l'ouest du monde antique. Quelques siècles plus tard, malgré la découverte de l'Amérique, El Hierro reste toujours l'île méridienne. Il faudra attendre 1884 pour qu'elle soit supplantée par Greenwich comme méridien de référence.

EL HIERRO, L'ÎLE ÉCOLO

Depuis plusieurs années déjà, El Hierro s'engage sur la voie du développement durable. Dès 1997 fut créée, sur la côte occidentale de l'île, une réserve marine de 750 ha, la Mar de las Calmas. Autour n'est autorisée que la pêche à la ligne, de quoi permettre aux stocks de poissons (thons notamment) de se reconstituer. En 2000, c'est l'île tout entière qui fut classée « Réserve naturelle de la biosphère » par l'Unesco. Depuis, des programmes encouragent la conversion de l'agriculture insulaire au bio, les vaches sont progressivement remplacées par des moutons qui abîment moins les sols. En 2013, première mondiale, El Hierro se dote d'une centrale hydroéolienne publique qui devrait assurer dès 2014 son autonomie totale en électricité, et ce en utilisant uniquement les énergies renouvelables ! Sur le papier, le système est assez simple. Utilisant la force du vent, cinq éoliennes produisent l'électricité nécessaire à toute l'île, et utilisent l'excédent d'énergie pour acheminer de l'eau d'un bassin situé au niveau de la mer jusqu'à un second bassin creusé en altitude. Quand il n'y a pas de vent, l'eau prend le relais. Les vannes du bassin supérieur sont ouvertes, entraînant des turbines qui produisent à leur tour suffisamment d'électricité pour alimenter l'île. Ainsi, grâce à la combinaison de deux énergies renouvelables, le courant n'est jamais coupé ! Enfin presque. Si jamais le vent tarde à faire son retour (les bassins n'offrent que 2 jours d'autonomie), on relance la bonne vieille centrale à fioul… Et les autorités insulaires ne comptent pas s'arrêter là. À terme, la centrale devrait également alimenter une usine de dessalement de l'eau de mer, et permettre de remplacer tous les véhicules à essence d'El Hierro par des véhicules électriques. Des bornes de recharge ont déjà été disséminées un peu partout sur l'île.

RANDONNER ET PLONGER À EL HIERRO

– ***La randonnée :*** El Hierro est sillonnée par 260 km de sentiers, distribués en 12 circuits de différents niveaux de difficulté, tous très bien balisés. Ils sont classés en 3 ***catégories*** : les *senderos locales* (balades familiales faciles, balisage vert), les *senderos de pequeño recorrido* (PR, un peu plus long ; balisage jaune et blanc) et enfin un seul *sendero de gran recorrido,* le *camino de la Virgen* (GR131 ; balisage blanc et rouge). Pour être complets, citons enfin le *sendero circular,* qui fait le tour de l'île. Une carte bien fichue (la *Red de Senderos*), distribuée gratuitement par l'office de tourisme, répertorie tous ces sentiers, avec temps de parcours et niveau de difficulté. Nous vous indiquons au fil des pages les randos et balades les plus intéressantes. Le souci est que de nombreux parcours (pas tous) ne font pas une boucle ni ne permettent de faire l'aller et le retour dans la même journée, à moins de se taper 12h de marche ! Il faudra alors essayer d'attraper un bus (il y en a peu) ou faire appel à un taxi pour revenir à son point de départ.
Autre option, faire appel à Enrica et Paolo de l'***agence Atlantidea.*** Ils organisent des randonnées guidées (en anglais, espagnol ou italien) en petits groupes, adaptées aux envies et au niveau de chacun, et nourrissent la promenade de riches infos culturelles sur El Hierro. De quoi marcher intelligent ! *À partir de 30 €/pers (2 pers min). ▯ 649-65-09-13. • atlantidea.net •*
Pour ceux qui voudraient suivre le *camino de la Virgen,* qui traverse toute l'île dans la longueur en suivant les dorsales volcaniques, le mieux est de couper le trajet en 2 (à la Cruz de los Reyes par exemple). Compter au total 28 km et au moins 10h de marche. Et encore, le *camino de la Virgen* n'est qu'une portion du GR131. Le sentier complet court sur 37,5 km du Faro de Orchilla à El Tamaduste ou au Puerto de La Estaca. Mais là, ça commence à faire vraiment copieux !
– ***La plongée :*** on compte 9 clubs de plongée sur l'île (liste complète à l'office de tourisme). Aucun d'entre eux ne dispose d'instructeurs francophones. Lire également plus bas le chapitre « La Restinga ».
– ***Le parapente :*** vols accompagnés au-dessus de l'amphithéâtre naturel d'El Golfo. *Compter env 60 € le vol. Rens : ▯ 629-12-48-38 (Juan-Luís).*
– ***La pêche :*** à la ligne, depuis la côte. Permis obligatoire (15 €), valable 2 ans sur tout l'archipel. Si vous ne vous l'êtes pas encore procuré, renseignements à l'office de tourisme.

Comment y aller ?

À la descente du bateau comme de l'avion, un bus amène les voyageurs jusqu'à Valverde (1 €, env 15 mn de trajet). Ne le ratez pas, il n'y en a qu'un ! On peut sinon prendre le taxi (lire également plus bas « Comment se déplacer sur l'île ? »). Compter env 9-10 € pour Valverde.
Attention : les fréquences de rotation plus bas sont données à titre indicatif, elles changent souvent. Renseignez-vous auprès de la compagnie concernée avant d'organiser votre voyage.

En avion

✈ Le minuscule ***aéroport*** *(☎ 922-55-37-00)* est situé à 9 km à l'est de Valverde. Dans le hall de livraison des bagages, bureaux des ***agences***

de location de voitures *Cicar* et *Autos Bamir (lire également plus bas « Comment se déplacer sur l'île ? »). Avis* est situé un peu plus loin, au-dessus de l'aéroport, mais vient vous livrer votre voiture sur le parking. Également un ***kiosque d'infos touristiques,*** ouvert à l'arrivée des vols. On peut y récupérer une carte de l'île et de ses sentiers, et les horaires des sites à visiter. Pour tuer le temps avant d'embarquer, ***café*** avec une sympathique terrasse juchée au-dessus de l'océan.

Les liaisons aériennes sont assurées par *Binter Canarias (☎ 902-39-13-92 ; ● bintercanarias.com ●). Bureau à l'aéroport tlj 7h30-13h (11h30 mar, mer et sam), 14h30-18h.*

➢ ***Tenerife Norte :*** 2-4 vols/j. Durée : env 40 mn.

➢ ***Tenerife Sur :*** 1-2 vols/sem. Durée : env 40 mn.

➢ ***Gran Canaria :*** 1 vol/j. Durée : env 50 mn.

En ferry

Départ et arrivée au ***Puerto de la Estaca,*** à 9 km à l'est de Valverde. Cafétéria pour passer le temps. Bureau des agences de location de voitures *Cicar* et *Autos Bamir.* Rien d'autre sur place, à peine quelques voiliers au mouillage.

Fred Olsen ayant jusqu'à nouvel ordre suspendu sa desserte, la liaison n'est assurée que par *Naviera Armas (☎ 902-45-65-00, central d'appel tlj 8h-20h ; ● navieraarmas.com ●). Bureau ouv lun-mer 9h (9h30 mar)-14h ; jeu-ven 5h30-14h30 ; dim 13h30-15h30 ; fermé sam.*

Début 2014, les horaires étaient les suivants :

➢ ***De/vers Los Cristianos*** *(Tenerife)* **:** départ de El Hierro lun, mer et ven 14h, mar et jeu 7h et dim 16h. Dans l'autre sens, départ lun-ven 17h30, dim 19h30. Durée : env 4h. Compter 75-100 € A/R par pers selon période. Ajouter env 15 €/véhicule.

EL HIERRO

Comment se déplacer sur l'île ?

En bus

Au départ de Valverde, la capitale, une dizaine de lignes de ***guaguas*** (bus) relient tous les villages de l'île. Cependant, les fréquences de passage sont très faibles (en moyenne 4 bus/j., slt 2-3 le w-e), et les bus ne desservent pas la partie ouest de l'île, où se trouvent certains des sites naturels les plus impressionnants d'El Hierro. Pas de bus non plus pour la plupart des piscines naturelles, des miradors ou des départs de rando, ni pour rejoindre l'unique camping local. *Compter 1 € le trajet (par tronçon, on repaie si l'on change de bus ; carte 15 trajets à 12 €). Horaires et plan du réseau à l'office de tourisme ou sur ● transhierro.es ● ☎ 922-55-11-75.*

En taxi

Le taxi peut se révéler pratique, notamment pour retourner à son point de départ après une rando, d'autant que les tarifs sont raisonnables et les distances assez faibles. *Charge min env 3,40 €, puis 0,60 €/km. Majoration d'env 0,30 € la nuit.* Pour commander un taxi, appeler la coopérative des transports au *☎ 922-55-07-29.*

En voiture de location

Vu la faiblesse des transports publics locaux, c'est de loin le moyen le plus pratique de sillonner l'île, notamment pour découvrir ses coins sauvages les plus reculés. *Compter env 38 €/j. pour une petite voiture, dégressif selon nombre de jours.* Pas de souci pour la conduite, les routes et la signalisation sont bonnes. Attention, l'île ne compte que 3 stations-service, à Valverde, El Pinar et El Golfo/La Frontera.

Plusieurs compagnies de location :

■ ***Autos Bamir :*** *bureau principal à* ***Valverde*** *(c/ Dr Quintero, 27 ; ☎ 922-55-01-83 ; ● autosbamir.es ●). Antennes à l'aéroport (☎ 922-55-12-91), au port (📱 659-01-35-88) et à* ***El Golfo/La Frontera*** *(sur les ramblas de Tigaday, en montant vers le centre du village ; ☎ 922-55-97-23).* La compagnie locale.

■ ***Cicar :*** *bureaux à l'aéroport et au*

port. ☎ *902-24-44-44.* • *cicar.com* • ■ ***Avis :*** *bureau au-dessus de l'aéroport.* ☎ *922-55-40-01.* • *avis.es* • Peut venir vous livrer la voiture.

Infos utiles

– N'hésitez pas à aller surfer sur le ***site internet très complet*** de l'office de tourisme local : • *elhierro.travel* • Par ailleurs, pour ceux qui possèdent un smartphone, on trouve sur chaque site remarquable de l'île un « QR code » à flasher pour obtenir plus d'informations. El Hierro compte même son application mobile, *elhierrotesigue* (en espagnol et anglais).

– ***Se loger :*** El Hierro ne compte qu'***un seul camping,*** à El Pinar, et à peine une douzaine d'hôtels et pensions. En revanche, l'île regorge de ***casas rurales*** (qui fonctionnent comme des gîtes). *Loc pour 3 j. min, à partir de 50 €/j. pour 2 pers. Central de résa en ligne :* • *grantural.com* • Autre option, la ***location d'appartements,*** surtout à La Restinga et à El Golfo/La Frontera. *À partir de 30-35 €/j. pour 2 pers.* La ***haute saison*** s'étend en gros de juillet (parfois juin) à septembre. Durant cette période, les tarifs augmentent parfois – mais pas toujours – de quelques euros. Tous les établissements (*casas rurales,* hôtels, apparts...) sont répertoriés sur le site internet de l'office de tourisme.

– ***Se connecter à Internet :*** les autorités insulaires prétendent que le wifi est accessible gratuitement sur tout le territoire de l'île, ce qui n'est que très partiellement vrai... En réalité, une trentaine de bornes ont été disséminées sur El Hierro, près desquelles on peut effectivement profiter d'une connexion gratuite, mais à seulement 256 kb/s. Très, très lent donc... La plupart des hôtels disposent sinon d'une connexion wifi et, plus rarement, d'un ordinateur en libre-service.

VALVERDE (VILLA DE VALVERDE)

(38900) env 1 660 hab. (env 5 000 hab. sur la commune)

À Valverde, c'est tous les jours dimanche. Étagée à 600 m d'altitude sur les flancs de collines pelées dominant l'océan, la modeste capitale locale est si tranquille qu'on la croirait endormie. Pas grand-chose à faire à Valverde même, mais la ville peut constituer un bon camp de base, d'autant qu'on y trouve tous les commerces et services indispensables.

Adresses utiles

ℹ ***Office de tourisme :*** *c/ Dr Quintero, 4 (dans la rue principale).* ☎ *922-55-03-02.* • *elhierro.travel* • *Lun-ven 8h-15h.* Bon accueil, avec plein de doc sur les randos (carte), la plongée, la liste des hébergements et des restos, les horaires des sites à visiter, etc. Demander Cristina, elle parle français.

✉ ***Correos :*** *c/ Correos, tt simplement ! À l'entrée de la ville, sur la gauche 150 m après la station-service. Lun-ven 8h30-14h30, sam 9h30-13h.* Vente de cartes postales.

@ ***Cybercafé Informática :*** *c/ Licenciado Bueno (la rue qui part face à Caja Canarias, à l'angle de la c/ San Francisco). En principe, ouv lun-ven 10h-16h, mais parfois fermé en cas de dépannage à domicile.* Une demi-douzaine de postes.

🚌 ***Gare routière :*** *c/ El Molino, dans le quartier du stade, à la sortie de la ville direction El Pinar.* ☎ *922-55-11-75.* • *transhierro.es* • Bus pour El Pinar via San Andrés (nº 2), pour La Frontera (El Golfo) via El Mocanal (nº 3), pour

Isora-San Andrés-Guarazoca-Erese-El Mocanal (nº 5), pour La Caleta et El Tamaduste (nº 6), pour le Puerto de la Estaca et le *Parador* (côte est ; nº 7) et enfin bus à la demande pour Echedo et le Pozo Las Calcosas *(nº 9 ; appeler le ☎ 922-55-07-29).* Pour chaque ligne, slt 4 bus/j. en moyenne (2-3 le w-e).

■ *Nombreuses* ***banques*** *avec distributeurs automatiques dans la rue principale (c/ Dr Quintero), notamment le* Banco Santander, *à côté de l'office de tourisme.*

■ ***Station-service Disa :*** *à l'entrée de la ville en venant de l'aéroport. Tlj 6h-22h.*

■ ***Farmacia :*** *c/ San Francisco, 8 (dans le prolongement de la c/ Quintero). En cas d'urgence, ☎ 922-55-03-04 ou 📱 699-04-10-51. Lun-ven 9h-13h30, 16h45-19h30 ; sam 9h15-13h.*

✚ ***Hospital insular Nostra Señora de los Reyes :*** *c/ Los Barriales, à la sortie de la ville direction El Mocanal. ☎ 922-55-35-00.*

■ ***Supermarché Terencio :*** *c/ San Juan, face au stade, à la sortie de la ville direction El Pinar. Lun-ven 9h-20h30, sam 9h-20h.* Bien fourni, idéal pour se confectionner un pique-nique. Vins et fromages locaux également.

– ***Petit marché :*** *sam mat, en face de l'hôpital (à la sortie de la ville direction El Mocanal).*

Où dormir à Valverde et dans les environs ?

Bon marché (moins de 40 €)

⌂ ***Hostal-residencia Casañas :*** *c/ San Francisco, 9, à Valverde. Dans le centre, dans le prolongement de la c/ Dr Quintero. ☎ 922-55-02-54. Double 39 €. Pas de petit déj.* Modeste pension installée dans un petit immeuble du centre-ville. Chambres basiques mais bien tenues et assez grandes, avec salle d'eau et lits individuels. Les plus agréables s'ouvrent sur une terrasse-véranda donnant sur l'océan. Café au pied de l'immeuble pour le petit déj. Accueil morne, dommage.

De prix moyens à chic (40-90 €)

⌂ ***Hotel Boomerang :*** *c/ Dr Gost, 1, à Valverde. ☎ 922-55-02-00. • reservas@hotel-boomerang.com • hotel-boomerang.com • En contrebas du centre, à deux pas de l'église. En voiture, descendre la rue qui passe devant la mairie, à gauche juste après l'office de tourisme, et faire le tour de l'église puis du lycée. Double avec sdb et TV 60 €. Pas de petit déj.* 📶 Dans une longue bâtisse fraîchement repeinte, une vingtaine de vastes chambres au carrelage clinquant, désuètes mais impeccables. Pas vraiment de vue, une moitié donne sur l'arrière, et pour l'autre il faudra se tordre le cou pour apercevoir un peu de bleu. À moins d'obtenir, pour le même prix, l'unique chambre s'ouvrant sur une terrasse... Loue également des apparts à El Tamaduste *(min 60 €/j. pour 2 pers).*

⌂ ***Casa rural Tía Lucila :*** *à* ***Erese*** *(38916), à 6 km à l'ouest de Valverde direction Mirador de la Peña. ☎ 922-55-14-88. • armones@hotmail.com • casaruraltialucila.com • Compter 50 €/j. pour 2 pers (3 nuits min).* Classée 4 épis, une coquette maisonnette en pierre à flanc de colline, bordée d'un jardin en terrasses dominant l'océan. Seulement une chambre, avec lit double, et un salon-cuisine. Barbecue.

⌂ ***Hotel Villa El Mocanal :*** *c/ Barlovento 18, 38916* ***El Mocanal.*** *☎ 922-55-03-73. • info@villaelmocanal.com • villaelmocanal.com • À 3 km à l'ouest de Valverde (fléché). Doubles 40-72 € selon type de chambre ; petit déj 5 €. Dîner 14 €.* 💻 📶 Tout entier tourné vers l'océan, ce petit hôtel récent compte seulement 15 chambres, vastes et sobres, drapées de couleurs chaudes. Toutes regardent la mer, les plus chères depuis un balcon voire, top du top, depuis une longue terrasse semée de transats. Bon confort, avec TV et 2 lits *queen*. Piscine. Resto de l'autre côté de la route.

Où manger ?

De très bon marché à bon marché (max 12 €)

Tasca El Secreto : *c/ Dr Quintero Ramos, 2 (au centre). ☎ 922-55-06-58. Tlj sf dim 12h-16h, 19h30-23h. Plats 7,50-9 € (servis également en portions tapas).* Un drôle de lieu, à la fois intime et déroutant, entre le salon de thé, la boutique d'antiquaire et la galerie d'art contemporain. Seulement une poignée de tables, dépareillées et bariolées, disposées entre lustres vieillots, canapés rétros et tableaux criards accrochés sur de grands à-plats de couleurs. Y a même un lit à baldaquin, et une bibliothèque ornée d'un antique poste de radio. À la manœuvre, un duo de femmes, concoctant au gré des arrivages une gentille cuisine maison, des plats du jour griffonnés sur une feuille de cahier. Croquettes, salades, grillades, desserts maison... Des petits plats simples à arroser d'un verre de vin du cru.

Bar-restaurante El Encuentro : *c/ Los Barrioles, 4. ☎ 922-55-19-09. En face de l'hôpital, à la sortie de la ville direction El Mocanal. Tlj 6h (7h dim)-2h. Repas servis à partir de 13h. Bocadillos et tapas 2,40-3 € ; menu du jour (servi midi et soir) 8,50 €.* Sympathique troquet populaire où se taper un solide menu du jour basique mais roboratif, du genre soupe, steak, frites et café inclus. Également des sandwichs, et quelques tapas en vitrine. Pas mal d'habitués, venus se siffler une bière au comptoir ou squatter la petite terrasse abritée sous une pergola.

Prix moyens (12-24 €)

La Mirada Profunda : *c/ Santiago, 25. ☎ 922-55-17-87. À la sortie de la ville direction El Mocanal (à 150 m de la station-service). Tlj sf lun 13h-16h, 20h-23h30. Repas 20-25 €.* Sans doute la meilleure table de l'île. Pas de carte, le chef, Antonio García Corujo, vient en personne énoncer les propositions du jour, en français s'il vous plaît. Un artisan, ce chef, que l'on observe, à travers le passe-plat, confectionner ses plats avec douceur et minutie. De ses stages chez Georges Blanc, à Bourg-en-Bresse, il n'a pas rapporté que la langue, mais aussi le roquefort, le magret, et l'art de la vinaigrette. Pas de quoi lui faire oublier pour autant les produits d'El Hierro, les légumes de saison qu'il sait rendre fondants. Une cuisine d'amoureux du métier, fine et créative, à déguster dans une salle intime et chaleureuse. Service soigné, enfin.

Où boire un verre ? Où sortir ?

Les nuits d'El Hierro ne sont pas des plus délurées – c'est un euphémisme – et pour cause, l'île compte très peu d'habitants, et pas un seul étudiant. Entre 18 et 24 ans, la plupart des jeunes partent poursuivre leurs études ailleurs, sur les plus grandes îles ou sur le continent.

Café La Balustrada : *c/ Dr Quintero, 25. ☎ 922-55-06-78. Au centre. Tlj 6h-22h (23h ven-sam).* Un petit rade tout coloré, presque vintage avec son vieux comptoir carrelé au-dessus duquel s'entassent les bouteilles, rangées dans des casiers suspendus au plafond. La télé crachote dans un coin, mais le vrai spectacle c'est l'océan, qui s'étend en contrebas des 3 tables dressées en terrasse, sous les parasols et les frondaisons, le long de ladite balustrade. Pas mal pour se jeter une mousse, un café, un jus de mangue, à n'importe quelle heure de la journée.

Taberna La Villa : *c/ General Rodríguez y Espinosa, 10. ☎ 922-55-19-07. Place de la mairie, en contrebas de l'office de tourisme. Lun-jeu 20h-minuit ; ven-sam 19h30-2h ; fermé dim.* Tout en bois, rehaussé d'une mezzanine, voilà comme qui dirait LE pub de la ville, où toutes les générations se retrouvent pour écluser quelques chopines. Sympathique brouhaha les jours d'affluence (le week-end en général). En semaine, on entend parfois les mouches voler... On peut y grignoter quelque chose, jusqu'à la fermeture de la cuisine, à 23h. Juste à côté, ***El Chavelazo*** recueille les noceurs *(en principe ven-sam de 22h à 2-3h du mat ; pas toujours ouvert, cela dit).* Au-dessus, au bout du passage couvert, le ***Fierro Club*** fait office de night-club, mais l'hiver seulement. L'été, on va guincher sur la « côte », à El Golfo.

Achats

Fábrica de quesadillas Adrián Gutiérrez y hijas : *c/ 22 de Febrero. ☎ 922-55-02-27. Dans le bas de la ville (fléché au niveau de la station-service). Tlj 8h-20h.* Dans cette fabrique familiale, on produit depuis 1900 des *quesadillas,* ces bonnes grosses madeleines locales préparées avec du *queso herreño* et parfumées à l'anis, au citron et à la cannelle. À acheter à l'unité ou en boîtes de 6 ou 20.

À voir

Le centre-ville : courte balade dans la mignonne rue principale, la ***calle Doctor Quintero,*** pavée et bordée de bâtisses blanches aux encadrements colorés, dans lesquelles logent boutiques et cafés. En contrebas de l'office de tourisme, l'élégante ***plaza 3 de Abril*** descend en escaliers ourlés de balustrades vers le seul monument notable de la ville, l'***iglesia de la Concepción.*** Un imposant édifice à trois nefs, bâti à la fin du XVIIIe s en gros blocs de basalte partiellement chaulés. Petit clocher à bulbe pour coiffer le tout. Intérieur sobre, avec murs blancs et plafonds à caissons. Occupant le chœur, un retable polychrome. Au-dessus de l'église, belle bâtisse de la ***mairie*** *(ayuntamiento),* dominant une drôle d'esplanade circulaire au pavement en losanges.

Centro etnográfico Casa de las Quinteras : *c/ Armas Martell. ☎ 922-55-20-26. Dans le haut de la ville. Du centre, accès à pied par la c/ Licenciado Bueno, qui grimpe à l'angle de la c/ San Francisco, face à Caja Canarias. Lun-ven 9h-14h. Entrée : 3,50 €.* Minuscule musée ethnographique, installé dans une belle maison en pierre volcanique entourée de jardins en terrasses. Seulement trois salles, évoquant, à travers quelques objets, l'artisanat du siècle dernier : soufflet de forge, métier à tisser, lainages et outils de tisserands, ustensiles de cuisine en bois et céramique. Explications en espagnol seulement. Vraiment pas grand-chose à voir, dans le genre mieux vaut visiter l'*ecomuseo Casa Guinea* à El Golfo. Boutique.

➢ Pour qui s'intéresse aux énergies renouvelables, détour possible par un ***point de vue*** sur les cinq éoliennes d'El Hierro, à 1 km de Valverde sur la route de San Andrés (HI-1). Un schéma y explique le fonctionnement de la centrale hydroéolienne de l'île, à la pointe dans ce domaine (lire également plus haut « El Hierro, l'île écolo »).

LE NORD, DANS LES ENVIRONS DE VALVERDE

Charco Manso : *à env 8 km au nord de Valverde. Accès par le village d'Echedo (fléché). Pas de bus (il s'arrête à Echedo).* On atteint d'abord le village rural d'***Echedo,*** étalé dans un labyrinthe de cultures en terrasses dont la plupart sont désormais en friche. Puis la route, étroite, dévale sur 4 km la colline tapissée de *tabaibas* (variété d'euphorbe) et de saladelles, jusqu'à rejoindre la côte formant une dentelle de criques de basalte. La plus longue d'entre elles, bien protégée du ressac, a été aménagée pour la baignade, avec échelles, terrasses pour étaler sa serviette, emplacements pour barbecue. À Echedo, petit resto familial traditionnel, *La Higuera de la Abuela (☎ 922-55-10-26 ; ouv l'été slt).* Joli patio.

Pozo de las Calcosas : *à 9 km au nord-ouest de Valverde via El Mocanal. Bus nº 9 (sur demande au ☎ 922-55-07-29 ; 4 liaisons/j. en sem, 2 le w-e).* Petite baie rocailleuse, lovée au pied de hautes falaises (ça descend sec) et bordée de deux grandes piscines naturelles que l'océan se charge d'alimenter. À l'arrière, coincés entre les falaises et le front de mer, s'entassent de modestes bungalows en grosse pierre noire et toit de paille tressée, réminiscence d'un ancien village de pêcheurs désormais converti en un lieu de villégiature populaire, seulement habité l'été. En haut des falaises, quelques gargotes, ouvertes en saison.

Le mirador de la Peña : *à 8 km à l'ouest de Valverde (fléché). Bus nº 5 (4/j. en sem ; 3 le w-e).* Vue panoramique vertigineuse sur la côte ouest, les roques de Salmor plantés aux avant-postes dans l'océan, puis la plaine agricole d'El Golfo, étendue au pied d'un rempart de montagnes culminant à 1 000 m d'altitude. Les masses grises ne sont pas des serres, mais des filets protégeant les champs de bananiers. Au loin, agrippé au roc, le village de Sabinosa. En dessous, au bord de l'eau, le Pozo de la Salud. Beau resto (lire ci-dessous).

Restaurant du Mirador : *☎ 922-55-03-00. Tlj 11h-22h30 ; service 12h30-15h30, 19h-22h30. Plats 12-19 €, menu 15 €.* Dessiné par César Manrique (l'artiste emblématique de Lanzarote), encadré d'un jardin de plantes endémiques, ce superbe restaurant en pierre rongée par la mousse épouse si bien le paysage qu'on le croirait taillé dans la montagne. On descend quelques marches pour rejoindre la salle garnie de plantes, chic et feutrée, ouverte sur une large baie vitrée pour ne rien perdre de la vue. Terrasse également, tout aussi panoramique. Dans l'assiette, tous les classiques herreños (thon, chevreau, lapin, fromage) et quelques suggestions de saison. Une cuisine travaillée en finesse, s'appuyant sur des produits qui ont du goût, en partie bio et majoritairement locaux.

➢ 500 m après le mirador en direction de San Andrés, petite *boutique de souvenirs.* En poursuivant la route, on traverse ensuite le hameau de ***Las Montañetas,*** avec ses quelques maisons traditionnelles en pierre de lave, joliment restaurées et encadrées de figuiers de Barbarie.

LA CÔTE EST

Basalte, cactus et végétation rase dominent ce paysage de collines rugueuses, au flanc desquelles la route HI-2 a tracé son sillon sur une quinzaine de kilomètres, avant de se terminer en cul-de-sac. Partout, des entrelacs de murets en pierre témoignent qu'on s'est longtemps échiné, ici, à faire pousser quelque chose. Le long du parcours, criquettes, anses et plagettes de sable noir invitent à la trempette.

➢ À la sortie de Valverde, coup d'œil en passant, au bord de la route, à la drôle de sculpture en matériaux recyclés ***Homenaje a la Bajada,*** réalisée par Rubén Armiche à l'occasion de l'édition 2013 de la grande fête locale de la *Bajada de la Virgen,* une procession d'un bout à l'autre de l'île qui se déroule tous les 4 ans. On croirait l'œuvre faite en papier mâché...

El Tamaduste : *à l'extrémité nord-est de l'île, à 6,5 km de Valverde. Prendre la direction de l'aéroport puis à gauche. Bus nº 6 (4/j. en sem, 3 le w-e).* Minuscule village balnéaire coincé au pied de falaises noir basalte, sur un magma de rochers enserrant un long cirque aux eaux cristallines, idéal pour la baignade (échelles). Un village endormi, peuplé presque exclusivement de résidences secondaires, destination favorite des habitants de Valverde pour venir faire trempette.

EAU BÉNITE

C'était une année de sécheresse, accablante. Les bergers voulaient transporter la Virgen de los Reyes de son sanctuaire, à la pointe ouest de l'île, jusqu'à la capitale, mais les autorités refusaient. Alors ils le firent durant la nuit et, quand ils arrivèrent à Valverde, il se mit à pleuvoir. Quelques années plus tard, nouvelle sécheresse, nouvelle traversée, et même résultat. Depuis, qu'il pleuve ou pas, la procession de la Bajada de la Virgen *se déroule tous les 4 ans. La prochaine aura lieu en 2017. Prenez votre parapluie.*

➢ Au bout du village démarre un ***court sentier*** (fléché « El Tamaduste-La Fortaleza » ; compter environ 1h aller-retour) longeant le bord de mer dans un paysage volcanique de fin du monde, un chaos de roche noire comme entassée au hasard par de gigantesques excavatrices. La côte déchiquetée multiplie criques, falaises, arches sous lesquelles s'engouffre l'océan. Après 30 mn de marche facile sur les bombes de basalte – et sans un pet d'ombre –, on atteint un promontoire dominant le *roque de Las Gaviotas,* énorme roc taché de guano planté au milieu de l'eau. Ses contreforts en forme d'orgue semblent avoir été modelés dans le béton. Au loin, La Palma, La Gomera et, par-delà, Tenerife. De là, faire demi-tour pour rentrer au village.

La Caleta : *à 6,5 km de Valverde direction l'aéroport, puis à droite juste avt celui-ci. Bus n° 6 (4/j. en sem, 3 le w-e).* Encore une minuscule station balnéaire, étalée sur une anse propice à la baignade. Sur la grève ont été aménagés trois bassins de différentes profondeurs nourris à l'eau de mer, plus une pincée de chlore (le petit truc du chef). Idéal pour les gosses. Baignade non surveillée. *Accessible en principe 15 juil-15 sept tlj 11h-18h, mais on a vu des familles barboter fin nov. GRATUIT.* Sinon, digue et échelles pour qui préfère plonger directement dans l'océan. ***Attention aux courants*** dans ce cas-là. Paillote en saison.

En rattrapant la HI-2, on atteint ensuite, 9 km après Valverde, ***Puerto de la Estaca,*** la rade où accostent les ferries. On peut s'y baigner mais bon, on a connu plus riant comme environnement. Rien à y faire sinon. Juste après, sur la droite, la fameuse centrale hydroéolienne. Plus loin, au débouché du tunnel, apparaît le triste hameau de ***Timijiraque.*** À l'entrée, ***petite plage de sable noir.*** Restos au bord de la route.

La circulation dans le tunnel suivant est régie par un feu tricolore. Ne le grillez pas, c'est le seul de l'île ! De l'autre côté, les collines se font falaises, majestueuses et tranchantes, coiffées d'une couronne de pins annonçant la forêt d'El Pinar. En contrebas, ***plage de galets de Las Playas,*** avec jeux pour les gamins, tables de pique-nique ombragées, point d'eau et coin barbecue. Apportez votre bois, vous ne risquez pas d'en glaner par ici... Sur la gauche, au pied du cap, drôle de petit rocher torsadé, le ***roque de la Bonanza.*** Il n'est pas bien gros, mais squatte une bonne moitié des cartes postales de l'île, allez savoir pourquoi... Enfin, 1 km plus loin, la route se termine en cul-de-sac au niveau du *Parador.* *Trajet effectué par le bus n° 7 (4/j. en sem, 3 le w-e ; slt 2 en sem et 1 le w-e pour* Las Playas *et le* Parador*).*

Parador El Hierro : *Las Playas, 38910* ***Valverde.*** *☎ 922-55-80-36. • hierro@parador.es • parador.es • Double 100 €, petit déj 17 €. Parfois des offres sur Internet. Au resto, menu 25 €.* Au bout de la route, au pied des falaises, au bord de l'océan. L'isolement du *Parador* – seul établissement vraiment chic de l'île – a les défauts de ses qualités. Le site est superbe mais on est loin de tout, il faut rouler 15 bornes pour rejoindre Valverde et, de là, rayonner vers le reste de l'île. En contrepartie, l'hôtel joue l'élégance, déroule son parquet lustré jusque dans les chambres ornées d'aquarelles. Vastes, bien équipées (minibar, TV, grande salle de bains), elles s'ouvrent toutes sur un balcon regardant l'océan. Agréables parties communes, avec terrasses et jardins bercés par le ressac, patio fleuri, salon cosy avec thé et café à volonté. Grande piscine dominant les flots, spa, sauna, hammam. Resto réputé enfin, proposant une cuisine traditionnelle des Canaries soigneusement travaillée. Salle vitrée, pour déguster aussi la vue.

LE CENTRE

Autant centre géographique que géologique d'El Hierro, la zone montagneuse, au croisement des trois dorsales volcaniques de l'île, ne compte qu'une poignée de hameaux, dispersés entre des pâturages striés de murets en pierres sèches. C'est dans cette région austère qu'est fabriqué le *queso herreño,* au sein d'une coopérative installée à Isora. Pas mal de randos à faire dans le coin, sous la surveillance placide des faucons crécerelles. Point névralgique de la zone, le petit village montagnard de *San Andrés.*

➢ Seuls les villages de San Andrés et Isora sont desservis par bus depuis Valverde (ligne nº 5 ; 4/j., 3 le w-e).

Où manger dans le coin ?

|●| ***Casa Goyo :*** *à **San Andrés** (38915), dans la rue principale. ☎ 922-55-12-63. Tlj sf lun jusqu'à 21h. Plats 7-10 €.* La drôle de bonne petite auberge montagnarde, conviviale et bien dans son jus, calée dans une vieille bicoque biscornue où se serrent 3 salles à manger riquiqui, bercées de chansons populaires espagnoles d'on ne sait plus quand. Cuisine rurale, terrienne même, simple et préparée maison, genre lapin ou côtes de porc, avec tout de même de la morue pour les nostalgiques de l'océan. De quoi se taper un gueuleton revigorant, que les estomacs courageux arroseront d'un indéfinissable *vino de la casa.* Super accueil.

À voir. À faire

El Garoé : *à 3,5 km de San Andrés par une bonne piste (fléché). Tlj 10h-18h. Entrée : 1,50 €.* Au creux d'une alcôve naturelle lovée entre deux collines se dresse l'arbre *El Garoé,* réplique plantée en 1949 d'un tilleul légendaire arraché par un ouragan en 1610. Ici venaient s'abreuver jusque dans les années 1960 hommes et animaux, profitant d'un étonnant phénomène météorologique, la « pluie horizontale ». Formées entre 800 et 1 400 m d'altitude, des masses de brume poussées par les alizés viennent s'engouffrer dans cette faille. L'eau qu'elles contiennent est condensée par les feuilles des végétaux alentour, puis s'écoule dans des réservoirs naturels creusés dans la colline. On dit qu'à lui seul El Garoé pouvait produire 2 000 l d'eau par jour ! Du parking, joli point de vue sur une cuvette cultivée.

➢ ***Ruta del Agua :*** intéressante randonnée en boucle de 16 km au départ de San Andrés (PR/EH-11, balisage blanc et jaune). Assez tranquille sur les 9 premiers km, avec seulement 100 m de dénivelée ascendante, puis une descente facile vers Valverde. On passe par El Garoé et par les ruines du hameau de La Albarrada, un des premiers villages de l'île, abandonné dans les années 1960. La dernière portion, entre Valverde et San Andrés (sur le tracé du GR, blanc et rouge), monte assez dur en revanche. On pourra alors choisir de s'arrêter à Valverde (environ 3h de marche), et rentrer à San Andrés en bus (ou l'inverse, partir le matin de Valverde en bus pour San Andrés). Pour la boucle complète, compter 5h de marche.

Le mirador de Jinama : *à 4 km au nord de San Andrés (fléché).* Juché au sommet d'un paysage de pâturages qu'on croirait échappé des Highlands, ce mirador dévoile un point de vue plongeant sur El Golfo. De là, on peut rejoindre en voiture le *mirador de la Peña* (lire plus haut « Le Nord, dans les environs de Valverde »).

➢ **Camino de Jinama :** balisage blanc et jaune (PR/EH-8). Départ au niveau du mirador, à côté de la petite chapelle *Virgen de la Caridad.* Un tronc courbé telle une porte marque le démarrage du sentier. Il s'agit d'un ancien chemin muletier, qu'empruntaient jadis deux fois l'an les habitants des hauteurs de l'île, pour aller vendanger et récolter les fruits dans la plaine d'El Golfo. Belle descente panoramique (900 m de dénivelée) jusqu'à l'iglesia de la Candelaria, à Tigaday. Compter environ 3h30 aller-retour, dont les deux tiers consacrés à la grimpette du retour (taxi sinon). On peut aussi débuter le parcours à San Andrés, on traversera alors les pâturages avant d'entamer la descente. Compter dans ce cas 4h aller jusqu'à l'église de Tigaday (7,5 km).

Le mirador de Isora : *au village d'***Isora,** *à 4 km au sud de San Andrés. Toilettes.* Panorama grandiose sur la baie de Las Playas (côte est), 800 m plus bas. Au fond se détache la pointe de La Restinga. En contrebas du village, second mirador, moins spectaculaire, ***La Fuente*** (fléché). Du parking, un raidillon descend sur 200 m jusqu'à une source et une citerne. Point de vue sur le Puerto de la Estaca, Timijiraque et les éoliennes de la centrale.

– Retour sur la route HI-1, direction El Golfo/La Frontera

➢ **Le sentier de la Llanía :** *parking à 7 km à l'ouest de San Andrés, au croisement de la HI-1 pour El Golfo et de la HI-45 pour l'ermita Virgen de los Reyes. Départ du sentier face au parking, de l'autre côté de la route.* Sympathique balade en boucle sur un terrain vallonné, avec assez peu de dénivelée. Trois variantes possibles bien balisées (trois couleurs), de 4,2 km (environ 1h30), 5,6 km (environ 2h30) et 7,4 km (environ 3h30). Toutes passent par les sites incontournables du circuit. La majeure partie du sentier serpente sur le flanc est de l'île, dans une forêt touffue et humide de lauriers et de tamaris dévorés par la mousse. Après le réservoir de la ***Fuente del Lomo,*** on passe sous la route pour changer de versant et grimper jusqu'à l'***Alto de Fireba,*** point de vue sur un cratère où naissent les trois dorsales volcaniques d'El Hierro. Le chemin pousse ensuite jusqu'au ***mirador de la Llanía*** (court raidillon). Panorama grandiose sur El Golfo, les roques de Salmor et, sur la gauche, coiffé d'une antenne, le pico Malpaso. Au loin, l'île de La Palma et, se détachant sur la droite, le cône du pico del Teide de Tenerife. On redescend ensuite au parking. On peut aussi grimper directement au mirador depuis le parking (environ 10 mn de marche) et de là continuer 15 mn de plus jusqu'à l'Alto de Fireba.

Pico Malpaso : *à 14 km de San Andrés par la HI-1 direction El Golfo, puis fléché sur la gauche. Piste (praticable) sur les 3 derniers km.* Avec ses 1 501 m d'altitude, c'est le point culminant de l'île. Si le temps est dégagé, beau panorama à 360° sur El Golfo, El Julán (au sud) et les trois dorsales formant El Hierro. Trois kilomètres avant le pic, on passe devant la ***Cruz de los Reyes,*** dont l'esplanade accueille le repas et la messe de la procession de la *Bajada de la Virgen,* tous les 4 ans.

Hoya del Pino : *sur la HI-1 en descendant vers El Golfo, 4 km après l'embranchement El Pinar/El Golfo.* Aire aménagée dans une belle et grande clairière tapissée d'herbe d'un vert tendre. Tables, toilettes, jeux pour les enfants, barbecue. Pour une courte expédition digestive, départ de plusieurs sentiers non balisés mais bien tracés, au milieu des lauriers.

EL GOLFO

Gigantesque amphithéâtre ouvert sur l'océan, El Golfo est né de l'effondrement cataclysmique de la partie nord de l'île il y a 50 000 ans. Étalée entre les montagnes abruptes culminant à 1 000 m d'altitude et la côte déchiquetée, cette large plaine agricole profite d'un climat plus chaud que dans les hauteurs, de quoi rassembler aujourd'hui près de la moitié des Herreños dans ce que l'on nomme ici la commune de La Frontera. Une guirlande de bourgs en réalité, éparpillés entre vignes et cultures d'ananas, de mangues, de bananes et dont – curieusement – aucun ne porte le nom de Frontera... Si, l'été, tout El Hierro descend à El Golfo pour barboter dans ses piscines naturelles, vu d'en bas ce n'est pas la partie la plus spectaculaire de l'île. Mais c'est ici que l'on trouve le plus de solutions d'hébergement (apparts à louer notamment), ainsi que tous les services indispensables, regroupés dans le village principal, Tigaday. Deux routes relient El Golfo au nord et au centre de l'île : la superbe HI-1, route panoramique grimpant en lacet à l'assaut des montagnes ; et la HI-5, qui emprunte un tunnel de 2,2 km de long pour rejoindre Valverde en seulement 15 mn.

GROS TEMPS

Lorsque, il y a 50 000 ans, la partie nord d'El Hierro s'est effondrée pour former la plaine d'El Golfo, ce sont 300 km³ de roc qui ont plongé d'un bloc dans l'océan, soit ¼ de la superficie d'origine de l'île ! De quoi provoquer un tsunami qui dut dépasser les 100 m de haut, et toucher jusqu'aux côtes de l'Amérique ! Sacrée vague...

Arriver – Quitter

➢ ***En bus :*** la ligne 3 (5 bus/j. en sem ; 3 le w-e) relie ***Valverde*** à ***El Golfo,*** puis traverse toute la longueur de la plaine jusqu'au ***Pozo de la Salud.*** La ligne 4 *(circunvalación de Frontera)* part de la gare routière de ***Tigaday,*** fait le tour du village puis continue jusqu'à ***Las Puntas,*** à l'est (6 bus/j. en sem ; 4 sam ; pas de bus dim). Aucune de ces lignes ne dessert la côte et ses piscines naturelles.

Adresses utiles

La plupart des commerces et services sont regroupés dans la rue principale de Tigaday, baptisée tout simplement calle Tigaday.

ℹ Petit ***kiosque d'infos touristiques*** *(plan B1)* **:** *sur les ramblas de Tigaday, en montant vers le village lorsqu'on arrive du tunnel. Ouv en saison slt.*

✉ ***Correos*** *(poste ; plan A1)* **:** *c/ Tigaday, 23. Lun-ven 8h30-14h30, sam 9h30-13h.*

🚌 ***Gare routière*** *(plan B1)* **:** *sur les ramblas de Tigaday, en montant vers le village lorsqu'on arrive du tunnel.* ☎ *922-55-91-29.*

■ Nombreuses ***banques avec distributeur*** *(Caja Canarias, BBVA, etc.)* : *dans la c/ Tigaday.*

■ ***Station-service Disa*** *(plan A-B1,* ***1****)* **:** *à l'entrée de Tigaday, au bout des ramblas. Tlj 6h-22h.*

■ ***Farmacia*** *(plan A1,* ***3****)* **:** *c/ Tigaday, 11. Lun-ven 9h30-13h30, 16h30-20h30 ; sam 9h-14h.*

■ ***Supermarché Terencio*** *(plan A1,* ***2****)* **:** *à Tigaday, au bord de la route pour Los Llanillos. Lun-sam 8h45-21h, dim 9h-13h30.*

– ***Petit marché*** *(mercado ; plan A1,* ***4****)* **:** *dim mat, en face de la station-service (plan A-B1,* ***1****), de l'autre côté de la route, sur la colline.* On peut y acheter du fromage à la coupe et du vin bio.

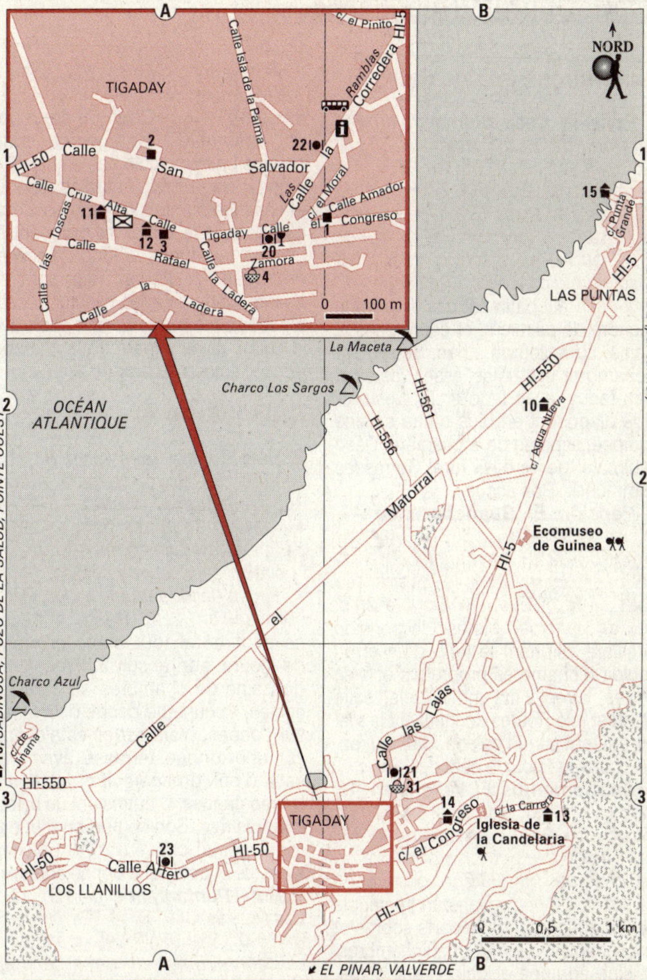

EL GOLFO

Adresses utiles

- Kiosque d'infos touristiques
- 1 Station-service Disa
- 2 Supermarché Terencio
- 3 Farmacia
- 4 Petit marché

Où dormir ?

- 10 Pensión Casa Salmor
- 11 Pensión El Guanche
- 12 Apartamentos El Valle
- 13 El Sitio
- 14 Hotelito Ida Ines
- 15 Hotel Puntagrande
- 16 Hotel Balneario Pozo de la Salud

Où manger ? Où boire un verre ?

- 20 El Temblique
- 21 El Pollo Asado
- 22 Don Din 2
- 23 Asador Artero

Achats

- 31 Quesadillas La Herreña

Où dormir dans le coin ?

Bon marché (moins de 40 €)

Pensión Casa Salmor (plan B2, **10**) : *lieu-dit* ***Los Polvillos*** *(38911). 674-28-76-59 (Edtulio). • transhierro@transhierro.es • Fléché sur la droite un peu après la sortie du tunnel, en arrivant de Valverde. Pas d'arrêt de bus. Doubles avec sdb 25-26 € selon saison ; studios 2 pers 30-32 €. Pas de petit déj.* Petit bâtiment bas ocre jaune encadré de palmiers, et égaré dans la plaine, au milieu de... rien. Seulement 9 chambres et studios, assez vastes et bien tenus, avec frigo et TV. Les studios disposent en plus d'une cuisine équipée, séparée de la chambre. Déco minimale, genre *casa rural*. Terrasses communes. Bon accueil.

Pensión El Guanche (plan A1, **11**) : *c/ Cruz Alta, 1, 38913* ***Tigaday.*** *669-07-32-91. • marielacabrera@hotmail.com • Dans le centre (au bout de la c/ Tigaday). Double 25 €. Pas de petit déj.* Minuscule pension familiale, alignant le long d'un étroit couloir 7 chambres proprettes et bien nettes, avec 2 lits individuels, salle d'eau et télé. Toutes donnent sur la rue, 3 s'ouvrent sur un balcon. Café au rez-de-chaussée pour le petit déj.

Apartamentos El Valle (plan A1, **12**) : *c/ Tigaday, 15, 38913* ***Tigaday.*** *☎ 922-55-94-71. • apartamentoselvalle@hotmail.com • Réception au 1er étage. Min 33 €/j. pour 2 pers. Séjour min 3 nuits.* Dans un immeuble de 3 étages, grands apparts sobres et impeccables, avec salon, 3 chambres, cuisine équipée et balcon sur la rue. Seuls ceux du 3e aperçoivent l'océan, depuis une large terrasse. Loue également des apparts plus petits (une seule chambre), un peu plus haut sur la colline, tous avec vue *(min 30 €/j.)*.

Prix moyens (40-65 €)

El Sitio (plan B3, **13**) : *La Carrera, 26, 38913* ***Tigaday.*** *☎ 922-55-98-43. 646-69-00-40. • info@elsitio-elhierro.es • elsitio-elhierro.es • Dans la rue qui descend à droite face à l'église (fléché). Réception ouv 9h-13h. Chambres 43-60 € selon nombre de lits (2 ou 3), vue et saison. Réduc à partir de 4 nuits. Pas de petit déj.* Coup de cœur pour cet ensemble croquignolet, conçu comme un minuscule hameau isolé du monde. Seulement 7 studios, coquets et chaleureux, bâtis en grosses pierres blanchies à la chaux et grimpant les uns sur les autres le long d'escaliers débordant de fleurs. Tous sont différents, certains avec vue sur l'océan, d'autres avec patio, les plus chers avec le coin cuisine séparé de la chambre. Accueil enjoué du proprio allemand.

Chic (65-90 €)

Hotelito Ida Ines (plan B3, **14**) : *camino del Hoyo, Belgara Alta, 2, 38913* ***Tigaday.*** *☎ 922-55-94-45. • info@hotelidaines.com • hotelidaines.com • Dans la rue qui monte de la station-service vers l'église. Double 77 €, bon petit déj-buffet inclus. Réduc hors saison.* Posté à l'écart, ce petit hôtel tout blanc environné de fleurs abrite sur 3 niveaux une douzaine de chambres au caractère ancien. Aucune ne donne directement sur l'océan, mais certaines s'ouvrent sur une longue terrasse avec transats, d'où l'on aperçoit et les flots et les montagnes. D'autres ont un balcon, d'autres rien. Bon confort en tout cas : frigo, sèche-cheveux, TV, bouilloire avec thé et café. Une bonne adresse.

Hotel Puntagrande (plan B1, **15**) : *à* ***Las Puntas*** *(38911). ☎ 922-55-90-81. 660-07-65-59 (Miguel). • migueltorrespadron35@gmail.com • hotelpuntagrande.org • Fléché à droite en sortant du tunnel. Double avec sdb 80 €, petit déj inclus.* Esseulé sur une digue assaillie par le ressac, protégé de la furie de l'océan par de robustes murs de pierre noire, cet hôtel pour vieux loups de mer figura un temps dans le *Guinness des records* comme plus petit hôtel au monde ! Seulement 4 chambres, façon cabines de bateau, toutes avec terrasse. Resto-bar genre taverne de matelots, avec gros cordages, plaques d'immatriculation de navires, et un scaphandre dans un coin. Accueil bourru, comme il se doit.

Hotel Balneario Pozo de la Salud *(hors plan par A3,* ***16****) : au* ***Pozo de la Salud*** *(38912), à l'extrémité ouest d'El Golfo. ☎ 922-55-95-61. • hotel-balneariopozodelasalud@gmail.com • À env 8,5 km de Tigaday. Double 88 €, petit déj inclus. ½ pens 115 € pour 2 ; pension complète 143 €.* Reléguée tout au fond du golfe, cette grosse bâtisse sans âme se dresse sur des falaises chahutées par l'océan. Chambres modernes et tout confort (clim, minibar) donnant sur le large pour les meilleures d'entre elles, certaines avec terrasse. Couvert d'une verrière, le patio central a des allures de hall de piscine. Normal, en somme, pour un établissement thermal, les eaux du « puits de la santé » étant réputées pour soigner les maladies de peau. Du coup, on bénéficie sur place de tout le tralala habituel : piscine, sauna, hammam, jacuzzi, bain thermal bien sûr, et large gamme de massage et soins (à partir de 15 €). Resto pas terrible.

Où manger ? Où boire un verre dans le coin ?

Évitons toute méprise. Lorsque l'on parle des *ramblas* de Tigaday, il s'agit seulement d'un terme urbanistique, désignant une avenue avec, au milieu, une modeste esplanade piétonne. Rien de plus, ne rêvez pas de Barcelone...

Très bon marché (max 8 €)

El Temblique *(plan A1,* ***20****) : au centre de* ***Tigaday,*** *au bout des ramblas, à 100 m de la station-service. 626-28-97-30. Mar-dim 9h (10h w-e)-23h (2h ven-sam). Fermé lun. Snacks 2-5 €.* LE bar à tapas d'El Golfo, voire d'El Hierro, ou en tout cas ce qui s'en rapproche le plus. Immense salle tartinée en rouge et ocre, où l'on vient écluser *cervezas* et cocktails, entre le billard et l'écran géant diffusant le match du soir. Pour éponger, y a qu'à piocher sur le pan de mur noir gribouillé à la craie façon ardoise. En guise de tapas, vaste choix de sandwichs bien charnus de toutes tailles, assiettes de frites, salades, et des crêpes et des glaces pour le creux de l'après-midi. Ambiance plus ou moins festive – parfois morne – selon l'affluence. Terrasse.

El Pollo Asado *(plan B3,* ***21****) : Las Lajitas, 4B. ☎ 922-55-95-29. Dans la* ***montée vers Tigaday*** *en arrivant du tunnel. Tlj sf jeu 11h-23h. Plats 6,50-9 €.* Plus une paillote qu'un resto. Postée au bord de la route, une pergola envahie de plantes grimpantes, sous laquelle loge une demi-douzaine de tables en plastique. Aux murs, Einstein fait la nique à Bruce Lee et Mohamed Ali. En guise de *pollo,* du porc surtout, servi en côtes, côtelettes et saucisses d'un demi-mètre, sur un lit de frites maison. Copieux, vous l'aurez compris.

Bon marché (8-12 €)

Dans les restos ci-dessous, selon le plat choisi l'addition peut grimper en prix moyens.

Don Din 2 *(plan A-B1,* ***22****) : La Corredera, 5. ☎ 922-55-53-27. Sur les ramblas de* ***Tigaday,*** *dans la montée vers le village. Tlj 10h-23h. Plats 8-15 €. CB refusées.* Le café-resto de village, typique, avec son comptoir au centre et ses salles à manger rangées derrière des paravents. On y sert une bonne cuisine traditionnelle des Canaries, simple, sincère. Faites confiance au patron plutôt qu'à la carte, le cuistot jongle avec les arrivages. Parmi les spécialités, la *costilla de res,* un genre de pot-au-feu goûtu et charnu. Terrasse sur l'esplanade, au milieu des *ramblas.*

Asador Artero *(plan A3,* ***23****) : à* ***Los Llanillos,*** *à l'entrée du bourg en venant de Tigaday (env 2 km). ☎ 922-55-50-37. Ouv mar-sam 13h-minuit ; dim 13h-16h30 ; fermé dim soir et lun. Plats 6,50-16 €. CB refusées.* Une adresse pour viandards. Égaré au bord de la route, un petit grill convivial et populaire, où dévorer attablé devant une nappe en papier poulet rôti, côtelettes, côte de bœuf ou épaule de mouton cuits au feu de bois. *Madre mía,* ça revigore ! Petite terrasse sous un auvent en tôle, donnant sur les collines.

Achats

Quesadillas La Herreña (plan B3, **31**) **:** *dans la* ***montée vers Tigaday*** *en arrivant du tunnel. Lun-sam 9h-13h, 16h30-19h30 (19h ven) ; dim 9h30-14h.* Pâtisserie confectionnant *quesadillas* et autres douceurs sucrées.

À voir. À faire

Un intéressant musée et des piscines naturelles, voilà ce qu'offre El Golfo. Les sites sont présentés ci-dessous d'est en ouest, de la sortie du tunnel au Pozo de la Salud.

Ecomuseo de Guinea *(plan B2)* **:** *un peu après la sortie du tunnel, sur la gauche. ☎ 922-55-50-56. Bus nos 3 et 4. Tlj 10h-18h. Visite guidée obligatoire (env 40 mn, en espagnol ou anglais) ttes les heures 10h30-13h30 puis 15h-17h. Entrée : 7,50 € ; réduc (3,50 € pour les enfants).* Abandonné dans les années 1950-1960 lors des grandes vagues d'émigration vers l'Amérique du Sud, ce hameau a été entièrement restauré pour témoigner du rude mode de vie passé des Herreños. Un lacis de ruelles rocailleuses mène à des cahutes en pierre volcanique, torchis et toit de paille tressée, bordées de jardins vivriers en partie remis en culture et de citernes dans lesquelles on recueillait l'eau de pluie. On passe les portes pour découvrir les intérieurs d'origine et leur modeste évolution, du XVIIe au XXe s. Qu'importe les époques, l'habitat reste toujours aussi sommaire, seul le mobilier évolue, un peu. Entre autres objets étonnants, des planches pour fabriquer le fromage marquées du sceau de chaque famille (faudrait pas se tromper de tomme !), un pressoir à miel, un piège écrase-rat, des canapés convertibles avant l'heure, juchant le matelas sur des tréteaux qu'on peut ensuite aisément replier... Pour les toilettes, à l'extérieur, c'est le cochon de la famille qui faisait office de fosse septique. Ça laisse rêveur, quand on pense que la dernière habitante a quitté les lieux en 1974. Le village est aussi creusé de plusieurs grottes, qui servaient de taverne ou de refuge en cas d'éboulement.

À côté du site, inclus dans la visite, le ***Lagartario,*** un vivarium de lézards endémiques couleur basalte, semblables à des iguanes. Ces cousins du lézard géant d'El Hierro aujourd'hui éteint (lire encadré ci-contre) mesurent environ 60 cm pour 500 g. Ceux élevés ici sont ensuite relâchés sur les roques de Salmor, à El Julán et à la Dehesa, sur la côte ouest. On en compterait environ 200 spécimens sur l'île. Détendez-vous, ils sont végétariens.

JURASSIC PARK

En 1974 on découvrit un lézard momifié, dernier représentant d'une espèce géante qui peuplait autrefois El Hierro. Ces charmantes bestioles mesuraient jusqu'à 1,50 m de long, de quoi aiguiser l'appétit des Bimbaches, les premiers habitants de l'île, qui les ont toutes boulottées.

Iglesia Nuestra Señora de la Candelaria *(plan B3)* **:** *au sommet d'une colline dominant Tigaday. Bus no 4.* Sobre église à trois nefs en pierre de lave blanchie à la chaux, érigée en 1615 puis rebâtie en 1818. Petite curiosité, son clocher, décroché du corps de l'église, se dresse au-dessus d'elle au sommet d'un mamelon – la colline de Joapira –, dominant le golfe à la manière d'un phare. Beau panorama. C'est ici que débouche le *camino de Jinama* (lire plus haut « Le Centre »). Petit café pour fêter l'arrivée.

La Maceta *(plan B2)* **:** *fléché sur la droite, entre la sortie du tunnel et Tigaday. Pas de bus.* Beaux bassins aménagés que les vagues se chargent de remplir. Tables de pique-nique sous des canisses, point d'eau, barbecue, toilettes, et de grands espaces en pierre pour étaler sa serviette. Buvette au niveau du parking. Sur la gauche des toilettes, départ d'un sentier qui mène en 5 mn au ***Charco los Sargos.*** Quelques marches y descendent vers une échancrure coincée entre deux rocs. Sur la droite, une retenue d'eau naturelle, chahutée par le ressac, surtout à marée montante. Pas idéal avec de jeunes enfants, du coup. La Maceta est mieux protégée, mais il y a plus de monde.

➢ De La Maceta, petite balade facile le long d'un ***sentier côtier*** tapissé de lattes de bois, jusqu'à Las Puntas *(plan B1-2).* Compter 30 mn aller.

Charco Azul *(plan A3)* **:** *à env 3 km à l'ouest de Tigaday, fléché au niveau du hameau de Los Llanillos. Pas de bus.* Un sentier escarpé dévale les falaises pour atteindre ce bassin naturel perdu au milieu de la rocaille. Sur la droite, un second petit bassin s'est lové sous une arche de basalte. La couleur de l'eau épouse celle du ciel. Autour, les vagues se fracassent sur les récifs. Comme un air de bout du monde... Jeter un œil à *La Maceta* avant de partir : si les piscines débordent, inutile de venir jusqu'ici. À marée haute les bassins ne sont pas accessibles.

À l'extrémité ouest du golfe, suspendues à la montagne, les maisons blanches ourlées de fleurs du petit village de ***Sabinosa*** *(hors plan par A3)* regardent de haut l'océan. À leur pied, narguant les vagues qui viennent se fracasser sur les falaises noires, le lieu-dit ***Pozo de la Salud*** vivote de ses eaux thermales, réputées pour soigner les maladies de peau et pour leurs vertus purgatives... Grand établissement chic pour qui veut s'offrir une cure (lire plus haut « Où dormir dans le coin ? »). *Bus nº 3 (terminus au Pozo).*

➢ Passé le Pozo de la Salud, la route se fraie un passage entre les falaises et l'océan jusqu'à atteindre, 3 km plus loin, ***Arenas Blancas,*** une petite plagette de sable clair mêlée de rochers (ne vous baignez pas, ***les courants sont dangereux***). Là démarre un ***court sentier côtier*** serpentant entre lande et basalte le long du front de mer déchiqueté. Au bout, l'arche naturelle ***Arco Las Toscas.*** Compter environ 1h aller-retour (1,8 km).

LA POINTE OUEST

Coulées de lave attaquant l'océan, genévriers tordus par le vent, c'est toute la rudesse d'El Hierro qui s'exprime dans la beauté âpre et sauvage de la pointe occidentale de l'île. Un paysage de bout du monde, qui colle si bien à ce morceau de terre oublié qui longtemps en fut le synonyme. Pas d'hommes, même plus de gardien de phare, seuls des bergers venus faire paître leurs troupeaux sur la Dehesa. Et de superbes couchers de soleil, là-bas, vers l'Amérique.

➢ Une route goudronnée fait le tour de la pointe (env 30 km en tout). L'itinéraire plus bas part d'El Golfo pour rejoindre El Pinar, mais peut bien sûr être suivi dans l'autre sens. Aucun bus ne dessert cette partie de l'île.

À voir. À faire

El Verodal : *piste sur la droite (1,5 km), env 2 km après Arenas Blancas.* Première étape du circuit, cette belle plage de sable noir, la plus grande de l'île, s'est égarée loin de tout, au pied de falaises tranchantes. La baignade est interdite (courants violents et risque de chute de pierres), mais le paysage mérite une escale, d'autant qu'un espace a été aménagé pour pique-niquer à l'ombre de canisses. Partout autour, les vagues viennent se fracasser sur les rocs. Orientation oblige, la plage est dans l'ombre le matin.

LE VOLCAN FAIT PSCHITT

En 1793, le volcan Lomo Negro serait entré en éruption. Sauf que personne ne s'en est rendu compte, la zone étant inhabitée. Ce n'est que grâce aux travaux des géologues que l'événement a été révélé, deux siècles plus tard.

La route grimpe ensuite à l'assaut des rudes montagnes pour atteindre, à 2 km, le ***mirador de Lomo Negro,*** à l'extrémité de l'une des dorsales volcaniques de l'île. Point de vue sur le champ de lave d'El Verodal, tranché par des parcelles agricoles rectangulaires désormais en friche. Plus haut, ***second mirador*** (Lomo Negro II, donc), accessible par un court sentier de 260 m. Panorama un peu plus large sur cette partie de la côte.

➢ De Lomo Negro, départ d'un ***sentier*** de 4 km grimpant jusqu'au Sabinar (lire plus loin). Compter environ 1h de marche aller et 400 m de dénivelée.

Faro de Orchilla : *sur la pointe du même nom, env 10 km après Lomo Negro (piste praticable sur les 3 derniers km).* Égaré tout au bout d'un désert de lave, ce petit phare regarde l'Amérique. Face à lui se dresse une immense croix, la ***cruz de los Navigantes,*** à laquelle tournaient le dos marins et émigrants en route pour le Nouveau Monde. À son pied, la tombe du premier gardien du phare (il est désormais automatisé). Le promontoire est constellé de gouffres qui servaient autrefois de refuges. L'un d'eux descendrait jusqu'à la mer. En contrebas du phare (piste sur 1,5 km), une ***jetée*** s'enfonce dans l'océan. Tables, toilettes et barbecue pour pique-niquer au bout du monde connu... Un kilomètre avant le phare, détour pas indispensable par une mauvaise piste vers un ***petit monument*** en béton, érigé là où passait jadis le méridien 0 avant qu'il ne soit déplacé à Greenwich.

Ermita Virgen de los Reyes : *en poursuivant la route principale à travers les collines de plantes rases, 3 km après l'embranchement pour le phare. Tlj sf lun 9h30-17h30. Fermé 25 déc et 1er janv. GRATUIT.* C'est dans cette petite chapelle blanche à nef unique, construite en 1577, qu'est conservée l'image de la sainte patronne de l'île, la *Virgen de los Reyes,* entourée des Rois mages. À en croire la légende, elle serait arrivée à El Hierro le jour de l'Épiphanie, en 1546. Soit à la fin de la colonisation, en pleine période de christianisation... Alors qu'un bateau en route pour l'Amérique était en difficulté, des bergers d'El Hierro se seraient portés à son secours. Dans les cales du navire, une Vierge, que les marins devaient transporter à Cuba. Elle plut aux bergers, qui demandèrent à la garder en échange de leur aide. Le capitaine refusa mais, à chaque fois qu'il tentait de reprendre la mer, le vent ramenait son bateau sur la côte. La Vierge voulait rester. Il finit donc par l'offrir aux bergers, et put enfin reprendre sa route.
Cent mètres au-dessus de la chapelle (fléché), la colline est creusée d'une guirlande de grottes, les ***cuevas del Caracol,*** jadis utilisées comme refuges par les Bimbaches puis par les bergers. C'est dans l'une d'elles que fut d'abord abritée la Vierge, avant la construction de l'église.

➢ De la chapelle, départ d'un ***sentier circulaire*** de 7 km à travers les paysages irréels du Sabinar et de la Dehesa (lire plus bas), via le *mirador de Bascos* (PR/EH-9, balisage blanc et jaune). Beaucoup à voir, et peu de dénivelée. Compter 3h pour faire la boucle. On peut choisir d'allonger le circuit en descendant jusqu'au village de Sabinosa. Ajouter alors 2,6 km aller, et pas mal de dénivelée.

La Dehesa : passé la chapelle, la route se fait piste (praticable) pour pénétrer sur la *Dehesa* – le « pâturage » en bon français –, un vaste plateau âpre et bosselé, alternant sur 4 000 ha bosquets d'arbres et prairies désolées tranchées par les murets en pierres sèches. Dans les années 1950, les autorités tentèrent de développer ici la culture de céréales. Ce fut un échec cuisant, et ce pâturage communal a depuis été rendu aux vaches et aux moutons. Après 3 km (passer la barrière), embranchement pour le ***Sabinar,*** un promontoire aride dominant l'océan,

peuplé d'une armée fantasmagorique de genévriers endémiques (les *sabinas*), courbés en deux par la force du vent, comme s'ils s'étaient résignés à se plier à la rudesse du climat. Un paysage de poète, fantastique et mélancolique. Entouré d'une corde, l'arbre courbé le plus spectaculaire est presque devenu l'emblème d'El Hierro.
Un kilomètre plus loin, on atteint le ***mirador de Bascos,*** offrant une vue plongeante sur El Golfo et Arenas Blancas. Du Sabinar, on peut rejoindre le mirador par un ***court sentier*** de 1,5 km (environ 1h de marche, départ derrière l'arbre courbé).

– ***Retour à la chapelle.*** De là, on peut rejoindre El Pinar par une route de 16 km traversant le massif d'El Julán. Après 3,5 km, la route se divise en deux. À gauche, on passe par le pico Malpaso (lire plus haut « Le Centre »). À droite, par le *Centro de interpretación de El Julán* (lire plus bas).

Centro de interpretación de El Julán : *à mi-chemin entre la chapelle et le village d'El Pinar.* • *eljulan@elhierro.org* • *Tlj 10h-18h. Entrée : 5 € ; réduc. Visite guidée possible.* Dominant l'océan, ce petit centre d'interprétation se penche sur la culture bimbache, celle des premiers habitants de l'île, dont on suppose qu'ils arrivèrent d'Afrique du Nord il y a 2 000 ans. D'eux, on ne sait pas grand-chose. Vivant de cueillette et d'élevage, ils étaient, semble-t-il, regroupés en petites communautés, s'habillaient de peaux d'animaux et récoltaient sans doute des coquillages – on en a retrouvé d'immenses tas. Ils habitaient principalement dans des grottes où se déroulaient aussi leurs cultes. Les conquistadors se sont donc empressés de transformer celles-ci en églises... Les Bimbaches n'ont pas laissé d'outils, leur artisanat étant de piètre qualité car façonné dans de la roche volcanique. Du coup, le musée n'expose aucune pièce, seulement des panneaux explicatifs en espagnol, anglais et allemand. Seuls vestiges tangibles, les nombreux *pétroglyphes,* découvert en 1873 sur la partie plane étendue en contrebas du musée. Un ensemble de gravures qu'on suppose zoomorphes voire anthropomorphes (mains, pieds), ainsi que des chiffres et des lettres apparentés à l'alphabet amazigh (berbère, quoi), qui valurent aux lieux le nom de *Los Letreros.* Photos et reproductions au musée. Pour voir les pétroglyphes in situ, il faut suivre une randonnée guidée de 4h30 (16 km), avec pas mal de dénivelée. En passant, on découvrira également les vestiges du *Tagoror,* ancien lieu de réunion des Bimbaches. *Départ tlj à 10h ; compter 15 €/pers, visite du musée incluse.* Il est interdit de se rendre sur le site sans guide.

D'OÙ VIENS-TU BIMBACHE ?

Vikings ? Cro-Magnon ? Phéniciens ? Portugais ? Les chercheurs hésitent sur l'origine des Bimbaches, les premiers habitants d'El Hierro. L'hypothèse la plus crédible ? Celle d'un peuple venu du Sahara. D'ailleurs, leur alphabet se rapproche de celui des Berbères.

LE SUD-EST, D'EL PINAR À LA RESTINGA

Dressée sur un tapis d'aiguilles, une armée d'immenses pins canariens occupe le versant sud de la dorsale d'El Hierro, laissant apparaître entre les troncs noircis le bleu de l'océan. C'est là que s'est installé l'unique camping de l'île. Plus bas, à la lisière de la forêt, El Pinar, le seul village du coin, s'est développé sur un plateau propice à l'agriculture. Puis la pente se fait plus raide, et les arbres s'effacent devant un interminable désert de lave dégringolant vers le port de La Restinga et la réserve marine Mar de Las Calmas, paradis des plongeurs.

➢ Le village d'El Pinar est relié à Valverde (20 km) par le bus nº 2 (4/j. ; 2-3 le w-e).

Adresses utiles

■ On trouve la plupart des services indispensables dans la rue principale d'**El Pinar,** notamment 2 **distributeurs** (banques *Caja Siete* et *Caja Canarias*), une **pharmacie** *(lun-ven 9h-13h, 16h30-19h40 ; sam 9h-13h10)* et une **station-service Disa** *(lun-sam 7h30-15h, 16h30-20h ; dim et j. fériés 7h30-14h30).* Dans le haut du village, un **supermarché,** *Terencio (lun-ven 8h30-13h, 16h-20h ; sam 9h-14h).*

Où dormir dans le coin ?

⛺ ***Camping de la Hoya del Morcillo :*** *à env 4 km d'El Pinar (fléché). Pas de tél. Pour plus d'infos, appeler la direction de l'environnement* (Medio Ambiente) *au ☎ 922-55-00-17. Ouv tte l'année. Pour la réception, passer la 1re entrée, le bureau est à la 2e. Ouv en principe 8h-20h45 l'été, 9h-18h le reste de l'année. S'il n'y a personne, installez-vous, vous paierez plus tard. Compter 4,32 €/pers. Loue également des cabanes en bois pour 5, sans meubles, genre cabanon de jardin (env 22 €/nuit).* En pleine nature, souvent assez venté, le seul camping de l'île disperse ses emplacements sur un immense plateau, sous les pins canariens. Équipement de base : sanitaires nickel, bornes électriques, espace protégé du vent pour faire sa tambouille ou allumer un barbecue. Aire de jeux pour les gosses.

☗ Autre option pour qui voudrait poser son sac dans le coin, l'***Hotel Pinar*** *(dans la rue principale du village, travesia del Pino, 38914* ***El Pinar*** *; ☎ 922-55-71-44 ou 📱 638-67-30-58 ; • hotel.pinar@terra.es • ; double env 40 €).* Chambres pas chères, avec salle de bains et balcon. Appeler avant de venir, le patron est rarement là puisqu'il tient également le resto *La Vieja Pandorga,* à La Restinga.

À voir. À faire dans le coin

🚶 ***Le mirador de Tanajara :*** *au-dessus du village (fléché).* Point de vue sur le village, ses champs et l'océan. Au pied du mirador, petit ***atelier-boutique de céramique,*** *El Caracol,* tenu par une Allemande. Pas d'horaires, c'est ouvert quand elle est *a casa.*

🚶🚶 ***Le mirador de Las Playas :*** *à 3,5 km d'El Pinar, sur la route de San Andrés.* Panorama vertigineux sur la baie de Las Playas, 1 000 m plus bas, fermée à droite par le *Parador* et à gauche par l'étrange *roque de la Bonanza* (lire aussi plus haut « La côte est »).

➢ Au départ d'El Pinar, un ***long sentier*** (16,5 km ; balisage blanc et jaune ; PR/EH-10) serpente sous les pins puis le long du massif d'El Julán jusqu'à l'ermita Virgen de los Reyes. Un itinéraire qu'utilisaient jadis les bergers pour aller visiter leurs troupeaux sur la Dehesa. Passage par le *Gorona del Viento,* un espace ovale de pierre qui servait d'abri et de lieu de réunion aux bergers. C'est également le nom de la compagnie publique gérant la centrale hydroéolienne d'El Hierro. La balade est facile (peu de dénivelée) mais longue (5h aller), et pourra sembler à certains monotone. Pour le retour, pas de bus, taxi obligatoire !

➢ ***Autre itinéraire possible,*** le PR/EH-1 (balisage blanc et jaune). Il offre des paysages plus variés puisqu'il circule sur les deux versants de l'île. D'El Pinar, on oblique au nord-ouest pour traverser la forêt de pins puis passer au pied du *pico Malpaso* (détour possible jusqu'au sommet, pour la vue). De là, on redescend sur l'autre versant à travers une forêt humide de lauriers, jusqu'à rejoindre le village de Sabinosa. Compter 6h de marche aller (environ 15 km).

LA RESTINGA

env 535 hab. (38917)

Dévalant les collines désertiques sur 14 km, la route, monotone, semble n'aboutir nulle part. Pourtant, au détour d'un virage apparaissent enfin les petits immeubles de La Restinga, minuscule port de pêche écrasé par le soleil, coincé entre deux mamelons au bord de la réserve marine *Mar de las Calmas.* Tous les jours, entre 10h et 17h, dans la *lonja,* le gros hangar posté au bout de la rade, les patrons-pêcheurs pèsent leurs prises du jour, devant les badauds et la poignée de restaurateurs du village venus faire leur marché. Mais, plus que pour déguster un bon poisson grillé, c'est surtout pour plonger que l'on pousse jusqu'ici. Une dizaine de clubs et une foule d'apparts à louer se partagent la clientèle de passionnés venus explorer les splendides fonds sous-marins de la réserve, réputés pour la richesse de leur flore et leur faune, la clarté et la chaleur de leurs eaux (entre 17 et 22 °C toute l'année), la magie de leur décor volcanique.

La Restinga est reliée à ***El Pinar*** par le bus nº 10 (5/j. ; 2-3 le w-e).

Adresses utiles

Bureau d'infos touristiques : *en arrivant sur le port. Tlj 10h-18h.* On peut y récupérer la liste des clubs de plongée et des apparts à louer, et un plan du village (pas franchement indispensable vu son étendue...).

En cas de panne de liquide, ***distributeur*** *Caja Canarias* sur le front de mer.

Supérette : *au centre du village, c/ Monteverde.*

Où dormir ?

Casa Kai Marino : *à gauche en arrivant sur le port. ☎ 922-55-70-34. • casakaimarino@hotmail.com • Double 27 € ; apparts 2 pers 36-40 € selon saison. Pas de petit déj.* La seule pension du village s'est installée dans une grosse bâtisse blanche dominant le port. Seulement une poignée de chambres, sommaires et plus très fraîches, encadrant une cour inondée de soleil. Lits fatigués, douche et toilettes de poche. Au-dessus, dans une sorte de tourelle, 2 petits apparts plus fringants, avec cuisine équipée, chambre séparée, salle de bains et TV. Possibilité d'ajouter un 3e lit d'appoint.

On l'a dit, La Restinga regorge d'apparts à louer. On peut par exemple opter, sur le front de mer, pour les ***Apartamentos Rocamar I,*** qui profitent d'une terrasse donnant sur le port *(avda Marítima, 20 ; ☎ 922-55-70-83 ; • pipilok@hotmail.com • ; apparts 3-4 pers avec canapé convertible 38-50 €/j. selon saison).*

Où manger ? Où boire un verre ?

Le village compte une demi-douzaine de restos cuisinant la pêche du jour, facturée au poids. Outre l'adresse décrite plus bas, citons également ***La Vieja Pandorga,*** autre table appréciée des locaux *(en retrait du front de mer ; ☎ 922-55-71-44 ; fermé mar).*

El Refugio : *c/ La Lapa, 3, en retrait du front de mer (fléché). ☎ 922-55-70-29. Tlj sf lun. Plats 12-13 €.* Les prises du jour se présentent sur un plateau, y a qu'à montrer du doigt, avant de voir le poisson revenir frit ou grillé, seulement accompagné d'un filet de citron et de patates vapeur des Canaries, à tartiner selon son goût de *mojo* ou de crème de fromage. Aussi simple que savoureux, surtout arrosé d'un blanc sec de Frontera. Déco marine bien sûr, tout en bleu, avec photos de poissons plus frétillants qu'une fois passés par le gril... Grande terrasse, mais sans vue sur la mer. Service volontiers blagueur. Vraiment une bonne adresse !

Mar de Las Calmas : *avda Marítima, 18, sur le front de mer. ☎ 922-55-71-83. Tlj sf mar 9h30-23h.* Grande et sympathique terrasse donnant sur la rade. On peut aussi y manger.

À voir. À faire à La Restinga et dans les environs

Le village n'est pas grand. Pour tuer le temps, coup d'œil, au pied de la pension *Casa Kai Marino,* au modeste bassin où s'entassent quelques poissons. Un apéro avant la plongée... En cas de coup de chaud, petite plagette pour se baigner dans la rade.

Museo Restingolita : *dans la Oficina municipal, sur la droite juste avt d'arriver sur le port. ☎ 922-55-71-37. Ouv mer-ven 9h-15h ; w-e 11h-15h, 17h-19h ; fermé lun-mar. Participation libre.* Le 10 novembre 2011, un volcan sous-marin entra en éruption dans la *Mar de las Calmas,* à seulement 2 km au large de La Restinga. Cinq mois durant, jusqu'en mars de l'année suivante, ce cône de 300 m de hauteur allait cracher sa lave, depuis une cheminée immergée à seulement 80 m sous la surface de l'eau. Autour, la température de l'océan atteignait 39 °C, la lave bouillonnait en surface, les pêcheurs en ramassaient des morceaux fumants à l'épuisette... Ce petit musée rassemble quelques souvenirs de l'événement : vidéos, carte des fonds sous-marins, relevé sismologique, bombes de basalte en partie blanches, une curiosité géologique. Également un sismographe que l'on peut faire réagir en sautant à pieds joints. Rigolo.

Cala de Tacorón : *à env 9 km de La Restinga. Prendre la route d'El Pinar, puis suivre le fléchage, à gauche.* La route traverse un désert de scories et d'arbustes ras, avant de finir en cul-de-sac devant cette dentelle de criquettes séchées par le soleil, croquant le basalte au pied de falaises rocailleuses. Sur place, tous les aménagements habituels : échelles, barbecue, point d'eau. Paillote-resto au niveau du parking. Un peu de courant mais pas de danger, les bassins naturels sont bien protégés par des récifs. Ne ramassez pas de coquillages, on est sur le territoire de la réserve marine.

La plongée

Neuf ***clubs de plongée*** (*buceo* en espagnol) se partagent la clientèle *(liste complète au bureau d'infos touristiques).* Aucun d'entre eux ne disposait lors de notre dernier passage d'instructeurs francophones. En voici un, parmi d'autres :

■ ***Extra Divers El Hierro :*** *avda Marítima, 2, sur le front de mer. ☎ 922-55-70-86. • extradivers-elhierro.com • Plongée 28 € (2 sorties/j.). Package 10 plongées env 200 €.* Travaillant avec une clientèle espagnole et internationale, ce club CMAS et PADI propose des cours et des plongées accompagnées. Les instructeurs parlent espagnol et anglais.

Nos meilleurs spots

On compte autour d'El Hierro une vingtaine de spots de plongée, certains situés dans la réserve marine, d'autres en dehors. Pour le ***snorkelling*** (PMT), les clubs amènent leurs clients palmer à la cala de Tacorón. Les plus chanceux croiseront peut-être des requins bleus en vadrouille dans le secteur. Certains peuvent atteindre 4 m de long !

El Bajón : *sur la côte sud de l'île, dans la réserve marine. Pour plongeurs expérimentés (vents et courants forts).* Le must d'El Hierro, que certains n'hésitent pas à classer parmi les 100 plus belles plongées au monde ! El Bajón, c'est une gigantesque tour de roc, plongeant jusqu'à 100 m sous le niveau de la mer. Déjà, à 8 m seulement, se forme un fantastique cratère de 20 m de fond. Mais si les conditions météo le permettent, autant s'enfoncer toujours plus bas, à 35-40 m où, entre les coraux noirs, batifolent mérous bruns, barracudas, maquereaux rayés. De placides sars tambours et d'inquiétantes carangues dentues accompagnent la remontée, quand ce ne sont pas des sérioles *(amberjack)* et autres géants pélagiques qui viennent faire le spectacle.

Baja Bocarones : *sur la côte est, hors de la réserve marine. Niveau moyen.* Encore une tour de roc, dressée sur un lit de sable et couronnée d'un plateau irrégulier qu'on atteint après 10 m d'immersion. À la base, une fissure. Plus à l'est, une seconde tour, plus petite, traversée par un tunnel étroit. Autour batifolent mérous royaux, carangues dentues, maquereaux rayés, poissons-perroquets multicolores, et encore de grands pélagiques. Parfois, dissimulé dans le tunnel, un homard des Canaries.

El Arco : *en face de La Restinga, dans la réserve marine. Pour plongeurs expérimentés (courants forts).* Une plongée profonde, sur la zone la plus exposée de la pointe de La Restinga, à éviter lorsque le courant est fort. À - 20 m, une plate-forme, qu'il faut suivre jusqu'à en trouver le bord qui descend en à-pic jusqu'à 40 m sous le niveau de l'océan. Là, élancée sur le sable et les scories, une immense arche grignotée par les coraux noirs. Dessous se faufilent mérous bruns, carangues dentues, poissons souffleurs. On remonte ensuite le long des contreforts creusés de cavités.

les ROUTARDS sur la FRANCE 2015-2016

(dates de parution sur • **routard.com** •)

Découpage de la FRANCE par le ROUTARD

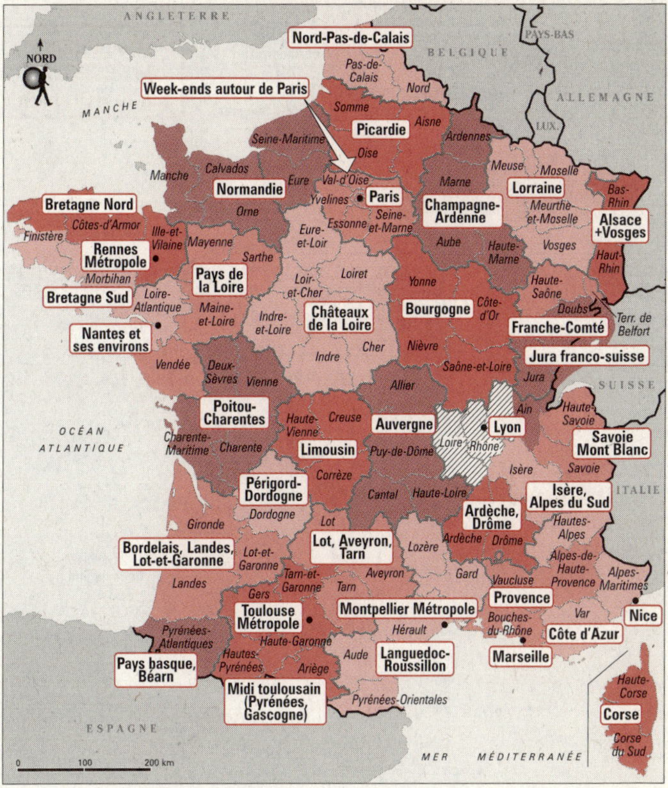

Autres guides nationaux

- La Loire à Vélo (nouveauté)
- Les grands chefs du Routard
- Nos meilleurs campings en France
- Nos meilleures chambres d'hôtes en France
- Nos meilleurs hôtels et restos en France
- Nos meilleurs sites pour observer les oiseaux en France
- Tourisme responsable

Autres guides sur Paris

- Paris
- Paris à vélo
- Paris balades
- Restos et bistrots de Paris
- Le Routard des amoureux à Paris
- Week-ends autour de Paris

les ROUTARDS sur l'ÉTRANGER 2015-2016

(dates de parution sur • routard.com •)

Découpage de l'ESPAGNE par le ROUTARD

Découpage de l'ITALIE par le ROUTARD

Autres pays européens

- Allemagne
- Angleterre, Pays de Galles
- Autriche
- Belgique
- Budapest, Hongrie
- Crète
- Croatie
- Danemark, Suède
- Écosse
- Finlande
- Grèce continentale
- Îles grecques et Athènes
- Irlande
- Islande
- Madère (mai 2015)
- Malte
- Norvège
- Pologne
- Portugal
- République tchèque, Slovaquie
- Roumanie, Bulgarie
- Suisse

Villes européennes

- Amsterdam et ses environs
- Berlin
- Bruxelles
- Copenhague
- Dublin
- Lisbonne
- Londres
- Moscou
- Prague
- Saint-Pétersbourg
- Stockholm
- Vienne

les ROUTARDS sur l'ÉTRANGER 2015-2016

(dates de parution sur • routard.com •)

Découpage des ÉTATS-UNIS par le ROUTARD

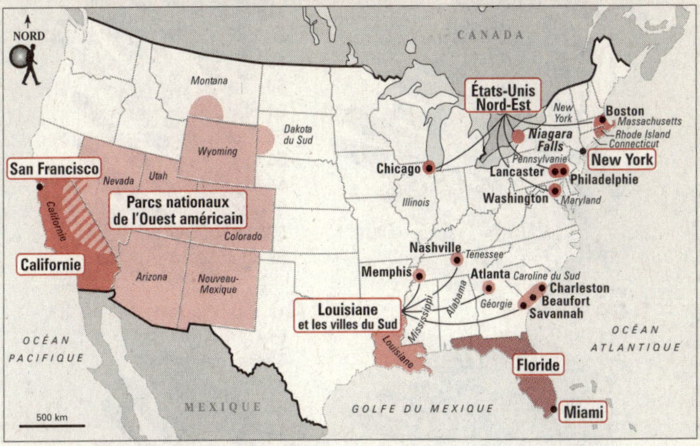

Autres pays d'Amérique

- Argentine
- Brésil
- Canada Ouest
- Chili et île de Pâques
- Équateur et les îles Galápagos
- Guatemala, Yucatán et Chiapas
- Mexique
- Montréal
- Pérou, Bolivie
- Québec, Ontario et Provinces maritimes

Asie

- Bali, Lombok
- Bangkok
- Birmanie (Myanmar)
- Cambodge, Laos
- Chine
- Hong-Kong, Macao, Canton
- Inde du Nord
- Inde du Sud
- Israël et Palestine
- Istanbul
- Jordanie
- Malaisie, Singapour
- Népal
- Shanghai
- Sri Lanka (Ceylan)
- Thaïlande
- Tokyo, Kyoto et environs
- Turquie
- Vietnam

Afrique

- Afrique de l'Ouest
- Afrique du Sud
- Égypte
- Kenya, Tanzanie et Zanzibar
- Maroc
- Marrakech
- Sénégal
- Tunisie

Îles Caraïbes et océan Indien

- Cuba
- Guadeloupe, Saint-Martin, Saint-Barth
- Île Maurice, Rodrigues
- Madagascar
- Martinique
- République dominicaine (Saint-Domingue)
- Réunion

Guides de conversation

- Allemand
- Anglais
- Arabe du Maghreb
- Arabe du Proche-Orient
- Chinois
- Croate
- Espagnol
- Grec
- Italien
- Japonais
- Portugais
- Russe
- G'palémo (conversation par l'image)

Le Routard Express

- Amsterdam (nouveauté)
- Barcelone
- Berlin
- Bruxelles (nouveauté)
- Florence (nouveauté)
- Istanbul (nouveauté)
- Lisbonne (nouveauté)
- Londres
- Madrid
- Marrakech (nouveauté)
- New York
- Prague
- Rome
- Venise

Nos 1200 coups de cœur

- France (nouveauté)
- Monde

Adresses utiles

1 Office [redacted]

Où dormir ?

11 Pension [redacted]

Où manger ?

30 Restaurante [redacted]

44 Restaura[redacted]

Où boire un verre ?

61 Caruag[redacted]m Bar
62 Bar d[redacted]

Où sortir?

83 Pingo[redacted]

À voir

90 Palacio do [redacted]onte
91 Pavilh[redacted]

RÉPARER LES VIES
HANDICAP
INTERNATIONAL
Espace offert par l'annonceur – Avec le soutien de l'agence ★ EURO RSCG C&O

INDEX GÉNÉRAL

A

B

C

D-E-F

G-H-I-J

L

M-N

O-P-Q

INDEX

INDEX

R

S

INDEX

INDEX

T

U-V

Y-Z

OÙ TROUVER LES CARTES ET LES PLANS ?

IMPORTANT : DERNIÈRE MINUTE

Sauf rare exception, le *Routard* bénéficie d'une parution annuelle à date fixe. Entre deux dates, des événements fortuits (formalités, taux de change, catastrophes naturelles, conditions d'accès aux sites, fermetures inopinées, etc.) peuvent intervenir et modifier vos projets de voyage. Pour éviter les déconvenues, nous vous recommandons de consulter la rubrique « Guide » par pays de notre site • ***routard.com*** • et plus particulièrement les dernières ***Actus voyageurs.***

Les **Routards** *parlent aux* **Routards**

Faites-nous part de vos expériences, de vos découvertes, de vos tuyaux. Indiquez-nous les renseignements périmés. Aidez-nous à remettre l'ouvrage à jour. Faites profiter les autres de vos adresses nouvelles, combines géniales... On adresse un exemplaire gratuit de la prochaine édition à ceux qui nous envoient les lettres les meilleures, pour la qualité et la pertinence des informations. Quelques conseils cependant :

– Envoyez-nous votre courrier le plus tôt possible afin que l'on puisse insérer vos tuyaux sur la prochaine édition.
– N'oubliez pas de préciser l'ouvrage que vous désirez recevoir.
– Vérifiez que vos remarques concernent l'édition en cours et notez les pages du guide concernées par vos observations.
– Quand vous indiquez des hôtels ou des restaurants, pensez à signaler leur adresse précise et, pour les grandes villes, les moyens de transport pour y aller. Si vous le pouvez, joignez la carte de visite de l'hôtel ou du resto décrit.
– N'écrivez si possible que d'un côté de la lettre (et non recto verso).
– Bien sûr, on s'arrache moins les yeux sur les lettres dactylographiées ou correctement écrites !

En tout état de cause, merci pour vos nombreuses lettres.

Les Routards parlent aux Routards :
122, rue du Moulin-des-Prés, 75013 Paris

e-mail : • *guide@routard.com* •
Internet : • *routard.com* •

Routard Assurance *2015*

Née du partenariat entre *AVI International* et le *Routard*, *Routard Assurance* est une assurance voyage complète qui offre toutes les prestations d'assistance indispensables à l'étranger : dépenses médicales, rapatriement médical, caution et défense pénale, responsabilité civile vie privée et bagages. Présent dans le monde entier, le plateau d'assistance d'*AVI International* donne accès à un vaste réseau de médecins et d'hôpitaux. Pas besoin d'avancer les frais d'hospitalisation ou de rapatriement. Numéro d'appel gratuit, disponible 24h/24. *AVI International* dispose par ailleurs d'une filiale aux États-Unis qui permet d'intervenir plus rapidement auprès des hôpitaux locaux. *AVI International* est un courtier reconnu qui gère lui-même ses dossiers et garantit une réponse rapide et simple. C'est aussi la filiale d'un groupe (SPB) présent à l'international. Pour toutes vos questions : ☎ 01-44-63-51-00 ou par mail • *routard@avi-international.com* • Conditions et souscription sur • *avi-international.com* •

Édité par Hachette Livre (43, quai de Grenelle, 75905 Paris Cedex 15, France)
Photocomposé par Jouve (45770 Saran, France)
Imprimé par Jouve 2 (Quai n° 2, 733, rue Saint-Léonard, BP 3, 53101 Mayenne Cedex, France)
Achevé d'imprimer le 10 février 2015
Collection n° 13 - Édition n° 02
25/6667/1
I.S.B.N. 978-2-01-245896-3
Dépôt légal : février 2015

PAPIER À BASE DE FIBRES CERTIFIÉES

hachette s'engage pour l'environnement en réduisant l'empreinte carbone de ses livres. Celle de cet exemplaire est de :
400 g éq. CO_2
Rendez-vous sur www.hachette-durable.fr